D1695896

GEORG PICHT
VORLESUNGEN UND SCHRIFTEN

---

*Studienausgabe
herausgegeben von
Constanze Eisenbart
in Zusammenarbeit
mit Enno Rudolph*

–Klett-Cotta–

Georg Picht
Zukunft und Utopie

―――

*Mit einer Einführung
von Enno Rudolph*

-Klett-Cotta-

Die Drucklegung des Bandes wurde gefördert durch die Forschungsstätte der Evangelischen Studiengemeinschaft, Heidelberg.

Die Deutsche Bibliothek – CIP-Einheitsaufnahme
Picht, Georg:
Vorlesungen und Schriften / Georg Picht. Hrsg. von Constanze Eisenbart in Zusammenarbeit mit Enno Rudolph. – Studienausg. – Stuttgart: Klett-Cotta.
NE: Eisenbart, Constanze [Hrsg.]; Picht, Georg: [Sammlung]
Zukunft und Utopie / mit einer Einf. von Enno Rudolph. –
1992
ISBN 3-608-91621-0

Verlag Klett-Cotta
© J. G. Cotta'sche Buchhandlung
Nachfolger GmbH, gegr. 1659
Stuttgart 1992
Alle Rechte vorbehalten
Fotomechanische Wiedergabe
nur mit Genehmigung des Verlags
Printed in Germany
Schutzumschlag: Erwin Poell, Heidelberg
Gesetzt aus der 10/12 Punkt Times
von Janß, Pfungstadt
Auf säure- und holzfreiem Werkdruckpapier
gedruckt von Gutmann, Heilbronn
In Fadenheftung gebunden von Wilhelm Röck, Weinsberg
Einbandstoff: Standard-Leinen

INHALT

Enno Rudolph
Einführung VII

PROGNOSE, UTOPIE, PLANUNG 1

DIE ERKENNTNIS DER ZUKUNFT 43

MUT ZUR UTOPIE 265

Constanze Eisenbart
Editorisches Nachwort 397

Sachregister 411

Personenregister 429

Stellenregister 431

Enno Rudolph

Einführung

Mehr als in den bisher edierten Vorlesungen von Georg Picht überschneiden sich in diesem Text die zwei Hauptfelder seines Denkens: die Philosophie und die Politik. Die Vorlesung „Erkenntnis der Zukunft" hielt Picht im Jahr 1968, als die Studentenunruhen auch in Heidelberg ihren Höhepunkt erreicht hatten, und Picht verstand sie ausdrücklich als die philosophische Form einer politischen Antwort auf die Kritik – gerade auch seiner Hörer – an der Unfähigkeit der reichen Staaten dieser Welt, die Überlebensprobleme der Menschheit in Angriff zu nehmen. Picht vermutete, daß in einer schwer aufzulösenden Verbindung von Unwillen und Unfähigkeit nicht nur derjenigen, die politische Macht ausüben, sondern der Menschen überhaupt, Zukunft zu antizipieren, eine der wesentlichen Ursachen für die globale Ohnmacht zu suchen sei, die Welt gerechter zu gestalten. Diese Vermutung ließ ihn für den oftmals massiv und grob vorgetragenen Protest der Studenten offen sein, und im Rahmen der hier abgedruckten Vorlesungen zwang er sie – nicht ohne Erfolg – zu differenzierten Stellungnahmen. Er zeigte ihnen, wie sehr die leitende Ideologie der Studentenbewegung, nämlich der historische Materialismus, auf einem festen Glauben an die Naturgesetzlichkeit der Entwicklung von Klassenkämpfen und an die Logik des Verfalls der bürgerlichen Gesellschaft beruht, und daß sie damit eine tiefgreifende und zugleich völlig unrevolutionäre Überzeugung von der Gültigkeit und der Wahrheit von Gesetzen mit ihren Gegnern, nämlich den Repräsentanten des Staates und der herrschenden Wissenschaften, teilten.

Jedes Gesetz – Picht diskutiert dies am Beispiel der Vorhersage einer Sonnenfinsternis für das Jahr 585 vor Chr. durch Thales von Milet – setzt unweigerlich eine Isomorphie zwischen Vergangenheit und Zukunft voraus. Hinter dieser Voraussetzung aber verbirgt sich die Unterschätzung der Einsicht, daß Zukunft ihrem Wesen nach unverfügbar ist, und damit die Verdrängung des Problems, daß uns die Zeit im Modus der Zukunft die Macht über sich entzieht. Mehr noch: im

Modus der Zukunft – ernstgenommen als Modus der Unverfügbarkeit – beherrscht die Zeit uns. Hierin liegt zunächst die Auszeichnung des Modus der Zukunft gegenüber den beiden anderen Modi der Zeit begründet, und hierin liegt auch das besondere Problem, das mit jeder Form von Zukunftsantizipation gegeben ist, heiße sie Prognose, Planung oder gar Utopie. Alle drei, dies dokumentiert der hier noch einmal abgedruckte Text „Prognose, Utopie, Planung" von Picht eindringlich, scheitern an dem Willen, die Zukunft unter ein Gesetz zu bringen, und damit an der Aufgabe, eine Form der Zukunftsantizipation zu finden, die nicht von der Struktur des Naturgesetzes ist.

Man kann die gesamte Metaphysik-Kritik Nietzsches aus der Einsicht ableiten, daß Geschichte – auch die Geschichte der Natur – sich der Determination durch Gesetze, die der Mensch aufstellt oder zu finden meint, entzieht. Von Nietzsche stammt die Einsicht, daß der Glaube an die Wahrheit der Isomorphie zwischen Vergangenheit und Zukunft zu jenen Irrtümern gehört, ohne die eine bestimmte Spezies unserer Evolutionsstufe glaubt, nicht überleben zu können. Pichts These geht sogar noch darüber hinaus. Jedes gesetzmäßige Denken scheitert nach Picht zwar an der fatalen Unterstellung jener Isomorphie; andererseits aber kann der Mensch ohne Zukunftsantizipation nicht leben. Die Leitfrage der Vorlesung lautet daher: Welche Form der Antizipation von Zukunft ist es, die unser Leben ermöglicht, und wie unterscheidet sie sich von Vorhersagen, wie sie durch Naturgesetze erlaubt zu sein scheinen? Anders gefragt: Welche Antizipation von Zukunft trägt der Inkompatibilität zwischen Zukunft und Vergangenheit hinreichend Rechnung? Wenn Picht das Recht von David Humes Zweifel an jeder Erfahrungsgewißheit gegen Kants Glauben an die Möglichkeit von Naturgesetzen in Erinnerung ruft (58), oder wenn er die Ungewißheit des Zukünftigen in Anspielung an die aristotelische Lehre von den „contingentia futura", wonach „möglich" bedeutet, daß etwas auch nicht eintreten kann, für unüberwindbar erklärt (252), dann plädiert er für einen Sinn von Zukunft als radikale Undeterminierbarkeit. Diese Zukunft stellt tatsächlich ein Problem dar, da sie sich der Antizipierbarkeit durch Naturgesetze oder ihnen analog konstruierter Gesetze entzieht. Das Naturgesetz, und alle Formen von Gesetzlichkeit, die sich an ihm orientieren: ökonomische, soziale oder moralische, behandelt die Zukunft wie die Vergangenheit. Von dieser gilt nach

Picht, daß das Vergangene nicht vergeht. Zukünftiges, dessen notwendiges Eintreten von einem Gesetz gefordert wird, wird damit so behandelt, als wäre es ebenfalls unvergänglich. Der Mensch scheitert aber, gerade im politischen Feld, jedoch nicht nur hier, fortwährend an der Unmöglichkeit, Zukunft in einem solcherart gesetzmäßigen Sinn zu „disziplinieren" und damit zu entzeitlichen.

Georg Picht verweist nachdrücklich darauf, daß die moderne Physik die Gültigkeit des klassischen Gesetzesverständnisses erschüttert hat und daß sie nun genötigt ist, nach einer Theorie zu suchen, die der Zeitlichkeit und das heißt unter anderem dem Indeterminismus von Naturphänomenen Rechnung trägt. Pichts Lebensfreund und Weggenosse, Carl Friedrich von Weizsäcker, hat sich durch seinen Versuch, eine „Logik zeitlicher Aussagen" zu entwickeln, in den Dienst dieser Aufgabe gestellt.* Weizsäckers Lösungsmodell gründet auf der These, daß diese Logik Aussagen über die Zukunft in Modalsätze verwandeln muß: Der Satz etwa „Es wird morgen regnen" wird transformiert in: „Es ist möglich, daß es morgen regnen wird." Picht, der sich seinerseits auf den Sinn des aristotelischen Möglichkeitsbegriffes berufen kann, muß einer solchen Konstruktion widersprechen. Denn Weizsäckers Vorschlag geht davon aus, daß das, was (zukünftig) möglich ist, *jetzt* hinreichend beschrieben werden kann. Weizsäcker wertet damit die Gegenwart als point de départ der Festlegung von Möglichkeitsspielräumen entscheidend auf. Er rechnet nicht nur mit der Isomorphie von Vergangenheit und Zukunft sondern auch mit der Stabilität der Gegenwart. Ein Modalsatz kann zwar das Wissen über gegenwärtige Möglichkeiten zum Ausdruck bringen, er ist aber keine zeitliche Aussage mehr.

Picht – hier ganz Aristoteliker – geht hingegen von der Nichtigkeit der Gegenwart aus. Gegenwart gilt ihm als Knotenpunkt zwischen unvergänglicher Vergangenheit und undeterminierbarer Zukunft, also durchaus im Sinne des „Jetzt", das nicht mehr als Abbild von Ewigkeit oder als Typ von stehender Gegenwart verstanden werden kann. In diesem Sinne zweifelt er am Sinn der Verwendung des Wortes „immer", wie er jede Aufstellung von Gesetzen leitet. „Immer", so sagt er dagegen, ist selbst „ein Modus der Zeit" (143).

* Vgl. C. F. v. Weizsäcker, Deskriptive zeitliche Logik, in: E. Rudolph/H. Wismann (Hg.), Sagen, was die Zeit ist. Analysen zur Zeitlichkeit der Sprache, Stuttgart 1992.

An dieser Stelle setzt Pichts Auseinandersetzung mit Heideggers Philosophie der Zeitlichkeit ein. Sie bildet den Kern der Vorlesung, und darüber hinaus auch die Grundlage für eine Philosophie, die, hier radikaler als Heidegger, nicht mehr von der sicheren Garantie zeitlicher beziehungsweise geschichtlicher Kontinuität ausgeht. Mit Heidegger teilt Picht die These von der Zeit als dem einzigen Grund des menschlichen Daseins, wodurch das Wort „Sein" außerhalb der Zeit jeglichen Sinn verliere. Auch verbindet ihn mit Heidegger die Kritik an einer Auffassung von Gegenwart als ausgedehnter Präsenz, welche Heidegger durch den Begriff des „Augenblicks" als des Momentes der existentiellen „Entschlossenheit" ersetzt hat. Aber während Heidegger mit der Lehre von der Einheit der „Zeitekstasen" dem Dasein grundsätzlich eine Bewältigungschance von Kontingenz einräumt, und damit seine Deutung von Dasein als „gewesend-gewärtigender-Zukunft" festschreibt, bezweifelt Picht eine solche Möglichkeit von Einheit. Freilich ist auch bei Heidegger diese Einheit *auf*gegeben und nicht *vor*gegeben, da sie nur durch ein „Vorlaufen zum Tode" zu gewinnen ist. Den Tod gilt es als die Grenze unseres Möglichkeitshorizontes zu verstehen. Der Tod wird aber bei Heidegger als existenziale Möglichkeit, als „äußerste Möglichkeit" sogar, gleichsam als Limes der Existenz gedeutet, und damit wird er existential integriert. Der Tod eröffnet die Verfügbarkeit zukünftiger Möglichkeiten.

Der Heidegger-Schüler Georg Picht steht im Gegensatz dazu Nietzsche entscheidend näher, wenn er an eine solche Form der Antizipation nicht glaubt. Er entlarvt sie als ein Residuum von Transzendentalmetaphysik. Das „Vorlaufen zum Tode" als „Bedingung der Möglichkeit", „eigentlich" zu existieren, sein Selbst also in der Zeit zu erhalten, verhindert die Konsequenz, das menschliche Leben wirklich radikal geschichtlich zu denken. „Einheit der Zeit", und damit die kontinuierliche Verbindung zwischen Vergangenheit, Gegenwart und Zukunft, bleibt bei Picht ein Postulat, eine Aufgabe, deren Risiko sich daran zeigt, daß es keinen archimedischen Punkt gibt, von dem aus unsere Zukunft auf unser Leben zurückprojiziert werden könnte, wie es Heidegger mit dem Begriff des Todes intendiert. „Einheit der Zeit" ist aus der Pichtschen Sicht nur ein sinnvolles Postulat, wenn die auch bei Heidegger noch übermächtige Figur einer „transzendentalen Zeit" korrigiert wird durch die Erfahrung „phänomenaler Zeit". Deren Wesen besteht nach Picht im Unterschied zur transzendentalen Zeit, also zur Zeit als reiner unbeweglicher Form von Ereignisfolgen im Sinne Kants, in der „Vergegenwärtigung". Das heißt: wir haben Zukunft so zu behandeln, als ob sie Gegenwart werden könnte, und unsere Gegenwart unter das Kriterium zu stellen, daß dies gelingen könnte, und zwar im Guten wie im Bösen. Das „als ob" bewahrt den Zweifel an der Garantie von Kontinuität. Es enthält aber auch das anspruchsvolle Regulativ, dennoch die Verantwortung für die Gegenwart mit der Verantwortung für die Zukunft zu identifizieren. Dieser fälligen Identifizierung entzieht sich die Politik. Ihr erscheint eine solche Identifizierung zumeist als unzulässige Utopie. Picht zeigt dagegen, daß ohne solche Utopie das Mißlingen menschlichen Lebens in der Zukunft wahrscheinlich ist. Die Voraussetzung zum „Mut zur Utopie" läge also in der Vergegenwärtigung solcher Formen von Zukunft, die wir wollen können, und die diejenigen verhindern helfen, die wir nicht wollen können.

PROGNOSE, UTOPIE, PLANUNG

*Die Situation des Menschen in der Zukunft
der technischen Welt*

„Die Situation des Menschen in der Zukunft der technischen Welt"[1] – was unter diesem Titel gesagt wird, kann nur fragwürdig sein. Er klingt wie die Überschrift eines utopischen Romans. Nur einer Gattung, deren Stilgesetz ihr die ironische Distanz von ihren eigenen Gebilden vorschreibt, scheint es erlaubt zu sein, von der Zukunft ein Bild zu entwerfen, das nicht schon in seinem Grundriß die Verblendung enthielte. Wie aber soll man auf dem Boden der Wissenschaft von einem Gegenstand reden, der nach den Regeln aller bisherigen Wissenschaft als Gegenstand nicht bestimmt werden kann, nämlich der Zukunft? Wissenschaft ist Erkenntnis von Objekten. Sie ist wahr, wenn sie mit dem Objekt übereinstimmt, sie ist falsch, wenn sie dem Objekt widerspricht. Aber alles, was in der Zukunft liegt, ist dadurch definiert, daß es uns als Objekt nicht gegeben sein kann. Deshalb können Aussagen über die Zukunft im Sinne der Wissenschaft nicht wahr sein. Wenn die Wissenschaft von der Zukunft spricht, verstößt sie gegen ihr eigenes Grundgesetz. Ein gutes Gewissen hat die Wissenschaft dort, wo sie positive Wissenschaft sein kann. Dann bezieht sie sich entweder als empirische Wissenschaft auf das, was heute ist und gestern war, oder als Wissenschaft, die Gesetze erkennt, auf das, was immer, was zu allen Zeiten ist. Ein Wissen von Zukünftigem kann niemals positives Wissen sein; deshalb hat man in der bisherigen Geschichte die Zukunft den Dichtern, den Propheten und den Imperatoren überlassen. Kann die zur Mode gewordene Futurologie etwas anderes sein als pervertierte Wissenschaft, das heißt als eine Wissenschaft, die nur als Tarnung für mißratenes Dichten, zweifelnde Prophetie und heimtückischen Herrschaftswillen dient? Verliert die Wissenschaft im Vorgriff auf die Zukunft nicht notwendig ihre Integrität, ihr kritisches Bewußtsein, ihre Freiheit und ihre methodische Durchsichtigkeit?

---

[1] Zu Anlaß und Titel vgl. die Vorbemerkung 1981 zu „Mut zur Utopie", 268f.

I

Wagt man sich gleichwohl an ein so fragwürdiges Unternehmen – und wir werden noch sehen, daß die Wissenschaft in ihrer heutigen Lage dazu gezwungen ist –, so wird man damit beginnen müssen, die Struktur eines Themas durchsichtig zu machen, das unserem Denken durch die geschichtliche Lage, in der wir uns befinden, vorgezeichnet ist. Da ist von der Feststellung auszugehen, daß die Zukunft der technischen Welt, von der hier die Rede sein soll, nach dem zum Slogan gewordenen Titel eines viel gelesenen Buches „schon begonnen" hat[2]. Die Geschichte der technischen Welt unterscheidet sich dadurch spezifisch von den vortechnischen Epochen der Menschheitsgeschichte, daß Wissenschaft und Technik die Macht besitzen, das Verhältnis der Menschen zu ihrer eigenen Zukunft in seiner Konstitution zu verändern. Wissenschaft und Technik produzieren nicht nur jene Waren, die wir als Industrieprodukte bezeichnen, sie produzieren die Zivilisation im Ganzen, indem sie durch den Mechanismus der Produktion die gesamte Lebenssituation der Menschen bestimmen, die in Abhängigkeit von jenen technischen Systemen existieren, welche sie selbst entworfen haben und betreiben. Der Mensch ist also im Zeitalter der wissenschaftlich-technischen Zivilisation zum Produzenten seiner eigenen Zukunft geworden. In diesem Zukunftsroman der Weltgeschichte verwandelt sich der Verfasser ständig in seine eigene Romanfigur. Der selbe Mensch, der als vermeintliches Subjekt des Handelns, als freier Forscher und aus autonomer Vernunft ein wissenschaftliches System entwirft, macht, wie die Atomphysiker, die Entdeckung, daß er im Handumdrehen zum Objekt des von ihm selbst entworfenen Systems geworden ist, und diese neue Lage verändert seine gesamten Lebensumstände, ja sein Wesen. Er wird vom Produzenten zum Produkt; aber das Produkt ist mit dem Produzenten nicht identisch, die produzierte Zukunft nicht mehr die eigene Zukunft. Die eigene Zukunft – das wäre jene Zukunft, welche der autonome Wille im Akt des Denkens und Handelns antizipiert. Aber tatsächlich antizipiert er einen Prozeß, in dem er sich Veränderungen unterworfen sieht, welche die Autonomie zur Heteronomie, den Schriftsteller zur Romanfigur werden lassen.

---

[2] Robert Jungk, Die Zukunft hat schon begonnen: Amerikas Allmacht und Ohnmacht, [9]Stuttgart: Scherz und Goverts, 1954.

Dieser Prozeß ist ein Prozeß der Entfremdung; der produzierende Mensch erkennt sich selbst in dem produzierten Menschen nicht mehr wieder. Als produzierter Mensch lehnt er es ab, die Verantwortung für die Konsequenzen der Handlungen des produzierenden Menschen zu tragen. Solange die Zukunft in der Hand der Götter lag, in den Sternen geschrieben stand oder als Spiel des Zufalls galt, konnte dieses Problem nicht auftreten. Seit der Mensch unwiderrufbar zum Bürger einer von ihm selbst produzierten Welt geworden ist, seit er die Macht besitzt, nicht nur tote Waren sondern seine eigene Welt, seine Lebensbedingungen und damit weithin sein eigenes Schicksal zu produzieren, seit er sich selbst als einem Produkt begegnet, ist seine Zukunft eine andere geworden. Die Zukunft der technischen Welt unterscheidet sich qualitativ von allem, was frühere Epochen „Zukunft" nannten. Dies können wir wissen, mag auch sonst unser Wissen von der Zukunft noch so problematisch sein. Hierüber müssen wir reflektieren; denn da rationales Handeln die Produktionssysteme entwirft und über die Produktionsmethoden verfügt, wird die Reflexion auf die Gesetze dieses Handelns, also die Reflexion der wissenschaftlichen Vernunft auf sich selbst, zur zentralen Aufgabe der von der Wissenschaft beherrschten Welt. Man nennt die Reflexion der Vernunft auf sich selbst und die Bedingungen ihrer eigenen Möglichkeit „Transzendentalphilosophie". Die Entwicklung der wissenschaftlichen Welt hat dazu geführt, daß transzendentales Denken zur obersten Lebensbedingung des technischen Zeitalters geworden ist.

Aus dem bisher Gesagten ergibt sich bereits, daß die Frage nach der Situation des Menschen in der Zukunft des technischen Zeitalters eine andere methodische Struktur hat als die Frage nach der Situation aller übrigen Lebewesen in dieser selben – vermeintlich unserer eigenen – Zukunft. Gewiß gehört es zum Wesen dieses Zeitalters, daß alle Lebewesen in der künstlichen Welt durch menschlichen Eingriff Veränderungen ihrer biologischen Umwelt schon jetzt erleiden oder erleiden werden, die unvorhersagbare Folgen haben. Zur künstlichen Welt gehört die künstliche Natur, gehört die Störung des biologischen Gleichgewichtes, gehören die dadurch ausgelösten Mutationen; und soweit der Mensch ein natürliches Lebewesen ist, erleidet er vermutlich ein ähnliches Schicksal wie alle anderen seiner Verfügungsgewalt unterworfenen Lebewesen. Auch biologisch wird der Mensch als Produkt mit dem Menschen als Produzenten nicht identisch sein, selbst wenn er darauf verzichten würde, von den Möglichkeiten einer Manipulation der Erbmasse Gebrauch zu machen. Auch in dieser Hinsicht hat die Zukunft schon begonnen. Die Selektionsbedingungen haben sich so rapide verändert, daß mit einer entsprechend raschen Veränderung der Selektionsprodukte zu rechnen ist. Als bloßes Lebewesen betrachtet, ist der Mensch wie alle anderen Lebewesen auch weithin nicht mehr als ein Objekt von unkontrollierter menschlicher Verfügungsgewalt, die durch die Produktion von Lebensmitteln und Chemikalien, durch die Infektion des Wassers und der Luft und durch ein undurchdringliches Geflecht von Faktoren, die unsere Umwelt beherrschen, die Erdbevölkerung biologisch verändert. Zugleich aber bleibt der Mensch auch Träger des Produktionsprozesses, dessen Produkt er ist. Der ganze Produktionsprozeß würde zusammenbrechen, wenn der von der technischen Welt produzierte Mensch jene Eigenschaften, die ihn zur Produktion befähigt haben, nämlich Vernunft und Freiheit, nicht mehr besitzen sollte. Fragen wir nach der Situation des *Menschen* in der Zukunft der technischen Welt, so postulieren wir, daß auch unsere Nachkommen noch Menschen sind, daß also ihr Vermögen, aus Vernunft und Freiheit zu handeln, nicht versehrt wird. Unsere Erkenntnis vermag nicht zu ermessen, welche Wahrscheinlichkeit dieses Postulat besitzt. Es ist, ob wahrscheinlich oder nicht, notwendig, denn einzig aus diesem Postulat vermag das säkulare Denken die Kriterien zu entwickeln, nach denen wir unser eigenes Handeln als Produzenten dieser künstlichen Welt beurteilen und bestimmen können. Unsere Verantwortung bei dem Entwurf der Planung und bei der Produktion der technischen Welt bemißt sich danach, ob diese Planung Situationen schafft, in denen eine neue Freiheit und eine neue Vernunft ermöglicht wird. Soll die technische Welt Situationen herstellen, in denen Lebewesen sich als Menschen begreifen können, so muß sich unsere Reflexion beim Entwurf dieser technischen Welt in einem Horizont bewegen, der den Horizont transzendiert, in dem die Konstruktionsmodelle für technische Systeme entworfen werden. Auch in diesem Sinne ist transzendentales Denken eine Lebensbedingung der technischen Welt.

Wir sahen: die technische Welt der Zukunft ist eine produzierte Welt. Mit dieser Zukunft produziert der Mensch sich selbst. Er reproduziert sich nicht nur durch Fortpflanzung, sondern er produziert die

Bedingungen seiner eigenen Verwandlung. Wenn wir nun aber gleichzeitig postulieren, daß bei dieser Produktion Bedingungen geschaffen werden sollen, die neue Freiheit und neue Vernunft ermöglichen, so tritt eine bisher von uns noch nicht bedachte Dimension in dem Verhältnis des Menschen der technischen Welt zu seiner eigenen Zukunft ans Licht. Der Mensch, der über die gesamte Zukunft der von ihm hervorgebrachten Welt verfügt, trägt für diese Zukunft im Ganzen die Verantwortung. Eine solche Verantwortung konnte es in der bisherigen Geschichte nicht geben. Sie wird uns durch die Expansion menschlicher Macht, aus der die technische Welt hervorgeht, aufgezwungen. Bisher hat man Verantwortung immer vom individuellen Subjekt her definiert: als Verantwortung des einzelnen Menschen für die Moralität seines privaten Verhaltens, als Verantwortung für unseren Nächsten und als politische Mitverantwortung für die Geschicke des Staates, dessen Bürger wir sind. Heute hingegen ist einem Subjekt, das sich als solches noch nicht begreifen und konstituieren konnte, nämlich der Menschheit im Ganzen, die Verantwortung für die zukünftige Geschichte der Menschheit im Ganzen zugefallen. Das ist ein qualitativer Sprung, der sich schon objektiv vollzogen hat, obwohl wir nicht wissen, wie das Subjekt beschaffen sein soll, das ihn nachvollzieht. Die Menschheit kann dem Zwang nicht mehr ausweichen, daß von ihrem kollektiven Handeln oder Versagen abhängig wird, ob es eine zukünftige Geschichte der Menschheit überhaupt geben kann, oder ob sich die Rede von der Zukunft der technischen Welt als eine bloße Fiktion erweisen wird. Ich weiß nicht, ob es einen Menschen gibt, der bereit wäre, die Verantwortung, die wir faktisch tragen, auf sich zu nehmen, wenn er frei wählen dürfte. Da uns aber nichts anderes übrig bleibt, als unter der uns schon vorgezeichneten Verantwortung zu denken und zu handeln, so ist uns diese schwerste Frage abgenommen. Hier sind wir bereits Produkt, nicht Produzenten. Wir sind Romanfiguren jenes Romans, den die Begründer der modernen Wissenschaft, teils ahnungslos, teils ahnungsvoll, zu entwerfen und zu schreiben begonnen haben. Unter welchen Bedingungen wird es möglich sein, die Verantwortung, die uns aufgelegt ist, zu tragen? Die Antwort ist, wie mir scheint, sehr einfach. Wer verantwortlich handeln will, muß wissen, was er tut. Er muß die möglichen Folgen seines Handelns überblicken. Er darf also nicht so handeln, wie die Vorväter und Väter unserer heutigen Wissenschaft gehandelt haben: er darf sich nicht mit der Selbstvergessenheit eines spielenden Kindes dem blinden Trieb nach Erkenntnis überlassen. Im technischen Zeitalter kann Denken nicht länger das Spiel einer Vernunft sein, die nicht weiß, was sie tut. Die Situation des Menschen in der Zukunft der technischen Welt ist wesentlich dadurch bestimmt, daß die Vernunft nunmehr dazu verurteilt ist, vernünftig zu sein. Entweder sie vollzieht den qualitativen Sprung von der blinden zur aufgeklärten Vernunft, oder sie hört überhaupt auf zu existieren. Eine aufgeklärte Vernunft wäre eine Vernunft, die ihre eigenen Möglichkeiten und Grenzen erkennt. Sie wäre eine Vernunft, die nicht mehr alles macht, was man machen kann, sondern erkannt hat, daß nur ein solches Handeln vernünftig ist, das seine eigenen Folgen innerhalb der uns gezogenen Grenzen überblickt und dadurch erst verantwortliches Handeln werden kann. Die Folgen seines Handelns überblicken, das heißt aber: ein Wissen von der Zukunft haben. So stellt sich heraus, daß eben jenes Wissen, das sich zu Anfang als so problematisch erwies, in der vom Menschen produzierten Welt die Bedingung der Möglichkeit dafür ist, daß zukünftige Menschen aus Vernunft und Freiheit denken, mit anderen Worten: daß sie etwas erkennen und wissen können. Die ganze Fülle der in dem Thema enthaltenen Fragen konzentriert sich demnach auf das Problem, unter welchen Voraussetzungen, in welchen Formen und in welchem Sinn ein Wissen von der Zukunft überhaupt möglich ist. Alles, was weiterhin zu sagen ist, soll dem Versuch einer Klärung dieser Frage dienen.

II

Die Überlegungen, die ich zum Zweck einer ersten Orientierung über dieses Problem zur Diskussion stellen möchte, gehen von einer These aus, die ich schon an anderer Stelle kurz entwickelt habe. Es gibt drei Grundformen, in denen sich das menschliche Denken die Zukunft vor Augen zu stellen vermag. Ich nenne sie *Prognose, Utopie* und *Planung*. Vision und Prophetie sind anderen Ursprungs und sollen hier nicht erörtert werden. Prognose nenne ich den Versuch, unter Verwertung aller verfügbaren Informationen festzustellen, welche künftigen Entwicklungen in einem genauer zu definierenden Feld unter bestimmten Voraussetzungen, die analysiert werden müssen, nach zu berechnenden Wahrscheinlichkeitsgraden eintreten werden. Prognose ist also Diagnose der Zukunft; sie unterscheidet sich von der Diagnose gegenwärtiger Zustände dadurch, daß sie nicht einen bestimmten Zustand sondern einen mehr oder weniger großen Spielraum von verschiedenen Möglichkeiten, also eine Pluralität von verschiedenen Zuständen, ins Auge fassen muß. Ihre Daten gewinnt die Prognose aus der Summe der verfügbaren Informationen über jene Sachverhalte des gegenwärtigen Zustandes, von denen anzunehmen ist, daß sie die Möglichkeiten der zukünftigen Entwicklung in einem zu bestimmenden Zeitraum determinieren. Daß ein solches Verfahren überhaupt möglich ist, ergibt sich aus der Struktur der Zeit; darauf kann hier nicht eingegangen werden [3].

Von der Prognose unterscheide ich die Utopie, definiere aber den Begriff anders, als er im allgemeinen verstanden wird. Ich bezeichne nämlich als Utopie nicht das Traumbild einer unwirklichen Welt; Utopie soll vielmehr als der Entwurf von Bildern jener Zustände verstanden werden, die durch zielbewußtes Handeln herbeigeführt werden können. Ich nenne also Utopien jene Antizipationen der Zukunft, die jedem auf ein Ziel gerichteten Handeln vorausgehen. Die Utopie in dem hier angegebenen Sinn hat mit der Utopie in der trivialen Bedeutung des Wortes gemein,

1. daß sie nicht wirklich ist, denn sie liegt in der Zukunft;
2. daß sie eine Projektion unserer Wünsche und Hoffnungen ist, denn anders könnte sie nicht die Ziele unseres Handelns bestimmen;
3. daß sie aus eben diesem Grunde eine Kritik an den gegenwärtigen Zuständen impliziert; denn der Wille, die Gegenwart zu verbessern, ist für den Willen zum Handeln konstitutiv.

Wegen dieser Übereinstimmung halte ich es für gerechtfertigt, an dem Begriff der Utopie, wenn auch in einer neuen Bedeutung, festzuhalten. Mein Begriff der Utopie unterscheidet sich von jenen Gebilden, die wir sonst „Utopien" zu nennen pflegen, dadurch, daß er auf das zielbewußte Handeln des Menschen bezogen und damit auf den Bereich der realen Möglichkeiten eingeschränkt ist. Die Utopie steht also nicht im Widerspruch zu der Prognose, sondern sie wählt aus dem prognostisch zu ermittelnden Spielraum der Möglichkeiten jene Kombination aus, die von dem jeweiligen Standort her als das

---

[3] Vgl. *„Die Erfahrung der Geschichte"* und *„Grundlinien einer Philosophie der Musik"*, in: Wahrheit, Vernunft, Verantwortung, Stuttgart: Klett, 1969, 310ff. und 408ff.; vor allem: Die Erkenntnis der Zukunft, in diesem Band.

Optimum erscheint. Die Utopie ist also nur so lange tauglich, als sie von einer kritischen Reflexion auf die realen Möglichkeiten des Handelns begleitet wird. Meist ist das Handeln der Individuen und erst recht das Handeln der Kollektive von utopischen Bildern geleitet, die der kritischen Reflexion ermangeln. Im Unterschied zu dieser blinden oder sich selbst verblendenden Utopie bezeichne ich die Utopie, von der hier die Rede sein soll, als die selbstkritische oder die aufgeklärte Utopie. Ich werde später die These zu entwickeln versuchen, daß nicht nur alles vernunftgemäße Handeln sondern auch alles Denken und Wissen, also auch Diagnose und Prognose, ohne aufgeklärte Utopie nicht möglich sind[4].

Aus der Verbindung von Utopie und Prognose geht dann die dritte Form hervor, in der sich unser Denken auf die Zukunft bezieht, nämlich die Planung. Ist die Utopie eine Antizipation des durch das Handeln zu verwirklichenden Zustandes, so ist die Planung der ausgearbeitete Entwurf der rationalen Direktiven dieses Handelns. Die Planung geht über die Prognose hinaus, denn sie setzt voraus, daß aus dem Spielraum der prognostisch erkannten Möglichkeiten eine bestimmte, die wir als Utopie bezeichnen, gewählt worden ist. Der Vermittlung zwischen Utopie und Planung dient das aus der Utopie entwickelte Programm. Die Intention der Planung ist nicht die Wahl und der Entwurf der Utopie sondern die Ausarbeitung der Direktiven für die Realisierung der Utopie. Ihre Methode ist deshalb analytisch. Sie zerlegt die Gesamtheit des zur Realisierung der Utopie zu durchmessenden Weges in seine Etappen und gewinnt aus der Analyse jeder Etappe die vollständige und diskrete Übersicht über die Vielzahl der zu ihrer Erreichung erforderlichen Schritte. Da prognostisch vorausgesagt werden kann, daß jeder dieser Schritte sich seinerseits in einem Spielraum verschiedener Möglichkeiten bewegt, bedarf sie des ganzen Instrumentariums der Prognose und dynamischer Planungsmodelle. Aber die Auswahl der Alternativen und die Ausrichtung des Planes sind nur von der Utopie her möglich; die im Prozeß der Planung unvermeidlichen Modifikationen sind methodisch durchsichtig nur unter der Bedingung, daß man sich eine prä-

---

[4] Vgl. dazu „Mut zur Utopie", 265ff.; „Technik und Utopie", in: Hier und Jetzt II, Stuttgart: Klett-Cotta, 1981, 335ff.; „Utopie und Hoffnung", in: Humanökologie und Frieden, Stuttgart: Klett-Cotta, 1979, 438ff., sowie die Sachregister von Georg Picht, Platons Dialoge „Nomoi" und „Symposion", Stuttgart: Klett-Cotta, 1990, und Georg Picht, Kunst und Mythos, Stuttgart: Klett-Cotta, 1986.

zise Rechenschaft darüber ablegt, welche Modifikationen der Utopie sich daraus ergeben. Deshalb vollzieht die Planung nicht nur im Ganzen sondern auch in jedem ihrer einzelnen Schritte eine Vermittlung von Prognose und Utopie.

Ich habe mich bemüht, die Charakterisierung der Grundformen, in denen sich menschliches Denken auf Zukunft bezieht, so durchzuführen, daß Schritt für Schritt ihre wechselseitige Verschränkung deutlich wird. Es gibt keine Prognose ohne Utopie; es gibt keine Utopie ohne Prognose. Planung vermittelt zwischen Utopie und Prognose; es gibt aber weder Prognose noch Utopie ohne Planung, denn jeder theoretische Entwurf unterliegt selbst wiederum notwendig der Planung, die ihre eigene Utopie und Prognose voraussetzt. Schon diese grobe Analyse der Formen, in denen sich unser Denken auf Zukunft bezieht, zeigt also, daß selbst die einfachsten Formen, die sich idealtypisch gewinnen lassen, eine sehr viel reichere und methodisch kompliziertere Struktur haben als die Mehrzahl jener Modelle des Wissens, die unserer heutigen Wissenschaft zugrunde liegen. Das gibt eine Vorstellung davon, welche methodischen und theoretischen Probleme zu lösen sind, wenn wir anfangen wollen, die erste Grundbedingung für eine *wissenschaftliche* Prognose, eine *wissenschaftliche* Utopie und eine *wissenschaftliche* Planung, nämlich eine allgemeine Theorie von der Antizipation der Zukunft, zu entwerfen [5].

---

[5] *Auch dieses Modell muß noch einer methodisch durchgeführten Selbstkritik unterworfen werden. Die drei Begriffe, die ich umrissen habe: Prognose, Utopie und Planung, implizieren gewisse anthropologische Voraussetzungen, die keineswegs mehr als selbstverständlich gelten können. Die Prognose ist in ihrer reinen Form eine Leistung des Denkens, die Utopie ist der Bereich unserer Hoffnungen, unserer Wünsche und unserer Sorgen; die Planung ist, als der Entwurf der Direktiven des Handelns, ein Vollzug des Willens. Damit wären die drei Formen der denkerischen Antizipation der Zukunft auf jene Einteilung der Seelenvermögen zurückgeführt, die zuerst Platon im „Staat" entworfen hat und die bis heute, bewußt oder unbewußt, unsere psychologischen Kategorien bestimmt. Da die Voraussetzungen, auf denen diese Einteilung beruht, einer neuen Klärung bedürfen, habe ich Bedenken, die hier vorgetragene Unterscheidung von drei Grundformen der Antizipation der Zukunft dogmatisch zu statuieren. Ähnlich wie die sogenannte Dreiteilung der Seele bei Platon hat auch diese Unterscheidung eine primär methodische Bedeutung: sie soll das Ineinanderwirken verschiedener Formen unseres Bezugs auf die Zukunft in der denkenden Antizipation dieser Zukunft durchsichtig machen.*

III

Nachdem der Sinn der Unterscheidung der drei Grundformen, die Zukunft zu antizipieren, und deren Wechselbeziehung erläutert ist, können wir versuchen, jede dieser Formen isoliert zu betrachten und ihre spezifischen Probleme zu erörtern. Ich werde mich bemühen, diese Untersuchung so durchzuführen, daß dabei zugleich inhaltlich unser Thema, die Situation des Menschen in der Zukunft der technischen Welt, an Profil gewinnt. Ich erörtere also die Probleme von Prognose, Utopie und Planung zum Teil an Hand konkreter Beispiele, die über dieses Thema etwas aussagen können. Auch methodisch lernt man am Beispiel mehr als an bloß abstrakten Erwägungen. Im voraus sei mit Nachdruck gesagt, daß ich bei keinem meiner Beispiele über den Sachverstand verfüge, der erforderlich wäre, um eine wissenschaftliche Antizipation von Zukunft in der Form der Prognose, der Utopie und der Planung zu begründen. Zweifellos wird sich bei genauer Prüfung ein guter Teil meiner Annahmen als fehlerhaft erweisen. Aber die Beispiele sollen nicht mehr leisten, als daß durch sie die methodische Struktur der verschiedenen Formen der Antizipation von Zukunft ans Licht tritt. Die inhaltliche Korrektheit der einzelnen Annahmen ist deshalb von sekundärer Bedeutung.

Prognose

Wir untersuchen zunächst die Struktur der Prognose. Als Beispiel wähle ich ein Problem, von dessen Lösung weitgehend abhängen wird, ob überhaupt und in welchem Sinne der Mensch in der Zukunft der technischen Welt eine humane Situation vorfinden wird, nämlich das Problem der Ernährung der wachsenden Erdbevölkerung. Ich stütze mich dabei auf einen Bericht, den J. George Harrar, der Präsident der Rockefeller-Foundation, am 6. Februar 1966 vor dem Landwirtschaftsausschuß des amerikanischen Repräsentantenhauses gegeben hat[6]; zur Ergänzung ziehe ich einen „Essay" aus der Zeitschrift „Time" vom 12. 8. 1966 heran.
Die Relation zwischen Bevölkerungswachstum und Nahrungsmittel-

---

[6] *J. George Harrar, „Mehr Brot für die Welt. Produktivitätssteigerung in der Landwirtschaft als Kernproblem der Entwicklungshilfe", in: Europa-Archiv, Heft 17, 10. Juni 1966, 611 ff.*

produktion gehört zu den Sachverhalten, die sich prognostisch relativ leicht ermitteln lassen. Die statistischen Unterlagen erlauben eine grobe aber doch einigermaßen zuverlässige Schätzung der gegenwärtigen Zahl der Erdbevölkerung und ihrer Verteilung sowie des gegenwärtigen Standes der Nahrungsmittelproduktion in den verschiedenen Regionen der Erde. Dabei ergibt sich, daß schon heute zwischen der gesamten Produktion und dem gesamten Bedarf eine beträchtliche Lücke klafft: annähernd 50% der Erdbevölkerung leiden an Unterernährung verschiedenen Grades. Der Getreidevorrat der Vereinigten Staaten, der bisher die Reserve gebildet hat, ist bereits unter das Maß gesunken, das als Schutz gegen eine Mißernte im eigenen Lande für erforderlich gehalten wird. Entsprechend ist der Getreidepreis innerhalb eines Jahres um 26,5% gestiegen. Damit stellt sich das Problem, wie erstens die schon bestehende Lücke geschlossen und zweitens die zu erwartende Disproportion zwischen dem Zuwachs der Bevölkerung und dem Zuwachs der Produktion ausgeglichen werden soll.

Die Prognose muß davon ausgehen, daß in den letzten fünf Jahren die Zahl der Menschen auf der Erde jährlich um 2%, die Nahrungsmittelproduktion hingegen nur um 1% gestiegen ist. Der Generaldirektor der FAO (Food and Agricultural Organization) hat deshalb erklärt: „Entweder wir ergreifen die umfassendsten Maßnahmen, um einerseits die Produktivität zu steigern und andererseits das Bevölkerungswachstum zu stabilisieren, oder wir gehen einer Katastrophe von nie dagewesenen Ausmaßen entgegen." Nach einer Erklärung des amerikanischen Landwirtschaftsministers Orwell Freeman werden wir, wenn sich die beiden Kurven der Produktivitätsentwicklung und der Bevölkerungsentwicklung nicht ändern, in weniger als zwanzig Jahren eine Welthungersnot erleben, bei der mehr Menschenleben auf dem Spiel stehen, als in sämtlichen Kriegen der Weltgeschichte vernichtet wurden[7].

Die methodische Struktur dieser Prognose, bei der sich die von mir zitierten Quellen in voller Übereinstimmung befinden, tritt erst zutage, wenn man sieht, daß sie eine bestimmte Funktion innerhalb eines bestimmten Handlungszusammenhanges hat. Die Prognose will nicht eine objektive Voraussage dessen sein, was kommen *wird*, sie

---

[7] Beide werden von Harrar, a. a. O., zitiert; vgl. zu der gesamten Prognose „Mut zur Utopie", Anm. 17, 308f.

soll vielmehr warnen vor dem, was kommen *kann*. Sie hat die Funktion zu beweisen, daß eine weltumspannende Planung nötig ist, und sie wird nur im Hinblick auf die Utopie unternommen, daß es gelingen muß, den Lebensunterhalt einer wachsenden Erdbevölkerung zu sichern. Die von mir zitierten Zeugen verstehen die Prognose als den ersten Schritt einer durch sie in Gang zu bringenden Therapie. Allerdings hat ein solches Vorgehen auch seine Gefahren; Robert K. Merton analysiert sie in seinem Werk „Social Theory and Social Structure"[8] unter der Überschrift „The Self-fulfilling Prophecy". Gerade weil jede Prognose eine auf ihr beruhende Therapie herbeiführen will, gilt für Prognosen insgesamt das sogenannte Thomas-Theorem: wenn Menschen Situationen als real definieren, sind diese Situationen real in ihren Konsequenzen[9]. Man sollte deshalb eine Prognose nur stellen und sich zu dem politischen Akt der Publikation einer solchen Prognose nur entschließen, wenn man die Daten sorgfältig geprüft hat, auf die sie sich stützt, und wenn man glaubt, die möglichen Folgen einer solchen Publikation verantworten zu können. Eine Prognose der hier betrachteten Form unterscheidet sich also von anderen wissenschaftlichen Erkenntnissen dadurch, daß sie nur in der Absicht publiziert wird, ihre eigene Falsifikation herbeizuführen. Die vorausberechnete Katastrophe stellt einen Grenzwert dar; sie erschöpft nicht das Feld der Prognose, sondern begrenzt erst den Bereich, innerhalb dessen jene Prognosen sich zu bewegen haben, die für die herbeizuführende Planung relevant sind.

Um die methodischen Probleme, die sich dabei stellen, genauer zu bestimmen, betrachten wir auf der Grundlage des Berichtes von Harrar die Maßnahmen, die möglich und nötig wären, um eine Steigerung der Weltlebensmittelproduktion zu erreichen. Eine entsprechende Analyse der Möglichkeiten einer Beschränkung des Bevölkerungswachstums würde vermutlich methodisch analoge Strukturen ergeben.

Die erste Möglichkeit einer Steigerung der Weltlebensmittelproduktion wäre ein technologischer Durchbruch. Erörtert werden die Nutzung von Mikroorganismen wie Bakterien, Pilzen und Algen als potentieller Quelle von Protein, ein Durchbruch im photosynthetischen

---

[8] *Revised and Enlarged Edition, London: The Free Press of Glencoe, ^{9}1964, 421 ff.*
[9] "If men define situations as real, they are real in their consequences", zitiert nach Merton, a. a. O., 421.

Prozeß, die Nutzung von Meer-, Brack- und Süßwasser für die Nahrungsmittelproduktion, die Gewinnung von Protein aus Petroleum und anderes mehr. Hier wird die Prognose nun schon sehr kompliziert, denn für jedes der in Frage kommenden Verfahren müssen auf Grund einer Kombination der Vielzahl von beteiligten Wissenschaften die Informationen gesammelt werden, die nötig sind, um eine Prognose zu stellen: über die Möglichkeit eines Verfahrens, über die quantitativen Kapazitäten, mit denen in bestimmten Zeiträumen gerechnet werden kann, über die Höhe der technischen Investitionen, über die Höhe des Bedarfes an Spezialisten der verschiedenen Ausbildungsrichtungen und -stufen und über die politischen Voraussetzungen, an welche die Realisierung der verschiedenen Projekte gebunden ist. Über die Relevanz der Projekte entscheiden ihre quantitativen Möglichkeiten und die zu ihrer Realisierung erforderlichen Fristen, denn in weniger als zwanzig Jahren müssen die Nahrungsmittel für zusätzliche Milliarden von Menschen produziert werden. Dadurch ist ein Volumen der Projekte vorgezeichnet, das quantitativ alle mir bekannten wissenschaftlichen Projekte, einschließlich der Raumfahrt, weit übersteigt. Es läßt sich etwa abschätzen, welcher wissenschaftliche Apparat erforderlich wäre, um auch nur die unentbehrlichen Prognosen zu stellen – von der Programmierung, Planung und Durchführung der Projekte ganz abgesehen. Es läßt sich auch abschätzen, in welche finanziellen Größenordnungen man vorstößt, und welche politischen Bedingungen gegeben sein müßten, um eine Finanzierung dieses Ausmaßes zu realisieren. Davon wird später noch die Rede sein. Für uns ist vorerst nur die Feststellung wichtig, daß schon die bloße Prognose auf einem relativ leicht zu übersehenden Feld innerhalb der uns verfügbaren wissenschaftlichen Institutionen nicht möglich ist; denn schon die bloße Erhebung der Informationen setzt voraus, daß eine interdisziplinäre Kooperation von größtem Ausmaß in internationalem Rahmen organisiert wird. Dabei handelt es sich aber erst um die Prognose, noch nicht um Programmierung und Planung. Man versteht, daß Harrar ohne nähere Begründung feststellt, daß alle diese Verfahren zusammengenommen, so begrüßenswert sie sind, doch nicht vermögen, „die Anforderungen an die herkömmliche landwirtschaftliche Produktionsweise in voraussehbarer Zukunft bedeutend zu vermindern" (a. a. O., 612).
Ich unterbreche hier den Gang der Überlegung, um eine methodische Bemerkung einzuschalten. Eine Prognose, die den Anforderun-

gen genügt, die sich mit einem so globalen Auftrag stellen, ist, wie gesagt, in den uns heute verfügbaren Institutionen nicht möglich. Um die erforderlichen Einrichtungen zu schaffen, müßten bisher unbekannte Formen der internationalen Wissenschaftsplanung entwickelt werden. Dazu bedürfte es sehr weittragender politischer Entscheidungen. Die Planung ist Voraussetzung der Prognose. Die beteiligten Wissenschaften würden durch eine solche Planung vor Aufgaben gestellt, die ihnen neu sind, weil sie im bisherigen Rahmen nicht lösbar waren. Damit verändert sich die Struktur der Wissenschaft selbst. Sie wird zu einer Funktion der Planung, die ihrerseits aus wissenschaftlicher Reflexion hervorgehen soll. Ich hielt es für nötig, auf dieses Problem ausdrücklich hinzuweisen, weil wir zu leicht dem Vorurteil erliegen, die heutige Wissenschaft sei bereits in der Lage, jene Prognosen zu stellen, die wir brauchen. Das ist nur partikulär der Fall; auch die prognostische Wissenschaft ist eine Wissenschaft der Zukunft.

Ich wende mich nun wieder dem Problem der Welternährung zu. Nach den Berechnungen von Harrar ist eine Steigerung des Nahrungsmittelangebots der Erde um annähernd 5% pro Jahr notwendig. In den letzten Jahren haben die hungernden Länder, wie gesagt, zum größten Teil vom Nahrungsmittelüberschuß der USA gelebt. Im August 1966 war das State Department genötigt, den Botschaftern der Vereinigten Staaten in den hungernden Ländern mitzuteilen, daß die Getreideimporte aus Amerika um 25% gekürzt werden müßten. Das ist eine dramatische Nachricht, für die sich freilich die deutsche Presse nicht interessiert hat. Sie zeigt sehr deutlich, daß die Ernährung der hungrigen durch die reichen Länder schon jetzt an ihre Grenzen stößt. Die Produktivitätssteigerung ist also nur möglich, wenn es gelingt, den Produktivitätsrückstand in den Entwicklungsländern selbst zu überwinden. Harrar gibt eine Übersicht über die Maßnahmen, die erforderlich wären.

1. Förderung und Intensivierung der landwirtschaftlichen Forschung, Ausbildung und Lehre mit dem Ziele, die ganze bäuerliche Bevölkerung des betreffenden Landes zu durchdringen. Dazu bedarf es nach Harrar in jedem Lande einer beträchtlichen Zahl von in den Agrarwissenschaften ausgebildeten Personen zur technischen Anleitung und Lehre, einer zunehmenden Zahl von qualifizierten Forschern, eines organisierten und mit Spezialisten besetzten Informationsdienstes für die Bauern und schließlich der zugehörigen Verwaltungskräfte. Dieses Personal kann nach Harrar nur gewonnen und ausgebildet werden, wenn eine gut aufgebaute und angemessene Beamtenlaufbahn eingerichtet wird.

Schon dieser erste Punkt bedarf eines methodischen Kommentars. Es ist für einen Agrarspezialisten wie Harrar nicht schwer, in überzeugender Form darzustellen, daß eine Steigerung der landwirtschaftlichen Produktion an diese Vorbedingungen gebunden ist. Aber er genügt damit noch nicht den Forderungen, die wir an eine wissenschaftliche Prognose stellen müssen. Es wäre nämlich jetzt zu untersuchen, welche Voraussetzungen erfüllt sein müssen, damit diese Forderungen realisiert werden können. Sämtliche aufgezählten Punkte sind abhängig von der Entwicklung des Bildungswesens. Bildung heißt dabei mehr als bloße Information, denn ein Volk, das wie die Inder lieber verhungert, als die heiligen Kühe zu schlachten, Fische zu essen oder Ratten zu vernichten, nimmt Informationen über moderne Methoden der Landwirtschaft nicht auf. Erforderlich sind Formen der Erziehung, welche die Menschen dazu anleiten könnten, eine Jahrtausende alte Lebensordnung zu ändern, ohne dabei moralisch aus den Fugen zu geraten, eine religiöse Revolution durchzumachen, die alles weit hinter sich läßt, was christliche Mission je versucht hat, und jene geistige Einstellung herbeizuführen, welche die Menschen dann erst fähig macht, rationale Informationen aufzunehmen und nach ihnen zu handeln. Eine Prognose, die Hand und Fuß haben soll, müßte für jedes der betreffenden Länder die gegebenen Chancen und die zu erwartenden Fristen ermitteln. Dabei ist zu bedenken, daß die Chancen wie die Fristen in erster Linie von der politischen Ordnung abhängig sind. Hierdurch hat sich zugleich der Katalog der Wissenschaften erweitert, die bei der Prognose über die Möglichkeiten einer Produktionssteigerung heranzuziehen wären.

2. Gewährung zweckgebundener Kredite zum Kauf von Geräten, zum Kauf von Land und zur Erweiterung der Viehbestände.

Hier kommen wir auf ein neues Feld, denn es ist zu prüfen, in welcher Höhe Kredite erforderlich wären, um effektive Produktionssteigerungen zu bewirken. Eine effektive Produktionssteigerung tritt erst ein, wenn der Übergang von der Subsistenzwirtschaft zur Produktionswirtschaft geleistet ist. Aus der Höhe der hierzu erforderlichen Investitionen ergibt sich dann die Höhe der Kredite, die beschafft werden müßten. Vermutlich kommt man dabei in Größenordnungen, die in dem gegenwärtigen System der Weltwirtschaft und mit den gegenwärtigen Finanzierungsmethoden nicht zu bewältigen sind. Investitionen dieser Höhe in Entwicklungsländern wären nämlich nichts Geringeres als eine Umverteilung des Reichtums der Welt. Diese Aufgabe stellt also sämtliche Ordnungsschemata der gegenwärtigen Weltpolitik in Frage.

3. Verbesserung des Transportsystems und der Vermarktungseinrichtungen.

Der Mangel an Hafenanlagen, regulierten Wasserstraßen, Eisenbahnen und Autostraßen macht es heute äußerst schwierig, auch nur die Nahrungsmittellieferungen der Länder mit Überproduktion zu verteilen. Erst recht ist an die Entwicklung moderner Formen landwirtschaftlicher Produktion in bisher unterentwickelten Regionen nicht zu denken, wenn diese neuen Produktionsgebiete nicht für den Verkehr erschlossen werden. Eine wissenschaftliche Prognose hätte zu prüfen, welche Baukapazitäten geschaffen werden müssen, welche Investitionen erforderlich sind, und welche Organisationen man braucht, um große Distrikte verkehrstechnisch zu erschließen und die entsprechenden Vermarktungseinrichtungen zu schaffen. Dabei ist zu bedenken, daß es nicht nur um die Errichtung neuer Industrien sondern auch um die Heranbildung des Personals der verschiedenen Ausbildungsstufen geht, das diesen Aufgaben gewachsen sein soll.

4. Bereitstellung weit größerer Mengen von anorganischen Düngemitteln und dringend erforderlichen Schädlingsbekämpfungsmitteln.

Das ist eine Forderung, die schnell und effektiv eine kurzfristige Steigerung der Nahrungsmittelproduktion bewirken könnte, und deren Realisierung vermutlich rasch in die Wege zu leiten wäre. Auch hier bedürfte es aber in internationalem Rahmen einer wohlorganisierten Kooperation, die auf sorgfältigen Prognosen aufbauen müßte. Auch die Produktion, die Verteilung und die Anleitung zum Gebrauch von Düngemitteln und von Schädlingsbekämpfungsmitteln ist eine Aufgabe von riesigem Ausmaß. Sie ist an politische Voraussetzungen geknüpft, die in den am meisten betroffenen Ländern am wenigsten gegeben sind. So läßt sich zum Beispiel die Tatsache, daß in einem potentiell so reichen Land wie Brasilien zwei Drittel der Bevölkerung an Unterernährung leiden, nur aus der mangelhaften politischen Organisation erklären.

5. *Die absolute Notwendigkeit einer wirtschaftlich vernünftigen Landverteilung.*

Was dazu gehört, um diese „absolute Notwendigkeit" zu erfüllen, das zeigt in dramatischer Weise Südvietnam. Vermutlich hätte sich die Entsendung der amerikanischen Truppen erübrigt, wenn es gelungen wäre, rechtzeitig diesen Punkt des Harrarschen Programms zu erfüllen. Auch in der Bundesrepublik brauchten wir keinen Pfennig an Landwirtschaftssubventionen zu zahlen, wenn das Land rationell verteilt wäre. Damit wird aber die von uns allen erstrebte politische Grundordnung in Frage gestellt, denn nach den bisherigen Erfahrungen ist es nicht möglich, in einem liberalen Rechtsstaat kurzfristig eine wirtschaftlich vernünftige Landverteilung durchzusetzen. Wenn man es wagen dürfte, diesen Punkt des Programms von Harrar einer wissenschaftlichen Analyse zu unterziehen, so würde sich wahrscheinlich herausstellen, daß die von ihm postulierte „absolute Notwendigkeit" und Demokratie zwei kaum zu vereinbarende Größen sind.

Der Mensch hat in der technischen Welt nur dann eine Zukunft, wenn man die Bürger dieser Welt ernähren kann. Deshalb hielt ich es für geboten, dieses Beispiel mit einiger Ausführlichkeit zu erörtern. Je gründlicher wir es analysieren würden, desto unabsehbarer wäre die Fülle der sachlichen und methodischen Probleme, die sich uns stellen, und der Informationen, die zu ihrer Lösung erforderlich wären. Sollte es mir gelungen sein, das auch nur in Umrissen deutlich gemacht zu haben, so hätte das Beispiel seinen Dienst erfüllt. Ich beschränke mich hier darauf, aus unserer flüchtigen Analyse einige allgemeine Feststellungen abzuleiten, die für das Verständnis der Probleme der technischen Welt, wie mir scheint, fundamental sind:
– Es ergibt sich aus der Struktur der technischen Welt, daß sich die partikulären Probleme der Vergangenheit heute in globale Probleme verwandeln, die nur noch global gelöst werden können. Zur Lösung dieser Probleme stehen uns aber bisher fast ausschließlich partikuläre Institutionen in nationalem Rahmen zur Verfügung. Das gilt auch für die wissenschaftlichen Institutionen. Es ist aber prinzipiell undenkbar, daß national finanzierte und verwaltete Institutionen

globale Aufgaben lösen können. Wir sind in der Wissenschaft heute ebensowenig wie in Politik, Wirtschaft und Finanzwesen darauf eingerichtet, jene Probleme zu lösen, deren Unausweichlichkeit uns schon die summarischen Prognosen vor Augen stellen, die einstweilen alles sind, was wir leisten können.

– Eine zweite Eigentümlichkeit der technischen Welt, die uns das Welternährungsproblem illustriert, ist die Interdependenz sämtlicher Phänomene. Im Unterschied zu den vortechnischen Formen des Wissens erlaubt und erzwingt die Steigerung menschlicher Macht, die wir der Wissenschaft des technischen Zeitalters verdanken, Eingriffe in Natur und Sozialstruktur, die das gesamte Lebensgefüge des Menschen bis in seine biologischen Grundlagen hinein revolutioniert haben. Die Potenzierung menschlicher Macht hat zugleich eine Potenzierung der menschlichen Abhängigkeit von den Folgen der Eingriffe dieser Macht herbeigeführt. Das Subjekt dieser Macht ist zugleich ihr Objekt, der Produzent der Veränderungen ihr Produkt. Die Reichweite der menschlichen Macht hat in der Übergangsphase, in der wir leben, vorläufig die Grenze überschritten, innerhalb deren menschliche Vernunft die Folgen ihres Tuns noch überblicken konnte. Niemand vermag noch zu kontrollieren, wie im Geflecht einer durchgängigen Interdependenz eine bestimmte Maßnahme sich auswirken wird. Der Mensch wird immer mehr zum Subjekt seiner Geschichte. Aber dieses Subjekt ist blind, es ist vernunftlos, weil es sein eigenes Handeln nicht zu integrieren vermag. Das ist in der Struktur der Wissenschaft begründet, die diese neue Welt produziert.

Die Wissenschaft des technischen Zeitalters beruht auf der methodischen Isolierung einzelner Ketten von Phänomenen. Das Geflecht der Interdependenzen wird zerschnitten, die störenden Faktoren werden ausgeblendet, um experimentelle Bedingungen herzustellen, die eine methodische und technische Beherrschung bestimmter Vorgänge erlauben. Was im Ansatz des Verfahrens ausgeblendet wurde, kann nicht nachträglich wieder eingeführt werden. Die Blindheit gegenüber den Sekundäreffekten ist deshalb geradezu das Prinzip der Wissenschaft, die unsere Welt gestaltet. Deswegen führt die technische und industrielle Realisierung der wissenschaftlichen Ergebnisse fortwährend zu Konsequenzen, an die kein Mensch gedacht hat, weil sie sich auf Gebieten abspielen, die außerhalb der Zuständigkeit der initiierenden Wissenschaft liegen. Die Desintegration der Wissenschaft produziert die entsprechende Desintegration der von der Wissenschaft beherrschten Welt. Die Rationalität der technischen Welt ist eine desintegrierte, sie ist also eine vernunftlose Rationalität, und die Vernunftlosigkeit der technischen Welt ist bisher das Schicksal der Menschen in dieser Welt.

– Daraus erklärt sich, daß schon die bloße Prognose nur als politischer Akt zu denken ist; sie setzt eine politische Willensbildung voraus und ist sowohl wissenschaftlich wie organisatorisch an Bedingungen geknüpft, die nur durch politische Entscheidungen von größter Tragweite hergestellt werden können. Jene prognostische Wissenschaft, die nötig wäre, wenn die Menschheit der technischen Welt erhalten werden soll, ohne daß Vernunft und Freiheit untergehen, ist also selbst eine Utopie.

Utopie

Wir haben damit in unseren Überlegungen den Punkt erreicht, wo der Begriff der Utopie genauer erörtert und meine veränderte Fassung dieses Begriffes begründet werden muß. Bevor ich auch zur Erläuterung der Utopie ein Beispiel heranziehe, das zugleich inhaltlich über die Situation des Menschen in der Zukunft der technischen Welt etwas aussagen kann, ist eine kurze Erinnerung an die Geschichte dieses Begriffes nötig. Das Wort und den Begriff der Utopie – des Nirgendwo-Landes – verdanken wir Thomas Morus; sein 1516 erschienenes berühmtes Werk hat den Titel „De optimo rei publicae statu deque nova insula Utopia"[10]. „Utopia" ist ein Inselreich in einem noch unentdeckten Meer. Ohne die Entdeckung der Neuen Welt durch Kolumbus wäre das utopische Denken, das mit der Möglichkeit von anderen Welten spielt und in diesem Spiel neue Möglichkeiten zur Veränderung unserer eigenen Welt entdeckt, nicht entstanden. Utopisches Denken ist neuzeitliches Denken. Es reflektiert die Krisen des Bewußtseins einer Menschheit, die sich seit dem Zeitalter der Entdeckungen in ein Feld der unbegrenzten Möglichkeiten versetzt sah, die als Grundcharakter ihrer eigenen Geschichte die per-

---

[10] DE OPTIMO REIPUBLICAE STATU DEQUE nova insula Utopia libellus vere aureus nec minus salutaris quam festivus, clarissimi viri THOMAE MORI inclytae civitatis Londinensis civis et Vicecomitis, jetzt: The Complete Works of St. Thomas More, hg. von Edward Surtz, S. J. and J. H. Hexter, Bd. 4, New Haven/London: Yale University Press, 1965.

manente Veränderung entdeckte, und die damit fortschreitend die Fähigkeit verlor, das wahrhaft Seiende als Ewiges zu begreifen und eine stabile Ordnung ihrer Welt als eine naturgemäße Ordnung zu bejahen.

Nun taucht aber bei jeder Erörterung des Utopie-Begriffes ein Gespenst auf, von dem, noch zuletzt bei Popper und bei Dahrendorf[11], die gesamte Theorie der Utopie abhängig ist. Man gibt diesem Gespenst, ohne Rücksicht auf die historische Wirklichkeit, den Namen Platon. Es ist deshalb in der gegenwärtigen Diskussionslage unvermeidlich, über den wirklichen Platon etwas zu sagen; das wird sich auch für die positive Bestimmung des Wesens der Utopie als hilfreich erweisen. In den Philosophie-Geschichten kann man lesen, Platon habe einen „Ideal-Staat" entworfen. Aber der Begriff des Ideals ist ein moderner Begriff[12]; was Platon in seiner „Politeia" tatsächlich darstellen will, ist nicht das Ideal sondern die Idee des Staates. Die Idee des Staates verhält sich zu der unübersehbaren Vielzahl geschichtlicher Staaten wie die Idee des Quadrates zu der unendlichen Vielzahl von möglichen Zeichnungen des Quadrates. Das gezeichnete Quadrat ist nur dadurch Quadrat, daß in ihm die Idee des Quadrates zur Darstellung kommt. Die Lehrsätze, die wir mit Hilfe gezeichneter Quadrate demonstrieren, sind nicht Sätze über ein gezeichnetes Quadrat, sie gelten vielmehr für die Idee des Quadrates; und weil sie sich für die Idee des Quadrates beweisen lassen, gelten sie für jedes überhaupt mögliche Quadrat. Die Idee des Quadrates ist also nichts Ausgedachtes, sondern sie ist im Gegenteil das wahre Quadrat, also das wahrhaft Seiende, das in dem sinnlich sichtbaren Quadrat nur erscheint. Was hier über das Quadrat gesagt wird, gilt für jede mathematische Struktur überhaupt. Da aber die sinnlich sichtbare Natur mathematischen Gesetzen gehorcht, hat Platon gelehrt, daß es sich mit der Natur im Ganzen nicht anders verhält als mit den mathematischen Figuren und Körpern; auch die Natur ist sinnliche Erscheinung rein mathematischer Strukturen und Relatio-

---

[11] Die Bemerkung bezieht sich auf Sir Karl R. Popper, The Open Society and Its Enemies, I. The Spell of Plato, London: Routledge and Kegan Paul, 1944; dt. Der Zauber Platons, Bern: Francke, 1957; und vermutlich auf Sir Ralf Dahrendorf, Gesellschaft und Freiheit. Zur soziologischen Analyse der Gegenwart, München: Piper, 1961.

[12] Vgl. *Georg Picht*, „Das Wesen des Ideals", in: Wahrheit, Vernunft, Verantwortung, a. a. O., *203 ff.*; zu Platon vgl. Georg Picht, Platons Dialoge „Nomoi" und „Symposion", a. a. O.

nen. Analog entwirft er im „Staat" die Idee, das heißt das reine Wesen jedes überhaupt möglichen Staates, und er verifiziert diesen Entwurf durch den Nachweis, daß sich alle überhaupt möglichen Formen des Staates aus diesem reinen Modell ableiten lassen, daß also in jeder empirischen Staatsform, die möglich ist, wenngleich in verschiedenen Graden der Brechung, ein identisches Wesen zur Erscheinung kommt, das uns erlaubt, diese verschiedenartigen Gebilde mit dem gleichen Begriff als „Staaten" zu bezeichnen. Das reine Wesen oder die Idee des Staates heißt „der beste Staat", weil „gut" der Inbegriff jener Bestimmungen ist, die den Bestand eines Gebildes möglich machen. In Platons Theorie ist die These impliziert, daß jeder überhaupt mögliche empirische Staat nur dank jener Wesenszüge Bestand haben kann, in denen er mit dem reinen Wesen des Staates übereinstimmt.

Wir halten fest: die Idee des Staates ist eine Struktur, die in jedem empirischen Staat mehr oder weniger gebrochen zur Erscheinung kommt, die aber selbst unveränderlich, stets mit sich selbst identisch und ewig ist. Sie kann in reiner Gestalt ebensowenig realisiert werden, wie die Idee des Quadrates sich zeichnen läßt. Wohl aber ist sie, wie die Idee des Quadrates, ein Modell, an dem wir uns orientieren können und müssen, wenn wir einen empirischen Staat so einrichten wollen, daß er nicht untergeht. Die Überlegungen, die man dann anstellen muß, hat Platon in den „Gesetzen" entwickelt.

Dies möge genügen, um zu zeigen, daß Platons „Staat" ebensowenig eine Utopie ist wie die Mechanik von Newton. Die „Politeia" ist ein Werk über die Natur des Staates oder genauer: über die Natur aller überhaupt möglichen Staaten. Es wird aber auch unmittelbar deutlich, weshalb das neuzeitliche Denken nicht umhin konnte, sie als eine Utopie zu mißdeuten. Der Gedanke, daß in allen empirischen Staaten die gleiche unveränderliche Struktur zur Erscheinung kommt, ist für das geschichtliche Bewußtsein der Neuzeit nicht nachzuvollziehen. Ebenso unerträglich ist einem aus der christlichen Eschatologie hervorgegangenen Denken die Lehre, das, was man „gut" nennt, gehöre in die selbe Region wie die reine Mathematik, nämlich in die Region dessen, was immer sich selbst gleich ist, und nicht in die Zukunft. Projiziert man Platons „Staat" in die Zukunft, so verwandelt er sich aus einer Idee in eine Utopie und erregt dann durch die Geschlossenheit seiner unveränderlichen Strukturen den Zorn der Protagonisten der „Offenen Gesellschaft". Ihr Zorn ist freilich aufschlußreich genug, denn er enthüllt, daß der Entwurf der offenen Gesellschaft selbst einen utopischen Charakter hat. Platon, den man als Konkurrenten diffamiert, besitzt auch in der Verzerrung noch die Kraft, die ideologische Basis seiner vermeintlich positivistischen Gegner aufzudecken.

Im 18. und 19. Jahrhundert haben sich zwei verschiedene Typen der Utopie herausgebildet: die naturwissenschaftlich-technische und die politisch-soziale Utopie. Die Trennung dieser beiden Sphären spiegelt ein vortechnisches Bewußtsein wider, das freilich bis heute nicht überwunden ist. Die spezifische Differenz, durch die sich die technische Welt von den vortechnischen Kulturen unterscheidet, liegt in der nahezu totalen Abhängigkeit der politisch-sozialen Sphäre von der Technik und der viel schwerer zu durchschauenden, aber nicht weniger wirksamen Abhängigkeit der Wissenschaft von den wirtschaftlichen und politischen Mächten. Zwar bewegt sich die Wissenschaft noch immer im wohlbehüteten Zauberkreis der Ideologie der „reinen Forschung"; tatsächlich aber verdankt sie ihre Expansion und die Finanzierung der zu ihrem Betrieb erforderlichen Investitionen dem Bündnis von Wissenschaft und Kapitalismus, aus dem die moderne Technik entsprungen ist. Andererseits leben die Politiker in dem Wahn, die Geschicke der Welt würden von den Regierungen und Parlamenten entschieden und ihre Veränderungen durch politische Revolutionen vollbracht. Tatsächlich haben Forschung und Technik in den letzten Jahrzehnten politische und soziale Umwälzungen verursacht, die alle bisherigen Revolutionen der Weltgeschichte hinter sich lassen. Wenn es wahr ist, daß utopisches Denken die Veränderung der realen Welt intendiert, so müßte es das Gesetz begreifen, nach dem aus dem Wechselspiel von politischer und technischer Macht alle Veränderung in dieser Welt resultiert. Es gibt aber bisher, soweit ich sehe, keine positive Utopie, die diesem Wechselspiel gerecht zu werden vermöchte und das Gesetz der Veränderung der technischen Welt begriffen hätte. Nur die konservativ gesinnten Verfasser von negativen Utopien, wie Huxley und Orwell, haben die Hellsichtigkeit besessen, in den von ihnen entworfenen Schreckensbildern etwas von dieser Verflechtung sichtbar zu machen[13]. Die vor-

---

[13] George Orwell, 1984, zuerst erschienen 1948; Aldous Huxley, Brave New World, zuerst erschienen 1932, seither viele Auflagen und verschiedene Übersetzungen ins Deutsche.

technische Einseitigkeit des Denkens zeigt sich nicht nur in den utopischen Romanen, sie bestimmt weithin auch die wissenschaftliche Diskussion über den Utopie-Begriff, gleichgültig ob man Karl Mannheim oder Popper und Dahrendorf, Freyer[14] oder die Neomarxisten zu Rate zieht. Die Sozialwissenschaften betrachten die Utopie, als wäre sie bloß ein Phänomen des Bewußtseins, obwohl sie doch Zeugen davon sind, wie die Realisierung wissenschaftlich-technischer Utopien ihren eigenen Gegenstandsbereich, nämlich die soziale und politische Welt, revolutioniert. Auf der anderen Seite wirkt im Bereich von Naturwissenschaft und Technik utopisches Denken mit einer solchen Gewalt, daß *science fiction* unablässig von *science realisation* überholt wird; aber die Naturwissenschaft reflektiert nicht auf die utopische Gestalt ihres eigenen Handelns. Die Sozialwissenschaften vermögen deshalb bisher noch keine Theorie zu entwerfen, welche die Umgestaltung aller gesellschaftlichen Prozesse und Strukturen und aller politischen Formen durch die alldurchdringende Macht der sich in Technik übersetzenden Wissenschaften interpretieren könnte. Umgekehrt fehlt der Naturwissenschaft eine Wissenschaftstheorie, die ihr zu einem aufgeklärten Verständnis ihrer eigenen gesellschaftlichen und politischen Voraussetzungen und ihres utopischen Wesens verhelfen würde. Für unsere Zwecke ist deshalb aus der bisherigen Diskussion über den Utopie-Begriff nur wenig zu gewinnen. Was die vergangenen Jahrhunderte als Utopie bezeichnet haben, ist verblichen; wir leben als Bürger der technischen Welt in einer Zeit, in der die Phantasie der Wirklichkeit nicht mehr nachkommt und deshalb die Kraft zum verwandelnden Vorgriff verloren hat. Die früheren Utopien wirken heute nicht nur in ihrem Inhalt sondern in ihrer Form wie verwelkte Rosen – sie haben den wehmütigen Reiz von Reminiszenzen an eine gute alte Zeit, in der man noch glauben durfte, daß Träume die Welt verändern können. Die Utopisten sind aus Revolutionären zu liebenswerten Romantikern geworden. Die Utopie ist, wie etwa bei Ernst Bloch, ihre blaue Blume[15].
Bei Karl Marx sah das anders aus. Im Kommunistischen Manifest heißt es: „Die Bedeutung des kritisch-utopistischen Sozialismus und

---

[14] Karl Mannheim, Ideologie und Utopie, ³Frankfurt: Schulte-Bulmke, 1952; Popper, a. a. O.; Dahrendorf, a. a. O.; ders., Pfade aus Utopia, München: Piper, 1965; Hans Freyer, Die politische Insel, Leipzig: Bibliographisches Institut, 1936.

[15] So z. B. Ernst Bloch, Das Prinzip Hoffnung, Frankfurt: Suhrkamp, 1959, Vierter Teil: „Grundrisse einer besseren Welt", 523 ff., aber auch passim.

Kommunismus steht im umgekehrten Verhältnis zur geschichtlichen Entwicklung. In demselben Maße, worin der Klassenkampf sich entwickelt und gestaltet, verliert diese phantastische Erhebung über denselben, diese phantastische Bekämpfung desselben allen praktischen Wert, alle theoretische Berechtigung."[16] Aber die durch das Kommunistische Manifest eingeleitete revolutionäre Praxis wird selbst von einer Utopie, der Utopie der klassenlosen Gesellschaft, bestimmt. In meiner Terminologie wäre diese Utopie als eine blinde, nicht als eine aufgeklärte Utopie zu bezeichnen; sie ist ein Produkt jener partiellen Regression, die Marx von Hegel zurück zu Rousseau und zum Materialismus des 18. Jahrhunderts geführt hat. Das Paradox liegt darin, daß der Marxismus gerade dieser Regression jene Möglichkeiten der Trivialisierung verdankt, auf denen sein welthistorischer Erfolg beruht. Positiv läßt sich aus Marx entnehmen, daß der Begriff der Utopie nur dann theoretische Berechtigung und praktischen Wert besitzt, wenn man die Utopie als ein Schema der Antizipation von Zukunft versteht, das zwischen Theorie und Praxis vermittelt.

Ich schränke also den Begriff der Utopie – hierin in Übereinstimmung mit Karl Mannheim – auf den Bereich der realisierbaren Möglichkeiten ein, verstehe aber unter Utopie nicht ein bloßes Gebilde des Bewußtseins, auch nicht wie Popper eine Hilfskonstruktion politisch-sozialer Technik, sondern die antizipierte Gestalt der Zukunft selbst, also eine mögliche Realität. Der Begriff der Utopie hat dann die Funktion, zwischen Bewußtsein und zukünftiger Wirklichkeit zu vermitteln. Damit ist zugleich gesagt, daß aufgeklärte Utopie kein statisches Modell sein kann, sondern fortschreitend durch die kritische Reflexion auf die Ergebnisse der Prognose modifiziert werden muß. Dadurch, daß wir gebunden sind, in die Utopie die Ergebnisse wissenschaftlicher Prognose aufzunehmen, gewinnt die aufgeklärte Utopie im Gegensatz zu den bisher als Utopie bezeichneten Gebilden eine kritische Funktion für unser eigenes Bewußtsein. Sie zwingt uns, nicht nur unsere Erkenntnis sondern auch unsere Hoffnungen und Wünsche, unsere Ideologien und unsere Träume am Maßstab kritisch antizipierter Realität zu prüfen. Daß wir, wie mir

---

[16] Karl Marx/Friedrich Engels, Manifest der Kommunistischen Partei, Karl Marx, Frühe Schriften, hg. von Hans-Joachim Lieber und Peter Fürth, Marx Werke, Darmstadt: Wissenschaftliche Buchgesellschaft, 1971, Bd. 2, 855.

scheint, heute genötigt sind, diesen Begriff der aufgeklärten Utopie zu entwerfen, ist das Ergebnis einer neuen und fundamentalen geschichtlichen Wende. Wir schicken uns an, unwiderruflich die Erfahrung zu machen, daß der Traum von den unbegrenzten Möglichkeiten ein Wahn war. Die technische Welt ist eine Welt der grausam begrenzten Möglichkeiten. Die hungernden Milliarden werden nicht auf einen anderen Planeten auswandern können. Die Ressourcen auf der Erde sind nicht unerschöpflich. Die Expansion von Wissenschaft und Technik stößt um so schneller an unüberschreitbare Grenzen, je rascher sie vorangetrieben wird. Der Mensch erobert seine eigene Endlichkeit. Er demoliert den Spielraum der Phantasie. Das muß zu einem ungeheuren Umschlag in seinem Selbstverständnis führen und wird für die innere Situation des Menschen in der Zukunft der technischen Welt der alles beherrschende Tatbestand sein.

Der Anprall an die Schranken der Endlichkeit rechtfertigt nicht die Preisgabe des Begriffes der Utopie, aber er zwingt, diesen Begriff auf den begrenzten Spielraum der realen Möglichkeiten menschlichen Handelns einzuschränken. Das ist die Begründung für die neue Fassung des Begriffes, die ich vorgeschlagen habe. Prognose ist Antizipation der Zukunft durch Theorie. Planung ist Antizipation der Zukunft für die Praxis. Aber beide Weisen des Vorgriffs in die Zukunft werden nur dadurch möglich, daß zuvor die produktive Einbildungskraft ein Schema des Spielraums der Möglichkeiten entwirft, innerhalb deren Prognose und Planung ihr Feld entdecken[17]. Dieses Schema wird von der produktiven Einbildungskraft entworfen; aber Einbildungskraft heißt hier nicht ungebundene Phantasie, sie ist vielmehr das Vermögen zu einer synthetischen Antizipation des Realen. In diesem Begriff der Utopie sind, wie noch deutlicher hervortreten wird, alle produktiven Momente, die sich in der bisherigen Geschichte des utopischen Denkens ausgebildet haben, aufgehoben. Deswegen scheint es mir berechtigt, an dem Begriff der Utopie, wenn auch in abgewandelter Bedeutung, festzuhalten.

Wir haben bisher ein konstitutives Merkmal des Begriffes der aufgeklärten Utopie noch nicht genannt; es tritt ans Licht, wenn wir uns nun dem Beispiel zuwenden, durch das dieser Begriff der Utopie erläutert werden soll. Es gibt in der technischen Welt, in der wir leben,

---

[17] Vgl. „Die Kunst des Denkens", in: Wahrheit, Vernunft, Verantwortung, a. a. O., 427ff.

im Grunde nur eine einzige Utopie, die alle anderen Utopien in sich enthält, nämlich die Utopie des Weltfriedens. Aber diese Utopie hat einen höchst eigentümlichen Charakter, der sie in einer schwer zu ergründenden Weise wieder in die Nachbarschaft der platonischen Ideen zu rücken scheint. Der Weltfriede ist nämlich im Atomzeitalter die Bedingung der Möglichkeit der technischen Welt überhaupt. Er ist die Bedingung ihrer Erhaltung und ihres Bestandes. Gelingt es nicht, die technische Welt als ein Weltfriedenssystem zu gestalten, so wird sie die Zukunft, von der wir sprechen, nicht erleben. Einstweilen ist sie von der Realisierung dieses Systems aber noch weit entfernt; deshalb ist ihr Bestand höchst ungewiß. Soll sie aber bestehen bleiben, so ist sie – man möchte fast sagen, dazu verurteilt, ihr gesamtes Handeln nach der Utopie des Weltfriedens zu orientieren. Diese Utopie ist für sie konstitutiv; sie ist das Grundgesetz der technischen Welt, die sich auf eine Utopie begründen muß, weil sie aus utopischem Denken hervorgegangen ist.

Die Ausführung des Beispiels, an das wir uns halten, hat Carl Friedrich von Weizsäcker in seiner Frankfurter Friedensrede gegeben[18]. Wir können sie uns also hier ersparen und gleich dazu übergehen, aus ihr einige Konsequenzen abzuleiten, die für die genauere Bestimmung des Begriffes der Utopie von Bedeutung sind. Eine Utopie ist, wie ich sagte, nur dann eine aufgeklärte Utopie, wenn sie von einer kritischen Reflexion auf die prognostisch zu erschließenden realen Möglichkeiten des Handelns begleitet ist. Die Frage, welchen Inhalt der Begriff des Friedens in der Zukunft der technischen Welt haben wird, kann also nur aus einem Überblick über die Gesamtheit der verfügbaren Daten für eine Prognose des künftigen Weltzustandes gewonnen werden. Das Beispiel, an dem wir den Begriff der Prognose erläuterten, hat ergeben, daß auch in einer Welt, welche den großen Krieg zu verhindern weiß, der Fall eintreten kann, daß in den nächsten zwanzig Jahren durch Hunger mehr Menschen umkommen als durch sämtliche Kriege der bisherigen Weltgeschichte zusammengenommen. Verglichen mit einer solchen Katastrophe wäre selbst ein beschränkter Atomkrieg das kleinere Übel; aber er würde die Katastrophe noch vergrößern, denn alle Hoffnungen auf Überwindung

---

[18] Carl Friedrich von Weizsäcker, Vier Ansprachen anläßlich der Verleihung des Friedenspreises des Deutschen Buchhandels (darunter die Laudatio von Georg Picht), Frankfurt: Börsenverein des Deutschen Buchhandels, 1963, 39ff.

des Hungers stützen sich auf die technischen und wirtschaftlichen Ressourcen der Länder, die ein Atomkrieg als erste zerstören würde. Deshalb muß auch im Interesse jener Nationen, die von einem Atomkrieg vielleicht verschont würden, der Friede unter allen Umständen erhalten bleiben. Er ist tatsächlich die Lebensbedingung des technischen Zeitalters, wenn man auch zweifeln kann, ob ein solcher Friede mit dem überlieferten Friedensbegriff noch etwas zu tun hat.
Die Unentbehrlichkeit der wirtschaftlichen und technischen Ressourcen der hochentwickelten Industrienationen begründet ein weiteres Merkmal jenes Zustandes, den man in der technischen Welt „Frieden" nennt. Die gigantischen technischen Leistungen, die erforderlich sind, um die Welt vor planetarischen Katastrophen zu bewahren, setzen voraus, daß jene monopolistische Konzentration der Produktionsmittel, des Kapitals und des Wissens, die heute den hochentwickelten Ländern in einer mehr und mehr verelendenden Welt ihre höchst fragwürdige Sonderstellung gibt, nicht abgebaut, sondern vielmehr gesteigert werden muß. Damit vergrößert sich aber der Abstand zwischen dem Reichtum einer kleinen Zahl von Völkern und dem Elend des größten Teiles der Menschheit. Verglichen mit dem Weltzustand, der sich herausbildet und schon besteht, sind die sozialen Unterschiede und die Not des Frühkapitalismus eine Idylle. Die Differenz zwischen dem Lebensstandard der hochentwickelten Länder und dem der Elendsregionen müßte – so kalkuliert Mao Tse-tung – eine Weltrevolution unvermeidlich machen, wären nicht die Machtmittel in den Händen der Reichen so furchtbar, daß Aussicht besteht, die schlimmsten Explosionen zu ersticken. Nur ständige Gewaltandrohung kann die hungernden Völker an Verzweiflungsakten hindern. Gewaltandrohung ist nichts anderes als Terror. Auf absehbare Zeit wird in der technischen Welt der Friede nur durch Terror und durch die Übermacht der privilegierten Nationen zu erhalten sein.
Nun gibt es aber konkurrierende Mächte und Machtblöcke. Es gibt nicht einen Weltstaat und eine Weltpolizei. Da sich der bewaffnete Austrag des Machtkampfes zwischen den Weltmächten verbietet, sind die hungernden Nationen in Asien, Afrika und Südamerika das Feld, auf dem sich der Konkurrenzkampf der Großen abspielt. Die Stabilität, auf der ein Friede, der nicht durch Terror erzwungen wird, beruhen müßte, wird allein schon durch die Bevölkerungsexplosion und die aus ihr folgenden Bevölkerungsbewegungen unterminiert.

Noch mehr wird der Friede durch die Dynamik des Hungers, der Revolutionen und der nationalen Emanzipationsbewegungen erschüttert. Der Machtkampf der Weltmächte hat aber die Folge, daß bald der eine, bald der andere Partner daran interessiert sein muß, Krisen, Revolutionen und Kriege zur Schwächung des anderen Partners zu nutzen und durch Propaganda, Agenten und Waffenlieferungen zu schüren. Je stabiler das Gleichgewicht des Schreckens ist, desto vehementer wird sich der Antagonismus der Mächte in Guerillakriegen, Revolutionen, Putschen und Massakern wie am Kongo oder in Indonesien entladen. Die bloße Technik ist gegen diese Prozesse indifferent; sie dient dem einen wie dem anderen. Sie führt zwar zu einer Angleichung der Produktionsformen und der in ihnen begründeten Lebensverhältnisse, sie vermag also zu egalisieren. Aber sie vermag nicht, soziale Gruppen zu integrieren, denn sie ist selbst das Produkt einer desintegrierten Rationalität. Technik begründet nicht soziale Ordnung; Spieltheorie und Kybernetik reichen nicht aus, hungernden Menschen den Ausweg aus ihrem Elend zu zeigen und jene moralischen Energien zu befreien, die nötig wären, um einen Frieden des Schreckens in eine humane Friedensordnung zu verwandeln. Trotzdem ist die Potenzierung aller technischen Mittel und aller technischen Methoden nötig, um den nackten Bestand der Menschheit zu erhalten.

Die Analyse der heutigen Formen des Friedens gehört mehr zur Prognose als zur Utopie. Aber jeder Schritt der Prognose hat in der Welt, in der wir leben, die Eigentümlichkeit, daß er zugleich die Unentbehrlichkeit der Utopie verdeutlicht. Nicht Schwärmerei sondern Kalkül läßt uns erkennen, daß der bestehende und kommende Weltzustand ohne die Utopie eines humanen Friedens niemals zu überwinden ist. Humaner Friede wäre eine Gestalt des Friedens, in der Vernunft und Freiheit nicht durch Terror negiert, sondern in neuer Form entfaltet werden. Humaner Friede wäre ein Weltzustand, der die moralischen Energien befreit, ohne die wir die Not, die Zerrissenheit und die Krisen, die sich voraussehen lassen, nicht überwinden können. Ohne eine Befreiung und Konzentration der latenten, aber noch irregeleiteten moralischen Kräfte der Menschheit wird auch der größte technologische Aufwand die technische Welt vor ihrer Katastrophe nicht bewahren können. Damit zeigt sich ein neuer Aspekt unseres Begriffes der aufgeklärten Utopie. Wenn wir die Hoffnungen, die Träume und Wünsche nicht mehr in den imaginären Ozean von unbegrenzten Möglichkeiten projizieren können, wenn wir gezwungen sind, unsere Antizipationen unter härtesten Bedingungen in einer endlichen Welt zu realisieren, so tritt an die Stelle einer expansiven eine intensive Utopie. Der begrenzte Raum einer widerständigen, abstoßenden und grausamen Wirklichkeit muß umgeschmolzen und verwandelt werden. Anstelle des jetzigen Raubbaues an Energiequellen, Rohstoffen und Menschen muß, wenn die technische Welt bestehen soll, eine haushälterische Verwaltung der Ressourcen, eine Pflege und Entwicklung der natürlichen Kräfte und eine geduldige Entfaltung der verkümmerten Reste von menschlicher Solidarität treten. Das ist der ursprüngliche Begriff der Kultur, der vom Ackerbau abgeleitet ist. Die technische Welt ist ein Produkt des Kapitalismus und trägt das Zeichen des Kapitalismus, gleichgültig, ob er in der Form des Privatkapitalismus oder des Staatskapitalismus auftritt. Sie ist aus einer hemmungslosen Ausbeutung der Menschen und der Natur hervorgegangen und hat nicht nur weite Distrikte der Erde sondern auch ein unermeßliches Gelände der humanen Welt zur Wüste gemacht. Aber dadurch untergräbt sie sich selbst. Die Utopie des humanen Friedens erfordert, daß wir es lernen, diese Wüste wieder in fruchtbares Land zu verwandeln.

Aber der Wissenschaft, die unsere Welt beherrscht, fehlt bisher die konstruktive Einbildungskraft, um die Modelle konkreter Friedensordnung zu entwerfen, nach denen sich planen und handeln ließe. Jene unheimliche Lähmung des freien Denkens, die unserer Epoche eigentümlich ist, hat, wie mir scheint, ihren Grund in dem schlechten Gewissen der privilegierten Nationen. Die Philosophie, die Geistes- und die Sozialwissenschaften der sogenannten freien Welt sind weithin ein Spiegel der Mentalität der heutigen Wohlstandsgesellschaft. Ihre Begriffe und Kategorien sind ein Reflex der leeren Beschäftigung dieser Gesellschaft mit sich selbst. Die allgemein bekannten Fakten, von denen ich nur eine kleine Auswahl genannt habe, werden verdrängt. Auch unsere Wissenschaft verhält sich zu ihnen nicht anders als das Bewußtsein des bürgerlichen Kapitalismus im 19. Jahrhundert zum Proletariat. Jene Utopie, von der ich behauptet habe, sie sei eine Lebensbedingung der technischen Welt, ist also selbst vielleicht nur „Utopie" in der von mir abgewiesenen Bedeutung des Wortes. Die Flucht vor der Wirklichkeit ist die Realität; die Entdeckung der Wirklichkeit ist unsere Hoffnung. In dieser paradoxen

Wendung utopischen Denkens spiegelt sich die Zweideutigkeit der technischen Welt.

Planung

Zur Charakterisierung der dritten Form der Antizipation von Zukunft, nämlich der Planung, können wir uns darauf beschränken, jene konstitutiven Merkmale hervorzuheben, die das spezifische Wesen der Planung begründen, sie von Prognose und Utopie unterscheiden und mit diesen anderen Formen des Vorgriffs in die Zukunft zugleich verbinden. Hingegen kann es nicht meine Aufgabe sein, eine allgemeine Theorie der Planung zu entwerfen, die, wenn ich richtig sehe, auf dem bisher erreichten methodischen Niveau der beteiligten Wissenschaften noch nicht möglich ist.

Jeder Versuch, den Begriff der Planung zu bestimmen, ist in Gefahr, in jenem nahezu unentwirrbaren Dickicht von semantischen Unklarheiten steckenzubleiben, in das sich die heute modisch gewordene Diskussion über Planung verstrickt hat. Die Abgrenzung der Planung von Utopie und Prognose verhilft uns zu einer ersten Orientierung; denn während die meisten Planungstheorien die Ausarbeitung der Prognose und den Entwurf der Utopie mindestens partiell in den Begriff der Planung mit einbeziehen, gehen wir bei der Bestimmung des Wesens der Planung von jenen konstitutiven Merkmalen aus, in denen sich Planung von Utopie und Prognose unterscheidet. Erst wenn wir einen klaren Begriff von Planung gewonnen haben, ist es möglich, den Zusammenhang und die Wechselbeziehung dieser drei Formen der Antizipation von Zukunft durchsichtig zu machen.

Ich habe eingangs Planung bestimmt als die Ausarbeitung der rationalen Direktiven für ein Handeln, das die durch Utopien gesetzten Ziele realisieren soll. Planung ist auf die Realisierung bezogen; der Begriff der Planung muß also streng pragmatisch interpretiert werden. Dabei stellt sich freilich die Frage, welche Bedeutung das Wort „pragmatisch" im Strukturzusammenhang der technischen Welt besitzt. Nennt man „pragmatisch" alles, was – in welchem Sinne auch immer – zum menschlichen Handeln in der Geschichte gehört, so gewinnt der Begriff „pragmatisch" aus dem Wandel der Formen menschlicher Praxis im Prozeß der Geschichte eine stets neue Bedeutung. In der technischen Welt ist gesellschaftliche Praxis nur als geplante und planende Praxis möglich. Der Sinn des Begriffes „pragmatisch" läßt sich heute also aus dem Sinn des Begriffes „Planung" genauer bestimmen. Wenn Planung eine bestimmte, nämlich die auf methodischer Antizipation der Zukunft beruhende Form der Realisierung von Möglichkeiten ist, so läßt sich das Wesen der Planung nur aus der Gesamtheit jener Faktoren gewinnen, die zielbewußte Realisierung überhaupt möglich machen. Gesellschaftliche Realisierung ist nur möglich, wenn es gelingt, in die Durchführung des jeweiligen Planes ein seiner Relevanz entsprechendes Gewicht von gesellschaftlichen Interessen zu investieren. Ein Plan hat immer die soziale Funktion, als Integrator von gesellschaftlichen Gruppen zu dienen; hat er sie nicht, so kann er nicht durchgeführt werden. Deshalb gehört die Integration der Gruppeninteressen notwendig zum Prozeß der Planung selbst. Ferner gehört zur Ausführung eines Planes eine effektive Organisation, und es gehört dazu eine politische Macht, die in der Lage ist, die Durchführung zu finanzieren und über die Gesamtheit jener Maßnahmen zu verfügen, von denen die Ausführung des Planes abhängig ist. Die Faktoren, von denen die Ausführung eines Planes abhängig ist, konstituieren aber schon die Planung selbst; denn eine Planung ist nur rational, wenn sie die Voraussetzungen für ihre Realisierung mit einbezieht. Deshalb ist die Planung selbst notwendig durch die gleichen Faktoren bestimmt, die auch die Ausführung des Planes erst möglich machen. Sie läßt sich von der Realisierung methodisch nicht trennen, sondern gehört selbst bereits zum Prozeß der Realisierung und untersteht den gleichen Gesetzen wie die Realisierung. In diesem Sinne ist die Planung pragmatisch; Planung ist nur im Kontext sozialer Praxis zu interpretieren. Jeder Begriff der Planung, der davon ausgeht, den Plan von seiner Ausführung zu trennen und zu isolieren, ist fiktiv, denn fiktiv nennt man mit Recht jeden Plan, der die Möglichkeit seiner Realisierung nicht impliziert. Aus diesen Überlegungen ergibt sich, daß E. F. Schuhmacher, der Economic Adviser des britischen National Coal Board, recht hat, wenn er sagt: „Planen kann ich nur, was in meiner Macht liegt ... Der Begriff Planung [ist also] co-extensiv mit dem Begriff Macht. Staatliche Planung reicht nur so weit wie die staatliche Macht, und totale Planung wäre nur möglich bei totaler Macht."[19] Ich übernehme den Satz: „Planen kann ich nur, was in

---

[19] *Planung ohne Planwirtschaft; Im Auftrag der List-Gesellschaft hg. von Alfred Plitzkow, Basel/Tübingen: Mohr-Siebeck, 1964, 26.*

meiner Macht liegt." Er bedeutet allgemeiner formuliert: planen kann prinzipiell nur die gleiche Instanz, die auch für die Ausführung des Planes verantwortlich ist. Hingegen muß man sich vor der archaischen Vorstellung hüten, aus der Untrennbarkeit der Verbindung von Planung und Macht folge mit zwingender Konsequenz ein Planungsmonopol des höchsten und souveränen Trägers der Macht, nämlich des Staates. Die technische Welt hat Möglichkeiten der Macht ausgebildet, die sich der staatlichen Kontrolle entziehen. Sie stellt uns zugleich vor Planungsaufgaben, welche die Reichweite auch der Superstaaten weit übersteigen. Daraus ergibt sich die Notwendigkeit einer Pluralität von international wirksamen Planungsinstanzen mit den entsprechenden Exekutiv-Vollmachten; hingegen ergibt sich nicht die Notwendigkeit eines Weltstaates. Totale Macht ist eine Fiktion; eine Weltplanungszentrale wäre schon informationstechnisch nicht zu realisieren. Die These, daß der Begriff der Planung co-extensiv mit dem Begriff der Macht ist, führt also in der technischen Welt nicht zum Totalitarismus sondern im Gegenteil zu einer empfindlichen Einschränkung der Reichweite möglicher Planung. Hat man einmal erkannt, daß zu jeder Planung die Konstitution eines handlungsfähigen Subjektes der Planung gehört, und daß die Reichweite der Planung auf den Umkreis der direkten Einflußmöglichkeiten der planenden Instanz beschränkt ist, so stellt sich heraus, daß das meiste von dem, was heute über Planung geschrieben wird, das Papier nicht wert ist, worauf man es druckt.
Nach dieser eingrenzenden Bestimmung eines im strengen Sinne des Wortes „pragmatischen" Begriffes von Planung müssen wir nun versuchen, Struktur und Wesen der Planung genauer zu bestimmen. Die Formen der Planung ergeben sich immer aus der Struktur des Systems, innerhalb dessen geplant wird. Alle Systeme in der technischen Welt sind durch die Strukturgesetze von Wissenschaft und Technik bestimmt. Die wichtigste Konsequenz, die man allgemein aus diesen Strukturgesetzen ableiten kann, läßt sich in dem Satz formulieren, daß die Systeme innerhalb der technischen Welt stets offene Systeme von einer hochgradigen Labilität sein werden. Die Labilität der Systeme der technischen Welt resultiert nicht nur aus der Labilität des Systems der Abschreckung, aus der Dynamik der Bevölkerungsentwicklung und aus der Differenz zwischen den technisch hochentwickelten Ländern und der sogenannten dritten Welt; sie folgt vielmehr aus der Struktur der Technik und der Wissenschaft

selbst. Die moderne Wissenschaft und die moderne Technik sind in dem genauen Sinne expansive Systeme, daß sie nur in der Form der Expansion überhaupt existieren können; wenngleich die Endlichkeit der Ressourcen einen Übergang von der extensiven zu einer intensiven Form der Expansion von Wissenschaft und Technik erzwingen wird. Jeder Stillstand würde alsbald das gesamte System von Wissenschaft und Technik zerstören. Die Fähigkeiten, aus denen Wissenschaft und Technik existieren, haben nämlich die Eigentümlichkeit, daß sie verkümmern müssen, wenn sie nicht über sich selbst hinausgehen können. Daran zeigt sich, daß utopischer *Wille* das Wesen der Wissenschaft und Technik unseres Zeitalters bestimmt. Es ist nämlich die Form des Willens überhaupt, nur im Hinausgehen über sich selbst existieren zu können. Wissen ist nicht ein Kapital, das man hat, sondern ein Vermögen, das man üben muß; man übt es in der Eroberung neuen Wissens. Die technische Welt wird deshalb nur solange bestehen, als sie sich in einem Prozeß befindet; und dieser Prozeß bewegt sich nicht kontinuierlich sondern in nicht vorauszuberechnenden technischen Durchbrüchen. Wenn ein im voraus nicht berechenbarer und diskontinuierlicher Prozeß das Grundgesetz der technischen Welt ist, dann kann die technische Welt prinzipiell nur als ein hochgradig labiles System zu denken sein.

Technische Welt und Sicherheit sind also Begriffe, die sich wechselseitig ausschließen. Hingegen ergibt sich aus der Labilität der Systeme in der technischen Welt, daß geplante Maßnahmen zu ihrer eigenen Sicherung einen immer größeren Anteil an dem, was überhaupt geplant werden kann, ausmachen werden. Mit Recht stellt Hermann Lübbe fest: „Was enthusiastisch ‚Griff nach der Zukunft' heißt, erweist sich zumeist als Praxis prospektiver Selbsterhaltung, als langfristig kalkulierende Sicherung von Lebensbedingungen."[20] Nur ist zu bedenken, daß die geplanten Eingriffe, die zur Sicherung von Lebensbedingungen notwendig sind, die Umwelt und damit das zu sichernde Leben selbst verändern, daß sie fortschreitend Sicherheit des natürlich Gegebenen in Unsicherheit des künstlich Bereitgestellten verwandeln, und daß sie Reserven, die in früheren Kulturepochen zur Stabilisierung menschlichen Daseins aufgebaut wurden, kurzfristig verbrauchen und zerstören. Der geplante Aufbau der

---

[20] *„Herrschaft und Planung"*, in: Heinrich Rombach (Hg.), *Die Frage nach dem Menschen, Festschrift für Max Müller*, Freiburg/München: Alber, 1966, 208.

künstlichen Welt ist ein equilibristischer Akt. Man wartet mit faszinierter Spannung, ob auch die nächste Artistenleistung – also etwa die Lösung des Ernährungsproblems, die Meerwasserentsalzung oder die Erschließung neuer Energiequellen – noch gelingen wird. Was für die Sicherung menschlichen Daseins im Ganzen gilt, das gilt auch für die technischen Systeme selbst; proportional zu ihrer Expansion wird eine Expansion der Zusatzsysteme nötig, die zu ihrer eigenen Sicherung erforderlich sind. Zur Illustration genügt es, daran zu erinnern, welche Bildungs- und Ausbildungssysteme nötig sind, um ein Projekt der Weltraumforschung, einschließlich seines industriellen Unterbaues, mit der nötigen Anzahl von Wissenschaftlern und Spezialisten zu versorgen. Je schneller die Technik fortschreitet, desto größer werden die Anforderungen an die sogenannte Infrastruktur. Für ihren Ausbau muß ein immer größerer Teil der verfügbaren Mittel abgezweigt werden; und da die Beschaffung dieser Mittel Aufgabe der politischen Instanzen ist, wird mit der Höhe der erforderlichen Investitionen auch die Verflechtung von Wissenschaft und Technik mit der politischen Macht immer enger. Der Aufbau der Infrastruktur erfordert aber, vor allem im Bereich des Bildungswesens, weit längere Fristen als die technische Expansion. Das wurde schon am Beispiel des Welternährungsproblems illustriert. Ähnlich langfristige Prozesse sind die Umgestaltung der politischen Systeme, von der die Expansion der Technik abhängig ist, oder die Lösung der höchst komplexen Fragen der Raumordnung. Für die Planung gehört das alles zur Infrastruktur, die aber ebenfalls geplant werden muß. Da zeigt sich nun von neuem die allbeherrschende Macht des Gesetzes von der wachsenden Interdependenz; denn Expansion der Infrastruktur bedeutet eine zunehmende Verflechtung der verschiedenen Planungen und eine wachsende Abhängigkeit jedes Projektes von der gesamtgesellschaftlichen Entwicklung und den politischen Kräften, die sie bestimmen. Das wirkt sich bis in die Detailplanung der einzelnen Etappen eines Projektes aus; denn der Zeitplan muß auf die langfristigen Prozesse, von denen ich gesprochen habe, abgestimmt werden, was wiederum zur Folge hat, daß auch jene Prozesse einer terminierten Planung zu unterwerfen sind. „Pragmatisch" kann nur eine Planung genannt werden, welche die jeweils erforderliche Infrastruktur in diesem weiten Sinne des Wortes, einschließlich ihrer Finanzierung, mit einbezieht; denn nur unter dieser Bedingung ist es möglich, sie in der Praxis auszuführen.

Schon diese erste grobe Übersicht über die Struktur der Planung in der technischen Welt hat gezeigt, daß auch der eingeschränkte Begriff von Planung, an den wir uns halten, eine Fülle spezifisch verschiedener Arbeitsgänge umfaßt, von denen jeder an einen spezifischen Lebensbereich gebunden und von spezifischen gesellschaftlichen und organisatorischen Voraussetzungen abhängig ist. Die Vielzahl der im Prozeß der Planung zu koordinierenden Arbeitsvorgänge ist potentiell so reich wie die Vielzahl der Gestalten menschlicher Praxis überhaupt. Daraus ergibt sich, daß bei jeder pragmatischen Planung nicht nur die Formulierung gemeinsamer Ziele, also die Utopie, als Integrator sozialer Gruppen wirkt, sondern daß der Prozeß der Planung selbst nur als Prozeß sozialer Integration überhaupt möglich ist. Diese Feststellung ist aber für die Bestimmung des Begriffes der Planung von größter Bedeutung, denn aus ihr ergibt sich, wie das Subjekt der Planung beschaffen sein muß. Jedes Modell der Planung, das davon ausgeht, daß Planung ein Monopol der Wissenschaftler und der technischen Spezialisten sei, erweist sich von diesen Überlegungen her als irreal. Sowie die Wissenschaftler, die beabsichtigen, eine bestimmte Planung zu projektieren, sich um die Finanzierung ihres Projektes bemühen, werden sie die Erfahrung machen, daß die Integration der Planung mit den politischen und wirtschaftlichen Kräften, die an der Ausführung des Planes interessiert sind, schon in der ersten Etappe der Planung selbst erforderlich ist. Die Wissenschaft ist im Prozeß der Planung ein unentbehrlicher Partner; aber sie kann nicht das Subjekt der Planung sein, weil sie nicht über die Mittel verfügt, die man einsetzen muß, um auch nur das Planen selbst möglich zu machen. Die Großindustrie oder bestimmte gesellschaftliche Gruppen sind, wenn sie sich mit der Wissenschaft verbünden, im Rahmen ihrer Einflußmöglichkeiten befähigt, als Subjekte des Planens zu handeln. Sie tun das heute in weitestem Umfang. Da aber Planung in der technischen Welt zur Konzentration und zum Einsatz von Machtmitteln führt, die das Schicksal der gesamten Gesellschaft verändern können, provoziert die Planung partikulärer Interessengruppen mit Recht politischen Widerstand. Planung ist immer Ausübung von Herrschaft. Wenn Freiheit und Vernunft in der technischen Welt nicht negiert werden sollen, muß man fordern, daß Planung nicht zu einem Herrschaftsmonopol von partikulären Interessengruppen führt. Aus dieser Forderung ergab sich schon in der vortechnischen Welt die klassische Begründung für den

Staat als den Garanten der Freiheit, der sozialen Gerechtigkeit und des gemeinen Wohles gegen den Eigennutz partikulärer Mächte. In der technischen Welt ist, wie bereits gesagt, der Staat nur noch partiell in der Lage, seine klassischen Funktionen auszuüben. Aber die Forderung nach Freiheit, Gerechtigkeit und Gemeinwohl ist durch diese Feststellung nicht außer Kraft gesetzt. Das bedeutet, daß auch in internationalen und supranationalen Zusammenhängen politische Instanzen geschaffen werden müssen, welche die Ausübung von Macht in der technischen Welt effektiv kontrollieren können und also selbst über die Vollmachten und die Mittel einer politischen Exekutive verfügen müssen. Die Erhaltung von Frieden, Freiheit und Vernunft wird in der technischen Welt nur möglich sein, wenn als verantwortliche Subjekte der Planung politische Instanzen unter politischen Kontrollen fungieren.

Unser Versuch, einen pragmatischen Begriff der Planung aus den Gesetzen jener planenden und zugleich geplanten Praxis abzuleiten, welche die technische Welt, ihre Gesellschaft und ihre Politik bestimmt, hat zu einem Ergebnis geführt, das paradox ist: nicht, *was* geplant werden soll, ist das größte Problem, das größte Problem ist, *wie* geplant werden soll. Es ist nicht schwer, sich darüber zu einigen, daß es wünschenswert ist, die Menschheit zu ernähren und den Frieden zu erhalten. Es ist auch noch relativ leicht zu prognostizieren, welche Möglichkeiten zur Erreichung dieser Ziele bestehen, und aus der Kombination von Utopie und Prognose die entsprechenden Programme abzuleiten. Die eigentlichen Schwierigkeiten beginnen erst mit der Ausarbeitung der Direktiven für ein Handeln, das in bestimmten Etappen diese Ziele realisieren soll. Denn dann stellt sich heraus, welche politischen und wirtschaftlichen Interessen durch eine solche Planung verletzt werden, welche Machtverschiebungen sich aus der Ausführung des Planes ergeben und welche Opfer gebracht werden müssen, wenn er in Angriff genommen werden soll. Hier vollzieht sich der Übergang vom intellektuellen Spiel zum Ernst der Vernunft. Die abstrakte Rationalität von wissenschaftlich-technischen Projektierungssystemen ist, eben weil sie abstrakt ist, noch nicht vernünftig. Sie weicht der Substanz der hier zu bewältigenden Aufgabe der Rationalisierung aus. Die Vernünftigkeit eines Planes hängt nicht ab von der Rationalität dessen, *was* geplant ist; sie erweist sich erst dort, wo es darum geht, in den Prozeß der Planung selbst Vernunft zu bringen. Bisher ist festzustellen, daß die größten

Planungserfolge der wissenschaftlich-technischen Welt aus irrationalen Impulsen und aus weitgehend irrationalen Prozessen hervorgegangen sind. Nach wie vor sind Krieg und Terror neben dem Gewinnstreben die stärksten Motoren des wissenschaftlich-technischen Fortschritts. Dem Krieg und wechselseitigem Terror verdanken wir die rapide Entwicklung der nuklearen Technik; dem wechselseitigen Terror und dem Konkurrenzkampf der Weltmächte verdanken wir die Entwicklung der Raketen- und Raumfahrttechnik. Die für die Planung so wichtige Theorie der dynamischen Planungsmodelle wurde zuerst zur Lösung der Transportprobleme der Luftbrücke Berlin entwickelt. Machtkampf und wechselseitige Bedrohung sind die Antriebskräfte, deren die Rationalität bisher bedurft hat, um ihre höchsten Leistungen zu vollbringen. Irrationale Kräfte nehmen die Rationalität in Dienst, und das hat zur Folge, daß die Rationalität primär dazu führt, die Macht der irrationalen Kräfte zu steigern. Hingegen ist den Bemühungen, die Energien des rationalen Denkens und die erforderlichen Mittel für vernünftige Ziele zu mobilisieren, bisher nur ein dürftiger Erfolg beschieden gewesen. Die Wissenschaft hat zwar heute den unverkennbaren Ehrgeiz, in der geplanten Welt, die ohne sie nicht auskommt, als das Subjekt der Planung aufzutreten und eine latente Weltherrschaft auszuüben. Aber daß Planen selbst geplant werden muß, und daß bei der Planung des Planens eine andere Gestalt der Vernunft ins Spiel kommt als bei den planungstechnischen Reißbrettentwürfen, das ist der Wissenschaft weithin verborgen. Ein unfehlbares Indiz für die Fähigkeit der Wissenschaft, als Subjekt der Planung zu denken und zu handeln, ist die Planung der wissenschaftlichen Institutionen selbst durch die Organe der wissenschaftlichen Selbstverwaltung und die Planung des Unterbaues der Wissenschaft, nämlich der Schulen. Ich kann mir hier den Nachweis ersparen, daß die Wissenschaft bei ihrer eigenen Planung weithin von den gleichen irrationalen Triebkräften bestimmt wird, die auch Politik und Wirtschaft beherrschen: ⟨von⟩ Machtstreben, Ehrgeiz, konkurrierenden Gruppeninteressen, Prestigebedürfnis, Eifersucht und ⟨von⟩ partikulärem Egoismus. Solange aber die Wissenschaft in den Prozeß ihrer eigenen Planung keine Vernunft zu bringen vermag, ist die Wahrscheinlichkeit gering, daß sie über die Einsicht und die moralischen Kräfte verfügt, um ihre irrationale Umwelt zur Vernunft zu bringen.
Das Ergebnis der Analyse des Planungsprozesses ist ernüchternd.

Versucht man, mit den Methoden der Prognose zu ermitteln, welche realen Möglichkeiten bestehen, um durch rasche und effektive Planung jene Ziele zu erreichen, die unabdingbar sind, so stellt sich heraus, daß heute zwischen den Möglichkeiten der Planung und den unaufschiebbaren Aufgaben der Planung ein riesiger Abstand besteht. Nicht nur die Prognose, auch die Planung, die wir brauchen, ist heute eine Utopie. Sind wir entschlossen, jenen kritischen Begriff der aufgeklärten Utopie, den wir gewonnen haben, nicht fahren zu lassen, so kann diese Feststellung nicht als eine Äußerung der Resignation verstanden werden. Sie enthält vielmehr die konkrete Anweisung, die Möglichkeiten künftiger Planung zu entwerfen und mit der Planung des Planens heute noch zu beginnen. Ich sagte zu Anfang, die Reflexion der Vernunft auf sich selbst und auf die Bedingungen ihrer eigenen Möglichkeit sei eine Lebensbedingung der technischen Welt. Die pragmatische Seite dieses Satzes ist bei der Erörterung des Begriffes der Planung, wie ich hoffe, nunmehr zutage getreten. Planende Praxis ist eine Praxis, der es aufgegeben ist, die Bedingungen ihrer eigenen Möglichkeit produzieren zu müssen. Planende Praxis ist, wenn der Ausdruck erlaubt ist, eine transzendentale Praxis. Die naive Rationalität kommt zur Vernunft, sie wird zur planenden Rationalität, indem sie den Überschritt von der naiven zur transzendentalen Gestalt der Vernunft vollzieht. So führt die Ausarbeitung eines pragmatischen Begriffes der Planung zu unserer ersten These zurück: transzendentales Denken ist zur obersten Lebensbedingung des technischen Zeitalters geworden.

IV

Wir stehen am Ende unseres Versuches, einen Überblick über die Grundformen der Antizipation von Zukunft unter den Bedingungen der technischen Welt zu gewinnen. Der Mensch, von dessen zukünftiger Situation in dieser Welt wir etwas lernen wollten, ist uns bei diesem Durchgang in den verschiedenartigsten Gestalten begegnet: als Produzent und als Produkt; als Träger von Verfügungsgewalt und als ihr Objekt; als Konsument der Wohlstandsgesellschaft und als unterernährtes oder verhungerndes Glied des riesigen Proletariats dieser neuen Welt; als Systemtechniker, als Repräsentant von Interessen, als politischer Machthaber, als Theoretiker, als Exekutor und als der

Exekutierte. Die Menschlichkeit des Menschen ist uns nicht begegnet; vielmehr zeigte sich in jeder dieser Rollen, daß in der technischen Welt der Ausbeuter selbst zum Opfer seiner Ausbeutung wird. Nur einmal erschien uns die Menschlichkeit des Menschen – gleichsam im Vorübergehen –, als wir bei der Bestimmung der aufgeklärten Utopie Vernunft und Freiheit fordern mußten, weil uns die Analyse darüber belehrte, daß der Bestand der technischen Welt an die Voraussetzung gebunden ist, daß in dieser Welt Vernunft und Freiheit sich entfalten können. Das ist die letzte für das transzendentale Denken zu erreichende Bedingung der Möglichkeit planender Praxis in der technischen Welt. Die Utopie der Erhaltung von Vernunft und Freiheit ist deshalb nicht ein bloßes Postulat, sie ist die Existenzbedingung der technischen Welt. Aus ihr sind unabdingbare Kriterien für jede Planung und jedes Handeln zu gewinnen. Aber Vernunft und Freiheit unterscheiden sich von allen anderen Phänomenen, die wir betrachtet haben, dadurch, daß sie nicht produziert werden können. Gerade an der Stelle, wo der Mensch im Denken seiner Autonomie gewiß zu sein glaubt, stößt er an ihre absolute Grenze. Über seine Vernunft und seine Freiheit vermag der Mensch nicht zu verfügen. Damit enthüllt sich zugleich die absolute Grenze der drei besprochenen Formen der Antizipation von Zukunft. Die wahre Zukunft des Menschen ist uns unbekannt. Wir wissen nicht, ob er in dem Prozeß, auf den er sich unwiderruflich eingelassen hat, noch Mensch bleiben wird. Erkennen ließ sich nur, daß der Spielraum utopischer Phantasie erschöpft ist. Der Mensch stößt in der technischen Welt an die absolute Grenze seiner eigenen Endlichkeit. Damit eröffnet sich aber zugleich ein Ausblick auf jene Formen der Antizipation von Zukunft, die schlechterdings jenseits der Möglichkeiten eines Wissens von Zukunft liegen: Vision, Prophetie und Eschatologie. Jene ungeheure Verwandlung des Bewußtseins, die nötig ist, wenn die Ernährung und der Friede der Welt gesichert werden sollen, können wir in den Formen der vernünftigen Antizipation von Zukunft zwar postulieren, aber wir vermögen nicht zu bestimmen, wie eine solche Verwandlung sich vollziehen soll. Der einzige mögliche Horizont eines durchgreifenden Wandels in dem Bewußtsein und der Denkweise der Menschen wird durch die Begriffe Vision, Prophetie und Eschatologie mehr angedeutet als bezeichnet. Aber es sieht so aus, als ob sich die Zukunft des Menschen der technischen Welt innerhalb jenes Horizontes entscheiden müßte, den diese selbe technische Welt verschüttet hat. Vielleicht eröffnet sich bei dem erzwungenen Übergang von der expansiven zu einer intensiven Utopie zugleich ein neuer Ausblick in die wirkliche Welt, von der die künstliche Welt des Menschen getragen wird.

Die Erkenntnis der Zukunft

INHALT

Einleitung

1. Die Erkenntnis zukünftiger Wirklichkeit 47
2. Anmerkungen zur Form der Vorlesung 53
3. Ist eine philosophische Erkenntnis der Zukunft möglich?. 56

Erster Teil:
Die Zeit im Horizont des Seins?

4. Heideggers Analyse der Zeitlichkeit des Daseins . . 65
5. Heideggers Frage nach dem Sinn von Sein 71
6. Kategorien und Existentialien 77
7. Das „In-Sein" physikalischer Objekte – die Weltlosigkeit von Heideggers Ansatz 82
8. Die transzendentalen Wurzeln des Gedankens der Exsistenz 89
9. Heideggers Analyse der Weltlichkeit von Welt . . . 93
10. Umwelt als Zuhandenheit der Dinge 102
11. Die Äquivokationen im Worte „Sein" 109
12. Der Widerspruch zwischen Methode und Wahrheit . . 115
13. Differenz und Übereinstimmung zwischen Heidegger und Platon 121

Zweiter Teil:
Die Phänomenale Analyse der Zeit

14. Zukünftigkeit als Bedingung der Möglichkeit menschlichen Daseins: Zeit als Horizont des Seins 141

15. Die „systematische" Frage nach dem Wesen der Zeit . 146
16. Die unmittelbare Auffassung der phänomenalen Zeit . 149
   a. Vergänglichkeit und Zukünftigkeit 151
   b. Gegenwart 154
17. Die doppelte Kontinuität der Zeit in Beständigkeit und Verfließen 160
18. Zwischenbemerkung zur Methode der Untersuchung . 167
19. Der Zusammenhang zwischen Zeit und Wahrheit . . 173
20. Gegenwart und Kommunikation 183
21. Gegenwart als Manifestation der Einheit der Zeit . . 190
22. Gegenwart als Gegenwart von Wahrheit 196

DRITTER TEIL:
VORBEREITUNG DER TRANSZENDENTALEN ERÖRTERUNG DER ZEIT

23. Die Zeit im Horizont der Metaphysik 207
   a. Χρόνος und αἰών 207
   b. Die Krise der „zeitlosen" Wahrheit seit Nietzsche . 211
   c. Zeit-Bilder: Kreisbahn und unendliche Gerade . . 212
24. Zeit und Raum in der neuzeitlichen Physik und bei Kant. 215
25. Die Konstitution des Raumes durch die Zeit 223
26. Wahrscheinlichkeit – der Zweite Hauptsatz der Thermodynamik und das Selektionsprinzip 226
27. Kausalität und phänomenale Zeitbetrachtung 233
28. Die Gegenwart der Vergangenheit 240
29. Die Modalitäten und die Zeitmodi 244
30. Richtung und Irreversibilität der Zeit 248
31. Struktur der Zeit 252
32. Der Übergang zur transzendentalen Erörterung der Zeit. 260

⟨ Einleitung ⟩

⟨ 1. Die Erkenntnis zukünftiger Wirklichkeit ⟩

Das Thema, das ich mir in diesem Semester gestellt habe, weicht seiner inneren Struktur nach so weit von den Themen meiner bisherigen Vorlesungen ab, daß ich mich entschlossen habe, es in einer ziemlich ungewöhnlichen Form zu behandeln. Ich habe die Gesamtmasse des Stoffes, den man gleichzeitig vor Augen haben muß, wenn man in den Horizont einer Erkenntnis der Zukunft eintreten will, in zwei große Komplexe aufgeteilt und werde diese beiden Komplexe parallel in zwei verschiedenen Veranstaltungen behandeln. Das, was die Menschen zunächst wissen wollen, wenn sie in unserer heutigen Welt mit wachsender Intensität nach der Zukunft fragen, ist etwas anderes als das, wovon man in philosophischen Vorlesungen zu sprechen pflegt. Sie wollen nämlich möglichst viel von den Tatsachen der zukünftigen Welt erfahren. Sie wollen wissen, welche Realitäten der zukünftigen Welt sich heute schon erkennen lassen, und worauf wir uns einzustellen haben. Das ist die pragmatische Seite der Frage nach der Zukunft. Keine Philosophie hat das Recht, sich über diese pragmatischen Fragen hochmütig hinwegzusetzen, denn hier geht es um das konkrete Schicksal, ja um Leben oder Tod von Milliarden von Menschen. Wer nicht in der Lage ist, die wirkliche Existenz von anderen Menschen, anderen Völkern und anderen Rassen so ernst zu nehmen, daß deren Schicksal als ein Teil unseres eigenen Schicksals verstanden wird, der verdient nicht zu denken. Wenn man beginnt, sich über jene Realitäten der zukünftigen Welt, die wir heute schon mit Gewißheit voraussagen können, zu orientieren, so stößt man auf Probleme, denen eine absolute Priorität vor allen sonstigen Problemen zukommt, über die wir uns aufzuregen pflegen. Ich nenne hier nur das Problem der Welthungersnot und das Problem der Erhaltung des Weltfriedens. Unser Denken bedarf der Konfrontation mit diesen harten Fakten der gegenwärtigen und der zukünftigen Welt, weil der Mensch so gebaut ist, daß er sich nur durch den Zusammenstoß mit Realitäten, die mächtiger sind als er selbst, also nur durch den Zwang der Not, dazu bringen läßt, die Wirklichkeit des Wirklichen in dem Horizont, in den Dimensionen und in den Proportionen, in denen sie steht, zur Kenntnis zu nehmen und sein Denken dem, was in Wahrheit ist, zu unterwerfen. Die Konfrontation mit den Realitäten der zukünftigen Welt ist deshalb ein unentbehrlicher und durch nichts zu ersetzender Teil der philosophischen Besinnung auf die Zukunft und ihre mögliche Erkenntnis. Aber eine solche pragmatische Bemühung um die Informationen, die wir heute schon von den zukünftigen Realitäten zu gewinnen vermögen, ist selbst noch nicht Philosophie. Sie ist nur eine Vorbereitung zur Philosophie. Deshalb habe ich den pragmatischen Teil, auf den ich nicht verzichten kann, der aber streng genommen nicht zu meinem Lehrauftrag gehört, von dieser Vorlesung abgetrennt. Ich halte parallel zu diesem Kolleg für den Süddeutschen Rundfunk eine Reihe von zwölf Vorlesungen über „Die großen Zukunftsaufgaben", die den Versuch machen, auf der Basis von heute schon zugänglichen Informationen die Struktur und die Verkettung der großen Weltprobleme der Zukunft sichtbar zu machen und die Reihenfolge der Prioritäten festzustellen, die sich von da aus schon für die heutige Politik ableiten lassen. Damit Sie eine Übersicht über die im Rundfunk behandelten Themen gewinnen, gebe ich Ihnen die Titel der Vorlesungen an:

1. Die Verantwortung der Menschheit für ihre zukünftige Geschichte,
2. Die künstliche Welt von heute und morgen,
3. Die Erhaltung des Weltfriedens,
4. Welternährung, Geburtenkontrolle und Bevölkerungslenkung,
5. Politische Probleme der technischen Welt,
6. Das Welt-Erziehungsproblem,
7. Wissenschaft und Technologie:
   a) Voraussetzungen, Grenzen und Ziele,
8. Wissenschaft und Technologie:
   b) Möglichkeiten und Gefahren,
9. Die weltpolitische Bedeutung der Wissenschaftsplanung,
10. Die menschliche Gesellschaft in der technischen Welt,
11. Weltreligionen und Ideologien,
12. Die Zukunft des Menschen.[1]

---

[1] *Leider war es technisch nicht möglich, die Sendungen genau mit dem Semester zu*

Mit dem Hinweis auf die Rundfunkreihe hoffe ich zugleich deutlich gemacht zu haben, daß ich alle Hörer, die von dieser Vorlesung eine Behandlung aktueller Probleme erwarten, enttäuschen muß. In dieser Vorlesung geht es um Philosophie und nur um Philosophie. Ich schulde Ihnen aber gleich zu Beginn eine Rechenschaft darüber, warum ich angesichts der riesigen Weltprobleme, von denen die Rundfunkreihe spricht, eine rein philosophische Arbeit an dem Problem der Erkenntnis der Zukunft für zulässig, für nötig und für möglich halte. Wie verhält sich philosophisches Denken und philosophische Arbeit zu jener pragmatischen, auf die Erkenntnis der Realitäten gerichteten Orientierung über die zukünftige Welt, von der ich vorhin sagte, daß sie einerseits für die Philosophie unentbehrlich und andererseits nur eine Vorarbeit sei? Ich will versuchen, diese Frage zunächst sehr einfach zu beantworten. Die zukünftige Geschichte der Menschheit ist nicht determiniert, sondern sie wird innerhalb eines klar begrenzten, aber offenen Spielraums von Möglichkeiten durch die Menschen selbst produziert. Um das an einem Beispiel zu erläutern: man kann zwar mit einem ziemlich hohen Grad von Sicherheit berechnen, daß sich die Zahl der auf dieser Erde zu ernährenden Menschen, wenn keine großen Katastrophen eintreten, bis zum Jahre 2000 nahezu verdoppeln wird. Man kann mit einem hohen Grad von Stringenz nachweisen, welche Maßnahmen ergriffen werden müßten, wenn es gelingen soll, eine so große Zahl von Menschen zu ernähren. Man kann auch nachweisen, daß rein theoretisch die Ernährung der Menschheit ein lösbares Problem ist. Aber gleichzeitig stellt sich heraus, daß die Maßnahmen, die ergriffen werden müßten, im Rahmen der gegenwärtigen politischen Organisation der Staatenwelt nicht durchführbar sind. Es müßte also in sehr kurzer Zeit eine durchgreifende Veränderung der politischen Strukturen erfolgen. Daß das gelingt, ist äußerst unwahrscheinlich. Es *werden* also

---

koordinieren. Sie haben schon am 11. April begonnen; morgen abend um 21.00 Uhr wird die fünfte Vorlesung über „Politische Probleme der technischen Welt" gesendet. Die ganze Reihe soll im Herbst als Buch veröffentlicht werden. Eine Vervielfältigung für die Hörer meines Kollegs war nicht möglich; aber dem Tutorium, das Herr Hoffmann leiten wird, steht ein Exemplar zur Verfügung. Die Rundfunkvorträge wurden jeden Donnerstag zwischen dem 11. April und dem 27. Juni gesendet. GP las am Mittwoch von 11.00–12.00 Uhr und am Freitag von 11.00–13.00 Uhr. Er begann also mit der Vorlesung am Mittwoch, dem 8. Mai 1968. Die Titel der Kapitel 2, 7 und 8 wurden für die Druckfassung geändert (267). Bis Mitte Juni arbeitete GP an beiden Texten parallel.

große Katastrophen eintreten, und man kann mit Hilfe verschiedener Methoden zu ermitteln versuchen, welche Wahrscheinlichkeitsgrade den verschiedenen Formen von Katastrophen, die zu erwarten sind, zugeordnet werden müssen. Das alles liegt noch in dem Bereich, den ich als pragmatische Forschung bezeichnet habe, obwohl, wie mir scheint, hier neue Methoden der Analyse politischer Verhältnisse angewendet werden müßten, die wir noch nicht genügend beherrschen, und die erst in Ansätzen entwickelt werden.

Aber wenn man fragt, *warum* es denn so unwahrscheinlich ist, daß in der Welt, in der wir leben, die Forderungen der Vernunft erfüllt und die drohenden Katastrophen abgewendet werden, so stellt sich heraus: es ist die bisherige Denkweise der Menschen, die der Vernunft im Wege steht. Die Menschheit besitzt zwar heute durch Wissenschaft und Technik die Möglichkeit, die Welt so einzurichten, daß auch die doppelte Zahl von Menschen ernährt werden könnte. Die Menschheit hat potentiell die Macht erlangt, in weitem Umfang ihre eigene Zukunft zu produzieren. Aber die Menschheit besitzt noch nicht die Einsicht, um von dieser Macht einen vernunftgemäßen Gebrauch zu machen. Alle Zukunftsprobleme münden in die Frage, wie es möglich sein soll, in der gesamten Menschheit jenen Bewußtseinswandel herbeizuführen, der zur Bewältigung von Aufgaben erforderlich ist, wie die bisherige Geschichte der Menschheit sie noch nicht kannte. *Daß* ein Bewußtseinswandel nötig ist, läßt sich, wie mir scheint, zwingend demonstrieren. Die Frage, *wie* der Bewußtseinswandel erfolgen soll, ist zwar ein höchst komplexes Problem; aber wenn man es in seine Teilprobleme zerlegt, ist auch dieses Problem prinzipiell lösbar. Das Zentralproblem, auf das wir bisher keine Antwort wissen, ist die Frage, *welcher* Bewußtseinswandel nötig ist, wenn wir die Zukunft meistern sollen. Das ist ein rein philosophisches Problem, das nur mit den Mitteln der Philosophie in Angriff genommen werden kann. Es ist nun aber evident, daß von der Antwort, die wir auf dieses Problem zu geben wissen, die Lösung aller Fragen abhängig ist, mit denen uns die pragmatische Analyse der zukünftigen Weltaufgaben konfrontiert. Die Philosophie ist in der Welt, in der wir leben, ohne ihr eigenes Verdienst, ja gegen ihr eigenes Wissen und Wollen, wieder ins Zentrum des weltgeschichtlichen Prozesses gerückt. Wenn ich hier sage „die Philosophie", so meine ich nicht die Philosophie, die wir *haben,* sondern die Philosophie, die wir haben *sollten.* Die zentralen Probleme der durch die Wissenschaft gestalteten Welt können nur durch eine Reflexion auf Möglichkeiten und Grenzen der Wissenschaft, also nur von der Wissenschaft der Wissenschaft, oder, wie Fichte sagte, von der Wissenschaftslehre, gelöst werden. Die zentralen Probleme der gegenwärtigen und zukünftigen Welt sind philosophische Probleme, selbst wenn sich keine Philosophen finden sollten, die den geistigen Mut haben, diese Probleme anzupacken.

Ich unternehme in dieser Vorlesung den Versuch, diese Probleme wenigstens sichtbar zu machen. Dazu sind Vorbereitungen und Fragestellungen erforderlich, die sich von allem weit entfernen, was unser öffentliches Bewußtsein heute im Sinn hat, wenn es der futurologischen Modeströmung folgt. Ich werde Sie also einen Weg führen müssen, der – wie ich vermute – allen Erwartungen widerspricht, mit denen Sie in diese Vorlesung gekommen sind. Auch hier ist die Grundfrage sehr einfach. Wir interessieren uns heute für eine Erkenntnis der Zukunft, weil wir wissen, daß durch unser gegenwärtiges Handeln Tatbestände geschaffen werden, welche die Zukunft determinieren. Wenn wir verantwortlich handeln wollen, so müssen wir versuchen, uns über die möglichen Konsequenzen unseres heutigen Handelns Rechenschaft abzulegen. Wir müssen also versuchen, diese möglichen Konsequenzen zu erkennen. Die gegenwärtige Verantwortung der Menschheit für ihre zukünftige Geschichte setzt voraus, daß es in irgendeiner Weise möglich ist, eine Erkenntnis von den Möglichkeiten dieser zukünftigen Geschichte zu gewinnen. Die Erkenntnis der Zukunft ist die Bedingung der Möglichkeit für jede Form von menschlicher Verantwortung, und das Vermögen, verantwortlich zu denken und zu handeln, ist die Voraussetzung für jede Form von Humanität. Ohne Verantwortung ist der Mensch nicht Mensch. Ohne Erkenntnis der Zukunft ist er nicht verantwortungsfähig. Die Frage nach der Erkenntnis der Zukunft zwingt uns also, nach den Bedingungen der Möglichkeit von menschlichem Dasein und menschlicher Verantwortung in der Geschichte überhaupt zu fragen.

In der Erkenntnis geht es um die Wahrheit. Die Zukunft liegt in der Zeit. Nach der Erkenntnis der Zukunft fragen heißt deshalb: fragen, wie sich Wahrheit zu Zeit und Zeit zu Wahrheit verhält. Jene Epoche der Philosophie, auf die wir heute als ⟨auf⟩ das Zeitalter der *Metaphysik* zurückblicken, war von einer bestimmten Auffassung des Verhältnisses von Wahrheit und Zeit beherrscht. Die Wahrheit galt als ewige Wahrheit, und deshalb gründete die Frage nach dem Verhältnis von Zeit und Wahrheit in der Frage nach dem Verhältnis von Zeit und Ewigkeit. Wir werden versuchen müssen, die gedanklichen Fundamente dieser metaphysischen Fragestellung aufzudecken, und werden prüfen müssen, wie sich die Frage nach der Erkenntnis der Zukunft zum metaphysischen Verständnis des Verhältnisses von Wahrheit und Zeit verhält. Diese Frage sprengt den Horizont der Metaphysik. Es stellt sich also das Problem, ob sich der neue Horizont eines philosophischen Denkens umreißen läßt, das sich von den immanenten Voraussetzungen der Metaphysik und damit von unserer gesamten philosophischen Tradition zu lösen wagt, ohne die Wahrheit preiszugeben, deren Erkenntnis wir den vergangenen zweieinhalbtausend Jahren des philosophischen Denkens verdanken. Wir werden also in vollem Bewußtsein der Vorläufigkeit eines solchen Unternehmens versuchen müssen, die großen Grundfragen unserer philosophischen Tradition neu zu stellen. Ein solcher Gang würde aber, wie ich überzeugt bin, notwendig in die Irre führen, wenn wir dabei die realen Weltprobleme, von denen in der Rundfunkreihe die Rede ist, aus den Augen verlieren. Die Vorlesung und die Rundfunkreihe sind also so einander gegenübergestellt, daß sie sich wechselseitig kritisch beleuchten. Die in der Rundfunkreihe dargestellten Probleme rücken die Anforderungen ins Licht, vor denen sich das reine Denken in unserer Zeit zu bewähren hat. Umgekehrt ergeben sich aus der Vorlesung die Maßstäbe für die gedankliche Konsistenz eines politischen Denkens, das sich pragmatisch mit der Lösung der großen Weltprobleme beschäftigt. Erst in der wechselseitigen Konfrontation dieser beiden getrennt durchgeführten Problemreihen eröffnet sich dann vielleicht der Bereich, in dem es menschlichem Denken möglich wird, für sich selbst zur Durchsichtigkeit zu gelangen und sich von seinen Aufgaben her zu legitimieren.

Soviel zur Erklärung der etwas unkonventionellen Form, die ich in diesem Semester gewählt habe, um einen Zusammenhang von Problemen sichtbar zu machen, von deren Erkenntnis nicht nur unsere Zukunft sondern schon unser gegenwärtiges Schicksal abhängig ist.

⟨2. Anmerkungen zur Form der Vorlesung⟩

Nun möchte ich aber auch noch etwas über die Form der Vorlesung selbst sagen. Ich will versuchen, auch hier in diesem Semester ein Experiment zu machen. Eine studentische Gruppe hat mich gefragt, ob ich bereit wäre, eine Form der Vorlesungskritik zu erproben, von der wir uns einiges versprechen können. Ich habe schon mehrfach gesagt, daß ich die Vorlesungskritik für ein gesundes und nützliches Verfahren halte, wenn sie zu einem Dialog zwischen Studenten und Dozenten führt. Es ist nun verabredet, daß wir das in der Form versuchen wollen, daß etwa in der Mitte des Semesters, vielleicht auch zweimal im Semester, wenn ich an einen Abschnitt gelangt bin, eine ausgearbeitete Vorlesungskritik in einer dafür zur Verfügung gestellten Stunde des Kollegs vorgetragen wird, daß ich darauf kurz sage, was von meinem Standpunkt aus dazu zu sagen ist, und daß wir dann darüber diskutieren. Auf diese Weise hoffe ich, selbst zu lernen, was ich in Zukunft besser machen kann, und es ergibt sich vielleicht auch Gelegenheit, Mißverständnisse aufzuklären, falsch Verstandenes richtig zu stellen und auf den durchlaufenen Weg in regelmäßigen Abschnitten zurückzublicken. Die Mitglieder des Tutoriums, das Herr Hoffmann abhalten wird, sind aufgefordert, mit der studentischen Gruppe, von der ich sprach, in Wettbewerb zu treten; und an der Diskussion kann jeder sich beteiligen, der dazu Lust hat. Ich bitte außerdem, wie schon in früheren Vorlesungen, mir schriftlich Fragen und Einwände vorzulegen. Ich habe mich bisher immer bemüht, solche Fragen und Einwände zu beantworten, und habe die Zeit, die ich darauf verwendet habe, nie bedauert.

Wenn Sie nun aber eine Vorlesungskritik unternehmen wollen, die Hand und Fuß hat, müssen Sie wissen, welche Ziele ich mir in allen meinen Vorlesungen und welche ich mir in der jetzigen Vorlesung gesteckt habe, damit Sie das, was ich zu leisten vermag, an dem messen können, was ich mir vorgenommen habe. Vorlesungen können sehr verschiedenartigen Zwecken dienen, und es sind deshalb sehr verschiedenartige Formen von Vorlesungen nötig, damit der ganze Reichtum dessen, was die Universität den Studenten schuldet, in ihrem Lehrplan auch wirklich vorkommt. Im Rahmen der Theologischen Fakultät bin ich mit Unterstützung meiner Assistenten der einzige Lehrer der Philosophie. Ich kann nicht allen berechtigten Ansprüchen, die man an einen philosophischen Unterricht stellen muß, allein gerecht werden, sondern mußte mich für einen bestimmten Weg entscheiden, in vollem Bewußtsein dessen, daß ich damit nur einem kleinen Teil der Wünsche und Ansprüche genügen kann; aber ich bin ja in der glücklichen Lage, Sie auf das gerade hier in Heidelberg besonders reiche und gute Lehrangebot der Philosophischen Fakultät verweisen zu können. Da meine Fakultät als die einzige evangelisch-theologische Fakultät in Deutschland sich entschlossen hat, einen Lehrstuhl für Philosophie einzurichten, war ich genötigt, mir sehr genau darüber Rechenschaft abzulegen, was wohl von einem Philosophen erwartet würde, wenn er den Auftrag erhält, im Rahmen einer Theologischen Fakultät die Philosophie zur Sprache zu bringen. Der Unterschied meiner Situation zur Situation meiner Kollegen in der Philosophischen Fakultät besteht darin, daß in der Theologischen Fakultät die Philosophie nicht als ein etabliertes Fach betrachtet werden kann, das es nun einmal gibt, und dessen Bestand sich nicht mehr in Frage stellen läßt; im Rahmen der Theologischen Fakultät wird die Philosophie von vornehrein als eine fragwürdige, bedenkliche und durch und durch problematische Unternehmung betrachtet. Das ist genau die Situation, die der Philosophie angemessen ist. Es ist eine philosophische Situation, der man philosophisch zu begegnen versuchen muß. Offenbar durfte ich mich in dieser Situation nicht damit begnügen, Ihnen die Philosophie sozusagen als Bildungsgut vorzutragen und Ihnen in pädagogisch geschickter Form das nahezubringen, was man in Büchern ebenso gut oder besser lesen kann; ich muß vielmehr versuchen, sichtbar zu machen, warum man sich veranlaßt sehen kann, philosophisch zu fragen und philosophisch zu denken, und ich muß versuchen, Ihnen zu demonstrieren, wie philosophisches Denken vor sich geht. Nun gehört es zum Wesen der Philosophie, daß man die wichtigen Texte aus der Geschichte des Denkens nur verstehen kann, wenn man selbst philosophiert, das heißt, wenn man versucht, die großen Fragen, um die es in diesen Texten geht, selbst weiter zu fördern. Man kann nicht gleichsam von außen her und, wie man zu sagen pflegt, objektiv zur Kenntnis nehmen, was Platon, Aristoteles, Kant oder Hegel gelehrt haben; denn was sie gelehrt haben, wird nur verständlich, wenn man die Probleme kennt, die sie zu lösen versuchten; und die Kenntnis der Probleme erwirbt man nur dadurch, daß man an diesen Problemen selbst arbeitet. Wie man ein Mathematiker sein muß, um ein mathematisches Buch richtig beurteilen zu können, so muß man selbst philosophieren, um zu verstehen, wovon in einem philosophischen Buch die Rede ist. Ich habe mich deshalb in allen meinen Vorlesungen darum bemüht zu zeigen, wie die philosophischen Texte, die ich interpretiert habe, zu lesen und zu verstehen sind, wenn man sie nicht als bloß literarische Texte und historische Dokumente betrachtet, sondern sie von der Struktur der Probleme her zu entziffern versucht. Das hatte zur Folge, daß die Verbindung von Forschung und Lehre, die eine der Auszeichnungen der deutschen Universitätstradition ist und einen ernsthaften philosophischen Unterricht erst möglich macht, für mich als Lehrer der Philosophie in einer Theologischen Fakultät einen besonderen Akzent erhielt. Es gibt nur wenige philosophische Bücher, in denen die großen Fragen, von denen die Theologie heute bewegt wird oder bewegt werden sollte, so dargestellt werden, daß ihre theologische Relevanz sichtbar wird. Ich war also gezwungen, alles, was ich begonnen habe, neu zu machen, und habe in allen meinen Vorlesungen Arbeitsergebnisse vorgetragen, die ich beim Ausarbeiten dieser Vorlesungen selbst erst gewonnen habe. Mit diesem Typ der Vorlesung befriedige ich nicht das legitime Bedürfnis nach einer Übersicht über die Geschichte der Philosophie, nach einer Einführung in das philosophische Studium, nach Literaturübersichten, nach einer Darstellung des Standes der Forschung, und was man sonst von einem akademischen Unterricht mit gutem Recht erwarten kann. Ich muß für alle diese Bedürfnisse auf die Philosophische Fakultät verweisen. Wenn eine Vorlesungskritik mir diese Mängel vorhält, so kann ich nur von vornherein zustimmen, aber ich darf hinzufügen: das alles habe ich mir auch nicht vorgenommen. Vorgenommen habe ich mir, Ihnen zu demonstrieren, wie man philosophisch fragt und denkt, und Ihnen dabei zugleich deutlich zu machen, daß theologisches Fragen und Denken auf den kritischen Dialog mit der Philosophie angewiesen ist.

In diesem Semester bin ich insofern in einer neuen Situation, als ich ein systematisches Kolleg lese und den Versuch machen muß, den Entwurf einer Wissenschaft zu skizzieren, die es noch nicht gibt. Ich kann Sie nicht auf Literatur verweisen, in der Sie das, was ich vortrage, nachlesen könnten, sondern kann Sie nur zur Mitarbeit auffordern, damit es in Zukunft eine solche Literatur vielleicht einmal gibt. Ich werde auch in dieser Vorlesung mich Schritt für Schritt auf Texte aus der bisherigen Geschichte der Philosophie beziehen, denn es gibt kein Denken außerhalb der Geschichte, und vielleicht werden wir am Ende dieses Semesters besser verstehen, warum das so ist. Aber das Thema dieser Vorlesung ist nicht die vergangene sondern die zukünftige Geschichte der Philosophie; und wenn wir in die Vergangenheit zurückblicken, so tun wir es, um von dort her zu lernen, wie wir die zukünftigen Fragen zu stellen haben. Da äußere Umstände es mir unmöglich machen, den Plan der Vorlesung schon vor Beginn des Semesters festzulegen, bin ich nicht in der Lage, Ihnen heute schon zu sagen, wohin der Weg uns führen wird, und wie die Vorlesung gegliedert sein soll. Das ist ein Mangel, den Sie mit Recht kritisieren können, aber an dem nun nichts mehr zu ändern ist. Die größte Gefahr bei einem solchen Experiment ist die unablässige Versuchung, sich einer ungezügelten Phantasie zu überlassen, zu träumen, wo man denken sollte, und sich kritiklos in die nebligen Gefilde willkürlicher Utopien zu verlieren. Ihre Kritik, um die ich bitte, sollte sich also darauf konzentrieren, die Folgerichtigkeit, die Konsequenz und die Konsistenz dessen, was ich Ihnen vortrage, mit größter Schärfe zu prüfen und mir keinen Schritt zu konzedieren, von dem ich nicht nachweisen kann, daß er notwendig ist. Sie können mir sehr viel helfen, wenn Sie mir keinen faulen Zauber durchgehen lassen, und wenn Sie mich darauf aufmerksam machen, wo der Gedankengang brüchig ist. Sie können mir außerdem sehr viel helfen, wenn Sie mir sagen, wo ich es an Klarheit fehlen lasse, sei es, daß meine Darstellung nicht klar ist, sei es, daß die Gedanken in sich selbst nicht klar sind. Hingegen halte ich es für nicht sehr nützlich, daß wir uns in eine Diskussion darüber verlieren, ob überhaupt eine Vorlesung dieses Typs wünschenswert ist oder nicht. Es steht ja jedem frei, ob er an ihr teilnehmen will oder nicht; und ich kann nicht allen Wünschen auf einmal genügen.

⟨3. Ist eine philosophische Erkenntnis der Zukunft möglich?⟩

Doch nun zur Sache! Die Frage, ob überhaupt und in welchen Formen eine Erkenntnis der Zukunft möglich ist, beschäftigt heute nicht nur einen wachsenden Kreis von Wissenschaftlern in der ganzen Welt; auch die Öffentlichkeit beginnt sich mehr und mehr für Zukunftsforschung zu interessieren. Die Futurologie ist Mode geworden. Aber nur selten wird darüber nachgedacht, was die Bedingungen der Möglichkeit einer Erkenntnis der Zukunft sind, und wie die philosophische Grundlegung einer Wissenschaft von der Zukunft aussehen müßte. Jede Erkenntnis beansprucht, wahr zu sein. Wahrheit besteht nach der klassischen Definition in der Übereinstimmung zwischen der Erkenntnis und ihrem Gegenstand. Aber die Zukunft ist dadurch definiert, daß sie alles umfaßt, was noch nicht ist, und was demnach auch nicht der Gegenstand einer objektiven Erkenntnis sein kann. Wenn wir behaupten, daß es eine Erkenntnis der Zukunft geben kann, so sind wir demnach gezwungen, den überlieferten Begriff der Wahrheit in Frage zu stellen. Auf diesem Wahrheitsbegriff beruht aber alles, was die Menschen in den vergangenen zweitausendfünfhundert Jahren gedacht, geglaubt, verehrt, für recht erachtet und als notwendig angesehen haben. Wer diesen Begriff der Wahrheit in Frage stellt, der stellt, wie zuerst Nietzsche gesehen hat, unsere gesamte Überlieferung und damit zugleich auch uns selbst in Frage. Es hat also ungeheure Konsequenzen, wenn man eine Erkenntnis der Zukunft für möglich hält; und man versteht, warum die Menschen bisher die Zukunft mit einem Tabu umgeben haben und nur den Propheten und den Dichtern einen Vorblick in diesen heiligen Bezirk gestatten wollten.

Man kann die Behauptung, daß durch die Frage nach der Erkenntnis der Zukunft das überlieferte Verständnis der Wahrheit und damit zugleich der Erkenntnis in Frage gestellt wird, einschränken. Man kann sich darauf berufen, daß auch die bisherige Wissenschaft eine gewisse Klasse von Aussagen über die Zukunft zugelassen hat. Die Geschichte der europäischen Wissenschaft beginnt damit, daß Thales von Milet die Sonnenfinsternis des Jahres 585 v. Chr. vorausgesagt hat. Er stützte sich dabei auf babylonische Astronomie. Soweit zukünftige Ereignisse auf Grund von physikalischen Gesetzen notwendig eintreten müssen, ist es der Wissenschaft möglich und erlaubt, sie vorauszusagen. Sieht man genauer zu, so ist in diesen Fällen der Inhalt der Erkenntnis nicht das zukünftige Ereignis als solches, sondern das immer gültige Gesetz, aus dem das zukünftige Ereignis mit Notwendigkeit folgt.

Aber was ist ein Gesetz? Was erkennen wir, wenn wir ein Gesetz erkennen? Ist das Gesetz ein Gegenstand? Läßt sich die Wahrheit der Erkenntnis des Gesetzes nach der klassischen Definition als Übereinstimmung der Erkenntnis mit dem Gegenstand beschreiben? Woher wissen wir, daß, was bisher gegolten hat, mit Sicherheit auch in Zukunft gelten wird? Hier geraten wir schon in große Schwierigkeiten, die uns in einem späteren Abschnitt dieser Vorlesung vermutlich noch beschäftigen werden. Der erste Philosoph, der diese Schwierigkeit mit Schärfe und Präzision formuliert hat, war der englische Philosoph David Hume[2]. Kant hat seine ganze „Kritik der reinen Vernunft" gelegentlich als einen Versuch bezeichnet, dieses von Hume aufgedeckte Problem zu lösen. Ich will das Problem jetzt nicht diskutieren, sondern habe es nur deshalb angeführt, um Sie darauf hinzuweisen, daß es durchaus nicht selbstverständlich ist, daß wir dessen gewiß sein können, daß morgen früh die Sonne wieder aufgeht, oder daß zu einem bestimmten berechenbaren Datum eine Sonnenfinsternis eintreten wird. Selbst bei jener Klasse von Aussagen über die Zukunft, die unsere Wissenschaft zuläßt, kann man den *Grund* der Zulässigkeit mit David Hume in Frage stellen. Das Problem der Erkennbarkeit der Zukunft erwies sich also schon im 18. Jahrhundert als eine Crux der Erkenntnis, die das gesamte System des menschlichen Wissens zum Einsturz zu bringen drohte.

Setzen wir uns über dieses Problem hinweg, so können wir sagen, die Erkenntnisse von dem Typ der Voraussage einer Sonnenfinsternis seien deshalb wahr, weil in ihnen streng genommen nicht die Zukunft sondern das erkannt wird, was immer ist, und was, weil es immer ist, auch in Zukunft sein wird. Das ist der Grund, weshalb die Astronomie mit gutem Gewissen derartige Zukunftsaussagen zuläßt; denn wenn man voraussetzt, daß es Phänomene gibt, die immer sind – und solche Phänomene nennen wir Gesetze –, so besteht kein prinzipieller Unterschied zwischen der Berechnung vergangener Sonnenfinsternisse und der Berechnung zukünftiger Sonnenfinsternisse. Auf Grund ihrer Erkenntnis der Gesetze, welche die Himmelsbewegungen bestimmen, kann die Astronomie die vergangenen Konstellationen der Sterne ebenso berechnen wie die zukünftigen Konstellationen. Man kann nachprüfen, daß im Jahr 585 tatsächlich in Kleinasien eine Sonnenfinsternis stattgefunden hat. Die Zukunft wird also bei solchen Berechnungen nicht anders behandelt als die Vergangenheit. Sie ist der Vergangenheit isomorph; mit dem Begriff des Gesetzes verbindet sich zugleich die Überzeugung, daß es zulässig ist, die Zukunft ebenso zu betrachten wie die Vergangenheit. Der Begriff des Gesetzes beruht auf dem Axiom der Isomorphie von Ver-

---

[2] David Hume, Enquiries Concerning the Human Understanding, hg. von L. A. Selby-Bigge, [2]Oxford: Clarendon, 1963, Section IV, Part I, 25f.; 29f.

gangenheit und Zukunft; er impliziert, daß die Zeit ein gleichförmiges Kontinuum ist.

Aber indem ich das ausspreche, überfällt uns bereits ein Unbehagen. Die Vergangenheit steht fest, denn wir wissen, daß sich an ihr nichts mehr ändern läßt. Aber stimmt es, daß die Zukunft ebenfalls feststeht? Und wenn das stimmt, steht dann alles schon fest, was sich in Zukunft ereignen wird, oder gibt es *eine* Klasse von zukünftigen Tatsachen, von denen wir sagen können, sie stehen fest, und eine andere Klasse von Tatsachen, von denen wir sagen müssen, daß sie offen sind? Und wenn das so sein sollte, nach welchen Kriterien unterscheiden wir dann die eine Klasse von Tatsachen von der anderen Klasse? Hat die Zukunft wirklich, wie der Begriff des Gesetzes es impliziert, die gleiche Gestalt wie die Vergangenheit? Ist sie wirklich der Vergangenheit isomorph? Oder ist sie gänzlich verschieden von der Vergangenheit? Wie hängen Zukunft und Vergangenheit in unserer Gegenwart ineinander? Wir sagen von dem Gesetz, daß es immer ist; aber was heißt eigentlich „immer"? Bedeutet „immer", daß kontinuierlich Ein-und-dasselbe sich selbst gleichbleibt, oder bezeichnet das Wort „immer" die Kontinuität von etwas Identischem, das sich wandeln kann, ohne dabei seine Identität zu verlieren? Wie verstehen wir im ersten Falle die Zeit? Wie verstehen wir im zweiten Falle die Zeit? Und was soll der Begriff des Gesetzes bedeuten, wenn das Identische sich wandeln kann? Ist es in diesem Fall noch zulässig zu behaupten, daß sich zukünftige Ereignisse auf Grund eines festen Gesetzes berechnen lassen? Ferner: Wenn wir behaupten, im Gesetz werde erkannt, was immer ist, was verstehen wir dann unter dem Worte „ist"? Was für einen Sinn hat es, von einem Gesetz zu behaupten, daß es ist? Bedeutet das Wort „ist" das Gleiche, ob wir das Wort „immer" so oder so interpretieren? Oder ist die Bedeutung des Wortes „ist" abhängig von der Bedeutung des Wortes „immer"? Wenn aber zwischen der Bedeutung des Wortes „ist" und des Wortes „immer" ein solcher Zusammenhang besteht, daß wir jedesmal, wenn wir dem Worte „immer" eine andere Bedeutung zuschreiben, zugleich die Bedeutung des Wortes „ist" modifizieren müssen: welcher Zusammenhang besteht dann zwischen der Zeit und dem Sein, dem Sein und der Zeit? Ferner: Was bedeutet dann der Begriff der Erkenntnis? Die Erkenntnis erkennt, was ist. Ihre Wahrheit ergibt sich aus dem Sein dessen, was in der Erkenntnis erkannt wird. Insofern ist die Wahrheit primär eine Wahrheit des Seins, und nur insofern sie

Wahrheit des Seins ist, kann sie auch Wahrheit der Erkenntnis werden. Wenn nun bei der Erkenntnis dessen, was immer ist, der Sinn des „ist" vom Sinn des „immer", der Sinn des „immer" vom Sinn des „ist" abhängig ist, wie steht es dann mit der Wahrheit selbst? Ist die Wahrheit, wie das metaphysische Denken gelehrt hat, zeitlos, oder ist die Wahrheit auf die Zeitlichkeit des Seins und auf das Verhältnis zwischen Sein und Zeit bezogen? Gibt es verschiedene Modi des Seins und der Wahrheit, so wie es verschiedene Modi der Zeit gibt? Und auf welche Einheit blicken wir, wenn wir, trotz der Verschiedenheit der Modi, von *einer* Zeit, *einem* Sein, *einer* Wahrheit sprechen?

Wir haben bisher nur die unproblematischste Form der Erkenntnis der Zukunft diskutiert, nämlich jene Form der Erkenntnis, die heute von niemandem ernsthaft in Frage gestellt wird. Trotzdem hat sich schon bei der ersten oberflächlichen Orientierung über den möglichen Sinn und den Grund einer solchen Erkenntnis eine Fülle von Fragen ergeben, auf die wohl keiner von uns ohne weiteres eine Antwort zu finden wüßte. Würde ich nach dem klassischen Vorbild, das Aristoteles im Buch B der „Metaphysik" gegeben hat, in dieser Weise fortfahren und einen Katalog der Fragen geben, die sich stellen, wenn man die komplizierteren Formen der Zukunftsprognosen untersucht, so könnte ich das halbe Semester mit der Aufzählung von Fragen ausfüllen und würde mich trotzdem anheischig machen, keine einzige Frage gestellt zu haben, die überflüssig wäre. Aber ich habe die aufgezählten Fragen jetzt nur gestellt, um Ihnen eine vorläufige Ahnung davon zu geben, wie unklar und wie dunkel das Gelände ist, auf dem wir uns mit unserem vermeintlichen Wissen bewegen. Die Frage, ob eine Erkenntnis der Zukunft möglich ist, enthält in sich die unheimliche Gewalt, daß sie die Fragwürdigkeit aller übrigen Formen der Erkenntnis aufdeckt. Wenn wir eine Aussage über die Zukunft wagen, so verfügen wir nicht über den bequemen Ausweg, die Aussage an gegebenen Sachverhalten verifizieren zu können. Aussagen über die Zukunft lassen sich nur durch eine Prüfung der *Gründe* verifizieren, auf die wir uns bei diesen Aussagen stützen. Treten wir aber einmal ernsthaft in eine Prüfung dieser Gründe ein, so stellt sich heraus, daß sie mit den Gründen, aus denen wir unsere Erkenntnis des Gegenwärtigen und Vergangenen ableiten, verschränkt sind, und daß die Erkenntnis dessen, was gegenwärtig ist und vergangen war, auch wenn wir uns selbst den Sand einer vermeintlichen Verifizierung in die Augen streuen, nicht sehr viel zuverlässiger ist als die Erkenntnis der Zukunft. Ich werde im Verlauf dieser Vorlesung noch einen Schritt weitergehen und die These begründen, daß die gesamte menschliche Erkenntnis von der Erkenntnis der Zukunft abhängig ist, und daß wir sogar die Geschichte nicht erkennen können, wenn wir die Zukunft nicht erkennen. Aber ob eine solche Umkehrung nun erlaubt sein mag oder nicht – schon allein die Tatsache, daß man sie ernsthaft in Betracht ziehen kann, zeigt, daß es jedenfalls *nicht* möglich ist, die Erkenntnis der Zukunft so zu betrachten, als würde hier nur willkürlich, weil es heute so Mode ist, der bisherige Bestand unserer Wissenschaft um einen Zusatz erweitert, den man nach freiem Belieben entweder akzeptieren oder auch weglassen kann. Der gesamte Bestand möglicher menschlicher Erkenntnis sieht anders aus, je nachdem, ob man eine Erkenntnis der Zukunft zuläßt und für möglich hält oder nicht. Keine Wissenschaft bleibt von der Möglichkeit einer Erkenntnis der Zukunft unberührt. Alles, was überhaupt Erkenntnis heißt, gewinnt eine andere Gestalt, wenn wir Erkenntnis der Zukunft für möglich halten. Anders gesagt: die Erkenntnis der Zukunft ist nicht ein Spezialgebiet der Philosophie, das man zu den überlieferten philosophischen Disziplinen hinzuaddieren könnte; sondern durch die Frage nach der Erkenntnis der Zukunft wird die Philosophie insgesamt in ihrem überlieferten Stand in Frage gestellt, und mit der Wissenschaft von der Wissenschaft wird auch die überlieferte Konstitution aller übrigen Wissenschaften problematisch. Es geht also bei der Erkenntnis der Zukunft um die innere Möglichkeit menschlichen Wissens überhaupt.

Wenn wirklich das Problem der Erkenntnis der Zukunft uns erst den wahren Zugang zu der Frage nach der inneren Möglichkeit menschlichen Wissens überhaupt eröffnet – bisher ist das nur eine Hypothese, deren Tragweite sich erst im weiteren Gang der Vorlesung herausstellen kann –, dann wäre die Zukunft der Bereich, in dem die Philosophie erst zu sich selbst gelangt. Der Satz von Kant, daß die Vernunft nur einsieht, was sie selbst nach ihrem eigenen Entwurf hervorgebracht hat, würde dann einen Sinn erhalten, der weit über alles hinausreicht, was Kant in seinem Zeitalter zu denken vermochte[3]. Der Begriff des Entwurfes wäre nämlich dann geschichtlich als Antizipa-

---

[3] Vorrede zur zweiten Auflage der „Kritik der reinen Vernunft"; B XIII; 3, 10. Kant wird mit Band und Seitenzahl der Akademie-Ausgabe zitiert, die „Kritik der reinen Vernunft" außerdem mit Buchstaben und Seitenzahl der ersten und zweiten Originalausgabe.

tion der Zukunft zu interpretieren. Antizipation von Zukunft wäre dann die Grundform vernünftigen Denkens überhaupt. Das würde bedeuten, daß jene Selbsterkenntnis der Vernunft, in der die Philosophie nach Kant erst zu sich selbst gelangt[4], erst in dem Verständnis der inneren Möglichkeit und der Formen der Antizipation von Zukunft erreicht wird; erst durch die Aufklärung des Horizontes und der Dimensionen einer Erkenntnis der Zukunft könnte transzendentales Denken dann sich selbst begründen; das gesamte Gefüge aller überhaupt möglichen Philosophie müßte dann von der geschichtlichen Struktur des Entwurfes her in seinem Aufriß und in seinen Richtmaßen neu entdeckt werden.
Der erste Philosoph, der diesen Gedanken gewagt hat, ist Nietzsche gewesen. Er sah einen neuen Typ von Philosophen heraufkommen, die in dem doppelten Sinne „Philosophen der Zukunft" sind, daß sie einerseits die zukünftige Gestalt der Philosophie repräsentieren, und daß sie andererseits die Zukunft zum *Inhalt* ihrer Philosophie machen[5]. Aber wenn wir heute, nach achtzig Jahren der ungeheuersten geschichtlichen Erfahrungen, diesen vergessenen, ja nie verstandenen Gedanken wieder aufgreifen und weiterzudenken versuchen, können wir nicht unmittelbar auf Nietzsche zurückgreifen. Inzwischen wurde nämlich in der Philosophie ein weiterer wesentlicher Schritt dadurch vollzogen, daß Martin Heidegger auf anderer Basis und in einem anderen Horizont die große Grundfrage aller Philosophie, nämlich die Frage nach Sein und Zeit, neu gestellt hat. Es ist nicht möglich, zu den zentralen Problemen der Philosophie des 20. Jahrhunderts einen Zugang zu finden, solange man versucht, auf irgendwelchen Seitenwegen das große und anstößige Werk von Heidegger zu umgehen. Wenn man die Zukunft verstehen will, muß man versuchen, in die Geschichte des Denkens richtig hineinzukommen. Ich werde deshalb im ersten Teil dieser Vorlesung unser Problem dort aufgreifen, wo es der junge Heidegger im letzten Teil von „Sein und Zeit" stehen gelassen hat. Anders kann ich den Ausgangspunkt des Weges, den wir in diesem Semester durchmessen wollen, nicht deutlich machen.

---

[4] Vgl. Georg Picht, Kants Religionsphilosophie, Stuttgart: Klett-Cotta, 1985; Sachregister s. v. Selbsterkenntnis der Vernunft.

[5] Vgl. Georg Picht, Nietzsche, Stuttgart: Klett-Cotta, 1988.

Erster Teil
Die Zeit im Horizont des Seins?

⟨4. Heideggers Analyse der Zeitlichkeit des Daseins⟩

Ich werde also im ersten Teil dieser Vorlesung in die Auseinandersetzung mit einer philosophischen Position eintreten müssen, die vor vierzig Jahren entworfen wurde, und Sie werden darüber vielleicht enttäuscht sein, denn Sie kommen ja in diese Vorlesung, um über die Zukunft, nicht die Vergangenheit nachzudenken. Hat die Philosophie nicht eben dadurch in den vergangenen Jahrzehnten jedes Mitspracherecht bei der Lösung der großen Weltprobleme verscherzt, daß sie vor jedem Sachproblem in eine Betrachtung ihrer eigenen Geschichte zurückweicht? Wäre es nicht besser, von der Wirklichkeit selbst, statt immer nur von den Spiegelungen vergangener Gestalten dieser Wirklichkeit in vergangenen Gestalten des Denkens zu sprechen?
Es wird sich nur durch die Tat erweisen lassen, ob wir auf dem Weg, den ich einschlagen möchte, in die Wirklichkeit selbst eindringen oder nicht. Ich stelle deshalb das, wie sich noch zeigen wird, für die Erkenntnis der Zukunft zentrale Problem ihres Zusammenhangs mit der Erkenntnis der Vergangenheit und mit der Erkenntnis der Geschichte überhaupt zurück; wir werden immer wieder darauf stoßen. Aber es ist nötig, schon jetzt etwas darüber zu sagen, in welcher Bahn sich die Auseinandersetzung mit „Sein und Zeit", die wir versuchen wollen, bewegt.
Hätte ich die Absicht, ein Heidegger-Kolleg zu lesen, so müßte ich versuchen, Heideggers Denken von seinen eigenen Quellen und Motiven her innerhalb seiner eigenen Entwicklung verständlich zu machen; wir müßten dann versuchen, uns die geistige Situation der deutschen Philosophie in den zwanziger Jahren dieses Jahrhunderts verständlich zu machen, und uns ein Bild davon machen, welche großen Tendenzen des europäischen Denkens sich in diesem Werk auf eine höchst eigentümliche Weise durchkreuzen. Aber uns geht es hier nicht um das historisch angemessene Verständnis eines bedeutenden Werkes aus der Geschichte der neueren Philosophie, sondern es geht uns um das Verständnis der Sache selbst, die in diesem Werk in neuer Gestalt zur Sprache kommt; es geht uns um das Verständnis

der inneren Struktur des Verhältnisses von Sein und Zeit, weil wir von vornherein wissen können, daß sich die innere Möglichkeit einer Erkenntnis der Zukunft nicht aufklären läßt, solange wir das im Titel „Sein und Zeit" gestellte Problem noch nicht durchschauen. Wir wollen also von Heidegger *lernen;* und ich werde versuchen müssen, Ihnen zu zeigen, daß Heidegger in der Aufhellung der Struktur der Grundfrage aller Philosophie einen epochalen Schritt vollzogen hat, hinter den wir nicht mehr zurückfallen dürfen, wenn wir der Zukunft gewachsen sein wollen.

Zugleich aber wissen wir, daß die Welt in den vergangenen vierzig Jahren eine ungeheure Verwandlung durchlaufen hat. Es ist also heute nicht mehr möglich, so zu denken, wie Heidegger vor vierzig Jahren gedacht hat. Von Heidegger lernen, kann nicht heißen, Heideggers Denken dogmatisch übernehmen; es kann nur heißen, daß wir lernen müssen, die von ihm gestellte Frage weiterzuführen. Dabei wird sich notwendig eine Differenz zwischen seiner Form, die Frage zu stellen, und unserem heutigen Zugang zu der selben Frage herausstellen müssen. Je klarer wir diese Differenz formulieren, je weniger wir sie verwischen, desto strenger werden wir die Richtung der von Heidegger selbst gestellten Frage einhalten können. Das ist der Sinn, in dem ich hier das Wort „Auseinandersetzung" gebrauche.

Nun stellt sich beim Studium von Heideggers Entwicklung etwas sehr Unheimliches heraus. Heidegger selbst ist nämlich, wenn ich recht sehe, in seiner späteren Philosophie auf eigentümliche Weise hinter seinen ursprünglichen Ansatz zurückgewichen. Das ist kein Zufall und kein biographisches Kuriosum, sondern es hängt, wie ich die Dinge sehe, mit einem Fehlgriff im Entwurf dieses Ansatzes zusammen, durch den sich Heidegger, wie mir scheint, auf hintergründige Weise den Zugang zu seiner eigenen Entdeckung verstellt hat. Ich werde versuchen müssen, das deutlich zu machen. Das ist nur möglich, indem ich das Element verlasse, darin sich Heideggers Denken von sich aus bewegt, und sein Werk gleichsam von außen betrachte. Wenn es mir aber gelingen sollte, Heideggers eigene Frage, so wie sie ursprünglich angelegt ist, weiterzuführen, so wäre diese Betrachtung seiner Philosophie zugleich eine Betrachtung von innen her; denn man versteht ein Denken dann von innen her, wenn man in der Bahn, die es freilegt, weitergeht.

Wir versuchen also zunächst, uns die Grundrichtung der Bahn, die in

„Sein und Zeit" durchmessen wird, klarzumachen[6]. Das Werk stellt, wie das Vorwort sagt, die Frage nach dem Sinn von Sein. Die geschichtliche Notwendigkeit, diese Frage zu stellen, ergibt sich nach Heidegger daher, daß die Tradition sie aus den Augen verloren und verstellt hat und in ihrer Abhängigkeit von der griechischen Ontologie zugleich die ursprünglichen Erfahrungen, aus denen diese Ontologie hervorgegangen ist, nicht mehr kennt. Deshalb ist die gesamte Geschichte der Philosophie seit Platon und Aristoteles in Heideggers Perspektive die Geschichte eines entwurzelten Denkens. Zur neuen Grundlegung der Ontologie, die Heidegger in „Sein und Zeit" unternimmt, gehört notwendig „Die Aufgabe einer Destruktion der Geschichte der Ontologie" (das ist die Überschrift von § 6). Die Destruktion der Geschichte der Ontologie ist nicht ein Zusatz, den man auch weglassen könnte. Vielmehr kann sich das neue Denken seine Bahn nur Schritt für Schritt auf dem Weg einer Destruktion der Geschichte des bisherigen Denkens brechen. Durch die Bewegung der Destruktion der Geschichte fügt sich Heidegger, ohne sich dessen bewußt zu sein, der Tendenz, die seit dem sogenannten Zusammenbruch des deutschen Idealismus das europäische Denken beherrscht. Marx, Kierkegaard, Nietzsche, der Pragmatismus, der logische Positivismus: jede dieser philosophischen Richtungen hat ihren eigenen Ansatz durch eine Destruktion der Geschichte des Denkens begründet. Wahrscheinlich wird man Sinn und Notwendigkeit der Destruktion der Geschichte erst verstehen, wenn man gelernt hat, alle diese scheinbar so heterogenen Tendenzen in ihrem Zusammenhang zu verstehen.

Aber was bedeutet nun bei Heidegger die Frage nach dem „Sinn" von Sein? Heidegger sagt auf Seite 151: „Sinn ist das, worin sich Verständlichkeit von etwas hält. Was im verstehenden Erschließen artikulierbar ist, nennen wir Sinn. Der *Begriff des Sinnes* umfaßt das formale Gerüst dessen, was notwendig zu dem gehört, was verstehende Auslegung artikuliert." Ich ergänze diese noch vorläufige Bestimmung des Begriffes von Sinn durch eine zweite Stelle: Sinn ist

---

[6] „Sein und Zeit" wird zitiert nach der 2. Auflage 1929 des Sonderdruckes von Band VIII des von Husserl herausgegebenen „Jahrbuchs für Philosophie und phänomenologische Forschung", der im gleichen Jahr (1927) bei Niemeyer in Halle erschienen war wie die erste Auflage. Die zweite, unveränderte Auflage war GPs Handexemplar. Die Heidegger Gesamtausgabe legt die siebente Auflage zugrunde: I. Abteilung, Band 2, Frankfurt: Klostermann, 1977.

das, „worin sich die Verstehbarkeit von etwas hält, ohne daß es selbst ausdrücklich und thematisch in den Blick kommt. Sinn bedeutet das Woraufhin des primären Entwurfs, aus dem her etwas als das, was es ist, in seiner Möglichkeit begriffen werden kann" (324). Das, worin sich die Verstehbarkeit von etwas hält, nennt Heidegger gelegentlich auch „Horizont". Die Frage nach dem Sinn von Sein will deshalb den Horizont freilegen, in dem die Verständlichkeit von Sein sich hält. Das Werk schließt mit der Frage: „Offenbart sich die *Zeit* selbst als Horizont des *Seins*?" (438) Damit ist die große Richtung festgelegt, die man beim Studium dieses Werkes nie aus dem Auge verlieren darf. Ein großer Teil der Mißverständnisse hat sich daraus ergeben, daß man das Buch als einen Traktat der sogenannten Existenzphilosophie, das heißt als eine besondere Form der Anthropologie verstanden hat, während es tatsächlich nach dem Sinn von Sein fragt. Allerdings ist Heidegger selbst, wie wir noch sehen werden, an diesem Mißverständnis nicht unschuldig.

Wir halten unser erstes Ergebnis fest in einem Satz, den ich mir aus einem Kolleg von Heidegger notiert habe: „Sinn ist genau in seinem Begriff umgrenzt als dasjenige, von woher und auf Grund wovon das Sein überhaupt als solches offenbar werden, das heißt in die Wahrheit treten kann."[7] Daraus ergibt sich: in der Frage nach dem Sinn von Sein ist zugleich die Frage nach dem Wesen der Wahrheit vorgezeichnet. Heidegger hat uns verstehen gelehrt, daß jede Philosophie sich dadurch ausweist und ihre Gestalt dadurch erhält, wie sie das Wesen der Wahrheit denkt.

Wie stellt man die Frage nach dem Sinn von Sein und nach dem Wesen der Wahrheit? Will man eine Frage stellen, so bedarf das Fragen der angemessenen Durchsichtigkeit. Bei der Ausarbeitung der formalen Struktur stellt sich heraus, daß das Fragen als solches nur durchsichtig werden kann, wenn es sich als ein bestimmtes Verhalten dessen begreift, der die Frage stellt. Der, der die Frage stellt: das sind wir selbst, sofern wir uns den Sinn von Sein erschließen wollen. Demnach ist das Fragen nach dem Sinn von Sein ein Seinsmodus von uns selbst, die wir sind. Als Seinsmodus ist das Fragen als solches wesenhaft von dem bestimmt, wonach es fragt, nämlich vom Sein. Das

---

[7] Handschriftlich mit Bleistift von GP in seinem Handexemplar am Rand von S. 1 notiert. Die Notiz fährt fort: „Nietzsche Kolleg WS 1936/7 vgl. S. 151." Wenige Zeilen darunter steht am Rand: „‚Das Buch führt nur an die Schwelle der Frage ‚Sein und Zeit' – nicht in sie hinein' Nietzsche-Kolleg".

Sein steht also dem Fragen nicht als ein fremder Gegenstand gegenüber, sondern es tritt im Vollzug des Seins selbst ans Licht. Indem wir uns die formale Struktur der Frage rein als Frage durchsichtig machen, erschließen wir uns bereits in irgendeinem Sinn den Horizont dessen, wonach gefragt wird, nämlich den Horizont von Sein. Heidegger bestimmt das Seiende, das in dieser Weise fragen kann, also das Seiende, das wir selbst je sind, als Dasein. Ich werde diesen Begriff später erläutern und weise jetzt nur auf die Paradoxie hin, daß der Philosoph, dem wir die Entdeckung der sogenannten ontologischen Differenz, also der unüberbrückbaren Unterscheidung von Sein und Seiendem verdanken, hier das Seiende, das wir selbst sind, nicht als Daseiendes sondern als Dasein expliziert. Daß man dies übersehen hat und das Dasein als ein Daseiendes verstanden hat, ist ein weiterer Grund für unzählige Fehldeutungen von Heideggers Philosophie.

Darin, daß Heidegger erkennt, daß man die Frage nach dem Sinn von Sein nur stellen kann, indem man das Stellen dieser Frage selbst als einen Seinsmodus des Daseins begreift, stellt er sich in die Tradition der deutschen Transzendentalphilosophie. Durch Kants transzendentale Frage haben wir gelernt, daß es nicht möglich ist, etwas zu erkennen, ohne daß man zugleich nach den Bedingungen der Möglichkeit dieser Erkenntnis fragt. Die Frage nach den Bedingungen der Möglichkeit der Erkenntnis führt aber in die Voraussetzungen des Denkens und damit in die Voraussetzungen von uns selbst, die wir denken, zurück. Heideggers ganze Philosophie ist als Transzendentalphilosophie zu interpretieren. Aber er radikalisiert die Frage der Transzendentalphilosophie, indem er durch die Frage nach dem Sinn von Sein die Seinsverfassung aufzuhellen versucht, die uns zum transzendentalen Fragen nötigt. Heidegger fragt also nach den Bedingungen der Möglichkeit der kantischen Frage nach den Bedingungen der Möglichkeit. Kant selbst hat sich nach Heideggers Deutung, der ich mich nicht anschließen kann, diese Frage dadurch verstellt, daß er in der Nachfolge von Descartes das Sein des Daseins als Subjekt versteht und der Subjektivität die Substantialität unterschiebt. Die ontologische Struktur des Subjektseins des Subjektes bliebe nach Heideggers Interpretation in der kantischen Philosophie unaufgeklärt. Das wäre selbst bei Kant das Zeichen für jene Seinsvergessenheit, in der das gesamte europäische Denken im Zeitalter der Metaphysik befangen blieb. Subjektivität ist die Seinsverfassung des Bewußtseins, und die ursprüngliche Handlung des Bewußtseins ist das Vorstellen. Die gesamte Transzendentalphilosophie von Kant und dem deutschen Idealismus ist eine Philosophie des Bewußtseins und aus der Struktur des Bewußtseins abgeleitet. Das gilt auch von der Philosophie von Hegel. Die Dialektik ist die volle Entfaltung der immanenten Voraussetzungen des Bewußtseins, durch die dann das Bewußtsein zu sich selbst kommt. Es könnte nun den Anschein haben, als wäre Heideggers Begriff des Daseins nur ein eigenwilliger Wechselbegriff für den Begriff des Bewußtseins. Auch so ist Heidegger verstanden worden, weil man es gar nicht für möglich hielt, daß Dasein anders als im Sinne von Subjektivität interpretiert werden könnte.

Tatsächlich will Heidegger durch den Begriff des Daseins in den Bereich der Bedingungen der Möglichkeit von so etwas wie Bewußtsein vorstoßen. Bewußtsein ist nur möglich auf dem Grunde von Dasein, aber Dasein geht in keiner Gestalt des Bewußtseins, nicht einmal im absoluten Geiste auf. Es ist aus diesem Grunde auch nicht möglich, Heidegger vom dialektischen Denken aus entweder wie Walter Schulz zu interpretieren oder wie etwa Adorno zu bekämpfen[8]. Auf die Bedingungen der Möglichkeit von Dialektik ist Dialektik nicht mehr anwendbar. Allerdings ist hinzuzufügen, daß Heidegger zwar bis zur Frage nach den Bedingungen der Möglichkeit der Dialektik durchgestoßen ist, aber diese Frage selbst nicht mehr durchzuführen vermochte. Insofern gibt er auch in diesem Punkte für alle Mißverständnisse selbst die Handhabe. Aber wichtig ist nicht, was er nicht zu leisten vermochte, sondern was er wirklich geleistet hat. Geleistet hat er, daß man heute von Subjektivität und vom Bewußtsein oder auch von Dialektik mit gutem Gewissen nicht mehr reden kann, ohne darauf zu reflektieren, welche versteckten ontologischen Implikationen in diesen Begriffen immer schon enthalten sind. Jedes Denken, das dieser Frage ausweicht, weicht der Aufklärung über sein eigenes Wesen aus. Es ist ein unaufgeklärtes Denken, selbst wenn es die Aufklärung auf seine Fahnen schreibt. Freilich geht es, nachdem Heideggers Philosophie einmal vorliegt, auch nicht mehr an, dieser Philosophie dogmatisch irgendeinen vorgefaßten Begriff von Onto-

---

[8] Der Satz bezieht sich vermutlich auf Walter Schulz, Die Vollendung des Deutschen Idealismus in der Spätphilosophie Schellings, Stuttgart: Kohlhammer, 1955, 287 ff., und auf Theodor W. Adorno, Negative Dialektik, Erster Teil „Verhältnis zur Ontologie", jetzt: Gesammelte Schriften, Bd. 6, Frankfurt: Suhrkamp, 1973, 67 ff.

logie zu unterschieben; denn da das ganze Werk „Sein und Zeit" nichts anderes unternimmt, als zur Vorbereitung einer künftigen Ontologie zunächst einmal die Frage nach dem Sinn von Sein auszuarbeiten, ist es nicht möglich, dieses Werk so zu interpretieren, als stünde von vornherein bereits fest, was wir unter Sein zu verstehen haben.

⟨5. Heideggers Frage nach dem Sinn von Sein⟩

Wir haben festgestellt, daß „Sein und Zeit" seiner Intention nach als die ausgearbeitete Fragestellung nach den Bedingungen der Möglichkeit der Transzendentalphilosophie zu verstehen ist. Deshalb muß auch der Ansatz dieses Werkes der Bewegung der Transzendentalphilosophie folgen und die Frage nach dem Sinn von Sein an dem Seienden orientieren, das diese Frage zu stellen vermag, und dem deshalb der Sinn dieser Frage in irgendeiner Weise schon erschlossen sein muß. Diese Erschlossenheit ist das Sein im Da. Deshalb bezeichnet Heidegger das Sein des Menschen als Dasein. Das ist nun genauer zu erläutern. Ich schlage dabei einen Weg ein, der unerlaubt wäre, wenn ich die Aufgabe hätte, Heidegger zu interpretieren, der aber geboten ist, wenn wir das Ziel haben, von Heidegger ausgehend über Heidegger hinauszufragen. Ich werde nämlich zunächst aus Heideggers Denken nur die Strukturelemente herausheben, von denen ich meine, daß sie unverrückbar und tragfähig sind und in jede Fortführung seiner Frage mit eingehen müssen. Das bedeutet, daß ich gewisse Elemente seiner Analyse des Daseins zunächst bewußt unterschlage; das hat die unvermeidliche Folge, daß die Richtung der Bahn des Fragens sich ändert. Ich werde dann in einem zweiten Schritt den Punkt der Abweichung genauer bezeichnen, um so das Verfahren zu rechtfertigen. Bei Heidegger selbst sind die Momente, die ich festhalte, und die Momente, die ich abstoßen möchte, untrennbar ineinander verflochten. Insofern tut das Verfahren Heidegger Gewalt an. Da aber dieses Verfahren gewählt wird, um aus einer bestimmten geschichtlichen Gestalt des Denkens freizulegen, was in die Zukunft weist, glaube ich, daß diese Gewaltsamkeit, für die ich mich auf Heidegger selbst berufen kann, der tiefsten Intention seines Denkens entspricht.
Der erste Satz, dessen Sinn es zu klären gilt, steht im § 9 unter Zif-

fer 1. Er heißt: „*Das ‚Wesen' des Daseins liegt in seiner Existenz.*" (42) Die Scholastik hat das Wesen jedes Seienden als sein wesentliches Was-Sein, das heißt als eine *essentia* bestimmt. Davon wird die *existentia*, das zeitliche Gegebensein des Dinges, unterschieden. Der Begriff der *essentia* ist eine Übersetzung des aristotelischen Begriffes οὐσία; als die οὐσία eines Seienden bezeichnet man die Struktureinheit aller der Bestimmungen, die an ihm unveränderlich sind und sich in allen Phasen seines zeitlichen Daseins durchhalten[9]. Solche Bestimmungen sind zum Beispiel alle die Bestimmungen, kraft derer jedes Seiende einer bestimmten Gattung angehört. Wenn man wissen will, was dieser Mensch hier ist, muß man zunächst wissen, was ein Mensch überhaupt ist, und nur wenn man weiß, was ein Mensch überhaupt ist, kann man die Besonderheiten angeben, wodurch sich dieser besondere Mensch von allen übrigen Menschen unterscheidet. Das, was der Mensch überhaupt ist, macht seine *essentia* aus oder, wie man auf deutsch zu sagen pflegt: sein Wesen. Die *existentia* hingegen umfaßt alle Bestimmungen eines Seienden, durch die es Dieses-da und kein anderes ist. Diese Bestimmungen sind veränderlich in der Zeit. Deswegen kann man *essentia* und *existentia* auch so voneinander abheben, daß man sagt, die *essentia* sei der Inbegriff der zeitlichen Bestimmungen eines Seienden. Die Zeit ist also der Horizont, innerhalb dessen die Unterscheidung von *essentia* und *existentia* erst möglich wird. Genauer gesagt: die Unterscheidung von *essentia* und *existentia* setzt ein bestimmtes Vorverständnis der Zeit voraus, für das die Unterscheidung zwischen Ewigkeit und Zeitlichkeit konstitutiv ist. Da die gesamte Metaphysik auf diesem Zeitverständnis beruht, ist die Unterscheidung zwischen *essentia* und *existentia* eines der strukturbildenden Momente für die Metaphysik überhaupt.

Dies alles wird erschüttert durch den Satz: „*Das ‚Wesen' des Daseins liegt in seiner Existenz.*" Denn wenn die *essentia* in die *existentia* gelegt wird, dann wird das wahre Sein nicht als ewiges Sein der Zeitlichkeit und Vergänglichkeit entgegengesetzt, sondern es wird umgekehrt die Zeitlichkeit als der Horizont des wahren Seins freigelegt. So wird schon in diesem ersten Satz die Frage aufgerissen, die den Titel des Werkes bildet, nämlich die Frage nach dem Verhältnis von

---

[9] Vgl. Georg Picht, Aristoteles' „De anima", Stuttgart: Klett-Cotta, 1987; Sachregister s. v. οὐσία.

Sein und Zeit. Das ist nicht irgendeine Spezialfrage der Philosophie, die sich isoliert von der unübersehbaren Menge anderer philosophischer Spezialfragen behandeln ließe; vielmehr erschüttert diese Frage schon dadurch, daß man sie stellt, das gesamte Gefüge der überlieferten Metaphysik und alle Strukturen des bisherigen Denkens, einschließlich der überlieferten Logik, die auf der aristotelischen οὐσία-Lehre aufgebaut ist.

Wenn das so ist, dann verändern alle Begriffe, in denen man bisher von der Welt und allem, was in ihr enthalten ist, gesprochen hat, sofern man sie überhaupt noch festhält, ihren Sinn. Das ist der Grund für Heideggers unablässigen Kampf mit der Sprache. Bildet er neue Worte, so wird sein Denken unverständlich und wirkt maniriert. Gebraucht er die vertrauten Worte und Wortfügungen, so wirkt sein Denken zweideutig, weil er dann kein Wort mehr in dem gewohnten Sinn verwenden kann und doch, indem er diese Worte gebraucht, er sich an den gewohnten Sinn noch anlehnt. Es ist ein billiges Vergnügen, sich über Heideggers Sprache zu moquieren und ihre Geschmacklosigkeiten zu karikieren. Aber sein Scheitern an der Sagbarkeit des Gedachten ist der Ausweis für die Konsequenz seines Denkens. Überhaupt sind Heideggers Schwächen die notwendige Kehrseite seiner Stärken. Erst wenn man das erkannt hat, beginnt man, ihm philosophisch gerecht zu werden.

In dem Satz: „*Das ‚Wesen' des Daseins liegt in seiner Existenz*" hält Heidegger überlieferte Begriffe fest, aber er verwandelt sie in ihr Gegenteil und kehrt ihr überliefertes Verhältnis um. Deswegen steht das Wort „Wesen" in Anführungszeichen. Über den Begriff der Existenz wird noch zu reden sein. Zunächst wollen wir noch den folgenden Satz betrachten: „Die an diesem Seienden herausstellbaren Charaktere sind daher nicht vorhandene ‚Eigenschaften' eines so und so ‚aussehenden' vorhandenen Seienden, sondern je ihm mögliche Weisen zu sein und nur das. Alles So-sein dieses Seienden ist primär Sein." (42) Hier wird das „Dasein", also das Sein des Menschen, in seiner ontologischen Struktur von allem, was sonst in der Natur ist, unterschieden. Das außermenschlich Seiende, von dem wir sagen, daß es vorhanden ist, wird durch seine Eigenschaften bestimmt. Diese Form, die konstitutiven Charaktere eines Seienden herauszustellen und dieses Seiende dadurch in seinem Wesen zu umgrenzen, hat, wie sich von Aristoteles her zeigen ließe, ihre hermeneutische Basis in der Struktur der aufweisenden Aussage, des λόγος ἀποφαντικός. Das Gefüge der möglichen Formen des λόγος ἀποφαντικός wiederum ist auf den Vorrang der οὐσία, also der *essentia*, zurückbezogen. Die Grundform dieses Gefüges, in dem wir uns immer dann bewegen, wenn wir ein Ding durch seine Eigenschaften bestimmen, nennt Aristoteles die Kategorien. Wenn Heidegger hier bemerkt, daß die kategoriale Bestimmung alles Seienden durch seine Eigenschaften diese Eigenschaften einem „so und so ‚aussehenden' vorhandenen Seienden" zuschreibt, so bezieht er sich darauf, daß die *essentia* jene Struktur hat, die Platon als εἶδος bestimmt. Denn εἶδος heißt: der Anblick, die Gestalt. Alle überlieferte Ontologie war an dem Vorgang des εἶδος orientiert; deshalb hat sie ein kategoriales Grundgerüst und ist sie durch die Vorherrschaft der Logik bestimmt. Indem Heidegger sich hier von dem eidetischen Denken abkehrt, vollzieht er zugleich seine Abwendung von seinem Lehrer Husserl.

Zusammenfassung[10]: Wir fragen in dieser Vorlesung nach der inneren Möglichkeit einer Erkenntnis der Zukunft. Erkenntnis ist wahr, wenn sie erkennt, was *ist*: die Zukunft „ist", wie man zu sagen pflegt, ein Modus der Zeit. Deswegen kann die Aufklärung der inneren Möglichkeit einer Erkenntnis der Zukunft nur im Vollzug einer Aufklärung des Verhältnisses von Sein und Zeit unternommen werden.

Da Martin Heidegger der letzte – und in gewissem Sinn zugleich der erste – Denker gewesen ist, der den Versuch gemacht hat, das europäische Denken auf diese Grundfrage aller Philosophie zurückzuführen, ist es nicht möglich, zu der Frage nach der inneren Möglichkeit einer Erkenntnis der Zukunft einen legitimen Zugang zu finden, der Heidegger ignorieren oder an ihm vorbeiführen würde. Denn die Frage nach der Erkenntnis der Zukunft impliziert, daß die Geschichte für die Erkenntnis von Bedeutung, ja daß sie vielleicht für die Erkenntnis konstitutiv ist. Wir können uns bei einer solchen Frage nicht über die Geschichte hinwegsetzen, sondern müssen versuchen, erst richtig in sie hineinzukommen. Das erfordert aber, daß wir die Frage nach dem Verhältnis von Sein und Zeit dort aufgreifen, wo sie der junge Heidegger gestellt und dann stehen gelassen hat.

Heidegger fragt nach dem Sinn von Sein. „Sinn ist genau in seinem Begriff umgrenzt als dasjenige, von woher und auf Grund wovon das Sein überhaupt als solches offenbar werden, das heißt in die Wahrheit treten kann." In ähnlicher Bedeutung spricht Heidegger auch

---

[10] Der folgende Text bis S. 77 wurde handschriftlich eingefügt.

von Horizont; das Werk schließt mit dem Satz: „Offenbart sich die Zeit selbst als Horizont des Seins?"

Wie fragt man nach dem Horizont des Seins? Wir können diese Frage nur stellen, weil wir selbst sind und indem wir sind. Das Fragen, in dem wir uns den Horizont des Seins erschließen wollen, ist selbst ein Vollzug oder, wie Heidegger sagt, ein Modus unseres Seins. Vielleicht ist es sogar ein wesentlicher Vollzug des Seins, wobei „wesentlich" bedeuten soll, daß darin, daß wir eine solche Frage stellen können, das „Wesen" des Daseins, das wir sind, ans Licht tritt. Das Sein steht also in der Frage nach dem Sinn von Sein dem Fragen nicht als ein von ihm unterschiedener Gegenstand gegenüber, sondern es manifestiert sich in der Bewegung des Fragens selbst. Daraus folgt, daß wir uns – in welcher Form auch immer – den Sinn von Sein schon erschließen, wenn wir uns die formale Struktur des Fragens als solche durchsichtig machen.

Es ist eine ganz allgemeine Regel der wissenschaftlichen Methode, daß in der Wissenschaft nur solche Fragen zugelassen werden dürfen, deren formale Struktur uns durchsichtig ist. Aber die objektive Wissenschaft der Neuzeit beruht auf der Grundüberzeugung, daß diese Durchsichtigkeit nur erreicht werden kann, wenn aus dem Akt des Fragens alle jene Momente methodisch ausgeschaltet werden, die in der Individualität des Fragenden ihren Ursprung haben und deshalb als unkontrollierbare subjektive Einschläge gelten, welche die Reinheit und Transparenz des methodischen Vorgehens nur trüben können. Wird hingegen das Fragen als das verstanden, was es in jedem Falle unbestreitbar ist, nämlich als ein Seinsvollzug des Fragenden selbst, so läßt sich die methodische Ausschaltung der Seinsverfassung, aus der das Fragen hervorgeht, nicht mehr durchführen. Der Begriff einer „formalen Struktur der Frage" hat also bei Heidegger eine gänzlich andere Bedeutung als in der Wissenschaftstheorie. „Formale Struktur" ist das Gefüge jener Momente im Vollzug des Fragens, in denen die Seinsverfassung des Fragenden selbst, also die Seinsverfassung des Daseins ans Licht tritt. Die Methode des Fragens kann nur durchsichtig werden, indem uns unser Dasein als solches in dem Vollzug des Fragens durchsichtig wird.

Heidegger stellt sich mit diesem Ansatz in die Tradition der Transzendentalphilosophie, denn transzendentale Erkenntnis ist jede Erkenntnis, die begriffen hat, daß man nicht nach den Gegenständen fragen kann, ohne zugleich auch nach den Bedingungen der Möglichkeit einer Erkenntnis dieser Gegenstände zu fragen. Das Denken wird durch die transzendentale Wendung von dem Gegenstand, auf den es zunächst gerichtet war, auf die Prüfung der Erkenntnisart zurückverwiesen, für die der Gegenstand sich so und nicht anders zeigt. Erst wenn wir die Erkenntnisart geprüft haben, wird uns durchsichtig, inwieweit das Phänomen, das wir als Gegenstand betrachten, durch unsere Weise, es zu betrachten, konstituiert wird, und inwieweit sich in diesem Phänomen ein Seiendes präsentiert, wie es von sich aus ist. Diese Prüfung nennt man die transzendentale Reflexion. Nun wird aber auch diese Selbstprüfung der Erkenntnis immer dadurch bestimmt sein, welchen Vorbegriff wir uns von der Struktur des Erkenntnisvermögens gemacht haben. Die gesamte neuzeitliche Philosophie interpretiert das Erkenntnisvermögen als Bewußtsein. Als Bewußtsein bezeichnet man die Seinsverfassung jedes denkenden Subjekts überhaupt; die Struktur dieser Seinsverfassung läßt sich demnach aus den reinen Strukturen des Denkens ablesen. Als die Lehre von den reinen Strukturen des Denkens versteht die gesamte Tradition der europäischen Philosophie unter dem Einfluß einer stoisch gefärbten Aristoteles-Deutung die formale Logik, genauer gesagt: die Prädikaten-Logik. Die Basis dieser Logik ist die Kategorienlehre. Deshalb interpretiert Kant die Kategorien als jene reinen Handlungen des Denkens, in denen die Seinsverfassung des denkenden Subjektes, nämlich die Spontaneität, ans Licht tritt.

Ich habe – abweichend von Heidegger – diese Erinnerung hier eingefügt, um Ihnen deutlich zu machen, daß schon lange vor Heidegger bei Kant die transzendentale Reflexion dazu gezwungen hat, jegliches Denken überhaupt auf die Frage nach der Seinsverfassung des denkenden Subjektes zurückzuführen. Aber bei Kant wird, wie bei Fichte und bei Hegel, unreflektiert vorausgesetzt, daß das Erkenntnisvermögen auf der Basis von Logik und Kategorienlehre als Bewußtsein verstanden werden muß. Das Bewußtsein versteht sich als Subjekt des Denkens oder, wie Kant sagt, als „das logische Ich"[11]; seine Seinsverfassung ist die Subjektivität. Was aber ist der Grund, was ist der Horizont, was ist die innere Möglichkeit des Bewußtseins? Was setzen wir voraus, wenn wir behaup-

---

[11] Preisschrift über die Fortschritte der Metaphysik, 1. Fassung, 20, 270; vgl. auch die Interpretation der Stelle in: Kants Religionsphilosophie, a. a. O., 458 ff.

ten, das Bewußtsein sei ein Vermögen zu erkennen, dem Bewußtsein sei also – in welcher Form auch immer – die Wahrheit erschlossen? Was sind die Bedingungen der Möglichkeit der Wahrheit des Bewußtseins?

Das ist die Frage, durch die Heidegger, in einer Radikalisierung der transzendentalen Wendung, über die Transzendentalphilosophie des deutschen Idealismus hinausgeht. Wurde Kant durch seine Frage nach den Bedingungen der Möglichkeit der Erkenntnis dahin geführt, die reinen Strukturen von Bewußtsein überhaupt herauszustellen, so fragt Heidegger darüber hinaus nach den Bedingungen der Möglichkeit des Bewußtseins. Er stellt also die transzendentale Frage in der zweiten Potenz; wobei einstweilen offen bleiben muß, ob er diese Frage auch durchzuführen vermochte.

⟨6. Kategorien und Existentialien⟩

Heidegger fragt also nach den ontologischen Implikationen der Begriffe „Bewußtsein" und „Subjektivität". Aus dieser Richtung des Fragens erklärt sich der Satz, der die Seinsverfassung des Daseins umreißt: *„Das ‚Wesen' des Daseins liegt in seiner Existenz."*
Wir wissen jetzt negativ, wie man das Sein des Daseins nicht bestimmen darf, wenn der Satz wahr sein soll, daß das Wesen des Daseins in seiner Existenz liegt. Aber wie ist es positiv zu bestimmen? Heidegger sagt: „Die an diesem Seienden herausstellbaren Charaktere sind daher . . . je ihm mögliche Weisen zu sein und nur das" (42). Wir können diese positive Bestimmung hier noch nicht explizieren. Ich weise nur darauf hin, daß hier zum ersten Mal die ontologische Differenz zwischen dem Seienden und dem Sein auftritt. Sie tritt auf in der bestimmten Form, daß das Seiende als das eidetisch erkennbare, in Kategorien aufweisbare, vorhandene Seiende erfaßt wird, während die reinen Seinscharaktere des Daseins durch den Begriff der Möglichkeit bezeichnet werden. Seine Charaktere sind „je ihm mögliche Weisen zu sein und nur das". Das wird auf derselben Seite interpretiert: „Dasein *ist* je seine Möglichkeit und es ‚hat' sie nicht nur noch eigenschaftlich als ein Vorhandenes." Das Dasein ist nicht ein vorhandenes Ding, sondern sein Sein ist ihm als eine Möglichkeit aufgegeben. Es ist nicht einfach vorhanden, sondern es hat zu sein. Deswegen heißt die erste Bestimmung des Daseins zu Beginn von § 9:

„Im Sein dieses Seienden verhält sich dieses selbst zu seinem Sein. Als Seiendes dieses Seins ist es seinem eigenen Zu-sein überantwortet." (41f.) Im Unterschied zu den Kategorien nennt Heidegger die reinen Seinscharaktere eines Seienden, das je seine Möglichkeit *ist,* „Existenzialien". Die Kategorien sind ontologische Grundbestimmungen des Seienden, die Existenzialien ontologische Grundbestimmungen des Seins. Insoweit „Sein und Zeit" eine Strukturanalyse ist, macht es den Versuch, zum ersten Mal in der Geschichte des Denkens ein in sich geschlossenes Gefüge von Existenzialien sichtbar zu machen, und damit ein Gefüge von Strukturen aufzuweisen, das in der Form der Logik nicht darstellbar ist, weil die Logik kategoriales Denken voraussetzt. Der Strukturzusammenhang der Existenzialien hat seinen Horizont in der Zeit. Die Existenzialien sind also die Form, in der wir die Zeitlichkeit der Zeit zu denken vermögen.

Wenn Dasein je seine Möglichkeit ist, so muß ihm die Möglichkeit, die es ist, in irgendeiner Form erschlossen sein. Ohne irgendeine Form des Seinsverständnisses, also der Erschlossenheit seiner eigenen Möglichkeiten, ist Dasein dann überhaupt nicht möglich. Wir werden auf diese sehr wichtige Feststellung noch zurückkommen. Ich habe sie jetzt schon eingeführt, weil sich daraus der nächste Satz erklärt, den ich hervorheben muß: „Das Dasein bestimmt sich als Seiendes je aus einer Möglichkeit, die es *ist* und [d. h. zugleich] in seinem Sein irgendwie versteht. Das ist der formale Sinn der Existenzverfassung des Daseins." (43) Ich brauche diesen Satz jetzt nicht zu interpretieren, denn in der weiteren Explikation der hier nur formal umrissenen Existenzverfassung des Daseins wird sich sein Sinn ergeben.

Stattdessen möchte ich Ihnen schon jetzt einen Vorblick darauf geben, was dieses alles mit der Erkenntnis der Zukunft zu tun hat. Der Grundgedanke ist so einfach, daß jedes Kind ihn verstehen kann; und ich will ihn in dieser Einfachheit darstellen, ohne die Brechungen mitzuvollziehen, die er bei Heidegger erleidet. Möglich ist immer nur, was in der Zukunft liegt, denn das Vergangene steht fest. Wenn das Dasein je seine Möglichkeit ist, und sich als Seiendes aus dieser Möglichkeit bestimmt, so bestimmt sich das Dasein aus seiner Zukunft. Es kann dann gar nicht anders sein als so, daß es seine Zukünftigkeit vorwegnimmt. Die Antizipation der Zukunft ist dann sein Sein. Und wenn es sich in seinem Sein aus dieser Möglichkeit heraus versteht, so ist die wie immer verstandene Erkenntnis der

Zukunft nicht irgendeine zusätzliche Erkenntnis, die man neben anderen Erkenntnissen auch noch haben kann, vielmehr ist dann die Erkenntnis der Zukunft die Bedingung der Möglichkeit dafür, daß der Mensch überhaupt Mensch sein kann. Ich habe mit dieser Feststellung schon auf den letzten Teil des Werkes vorausgegriffen. Sie finden auf Seite 327 die Sätze: „Das in der Zukunft gründende Sichentwerfen auf das ‚Umwillen seiner selbst' ist ein Wesenscharakter der *Existenzialität. Ihr primärer Sinn ist die Zukunft.*" Das bedeutet: Die Zukunft ist der primäre Horizont, von dem her sich das Sein des Daseins bestimmt. Das Sein des Daseins hat die Struktur, daß es nicht einfach vorhanden ist, sondern daß es zu sein hat. Das Sein ist also nicht etwas, das es hat, sondern etwas, worum es ihm geht. Es geht ihm um seine Möglichkeit zu sein. Deswegen muß es sich auf sein mögliches Sein hin entwerfen, es muß sich entwerfen auf das „Umwillen seiner selbst". Auf eine andere Weise kann es nicht sein. Deshalb ist das in der Zukunft gründende Sich-Entwerfen auf das Umwillen seiner selbst ein, ja der Wesenscharakter der Existenzialität. Ich habe mit diesem Hinweis vorgegriffen, damit Sie nicht ungeduldig fragen, was das alles mit der Erkenntnis der Zukunft zu tun haben soll. Wir wollen nun versuchen, die Struktur der Existenz deutlicher zu umreißen.

Den ersten Schritt in der Explikation der existenzialen Struktur des Daseins vollzieht Heidegger im zweiten Kapitel unter der Überschrift „Das In-der-Welt-sein überhaupt als Grundverfassung des Daseins" (52). Als Grundverfassung bezeichnet Heidegger das Gefüge derjenigen existenzialen Bestimmungen, welche die innere Möglichkeit des Daseins ausmachen. Wenn das In-der-Welt-Sein überhaupt als Grundverfassung des Daseins bezeichnet wird, so ist damit schon ausgesagt, daß das Verhältnis von Dasein und Welt nicht so verstanden werden darf, als ob damit gesagt wäre, daß in dem großen Topf der Welt neben anderen Dingen, die es gibt, auch solche Dinge vorkommen, die wir Dasein nennen. So wäre das In-der-Welt-Sein zu verstehen, wenn wir das Dasein rein kategorial als ein Seiendes betrachten dürften, das wie die anderen Dinge auch im Raum und in der Zeit so vorgefunden werden kann, daß es eine gewisse Zeitspanne hindurch einen bestimmten Raum ausfüllt. Man kann den Menschen auch als physikalisches Objekt betrachten, und die moderne Naturwissenschaft und Medizin hat es mit dieser Betrachtungsweise so weit gebracht, daß man den Körper wie eine Maschine behandelt, der man neue Ersatzteile einsetzt, um damit das sogenannte Leben, also das Weiterfunktionieren der Maschine, verlängern zu können. Verlängert wird dadurch das Vorhandensein des Objektes, als das man den Menschen auch betrachten und behandeln kann. Ob aber dadurch der Raum der inneren Freiheit, in dem der Zustand möglich ist, den wir Leben nennen, erweitert und vertieft ist, ist eine offene Frage. Vielleicht werden durch ein solches Verfahren, ja schon durch seine Praktibilität die inneren Möglichkeiten des Seins, welches das Dasein zu sein hat, sogar verkürzt. Wir haben uns durch diese Überlegung negativ klargemacht, wie das In-der-Welt-Sein nicht verstanden werden darf. Bezeichnen wir im Sinne der neuzeitlichen Tradition das Gegebensein der Objekte in Raum und Zeit als Realität und damit die Objekte selbst als *res,* als Dinge oder Sachen, so ist festzustellen: Menschen sind keine Sachen. Die Wirklichkeit des Menschen ist etwas anderes als Realität. Damit wird deutlich, wo die Frage von Heidegger geschichtlich ansetzt. Schon Descartes hat einen radikalen Schnitt zwischen dem denkenden Bewußtsein des Menschen und dem Sein der Objekte gezogen, die dieses Bewußtsein außer sich erkennt. Die Objekte sind *res extensae,* ausgedehnte Gegenstände. Die Ausdehnung, also die Räumlichkeit, macht ihre Realität aus. Real ist, was sich im Raum vorfinden läßt. Nun lassen sich zwar auch die Menschen im Raum vorfinden, aber das, was ihre Wirklichkeit ausmacht, nämlich das Bewußtsein, läßt sich im Raum nicht vorfinden. Die Räumlichkeit ist nicht die Grundbestimmung der Realität des Menschen. Die Grundbestimmung ist vielmehr das Bewußtsein. Deshalb bezeichnet Descartes das Bewußtsein als *res cogitans,* die denkende Sache. Die Realität dieser *res* ist nicht die *extensio* sondern die *cogitatio* – nicht die Ausdehnung sondern das auf sich selbst zurückbezogene Denken, also das Bewußtsein. Schon Kant hat in seiner Kritik an Descartes mit Recht daran Anstoß genommen, daß trotz des unaufhebbaren Gegensatzes zwischen *extensio* und *cogitatio* Descartes das Sein dieser beiden Grundgestalten des Seienden unreflektiert als *res* auffaßt. Das heißt, daß er auf das Bewußtsein selbst eine Kategorie anwendet, die nur in Bezug auf das, was uns im Raum gegeben ist, angewendet werden darf. Kant stellt damit ausdrücklich die Frage nach der ontologischen Struktur der Subjektivität. Ich habe in meinen Kant-Vorlesungen zu zeigen versucht, daß Kant die Subjektivität des Subjektes durch ein Gefüge von transkategorialen Seinsbestimmungen konstituiert, die sich mit Heideggers Existenzialien vergleichen lassen[12]. Aber diese Lehre von Kant ist der bisherigen Kant-Forschung und darum auch Heidegger unbekannt. Heidegger bestimmt den geschichtlichen Stand aus seiner existenzialen Analyse des Daseins in dem Bewußtsein, daß er als Erster die Frage nach der ontologischen Konstitution des Bewußtseins gestellt hätte. Er sagt auf S. 207: „In der Konsequenz der idealistischen These liegt die ontologische Analyse des Bewußtseins selbst als unumgängliche Voraufgabe vorgezeichnet." Die Analyse des Daseins soll demnach die Bedingungen der Möglichkeit des Bewußtseins aufdecken. Sie soll, wie ich schon einmal sagte, die Bedingungen der Möglichkeit von Kants Frage nach den Bedingungen der Möglichkeit sichtbar machen. Das geschieht durch den Versuch, aufzuzeigen, was denn im Unterschied zur Realität der außermenschlichen Objekte die Wirklichkeit des Wesens ist, das wir selbst sind; eines Wesens, das unter anderem auch die Möglichkeit hat, sich in die Verfassung eines vorstellenden Bewußtseins zu versetzen. Ich habe diesen Hinweis auf Heideggers Verhältnis zur neuzeitlichen Philosophie seit Descartes hier eingeschoben, weil Heidegger durch seine Destruktion der Geschichte der abendländischen Philosophie seine eigene Stellung in dieser Geschichte nicht nur aufgehellt, sondern auch verdunkelt hat. Die Fragestellung von „Sein und Zeit" läßt sich in geradliniger Konsequenz aus der Geschichte des europäischen Denkens von Descartes über Kant zu Hegel, Kierkegaard und Husserl ableiten. Daraus ergibt sich zugleich ein Maßstab für das, was er zu leisten vermochte und was nicht. Denn jeder neue Schritt in der Geschichte des Denkens bemißt sich in seiner inneren Notwendigkeit und seiner Bedeutung danach, wieviel er dazu beiträgt, die Probleme, die uns durch die Geschichte des Denkens aufgegeben sind, zu lösen. Das Problem des Verhältnisses der Subjektivität des Denkens zur Objektivität der Dinge, von denen wir sagen, sie seien außer uns, ist eines der Grundprobleme der neueren Philosophie. Ein Problem, das auch die riesige Anstrengung von Hegels Dialektik nicht zu lösen vermochte. Heidegger hat dieses Problem neu gestellt. Man kann nicht sagen, er habe es gelöst, aber es bezeichnet schon

---

[12] Vgl. Georg Picht, Kants Religionsphilosophie, a. a. O., Kapitel 26–28 und 52–53; der Plural bezieht sich auf die zwei Semester, die jene Vorlesung umspannte. Im Nachlaß gibt es ein fragmentarisches Kolleg über die „Kritik der Urteilskraft" aus dem Sommersemester 1970; es ist also drei Jahre nach dem hier vorgelegten Text entstanden.

eine epochale Wendung, wenn er die Frage, um die es hier geht, in eine neue Bahn gebracht und in einen neuen Zusammenhang gerückt hat; denn damit wird ein Schritt vollzogen, der vielleicht später einmal in ähnlicher Weise als eine Wendung betrachtet werden kann wie der Schritt, den seinerzeit Descartes vollzogen hat.

⟨7. Das „In-Sein" physikalischer Objekte –
die Weltlosigkeit von Heideggers Ansatz⟩

Wir müssen freilich schon an dieser Stelle den Punkt bezeichnen, wo der Heidegger von „Sein und Zeit" in der Philosophie der Subjektivität ähnlich verhaftet bleibt, wie Descartes selbst durch die Ontologie der Realität in der mittelalterlichen Tradition verhaftet bleibt. Wir haben nämlich schon gesehen, daß die Unterscheidung zwischen Kategorien und Existenzialien, zwischen dem Dasein und dem vorhandenen Seienden genau der Grenzlinie entlang läuft, durch die sich die *res cogitans* von den *res extensae* abhebt. Solange diese Grenzlinie erhalten bleibt, herrscht noch das Gesetz der Subjektivität. Und wenn diese Grenzlinie gar dazu dient, das Sein des Daseins und damit das Sein überhaupt vom Seienden zu unterscheiden, so wird sogar die ontologische Differenz noch von der Subjektivität her gedacht. Dadurch kommt in den Entwurf von „Sein und Zeit" eine Zweideutigkeit, wie sie allen Übergängen eigentümlich ist. Es ist ebenso wahr zu sagen, daß die Fragestellung von „Sein und Zeit" aus dem Bannkreis der Subjektivität hinausführt, wie auch wahr ist zu sagen, daß dieses Werk noch im Bannkreis der Subjektivität befangen bleibt. Ich hielt es für nützlich, Sie auf diese Zweideutigkeit jetzt schon hinzuweisen, weil Sie den Weg, den ich einschlagen will, dann besser verfolgen können.
Die Menschen „sind" in der selben Welt, in der auch alles jenes „ist", von dem wir sagen, daß es nicht die Grundverfassung des Daseins hat. Ich sage: dieses Buch ist in der Welt. Ich sage: dieser Mensch ist in der Welt. Aber was bedeutet in diesen beiden Sätzen das Wort „ist"? Bedeutet das Wort „ist" das Gleiche, wenn ich es vom Buch und wenn ich es vom Menschen aussage? Oder bedeutet es in beiden Fällen etwas Verschiedenes? Und wenn es etwas Verschiedenes bedeuten sollte, wodurch unterscheidet sich dann das Sein des Buches von dem Sein des Menschen? Wohin müssen wir schauen, wenn wir

das Sein des Buches vom Sein des Menschen unterscheiden wollen? Was ist also die Hinsicht dieser Unterscheidung? Und in welchem Horizont bewegen wir uns, wenn wir das Sein des Buches oder das Sein des Menschen unter einer bestimmten Hinsicht unterscheiden? Wir wissen schon: die Hinsicht, in der der Mensch sein Sein versteht, ist die Hinsicht auf Zukunft. Der Horizont, in dem wir uns bewegen, wenn wir das Sein des Menschen, das Sein des Buches, das Sein der Welt verstehen wollen, ist der Horizont der Zeit. Und die Zeit wird für den Menschen erst durch den Vorblick auf die Zukunft erschlossen. Insofern folgen wir auch weiterhin streng unserer Frage nach der Erkenntnis der Zukunft, denn wir versuchen, aus Heideggers existenzialer Analytik des Daseins die Momente herauszuheben, die für die Fortführung von Heideggers Frage wesentlich sind.

Der Mensch ist in der Welt, und alle übrigen Dinge sind auch in der Welt. Aber wenn sich das Sein des Menschen in seinen konstitutiven Charakteren vom Sein der übrigen Dinge unterscheidet, so muß auch das In-Sein des Daseins eine andere Konstitution haben als das In-der-Welt-Sein der Dinge. Deshalb ist die Achse des ersten Abschnittes von „Sein und Zeit", der unter der Überschrift „Die vorbereitende Fundamentalanalyse des Daseins" die erste Hälfte des ganzen Buches ausmacht, die Frage nach dem Sinn des In-Seins von Dasein in der Welt. Heidegger hat bei der Ausarbeitung des Werkes geschwankt, ob er den Begriff der Existenz durch den buchstäblich zu verstehenden Begriff der „Inständigkeit" ersetzen sollte. Existenz bedeutet ja wörtlich „Herausständigkeit". Die Seinsverfassung der Existenz ist nach Heidegger die Verfassung eines Wesens, das nur ist, indem es außerhalb seiner selbst ist. Indem das Dasein außerhalb seiner selbst ist, ist es in der Welt. Deswegen ist es gleichgültig, ob man Inständigkeit oder Existenz sagt. Weil die Grundverfassung des In-der-Welt-Seins die Existenz als solche konstituiert, hängt das Verständnis der Existenz offensichtlich davon ab, in welcher Weise denn das Dasein in der Welt ist.

Bevor wir die wichtigsten Schritte verfolgen, in denen Heidegger das In-Sein expliziert, möchte ich eine Überlegung einschalten, die von Heidegger wegführt, uns aber helfen wird, uns über die Richtung des später einzuschlagenden Weges zu orientieren. Wir betrachten ja – es sei wiederholt – Heidegger nicht, um Heidegger selbst zu interpretieren, sondern um durch das Studium von Heidegger zu lernen, wie wir die von ihm gestellte Frage über ihn hinausführen können. Man nennt ein solches Verfahren mißverständlich „eine philosophische Auseinandersetzung". Sieht man genauer zu, welche Intention die Auseinandersetzungen, an denen unsere wissenschaftliche Literatur so reich ist, motiviert, so stellt sich oft genug heraus, daß dabei vor allem der Ehrgeiz herrscht zu beweisen, daß man selbst klüger ist als seine Vorgänger. Damit ist dann die Sache, um die es geht, bereits verfehlt. Tatsächlich liegt bei dem Dialog, der die Philosophen über die Jahrhunderte und Jahrtausende hinweg verbindet, ein ganz anderes Verhältnis vor. In der Philosophie gelangt, wie zuerst Hegel begriffen hat, die Geschichte der Menschheit zum Selbstbewußtsein. In dem Verhältnis der Philosophen zueinander tritt also, mehr oder weniger verhüllt, der verborgene Gang der Geschichte ans Licht. Dieser Gang läßt sich nicht so einfach, wie Hegel es in seiner Philosophie der Geschichte versucht hat, in einem dialektischen Schema darstellen. Er ist verschlungen und oft hintergründig, und wenn wir ihn besser verstehen wollten, müßten wir sehr viel mehr von der Zeit und von der Geschichte verstehen, als wir es bis zum heutigen Tage tun. Jedenfalls aber ist das Verhältnis zwischen verschiedenen Positionen des Denkens immer ein geschichtliches Verhältnis. Heideggers Philosophie ist in jener unheimlichen Krisenzeit zwischen den beiden Weltkriegen entstanden; die Widmung von „Sein und Zeit" an Edmund Husserl trägt das Datum 26. April 1926. Wir haben heute, zweiundvierzig Jahre später, geschichtliche Erfahrungen gemacht, die uns einen völlig veränderten Welthorizont erschlossen und dafür vielleicht den Horizont, der damals sichtbar war, verschüttet haben. Wir können uns also nicht auf den Standort von „Sein und Zeit" zurückversetzen und uns einbilden, daß es möglich wäre, die Wahrheit dadurch zu gewinnen, daß wir die Philosophie von „Sein und Zeit" rekapitulieren. Im Gegenteil: gerade aus „Sein und Zeit" läßt sich ableiten, daß eine bloße Reproduktion des philosophischen Denkens, das sich dort entfaltet, unwahr sein müßte. Man kann die Philosophie von Heidegger im Sinne des von ihm selbst entwickelten Begriffes der Hermeneutik nur verstehen, wenn man nicht das Selbe, was er schon gedacht hat, wiederholt, sondern den dort eingeschlagenen Weg fortführt und die von ihm gestellten Fragen in neue Zusammenhänge rückt. Möglicherweise wächst die Wahrscheinlichkeit, daß man Heidegger in seinem eigenen Sinne richtig versteht, mit der Entfernung von seiner Position. Das hat aber nichts mit „Auseinandersetzung" im üblichen Sinne des Wortes zu tun, denn wir verdanken es ja Heidegger selbst, wenn es uns gelingen sollte, auf dem geschichtlichen Wege des Denkens einen weiteren Schritt zu vollziehen. Dort, wo ich mich am weitesten von ihm entferne, habe ich am meisten von ihm gelernt. In diesem Sinne bitte ich, alles zu verstehen, was ich nun kritisch zu sagen habe.

Eine der großen Schwächen von „Sein und Zeit" liegt darin, daß Heidegger zwar die Existenz in ständiger Abhebung vom Sein des Seienden, das nicht die Seinsstruktur der Existenz hat, durchführt, daß er aber die Frage nach dem Sein des übrigen Seienden nicht parallel zum Sein des Daseins expliziert. Der Sinn von Sein soll ausschließlich durch die Analyse der Existenz zum Vorschein kommen. Das Sein der Natur und das Sein alles dessen, was wir in der Natur vorfinden, wird immer nur beiläufig in seinem Bezug auf das Dasein expliziert. Die vielleicht primitive, aber deshalb nicht überflüssige Frage, warum, das heißt aus welchem Grunde, anderes Seiendes in der Welt ist, und wie seine Konstitution denn sein soll, wenn die gesamte philosophische Tradition das wahre Sein des Seienden verfehlt hat, diese Frage wird nicht gestellt. Es wird gezeigt, daß wir das Sein des Seienden als Vorhandensein von Dingen zu verstehen geneigt sind. Die im Vorhandensein implizierte Ontologie wird kritisiert. Aber die Frage, wie die sogenannten Dinge von sich her in der Welt sind, wird beim frühen Heidegger nicht gestellt; es wird nur gefragt, wie sie für den Menschen in der Welt sind. Darin zeigt sich, wie stark „Sein und Zeit" in der Philosophie der Subjektivität noch verhaftet ist. Hegel hat eine Philosophie der Natur wenigstens noch versucht, wenn er auch an ihr gescheitert ist. In „Sein und Zeit" ist von jener Natur, die uns die Naturwissenschaften erschließen, nur noch am Rande die Rede. Die Philosophie von „Sein und Zeit" steht in einer rein geisteswissenschaftlichen Tradition philosophischen Denkens. Dem entspricht, daß auf der anderen Seite von der Gesellschaft und der Politik in diesem Buch ebenso wenig die Rede ist wie etwa von der Physik. Das bedeutet nicht, daß man nicht aus „Sein und Zeit" über die Konstitution der Physik als Wissenschaft und über die Konstitution von Gesellschaft und Politik sehr Wesentliches lernen könnte; aber das muß man dann selbst entwickeln. Heidegger sah von seinem Standort aus keine Notwendigkeit, es zu explizieren. Das hängt sehr wesentlich damit zusammen, daß „Sein und Zeit" aus einer Augustin-Interpretation hervorgegangen und stark durch Pascal und Kierkegaard beeinflußt ist. Das Buch gehört theologiegeschichtlich in die, wenn ich so sagen darf, weltlose Tradition christlichen Denkens. Eine Schwäche ist diese Reduktion des Ansatzes der existenzialen Analytik des Daseins auch, wenn man sich in das Jahr 1926 zurückversetzt, denn es gab auch damals die Physik und die Naturwissenschaften; es gab die Soziologie von Max Weber, und es gab noch vieles andere, was bedacht werden mußte, wenn die Analytik des Daseins ihren Horizont nicht verfehlen sollte. Heidegger teilt die mit Verachtung gemischte Blindheit gegenüber den realen Strukturen der Welt mit den wichtigsten theologischen Richtungen jener Zeit. Es hat sich später gezeigt, wie es sich rächt, wenn hermeneutisches Denken glaubt, sich auf die Phänomene, deren Hermeneutik es uns schuldig wäre, gar nicht erst einlassen zu müssen. Das beeinträchtigt nicht die innere Notwendigkeit der neuen Dimensionen des Denkens, die Heidegger sichtbar gemacht hat. Aber es hat dazu geführt, daß er nicht in der Lage war, die Tragweite, den Sinn und die Möglichkeiten seines eigenen Denkens abzuschätzen und die in seinem Ansatz angelegten Konsequenzen zu ziehen. Er ist, wenn ich so sagen darf, in der selbstgewählten Reduktion der Frage nach dem Sinn von Sein auf die existenziale Analytik steckengeblieben und vermochte auch in seinem späteren Denken aus der Engführung, die er hier vorgenommen hat, nicht mehr auszubrechen. Vermutlich war diese Engführung nötig, um den Durchbruch, den er geleistet hat, zu vollbringen, und es wäre ein subalternes Verhalten, wenn man ihm schulmeisterlich Fehler nachrechnen wollte. Aber wir, die wir heute über die selben Fragen nachdenken, dürfen nicht in der Dunkelheit stehenbleiben, mit der dieses Denken sich vor vierzig Jahren vielleicht umgeben mußte, um möglich zu sein.

Ich erläutere das eben Gesagte an Heideggers Ansatz der Frage nach dem In-Sein. In-Sein ist ein Existenzial. Um es als Existenzial bestimmen zu können, wird das In-Sein von der kategorialen Interpretation des In-Seins abgehoben. Im kategorialen Horizont bezeichnet das Wort „in" das Verhältnis zweier im Raum ausgedehnter Seiender zueinander in Bezug auf ihren Ort in diesem Raum. Das Wasser ist im Glas, das Kleid im Schrank; und man kann das dann beliebig ausdehnen: die Bank ist im Hörsaal, der Hörsaal in der Universität, die Universität in der Stadt, und so fort bis zum Weltraum. Weil die Stadt im Weltraum ist, ist alles, was in der Stadt ist, also Universität, Hörsaal und Bank ebenfalls im Weltraum. Ganz so naiv, wie Heidegger es hier darstellt, konnte man aber schon damals das In-Sein physikalischer Objekte im Raum nicht mehr darstellen. Die Relativitätstheorie lag bereits vor und wurde mit großem Eifer diskutiert; und wenn man weiter zurückgehen will, so ist zu sagen, daß schon im Briefwechsel von Leibniz mit Clarke und in der „Kritik der reinen Vernunft" die Diskussion der Frage, in welchem Sinne wir behaupten können, ein Ding sei im Raum, auf ein Niveau gehoben worden ist, das nicht mehr ignoriert werden durfte, wenn man das In-Sein des Daseins in der Welt vom In-Sein der Objekte im Raum abheben wollte [13].

Ich möchte hier nur auf ein sehr einfaches Phänomen hinweisen, das jedermann in der Schule lernt. Warum sind wir genötigt, von dem Satz „die Bank ist im Hörsaal" weiterzugehen, bis wir auf den Satz „die Bank ist im Weltraum" stoßen? Man ist zunächst geneigt, dieses In-Sein rein mathematisch zu verstehen. Ich will das hier nicht diskutieren. Aber es gibt auch noch einen physikalischen Grund: die Bank ist schwer; sie gehorcht also der Gravitation. Durch das Gesetz der Gravitation ist die Weite des Weltraums in jedem Ding, das Gewicht hat, präsent. Das läßt sich aus der reinen Ausdehnung nicht ableiten. Auf der cartesischen Basis läßt sich schon die Physik von Newton nicht mehr erklären. Die Gravitation hat aber sehr viel damit zu tun, daß wir die Realität der außermenschlichen Natur auf den Raum beziehen. Sie ist ein Implikat des Vorhandenseins, das man nicht überspringen kann. Wenn ich sage, daß durch die Schwere die Weite des Weltraums in jedem Ding, das Gewicht hat, präsent ist, so spreche ich einen Satz aus, der kategorial nicht interpretiert werden kann. Alle Kategorien sind nämlich auf die οὐσία = *essentia* zurückbezogen. Die Schwere erscheint dann als eine Eigenschaft des Dinges. Aber die Präsenz des Weltraums in jedem einzelnen Ding ist etwas anderes als eine Eigenschaft. Das In-Sein hat vielmehr schon bei den physikalischen Objekten die Struktur, daß Abwesendes gegenwärtig ist.

Ich will diesen allgemeinen Satz etwas genauer erläutern, damit Sie verstehen, was er bedeutet. Es ist Newton gelungen, die Gesetze der Planetenbewegung aus der Annahme abzuleiten, daß auf die Planeten eine Anziehungskraft von der Sonne ausgeübt wird, die umge-

---

[13] Vgl. für das Folgende die Erörterung des Raumes in Georg Picht, Glauben und Wissen, Stuttgart: Klett-Cotta, 1991, 51 ff., sowie Georg Picht, Der Begriff der Natur und seine Geschichte, Stuttgart: Klett-Cotta, 1989.

kehrt proportional zum Quadrat der Entfernung zwischen beiden Körpern ist. Diese Kraft nennt er die Gravitationskraft. Die Bewegung der Planeten ist das Ergebnis des Zusammenwirkens dieser Gravitationskraft und des Trägheitswiderstandes der Körper. Die Gravitation allein würde die Planeten in die Sonne hineinziehen. Die Trägheit allein würde die Planeten geradlinig ins Unendliche entweichen lassen. Die wirkliche Bahn ergibt sich daraus, daß die Gravitation die Körper ständig aus der Trägheitsbahn in die Richtung auf die Sonne hin ablenkt. Daraus hat Newton dann das Gesetz der allgemeinen Gravitation aufgestellt, wonach jedes Masseteilchen in der Welt jedes andere anzieht. Durch diese allgemeine Gravitation ist also jedes Masseteilchen in der Welt auf alle übrigen Masseteilchen bezogen. Sämtliche Masseteilchen sind durch die Wirkung dieser Kraft an sämtlichen übrigen Masseteilchen präsent. Wie eine solche Präsenz zu denken ist, und wie über die ungeheure Distanz des leeren Raumes hinweg ein Körper auf den anderen wirken soll: das war und ist ein riesiges Problem, und erst wenn wir dieses Problem gelöst haben, können wir sagen, daß wir verstehen, was es bedeutet, wenn wir behaupten, ein Körper sei im Raum. Leibniz hat sein ganzes Weltsystem entworfen, um dieses Problem zu lösen. Er konnte das Präsentsein entfernter Körper *an* einem Körper nur so erklären, daß sie *für* diesen Körper präsent sind. Die Struktur, daß etwas für etwas anderes präsent ist, ist die Struktur der Vorstellung oder des Bewußtseins. Daraus hat Leibniz die Theorie entwickelt, daß jedes Atom eine Monade von der Seinsweise des Bewußtseins ist. Mit solcher Klarheit hatte schon Leibniz erkannt, daß die durch die Gravitationstheorie festgestellte Präsenz der ganzen Welt in jedem Körper sich nicht mehr aus dem Prädikat der bloßen Ausdehnung und auch nicht kategorial interpretieren läßt. Durch die Erinnerung an Leibniz wird sehr deutlich, daß Heideggers Abhebung der Existenz des Daseins von dem kategorialen Vorhandensein des Seienden, das *nicht* die Struktur des Daseins hat, nicht das Niveau erreicht, auf dem in der ersten Hälfte des 20. Jahrhunderts die Frage hätte diskutiert werden müssen: wie sich das In-Sein physikalischer Objekte im Raum zum In-Sein des Daseins in der Welt verhält. Da aber auch das Seiende von der existenzialen Struktur des Daseins, also die Menschen, einen Körper haben und auch physikalisch im Raum sind, wirkt diese Schwäche des Heideggerschen Ansatzes unmittelbar auf die existenziale Analytik zurück. Ich werde darauf später wieder zurückkommen. Sie werden dann, wie ich hoffe, besser verstehen, weshalb ich es für nötig hielt, schon an dieser Stelle die Interpretation von Heideggers Ansatz durch eine kritische Reflexion zu unterbrechen.

⟨8. Die transzendentalen Wurzeln des Gedankens der Ex-sistenz⟩

Wir wenden uns nun wieder Heidegger zu und versuchen in großen Zügen die wichtigsten Bestimmungen des existenzialen In-Seins zu umreißen. Die Analyse vollzieht sich in mehreren Stufen. Das zweite Kapitel gibt eine vorbereitende Orientierung unter der Überschrift: „Das In-der-Welt-sein überhaupt als Grundverfassung des Daseins". Das fünfte Kapitel behandelt „Das In-Sein als solches"; die Untersuchung gipfelt im letzten Paragraphen des sechsten Kapitels (§ 44 unter der Überschrift): „Dasein, Erschlossenheit und Wahrheit". Das ist der Schluß des ersten Abschnittes des Werkes. Hier wird das Ziel der vorbereitenden Fundamentalanalyse des Daseins erreicht. Der zweite Abschnitt des Werkes zeigt dann unter der Überschrift „Dasein und Zeitlichkeit" auf, daß die Zeit der Horizont des Seins des Daseins ist. Aus der Analyse des In-Seins wird die existenziale Konstitution jenes uns noch unverständlichen „Da" gewonnen, das dem Titel „Dasein" seine Bedeutung verleiht. Die zentrale These ergibt sich aus der Überschrift von § 31 „Das Da-sein als Verstehen". Die Bedingung der Möglichkeit des Verstehens ist die Erschlossenheit des Horizontes des Verstehens. Daraus ergibt sich ein Begriff der Wahrheit, der streng aus der Analyse des In-Seins abgeleitet ist. Es ergibt sich zugleich, daß die Wahrheit als solche das Wesen des Daseins konstituiert. Wenn sich nun die Zeit als Horizont der so erschlossenen Wahrheit aufweisen läßt, so ist das In-der-Zeit-Sein die Bedingung der Möglichkeit für das In-der-Wahrheit-Sein und das In-der-Wahrheit-Sein die Bedingung der Möglichkeit für das In-der-Welt-Sein. Da aber der primäre Sinn der Existenz die Zukunft ist, wird durch die Erkenntnis der Zukunft die existenziale Zeitlichkeit des Daseins und damit seine Möglichkeit erschlossen, in der Wahrheit und in der Welt zu sein. Die Erkenntnis der Zukunft konstituiert dann die Erschlossenheit von Wahrheit schlechthin. Das ist die große Achse des Gedankens, die ich gleich zu Beginn der Analyse des In-der-Welt-Seins Ihnen vor Augen stellen wollte, damit Sie bei jedem Schritt, den wir vollziehen, wissen, wo wir uns befinden, und damit

Sie nicht aus dem Auge verlieren, was diese ganze Untersuchung mit unserem Thema – der Erkenntnis der Zukunft – zu tun hat.

Da ich genötigt bin, mich möglichst kurz zu fassen, folge ich nicht dem Weg von Heidegger, sondern setze gleich im fünften Kapitel über das In-Sein als solches ein. Wir sahen schon, daß das In-Sein nicht so verstanden werden darf, als ob das Dasein in einem gegebenen Raum neben anderem Seienden, das darin ebenfalls vorhanden ist, nur vorkäme und sich auffinden ließe. Es macht vielmehr das Wesen des Daseins aus, daß es allem anderen Sein gegenüber offen ist, daß also dieses Pult, diese Bänke und dieser Hörsaal für uns gegenwärtig sind. Das bedeutet: das Dasein ist niemals in sich selbst verschlossen, sondern es ist immer schon draußen. Sein Sein ist nicht die Vorfindlichkeit dieses Körperdinges hier, sondern sein Sein *ist* gerade das Draußensein. Draußen: das heißt bei den anderen Dingen, mit den anderen Menschen, in der Welt. Dieses Draußensein bezeichnet der im Wortsinn zu verstehende Begriff der Existenz. Heidegger versteht den Begriff der „Existenz" immer im genauen Wortsinn; genau übersetzt bedeutet *ex-sistentia* „Ausständigkeit". Je weiter ein Mensch sich aus seiner bloßen Vorfindlichkeit heraussetzen kann, je offener er für die Welt ist, desto mehr begreift er, was er als Existenz zu sein hat. Desto mehr erfüllt er seine innere Möglichkeit zu sein. Desto mehr ist er also gerade im Außer-sich-Sein bei sich selbst. Wenn wir das Sein des Daseins nicht, einer tief eingewurzelten Neigung entsprechend, nach Analogie der Vorfindlichkeit der vorhandenen Dinge interpretieren, sondern wenn wir das Sein des Menschen von seiner inneren Möglichkeit her erfassen wollen, ein Mensch zu sein, so ist der Ausweis des Seins nicht mehr das *factum brutum,* daß es den Menschen als ein vorfindliches Ding gibt; wir erkennen vielmehr die spezifischen Seinscharaktere, die das Wesen des Menschen konstituieren, darin, daß mit seinem Sein immer zugleich in irgendeiner Weise die Welt für ihn erschlossen ist. Diese Erschlossenheit der Welt nennt Heidegger das „Da". Dasein ist also nicht das bloße Vorhandensein eines einzelnen Dinges, sondern Dasein ist das Aus-sich-herausgesetzt-Sein in die Erschlossenheit der Welt im Ganzen. In diesem Sinne ist Dasein „*Ex*istenz".

Wir können uns diesen Gedanken verdeutlichen, wenn wir, in Abweichung von Heidegger, uns seine Vorgeschichte klarmachen. Es gehört zu den Paradoxien von Heideggers Denken, daß er – jedenfalls in „Sein und Zeit" – seinen Zusammenhang mit dieser Vorgeschichte selbst nicht gesehen hat. Das Phänomen, daß jedes einzelne Bewußtsein, sobald es denkt und also die Wahrheit erkennt, aus sich heraus in einen Bereich übertritt, der allen denkenden Menschen gemeinsam erschlossen ist, wird in der Transzendentalphilosophie, vor allem bei Kant, als der Zusammenhang zwischen empirischem und transzendentalem Bewußtsein interpretiert. Das Phänomen des transzendentalen Bewußtseins ist eine bestimmte Modifikation des Phänomens, das Heidegger als „Da" interpretiert. Wie bei Kant das empirische Bewußtsein sich nur dadurch als Bewußtsein konstituieren und damit in der Welt sein kann, daß es die Möglichkeit hat, ins transzendentale Bewußtsein überzugehen, so ist bei Heidegger das einzelne Denken dadurch in der Welt, daß es in der Erschlossenheit des Da, das heißt in der Erschlossenheit des Seins der Welt, ist. Das Phänomen, das Heidegger als In-Sein interpretiert, interpretiert Kant als Übergang vom empirischen zum transzendentalen Bewußtsein. Der Ansatz von „Sein und Zeit" hätte an innerer Klarheit und an Stringenz erheblich gewonnen, wenn Heidegger sich dieses Zusammenhanges bewußt gewesen wäre und das Dasein explizit von der transzendentalen Subjektivität abgehoben hätte. Es wäre dann nämlich herausgekommen, an welcher Stelle Heidegger einen notwendigen Schritt über den transzendentalen Idealismus hinaus zur Frage nach den Bedingungen der Möglichkeit der transzendentalen Subjektivität vollzogen hat; es hätte sich vermeiden lassen, daß er an anderen Stellen, wie mir scheint, hinter die großen Entdeckungen des transzendentalen Idealismus zurückfällt. Das hat aber seine historischen Gründe. Als „Sein und Zeit" geschrieben wurde, herrschte die bis heute noch nicht überwundene Kant-Deutung des Neukantianismus, die sich dadurch charakterisieren läßt, daß sie das transzendentale Subjekt so betrachtet, als ob es ein empirisches Subjekt wäre. Heidegger selbst hat in seinem ersten Kant-Buch den wesentlichsten Anstoß zu einem Ausbruch aus dieser verfehlten Kant-Deutung gegeben[14]. Aber man kann nicht alles auf einmal leisten; dieser Ausbruch gelangt noch nicht an sein Ziel. Wenn wir heute in der Lage sind, die transzendentale Subjektivität wieder so zu verstehen, wie sie von Kant und dann, in abgewandelter Form, von Fichte, Schelling und Hegel verstanden worden ist, so verdanken wir das wesentlich dem Umstand, daß Heidegger durch seine Analyse des

---

[14] Kant und das Problem der Metaphysik, 1929; Gesamtausgabe Bd. I, 3.

Daseins das Phänomen wieder sichtbar gemacht hat, von dem der transzendentale Idealismus in anderer Form unter dem Titel des „transzendentalen Subjektes" gesprochen hat. Es ist dann nachträglich nicht schwer, klüger zu sein; aber die wesentliche Leistung bestand darin, das Phänomen als solches wieder zu Gesicht zu bringen.

Das „Da" ist also die Erschlossenheit. Heidegger macht den Sinn dieses Wortes deutlich, indem er auf Seite 132 das „Da" vom „Hier" und „Dort" unterscheidet. „Hier" und „Dort" sind die Bestimmungen von Orten innerhalb der Welt. Das „Da" ist die Erschlossenheit der Welt im Ganzen. Jedes mögliche „Hier" und „Dort" ist also im „Da". Durch die Erschlossenheit des „Da" ist, wie Heidegger auf Seite 132 sagt, „dieses Seiende (das Dasein) in eins mit dem Da-sein von Welt für es selbst ‚Da'". Das Wichtigste an diesem Satz sind die Worte „in eins". Jedes einzelne Ding in dieser Welt kann man zerstören, und die Welt bleibt bestehen. Jeder einzelne Mensch in dieser Welt wird sterben, und die Welt bleibt bestehen. Aber das „Da" ist nicht ein Ding, das es gibt und das man ebensogut auch wegschaffen könnte, sondern das „Da" ist die erschlossene Einheit des Seienden im Ganzen. Man kann diese Einheit vergessen, verbergen, entstellen, totschweigen und verfälschen. Aber trotzdem ist sie. Dasein bezeichnet die Möglichkeit des Menschen, für die Erschlossenheit der Einheit des Seienden im Ganzen offen zu sein. Nichts anderes als diese mögliche Erschlossenheit *ist* der Mensch. Deshalb sagt Heidegger auf Seite 133: *„Das Dasein ist seine Erschlossenheit"*. „Es *ist* in der Weise, sein Da zu sein." Von hier aus gelangt Heidegger auf derselben Seite zu einer existenzial-analytischen Interpretation des überlieferten Begriffes des *lumen naturale. Lumen naturale* ist das natürliche Licht im Unterschied zum *lumen supranaturale,* dem übernatürlichen Licht der Offenbarung und der Gnade. Der Begriff bezeichnet die Fähigkeit der menschlichen Vernunft, von sich aus zur Einsicht in ein Gefüge von primären und einfachen Wahrheiten zu gelangen, die selbst nicht aus Erfahrung gewonnen werden können, weil Erfahrung erst durch sie möglich wird; der Mensch „besitzt" das *lumen naturale,* weil ihm dieses Licht von Gott verliehen ist. Das *lumen naturale* ist „natürlich", weil diese Gabe die Natur (= das Wesen) des Geschöpfes ausmacht, das nach dem Bilde Gottes geschaffen wurde. Zur Erkenntnis der Offenbarung hingegen bedarf der Mensch der übernatürlichen Erleuchtung durch die Gnade. Diese Lehre, die ihre Wurzeln in der neuplatonischen Philosophie hat, läßt sich in mannigfachen Abwandlungen von Augustin über Thomas, Melanchthon, Descartes und das 18. Jahrhundert bis hin zu Hegel verfolgen. Heideggers existenziale Interpretation des *lumen naturale* heißt: das Dasein ist „an ihm selbst *als* In-der-Welt-sein gelichtet, nicht durch ein anderes Seiendes, sondern so, daß es selbst die Lichtung *ist*". Der durch den Begriff des *lumen naturale* angeregte Begriff der Lichtung soll den Begriff des „Da" interpretieren. Er spielt noch beim späteren Heidegger eine Rolle.

In anderer Weise wird das selbe Phänomen auf Seite 132 durch eine Diskussion der trivialen erkenntnistheoretischen Fassung des Problems des Verhältnisses von Subjekt und Objekt erläutert. Die Erkenntnistheorie der zweiten Hälfte des 19. Jahrhunderts und der ersten Jahrzehnte dieses Jahrhunderts hat sich unablässig bemüht, das Problem zu lösen, wie ein Subjekt zur Erkenntnis von Objekten kommen könnte. Es ist ein bloßes Scheinproblem, denn es entsteht erst dadurch, daß man sich willkürlich und ohne jede Basis in den Phänomenen das Subjekt als ein geschlossenes Ding vorstellt, von dem dann freilich nicht zu verstehen ist, wie anderes in seine Sphäre eindringen soll. Erst wenn man zum Zweck der Erkenntnistheorie das in sich abgeschlossene Subjekt künstlich konstruiert hat, kann man zum Lohn für geistvolle Abhandlungen über das Verhältnis zwischen Subjekt und Objekt auf eine Professur für Philosophie berufen werden. Heidegger hebt die ganze Diskussion über das „*commercium*" zwischen Subjekt und Objekt durch den Satz aus den Angeln: „das *Dasein ist das Sein* dieses ‚Zwischen'". Im Unterschied zu der gewaltsamen Hypothese des in sich abgeschlossenen Subjekts hat dieser Heideggersche Satz den Vorteil, daß sich seine Wahrheit aus den Phänomenen selbst erweisen läßt. Er ist hilfreich, weil er die philosophische Situation verdeutlicht, in die Heidegger mit seiner Explikation des In-der-Welt-Seins eingebrochen ist.

⟨9. Heideggers Analyse der Weltlichkeit von Welt⟩

Erst wenn man schon einen Vorblick auf die Konstitution des Da gewonnen hat, wird im Rückblick Heideggers Weltbegriff verständlich. Die „Weltlichkeit der Welt" bildet den Inhalt des dritten Kapitels. Heidegger hat das methodische Prinzip, die existenzialen Strukturen des Daseins nicht, wie die überwiegende Mehrzahl der Philosophen, aus Möglichkeiten der Erkenntnis zu erschließen, die sich erst eröffnen, wenn man auf den Gipfel der Erkenntnis gelangt ist; er weist die existenzialen Strukturen vielmehr in einer Analyse des alltäglichen Sich-Befindens und Sich-Verhaltens der Menschen in ihrer Umwelt auf. Ein in seiner Weise klassisches Beispiel einer solchen phänomenologischen Analyse der Alltäglichkeit des Menschen ist das Kapitel über die Weltlichkeit der Welt. Aber man darf sich durch dieses Kapitel auch nicht in die Irre führen lassen. Es steht in dem vorbereitenden Teil der Fundamentalanalyse des Daseins. Man darf es also nicht so lesen, als hätte man hier schwarz auf weiß *den* Weltbegriff von Heidegger. Das Kapitel ist vielmehr nur eine vorbereitende Anleitung zu einer ersten Erkenntnis der existenzialen Strukturen, aus denen sich dann auf einer sehr viel späteren Stufe die volle Explikation der Weltlichkeit der Welt gewinnen ließe. Die volle Explikation der Weltlichkeit der Welt ist Heidegger uns und auch sich selbst schuldig geblieben, weil sie sich allein auf dem Boden der existenzialen Analyse des Daseins nicht gewinnen ließ. Darin liegt die große Schwäche von „Sein und Zeit". Wir haben also nur eine Analye der Weltlichkeit der alltäglichen Umwelt. Aber diese Analyse kann uns doch die Richtung weisen, in der wir weiter fortzuschreiten hätten, wenn wir, abweichend von Heidegger, die Frage nach der ontologischen Struktur der Welt zu stellen wagen. Da es uns hier nicht um das Verständnis von Heidegger sondern um das Verständnis der Phänomene geht, hebe ich nur das heraus, was wir für unsere Frage von Heidegger lernen sollten.

Um Heideggers Begriff der Welt explizieren zu können, muß ich von einer Bestimmung des Daseins ausgehen, die ich bisher bewußt unterschlagen habe. Heidegger sagt auf Seite 42: „Das Sein, *darum* es diesem Seienden in seinem Sein geht, ist je meines." Der Mensch ist das Wesen, das das Personalpronomen gebrauchen muß, um sein Sein aussprechen zu können. Dadurch unterscheidet sich das Dasein von dem Sein des Vorhandenen. Das Dasein ist nämlich nie ontologisch als Exemplar einer Gattung zu fassen. Genauer gesagt: der Mensch ist zwar auch Exemplar einer Gattung, aber die Worte „ich bin" sprechen die Einmaligkeit aus und sprechen darüber hinaus noch aus, daß das „Ich" sein Sein nicht von den Gattungsmerkmalen her sondern von der Einmaligkeit her versteht. In der Einmaligkeit ist das Seinsverständnis verwurzelt, das das Wesen des Daseins konstituiert. Heidegger führt auch diese Bestimmung des Daseins in verschiedenen Stufen der Explikation durch. Sie erreicht ihren Höhepunkt in den ersten drei Kapiteln des zweiten Abschnittes, vor allem in dem ersten Kapitel, das den Titel trägt: „Das mögliche Ganzsein des Daseins und das Sein zum Tode". Angesichts des Todes stellt sich nämlich heraus, warum das Dasein nicht als Exemplar einer Gattung verstanden werden kann[15]. Exemplare einer Gattung lassen sich gegeneinander austauschen. Eines kann das andere vertreten, eines die Rolle des anderen übernehmen. Aber der Tod ist nicht austauschbar. Jeder stirbt seinen eigenen Tod. Und da in dieser Notwendigkeit die Einmaligkeit begründet ist, von der her das Ich sein Sein versteht, so ist das Dasein im Ganzen, wenn man es von seinem Seinsverständnis her expliziert, ein Sein zum Tode. Heidegger kann sagen: „Der Tod ist eine Weise zu sein, die das Dasein übernimmt, sobald es ist." Er zitiert dazu aus dem Ackermann aus Böhmen: „Sobald ein Mensch zum Leben kommt, sogleich ist er alt genug zu sterben." (245) So ergibt sich der Satz auf Seite 250: „Der Tod ist eine Seinsmöglichkeit, die je das Dasein selbst zu übernehmen hat. Mit dem Tod steht sich das Dasein selbst in seinem *eigensten* Seinkönnen bevor. . . . Diese eigenste unbezügliche Möglichkeit ist zugleich die äußerste. Als Seinkönnen vermag das Dasein die Möglichkeit des Todes nicht zu überholen. . . . So enthüllt sich der *Tod* als die *eigenste, unbezügliche, unüberholbare Möglichkeit.*" Es ist die Möglichkeit des Daseins, es selbst zu sein. Diese Möglichkeit gewinnt das Dasein in der „Freiheit zum Tode". Daraus entwickelt Heidegger dann im zweiten Kapitel des zweiten Abschnittes den Begriff des Gewissens.

Ich mußte vorgreifend schon hier auf die Explikation des Seins des Daseins als Sein zum Tode verweisen, weil sich nur von hier aus phänomenologisch ausweisen läßt, was die Herkunft und der Sinn der existenzialen Bestimmung ist, daß das Sein, *darum* es diesem Seien-

---

[15] *Augustinus, De Civitate Dei, 13, 10: Ut omnino nil aliud sit tempus itae huius quam cursus ad mortem (PL 41). Vgl. Dante, Purgatorium XX, 39. XXIII, 54.* Die Verse bei Dante heißen:
    S'io ritorno a compier lo cammin corto
    Di quella vita che al termine vola
    (Wenn ich zurück zum kurzen Wege kehre
    In jenes Leben, das zum Ende eilet) (XX, 38f.)
    Del viver ch'è un correre alla morte.
    (Im Leben, das zum Tode nur ein Laufen) (XXIII, 54).
Dante Alighieri, Die Göttliche Komödie, italienisch und deutsch, übersetzt von Hermann Gmelin, Stuttgart: Klett, 1968, II, 236f.; 396f.

den in seinem Sein geht, je meines ist. Nur vom Tod her läßt sich das Ich-Sein des Ich in seiner Einmaligkeit verstehen. Das Dasein ist diese Möglichkeit als bloße Möglichkeit. Deshalb kann sich das Dasein in seinem Sein gewinnen oder verlieren. Es kann sich seiner möglichen Freiheit zum Tode öffnen oder verschließen. Daraus ergeben sich die so grausam mißverstandenen beiden Seinsmodi der Eigentlichkeit und der Uneigentlichkeit. Heidegger bemerkt bei der Einführung dieser beiden Begriffe auf Seite 43: „– diese Ausdrücke sind im strengen Wortsinne terminologisch gewählt". Damit will er sich gegen jene Jargonbildung abschirmen, die man ihm dann zum Vorwurf gemacht hat. „Eigentlich" bedeutet, daß das Dasein seine Möglichkeit zu sein als „je meine" hat. Da diese Möglichkeit aber, eben weil sie Möglichkeit ist, auch verfehlt werden kann, so entspricht der Eigentlichkeit notwendig die Uneigentlichkeit als der Seinsmodus, in dem das Dasein seiner eigenen Möglichkeit ausweicht. Das Dasein verhält sich also zu seinem Sein als seiner eigensten Möglichkeit. Das bedeutet, daß das Sein des Daseins die zeitliche Struktur hat, daß es sich selbst immer schon vorweg ist. Es ist immer schon auf den Tod als seine eigenste und unüberholbare Seinsmöglichkeit verwiesen. Dieses Sich-vorweg-Sein, bei dem es dem Dasein immer um die Möglichkeit seines eigenen Seinkönnens geht, analysiert Heidegger als die Sorge. Der Titel „Sorge" bezeichnet bei ihm die ontologische Einheit der existenzialen Struktur des Seins des Daseins, also jene Strukturganzheit, die in jeder faktischen Verhaltensweise und jeder Situation des Daseins aufgewiesen werden kann. Um die Bedeutung dieses Begriffes zu erläutern, zitiere ich einen Absatz auf Seite 193:

„Im Sich-vorweg-sein als Sein zum eigensten Seinkönnen liegt die existenzial-ontologische Bedingung der Möglichkeit des *Freiseins für* eigentliche existenzielle Möglichkeiten. Das Seinkönnen ist es, worumwillen das Dasein je ist, wie es faktisch ist. Sofern nun aber dieses Sein zum Seinkönnen selbst durch die Freiheit bestimmt wird, *kann* sich das Dasein zu seinen Möglichkeiten auch *unwillentlich* verhalten, es *kann* uneigentlich sein und ist faktisch zunächst und zumeist in dieser Weise. Das eigentliche Worumwillen bleibt unergriffen, der Entwurf des Seinkönnens seiner selbst ist der Verfügung des Man überlassen. Im Sich-vorweg-sein meint daher das ‚Sich' jeweils das Selbst im Sinne des Man-selbst. Auch in der Uneigentlichkeit bleibt das Dasein wesenhaft Sich-vorweg, ebenso wie das verfallende Flie-

hen des Daseins vor ihm selbst noch *die* Seinsverfassung zeigt, daß es diesem Seienden *um sein Sein geht.*"
Betrachtet man nun den inneren Aufbau von „Sein und Zeit", so stellt sich heraus, daß die beiden Grundbestimmungen der Existenz, nämlich die Erschlossenheit der Wahrheit des Seienden im Ganzen, in die der Mensch in seinem eigenen Dasein versetzt ist, und die Erschlossenheit des je eigenen Seins durch die unauswechselbare und eigenste Möglichkeit des Todes zueinander in einer unüberbrückbaren Spannung stehen. Das kommt heraus in zwei Sätzen aus dem Absatz über den Tod von Seite 250, die ich vorhin übersprungen habe, um sie jetzt besonders hervorheben zu können. Heidegger sagt: „Wenn das Dasein als diese Möglichkeit seiner selbst" (nämlich als sein Tod) „sich bevorsteht, ist es *völlig* auf sein eigenstes Seinkönnen verwiesen. So sich bevorstehend sind in ihm alle Bezüge zu anderem Dasein gelöst." Die Freiheit zum Tode ist also nach Heideggers Interpretation die völlige Herauslösung aus jeglichem Miteinandersein mit anderen Menschen. Es ist die totale Isolation, und gerade in dieser Isolation gewinnt das Dasein erst die Möglichkeit, ein Ganzes zu sein. Das Wort „völlig" soll dieses mögliche Ganzsein bezeichnen. Jedes Aufgehen im Sein mit anderen oder im Sein bei den Dingen wird von hier aus als ein Verfallen des Daseins, also als Modus der Uneigentlichkeit interpretiert. Aber wie verhält sich dann die Eigentlichkeit zum Dasein? Ist dann nicht in der Eigentlichkeit das Da und im Da die Eigentlichkeit negiert?
Die Antwort auf diese Frage ist, wie wir sehen werden, nicht so einfach, wie diese Fragen es nahelegen könnten. Die Fragen führen uns nämlich, wie ich vorgreifend sagen möchte, in die innerste Problematik des Wesens der Zeit. Das kann ich auf der Stufe, die wir bisher erreicht haben, noch nicht erklären, sondern lasse diesen Hinweis als ein erst später aufzulösendes Rätsel stehen. Aber ich kann schon hier versuchen deutlich zu machen, daß sich hinter dem Problem des bei Heidegger unauflöslichen Gegensatzes zwischen Dasein und Eigentlichkeit zugleich die methodische Kernfrage verbirgt, die an „Sein und Zeit" zu richten ist. Es geht nämlich um die transzendentale Frage nach den Bedingungen der Möglichkeit der Erkenntnis, die sich in „Sein und Zeit" expliziert. Heidegger sagt auf Seite 62f.: „Erkennen ist ein im In-der-Welt-sein fundierter Modus des Daseins." Ist das Erkennen ein Modus der Uneigentlichkeit, so ist es, nach der Lehre von „Sein und Zeit", nicht in der Wahrheit. Ist es hingegen im

Modus der Eigentlichkeit, so ist es nach Heidegger „unbezüglich", das heißt es steht außerhalb jedes Bezugs zum Dasein anderer Menschen und kann deshalb für diese anderen Menschen auch keine Verbindlichkeit besitzen. Man kann die Frage noch einen Schritt weiterführen. Die Strukturen, die Heidegger aufweist, sollen, wie er mehrfach sagt, existenzial-apriorische Strukturen sein. Sie sollen also Strukturen sein, die jedes Seiende bestimmen, das in der Weise des Daseins ist. *Jeder* Mensch hat den Tod als seine eigenste unüberholbare Möglichkeit. *Jedem* Menschen geht es um sein Sein als seine eigenste Möglichkeit. *Jeder* Mensch sagt deshalb „ich". Wenn das aber so ist, dann ist die Wahrheit des Seins des Daseins nicht je meine sondern eine gemeinsame Wahrheit. Dann ist das Da nicht je mein Da sondern das Da überhaupt. Dann ist es nicht mehr möglich, wie in „Sein und Zeit" das Miteinandersein der Menschen primär als das Verfallensein an die Anonymität des „Man" zu interpretieren, sondern dann muß es Strukturen des Miteinanderseins geben, die für das *eigentliche* Sein des Daseins konstitutiv sind. Dann erschließt sich die Wahrheit nicht in einer Seinsverfassung, die sich aus allen Bezügen herausgelöst hat, sondern das Wechselverhältnis von Wahrheit und Trug ist dann nur von der jeweiligen Verfassung der Gesellschaft her zu interpretieren. Wenn aber gesellschaftliches Sein für die Seinsverfassung des Daseins konstitutiv ist, dann liegen auch die Möglichkeiten, um die es dem Dasein in seinem Sein geht, nicht in der radikalen Engführung auf den eigenen Tod, sondern das Sein liegt auch in *dem* Sinne über das Dasein hinaus, daß das Dasein seine Befangenheit im bloßen Ich-Sein durchbrechen muß, um die Möglichkeiten, die in ihm durch sein Ich-Sein erschlossen sind, zu erreichen. Ich werde diese Frage auf einer späteren Stufe dieser Vorlesung unter dem Titel „Verantwortung" diskutieren. Dann hätte auch der Tod einen anderen Sinn. Das wird ebenfalls noch zu explizieren sein. Alle diese inhaltlichen Fragen entrollen sich, sowie man die methodische Frage stellt, als welchen Modus des Daseins wir das Erkennen zu interpretieren haben, und wie die existenziale Analytik von „Sein und Zeit" ihre eigene Möglichkeit begründen will. Sie begründet sie *nicht*. Die von Husserl her bestimmte phänomenologische Methode unterschlägt die transzendentale Frage an der Stelle, an der sie am wenigsten unterschlagen werden durfte, nämlich bei der Begründung ihrer eigenen Möglichkeit. Deshalb ist die Phänomenologie bei Husserl und beim frühen Heidegger, trotz aller großen neuen Entdeckungen, die sie erbracht hat, zugleich ein Rückfall hinter die Stufe, die das philosophische Denken bei Kant und im deutschen Idealismus bereits erreicht hatte. Das Denken versucht hier gleichsam direkt vorzugehen. Es glaubt, sich der Notwendigkeit der Reflexion auf sich selbst entschlagen zu können. Indem es sich der Reflexion entzieht, entzieht es sich, wie Kant gesehen hat, dem Stigma seiner Endlichkeit. Damit verleugnet es auf tragische Weise seine eigene Intention; denn das Sein zum Tode will die verstandene Endlichkeit sein, und Heidegger ist der Erste gewesen, der die konstitutive Bedeutung der Endlichkeit für das Denken von Kant herausgearbeitet hat. Die in „Sein und Zeit" bisher noch verborgene große Philosophie wird erst an den Tag treten, wenn es gelingt, in einem zweiten Schritt dieses Werk einer transzendentalen Reflexion zu unterwerfen.

Die Analyse der Weltlichkeit der Welt bewegt sich bei Heidegger innerhalb der unaufgelösten Spannung zwischen Dasein und Eigentlichkeit. Die Kraft der Analyse besteht darin, daß diese Spannung durchgehalten wird, die Fragwürdigkeit der Analyse darin, daß sie nicht überwunden wird, daß also die Analyse der Weltlichkeit der Welt nicht dazu führt, daß auf einer tieferen Basis die Frage nach dem Verhältnis von Dasein und Eigentlichkeit oder, wie man auch sagen könnte: von Dasein und Tod, ausdrücklich gestellt und zur Klarheit gebracht würde. Entsprechend der schon bisher verfolgten Methode entwickle ich die Problematik in der Absicht, Sie über Heidegger hinaus einen Schritt der Klarheit näher zuzuführen. Eine von dieser Absicht geleitete Darstellung der Problematik ist, wie ich es ausdrücklich wiederholen möchte, etwas anderes als eine Heidegger-Interpretation. Sie kann vielleicht trotzdem dazu helfen, das Problem, das Heidegger sich gestellt hat, besser zu verstehen.

Heidegger setzt mit der Frage ein, wie man denn überhaupt die Welt als Phänomen beschreiben soll. Die Aufzählung alles dessen, was es in der Welt gibt: der Häuser, Bäume, Menschen, Berge, Gestirne, zeigt uns, was sich an Seiendem *innerhalb* der Welt zeigt. Aber die Welt als solche wird auf diesem Wege selbst dann nicht gefunden, wenn es möglich wäre, alles, was innerhalb der Welt sich zeigt, vollständig aufzuzählen. Die Welt ist etwas anderes als die Summe sämtlicher Dinge in der Welt. Keine Empirie gelangt je zur Welt; aber jede Empirie setzt die Welt voraus. Kant nennt deshalb den Begriff der Welt eine „transzendentale Idee"[16]. Das bedeutet: die Einheit der Welt ist kein möglicher Gegenstand der Erfahrung, aber jede Erfahrung von Gegenständen setzt die Idee der Einheit der Welt notwendig voraus. Als transzendentale Idee steht der Begriff der Welt sogar jenseits des Begriffes der Natur; denn Natur ist bei Kant der Inbegriff aller Gegenstände möglicher Erfahrung. Aber die transzendentale Vernunftidee der Welt ist die Bedingung der Möglichkeit eines solchen Inbegriffes der Gegenstände der Erfahrung. Heidegger drückt den analogen Gedanken, ohne sich des Zusammenhanges bewußt zu sein, in dem Satz aus: „Natur ist selbst ein Seiendes, das innerhalb der Welt begegnet und auf verschiedenen Wegen und Stufen entdeckbar wird." (63) Das schließt nicht aus, daß die Dinge, die uns innerhalb der Welt begegnen, vielleicht das Phänomen der Welt anzeigen können; aber sie sind deshalb doch nur Seiendes innerhalb der Welt. Daraus ergibt sich der Satz S. 64: *„Weder die ontische Abschilderung des innerweltlichen Seienden, noch die ontologische Interpretation des Seins dieses Seienden trifft als solche auf das Phänomen ‚Welt'. In beiden Zugangsarten zum ‚objektiven Sein' ist schon und zwar in verschiedener Weise ‚Welt' ‚vorausgesetzt'."* Weder das All des Seienden, das innerhalb der Welt vorhanden sein kann, noch das durch ontologische Hermeneutik aufgedeckte Sein dieses Seienden ist demnach die Welt. Das bedeutet, daß wir das Sein der Welt nicht von dem Seienden her begreifen können, das nicht den Charakter des Daseins hat.

Daraus ergeben sich folgende Fragen, die ich in Heideggers eigenen Worten wiedergebe: „Kann am Ende ‚Welt' überhaupt nicht als Bestimmung des genannten Seienden angesprochen werden? Wir nennen aber doch dieses Seiende innerweltlich. Ist ‚Welt' gar ein Seinscharakter des Daseins? Und hat dann ‚zunächst' jedes Dasein seine Welt? Wird so ‚Welt' nicht etwas ‚Subjektives'? Wie soll denn noch eine ‚gemeinsame' Welt möglich sein, ‚in' der wir doch *sind*? Und wenn die Frage nach der ‚Welt' gestellt wird, *welche* Welt ist gemeint? Weder diese noch jene, sondern *die Weltlichkeit von Welt überhaupt*. Auf welchem Wege treffen wir dieses Phänomen an?" (64) Ich habe Ihnen diese Aneinanderreihung von Fragen wörtlich aufgezählt, damit Sie die Unruhe und Intensität des Fragens kennenlernen, aus dem Heideggers Philosophie hervorgeht. Sie werden beim

---

[16] So z. B. KrV B, 435; 3, 282.

Anhören dieser Fragen sogleich bemerkt haben, daß sie gleichsam wie ein Tier in einem Käfig zwischen den beiden Polen des Da und der Eigentlichkeit hin und her laufen. Der Ausbruch aus dem Käfig der Alternative zwischen „Welt" im Sinne der Einheit des Bereiches des Seienden, das nicht wir selbst sind, und „Welt" im Sinne der Umwelt des Seienden, das wir selbst sind, wird gesucht in dem Begriff der Weltlichkeit von Welt überhaupt. Was ist die Weltlichkeit von Welt überhaupt? Ich zitiere wieder wörtlich Heideggers Antwort: „,Weltlichkeit' ist ein ontologischer Begriff und meint die Struktur eines konstitutiven Momentes des In-der-Welt-seins. Dieses aber kennen wir als existenziale Bestimmung des Daseins. Weltlichkeit ist demnach selbst ein Existenzial. . . . ,Welt' ist ontologisch keine Bestimmung *des* Seienden, das wesenhaft das Dasein *nicht* ist, sondern ein Charakter des Daseins selbst." (64) Die Entscheidung, die Heidegger hier trifft, steht in einer gewissen Analogie zu der von Kant getroffenen Entscheidung, wonach der Begriff der Welt eine transzendentale Vernunftidee ist. Das bedeutet aber zugleich, daß der Ausbruch aus dem Käfig nicht gelungen ist, sondern daß die Explikation der Weltlichkeit der Welt von der Existenz her geschieht, die je meine ist. Die weitere Explikation wird deshalb so durchgeführt, daß aus den Strukturen der Weltlichkeit der Welt die Struktur der Sorge und aus der Struktur der Sorge die Struktur des Seins zum Tode gewonnen werden. Zwar ist es falsch zu sagen, das sei ein Rückfall in die Subjektivität. Wir werden später noch versuchen müssen, genauer zu bestimmen, wodurch sich Heideggers Begriff der Existenz von der Subjektivität des Subjektes unterscheidet; aber der in dem Entwurf des Da eröffnete Horizont wird auf die Eigentlichkeit reduziert und damit, wie wir schon sahen, wieder verstellt. Darin spricht sich eine tief in der Sache begründete philosophische Verlegenheit aus, die man nicht leichthin beiseite schieben darf. Sie wird uns beim weiteren Vorgehen in immer neuen Gestalten begegnen. Man sollte sich deshalb davor hüten, die Unstimmigkeit, die sich hier zeigt, Heidegger eilfertig vorzurechnen. Wir werden später noch genauer sehen, zu welcher Entdeckung es geführt hat, daß Heidegger keinen bequemen Ausweg gesucht hat, sondern die – wenn ich so sagen darf – Unerträglichkeit seines Ansatzes durchgehalten hat.

⟨10. Umwelt als Zuhandenheit der Dinge⟩

Damit Sie noch deutlicher verstehen, was Heidegger bei seinem Weltbegriff im Auge hat, führe ich noch eine Erläuterung an, die ich mir bei einem Seminar von Heidegger notiert habe. Heidegger sagte damals: „Jedes Ding hat sein Feld, jedes Tier hat seine Umgebung; allein der Mensch hat eine Welt."[17] Das Tier vermag in seiner Umgebung, wie Uexküll gezeigt hat, nur das wahrzunehmen, was es in irgendeiner Weise angeht[18]. Eine Eidechse verschwindet beim leisesten Rascheln eines Blattes, denn das Rascheln des Blattes bedeutet immer Gefahr. Wenn man aber direkt neben der Eidechse eine Pistole abschießt, rührt sie sich nicht, denn die Pistole gehört nicht in ihre Umgebung und wird deshalb von ihr nicht wahrgenommen. Eine Untersuchung der Nervenleitungen des Froschauges hat ergeben, daß dieses Auge nicht wie das Auge des Menschen ein fotografisches Bild der Außenwelt vermittelt, sondern daß nur die Gegenstände aufgenommen werden, die für den Daseinskampf des Frosches wichtig sind. Das Auge zeigt ihm nur lebende Insekten, tote Fliegen nimmt der Frosch nicht wahr. Er erkennt nur Formen und Bewegungen seiner Feinde; was ihm ungefährlich ist, sieht er nicht. Verschiedene Gruppen von Nervenleitungen sorgen dafür, daß die Umwelt im Froschhirn abstrakt erscheint und in ihre charakteristischen Phänomene aufgegliedert wird; alles, was irrelevant ist, wird ausgeblendet. Amerikanische Wissenschaftler studieren, ob es möglich ist, ein Auto mit elektronischen Froschaugen auszurüsten, die nur noch aufnehmen würden, was für den Straßenverkehr von Bedeutung ist, und die Ablenkung durch verkehrsunwichtige Eindrücke ausschalten würden. Der Frosch lebt also nicht in der Welt

[17] Bleistiftnotiz am Rande des Handexemplars: „Das Wesen der Welt ist die Offenheit des Seins, in die der Mensch ‚versetzt' ist – aber nicht gleichsam von aussen in sie hineingestellt sondern: der Mensch *ist* als Dasein die gleichsam wandernde (geschichtliche) Ausgesetztheit ins Offene
Zur Welt gehört, dass alles was in ihr ist, als ein *Seiendes* erscheint
Das Tier hat nicht ‚Welt' sondern ‚Umgebung', das Ding ‚Feld' [Interpunktion des Verfassers]
[18] Gemeint ist Jakob von Uexküll, von dem einige kleinere Schriften in der Bibliothek GP stehen. Von der „Theoretischen Biologie" von 1920 findet sich nur die Neuauflage von 1973 (suhrkamp taschenbuch wissenschaft), die vielleicht ein verlorengegangenes Exemplar ersetzen soll. Sie enthält ausführliche Erörterungen der tierischen Wahrnehmung.

sondern in einem abstrakten Ausschnitt der Welt; er lebt ausschließlich in seiner Umwelt [19].

Wie steht es nun mit der Welt des Menschen? Ist auch die Welt bloße Umgebung? Ist auch die Umwelt des Menschen ein Gehäuse, innerhalb dessen nur registriert wird, was das Selbstsein des Menschen unmittelbar angeht? Hier genügt es nicht, darauf zu verweisen, daß das Auge wie die Linse eines Fotoapparates ein, wie wir meinen, naturgetreues Bild aufnimmt, denn die Linse ist dem Auge nachgebaut. Aber der Mensch hat auch Apparate geschaffen, mit denen er wahrnimmt, was seine Sinne nicht wahrnehmen können. Diese Apparate sind nicht mehr dem Auge sondern, wenn der Ausdruck erlaubt ist, dem menschlichen Verstande nachgebaut. Aber auch das würde noch nicht beweisen, daß der Mensch nicht in seine Umgebung eingesperrt bleibt, denn auch der Verstand hat seine Grenzen und setzt gewisse Bedingungen voraus, unter denen allein er etwas erkennen kann. Nach Kant bezieht sich der Verstand notwendig auf die reinen Formen der Anschauung: Raum und Zeit. Und in diesen Formen der Anschauung erscheinen uns die Dinge nicht, wie sie an sich sind, sondern wie sie sich in der Brechung durch diese Formen der Anschauung zeigen. Anders vermag unser Verstand nach Kant nicht zu denken. Dann wären also Raum und Zeit Formen, die Wirklichkeit aufzunehmen, die sich mit dem Mechanismus der Nervenleitungen des Froschauges vergleichen ließen. Aber dieser Schluß ist wiederum nicht gerechtfertigt, denn Kant hat darüber hinaus gezeigt, daß zum Verstand notwendig auch die Erkenntnis seiner eigenen Grenzen gehört. Er vermag die Erscheinung als bloße Erscheinung zu durchschauen; und hätte er dieses Vermögen nicht, so hätte er auch nicht das Vermögen, innerhalb von Raum und Zeit Objekte zu erkennen. Daraus ergibt sich: auch der Mensch lebt zwar in einer Umgebung, aber er hat das Vermögen, diese Umgebung als bloße Umgebung zu durchschauen. Er ist also in der Umgebung nicht wie in einem Käfig gefangen, sondern ist zugleich immer schon über sie hinaus. Die philosophische Tradition nennt dieses Über-die-Umgebung-hinaus-Sein „Transzendenz". Die Welt unterscheidet sich von der Umgebung als

---

[19] Gespräche über die Wahrnehmung der Frösche führte GP mit dem Biologen Ernst Ulrich von Weizsäcker. E. von Weizsäcker schreibt, daß er sich damals auf folgende bahnbrechende Arbeit bezog: J. Y. Lettvin, H. Maturana, W. S. McCulloch and W. H. Pitts, What the frog's eye tells the frog's brain, in: Proc. IRE, 47, 1959, 1940–1951.

das, was über die Umgebung hinausliegt. Deshalb ist der Begriff der Welt schon bei Kant ein transzendentaler Begriff.
Wie steht es nun bei Heidegger? Der späte Heidegger definiert nach meinen Notizen: „Das Wesen der Welt ist die Offenheit des Seins, in die der Mensch ‚versetzt' ist – aber nicht gleichsam von außen in sie hineingestellt, sondern: der Mensch *ist* als Dasein die gleichsam wandernde (geschichtliche) Ausgesetztheit ins Offene." Das ist eine neue ontologische Interpretation des überlieferten Begriffes der Transzendenz; sie unterscheidet sich von dem überlieferten Begriff der Transzendenz dadurch, daß die wahre Welt nicht als eine gleichsam doppelte Welt von der Welt der Sinne geschieden wird; das Wesen der Welt ist vielmehr die Offenheit der *einen* Welt, in die das Dasein ausgesetzt ist; in diesem Sinne ist das Wesen der Welt die Erschlossenheit, also die Wahrheit des Seins. Was das bedeutet, wird im weiteren Gang noch verständlicher werden. In „Sein und Zeit" hingegen spricht Heidegger nicht vom Wesen der Welt als Offenheit des Seins. Der Überstieg erfolgt nicht aus der Umwelt in die Welt sondern aus der Umwelt in die Weltlichkeit der Welt; und die Weltlichkeit der Welt ist ein Existenzial, also ein Charakter des Daseins selbst. Der Ausstieg aus der Umwelt erfolgt also nicht als ein Überstieg in die wahre Welt, sondern die Umwelt wird gleichsam zum Spiegel, in dem wir die Strukturen des Daseins, dessen Umwelt sie ist, ablesen können, so daß dann der Ausstieg aus der Umwelt als Einstieg in die existenziale Analytik des Daseins, das wir selbst sind, erfolgt. Das Dasein befragt sich selbst auf sein Sein und transzendiert damit sein In-der-Welt-vorhanden-Sein. Es löst sich aus der Verfallenheit an seine Weltbezüge heraus und entdeckt gerade so, daß seine Existenz nichts anderes *ist* als In-der-Welt-Sein. Das In-der-Welt-Sein ist dem Dasein schon in seinem alltäglichen Seinsverständnis erschlossen. Wenn es die in seinem Seinsverständnis enthaltene Wirklichkeit auf ihre tragenden Momente hin artikuliert, *muß* dabei auch die Struktur der Welt zutage treten, in die wir durch unser Dasein versetzt sind.
Deshalb orientiert sich Heideggers Analyse der Weltlichkeit der Welt an der alltäglichen Umwelt. Er deckt in der Umwelt die Strukturen auf, die „weltmäßig" sind, durch die sich also die Um-welt von der bloßen Um-gebung unterscheidet. Aus diesen Strukturen wird sich dann in einem weiteren Schritt die Weltlichkeit der Welt, also die Einheit des Gefüges von Strukturen, welche die Welt zur Welt machen,

ablesen lassen. In einer phänomenologischen Analyse, die in ihrer Art klassisch ist, deckt Heidegger auf, daß dem Menschen in seiner Umwelt das Seiende primär nicht als theoretisch zu erfassendes Vorhandenes sondern als das Gebrauchte, das Hergestellte, das Benötigte, das Besorgte des alltäglichen Umgangs begegnet. Die phänomenologische Auslegung der Strukturen, in denen uns die Dinge, mit denen wir umgehen, zunächst begegnen, muß sich also ihren Horizont von den Formen des besorgenden Umgangs mit dem, was zu unserer Umwelt gehört, vorgeben lassen. Heidegger nennt das im Besorgen begegnende Seiende „das Zeug": Werkzeug, Fahrzeug, Meßzeug, Schreibzeug, Nähzeug. Dadurch, daß Seiendes den Charakter des Zeugs hat, gehört es zur Umwelt. Das Sein des Zeuges wird dadurch konstituiert, daß es zu etwas dienlich, zu etwas verwendbar oder handlich ist. Es ist also immer „etwas um zu...". In der Struktur „um zu" liegt eine Verweisung von etwas auf etwas. Nichts, was zur Umwelt des Menschen gehört, ist ein isoliertes Ding, das man für sich betrachten könnte; wenn ich auf die Frage „Was ist das?" die Antwort gebe: „die Kreide", so bestimme ich das Sein dieses Dinges durch das, wozu es dienlich ist. Es ist dazu dienlich, daß ich damit schreiben kann; damit verweist die Kreide bereits auf die Tafel, auf die Situation des Lehrens und Lernens, also auf den Hörsaal, den Professor und die Studenten. Dieser ganze Zusammenhang ist in dem Stück Kreide präsent, dadurch, daß die Kreide auf ihn verweist. Wenn ich nun mit der Kreide umgehe, also sie gebrauche, so unterstelle ich mich den Verweisungen, die ihr Sein als Schreibzeug konstituieren, und darin kommt heraus, was diese Kreide ist. Das Sein dieser Kreide stellt sich also nicht dadurch heraus, daß ich sie als Objekt bestimme und eine kluge Theorie über sie ausdenke, sondern dadurch, daß ich sie so gebrauche, wie sie es mir von sich aus anbietet. In diesem Sinn sagt Heidegger, daß sich im Gebrauch des Zeugs seine Seinsart von ihm selbst her offenbart. Diese Seinsart nennt er, im Gegensatz zur bloßen Vorhandenheit, die „Zuhandenheit". Im Gegensatz zur objektiven Erkenntnis, die das Vorhandensein als Objekt ohne Rücksicht auf die Verweisungen, in denen es sonst noch stehen mag, zu bestimmen versucht, nennt Heidegger die Form des Entdeckens, in der der Verweisungszusammenhang sichtbar wird, der ein Ding in unsere Umwelt bindet, also das sachgerechte Gebrauchen des Zeugs, „die Umsicht".
Ich sagte schon, daß diese Analyse, die ich hier nur in starker Verkür-

zung wiedergeben konnte, das Sein der Dinge so bestimmt, wie sie in der Umwelt des Daseins erscheinen. Zwar kann man die Dinge aus dem Verweisungszusammenhang, in dem sie innerhalb der Umwelt stehen, auch herauslösen und isoliert betrachten. Man betrachtet sie dann als etwas bloß Vorhandenes und das bedeutet: als etwas Weltloses. Zu einer solchen Betrachtungsweise ist der Mensch schon in seiner Umwelt veranlaßt, wenn ihm etwas im Weg steht, wenn ihn etwas stört, wenn also etwas den Verweisungszusammenhang, in dem er sich befindet, unterbricht. Aber sowie er dieses Ding, das zunächst als Störung des Verweisungszusammenhanges ein bloß Vorhandenes war, aufnimmt und näher betrachtet, führt es ihn in einen neuen Verweisungszusammenhang. Es steht also nicht so, daß wir durch den Zusammenstoß mit etwas, was bloß vorhanden zu sein scheint, das Gehäuse der bloßen Umwelt durchbrechen und auf die wahre Welt stoßen dürfen; es steht nicht so, daß wir aus dem bloßen Vorhandensein-Können der Dinge schließen könnten, die wahre Welt sei eine Welt, in der es lediglich vorhandene Objekte aber keinen Verweisungszusammenhang mehr gibt. Das Vorhandensein ist vielmehr ein defizienter Modus des Seins. Es ist die Form, in der uns Dinge begegnen, deren Verweisungszusammenhang uns unbekannt ist.

Diese Überlegung hat uns nun deutlich gemacht, inwiefern die Analyse der Umweltlichkeit der Umwelt uns zum Verständnis der Weltlichkeit von Welt anleiten kann. Durch die Aufdeckung des Verweisungszusammenhanges, der die besondere Struktur meiner spezifischen Umwelt konstituiert, tritt nämlich die Struktur der Verweisung innerhalb eines Verweisungszusammenhanges als solche ans Licht. Es stellt sich dann die Frage, ob „Welt" nicht überhaupt als Verweisungszusammenhang zu verstehen sein könnte. Es stellt sich aber auch die Frage, ob die Struktur der Verweisung notwendig in dem Rückbezug auf das Sein des Daseins verwurzelt ist, oder ob nicht vielleicht umgekehrt das Dasein in den Verweisungszusammenhang seiner Umwelt deshalb gleichsam eingewiesen ist, weil Welt überhaupt die Struktur des Verweisungszusammenhanges hat. Ich habe diese Frage gestellt, um den späteren Fortgang unserer Untersuchung vorzubereiten. Wir wären dann genötigt, nicht wie Heidegger in „Sein und Zeit" vom Da zur Eigentlichkeit sondern umgekehrt von der Eigentlichkeit zum Da fortzuschreiten.

Heidegger selbst schlägt diesen Weg nicht ein, sondern er wagt es, einen Satz zu formulieren und kursiv zu drucken, der in fast provokativer Form präsentiert, was ich vorhin die Unerträglichkeit der Position von „Sein und Zeit" genannt habe. Der Satz heißt: *„Zuhandenheit ist die ontologisch-kategoriale Bestimmung von Seiendem, wie es ‚an sich' ist."* (71) Zuhandenheit ist die Weise, wie die Dinge in unserer Umwelt stehen. Diese Umwelt ist die Umwelt eines Daseins, das je meines ist. Die Dinge sind nur für mein Besorgen zuhanden. Wenn Heidegger nun sagt, die Zuhandenheit sei die ontologisch-kategoriale Bestimmung von Seiendem, wie es an sich ist, so behauptet er damit, alles, was überhaupt ist, sei an sich entweder wirkliches oder mögliches Zeug. Er nähert sich dadurch, in schroffem Widerspruch zu seinem Selbstverständnis und zu seiner Intention, dem Weltverständnis der technischen Zivilisation; denn in der technischen Welt wird tatsächlich alles, was überhaupt vorkommen kann, als möglicher Rohstoff für die Herstellung von Zeug betrachtet. Die ganze Welt soll durch die totale Herrschaft des Menschen in menschliche Umwelt verwandelt, also dem Verweisungszusammenhang unterworfen werden, den die totale Herrschaft des Menschen über die Natur konstituiert. Zuhandenheit ist der Seinscharakter der Dinge innerhalb einer von Menschen hergestellten künstlichen Welt. Deshalb interpretiert Heidegger das Sein des Seienden als Zuhandenheit am Phänomen des Zeugs; denn alles Zeug hat den Charakter des Werkzeugs, und das Werkzeug ist das Instrument zur Herstellung der künstlichen Welt. Daß Heideggers Beispiele ausschließlich der bäuerlichen Umwelt einer agrarischen Kultur entnommen sind, ist kein Gegenbeweis gegen diese These, sondern macht sie erst evident; denn die agrarische Kultur ist die erste und exemplarische Form der Unterwerfung der Natur durch den Menschen. Sie entsteht dadurch, daß das wilde Tier zum Haustier und das Stück Boden zum Acker wird, und bildet sich in dem Maße aus, als es dem Menschen gelingt, eine künstliche Landschaft zu erzeugen. Durch das Entstehen einer neuen Form einer künstlichen Welt, nämlich der städtischen Kultur, erscheint dann die agrarische Vorstufe dieser neuen Kultur von Rousseau bis Heidegger als „ursprünglich". Die Zuhandenheit der Werkzeuge der Agrarkultur erscheint dann als die „ontologisch-kategoriale Bestimmung von Seiendem, wie es ‚an sich' ist". Das gilt nur dann, wenn das Dasein sich für ein Sein-Können entschlossen hat, das diese bäuerliche Umwelt als die Umwelt seiner Eigentlichkeit versteht und sich durch eine bestimmte Form der Umwelt den Zu-

gang zu der wahren Welt verstellt. Die Strukturanalogie zum Weltverständnis der technischen Welt macht aber deutlich, wie es um die vermeintliche Ursprünglichkeit dieses Weltverständnisses bestellt ist. Die agrarische Kultur wird nämlich nicht mehr so verstanden, wie sie von sich aus ist: als ein Kampf auf Leben und Tod mit den feindlichen Mächten einer Natur, die alles andere als zuhanden ist; hier erscheint die agrarische Kultur vielmehr als die romantische Projektion eines durch und durch technischen Weltverständnisses, das die lückenlose Zuhandenheit von allem, was ist, sehnsüchtig in eine einfache Welt zurückspiegelt. Beim frühen Marx liegen verwandte Verhältnisse vor. Daher erklären sich die überraschenden Analogien zwischen Heidegger und den romantischen Formen des Neo-Marxismus. Marcuse ist nicht umsonst Heidegger-Schüler; er ist es weit mehr geblieben, als er selber weiß. Da die Umwelt, die Heidegger analysiert, die künstliche Welt in der doppelten Brechung einer romantischen Reaktion gegen die Totalität der technischen Umwandlung von Welt in Umwelt ist, hat Heidegger völlig recht, wenn er von dieser Welt sagt: „,Welt' ist ontologisch keine Bestimmung *des* Seienden, das wesenhaft das Dasein *nicht* ist, sondern ein Charakter des Daseins selbst." (64) Das ist in der Tat der Grundcharakter der von der Technik hervorgebrachten künstlichen Welt. Diese Welt wird faktisch durch jene Strukturen konstituiert, deren Einheit Heidegger bei der existenzialen Analyse des Phänomens der Sorge ausarbeitet. Wenn Welt in Umwelt aufgegangen ist, so kann die Analyse der Strukturen von Welt auf nichts anderes zurückführen als auf das Sein des Daseins, das diese Strukturen aus sich entworfen hat.
Aber wie immer bei der Auseinandersetzung mit Heidegger deckt die Kritik nur die halbe Wahrheit auf. Denn geht man einen Schritt weiter, so stellt sich heraus:
1. Der Mensch kann sich die Welt nur unterwerfen, indem er ihre Gesetze erkennt und von ihnen Gebrauch macht. Dazu muß er sich diesen Gesetzen unterstellen, und die Weise, wie im gebrauchenden Umgang mit der Welt, also in der wissenschaftlich-technischen Praxis, die Gesetze dieser Welt entdeckt werden, entspricht in ihren Strukturen den Formen, die Heideggers Analyse von Zeug, Zeugganzheit und Verweisungszusammenhang herausgestellt hat. Die künstliche Umwelt ist nicht eine Gegenwelt, sondern sie entsteht durch die Entdeckung von wirklichen Möglichkeiten der wirklichen Welt. Deswegen bedeutet Heideggers Analyse der Umwelt des Men-

schen nicht nur einen eminenten Fortschritt in der Aufklärung der Situation des heutigen Menschen in der heutigen Welt, sondern sie eröffnet darüber hinaus einen völlig neuen Zugang zum Entdecken der wirklichen Welt.

2. Das Phänomen der Verweisung und des Verweisungszusammenhanges stellt nicht nur die Interpretation des In-der-Welt-Seins des Menschen und damit die ganze Anthropologie auf eine neue Basis, sondern sie eröffnet neue Möglichkeiten für die Interpretation von Welt überhaupt. Das wird noch deutlicher werden, wenn wir später sehen, wie die Phänomene der Verweisung und des Zeichens im Phänomen der Zeit begründet sind. Wenn es wahr sein sollte, daß die Struktur von Welt als Verweisungszusammenhang zu interpretieren ist, dann kann das Sein der Welt, wie ich vorgreifend jetzt schon sagen will, nur noch vom Horizont der Zeit her verstanden werden. Die Erkenntnis der Zukunft erschließt uns dann das Sein der Welt. Das können Sie jetzt noch nicht verstehen, aber vielleicht ist Ihnen ein solcher Hinweis auf den Zusammenhang von Heideggers Analyse der Weltlichkeit der Welt mit unserem Thema trotzdem nützlich.

⟨11. Die Äquivokationen im Worte „Sein"⟩

Welt bedeutet also bei Heidegger den Horizont, innerhalb dessen sich das Dasein hält, wenn es in den Verweisungen aufgeht, in denen und aus denen heraus alles andere Seiende als ein Zuhandenes ist. Hat man diese Struktur vor Augen, so gewinnt man einen ersten Vorblick auf die Explikation des Sinnes von Sein, dem die ganze existenziale Analyse dient. Eine der großen Schwierigkeiten aller Ontologie liegt darin, daß in den verschiedenen Phasen der Geschichte von den verschiedenen Philosophen verschiedene Phänomene mit dem Begriff „das Sein" bezeichnet wurden, daß aber diese Verschiedenheit meist nicht bemerkt wird. Dann verstrickt sich das Denken in einem Netz von Äquivokationen, aus denen man durch bloße Worterklärungen nicht herauskommt, weil man Worte nur dann erklären kann, wenn die Phänomene bekannt sind, auf die sich die Worte beziehen. Das Wort „Sein" bedeutet bei Platon und bei Aristoteles etwas anderes als bei Parmenides; es bedeutet, trotz aller Anlehnung an Aristoteles, in der Scholastik etwas anderes als bei den Griechen; es bedeutet wieder anderes bei Descartes, bei Kant und bei Hegel und noch einmal etwas anderes bei Heidegger. Wir könnten diese Verschiedenheit der Bedeutungen nur aufhellen, wenn uns ein universaler Horizont erschlossen wäre, innerhalb dessen sich das Verhältnis der verschiedenen als „Sein" bezeichneten Phänomene, oder, wie man auch sagen könnte, innerhalb dessen sich die verschiedenen Aspekte des Seins in ihrem Verhältnis zueinander bestimmen ließen. Auf der Suche nach einem solchen universalen Horizont ist der späte Heidegger in seinen Entwürfen zur Seinsgeschichte. Philosophie ist nicht ein Spiel mit Begriffen; sie ist das Bemühen um die Erschließung des hermeneutischen Horizontes, innerhalb dessen die Begriffe eine Bedeutung haben können. Hält man sich hingegen lediglich an die vermeintliche Bedeutung der Worte, so kann man nur in die Irre gehen.

Ich gebe ein Beispiel: Die Ontologie des Aristoteles fragt nach dem Seienden, insofern es ein Seiendes ist. Der Inbegriff der Bestimmungen, die dem Seienden, insofern es ein Seiendes ist, zukommen, bezeichnet Aristoteles als οὐσία[20]. Das ist ein vom Partizipium οὖσα abgeleitetes Substantiv. Die wörtliche Übersetzung würde also heißen „Seiendheit". Die οὐσία läßt sich nur an Seiendem ausweisen, das sich durch seine abgegrenzte Gestalt von anderem Seienden unterscheidet. Alles, wovon wir sagen, daß es ist, wird durch Bestimmungen konstituiert, durch die es dieses und kein anderes ist. Seiend sein heißt bestimmt sein, und die οὐσία ist der Inbegriff der Bestimmungen, durch die ein Seiendes seiend ist. Die Welt hat also keine οὐσία, denn die Welt ist nicht ein bestimmtes Seiendes. Trotzdem hat die Welt ein Sein. Aber die Aussagen über das Sein der Welt bei Aristoteles findet man im Index Aristotelicus nicht unter εἶναι sondern unter φύσις. Hält man sich nur an die Worte, so wird man bei der Rekonstruktion einer aristotelischen „Ontologie" notwendig in die Irre gehen. Das ist bei den späteren Aristoteles-Interpreten tatsächlich geschehen. Deswegen finden Sie noch heute in den Aristoteles-Übersetzungen als Übersetzung von τὸ ὄν „das Sein". Οὐσία hingegen wird bis heute, in Anlehnung an einen neuplatonischen Begriff, der in die Scholastik eingegangen ist, als „Substanz" übersetzt, und damit stellt sich eine neue Kette von Äquivokationen ein, weil der Leser nicht umhin kann, alle späteren Bedeutungen des Begriffes Substanz bis hin zur chemischen Substanz zu assoziieren. Ich könnte

---

[20] Vgl. zum Folgenden Georg Picht, Aristoteles' „De anima", a. a. O., Sachregister s. v. οὐσία.

noch mehr solche Beispiele anführen. Aber das würde uns von unserem Ziel ablenken. Das Beispiel des Aristoteles habe ich genannt, weil die Frage nach dem Sein der Welt nicht auf die Seiendheit des Seienden innerhalb der Welt sondern auf das Wesen der φύσις zielt. Da die spätere Tradition die φύσις aus den Augen verlor, ist die Frage nach dem Sein, wo sie thematisch durchgeführt wird, im Zuge der Tradition des Aristotelismus stets an der οὐσία orientiert. Man meint, von Sein könne nur gesprochen werden, wo sich ein Etwas vorfindet, das ist. Das bedeutet aber nicht, daß das Phänomen des Seins der Welt einfach vergessen worden wäre; es taucht nur unter anderen Begriffen auf. Wenn Sie etwa bei Leibniz suchen, was unter Sein zu verstehen ist, so lautet das Stichwort nicht *esse* sondern *harmonia*. Die dynamisch zu denkende Harmonie der Welt ist jene Einheit, die die Welt zusammenhält, und diese Einheit ist das Sein der Welt. Der hier bei Leibniz tragende Weltbegriff ist der griechische Begriff des κόσμος; auch den Begriff des κόσμος muß man untersuchen, wenn man verstehen will, wie die Griechen das Sein gedacht haben. Vielleicht werde ich noch Gelegenheit haben, im Laufe dieser Vorlesung, die von der Erkenntnis der Zukunft her einen Zugang zur Frage nach der Einheit des Seins sucht, auf den Begriff des κόσμος einzugehen[21]. Bei Kant ist die Welt, wie ich schon sagte, eine transzendentale Idee, also ein Vernunftbegriff. Die Einheit, die die Welt zusammenhält, wird bei Kant als Vernunfteinheit ausgelegt, weil sie nicht ein Etwas ist, das sich als Gegenstand vorfinden läßt, mit anderen Worten: weil sie keine οὐσία ist. Kants Lehre von der οὐσία finden Sie unter dem Titel „Dasein"; aber Kants Lehre vom Sein finden Sie unter dem Titel „Vernunft". Entsprechend finden Sie Hegels Lehre vom Sein nicht in dem berühmten ersten Kapitel der „Logik"; Sie finden sie vielmehr unter der Überschrift „Der absolute Geist". Auch Heidegger hat sich durch die Äquivokation des Wortes „Sein" in die Irre führen lassen. Was er als Seinsvergessenheit interpretiert, ist zum Teil nur die Auswanderung von Phänomenen des Seins unter andere Titel. Hat man die Phänomene als solche einmal erkannt, so erkennt man sie auch unter den anderen Titeln wieder. Wenn man verstehen will, was Sein bei Heidegger selbst bedeutet,

---

[21] Das ist hier nicht durchgeführt worden, wird aber ausführlich erörtert in Georg Picht, Der Begriff der Natur und seine Geschichte, a. a. O., und in Georg Picht, Glauben und Wissen, a. a. O.

muß man von den Strukturen ausgehen, die er aufzeigt. Wir haben in einem ersten Durchgang das In-Sein als ein Sein in der Erschlossenheit des Da interpretiert. In einem zweiten Durchgang haben wir, ausgehend von der Bestimmung, daß das Dasein je meines ist, den Zusammenhang zwischen Jemeinigkeit, Eigentlichkeit, Unauswechselbarkeit und dem Sein zum Tode expliziert. Daraus ergab sich dann im dritten Durchgang, daß das Phänomen der Welt von Heidegger nur in der unüberbrückbaren Spannung zwischen der Konstitution des Daseins und der Eigentlichkeit dargestellt werden kann. Sofern das Phänomen der Welt im Da fundiert ist, bedeutet Welt die Erschlossenheit jenes offenen Horizontes, innerhalb dessen alles ist, was wir „das Seiende" nennen. Insofern Welt hingegen auf die Jemeinigkeit bezogen ist, erscheint Welt als Umwelt des Daseins, in die es durch den Verweisungszusammenhang des Zeugs immer schon ausgesetzt ist. Dieses Ausgesetztsein in die Welt ist die Existenz. Das Sein der Welt hat nichts mehr mit Substanz oder mit der Seiendheit des Seienden zu tun, sondern es ist die als Verweisungszusammenhang ans Licht tretende Offenheit der φύσις im Ganzen – gebrochen durch jene Momente, die Welt zur bloßen Umwelt des Daseins machen. Das Sein des Daseins ist sein Ausgesetztsein in diese Offenheit der Welt. Das Dasein ist also ebenfalls in seinem Sein nicht durch jene Merkmale zu bestimmen, die es als dieses Seiende hier von anderen vorhandenen Seienden unterscheiden, sondern es hat als Existenz sein Sein außerhalb seiner selbst. Es hat sein Sein im Draußensein, in der Erschlossenheit der Welt. Deshalb sagt Heidegger auf Seite 133: *„Das Dasein ist seine Erschlossenheit."* Fragt man nun, wie sich das Sein der Welt zum Sein des Daseins verhält, so wäre die einfache Antwort, um deren Erhellung der späte Heidegger sich bemüht: das Sein der Welt und das Sein des Daseins sind Eines, denn das Sein der Welt ist jene Offenheit, in die sich das Dasein als Erschlossenheit versetzt. Daraus ergibt sich Heideggers Interpretation des Fragmentes von Parmenides: τὸ γαρ αὐτὸ ἔστι νοεῖν τε καὶ εἶναι – „denn dasselbe ist das Offensein für das Sein und das Sein"[22]. In

---

[22] Als wörtliches Zitat nicht nachweisbar; sinngemäß ergibt es sich aus der Interpretation des Parmenides-Satzes in „Der Satz der Identität", in: Identität und Differenz, Pfullingen: Neske, 1957, 18 ff. Im Manuskript steht mit Bleistift auf der dieser Stelle gegenüberliegenden Seite: *Lichtung: SuZ 230, 349 f., WiM 40 Zeit: EiM 156, 157 WiM 17 f.* (WiM = Was ist Metaphysik?, Frankfurt: Klostermann, 1929; EiM = Einführung in die Metaphysik, Tübingen: Niemeyer, 1953).

„Sein und Zeit" ist dieser Zusammenhang dadurch gebrochen, daß die Idee der Existenz im Hinblick auf die Eigentlichkeit entworfen ist, und daß deshalb Welt- und Seinsbegriff auf die Eigentlichkeit der Existenz zurückgebogen werden.

Ich habe schon mehrfach darauf hingewiesen, wie anstößig diese Brechung und Rückführung ist. Wenn wir zu der Frage nach der Zeit vordringen, hoffe ich, deutlich machen zu können, daß der frühe Heidegger gerade in den anstößigen Momenten seines Existenzbegriffes auf ein tiefer liegendes Phänomen gestoßen ist, das er später, zumindest in seinen bisher veröffentlichten Texten, zu Unrecht preisgegeben hat. Man darf es sich deshalb mit der Kritik an Heidegger nicht zu leicht machen. Denn ein Denken, das sich so exemplarisch an die Regel hält, keinen Gedanken zuzulassen, der sich nicht aus den Phänomenen selbst ausweisen läßt, verfällt nur dann auf einen Irrweg, wenn es durch einen in den Phänomenen selbst liegenden Zwang auf diesen Irrweg geführt wird. Fast alle Heidegger-Kritik geht von der Meinung aus, es stünde sozusagen im freien Belieben des Denkenden, ob er so oder anders denken will; der einzige Denkzwang, den man anerkannt, ist der Zwang der Logik. Die Logik, deren Zwang man im Zeitalter der Metaphysik noch ernst nahm, ist für diese Auffassung von Denken längst selbst zur Ideologie geworden, weil sie vom logischen Positivismus in der Tat zu ideologischen Zwecken mißbraucht wird. Aber es gibt den Zwang der Phänomene selbst, und es gibt daneben auch in anderen Phänomenen gegründete Zwänge, die uns veranlassen können, diese Phänomene zu mißdeuten – das ist eines der großen Themen von „Sein und Zeit". Wenn man von einem Philosophen etwas lernen will, so darf man nicht in seinen Texten Worte klauben, sondern man muß versuchen, die Phänomene zu entdecken, die er vor Augen hatte, damit man dann in einem nächsten Gang die Frage stellen kann, ob er diese Phänomene so zu Gesicht bekommen hat, wie sie von sich aus sind, oder ob er sie deformiert hat, und welche Zwänge eine solche Deformation verursacht haben. Auch hinter dieser zweiten Art von Zwängen verbergen sich bei jedem Philosophen von Rang primäre Phänomene, deren Entdeckung oft weiterführt als die Feststellung von sogenannten Wahrheiten, die billig zu haben sind. Zur Geschichte der großen Philosophie gehört die Geschichte der großen Irrtümer, das heißt die Geschichte jener Irrtümer, die aus der Auseinandersetzung mit Phänomenen entsprungen sind, die zunächst nur in verstellter Form überhaupt sichtbar wurden. In einem solchen Irrtum steckt dann mehr Wahrheit als in den nachprüfbaren Behauptungen eines Denkens, das gar nicht erst in Gefahr kommt, in solche Irrtümer zu verfallen, sondern die Klippen so anstößiger Phänomene ganz und gar vermeidet. Aus dem Studium der Klippen, an denen Heidegger gescheitert ist, aus dem Studium der Heideggerschen Irrtümer läßt sich philosophisch weit mehr lernen als aus der Mehrzahl jener philosophischen Literatur, die jedermann einleuchtend findet, weil sie es versteht, alle gefährlichen Meere zu vermeiden.

Das Sein, so sahen wir, darf bei Heidegger nicht als οὐσία interpretiert werden. Das Wort „Sein" verweist vielmehr in die Offenheit des Verweisungszusammenhanges von Welt für das Dasein und die Erschlossenheit des Daseins für die Offenheit von Welt. Sein ist also kein *fundamentum inconcussum;* Sein geht auch nicht aus einem festen Grund hervor, sondern Sein befindet sich in einer Schwebe. Es ist weder Etwas noch auch Nichts, es ist die offene Möglichkeit, aus der heraus alles, von dem wir sagen, daß es ist, erst möglich wird und zum Vorschein kommt. Das Sein kann deshalb weder theoretisch betrachtet noch produziert noch praktiziert werden. Aber alles Erkennen, Handeln und Produzieren bewegt sich im Horizont des Seins, denn alles menschliche Verhalten ist selbst schon ein Modus des Seins. Es stellt sich die Frage, wie überhaupt das Sein als Sein erfahren und erkannt werden soll, wenn es sich doch nicht als ein Etwas, das man erfahren und erkennen könnte, bestimmen läßt. Gibt es einen Seinsmodus des Daseins, in dem es sein Sein rein als Sein zu erfahren vermag? Heidegger untersucht diese Frage in dem Kapitel über „Das In-Sein als solches", aus dessen Einleitung (§ 28) wir schon den ersten Vorblick auf die Bedeutung des Begriffes „Da" gewonnen haben. Er untersucht dort die existenziale Konstitution des „Da" und stellt zwei gleich ursprünglich konstitutive Weisen, das „Da" zu sein, heraus, nämlich die Befindlichkeit und das Verstehen. Beides, Befindlichkeit und Verstehen, ist bestimmt durch die Rede. Das ist der Ansatz für Heideggers Sprachphilosophie, die in Wahrheit etwas ganz anderes ist als Sprachphilosophie im gewöhnlichen Sinne dieses Wortes, auf die ich aber in unserem Zusammenhang nicht eingehen kann. Wir beschränken uns auf eine knappe Skizze von Befindlichkeit und Verstehen, wobei ich wiederum nur das hervorhebe, was für die Fortführung der Frage von Wichtigkeit ist.

⟨12. Der Widerspruch zwischen Methode und Wahrheit⟩

Was ontologisch mit dem Titel „Befindlichkeit" angezeigt wird, ist, wie Heidegger sagt, ontisch das Bekannteste und Alltäglichste, die Stimmung, das Gestimmtsein. Die Stimmung ist eine Verfassung des Daseins, die, ohne daß man recht weiß, wie einem geschieht, das Dasein als Ganzes mitsamt seiner Umwelt auf eigentümliche Weise färbt und durchdringt. Man weiß nicht, woher sie kommt und wohin sie geht. Man weiß auch meistens nicht, was sie besagt. Die Stimmung macht offenbar, wie einem ist. So bringt sie das Dasein in sein Da und zugleich vor sein Sein als Da. Eine Form der Stimmung ist auch jene Verfassung, die wir als Verstimmung bezeichnen; in ihr wird das reine Sein als Last offenbar. In der Gestimmtheit zeigt sich dem Dasein das Sein, um das es ihm in seiner Existenz geht, und das es existierend zu sein hat. In der Gestimmtheit ist sich das Dasein als das Seiende erschlossen, das seinem Sein überantwortet wurde. Es zeigt sich ihm das pure „daß es ist". Das Woher und das Wohin bleiben im Dunkel. Dieses „daß es ist" nennt Heidegger die Geworfenheit dieses Seienden in sein Da. Der Ausdruck „Geworfenheit" soll die Faktizität der Überantwortung des Daseins an sein Sein ausdrükken. Faktizität bedeutet aber nicht die Tatsächlichkeit des *factum brutum* eines Vorhandenen; die Faktizität der Überantwortung des Daseins an sein Sein ist vielmehr die Unausweichlichkeit seines Überantwortetseins an das Sein zum Tode. Deshalb weicht das Dasein zumeist dem in der Stimmung erschlossenen Sein aus und hat in solchem Ausweichen die Tendenz, das Sein von dem Vorhandenen her zu interpretieren. Das ist dann der Modus der Uneigentlichkeit, in dem sich das Dasein in seiner Alltäglichkeit gewöhnlich befindet. Aber gerade im Ausweichen vor der Befindlichkeit der reinen Stimmung zeigt sich, daß das Dasein immer durch diese Befindlichkeit bestimmt ist. Die Befindlichkeit ist als Geworfenheit die Weise, wie das Dasein immer schon in der Welt ist, und die Stimmung macht diese Befindlichkeit offenbar. Weil hier das In-der-Welt-Sein als Ganzes erschlossen ist, ist die Befindlichkeit, wie Heidegger sagt, „eine existenziale Grundart der *gleichursprünglichen Erschlossenheit* von Welt, Mitdasein und Existenz" (137). Die Weise, wie sie uns begegnet, ist nicht das theoretische Erkennen sondern die Betroffenheit. In der Betroffenheit offenbart sich die Befindlichkeit als eine erschließende Angewiesenheit auf Welt, aus der her Angehendes begegnen kann. Nur weil wir uns stets in der Grundverfassung der Befindlichkeit halten, können Eindrücke unsere Sinne rühren, zeigt sich uns die Welt als etwas, das uns angeht. Deshalb ist die Befindlichkeit die meist übersprungene Bedingung der Möglichkeit für jede Erkenntnis, jedes Handeln, jedes Wirken. In ihr ist uns die Welt als das erschlossen, worauf wir angewiesen sind.

Das ist die eine Seite der Konstitution des Da. Hier ist das Dasein sich erschlossen als ihm selbst überantwortetes mögliches Sein, als durch und durch geworfene Möglichkeit. Aber diese Möglichkeit ist Möglichkeit des Freiseins für das eigentliche Seinkönnen. Damit tritt ein Moment ans Licht, das aus der reinen Geworfenheit nicht abzuleiten ist. Das Dasein ist auf seine Möglichkeiten freigegeben, und es gilt zu verstehen, was das heißt.

An dieser Stelle bezieht sich Heidegger in sehr bedeutsamer Weise auf Kant. Er sagt: „Ist es Zufall, daß die Frage nach dem *Sein* von Natur auf die ‚Bedingungen ihrer *Möglichkeit*' zielt? Worin gründet solches Fragen? Ihm selbst gegenüber" (das heißt diesem Fragen gegenüber) „kann die Frage nicht ausbleiben: *warum* ist nichtdaseinsmäßiges Seiendes in seinem Sein verstanden, wenn es auf die Bedingungen seiner Möglichkeit hin erschlossen wird? *Kant* setzt dergleichen vielleicht mit Recht voraus. Aber diese Voraussetzung selbst kann am allerwenigsten in ihrem Recht unausgewiesen bleiben." (145) Diese Stelle hatte ich im Sinn, als ich sagte, daß die Frage von „Sein und Zeit" auf die Bedingungen der Möglichkeit für Kants Frage nach den Bedingungen der Möglichkeit zielt. Und nun folgt eine der wichtigsten Stellen des Buches: „Warum dringt das Verstehen nach allen wesenhaften Dimensionen des in ihm Erschließbaren immer in die Möglichkeiten? Weil das Verstehen an ihm selbst die existenziale Struktur hat, die wir den *Entwurf* nennen."

Bevor wir uns klarmachen, was der Begriff des Entwurfes bei Heidegger bedeutet, ist es nicht überflüssig, daran zu erinnern, daß Heidegger auch diesen Begriff von dem Philosophen übernommen hat, an dessen Frage nach den Bedingungen der Möglichkeit er gerade so nachdrücklich erinnert hat. In dem berühmten Abschnitt der Vorrede zur zweiten Auflage der „Kritik der reinen Vernunft", in dem Kant seine kopernikanische Wendung darstellt, nennt er als das Prinzip dieser Wendung und damit als das Prinzip der Transzendentalphilosophie überhaupt den Satz, daß die Vernunft nur das einsieht, was sie selbst nach ihrem Entwurfe hervorbringt (B XIII; 3, 10). Die ursprüngliche Handlung der Vernunft ist bei Heidegger das Verstehen. Wir greifen also hier den Ursprung für Heideggers Satz, daß „das Verstehen an ihm selbst die existenziale Struktur hat, die wir den *Entwurf* nennen". Heidegger hat den Begriff des Entwurfes ganz offenbar durch eine Kant-Interpretation gewonnen. Er hat ganz offenbar die Frage nach den Bedingungen der Möglichkeit aus dem transzendentalen Grundsatz abgeleitet, daß die Vernunft nur das einsieht, was sie selbst nach ihrem Entwurfe hervorbringt. Kombiniert man nämlich die transzendentale Frage nach den Bedingungen der Möglichkeit mit dem genannten Grundsatz, so ergibt sich, daß die Vernunft nach ihrem Entwurfe die Bedingungen der Möglichkeit hervorbringt. Hervorbringen heißt ans Licht bringen. Die Vernunft ist also so gebaut, daß immer die jeweiligen Bedingungen der Möglichkeit und daß damit ganz allgemein so etwas wie Bedingungen der Möglichkeit überhaupt den Horizont bestimmen, innerhalb dessen sie alles, was ist, erst einsehen kann. Die Vernunft versteht alles, was überhaupt ist, erst dann, wenn sie es von seinen Möglichkeiten her einsieht, und sie kann diese Möglichkeiten selbst als Möglichkeiten nur einsehen, wenn sie sie von ihren Bedingungen her einsieht. Bedingungen sind immer das, was unaufhebbar vorgegeben ist. Daraus gewinnt Heidegger durch seine existenziale Analyse den Begriff der Geworfenheit. Möglichkeit hingegen ist eine Offenheit für ein Seinkönnen. So interpretiert Heidegger den Entwurf. Durch eine existenziale Analyse, die nach der Seinsart eines Verstehens fragt, das stets nach den Bedingungen der Möglichkeit fragen muß, gewinnt Heidegger dann den Satz: „. . . als geworfenes ist das Dasein in die Seinsart des Entwerfens geworfen" (145). Weil das Dasein in der Weise da ist, daß es sich einerseits in der Geworfenheit befindet und andererseits durch diese Geworfenheit für die Möglichkeit seines Seinkönnens erschlossen ist, kann sein Verstehen keine andere Struktur haben als die Struktur seiner eigenen Seinsverfassung, in der es für sich selbst durchsichtig wird und damit in die Offenheit des In-der-Welt-Seins eintritt. So wird die transzendentale Frage auf die Seinsverfassung hin entschlüsselt, aus der sie hervorgeht. Die Struktur dieser Seinsverfassung ist aber eine zeitliche Struktur, denn das Geworfensein ist das Immer-schon-sich-selbst-vorgegeben-Sein. Die Geworfenheit verweist also das Dasein in seine Vergangenheit. Die Möglichkeit als Freiheit zum Seinkönnen hingegen verweist das Dasein auf seine Zukunft. War bei Kant die Zeit nur die Form der inneren Anschauung, so wird durch die existenziale Analyse die Zeit als der Horizont aufgewiesen, in dem auch die Vernunft erst möglich ist, denn es ist ja die Selbsterkenntnis der Vernunft, aus der die Frage nach den Bedingungen der Möglichkeit hervorgeht. Und es ist die Vernunft, nicht aber der Verstand, die nur das einsieht, was sie selbst nach ihrem Entwurfe hervorbringt. Die Zeit wird demnach im Fortgang der Analyse sich als der Horizont erweisen, innerhalb dessen sich die Frage nach den Bedingungen der Möglichkeit von Kants Frage nach den Bedingungen der Möglichkeit erst beantworten läßt. Die Vernunft ist aber, wie wir schon sahen, der Titel, unter dem bei Kant die Einheit des Seins erörtert wird. Deshalb schließt „Sein und Zeit" in strenger Konsequenz seiner Fragerichtung mit der Frage: „Offenbart sich die Zeit selbst als Horizont des Seins?"

Ich habe schon in einer früheren Stunde darauf hingewiesen, daß Heideggers Philosophie sich auch dann, wenn sie die Bedingungen der Möglichkeit der Transzendentalphilosophie untersucht, der transzendentalen Frage nach der inneren Möglichkeit und nach dem Grund ihres eigenen Denkens nicht entziehen kann (69 ff.). Es muß die Frage gestellt werden, woher dieses Denken, das aus dem Seinsverständnis eines bestimmten Daseins in einer bestimmten Situation der Geschichte hervorgeht, die Legitimation hernehmen will, das Sein von Dasein überhaupt und zu allen Zeiten zu explizieren. Es muß also die transzendentale Reflexion auf „Sein und Zeit" selbst angewendet werden. Heidegger sagt auf Seite 144: *„Verstehen ist das existenziale Sein des eigenen Seinkönnens des Daseins selbst."* Weil dem Dasein im Verstehen das eigene Seinkönnen erschlossen ist, kann Heidegger das Dasein, das im Verstehen für seine Möglichkeiten offen ist, als „die Möglichkeit des Freiseins *für* das eigenste Seinkönnen" bestimmen (144). Aber Heideggers existenziale Analytik des Daseins erhebt den Anspruch, durch das in ihr sich entfaltende Verstehen die allgemeine Struktur nicht nur seines eigensten Seinkönnens sondern des eigensten Seinkönnens aller aufzudecken. Die existenziale Analytik erhebt den Anspruch der Allgemeingültigkeit, und nur weil sie das tut, hat es überhaupt einen Sinn, daß Heidegger in eine Auseinandersetzung mit der überlieferten Philosophie eintritt und sich „Die Aufgabe einer Destruktion der Geschichte der Ontologie" (§ 6) stellt. Worauf gründet sich in diesem Denken sein Anspruch auf Allgemeingültigkeit? Wie ist in Heideggers Analyse

des Verstehens die Möglichkeit ausgewiesen, daß das, was der eine versteht, auch für den anderen wahr ist?
Betrachtet man den Inhalt von Heideggers Analyse des Verstehens, so erhält man auf diese Frage keine Antwort. Im Gegenteil: Heidegger sagt bei der Explikation des existenzialen Begriffes des Todes: „Auf eigenstes Seinkönnen sich entwerfen aber besagt: sich selbst verstehen können im Sein des so enthüllten Seienden: existieren." (263) Er interpretiert das Sein zum Tode als das Vorlaufen in die im Verstehen des eigensten äußersten Seinkönnens erschlossene Möglichkeit eigentlicher Existenz. Von dieser eigensten Möglichkeit wird aber gesagt, sie sei unbezüglich. Das Seinkönnen, das die Existenz im Verstehen seines Seins übernimmt, ist „einzig von ihm selbst her zu übernehmen... Der Tod ‚gehört' nicht indifferent nur dem eigenen Dasein zu, sondern er *beansprucht* dieses *als einzelnes*. Die im Vorlaufen verstandene Unbezüglichkeit des Todes vereinzelt das Dasein auf es selbst. Diese Vereinzelung ist eine Weise des Erschließens des ‚Da' für die Existenz... Dasein kann nur dann *eigentlich es selbst* sein, wenn es sich von ihm selbst her dazu ermöglicht" (263). Hier wird ausdrücklich gesagt, daß die einzige Form des Verstehens, in der dem Dasein das Sein erschlossen ist, nämlich das Verstehen im Modus der Eigentlichkeit, das Dasein vereinzelt. Wie soll das Dasein als Vereinzeltes das Sein von Dasein überhaupt erkennen können? Wie soll die von der Eigentlichkeit her interpretierte Wahrheit des je eigenen Wahrseins eine Wahrheit für andere sein können? Was kann einen Denker, der die Wahrheit in der radikalen Vereinzelung sucht, dazu veranlassen, die Wahrheit, die er, ein Vereinzelter, als unbezügliche Möglichkeit seines eigensten Seinkönnens für sich und nur für sich entdeckt hat, in ein Buch zu schreiben und als Lehre vorzutragen? Widerlegt er die eigene Lehre nicht durch die Tat?
Wenn wir uns nur an das halten wollten, was Heidegger zu sagen *meint*, so würde dieser Einwand treffen. Die Philosophie von „Sein und Zeit" vermag ihren Anspruch, etwas auszusagen, was nicht nur für Martin Heidegger sondern auch für seine Hörer und Leser gilt, weder auszuweisen noch verständlich zu machen. Sie schließt die Möglichkeit eines solchen Anspruches sogar *expressis verbis* aus, wenn sie erklärt, daß Wahrheit nur in der Vereinzelung zugänglich ist. Aber der Inhalt dieser Lehre steht in Widerspruch zu der Methode, mit der sie gewonnen wird. Das stark durch Kierkegaard bestimmte Existenzverständnis, das dieses Buch entfaltet, läßt sich mit

dem Wahrheitsverständnis, das seine phänomenologische Methode impliziert, nicht zur Deckung bringen. Die Phänomenologie soll, wie Heidegger in der Einleitung entwickelt, in direkter Aufweisung und direkter Ausweisung die Phänomene so sehen lassen, wie sie von sich aus sind. In diesem Sinne ist sie eine Auslegung, also eine Hermeneutik. Auch die Hermeneutik des Daseins ist eine Auslegung des Daseins nicht für sich selbst sondern für andere, ja für alle. Nur aus diesem Grunde kann Heidegger in der Einleitung definieren: „Philosophie ist universale phänomenologische Ontologie, ausgehend von der Hermeneutik des Daseins . . ." (38). Wenn aber die Hermeneutik des Daseins die Grundlage für eine universale phänomenologische Ontologie abgeben soll, so muß im Dasein selbst die Möglichkeit einer universalen und deshalb zugleich einer universal gültigen Ontologie, also eines universalen Verstehens aufgewiesen werden. Es müßte also gezeigt werden, daß die eigenste Möglichkeit die allgemeine Möglichkeit ist. Es müßte gezeigt werden, daß die Eigentlichkeit, radikal zu Ende gedacht, sich selbst aufhebt und in die Wahrheit des Allgemeinen vordringt. Solange das nicht gezeigt wird, besteht zwischen der Konstitution des Da als Erschlossensein für die Offenheit der Welt und der Existenz als dem Erschlossensein für das eigenste, unbezügliche und deshalb radikal vereinzelnde Seinkönnen ein unaufhebbarer Widerspruch. Die eigentümliche Faszination, die „Sein und Zeit" ausgeübt hat, und auf jeden, der dieses Werk studiert, noch heute ausübt, beruht gerade auf diesem Widerspruch. Sie beruht darauf, daß hier mit der Stringenz der aprioristischen Methode von Husserls Phänomenologie ein von Kierkegaard stammender Existenzbegriff demonstriert wird, dessen Sinn in der Aufweisung der Unmöglichkeit apriorischen Denkens beruht.

Aber wir können bei der bloßen Feststellung dieser Paradoxie nicht stehenbleiben, denn dieses so widersinnig erscheinende Experiment hat seine innere Notwendigkeit, der man sich nicht entziehen kann. Es wird durch die Konsequenz und Kraft seiner Durchführung etwas sichtbar gemacht, was über das inhaltlich Gesagte hinausweist. Es wird etwas sichtbar gemacht, was zuvor noch niemand gesehen hatte, und wovon man deshalb wird sagen müssen, daß es geschichtlich nur auf diesem Weg sichtbar gemacht werden konnte. Wenn das so ist, dann ist das, was in diesem Buch sichtbar gemacht wird, etwas anderes als die in diesem Buch vorgetragene Lehre. Es ist dann etwas, das nur dadurch zu Gesicht gebracht werden konnte, daß Heidegger den Widerspruch zwischen apriorischer Allgemeingültigkeit und Vereinzelung nicht aufgehoben und nicht vermittelt, sondern zur äußersten Schärfe vorgetrieben hat. Es gilt also, den Sinn dieses Widerspruches zu begreifen; denn nur von diesem Widerspruch her läßt sich vielleicht ein Zugang zu der Erkenntnis gewinnen, die der in „Sein und Zeit" durchlaufene Weg zwar nicht erreicht, aber doch vorbereitet.

⟨13. Differenz und Übereinstimmung zwischen Heidegger und Platon⟩

Um zu verdeutlichen, worum es geht, ist es hilfreich, in Erinnerung zu rufen, daß die Selbstauslegung der philosophischen Existenz als Sein zum Tode einen geschichtlichen Ursprung hat, der Heidegger unbegreiflicherweise verborgen geblieben ist, obwohl er zweifellos den gesamten Entwurf von „Sein und Zeit" bestimmt hat. Platon läßt Sokrates im „Phaidon" das Gespräch mit folgenden Worten beginnen: „Es sieht fast so aus, als ob alle die, die auf rechte Weise mit der Philosophie in Berührung gekommen sind, den anderen darin verborgen geblieben wären, daß sie auf nichts anderes aus sind als auf das Sterben und das Totsein. Wenn nun das wahr ist, dann wäre es unbegreiflich, wenn sie ihr ganzes Leben lang zu nichts anderem entschlossen wären als eben diesem, dann aber sich empören wollten, wenn eben das eintritt, wozu sie die ganze Zeit entschlossen waren und was sie betrieben."[23] Wir müssen uns diese Stelle etwas genauer ansehen, damit verständlich wird, wie sich dieser platonische Entwurf der Philosophie zu dem Entwurf von „Sein und Zeit" verhält.
1. Die Philosophie wird hier bei Platon nicht als eine bestimmte Wissenschaft oder als eine bestimmte Lehre sondern als eine Weise des Lebens – Heidegger würde sagen: als eine Weise des Daseins – verstanden. Das ist der Punkt, an dem sich Aristoteles radikal von Platon unterscheidet. Für Aristoteles ist die Philosophie Wissenschaft,

---

[23] Κινδυνεύουσι γὰρ ὅσοι τυγχάνουσιν ὀρθῶς ἁπτόμενοι φιλοσοφίας λεληθέναι τοὺς ἄλλους, ὅτι οὐδὲν ἄλλο αὐτοὶ ἐπιτηδεύουσιν ἢ ἀποθνῄσκειν τε καὶ τεθνάναι. Εἰ οὖν τοῦτο ἀληθές, ἄτοπον δήπου ἂν εἴη προθυμεῖσθαι μὲν ἐν παντὶ τῷ βίῳ μηδὲν ἄλλο ἢ τοῦτο, ἥκοντος δὲ δὴ αὐτοῦ ἀγανακτεῖν δ' πάλαι προεθυμοῦντό τε καὶ ἐπετήδευον. 64 A 4–9.

ἐπιστήμη. Und diese aristotelische Auffassung hat sich durchgehalten, bis dann in sehr verschiedener Form Kierkegaard und Nietzsche den Wissenschaftsbegriff der europäischen Metaphysik radikal in Frage gestellt haben. Heideggers phänomenologische Existenzialanalyse hat die paradoxe Gestalt, daß hier die Kierkegaardsche Kritik an der absoluten Wissenschaft in der Form der absoluten Wissenschaft vorgetragen wird. Heidegger lehrt: „Wahrheit, im ursprünglichsten Sinne verstanden, gehört zur Grundverfassung des Daseins. Der Titel bedeutet ein Existenzial." (226) Demgegenüber ist jede Erkenntnis, die sich am λόγος ἀποφαντικός orientiert, also jede Erkenntnis, die in der Form der ἐπιστήμη auftritt, eine Form der Erkenntnis, die durch die Struktur des λόγος ἀποφαντικός an das gebunden ist, was dieser λόγος aufweist, nämlich an das Sein des innerweltlich Seienden; deshalb wird in dieser Form der Erkenntnis das ursprüngliche Phänomen der Wahrheit verdeckt. Das Sein der Wahrheit kann nur in der Weise, wie Dasein in der Zeit ist, zum Vorschein kommen. Deshalb ist Philosophie bei Heidegger wie bei Platon eine bestimmte Weise, da zu sein, also zu leben.
2. Die besondere Form, durch die sich das philosophische Leben von dem Leben der übrigen Menschen unterscheidet, besteht darin, daß die Philosophen nichts anderes betreiben als den Tod. Philosoph sein ist ein Sein zum Tode; es ist eine Weise des Daseins, die in der Ausrichtung auf den Tod das eigenste Seinkönnen des Daseins entdeckt hat.
3. Das Betreiben des Todes wird im Griechischen durch das Verbum ἐπιτηδεύειν bezeichnet. Mit diesem Verbum bezeichnet man sonst vor allem die Berufsgeschäfte. Es bezeichnet eine Tätigkeit, die sich etwas zu einem besonderen Anliegen macht, der es um etwas Besonderes geht. Wenn wir Zeit hätten, könnte ich Ihnen im Einzelnen durch Belegstellen nachweisen, wie nahe die Bedeutung von ἐπιτηδεύειν mit dem Phänomen verwandt ist, das Heidegger als „Sorge" interpretiert. Im Gegensatz zu allen anderen Menschen ist das, worum es den Philosophen bei dem Besorgen, das sie zum Inhalt ihres Lebens gemacht haben, geht, der Tod.
4. Die Einstellung, die sie zum Tode haben, wird durch das Wort προθυμεῖσθαι beschrieben. Dieses Wort bezeichnet eine mutige Bereitschaft. Wenige Zeilen zuvor verwendet Platon im gleichen Sinne das Wort θαρρεῖν, das die mutige Entschlossenheit bedeutet. Wenn Sie bei Heidegger nachschlagen, so finden Sie dort auf S. 267ff. die

Analyse, die die Freiheit zum Tode als Entschlossenheit interpretiert.

5. Philosophie ist nach Platon freilich nicht bei allen, die philosophieren, ein Betreiben des Todes, sondern nur bei denen, die, wie man zu übersetzen pflegt, „auf richtige Weise" mit ihr in Berührung kommen. „Auf richtige Weise" ist die übliche Übersetzung von ὀρθῶς. Durch eine Untersuchung des platonischen Sprachgebrauches läßt sich aber nachweisen, daß ὀρθῶς in diesem Zusammenhang nicht „richtig" sondern „aufrecht" heißt. Der Gegenbegriff ist das Straucheln und zu Fall Kommen. Bei Heidegger ist der Gegenbegriff das Verfallen – es bezeichnet das Verstehen im Modus der Uneigentlichkeit. Bezeichnet demnach ὀρθῶς die Eigentlichkeit? Wir werden noch sehen, daß dies ein Fehlschluß wäre. Aber zunächst führt uns die Interpretation noch näher an Heidegger heran. Fünf Zeilen vorher spricht nämlich Platon denselben Gedanken mit folgenden Worten aus: „Ein Mann, der τῷ ὄντι in der Philosophie sein Leben verbracht hat."[24] Τῷ ὄντι heißt: in seinem wahren Sein. Man kann die Philosophie auch rein intellektuell betreiben. So philosophieren die Sophisten. Der wahre Philosoph philosophiert durch die gesamte Weise seines Lebens. Er philosophiert dadurch, wie er in Wahrheit ist. Das ist die aufrechte Weise des Philosophierens, die sich aus der Grundverfassung seines gesamten Daseins heraus vollzieht.

6. Wie bei Heidegger befinden sich auch bei Platon die Philosophen in diesem ihrem Sein in Widerspruch zu der großen Mehrzahl der Menschen, deren Verfassung und Denkweise Heidegger als die Verfallenheit an das „man" interpretiert. Aber die Übereinstimmung geht noch weiter, denn Platon sagt, daß die Philosophen den übrigen in ihrem Sein verborgen sind (λεληθέναι). Der Gegenbegriff (ἀληθές) folgt zwei Zeilen später. Das bedeutet: die Menschen haben die Möglichkeit, in der Weise, wie sie ihr Leben führen, entweder wahr zu sein oder unwahr zu sein. Nur weil es beide Möglichkeiten gibt, ist das Wahrsein etwas, wonach man ständig streben, worin man sich ständig üben, wozu man entschlossen sein muß. Das bezeichnet der Begriff der φιλοσοφία. Hören wir dazu Heidegger: „... zur Faktizität des Daseins" gehört „die Bestimmtheit, daß es gleichursprünglich in der Wahrheit und Unwahrheit ist" (229). „Die Wahrheit ... muß dem Seienden immer erst abgerungen werden"

---

[24] ἀνὴρ τῷ ὄντι ἐν φιλοσοφίᾳ διατρίψας τὸν βίον, 63 E 9.

(222). Diese Erkenntnis hat Heidegger dazu geführt, den privativen Sinn des griechischen Wortes ἀ-λήθεια = Unverborgenheit wieder zu entdecken. Da aber bei Platon wie bei Heidegger die Wahrheit des Seienden sich nur zeigt, wenn der Philosoph sein eigenes Dasein den Fesseln entreißt, die ihn an das innerweltlich Seiende binden, so ist dem alltäglichen Weltverständnis nicht nur das Sein des Seienden sondern auch das Sein des Philosophen verborgen.
7. Die Philosophen streben deshalb nach dem Tode, weil die Seele erst in der Trennung vom Leibe ihre mögliche Einheit, ihr mögliches Unversehrtsein und Ganzsein erlangt. Wie sieht der entsprechende Gedanke bei Heidegger aus? Die Antwort ergibt sich aus der Überschrift des Kapitels, in dem das Sein zum Tode entwickelt wird. Sie heißt: „Das mögliche Ganzsein des Daseins und das Sein zum Tode".
Der Zusammenhang zwischen Heidegger und Platon beschränkt sich also nicht auf die Übereinstimmung in dem oder jenem Einzelmotiv. Einzelne Übereinstimmungen können immer zufällig sein. Aber hier läßt sich der gesamte Entwurf von Heidegger in seinen konstitutiven Elementen mit dem platonischen Entwurf zur Deckung bringen. Das ist nicht mehr Zufall, sondern es zeigt, daß – ob das Heidegger weiß oder nicht – sein Entwurf im Ganzen geschichtlich durch den platonischen Entwurf bestimmt ist. Es dient deshalb nicht nur der historischen Heidegger-Interpretation sondern dem weiteren Vordringen in das Verständnis der Sache selbst, wenn wir nun feststellen, wo der Widerspruch zwischen Platon und Heidegger aufbricht.
Ich habe den Vergleich zwischen Platons Bestimmung der Philosophie als Streben nach dem Tode im „Phaidon" und dem Sein zum Tode bei Heidegger nicht zu dem Zweck durchgeführt, Sie auf den Heidegger selbst immer verborgen gebliebenen geschichtlichen Zusammenhang seines Entwurfes mit dem Entwurf der Philosophie bei Platon aufmerksam zu machen, obwohl dieser Zusammenhang erregend genug ist. Für unsere Überlegungen sollte der Vergleich lediglich dazu dienen, das systematische Grundproblem sichtbar zu machen, das in „Sein und Zeit" gestellt aber nicht gelöst wird. Wenn wir nunmehr versuchen, die Differenz zwischen Platon und Heidegger deutlich zu machen, so geht es nicht äußerlich um den Vergleich zweier verschiedener geschichtlicher Gestalten der Philosophie, sondern es geht uns um die Ausarbeitung einer systematischen Frage. Wir werden später dann vielleicht erkennen, daß erst die Klärung dieser systematischen Frage uns in den Stand setzt, das geschicht-

liche Verhältnis zwischen diesen beiden Philosophien zu beschreiben und zu bestimmen. Sowohl bei Platon wie bei Heidegger wird die Philosophie, wie wir gesehen haben, als eine Weise des Daseins bestimmt, die in der Ausrichtung auf den Tod das eigenste Seinkönnen des Daseins entdeckt. Die Differenz wird sich herausstellen, wenn wir fragen, was bei Platon und was bei Heidegger der Tod bedeutet. Platon beschreibt den Tod als Trennung der Seele vom Leib. Sie können sich das am Höhlengleichnis verdeutlichen [25]. Der Leib wird im Höhlengleichnis bildlich durch jene Sitze dargestellt, auf welche die in der Höhle Gefesselten gebunden sind. Die Fesseln, die ihre Augen in die verkehrte Richtung zwingen, sind die Affekte, also jene mächtigen Triebe, durch welche die Seele fortwährend gezwungen wird, das, was die Sinne ihr darbieten, für das Vordringlichste, für das eigentlich Begehrenswerte oder zu Fliehende und deshalb auch für das eigentlich Wirkliche und Wahre zu halten. Tatsächlich zeigen die Sinne uns das, was in der Zeit entsteht und vergeht, was einem steten Wandel unterworfen ist, das Vergängliche und Unbeständige. Das, was uns in ständigem Wandel begegnet, wird uns zudem von den Sinnen nicht so gezeigt, wie es von sich aus ist, sondern so, wie es sich jedem einzelnen in seiner bestimmten Situation unter seiner bestimmten Perspektive präsentiert. Deshalb sind nicht nur die Phänomene der Sinnlichkeit selbst einem ständigen Wandel unterworfen, ebenso wandelbar sind auch die Weisen, diese Phänomene aufzufassen. Sie sind nicht nur von Individuum zu Individuum verschieden, sondern verändern sich auch fortwährend im Individuum selbst, je nach der Verfassung, in der es sich befindet. Platon bezeichnet diesen ganzen Bereich des unablässigen Wandels in der Zeit als den Bereich der γένεσις. Das ist eine verkürzte Ausdrucksweise für die Polarität von γένεσις καὶ φθορά = Entstehen und Vergehen. Die Dimension, in der sich das Entstehen und Vergehen bewegt, hat den Namen χρόνος = die Zeit. Wenn nun die Seele dahin gelangt, sich aus den Fesseln zu lösen und vom Leib zu trennen, so begibt sie sich auf einen Weg, der sie auf vielen Stufen, die ich hier übergehe, über einen steilen und mühsamen Aufstieg schließlich dahin bringt, das zu erkennen, was sich nicht fortwährend wandelt, sondern beständig ist; was sich nicht bald so und bald anders zeigt, sondern in ein- und derselben Gestalt (εἶδος)

---

[25] Politeia, 514 A 1 – 517 A 9.

sich selbst gleich bleibt; was nicht für diesen so, für jenen anders gilt, sondern für alle eines und das selbe ist und sich zu allen Zeiten als das selbe durchhält. Das, was sich in diesem Bereich erkennen läßt, ist das, was wahrhaft ist, das auf seiende Weise Seiende – τὸ ὄντως ὄν – im Gegensatz zu dem, was bloß entsteht und vergeht, aber auf seiende Weise niemals ist. Die Trennung der Seele vom Leib ist der Überstieg aus der sich unablässig wandelnden Relativität des Werdens und Vergehens in der Zeit in den Bereich dessen, was sich immer selbst gleich und beständig ist und eben deshalb wahrhaft ist. Es ist ein Überstieg vom Nichtsein zum Sein. Deshalb wird bei Platon die Höhle dieses Kosmos, in dem wir uns als leibliche und sinnliche Wesen befinden, mit dem Hades, dem Reich der Toten verglichen. Platon stützt sich hier auf eine alte griechische Weisheit, die uns etwa in dem Vers von Euripides begegnet: „Wer weiß denn, ob nicht Leben Totsein ist, das Totsein aber Leben?"[26] Platon spricht aus der Perspektive der Gefesselten, wenn er die Philosophie als ein Betreiben des Sterbens beschreibt. Was den Gefesselten als ein Betreiben des Sterbens erscheint, das ist in Wahrheit eine Befreiung zum Leben im Aufstieg zu der unverhüllten Erfahrung des wahren Seins.

Was macht nun die Seinsverfassung dessen aus, wovon Platon sagt, es sei τὸ ὄντως ὄν – das auf seiende Weise Seiende? Was ist die Seiendheit, also die οὐσία, dieses Seins? Wir sahen schon: es ist beständig, keinem Wechsel unterworfen, sich selbst gleich, unveränderlich in seiner Gestalt. Beständigkeit, Unveränderlichkeit, Sich-selbst-Gleichheit: das sind verschiedene Aspekte eines bestimmten Modus' der Zeit, den wir als Ewigkeit zu bezeichnen pflegen. Aber der Begriff der Ewigkeit ist in sich selbst noch doppeldeutig; denn was wir gemeinhin unter Ewigkeit verstehen, ist jenes Bild von der Ewigkeit, das entsteht, wenn wir sie in die Sphäre der Zeit projizieren. Dann erscheint uns die Ewigkeit als eine unablässige Erstreckung in der

---

[26] τίς οἶδεν εἰ τὸ ζῆν μέν ἐστι κατθανεῖν, τὸ κατθανεῖν δὲ ζῆν; nach freundlicher Auskunft von Richard Kannicht: Fragment aus der verlorenen Tragödie „Polyidos", Tragicorum Graecorum Fragmenta, hg. von August Nauck, ²Leipzig: Teubner, 1889 = Reprint Hildesheim 1964, 560. Die genaue Übersetzung lautet: „Doch wer weiß, ob nicht das Leben Tod ist und das Totsein drunten als Leben gilt?" Eine enge Parallele liegt in einem Zitat aus dem verlorenen „Phrixos" des Euripides vor, und zwar im Fragment 833: „Doch wer weiß, ob nicht das, was man Totsein nennt, Leben ist und das Leben Totsein?", a. a. O., 631. Platon zitiert das Fragment im „Gorgias", 492 E 10f.

Zeit. Die Zeit war aber gerade die Sphäre, die wir im Ausstieg aus der Höhle verlassen sollten. Verlassen wir die Sphäre der Zeit, so enthüllt sich, was das wahre Wesen der Ewigkeit ist: die reine Gegenwart ohne Erstreckung, ein Jetzt, für das es kein Vorher und kein Nachher gibt, die Epiphanie der reinen Gegenwärtigkeit in der Einmaligkeit des ewigen Augenblickes. Was in der reinen Gegenwart des ewigen Augenblickes ohne Erstreckung zumal und in einem in Erscheinung tritt: das ist das Sein. Οὐσία – Seiendheit – ist also unvergängliche und unauslöschliche Gegenwärtigkeit, reine Epiphanie.

Was das alles bedeutet, versteht man erst, wenn man den Philosophen von Platon auf seiner Rückkehr in die Höhle begleitet. Dann sieht man nämlich ein, daß das Wesen des κόσμος, in dem wir leben, darin gründet, daß er die reine Gegenwärtigkeit des Seins zur Erscheinung bringt, so wie ein Gott in einem Götterbild erscheint. Der κόσμος ist das Götterbild der ewigen Gegenwart des Seins. Ein Bild ist dadurch Bild, daß es zwei heterogene Aspekte vereinigt: auf der einen Seite bringt es das, was sich im Bilde darstellt, zur Erscheinung; es ist Repräsentation einer Präsenz. Auf der anderen Seite kann es nur dadurch Bild sein, daß es sich von dem, wovon es Bild ist, unterscheidet. Es ist, wie wir sagen, ein bloßes Bild, eine bloße Erscheinung. Es ist nicht reine Präsenz sondern bloß *repraesentatio*. Der Philosoph, der in die Höhle zurückkehrt, vermag, weil er die reine Präsenz geschaut hat, am Götterbild des κόσμος diese beiden Aspekte zu unterscheiden. Er kann erkennen, welche Strukturen des κόσμος der bloßen Abbildlichkeit des Bildes, dem bloßen Scheinsein in der Erscheinung, angehören, und wie sich trotzdem in dem Bild die Wahrheit in der Erscheinung des Seins manifestiert. Dadurch besitzt er die Kriterien, um auch noch in der bloßen Sinnlichkeit das zu entdecken, was sie uns als vielfach gebrochenes Abbild der reinen Gegenwart des unverhüllten Seins präsentiert. Für den, der in die Höhle zurückkehrt, ist auch das Sinnliche noch ein Götterbild. Für den, der in der Höhle gefangen blieb, ist das Sinnliche nichts als Sinnliches, weil er in das Scheinwesen des Scheins verfangen ist, und so das Göttliche im Schein nicht zu entdecken vermag.

Ich sagte schon, daß Platon den gesamten Bereich dessen, was im κόσμος erscheint, genauer gesagt: die Weise seines Erscheinens, als γένεσις ⟨καὶ φθορά⟩, als Entstehen und Vergehen, bezeichnet. Die Dimension des Entstehens und Vergehens heißt χρόνος – die Zeit.

Die Zeit wird bei den Griechen nicht, wie in der Neuzeit, rein abstrakt als eine bloße Dimension, als die reine Erstreckung des Nacheinander verstanden; sie ist vielmehr das Medium, welches in dem besprochenen Doppelsinn die Erscheinung zur Erscheinung macht. Sie hat also das aktive Vermögen, zugleich ans Licht zu bringen und zu verbergen. Als Beleg zitiere ich aus einer Fülle von Stellen, in denen uns die griechische Dichtung ihr Grundthema, nämlich die griechische Zeitauffassung, bekundet, zwei Verse aus dem „Aias" des Sophokles:

> ἅπανθ' ὁ μακρὸς κἀναρίθμητος χρόνος
> φύει τ' ἄδηλα καὶ φανέντα κρύπτεται –
> „Alles läßt die lange und unabzählbare Zeit
> Aufgehen, das Verborgene, und das Erschienene verbirgt sie" [27].

Das Wort, das ich übersetzt habe als „sie läßt aufgehen", heißt auf griechisch φύει – sie läßt wachsen. Aber das Wachstum wird, wie der Zusammenhang zeigt, verstanden als Zur-Erscheinung-Bringen von Verborgenem. Der Gegenbegriff heißt κρύπτεσθαι = verbergen. Das Substantiv zu φύειν = Aufgehenlassen heißt φύσις. Als die Römer diesen Begriff der griechischen Philosophie in die lateinische Sprache übersetzen wollten, bildeten sie das Kunstwort *natura* – die Kraft, die gebiert. Das Aufgehen dessen, was verborgen war, bezeichnet Platon als γένεσις. Das Verborgenwerden dessen, was erschienen war, bezeichnet er als φθορά. Das sind die beiden Modi der Zeit. Die primären Modi der Zeit sind also bei den Griechen nicht Vergangenheit und Zukunft sondern Zur-Erscheinung-Bringen und Verbergen. Nur weil Zur-Erscheinung-Bringen und Verbergen Prozesse sind, die eine Folge von verschiedenen Phasen durchlaufen, ist sekundär die Zeit eine Aufeinanderfolge von früher und später. Sie sehen daran, wie wichtig es ist zu verstehen, daß die Griechen die Zeit nicht als eine abstrakte Erstreckung sondern als die Dimension des Erscheinens im doppelten Sinne dieses Wortes verstanden haben. Sie haben die Zeit so verstanden, weil sie Zeit und Physis als Einheit gedacht haben. Sie haben Zeit und Physis als Einheit ge-

---

[27] 646/7; Sophocles, The Plays and Fragments, hg. von Sir Richard Claverhouse Jebb, Cambridge: University Press, 1896, 646f. Vgl. Der Begriff der Natur und seine Geschichte, a. a. O., die Abschnitte über φύσις, 54 ff. und 160 ff.

dacht, weil sie beides aus dem Wesen der Wahrheit heraus verstanden haben, denn Wahrheit ist das, was im Erscheinen ans Licht kommt und im Vergehen sich wieder entzieht.
Nach diesen Vorbereitungen sind wir so weit, Platons Definition der Zeit verstehen zu können. Sie steht im „Timaios" 37 D und heißt:

> μένοντος αἰῶνος ἐν ἑνὶ κατ' ἀριθμὸν ἰοῦσαν αἰώνιος εἰκώνα –
> „der im Einen verharrenden Ewigkeit nach der Zahl fortschreitendes ewigliches Abbild".

Das Wort, das ich mit Ewigkeit übersetzt habe, heißt auf griechisch αἰών. Αἰών heißt eigentlich die Lebenszeit, die Zeit, die einen Lebensablauf umschließt. In welchem Sinne sprechen wir von Zeit, wenn wir den Ausdruck „Lebenszeit" gebrauchen? Wir meinen offenbar mehr und anderes als das bloße Verstreichen von Minuten, Stunden, Tagen und Jahren. Wir betrachten die Lebenszeit als eine Einheit, innerhalb derer es Epochen gibt, die wir nach Stunden, Tagen, Jahren bemessen können. Αἰών ist also nicht das Verstreichen der Tage sondern die Einheit, innerhalb derer die Tage verstreichen. Deshalb definiert Aristoteles:

> τὸ γὰρ τέλος τὸ περιέχον τὸν τῆς ἑκάστου ζωῆς χρόνον . . .
> αἰὼν ἑκάστου κέκληται –
> „das Abgeschlossene, das die Zeit des Lebens eines jeden umschließt, wird der αἰών eines jeden genannt"[28].

Αἰών bezeichnet also eine Einheit von Zeit, die den Verlauf der Zeit umschließt. Die Stunden, Tage, Jahre sind, wie wir sagen, „in der Zeit", in dem αἰών. Aber der αἰών ist nicht in den Stunden, Tagen, Jahren, sondern er umschließt sie. Der αἰών umschließt den Verlauf des χρόνος. Übersetzen wir χρόνος als Zeit, so ist αἰών die den χρόνος umschließende Einheit der Zeit. Die Einheit der Zeit ist aber nicht außer der Zeit, sondern sie ist in jedem Moment und jedem Abschnitt des Verlaufes der Zeit gegenwärtig. Sie hat selbst zeitlichen Charakter, ihr Wesen ist die reine Gegenwart, die Gegenwart der Einheit der Zeit im Verlauf der Zeit. Deshalb bezeichnet αἰών bei Platon die reine Gegenwärtigkeit eines Jetzt, für das es kein Vorher und kein Nachher gibt, und das deshalb auch nicht auf der Zeitachse

---

[28] Περὶ Οὐρανοῦ 279 a 23 ff. Aristotelis De Caelo, hg. von D. J. Allan, Oxford: Clarendon, 1936.

fortschreiten kann, sondern das als unvergänglicher Augenblick in reiner Einmaligkeit bei sich selbst ist. Dieses Bei-sich- und In-sich-selbst-Sein des unvergänglichen Augenblickes der Gegenwart bezeichnet das Wort „verharren". Das, worin dieser Augenblick verharrt, heißt das Eine. Gewiß ist die Welt von einer unendlichen Vielzahl von Gestalten erfüllt. Aber sie würde augenblicks zerbersten und ins Nichts zerstieben, wenn es nicht einen Zusammenhang gäbe, der uns erlaubt, von einem Ort zum anderen Ort, von einem Phänomen zum anderen Phänomen zu gelangen. In der neueren Philosophie und in der neueren Physik erscheint diese Einheit in der zwiefachen Gestalt des Raumes und der Zeit. Alles, was im Raum ist, kann man zerstören; aber den Raum kann niemand auseinanderbrechen. Alles, was in der Zeit ⟨ist⟩, kann vernichtet werden; aber die Zeit vermag niemand zu vernichten. Bei den Griechen hat die Zeit vor dem Raum den Vorrang. Die Einheit, welche Zeit und Raum und dadurch alles, was in Zeit und Raum ist, zusammenhält, ist jenes Eine, in dem die unvergängliche Gegenwart des unverlöschbaren Augenblickes, den Platon αἰών nennt, verharrt. Die Zeit hingegen, der χρόνος, ist nicht αἰών sondern nur αἰώνιος – αἰών-haft, „ewiglich". Sie bildet die einmalige Unvergänglichkeit in der unendlichen Erstreckung ab. Daß die Zeit nach griechischer Lehre keinen Anfang und kein Ende hat, erklärt sich daraus, daß die ewige Gegenwart, die in ihr abgebildet wird, die unauflösliche Einmaligkeit des unvergänglichen Augenblickes hat. Die Ewigkeit der Welt im Sinne der unendlichen Erstreckung wird dadurch zusammengehalten, daß die Zeit Abbildung der Gegenwart ist. Aber der Fortgang der Zeit gehorcht einem Gesetz, das in der Bewegung der Gestirne sichtbar wird, und das ⟨es⟩ uns deshalb möglich macht, die Zeit zu zählen. Darum sagt Platon, daß die Zeit gleich ursprünglich ist wie der Himmel. Himmel bezeichnet die Ordnung des κόσμος im Lauf der Gestirne.

Es fehlt uns die Zeit, die Interpretation der platonischen Lehre hier weiterzuführen. Was ich bisher gesagt habe, genügt, um den Vergleich mit Heidegger durchzuführen. Heidegger gelangt zur Entfaltung des Wesens der Zeit im Durchgang durch die existenziale Analytik. Er geht nicht, wie Platon, von der Weltzeit aus, sondern gewinnt den Zugang zum Verständnis der Zeit dadurch, daß er expliziert, wie das Dasein in der Zeit ist. Deshalb können wir beim Vergleich von Heidegger und Platon nicht so vorgehen, daß wir äußerlich zwei verschiedene vermeintliche „Definitionen" der Zeit miteinander ver-

gleichen; wir dürfen nur vergleichen, was vergleichbar ist. Was Heidegger „Dasein" nennt, das heißt bei Platon ἡ ψυχή = die Seele. Die Seele ist bei Platon nicht, was sie später im Neuplatonismus und von dort her bestimmt bei Augustin und in der Augustinischen Tradition geworden ist: sie ist nicht ein Bereich der Innerlichkeit; ψυχή ist vielmehr umgekehrt das Vermögen des Menschen, sich aus seiner Individualität und Leiblichkeit hinaus zu versetzen und das Ganze der Welt in seiner Wahrheit zu erfassen. Der Gegenbegriff zu ψυχή – nämlich σῶμα – bezeichnet nicht die bloße Körperlichkeit, er bezeichnet vielmehr von Hesiod an den belebten Leib; ja das Wort bezeichnet sogar in der griechischen Tragödie und an vielen Stellen bei Platon die Person, den Menschen in seiner gesamten Individualität. Ψυχή ist demgegenüber das Vermögen, aus seiner Individualität herauszutreten und das zu erkennen, was für alle gültig ist. Die Philosophie der Neuzeit bezeichnet unter platonischem Einfluß dieses Vermögen als Verstand und Vernunft. Jeder von uns hat seine eigenen Gefühlsregungen, seine eigenen Freuden und seine eigenen Schmerzen. Aber wir haben alle eine und dieselbe Vernunft, sofern wir durch unser individuelles Denkvermögen Wahrheiten erkennen, die allen gemeinsam sind. Gewiß ist unser Denkvermögen individuell – der eine ist dumm, der andere gescheit –, aber sofern wir einen Tatbestand erkennen, dessen Wahrheit sich demonstrieren läßt, denken wir alle genau das Gleiche. Es hat nicht jeder von uns seine eigene Logik, sondern es gibt nur eine allgemeine Logik. Der pythagoräische Lehrsatz, an dem Platon im „Menon" diese Erkenntnis demonstriert, ist für alle denkenden Menschen ein und derselbe, sofern sie ihn einzusehen vermögen. Sie denken also im strengsten Sinne des Wortes bei einer solchen Erkenntnis dasselbe. Ihre Erkenntnis ist nicht mehr durch das Medium ihrer Individualität gebrochen. Sie sind aus ihrer Individualität herausgetreten und befinden sich nun in einem offenen Bereich, in dem sich das, was wahrhaft ist, in seiner reinen Gestalt so zeigt, wie es von sich aus ist. Die Seele ist das Vermögen, sich aus Individualität heraus in diesen offenen Bereich zu versetzen.
Platon bezeichnet im „Phaidon" den Übertritt aus der Individualität in die Wahrheit mit einem aus der Mysteriensprache entlehnten Begriff als ἔκστασις. Das ist nicht, was wir heute Ekstase nennen. Es ist kein Zustand besinnungsloser Verzückung, sondern es ist ganz wörtlich der „Austritt der Seele aus dem Gefängnis der Individualität". Die philosophische Schulsprache hat diesen Austritt später als Über-

tritt, als Transzendenz bezeichnet. Übersetzen Sie den Begriff der ἔκστασις ins Lateinische, so erhalten Sie den Begriff der *ex-sistentia*. Wir werden noch sehen, wie Heidegger die Existenz von der ἔκστασις her interpretiert und so zu seinem Zeitbegriff gelangt. Ich zitiere schon jetzt den Satz: „*Zeitlichkeit ist das ursprüngliche ‚Außer-sich' an und für sich selbst.*" (329) Existenz ist Aus-sich-heraus-gesetzt-Sein in jene Erschlossenheit der Welt, die Heidegger als „Da" interpretiert.

Der Vergleich zwischen dem platonischen Begriff der ψυχή und Heideggers Begriff des Daseins führt uns erneut auf das Problem des Verhältnisses von Wahrheit und Eigentlichkeit zurück. Der Vergleich zwischen Heidegger und Platon hat uns gezeigt, daß sich Platons Entwurf der Philosophie und Heideggers Entwurf der Seinsverfassung der Existenz als Sein zum Tode in vielen wesentlichen Stücken decken. Auf weite Strecken hin ist Heideggers Entwurf der Philosophie eine unbewußte Wiederholung des platonischen Entwurfes. Eben diese Parallelität erlaubt uns nun aber, die Differenz genauer zu bezeichnen. Sowohl bei Platon wie bei Heidegger ist der Tod nicht das äußerliche Ende des Lebens sondern eine dem Menschen im Vollzug seines Lebens sich stets neu eröffnende Möglichkeit. Sowohl bei Platon wie bei Heidegger erschließt sich erst in dem Übergang zur Möglichkeit des Todes die Wahrheit. Der Mensch kann die Wahrheit erkennen, weil er sterben muß, genauer gesagt: weil er *weiß*, daß er sterben muß. Aber bei Platon ist der Tod die Aufhebung aller jener Momente, die den Menschen in seine Eigentlichkeit binden. Durch jene Möglichkeit des Daseins, die Platon „Tod" nennt, gelangt der Mensch zur Erkenntnis einer Wahrheit, die nicht mehr meine oder deine, sondern die gemeinsame Wahrheit ist, einer Wahrheit, die unwandelbar und unvergänglich ist und sich immer gleichbleibt. Unwandelbarkeit und Unvergänglichkeit sind die wichtigsten Merkmale dessen, was den Griechen als das Göttliche galt. Im Austritt aus der Jemeinigkeit des Daseins gelangt der Mensch zur Erkenntnis der göttlichen Wahrheit. Bei Heidegger ist umgekehrt das Sein zum Tode ein Vorlaufen in jene letzte eigenste Möglichkeit zu sein, in der das Dasein gänzlich unbezüglich aus jeder Verbindung mit anderem Dasein und aus jedem Sein bei der Welt herausgelöst und nur sich selbst überantwortet ist. Nur so gelangt das Dasein vor die ursprüngliche Wahrheit seiner Existenz. Auch diese Interpretation des Seins zum Tode ist aus einer religiösen Tradition hervorgewachsen. Heidegger gewinnt die Strukturen, in denen sich das eigentliche Seinkönnen für das Dasein bezeugt, in § 54 von „Sein und Zeit" aus einer existenzialen Analyse des Gewissens. Das ist nicht eine Äußerlichkeit oder Willkür; es ließe sich vielmehr demonstrieren, daß die gesamte existenziale Analytik des Daseins, wenn man sie rein geschichtlich betrachtet, den Versuch darstellt, jene Erfahrung des Menschseins des Menschen, die sich in der christlichen Tradition von Augustin über Bonaventura, die deutsche Mystik, Luther, Pascal bis hin zu Kierkegaard entfaltet, für das philosophische Denken aufzuschließen und auf dieser Basis ein neues, nun nicht mehr religiöses sondern philosophisches Verständnis des Seins zu eröffnen. Formuliert man den Gegensatz zwischen Platon und Heidegger so, wie ich es eben getan habe, so wird man auf den Widerspruch zweier verschiedenartiger und, wie es scheinen könnte, unversöhnbarer Formen der Gotteserkenntnis zurückgeführt. Die Entscheidung zwischen diesen beiden einander entgegengesetzten Interpretationen des menschlichen Daseins wäre dann nicht mehr eine Sache der philosophischen Erkenntnis sondern eine Glaubensentscheidung, die sich nur vollziehen, über die sich aber nicht diskutieren läßt. Auf diese Weise wird in der neueren Theologie vielfach ein völlig entstelltes Bild der griechischen Ontologie einem ebenso ungeklärten Begriff der Geschichtlichkeit entgegengesetzt.

Sieht man aber genauer zu, so stellt sich heraus, daß sowohl bei Platon wie bei Heidegger die Dinge weniger einfach liegen, als es bei einer solchen Simplifikation erscheint. Bei Platon wie bei Heidegger sind nämlich Wahrheit und Individualität, Erkenntnisse *a priori* und Eigentlichkeit ineinander verschränkt. Bei Platon muß der Philosoph in die Höhle und auf seinen Sitz zurückkehren, wenn er erkennen soll, was die Wahrheit, die er draußen geschaut hat, bedeutet. Der schwerste Weg der Erkenntnis, jener Weg, auf dem die Erkenntnis erst zur Vollendung gelangt, ist nicht der Aufstieg aus der Höhle sondern die Rückkehr und die Darstellung dessen, was erst auf dem Weg der Rückkehr sichtbar wird. Der Darstellung dieses zweiten, schwereren Weges dient das gesamte Werk des späten Platon, vor allem die Naturphilosophie des „Timaios" und die politische Philosophie der „Gesetze"[29]. Bei Heidegger zeigt sich die unaufhebbare

---

[29] Vgl. Georg Picht, Theologie und Recht in Platons „Gesetzen", in: Platons Dialoge „Nomoi" und „Symposion", a. a. O.

Verschränkung in dem schon mehrfach genannten Widerspruch, daß die Hermeneutik des Daseins und seiner Eigentlichkeit mit der Methode einer universalen phänomenologischen Ontologie als eine allgemeingültige Lehre dargestellt wird und damit eine Form der Wahrheit in Anspruch nimmt, deren Möglichkeit sie nicht expliziert, ja verleugnet. Wenn aber jenseits von dem Unterschied der Religionen die Verschränkung von zwei einander negierenden Formen des Daseins und seines Seinsverständnisses sowohl bei Platon wie bei Heidegger auftritt, so können wir den Gegensatz von Platon und Heidegger nicht mehr auf den Gegensatz zwischen griechischer Religion und christlichem Glauben zurückführen, sondern wir müssen erkennen und anerkennen, daß diese gegenläufige Verschränkung in den Phänomenen selbst verwurzelt ist. Ist sie wirklich in den Phänomenen selbst verwurzelt, so steht es uns nicht frei, uns so oder so, wie man so gerne sagt, „zu entscheiden". Es kommt vielmehr dann darauf an, durch eine analytische Aufhellung der Phänomene selbst verstehen zu lernen, wie sich Universalität und Individuation der Wahrheit, wie sich Erschlossenheit von Welt und Eigentlichkeit im Dasein des Menschen und in seinem Seinsverständnis durchdringen. Die Fragen, um die es in den großen Grundentscheidungen des Glaubens geht, lassen sich nicht einmal recht formulieren, solange wir nicht auf dem Weg des Erkennens aufgeklärt und verstanden haben, was menschliches Denken aufklären und verstehen kann. Keine Vorentscheidung des Glaubens kann uns von der Verantwortung des Denkens entlasten, denn wenn wir nicht denken, verstehen wir auch den Glauben falsch.

Der letzte Grund der Differenz zwischen Platon und Heidegger tritt erst ans Licht, wenn wir ihr Verständnis der Zeit miteinander konfrontieren. Deswegen habe ich Ihnen Platons Definition der Zeit in knappen Zügen erklärt. Der Übergang aus der Sphäre des Entstehens und Vergehens, in die unsere Individualität gebunden ist, in die Sphäre der unwandelbaren göttlichen Wahrheit, also jener Vorgang der Transzendenz, den Platon als Tod interpretiert, ist ein Übergang aus dem Bereich des χρόνος in den Bereich des αἰών, aus dem Bereich der vergehenden Zeit in den Bereich der ewigen Gegenwart. Heidegger hingegen entwickelt die zeitliche Interpretation des Daseins aus den Strukturen, in denen sich die Erschlossenheit des alltäglichen Daseins konstituiert. Diese Strukturen werden in strenger Konsequenz aus jener Grundverfassung des Daseins entwickelt, die

Heidegger als „Geworfenheit" und „Entwurf" bezeichnet. Das Dasein hat diese Grundverfassung, weil ihm sein Sein als eine Möglichkeit aufgegeben ist, um die es ihm in seinem Sein geht. Die eigenste Möglichkeit, in der das Dasein sein mögliches Seinkönnen erreicht, ist der Tod. Deswegen werden die Zeitlichkeit des Daseins und die konstituierenden Modi der Zeitigung von Zeit aus dem Vorblick auf die Möglichkeit des eigentlichen Seinkönnens gewonnen. Von Platon her betrachtet ist Heideggers Analyse der Zeit als zeitliche Interpretation des alltäglichen Daseins eine Analyse der inneren Struktur des χρόνος. Diese Analyse unterscheidet sich von der platonischen Analyse des χρόνος dadurch, daß sie, im Vollzug einer Abkehr von der Metaphysik, den χρόνος so interpretiert, als ob es den αἰών nicht gäbe. Dabei stellt sich freilich auch heraus, daß hier die Abkehr von der Metaphysik in einer Form vollzogen wird, die dazu zwingt, auch die Physik über Bord zu werfen. Von der Zeit, die Heidegger in „Sein und Zeit" expliziert, zu der Zeit, in der sich die Sterne bewegen, führt, so wie Heidegger sie darstellt, keine Brücke. Man kann auf dem von Heidegger erschlossenen Weg aufhellen, was man „die innere Zeit" des Menschen nennen könnte. Man kann nämlich aufhellen, wie aus der Gewißheit, daß wir sterben müssen, hervorgeht, daß der Mensch sein Dasein als ein Sein in der Zeit versteht, und wie sich alle Möglichkeiten menschlichen Daseins aus diesem immer schon vorgegebenen Verständnis der Zeitlichkeit unseres Daseins ergeben. Aber wie unser eigenes In-der-Zeit-Sein mit jener Zeit zusammenhängt, die unser eigenes Dasein übergreift, in der sich alle Menschen gemeinsam mit den Gestirnen, Gebirgen und Meeren, den Tieren und den Pflanzen befinden, das kann man von Heidegger her nicht mehr verstehen, denn die Zeit, die er darstellt, ist je meine Zeit. Die Zeit der Natur hingegen ist die Eine Welt-Zeit. Platon spricht in der Definition der Zeit von der Welt-Zeit. Heidegger spricht von der je eigenen Zeit des Daseins. Um von der Welt-Zeit sprechen zu können, bedarf Platon der Unterscheidung zwischen αἰών und χρόνος, denn der αἰών begründet die ewige Einheit der Zeit. Er begründet damit zugleich, daß die Zeit, obwohl sie von jedem anders erfahren wird, doch für uns alle eine und dieselbe Zeit ist. Heideggers Reduktion der Frage nach der Zeit auf die in der Zeitlichkeit des Daseins, das je meines ist, enthaltene Möglichkeit, die Zeit, in der das Dasein verläuft, als meine Zeit zu zeitigen – also die Reduktion der Zeit überhaupt auf meine Zeit –, verliert die Welt-

Zeit aus den Augen, aber sie gewinnt um diesen Preis einen Einblick in das Wesen der Zeit, der uns nötigt, wenn wir bei Heidegger nicht stehenbleiben wollen, auch alles, was bisher über die Welt-Zeit gedacht worden ist, einer großen Revision zu unterziehen. Es bedurfte der radikalen Engführung der Frage nach dem Wesen der Zeit überhaupt auf die Frage nach der Zeitlichkeit des Daseins, um uns durch die Erhellung der Form, in der das Dasein sein In-der-Zeit-Sein versteht, den legitimen Zugang zu der Frage nach der Struktur der Welt-Zeit zu erschließen.

Das ist der Grund, weshalb ich es für nötig hielt, Sie in dem ersten Teil dieser Vorlesung in Heideggers Frage nach dem Sein des Daseins wenigstens einzuführen. Ich hatte die Absicht, etwa zwei Wochen auf die Interpretation von Heideggers Analytik der Zeitlichkeit des Daseins zu verwenden. Die Unruhen dieses Semesters haben uns die dafür vorgesehene Zeit gekostet[30]. Ich bin deshalb genötigt, meinen Plan zu revidieren, und werde nunmehr so vorgehen, daß ich Ihnen zunächst in einer Reihe von vorbereitenden Überlegungen zu zeigen versuche, in welche Bereiche wir vordringen und welche Reflexionen wir anstellen müssen, wenn wir versuchen wollen, mit dem zerbrechlichen Fahrzeug menschlichen Denkens in den unermeßlichen Ozean der Welt-Zeit vorzudringen. Ich werde nach diesen Vorbereitungen versuchen, die systematische Struktur der Frage nach dem Wesen der Zeit in einer Reihe von Gedankengängen aufzuhellen, die uns zu einem tieferen Verständnis dessen führen sollen, wovon bei Platon und bei Heidegger und in der gesamten dazwischenliegenden Epoche der europäischen Philosophie die Rede ist. Ich hoffe, aber ich kann nicht versprechen, daß es mir im Zuge dieser Überlegungen gelingt, an einer späteren Stelle doch noch auf Heideggers Interpretation der Zeit zurückzukommen. Je mehr wir vom Wesen der Zeit verstehen, desto besser werden wir in der Lage sein, die Bedeutung des Schrittes zu ermessen, den Heidegger in „Sein und Zeit" vollzogen hat.

Platon und Heidegger stimmen nicht zuletzt darin überein, daß bei beiden die Frage nach dem Wesen der Zeit mit der Frage nach dem Wesen der Wahrheit untrennbar verbunden, ja identisch ist. Die Wahrheit zeigt sich uns in der Erkenntnis. Erkenntnis ist, wie ich noch zeigen werde, für den Menschen nur dadurch möglich, daß er

---

[30] Sommer-Semester 1968!

die Fähigkeit besitzt, Zukunft zu antizipieren. Deswegen hat die Zukunft für die Frage nach dem Verhältnis des Wesens der Zeit zum Wesen der Wahrheit unter den Modi der Zeit den Vorrang. Für menschliches Denken kann sich die Wahrheit der Zeit nur von der Erkenntnis der Zukunft her aufhellen lassen. Deswegen habe ich dieser Vorlesung den Titel „Die Erkenntnis der Zukunft" gegeben. In dieser Form erschließen wir uns den Einblick in die Einheit von Wahrheit und Zeit.

Zweiter Teil
Die phänomenale Analyse der Zeit

⟨14. Zukünftigkeit als Bedingung der Möglichkeit
menschlichen Daseins: Zeit als Horizont des Seins⟩

Die Frage nach der Möglichkeit einer Erkenntnis der Zukunft gilt heute mit gutem Grund als aktuell. Ich habe in meiner gestern Abend zum Abschluß gelangten Rundfunkreihe über „Die großen Zukunftsaufgaben" zu zeigen versucht, daß und warum im wissenschaftlich-technischen Zeitalter die vernunftgemäße Antizipation der Zukunft – ich nenne sie die „kritische Utopie" – für die Menschheit zur Lebensbedingung geworden ist. Aber ich mußte mich bei der Ausarbeitung dieser Vorlesungen ständig in mir selbst gegen eine Gefahr zur Wehr setzen, die sich bei allen solchen Fragen nahezu unwiderstehlich aufdrängt. Sie entspringt aus der allgemein menschlichen Neigung, über die Probleme des Tages in oberflächlicher Weise zu räsonieren, bevor man weiß, in welchen Zusammenhängen sie stehen, und wo der Bereich zu lokalisieren ist, in den sie gehören. Wir bilden uns immer ein, wir wüßten schon, was ein solches Problem bedeutet, und was dabei in Frage steht. Die Gegenbewegung gegen dieses eilfertige und oberflächliche Räsonieren des angeblich gesunden Menschenverstandes nennt man Philosophie. Die Philosophie ist eine Wissenschaft, die ihre wichtigste Aufgabe nicht darin sieht, auf jede Frage, die sich dem alltäglichen Bewußtsein aufdrängt, eine Antwort zu geben, sondern deren Geheimnis in der Erkenntnis liegt, daß die größte, die schwerste und die wichtigste Aufgabe des Denkens in der Kunst besteht, jene Fragen zu stellen, die allen Fortgang der Erkenntnis leiten. Die Frage nach der Möglichkeit einer Erkenntnis der Zukunft wird erst dann richtig gestellt, wenn wir begriffen haben, daß und inwiefern diese Frage eine Leitfrage der Erkenntnis überhaupt ist.

Aus Heideggers existenzialer Analytik des Daseins haben wir eine Einsicht gewonnen, die nicht mehr preisgegeben werden darf, weil sie für eine sachgemäße Ausarbeitung der Frage nach der Erkenntnis der Zukunft zum ersten Mal in der Geschichte des Denkens den Horizont eröffnet hat. Heidegger zeigt, daß es die Grundverfassung des Daseins ist, nur in der Weise sein zu können, daß es sich selbst auf seine Möglichkeiten hin entwirft. Erst im Entwurf seiner selbst auf seine Möglichkeiten hin erschließt das Dasein sich den Horizont, innerhalb dessen es leben, verstehen, denken, handeln, erkennen und solches wahrnehmen kann, was nicht es selbst ist. Das Sich-Entwerfen des Daseins auf seine Möglichkeiten hin ist die Weise, wie das Dasein in der Welt ist. Der Entwurf, in dessen Vollzug das Dasein *ist*, erschließt und umgrenzt den Horizont, innerhalb dessen sich alles, was wir überhaupt wahrzunehmen und zu erkennen vermögen, zeigt. Die Dimension der Möglichkeit aber ist die Zukunft. Wenn sich das Dasein auf seine Möglichkeit hin entwirft, so *ist* es, indem es seine Zukunft antizipiert. Der Mensch *ist,* indem er sich dem öffnet, was er noch nicht ist. Die Antizipation von Zukunft oder, wie wir dafür auch sagen können: die Erkenntnis von Zukunft, macht also die Seinsverfassung des Daseins erst möglich. Die Frage nach der Erkenntnis der Zukunft kann, wenn man das eingesehen hat, nicht mehr so aufgefaßt werden, als ob der Mensch ein Lebewesen wäre, das es gibt, und das dann zusätzlich nach seinem freien Belieben sich auch um die Erkenntnis seiner möglichen Zukunft bemühen kann. Die Zukunft ist auch nicht irgendein Objekt, das man aus einer Unzahl anderer Objekte hervorholen und zum Gegenstand seiner Neugier machen kann. Der Mensch ist vielmehr so konstituiert, daß er gar nicht umhin kann, sich in irgendeiner Weise auf eine antizipierte Zukunft zu orientieren. Nur durch die Antizipation von Zukunft, nur im Vollzug der Seinsverfassung des Entwurfes, nur in der Orientierung auf das, was kommt, kann der Mensch eine Gegenwart haben; unentschieden ist lediglich die Frage, ob ihn bei der Vorwegnahme seiner zukünftigen Möglichkeiten ein Wissen und eine Erkenntnis leiten, oder ob er die Zukunft blindlings antizipiert und dann für seine Verblendung bezahlen muß. Das bedeutet: die Frage nach der Erkenntnis der Zukunft ist identisch mit der Frage nach den Bedingungen der Möglichkeit menschlichen Daseins überhaupt.

Wir sahen vorhin, daß eine Frage erst dann sachgemäß gestellt werden kann, wenn man sie gleichsam lokalisiert hat, das heißt, wenn man den Bereich zu bestimmen vermag, in den sie gehört. Wir wissen jetzt: die Frage nach der Erkenntnis der Zukunft gehört in den Bereich der Bedingungen der Möglichkeit menschlichen Daseins; sie gehört also in den Bereich, aus dem alles menschliche Dasein hervorgeht und in dem es sich, wissend oder unwissend, immer hält. Hat man das einmal erkannt, so ergibt sich daraus die bindende methodi-

sche Regel, daß es nicht möglich ist, nach dem Wesen des Menschen zu fragen, ohne nach der Erkenntnis der Zukunft zu fragen, und daß umgekehrt durch den Entwurf, in dem wir die Möglichkeiten der Erkenntnis der Zukunft umreißen, über die zukünftigen Formen menschlichen Daseins bereits heute verfügt wird. Je nachdem, wie wir uns zu der Möglichkeit einer Erkenntnis der Zukunft stellen, entscheiden wir zugleich heute schon darüber, innerhalb welchen Horizontes sich die zukünftige Geschichte bewegen wird. So groß, und nicht geringer, ist das spezifische Gewicht des Problems, das sich uns stellt, wenn wir versuchen, die innere Möglichkeit und die methodischen Grundlagen einer Erkenntnis der Zukunft zu klären.
Die Zukunft ist ein Modus der Zeit. Ein Lebewesen, das nicht anders leben kann als so, daß es seine eigene Zukunft antizipiert, indem es sich auf die in ihr enthaltenen Möglichkeiten hin entwirft, hat keinen anderen Grund seines eigenen Daseins als die Zeit. Was heißt das? Alles, was überhaupt ist, die Planeten, die Fixsterne, die Sonnensysteme und die Milchstraßen, die atmosphärischen Erscheinungen, die Gebirge, Ströme, Meere, Pflanzen und Tiere, die Moleküle, die Atome und Atomkerne, und alles, was überhaupt vorgeht und vorgehen kann, ist in der Zeit. Sogar die mathematischen Strukturen, die Zahlen und die Gesetze sind in der Zeit, denn ihre Wahrheit erweist sich darin, daß sie immer gelten, und „immer" ist ein Modus der Zeit. Die Zeit ist demnach der universale Horizont von allem, wovon wir überhaupt sagen können, daß es ist. Ohne die Zeit und außerhalb der Zeit verliert auch das Wort „Sein" jeglichen Sinn; selbst die Gedanken sind nur in der Zeit. Ein „Außerhalb der Zeit" vermögen wir nicht zu denken. Gesetzt, die Zeit hätte eine Struktur, so müßte diese Struktur in allem, wovon wir überhaupt sagen können, daß es ist, auf irgendeine Weise zutage treten; denn alles, was sich der Struktur der Zeit nicht fügen würde, wäre eben deshalb außerhalb der Zeit. Das bedeutet aber: es wäre überhaupt nicht, denn außerhalb der Zeit vermögen wir nur das absolute Nichts zu denken. Die Zeit ist deshalb der Horizont des Seins schlechthin. Sein ist nicht nur für den Menschen sondern für alles, was überhaupt ist, nichts anderes als In-der-Zeit-Sein.
Wenn aber von allem, was überhaupt ist, der Satz gilt, daß es nur dadurch sein kann, daß es in der Zeit ist, wodurch unterscheidet sich dann das In-der-Zeit-Sein des Menschen vom In-der-Zeit-Sein der Zahlen, der Sterne, der Steine oder der Pflanzen? Gewiß, auch der

Stein ist in der Zeit. Aber der Stein hat es nicht nötig, seine Zukunft zu antizipieren, um sein zu können. Er ist in der Zeit; aber sein Sein ist ihm gegeben, es ist ihm nicht wie dem Menschen aufgegeben. Der Stein braucht sein In-der-Zeit-Sein nicht zu verstehen, um sein zu können. Das In-der-Zeit-Sein des Menschen hingegen hat die Struktur, daß es ihm nicht möglich ist, sich blind und verschlossen in der Zeit zu befinden, sondern daß er sich seines In-der-Zeit-Seins bewußt sein muß, um sein Leben auf eine antizipierte Zukunft orientieren zu können. Das Leben des Menschen ist nicht einmal biologisch möglich, ohne daß er die Zukunft antizipiert, denn seine biologische Existenz ist so gefährdet, daß er die möglichen Gefahren, von denen er bedroht werden könnte, in seiner Vorsorge antizipieren muß, wenn er nicht zugrunde gehen soll. Er muß im Frühjahr den Acker bestellen, damit er im Herbst für den Winter ernten kann. Er muß sich gegen Kälte, gegen Krankheit und gegen die Bedrohung durch wilde Tiere oder durch seinesgleichen schützen. Er muß sich ringsum vorsorgliche Sicherungen schaffen, weil er auf Grund seiner Erkenntnis zukünftiger Möglichkeiten weiß, daß er ohne solche Vorsorge zugrunde gehen würde. Jegliches Wirtschaften entspringt der Vorsorge für die kommende Zeit; die Ökonomie ist für den Menschen Existenzbedingung, weil er nur durch die Antizipation der Zukunft zu existieren vermag. Ebenso ließe sich aber auch demonstrieren, daß die politischen Ordnungen, in denen wir leben, daß jegliches Recht und alle Formen des gesellschaftlichen Zusammenlebens aus der Vorsorge für mögliche zukünftige Situationen hervorgegangen sind und sich weiter ausbilden. Der Mensch befindet sich nicht nur in der Zeit, sondern er muß in irgendeiner Weise sein In-der-Zeit-Sein auch verstehen. Er muß ein Zeitverständnis haben; das ist die Bedingung schon seiner biologischen Existenz. Alles, was ist, ist in der Zeit. Der Mensch ist verstehend in der Zeit; er ist das Lebewesen, das nur sein kann, indem es – so oder so – die Zeit versteht. Wir werden noch sehen, daß sich auch alle Formen menschlicher Erkenntnis aus dem Verstehen der Zeit entwickelt haben.
Nun haben wir aber aus Heidegger auch gelernt, daß alles menschliche Verstehen zweideutig ist. Alles Denken, alles Erkennen, alles Handeln bewegt sich in dem Wechselspiel von Wahrheit und Trug. Dieses Wechselspiel ist nicht so zu verstehen, als ließe sich, wie bei einer Rechnung, das richtige Resultat eindeutig von dem falschen Resultate unterscheiden, als gäbe es auf der einen Seite das Rich-

tige, Regelrechte und Positive und auf der anderen Seite, eindeutig getrennt davon, das Falsche, Regelwidrige und Negative, das man beiseite schieben und vernachlässigen muß. Die eindeutige Entgegensetzung des Richtigen und des Falschen, des Positiven und des Negativen, des Regelrechten und des Regelwidrigen ist nur innerhalb von stabilen Systemen möglich. Aber der Mensch ist in der Zeit, und alles menschliche Denken geht, wie ich vorwegnehmend schon gesagt habe, aus dem Verstehen von Zeit hervor. Die Zeit ist kein stabiles sondern ein sich wandelndes und offenes System. In der Zeit steht nicht ein für allemal fest, was richtig und was falsch, was wahr und was unwahr ist. Hier brauchen wir ganz andere Kriterien, um uns der Wahrheit unseres Denkens zu vergewissern. Wir werden das später noch ausarbeiten müssen. Vorgreifend sei nur dies gesagt, daß sich in der auf den ersten Blick für uns so problematischen Polarität von Eigentlichkeit und Uneigentlichkeit bei Heidegger die tiefe Erkenntnis verbirgt, daß der Mensch nur deshalb die Möglichkeit hat, die Wahrheit zu erkennen, weil er auch die Möglichkeit hat, sich zu täuschen. Wahrheit und Trug schließen sich wechselseitig nicht aus, sondern sie gehen auseinander hervor, sie durchdringen sich, ja sie bedingen sich wechselseitig. Wenn nun jede menschliche Erkenntnis überhaupt, und das heißt alle Wahrheit der Erkenntnis, aus dem Verständnis der Zeit hervorgeht, so werden wir auch das rätselhafte Wechselverhältnis von Wahrheit und Trug daraus ableiten müssen, in welchen Formen und in welchen Modifikationen der Mensch die Zeit und alles, was in der Zeit ist, versteht. Die Zeit ist nicht nur der universale Horizont des Seins; sie ist nicht nur der universale Horizont der Wahrheit, sondern aus der Struktur der Zeit muß sich auch ableiten lassen, warum es neben der Wahrheit auch Trug, neben dem Sein auch die Erscheinung und den Schein, neben der Erkenntnis auch den Irrtum gibt. Die ganze unausschöpfliche Vielzahl der möglichen Modifikationen, in denen der Mensch sich in allen Schichten seines Seelenlebens, in allem, was er handelt und vollbringt, und in seinem Meinen, Denken, Wähnen und Erkennen in der Zeit befindet, muß sich dann aus dem Wesen der Zeit selbst ableiten lassen. Nur wer die Zeit versteht, versteht sich selbst, denn alles, was Menschen überhaupt sein können, geht aus der Weise hervor, wie sie sich, die Zeit verstehend oder mißverstehend, in der Zeit befinden.

⟨15. Die „systematische" Frage nach dem Wesen der Zeit⟩

Ich habe diese Überlegungen in lockerer Form und gleichsam präludierend schon an dieser Stelle eingeführt, weil ich annehme, daß Sie einiger Vorübungen bedürfen, bis Sie sich in das denkende Verstehen von Zeit so weit eingewöhnt haben, daß wir die systematische Frage nach dem Wesen der Zeit am Leitfaden der Frage nach der Erkenntnis der Zukunft in strenger Ausarbeitung durchführen können. Wir werden später noch einmal zu Heidegger zurückkehren müssen.

Aber zunächst wollen wir versuchen, uns unabhängig von irgendeinem philosophischen Text in das Verständnis des Wesens der Zeit einen Zugang zu bahnen. Solange man noch glaubte, daß die Philosophie notwendig die Form des Systems haben müßte, pflegte man solche Überlegungen, im Unterschied zum Studium der Geschichte des Denkens, als „systematisch" zu bezeichnen. Form und Methode der Überlegungen, die ich Ihnen vortragen möchte, haben eine andere Gestalt. Ich wähle zur Erläuterung der Methode einen Weg, der etwas ungewöhnlich ist, und den Sie für unwissenschaftlich halten mögen: ich erläutere nämlich die Methode durch ein Beispiel. Die Zeit hat, wie wir noch deutlicher erkennen werden, eine andere Struktur, als wie sie in der Philosophie seit Aristoteles, eine andere, als wie sie in der Physik erscheint. Sie ist nicht auf die unendliche Erstreckung einer geraden Linie abbildbar; sie ist nicht eine bestimmte, nämlich die vierte Dimension, sondern sie läßt sich nur als ein vieldimensionaler und offener Horizont darstellen. Wenn Sie die Architektur eines vielfach gegliederten und reich durchgebildeten Raumes, also etwa die Architektur einer gotischen Kathedrale verstehen wollen, so genügt es nicht, daß Sie den Grundriß und die Aufrisse der verschiedenen Seiten des Gebäudes studieren, Sie müssen um das Gebäude herumgehen und es unter jeder der vielen Perspektiven, unter denen es sich darstellt, betrachten. In keiner der Ansichten zeigt sich das wirkliche Gebäude. Jede der Ansichten zeigt nur einen bestimmten Anblick unter einer bestimmten Perspektive. Aber wenn Sie sich die Zeit nehmen, oft genug von den verschiedensten Standorten aus das Gebäude zu betrachten und jedes Bild, das Sie gewonnen haben, durch die vorhergehenden und folgenden Bilder zu ergänzen, so entsteht schließlich in Ihrem Geist ein Bild von dem wirklichen Gebäude, das gerade darin der Wirklichkeit entspricht,

⟨daß⟩³¹ es sich optisch nicht mehr darstellen läßt und auf keine der Perspektiven reduziert werden kann. Wenn Sie so weit gelangt sind, tun Sie den nächsten, den entscheidenden Schritt: Sie treten in das Gebäude ein. Nun sehen Sie das, was Sie zuvor von außen betrachtet haben, von innen. Und bei einer gotischen Kathedrale werden Sie erkennen, daß es der Innenraum ist, der die Außengestalt des gesamten Gebäudes bestimmt. Aber um diesen Innenraum zu erfassen, müssen Sie wieder das Gleiche tun, was vorher nötig war, um in Ihrem Geist die wirkliche, optisch nicht sichtbare Gestalt des Gebäudes zu rekonstruieren. Sie müssen lange Zeit in ihm herumgehen, um von den verschiedensten Standorten aus die Räumlichkeit des Raumes in der unendlichen Vielfalt der Brechungen und Perspektiven zu erfahren. Es gibt keinen bestimmten Standort, von dem aus der Raum so aufgefaßt werden könnte, wie er wirklich ist, denn der Raum umschließt alle Standorte, die in ihm möglich sind, und alle Anblicke, die sich für diese Standorte darbieten. Auch der Innenraum kann deshalb so, wie er wirklich ist, weder optisch noch durch irgendeinen anderen Sinn wahrgenommen werden. Auch hier ist die Erfahrung der wirklichen Räumlichkeit dieses Gebäudes eine rein geistige Erfahrung, selbst wenn man davon absieht, daß die Gestalt der Kathedrale entworfen wurde, um geistige Erfahrungen zu erschließen, die jede mögliche Architektur transzendieren und sich erst erschließen, wenn man die Symbole versteht, die in der Struktur des Gebäudes dargestellt werden. Weder die äußere Gestalt noch der Innenraum sind, isoliert genommen, das Gebäude. Die wirkliche Gestalt des Gebäudes ergibt sich aus der Wechselbeziehung zwischen außen und innen. Die wirkliche Gestalt des Gebäudes läßt sich also überhaupt nicht mehr optisch begreifen. Von ihr gibt es nicht einmal perspektivische Aspekte. Die wirkliche Gestalt des Gebäudes aus Stein ist rein geistiger Natur, denn sie tritt erst hervor, wenn man die geistig erfaßte Einheit der äußeren Gestalt mit der geistig erfaßten Einheit des Innenraumes verbindet.

Ich habe dieses Beispiel ausgeführt, um daran deutlich zu machen, wie man vorgehen muß, wenn man ein Phänomen verstehen will. Verglichen mit den Phänomenen, nach denen wir in dieser Vorlesung fragen, ist die Kathedrale ein sehr einfaches Gebilde. Sie ist von Menschen entworfen und von Menschen gebaut. Sie ist deshalb für

---

[31] Im Text: „weil".

den menschlichen Geist ein durchsichtiges Gebilde. Wenn wir verstehen wollen, wie die Zeit gebaut ist, bedarf es ganz anderer Anstrengungen und Vorübungen. Wir müssen lernen, die Zeit als solche, die reine Zeit, von allem Zeitlichen zu unterscheiden und in allem Zeitlichen wiederzuerkennen. Wir müssen uns in den Anblick der verschiedenen Aspekte des reinen Phänomens der Zeit unter verschiedenen Perspektiven einüben – darin ist das Studium der Zeit mit dem Studium der Kathedrale vergleichbar. Wir müssen aber darüber hinaus noch etwas leisten, das bei dem Studium der Kathedrale nicht nötig ist. Wir müssen nämlich aufzuklären versuchen, ob überhaupt und wie der Geist des Menschen die reine Struktur der Zeit zu erfassen vermag, denn die Zeit ist nicht wie die Kathedrale vom Menschen entworfen, und deshalb ist es durchaus nicht selbstverständlich, daß wir die Zeit so, wie sie ist, zu verstehen vermögen. Wir müssen deshalb Schritt für Schritt auch aufzuhellen versuchen, wie der Mensch, weil er sich in der Zeit befindet, die Zeit versteht, und wie sich in den verschiedenen Formen, in denen sich Menschen in der Zeit befinden, das Phänomen der Zeit unter verschiedenen Perspektiven bricht. Aber auch hier hilft uns das Beispiel mit der gotischen Kathedrale noch ein Stück weiter. Die Weise, wie sich das Phänomen der reinen Zeit in der Natur darstellt, die außer uns ist, und die Weise, wie sich dasselbe Phänomen in unserem eigenen Zeitverständnis darstellt, verhalten sich zueinander ähnlich wie die äußere Gestalt und der Innenraum der Kathedrale. Weder die Zeit der äußeren Natur noch die Zeit der inneren Erfahrung ist die wirkliche Zeit. Die wirkliche Zeit tritt erst hervor, wenn wir die äußere Zeit mit der inneren Zeit in Verbindung setzen. Sie läßt sich ebensowenig unmittelbar darstellen wie die wirkliche Gestalt der Kathedrale, und doch gelangen wir, wie bei der Kathedrale, durch fortgesetzte Übung und durch ein immer wechselndes In-Beziehung-Setzen der verschiedenen Aspekte des Phänomens der Zeit schließlich zu einer geistigen Erfahrung von der Zeit als solcher. Diese Erkenntnis ist – das ist evident – nicht darzustellen. Sie ist, wie Platon sagt, ein ἀρρητόν, also eine Erkenntnis, die sich in der Form des Logos nicht aussagen läßt. Sie ist aber deshalb nicht irrational, sondern es läßt sich demonstrieren, daß sie in jeder möglichen Form der Rationalität rein oder verfälscht vorausgesetzt wird.
Nachdem ich Ihnen durch den Vergleich mit dem Studium der Kathedrale verdeutlicht habe, wie man vorgehen muß, wenn man ein viel-

dimensionales Phänomen so, wie es wirklich ist, erfassen will, werden Sie sich, wie ich hoffe, nicht mehr wundern, daß wir im Fortgang immer wieder genötigt sind, von wechselnden Standorten aus das Gleiche zu betrachten, und daß wir uns in einer gleichsam spiralförmigen Bahn fortwährend durch den gleichen Raum bewegen. Das ist die Form, wie sich das philosophische Denken in seinem Fundamentalbereich bewegt; und durch das Beispiel ist vielleicht deutlicher geworden, daß es eine andere Weise des Vorgehens hier nicht geben kann.

⟨16. Die unmittelbare Auffassung der phänomenalen Zeit⟩

Wir beginnen nun also bei der Untersuchung des Wesens der Zeit den ersten Gang, indem wir versuchen, die Zeit von außen her zu betrachten. Wir wollen versuchen, die Zeit so aufzufassen, wie sie ist, und ihr keine Bestimmung zu oktroyieren, die sie uns nicht von sich aus darbietet. Zu diesem Zweck müssen wir versuchen, uns rein als Auffassende zu verhalten. Wir dürfen nicht vorschnell damit beginnen, *über* die Zeit nachzudenken, sondern wir müssen versuchen, sie so hinzunehmen, wie sie ist. Freilich stellt sich alsbald heraus, daß auch der Versuch, die Zeit so hinzunehmen und aufzunehmen, wie sie ist, nicht unbedacht unternommen werden kann. Wir wollen die Zeit hinnehmen, wie sie ist. Aber ist es denn möglich zu sagen, daß die Zeit *ist*? Tragen wir nicht schon durch das Vorurteil, es sei erlaubt, von jedem Phänomen, das sich uns zeigt, zu behaupten, daß es ist, in unser Zeitverständnis eine Annahme hinein, die fragwürdig und problematisch ist, und die um so problematischer wird, je mehr wir versuchen, uns deutlich zu machen, was damit gemeint ist? Wenn wir aber nicht wissen, ob es einen Sinn hat zu behaupten, daß die Zeit ist – können wir dann die Zeit noch als ein Phänomen auffassen, von dem sich annehmen läßt, daß es eine Struktur hat, die sich uns zeigen muß, wenn wir das Phänomen nur richtig betrachten? Steckt nicht auch in der scheinbar so evidenten methodischen Regel, daß wir das, was wir erkennen wollen, so hinnehmen und auffassen müssen, wie es ist, ein Vorurteil, das sich nach beiden Seiten hin – nach der Seite des Seins und nach der Seite des Erkennens – als problematisch erweist? Haben wir nicht allein schon durch die Absicht, die Zeit so aufzufassen, wie sie ist, der Zeit eine Perspektive oktroyiert, die das Sich-Zeitigen der Zeit nicht gewähren läßt, sondern die Zeit im ersten Vorgriff deformiert, ihr unheimliches Fließen, ihren Prozeß des Gebärens und Verschlingens gleichsam zum Stehen bringt und wie in einem Prozeß der Vereisung erstarren läßt? Ferner: ist nicht unser Hinnehmen und Aufnehmen selbst schon ein Vorgang in der Zeit? Fließt nicht dieselbe Zeit, wie immer wir sie auffassen wollen, stets auch in unserem Rücken? Wie können wir hoffen, des Wesens der Zeit habhaft zu werden, wenn wir sie nicht als ein umgrenztes, von allem anderen unterschiedenes Phänomen vor uns hinstellen und in ihrem So-Sein bestimmen können, sondern wenn unser Bestimmen selbst in der Zeit verläuft, aus der Zeit hervorgeht und Merkmale der Zeit manifestiert, die in dem Aspekt der Zeit, den wir betrachten, notwendig nicht vorkommen können? Wie sollen wir noch auffassen und denken können, wenn wir es mit einem Phänomen zu tun haben, bei dem es nicht möglich ist, den Akt des Denkens von dem Inhalt des Gedachten, die Handlung des Auffassens von dem Phänomen, das aufgefaßt wird, den Vollzug der Erkenntnis von dem erkannten Gegenstand zu unterscheiden, wenn immer beide Seiten dieser uns so geläufigen Unterscheidung, das Denken sowohl wie das Gedachte, auf verschiedene Weise ein und dasselbe manifestieren, nämlich die Zeit?

Die Hegel-Kenner unter Ihnen werden bemerkt haben, daß ich mich mit diesen Fragen, um den geschichtlichen Zusammenhang deutlich zu machen, eng an die Form angeschlossen habe, in der Hegel in der „Phänomenologie des Geistes" die Dialektik aufzeigt, die das unmittelbare Auffassen zerstört, indem es die in ihm liegenden Widersprüche entwickelt. Soll das bedeuten, daß ich bei der Explikation der Zeit wie Hegel dialektisch vorgehen will? Oder wie verhält sich die Methode, die hier befolgt werden soll, zu der Methode von Hegel? Sie sind vielleicht überrascht, daß ich schon an dieser Stelle aus der Darlegung der Zeit herausspringe, um eine Frage zu stellen, die – so scheint es – nur von außen her durch philosophiegeschichtliche Gelehrsamkeit an eine Untersuchung herangetragen wird, der es nur um die Sache geht, und die deshalb getrost die Geschichte der Philosophie auf sich beruhen lassen kann. Aber indem ich das sage, stutzen wir schon. Denn Geschichte – ist nicht Geschichte eine wesentliche Manifestation von Zeit? Können wir uns vornehmen, nach dem Wesen der Zeit zu fragen, und dabei ignorieren, daß wir uns mit dieser Frage in der Geschichte befinden, und daß, wenn das so ist, die

Formen, in denen frühere Generationen das Wesen der Zeit zu erfassen versuchten, für unser eigenes Fragen nach dem Wesen der Zeit von Bedeutung, vielleicht sogar konstitutiv sind? Wäre die Ausblendung der Geschichte des Denkens aus dem, was hier gedacht und erkannt werden soll, nicht ebenfalls das Zeichen eines Vorurteils, durch das wir das Phänomen, um das es geht, nämlich das Wesen der Zeit, deformieren würden? Wäre die Zeit noch die Zeit, wenn es gleichgültig wäre, an welchem Standort innerhalb der Zeit wir heute die Frage stellen: Was oder wie ist die Zeit? Weil offenbar, wenn man es unternimmt, nach der Zeit zu fragen, die Geschichte des Denkens das Denken selbst und das, was gedacht werden soll, wesentlich betrifft, war es nötig, wenn wir nicht unbedacht vorgehen wollen, auch diese Dimension unseres Fragens ausdrücklich ins Bewußtsein zu heben. Daß ich aber gerade an Hegel erinnert habe, und daß ich, ohne das ausdrücklich zu explizieren, im Folgenden genötigt sein werde, fortwährend Hegel im Auge zu behalten, hat noch einen besonderen Grund, den ich hier nur summarisch nennen kann: Man kann, von Platons Zeit-Definition ausgehend, Hegels gesamte Philosophie als den Versuch darstellen, den χρόνος im αἰών, das heißt in der ewigen Gegenwart des absoluten Geistes aufzuheben. Der Prozeß, der das leisten soll, heißt Dialektik. Aber die Dialektik selbst ist als Prozeß ein Vollzug in der Zeit. Wollen wir die Zeit als solche zu Gesicht bekommen, so fragen wir nach dem Horizont der Dialektik. Es ist nicht möglich, den Horizont der Dialektik mit der Methode der Dialektik zu erfassen, aber man muß jene Erfahrung des Bewußtseins, die Hegel „Dialektik" nennt, durchlaufen haben, um nach dem Horizont der Dialektik fragen zu können. Es lag mir daran, Ihnen durch diese kurze Bemerkung einen Hinweis darauf zu geben, wie sich das Unternehmen, auf das wir uns, höchst unzureichend vorbereitet aber doch einigermaßen entschlossen, eingelassen haben, zu Hegel und zur Dialektik verhält.

⟨*a. Vergänglichkeit und Zukünftigkeit*⟩

Wir haben uns vorgenommen, die Zeit so aufzufassen, wie sie sich uns zeigt. Wir haben uns außerdem vorgenommen, diesen Versuch nicht unbedacht und naiv zu machen. Man soll nicht denken, ohne sich darum zu bemühen, daß man, indem man denkt, auch weiß, was man tut. Deswegen habe ich eine Reihe von Fragen gestellt, die uns ins Bewußtsein rufen sollten, in welchem Maße jeder Versuch, die Zeit so aufzufassen, wie sie ist, von der Gefahr bedroht ist, daß wir in unser Auffassen der Zeit Vorurteile hineintragen, die sowohl die Zeit selbst wie unser Auffassen der Zeit verbiegen und uns die Zeit so auffassen lassen, wie sie nicht ist. Darin spiegelt sich dann notwendig zugleich, daß wir uns selbst bei diesem Auffassen so verhalten, wie wir in Wahrheit nicht sind, denn wir sind in der Zeit. Sollte es mir gelungen sein, die Naivität, mit der wir uns gemeinhin unseren Vorurteilen überlassen, genügend zu erschüttern – sollte es mir gelungen sein, in Ihnen jenen tiefen Verdacht gegen alles, was ich Ihnen sage, und alles, was Sie sich dabei denken, geweckt zu haben, ohne den man nicht einmal in den Vorhof der Philosophie gelangen kann, so können wir nunmehr doch damit beginnen, uns klarzumachen, wie sich die Zeit für unsere unmittelbare Zeitauffassung präsentiert. Wie immer wir uns drehen oder wenden mögen – die unmittelbare Zeitauffassung ist uns immer vorgegeben. Wir kommen durch keine Anstrengung des Denkens aus ihr heraus. Wenn das so ist, dann wird die Erkenntnis der Zeit nicht darin bestehen können, daß wir versuchen, die unmittelbare und naive Zeitauffassung, wie man zu sagen pflegt, zu überwinden. Wir können und sollen uns aus ihr nicht herausversetzen, sondern die Aufgabe ist im Gegenteil, daß wir uns richtig in sie hineinversetzen und von ihr lernen, was sie aussagen kann. Gerade wenn wir nicht naiv vorgehen wollen, sind wir genötigt einzusehen, daß unsere unmittelbare Zeitauffassung für jedes Fragen nach dem Wesen der Zeit der unumgängliche, der unaufhebbare, der schlechterdings notwendige Ausgangspunkt ist.

Zu allen Zeiten und in allen Völkern spricht sich die unmittelbare Zeitauffassung in Klagen über die Vergänglichkeit aus. Die Zeit entzieht uns unablässig die Gegenwart, in der wir uns befinden. Sie entzieht uns die Menschen, mit denen wir verbunden sind. Sie entzieht uns, was wir zu haben glauben. Ja, sie entzieht uns sogar, was wir sind. Wir wissen nicht nur, daß unser gesamtes Leben auf eine letzte Stunde zugeht, wir erfahren auch, daß, was wir „Leben" nennen, immer zugleich auch Sterben ist. Der Mensch, der ich gestern war, wird nicht wiederkehren, denn heute bin ich bereits ein anderer geworden. Unwiederbringlich ist der gestrige Mensch in der Vergangenheit versunken. Kein Zustand läßt sich festhalten, kein Augenblick verewigen. Jede Freude, die uns erfüllt, jedes Glück, das uns erhebt, ist von dem Bewußtsein begleitet, vergänglich zu sein. Deshalb ist für

die unmittelbare Zeitauffassung die Vergänglichkeit das aufdringlichste Merkmal der Zeit. Was uns die Vergänglichkeit der Zeit entzogen hat, das ist vergangen. Deshalb nennt man die Vergangenheit einen „Modus der Zeit". Aber wenn wir anfangen, darüber nachzudenken, was das Wort „Vergangenheit" bedeuten soll, so geraten wir in Verlegenheit. Vergangen ist eine Zeit, die jetzt nicht ist. Wir können nicht sagen, daß es die Vergangenheit „gibt", denn eben daß es sie *nicht* mehr gibt, macht das Vergangensein der Vergangenheit aus. Wir werden dem später noch weiter nachfragen müssen. Zunächst sei nur festgestellt, daß es eine Verfälschung unserer unmittelbaren Zeitauffassung ist, wenn wir der Tendenz nachgeben, uns die Zeit so vorzustellen wie das Band eines Filmes, von dem ein Teil schon abgelaufen ist, ein anderer Teil erst ablaufen wird, und das uns ein Bild, das wir „Gegenwart" nennen, jetzt gerade zeigt. Das Filmband ist als ein Ganzes gleichzeitig vorhanden. Seine Beschaffenheit wird nicht dadurch modifiziert, daß ein Teil schon abgelaufen ist, ein anderer Teil erst ablaufen wird, und daß ein bestimmtes Bild gerade jetzt auf dem Projektionsschirm erscheint. Die abgelaufenen Teile haben die gleiche Beschaffenheit wie die Teile, die erst ablaufen werden. Das ganze Filmband ist homogen. Das ist nur möglich, weil das ganze Filmband gleichzeitig vorhanden ist; weil es sich in der gleichen Gegenwart befindet. Im Ablauf der Zeit hingegen löst sich jedes Bild, das erscheint, indem es erscheint, schon wieder auf und entschwindet – wir wissen nicht, wohin. Die neuen Bilder aber sind noch gar nicht gemacht. Sie liegen noch nicht fest und unterscheiden sich deshalb durch und durch von allen jenen Bildern, die einmal erschienen sind, und von denen wir wissen, daß sie nicht mehr geändert werden können. Vergangenheit, Gegenwart und Zukunft sind nicht homogen, oder genauer gesagt, nicht isomorph. Sie haben nicht die gleiche Gestalt. Haben sie aber verschiedene Gestalt – was berechtigt uns dann, sie mit dem gleichen Namen zu bezeichnen: „die Zeit"?
Deswegen habe ich zunächst nicht von der Vergangenheit sondern von der Vergänglichkeit gesprochen. Die Vergangenheit ist nicht vergänglich. An ihr kann nichts mehr geändert werden. Vergänglich ist die Gegenwart, und nur die Gegenwart kann in der unmittelbaren Auffassung der Zeit unmittelbar erfahren werden. Die Gegenwart erfahren wir als vergänglich; die Gegenwart ist uns nur in der Form gegenwärtig, daß wir erfahren, wie sie sich entzieht und in jene unfaßbare Region entschwindet, die wir als die Vergangenheit zu be-

zeichnen pflegen. Aber indem sich die Gegenwart entzieht, führt sie eine neue Gegenwart herauf, und dieses unablässige Ankommen von neuer Gegenwart ist für die unmittelbare Zeitauffassung ebenso konstitutiv wie das Entschwinden der Gegenwart, die jetzt ist – nein, die soeben war. Indem wir die Vergänglichkeit der Zeit erfahren, erfahren wir zugleich auch ihre Zukünftigkeit. Nur durch einen Akt der gewaltsamen Abstraktion können wir die Vergänglichkeit von der Zukünftigkeit unterscheiden und uns die Zeit als ein Fließband vorstellen, von dem die eine Hälfte Vergangenheit, die andere Hälfte Zukunft heißt, während die Gegenwart durch einen Schnitt bezeichnet wird, der, während wir ihn vollziehen wollen, schon entschwindet. Tatsächlich erfahren wir Vergänglichkeit und Zukünftigkeit in einem. Sie durchdringen sich; sie sind ineinander verschmolzen, ja sie bedingen sich wechselseitig. Das wird erst später zu erklären sein.

⟨*b. Gegenwart*⟩

Vergangen nennen wir, was nicht mehr ist, zukünftig nennen wir, was noch nicht ist. Wäre demnach gegenwärtig das, was ist? Aber indem wir sagen, daß es ist, hat es sich unserem Zugriff bereits entzogen. Es ist nicht mehr das, was es eben war. Es kann nicht festgehalten werden, weil es niemals bestanden hat. Was bleibt, genauer gesagt, was nicht abreißt, ist das Ineinanderübergehen von Vergänglichkeit und Zukünftigkeit. Wir nennen dieses fortwährende Ineinanderübergehen „Gegenwart". Was meinen wir, wenn wir „Gegenwart" sagen? Im Strom der Zeit ist jede Gegenwart neu, einmalig und unvergleichbar. Die Gegenwart, in der wir uns jetzt befinden, ist so noch niemals dagewesen und wird so niemals wiederkehren. Wie aber kommen wir dann überhaupt dazu, ganz allgemein und ohne genaue Zeitbestimmung vorauszusetzen, daß es immer „die Gegenwart" gibt, also einen allgemeinen Begriff zu bilden, von dem wir voraussetzen, daß er sich auf alle Zeiten, die gewesen sind, und auf alle Zeiten, die kommen werden, anwenden läßt? Auf welche Merkmale oder welche Strukturen, die sich im Laufe der Zeit vergleichen lassen, beziehen wir uns, wenn wir „Gegenwart" sagen? Was soll das Wort bedeuten: „Gegenwart"?
Angesichts dieser Frage eröffnet sich erst die ganze Abgründigkeit des Phänomens der Zeit. Wir sind zunächst geneigt zu meinen, die

Frage sei doch sehr einfach: Gegenwart sei die Zeit, in der wir uns hier und jetzt befinden. Wir beziehen also die Gegenwart auf uns selbst. Aber wie steht es dann mit der Vergangenheit? Können wir auch die Vergangenheit auf uns selbst beziehen? Zunächst sind wir geneigt zu antworten, diese Frage sei eben so einfach: die Vergangenheit sei die Summe jener Zeiträume, die jeweils immer für andere Menschen die Gegenwart waren, in der jene Menschen sich befanden. Auch die Menschen vergangener Epochen haben die Gegenwart, in der sie sich befanden, immer als ihre eigene Gegenwart betrachtet. Sie haben sie ebenso auf sich selbst bezogen. Aber woher wissen wir das? Wir wissen das, weil die Vergangenheit *unsere* Vergangenheit ist, mit anderen Worten: weil wir wissen, daß unsere eigene Gegenwart mit der Gegenwart vergangener Geschlechter kontinuierlich verbunden ist. Nur weil wir der Kontinuität, die uns mit früheren Epochen verbindet, gewiß sein können, sind wir gewiß, daß das, was für frühere Geschlechter Gegenwart war, für uns Vergangenheit ist. Unsere Gegenwart ist von der Kontinuität aller früheren und aller zukünftigen Gegenwart getragen und gleichsam umschlossen; diese Kontinuität nennen wir „Zeit". Weil wir uns des Zusammenhanges gewiß sind, der unsere Gegenwart mit der vergangenen Gegenwart und der zukünftigen Gegenwart verbindet, deshalb wissen wir: die Gegenwart liegt in der Zeit. Aber wie steht es nun mit dem Bezug auf uns selbst? Können wir auch die *Kontinuität* der Zeit, die, wie wir sahen, für die Gegenwart konstitutiv ist, auf uns selbst beziehen? Gehört nicht zu unserer Erfahrung der Zeit notwendig hinzu, daß wir wissen, daß die Zeit uns verschlingen wird, daß sie stärker ist als wir selbst und deshalb jedem Versuche spottet, ihr Wesen auf uns selbst zu beziehen und aus dem Bezug auf uns selbst zu deuten? Was bedeutet aber das Wort „Gegenwart", wenn wir die Gegenwart nicht mehr so auslegen dürfen, als wäre die Gegenwart nur darum Gegenwart, weil sie für uns die gegenwärtige Zeit ist? Für wen ist die Gegenwart Gegenwart, wenn nicht für uns?
Damit Sie dies nicht für eine müßige Frage halten, möchte ich durch eine sehr einfache Überlegung deutlich machen, daß auch in unserer unmittelbaren Zeitauffassung der Modus der Gegenwart ohne jeden Bezug auf uns selbst für das Wesen der Zeit konstitutiv ist. Vergangenheit nennen wir den Inbegriff aller Zeit, die einmal Gegenwart war. Was niemals Gegenwart war, ist nicht Vergangenheit. Zukunft nennen wir alle Zeit, die einmal Gegenwart sein wird. Was niemals

Gegenwart sein wird, ist auch nicht Zukunft. Das bedeutet: nur dadurch, daß sie Gegenwart wird, zeitigt sich Zeit. Die Gegenwart ist nicht ein auf der Zeitachse beliebig verschiebbarer Abschnitt der Zeit, sondern die Zeit ist überhaupt nur dadurch Zeit, daß sie die Gegenwart gleichsam durchläuft. Haben wir uns das einmal klargemacht, so ist es nicht mehr möglich, Gegenwart als Gegenwart für uns zu deuten. Wir müssen vielmehr dann das Wesen von Gegenwart rein aus dem Wesen der Zeit selbst ableiten. Dann gibt es nicht Gegenwart, weil es uns gibt, sondern es gibt uns, weil es Gegenwart gibt. Die Gegenwart ist dann der Grund unseres Seins. Damit rückt unversehens die Frage: „Was ist Gegenwart?" uns selbst gleichsam auf den Leib. Wir können dann uns selbst nicht verstehen, solange wir nicht verstehen, was Gegenwart ist. Zugleich ist uns aber schon bei den ganz einfachen und elementaren Fragen, die ich eben gestellt habe, der Sinn des Wortes „Gegenwart" immer dunkler geworden.

Es gibt in uns einen tiefen Instinkt, der sich dagegen zur Wehr setzt, daß uns das Nachdenken über den Sinn des Wortes „Gegenwart" gleichsam den Boden unter den Füßen wegzieht. Wir wissen, daß wir in unserer Gegenwart sind. Wir lassen uns das nicht hinwegdisputieren, und diese unmittelbare Gewißheit ist mit der unmittelbaren Zeitauffassung ebenso unausrottbar verknüpft wie die Erfahrung der Vergänglichkeit mit der Zukünftigkeit, die wir schon besprochen haben. Durch die Erfahrung des ständigen Überganges der Vergänglichkeit in die Zukünftigkeit und der Zukünftigkeit in die Vergänglichkeit glauben wir auch in der Lage zu sein, eine sehr einfache, plausible und unanfechtbare Definition der Gegenwart zu geben. Gegenwart ist eben dieser Übergang der Zukunft in die Vergangenheit, oder genauer gesagt, das Ineinanderübergehen von Zukünftigkeit in Vergänglichkeit. Das ist eine allgemeine Definition, die sich auf jeden beliebigen Abschnitt in dem unendlichen Verfließen der Zeit anwenden läßt. Auch vor fünftausend Jahren war schon Gegenwart der Übergang zwischen Zukunft und Vergangenheit.

Durch diese Definition haben wir die Gegenwart gleichsam zum Stehen gebracht. Gegenwart erscheint nun als ein ein für allemal festgelegter Zustand, den alle Zeit einmal durchlaufen muß. Wir sind durch diese Definition wieder beim Bild des Filmstreifens angelangt. Das, was wir Gegenwart nennen, ist sozusagen der Projektionsapparat, den die Zeit durchlaufen muß, um ihre wechselnden Bilder auf einen unbekannten Bildschirm zu werfen. Wenn das so ist, dann müssen wir die vorhin gemachte Aussage revidieren, Vergänglichkeit und Zukünftigkeit seien Merkmale der Gegenwart selbst. Die Vergänglichkeit und die Zukünftigkeit ergeben sich dann aus der Bewegung des Filmes. Hingegen stehen der Projektionsapparat und der Bildschirm fest. Ein Zeitabschnitt wird dadurch Gegenwart, daß er in den feststehenden Projektionsapparat einrückt und auf den Bildschirm projiziert wird.

Wir haben also nun die Kontinuität der Zeit in zwei getrennte Elemente zerlegt: kontinuierlich ist erstens der Film und seine Bewegung, zweitens der Projektionsapparat und der Bildschirm. Das eine Element ist die Kontinuität der Bewegung des Verfließens der Zeit. Das andere Element ist die Kontinuität des Stehens von Projektionsapparat und Bildschirm oder, wenn wir das technische Bild abstreifen wollen, die Permanenz und Unbeweglichkeit des Lichtes, das der Strom der Zeit durchlaufen muß, wenn seine Abschnitte Gegenwart sein sollen. Ich werde später noch zu erläutern haben, warum sich hier das Bild des Lichtes aufdrängt. Zunächst möchte ich nur darauf aufmerksam machen, daß wir die jetzt gewonnene, auf den ersten Blick so plausible Erklärung der Gegenwart damit erkauft haben, daß wir die Kontinuität der Zeit in zwei Elemente auseinandergebrochen haben, die zueinander in direktem Widerspruch stehen. Die Kontinuität der Zeit ist nunmehr erstens das unablässige Verfließen und zweitens das unablässige Feststehen des Zustandes, den wir Gegenwart nennen. Verfließen und Feststehen widersprechen sich. Ist das Verfließen Zeit, so ist das Feststehen *nicht* Zeit; ist das Feststehen Zeit, so ist das Verfließen *nicht* Zeit. Aus diesem Gegensatz hat sich schon bei den Griechen die Unterscheidung zwischen Sein und Zeit ergeben. Sein ist das Beständige, das Ewige, das von dem Verfließen nicht affiziert wird. Zeit ist der unablässige Übergang von Werden in Vergehen, von Zukunft in Vergangenheit. Auf der Grundlage dieser Entgegensetzung von Sein und Zeit beruht die gesamte europäische Metaphysik. Sie ist auch die Basis für den Gegensatz zwischen ewiger Wahrheit und Geschichtlichkeit, der uns in mannigfaltigen Abwandlungen in dieser Vorlesung immer wieder begegnet ist. Wenn wir die Zeit dazu hätten, ließe sich zeigen, daß die gesamte europäische Philosophie eine einzige Kette von Versuchen ist, den fundamentalen Widerspruch in unserer Auffassung der Gegenwart zu überwinden.

Wenn ich behaupte, hier liege ein Widerspruch vor, so gehe ich von einer Erkenntnis aus, die ebenfalls die gesamte europäische Philosophie durchzieht. Es ist nicht möglich, die beiden einander widersprechenden Elemente der Kontinuität, nämlich erstens das Verfließen und zweitens die Beständigkeit, voneinander zu trennen. Es ist nicht möglich, den Widerspruch so aufzulösen, daß man sagt, die Beständigkeit und das Verfließen gehörten zwei gänzlich verschiedenen Bereichen an: die Beständigkeit dem Bereich des Seins, das Verfließen dem Bereich der Zeit. Es liegt kein Widerspruch vor, wenn wir feststellen, daß sich der Filmstreifen bewegt, der Projektionsapparat hingegen steht; denn der Filmstreifen und der Projektionsapparat sind zwei verschiedene Gegenstände. Aber darin zeigt sich die Unzulänglichkeit des Bildes, das ich gewählt habe, um Ihnen deutlich zu machen, daß der Begriff der Gegenwart in sich einen Widerspruch enthält. *Die Gegenwart selbst* wurde von uns als Übergang von Zukunft in Vergangenheit in einer Definition bestimmt, die ein für allemal gilt und deshalb beständig ist.

Wir fragen nach der Erkenntnis der Zukunft. Die Zukunft gilt als ein Modus der Zeit. Wir können deshalb nichts von der Zukunft erkennen, solange wir nicht verstehen, was oder wie die Zeit ist, und wie wir uns in der Zeit befinden. Deshalb hat uns die Frage nach der Erkenntnis der Zukunft auf die Frage nach dem Wesen der Zeit geführt, und es mag so aussehen, als wäre ich durch diese Wendung von meinem Thema abgewichen, denn wir verlieren die Priorität der Erkenntnis der Zukunft, die ich in einer früheren Stunde behauptet habe, damit aus den Augen. Gesetzt aber, jene Behauptung wäre wahr gewesen, so ist es eine optische Täuschung, wenn es den Anschein hat, als ob wir die Zukunft aus den Augen verlören, wenn wir von Gegenwart und Vergangenheit und von der Zeit überhaupt etwas zu verstehen versuchen. Denn wenn es wahr ist, daß die Erkenntnis der Zukunft für unser Verständnis der Zeit überhaupt eine absolute Priorität besitzt, so erkennen wir Zukunft auch dann, wenn wir Gegenwart und Vergangenheit und wenn wir Zeit überhaupt erkennen. Es ist dann unablässig von Zukunft die Rede, und wenn wir das nicht merken, liegt es nur daran, daß wir die Zukunft noch nicht verstehen.

Ich sage das schon jetzt ausdrücklich, damit Sie nicht den Kurs verlieren, obwohl ich das, was ich soeben sagte, erst begründen kann, wenn wir den zweiten Gang bei unserer Betrachtung des Phänomens der Zeit durchführen und dann die Zeit nicht mehr, wie bei dem ersten Gang, von außen sondern von innen, das heißt von unserem *Zeitverständnis* her betrachten. Der Vorrang der Zukunft tritt erst im Vollzug der *transzendentalen* Erörterung des Phänomens der Zeit ans Licht. Würde ich versuchen, ihn schon jetzt beim bloßen Auffassen des Phänomens der Zeit, so wie es sich uns unmittelbar darbietet, einzuführen, so würde ich die unmittelbare Manifestation des Wesens der Zeit in unserer Zeitauffassung verfälschen und damit nicht nur das Phänomen der Zeit perspektivisch entstellen, sondern uns auch den Zugang zur transzendentalen Erörterung der Zeit versperren.

Es ist sehr wichtig festzustellen, daß die unmittelbare Zeitauffassung mit jener Struktur der Zeit, die sich bei der transzendentalen Erörterung des Phänomens herausstellt, nicht identisch ist, sondern daß zwischen diesen beiden Formen, in denen uns das Phänomen der Zeit begegnet, eine Differenz besteht, die in dem Vorrang der Zukunft für die transzendentale Erörterung begründet ist. Dadurch, daß ich nicht bestrebt bin, diese Differenz vorschnell auszugleichen, sondern daß mir umgekehrt daran liegt, sie in aller Deutlichkeit und Schärfe hervortreten zu lassen, unterscheidet sich das, was ich Ihnen jetzt vortrage, von allen mir bekannten bisherigen Erörterungen des Phänomens der Zeit, einschließlich meines eigenen Entwurfes im letzten Abschnitt meiner Schrift über die „Erfahrung der Geschichte"[32]. Ich gebe jenen Entwurf nicht preis; aber durch die Erkenntnis dieser Differenz wird das, was dort gemeint ist, erst deutlich. Wenn meine Grundthese richtig ist, so ist diese Differenz das große Skandalon in unserem Zeitverständnis, das sich nur von der Erkenntnis der Zukunft her auflösen läßt. Eine Erkenntnis der Zukunft, welche die Differenz zwischen der reinen Phänomenalität der Zeit und der transzendentalen Erörterung dieser Phänomenalität überwindet, kann aber nicht identisch sein mit jener Form der Erkenntnis der Zukunft, welche die transzendentale Erörterung selbst trägt und begründet. Wir werden deshalb das Ziel unseres Weges erst

---

[32] Die Erfahrung der Geschichte, Vortrag im Februar 1957 vor dem seit 1949 bestehenden Göttinger Gesprächskreis der Evangelischen Forschungsakademie zwischen Theologen und Physikern. Der Vortrag gab den Anstoß zur Berufung von Georg Picht zum Leiter der aus der Forschungsakademie hervorgegangenen Forschungsstätte der Evangelischen Studiengemeinschaft. Der Aufsatz erschien 1958 bei Vittorio Klostermann in Frankfurt; jetzt in: Georg Picht, Wahrheit, Vernunft, Verantwortung, a. a. O., 281 ff.; Abschnitt VI, 310–317.

erreichen, wenn es uns gelingt, die Zukunft und damit die Zeit in einer Gestalt zu denken, welche die Differenz zwischen phänomenaler und transzendentaler Zeiterkenntnis überwindet und damit auch das transzendentale Denken transzendiert.

⟨17. Die doppelte Kontinuität der Zeit
in Beständigkeit und Verfließen⟩

Nach diesem Vorblick, der Ihnen die Richtung des Weges, den wir eingeschlagen haben, verdeutlichen sollte, rekapituliere ich auf einer etwas höheren Stufe der Reflexion, was wir in der letzten Stunde vom Phänomen der Zeit zu erhaschen versuchten. Wir gingen von der unmittelbaren Zeitauffassung aus und stellten fest, daß zu allen Zeiten und in allen Völkern die Vergänglichkeit der Zeit das erste war, woran die Macht der Zeit erfahren wurde. Die Zeit entzieht sich uns. Sie entzieht uns uns selbst. Die Zeit läßt Gegenwart in Vergangenheit versinken. Was einmal vergangen ist, ist nicht mehr vergänglich. Es steht fest und kann nicht mehr geändert werden. Vergänglich ist vielmehr die Gegenwart. Wenn wir die Vergänglichkeit der Zeit verstehen wollen, so müssen wir zu verstehen suchen, was Gegenwart ist.

Die Gegenwart ist aber mehr als nur vergänglich; denn indem uns die Vergänglichkeit der Zeit die Gegenwart, in der wir uns befinden, entzieht, führt sie schon eine neue Gegenwart herauf; und dieses unablässige Ankommen von neuer Gegenwart ist für die unmittelbare Zeitauffassung ebenso konstitutiv wie das Entschwinden der Gegenwart, die jetzt ist – nein, die soeben war. Der Vergänglichkeit entspricht die Zukünftigkeit. Wenn aber Vergänglichkeit nicht der Vergangenheit sondern der Gegenwart angehört, so gehört auch die Zukünftigkeit der Gegenwart an. Wir erfahren Vergänglichkeit und Zukünftigkeit in Einem; sie durchdringen sich und sind ineinander verschmolzen, und dieses Ineinanderübergehen von Vergänglichkeit und Zukünftigkeit ist es, was wir die Gegenwart nennen[33].

Dieser letzte Satz ist eine allgemeine Definition der Gegenwart. Wir wissen, daß zu allen Zeiten, die gewesen sind, und in allen Zeiten, die kommen werden, Gegenwart immer ein und dasselbe ist: das

---

[33] Z. T. wörtliches, z. T. paraphrasierendes Zitat von S. 153f.

Ineinanderübergehen von Vergänglichkeit und Zukünftigkeit. Wir wissen das so sicher, daß uns nichts in der Gewißheit dieses Wissens erschüttern kann. Die Gewißheit, daß Gegenwart immer Gegenwart ist, und daß sich die Gegenwärtigkeit von Gegenwart im Übergang von Zukunft in Vergangenheit immer durchhält, ist sogar das Fundament alles möglichen Wissens. Diese Gewißheit ist so unerschütterlich, daß es kein Skeptiker jemals unternehmen konnte, die Gegenwärtigkeit von Gegenwart in Zweifel zu ziehen. Wir setzen sie mit jedem Satz, den wir sprechen, mit jedem Gedanken, den wir denken, voraus, und alles, was die Menschen in der Geschichte des Denkens für gewiß angesehen haben, läßt sich auf diese fundamentale Gewißheit zurückführen. Aber woher kommt uns diese Gewißheit? Was ist ihre Basis?

Wenn wir behaupten, daß zu allen Zeiten Gegenwart immer Übergang von Zukunft in Vergangenheit gewesen ist, machen wir eine Aussage, die einen von uns bisher noch nicht verwendeten Zeitbegriff enthält. Wir sagen, das sei *immer* so gewesen. Der Begriff *immer* impliziert die unzerreißbare Kontinuität der Zeit. Der Begriff Kontinuität kommt vom lateinischen *continere* – zusammenhalten. Die Zeit verfließt nicht nur, sie ist zugleich in sich zusammengehalten. Wenn wir uns aber fragen, wodurch die Zeit in sich zusammengehalten wird, so stellt sich heraus, daß es der Durchgang durch die Gegenwart ist, der die Zukunft mit der Vergangenheit verbindet, und der die unermeßliche Weite der Zeit, die schon gewesen ist, mit der unermeßlichen Weite der Zeit, die kommen wird, zu jener Einheit zusammenschließt, die wir meinen, wenn wir das Wort aussprechen: „die Zeit". Alle Zeit muß gleichsam durch die Gegenwart hindurch; sonst ist sie nicht Zeit. Deshalb bezeichnen wir als Vergangenheit den Inbegriff aller Zeit, die einmal Gegenwart gewesen ist, und als Zukunft den Inbegriff aller Zeit, die einmal Gegenwart wird. In dem Begriff der Gegenwart wird also immer die Kontinuität aller überhaupt möglichen Zeit mitgedacht. Weil wir uns des Zusammenhanges gewiß sind, der unsere Gegenwart mit der vergangenen Gegenwart und mit der zukünftigen Gegenwart verbindet, deshalb wissen wir: die Gegenwart liegt in der Zeit, das heißt sie liegt in der Kontinuität von allem, was einmal Gegenwart war und was einmal Gegenwart sein wird. Es ist nicht möglich, Gegenwart zu denken, ohne die Kontinuität und damit die Einheit der Zeit mitzudenken. Damit bekommt aber die Feststellung, daß Vergänglichkeit und Zukünftigkeit Prädikate der Gegenwart sind, einen neuen Sinn. Durch die Vergänglichkeit ist diese Gegenwart auf alle Gegenwart, die schon gewesen ist, durch die Zukünftigkeit ist sie auf alle Gegenwart, die noch kommen wird, verwiesen. Die Gegenwart ruht nicht in sich selbst, sie ist nicht in sich selbst abgeschlossen, sondern sie ist durch die Kontinuität, in der sie Gegenwart ist, immer aus sich herausgesetzt. Sie ist Gegenwart, weil das, was nicht mehr ist, und das, was noch nicht ist, durch die Kontinuität in ihr präsent ist. Nur weil die Gegenwart als Ineinanderübergehen von Vergänglichkeit und Zukünftigkeit stets aus sich selbst herausgesetzt ist, hat das Lebewesen, das die Zeit versteht, die Seinsverfassung der Existenz.

Die Gegenwart ist also nicht ein auf der Zeitachse beliebig verschiebbarer Abschnitt der Zeit; die Zeitachse liegt der Gegenwart nicht voraus. Vielmehr ist umgekehrt die Zeit überhaupt nur dadurch Zeit, daß sie die Gegenwart gleichsam durchläuft. Nur dadurch, daß sie Gegenwart wird, zeitigt sich Zeit. Aber was heißt dann Gegenwart? Wir können die Gegenwart nun nicht mehr als Gegenwart *für uns* interpretieren. Wir *sind,* weil wir in dieser Gegenwart sind, aber die Gegenwart ist nicht, weil wir sind. Es gibt nicht Gegenwart, weil es uns gibt, sondern es gibt uns, weil es Gegenwart gibt. Kann man sagen, daß es Gegenwart „gibt"? Es gibt sie nicht, aber sie gibt uns unser Sein. Und die Grundverfassung unseres Seins, die Existenz, ist ein Sich-Vergegenwärtigen von Gegenwart. Wir können uns selbst also nur verstehen, wenn wir verstehen, was oder wie Gegenwart ist. Aber der Sinn des Wortes „Gegenwart" ist uns, indem wir ihr nachfragen, immer dunkler geworden.

Nun haben wir aber doch von der Gegenwart eine Definition gegeben, von der wir behauptet haben, daß sie zu allen Zeiten, die gewesen sind, und allen Zeiten, die noch kommen werden, wahr ist. Wir sagten, Gegenwart sei immer der Übergang von Zukunft in Vergangenheit, und wir behaupteten, diese Definition sei so unerschütterlich gewiß, daß sie die Basis aller Gewißheit, die wir überhaupt haben können, darstellt. Betrachten wir uns diese Definition genauer, so stellt sich allerdings heraus, daß sie allen Regeln der Definition widerspricht. Vergangenheit, so sahen wir schon, ist alle Zeit, die einmal Gegenwart gewesen ist. Zukunft ist alle Zeit, die einmal Gegenwart sein wird. Was sich als Definition ausgibt, ist also das Gegenteil einer Definition, denn wir erklären in diesem Satz die Gegenwart durch zwei verschiedene Derivate desselben Begriffes, nämlich der

Gegenwart. Der Satz: „Gegenwart ist der Übergang von dem, was noch nicht Gegenwart ist, in das, was schon einmal Gegenwart war" ist keine Definition der Gegenwart. Das hindert nicht, daß er wahr ist, und wir müssen uns fragen, was er bedeutet.
Die Kontinuität der Zeit tritt in diesem Satz in doppelter Gestalt auf:
1. Die Kontinuität ist das permanente Verfließen als Übergang aus dem Noch-nicht in das Nicht-mehr.
2. Die Kontinuität ist das Feststehen des Zustandes, den wir Gegenwart nennen, und den das Fließen durchlaufen muß.
Wir haben also die auf den ersten Blick so plausible Erklärung der Gegenwart damit erkauft, daß wir die Kontinuität der Zeit in zwei Elemente auseinandergebrochen haben, die zueinander in direktem Widerspruch stehen. Verfließen und Feststehen schließen sich aus. Ist das Verfließen Zeit, so ist das Feststehen *nicht* Zeit; ist das Feststehen Zeit, so ist das Verfließen *nicht* Zeit. Andererseits wissen wir: die Gegenwart ist Zeit und nichts als Zeit. Die Gegenwart trägt also den Widerspruch zwischen Verfließen und Feststehen in sich selbst. Sie ist weder das Verfließen noch das Feststehen; sie ist vielmehr, wenn ich so sagen darf, der unausgefüllte Raum, den wir im Widerspruch zwischen Verfließen und Feststehen nicht überbrücken können. Wenn wir genauer zusehen, wird eben dies in unserer angeblichen Definition der Gegenwart auch ausgesprochen. Wir sagten: die Gegenwart ist der Übergang von Zukunft in Vergangenheit. Das sollte bedeuten: Gegenwart ist immer, zu allen möglichen Zeiten, dieser Übergang. Das „ist" bezeichnet die Beständigkeit; Übergang bezeichnet das Verfließen. Wir hatten also in unserer Definition den unaufhebbaren Widerspruch zwischen Verfließen und Beständigkeit als das Wesen der Gegenwart ausgegeben. Die Definition erklärt nicht nur das selbe durch das selbe, sondern sie erklärt darüber hinaus dieses selbe so, daß es mit sich selbst in Widerspruch gerät.
Wir müssen, um hier weiter zu kommen, noch genauer zu bestimmen versuchen, warum Verfließen und Beständigkeit einander widersprechen. Was meinen wir, wenn wir sagen, daß die Zeit verfließt? Von dem verflossenen Zustand sagen wir: „er ist nicht mehr". Er ist nicht mehr, weil der gegenwärtige Zustand ein anderer ist. Daß er ein anderer ist, erweist sich darin, daß er sich von dem vorhergehenden Zustand unterscheidet, daß er mit ihm nicht zur Deckung gebracht werden kann. Der erste und der zweite Zustand stehen also zueinander in Widerspruch. Wenn der erste ist, kann der zweite nicht

sein; wenn der zweite ist, kann der erste nicht sein. Dieser Widerspruch löst sich auf, wenn wir sagen: „sie sind nicht gleichzeitig sondern nacheinander". Deswegen hat Aristoteles in den Satz vom Widerspruch das Wort „gleichzeitig" aufgenommen [34]. Wenn zwei einander widersprechende Sätze gleichzeitig nebeneinander stehen, so wissen wir, daß nur einer von beiden wahr sein kann. Der eine hebt den anderen auf. Der Widerspruch entfällt, wenn sich die Sätze auf verschiedene Zeiten verteilen. Denn es ist möglich, daß heute ist, was gestern nicht war, und daß gestern war, was heute nicht ist. An diesem Tatbestand erfahren wir das Verfließen der Zeit. Das, was vergangen ist, ist deshalb vergangen, weil ein Satz, der gestern wahr gewesen ist, heute nicht mehr wahr ist.
Ich will das durch einige Beispiele erläutern:
1. Der Satz: „Jetzt hält Herr Picht seine Vorlesung" ist, während ich ihn ausspreche, wahr. Aber in einer Stunde ist er nicht mehr wahr, denn in einer Stunde ist ein Zustand eingetreten, der dem in diesem Satze ausgesprochenen Zustand widerspricht. In einer Stunde sitze ich beim Mittagessen. Von den beiden Sätzen: „Jetzt hält Herr Picht seine Vorlesung" und: „Jetzt sitzt Herr Picht beim Mittagessen" kann gleichzeitig nur einer wahr sein. Sie können aber beide wahr sein, wenn sie sich auf verschiedene Zeiten verteilen. Wenn wir also wissen, daß beide wahr sind, so wissen wir auch, daß zwischen den beiden Zuständen, die sie bezeichnen, eine Zeitspanne verflossen ist. Wir nehmen das Verfließen der Zeit nur daran wahr, daß wir eine unermeßliche Fülle derartiger Widersprüche registrieren und aus der Tatsache, daß einander widersprechende Sachverhalte wahr sind, schließen, daß sie nicht gleichzeitig sind. Den Übergang von einer Wahrheit zu einer ihr widersprechenden Wahrheit bezeichnen wir als Veränderung; aus der Veränderung schließen wir auf das Verfließen von Zeit.
2. Daneben gibt es aber auch Sätze, die wahr bleiben, während andere Sätze falsch werden. Der Satz: „Das Universitätsgebäude liegt am Ludwigsplatz" wird auch wahr sein, wenn der Satz: „Jetzt hält Herr Picht seine Vorlesung" nicht mehr wahr ist. Trotzdem wissen wir, daß eine Gegenwart heraufkommen wird, in der der Satz: „Das Universitätsgebäude liegt am Ludwigsplatz" nicht mehr wahr ist.

---

[34] *Kant hat dem widersprochen, aber Aristoteles hat recht.* Met. IV 1005 b 19f. Der Widerspruch von Kant KrV, B 191f.; 3, 142f.

3. Schließlich gibt es Sätze, die immer wahr sind. Der Satz: „Zwei mal zwei ist vier" ist immer wahr. Aber auch dieser Satz wird von dem Wandel in der Zeit berührt. Er bleibt zwar immer wahr, aber er verändert im Wechsel der Relationen, in denen er steht, seinen Sinn. Diese Behauptung ist nicht evident. Ich habe sie trotzdem jetzt schon ausgesprochen und bitte Sie, mir diese Möglichkeit als eine Hypothese zu konzedieren.

Das Phänomen, das wir „Gegenwart" nennen, ist also sehr viel komplexer, als durch die bloße Feststellung des Widerspruches zwischen Beständigkeit und Verfließen schon hervortritt. Es gibt Sätze, die sind nur einen Augenblick lang wahr. Es gibt Sätze, die sind für eine gewisse Zeitspanne wahr. Es gibt Sätze, die sind für eine unbestimmte aber endliche Zeit wahr. Es gibt schließlich Sätze, die sind immer wahr; aber sie verändern, unbeschadet ihrer bleibenden Wahrheit, ihren Sinn. Nehmen wir an, die Zeitdauer der Gültigkeit von Sätzen sei ein Indiz für die Beständigkeit – und anders läßt sich Beständigkeit nicht ausweisen –; nehmen wir ferner an, das Auftreten von Widersprüchen, also das Aufhören der Gültigkeit von Sätzen, sei ein Indiz für das Verfließen von Zeit – und anders läßt sich das Verfließen von Zeit nicht ausweisen –, so ergibt sich, daß Beständigkeit und Verfließen nicht durch einen eindeutigen und einmaligen Schnitt voneinander getrennt sind, sondern in einer Unzahl von Modifikationen ineinander übergehen. Man könnte den Bereich der Beständigkeit als einen Kegel darstellen, an dessen Spitze die nur für einen Augenblick gültigen Sätze, an dessen Basis die immer gültigen Sätze stehen. Dieser Kegel würde darstellen, wie sich das Licht der Beständigkeit im Medium des Verfließens kontinuierlich ausbreitet. Man könnte umgekehrt das Medium des Verfließens durch eine Projektion der in die Beständigkeit eingreifenden Widersprüche darstellen. Die beiden Projektionen – die Projektion der Beständigkeit und die Projektion des Verfließens – würden sich derart überlagern, daß kein Segment der Beständigkeit von dem Verfließen und kein Segment des Verfließens von der Beständigkeit ausgenommen wäre. Fragen wir angesichts dieses Bildes nach der Gegenwart, so ergibt sich: der Satz: „Jetzt ist Gegenwart" ist äquivalent mit dem Satz: „Jetzt ist diese Aussage wahr". An der Spitze des Kegels der Beständigkeit ist nur für einen Augenblick Gegenwart. An der Basis des Kegels der Beständigkeit ist immer Gegenwart. Der Übergang von der Spitze zur Basis ist aber kontinuierlich, und erst durch diese Kontinuität des Überganges von einer Gegenwart, die nur für einen Augenblick, bis zu einer Gegenwart, die immer dauert, konstituiert sich von der Beständigkeit her das volle Phänomen der Gegenwart. Zugleich aber ist Gegenwart immer Übergang von Zukunft in Vergangenheit. Wenn wir den Übergang von Zukunft in Vergangenheit analog zur Beständigkeit daran abmessen, daß Aussagen, die bisher wahr gewesen sind, falsch werden, und neue Aussagen, die vorher nicht wahr gewesen sind, wahr werden, so ergibt sich auch hier, daß nicht mit einem Schlag die Gesamtheit aller wahren Sätze falsch wird, und eine Gesamtheit von vorher nicht wahren Sätzen wahr wird; vielmehr vollzieht sich ein kontinuierlicher Übergang von Aussagen, die jetzt, in diesem Augenblick, falsch werden, zu Aussagen, die erst später, und schließlich zu Aussagen, die nie falsch werden. Der Satz: „Ich halte die Kreide in der Hand" wird jetzt, indem ich sie fallen lasse, falsch. Aber der Satz: „Die Kreide befindet sich in diesem Hörsaal" bleibt wahr. Er wird erst falsch, wenn jemand sie herausträgt, oder wenn sie ganz abgenutzt und auch ihre pulverisierten Reste allmählich durch die Putzfrauen entfernt worden oder auf andere Weise verschwunden sind. Der Satz: „Der Hörsaal befindet sich im Universitätsgebäude" ist solange wahr, als das Universitätsgebäude und damit auch der Hörsaal steht. Würde das Gebäude einem anderen Zweck überführt, so bliebe er zum Teil noch wahr; aber ich müßte den Begriff „Universitätsgebäude" und den Begriff „Hörsaal" durch andere Begriffe ersetzen. Der Satz bliebe wahr, aber er hätte seine Bedeutung verändert. Wir wissen aber, daß das Gebäude entweder abgerissen oder durch eine Katastrophe zerstört werden oder durch Vernachlässigung verfallen wird. Wir wissen jedenfalls mit Sicherheit, daß eines Tages keine Veränderung der Begriffe die Wahrheit des Satzes mehr erhalten kann, sondern daß er gänzlich unwahr wird. So könnte ich fortfahren, aber das Gesagte genügt, um zu demonstrieren, daß der Projektion der Beständigkeit eine Projektion des Verfließens entspricht, und daß es kein Element im Kegel der Beständigkeit gibt, das schließlich nicht in der Projektion des Verfließens auch auftritt. Nennen wir „vergangen" alle Aussagen, deren Wahrheit aufgehoben wird, „zukünftig" alle Aussagen, deren Wahrheit neu eingeführt wird, und halten wir daran fest, daß der Inbegriff aller Aussagen, die gleichzeitig wahr sind, den Bereich der Gegenwart ausmacht, so ergibt sich ein deutliches Bild davon, wie sich Vergangenheit, Gegenwart und Zukunft ineinander schieben,

überlagern, miteinander verschmelzen. Man kann zwar innerhalb gewisser Grenzen die Gültigkeitsdauer von bestimmten Aussagen eindeutig bestimmen, aber man kann nie eindeutig angeben, wann insgesamt Zukunft beginnt, Vergangenheit beginnt, Gegenwart aufhört. Aus diesem Grunde ist es prinzipiell unmöglich, die Zeit eindimensional als eine Linie abzubilden, auf der sich jeder Punkt eindeutig der Vergangenheit, der Gegenwart oder der Zukunft zuordnen läßt. Die Zeit ist vielmehr, wie ich schon früher sagte, ein vieldimensionales offenes System. Überall, wo in der Differenz zwischen Beständigkeit und Verfließen ein Widerspruch auftritt, sind wir genötigt, in eine neue Dimension überzugehen, bis wir zum Schluß zu einer dreifachen Feststellung gelangen:
1. Die Gegenwart ist unendlich.
2. Die Vergangenheit ist unendlich.
3. Die Zukunft ist unendlich.
Wir werden später versuchen müssen, das Rätsel, das sich in der untrennbaren Verbindung dieser drei Sätze verbirgt, zu entziffern. Das zwingt uns dann zum Übergang von der ersten, phänomenalen Betrachtung zur zweiten, der transzendentalen Betrachtung der Zeit. Aber die rein phänomenale Betrachtung gelangt mit diesen drei Sätzen an eine Grenze. Wir müssen deshalb an dieser Stelle umkehren und genauer zusehen, was wir auf unserem vorschnellen Durchgang zu diesen Sätzen übersprungen, was wir ganz unbedacht vorausgesetzt, und was wir vielleicht unterschlagen haben.

⟨18. Zwischenbemerkung zur Methode der Untersuchung⟩

Wir haben in der letzten Vorlesungsstunde die Betrachtung des Phänomens der Zeit, wie es sich in der unmittelbaren Zeitauffassung darbietet, bis zu dem Punkt geführt, an dem sich einsehen ließ, daß wir die jedem von uns geläufigen Sätze:
1. Die Vergangenheit ist unendlich.
2. Die Zukunft ist unendlich,
durch einen dritten, höchst paradoxen Satz ergänzen müssen:
3. Die Gegenwart ist unendlich.
Durch die Einführung dieses dritten Satzes erfährt der Begriff „unendlich" in allen drei Sätzen eine solche Modifikation, daß es fraglich ist, ob wir nicht genötigt sind, einen neuen Begriff einzufüh-

ren, der eine Ausdehnung bezeichnen würde, die weder endlich noch unendlich ist und damit allen Regeln einer zweiwertigen Logik widersprechen würde. Aber das sind Überlegungen, auf die wir noch nicht vorbereitet sind, und die ich hier nur erwähne, um Ihnen eine Ahnung davon zu vermitteln, in welche Regionen des Denkens man schon durch so einfache Überlegungen geführt wird, wie ich sie Ihnen bisher vorgetragen habe. Dies gibt mir aber den Anlaß, an dem Abschnitt, den wir erreicht haben, zwei Bemerkungen einzuschieben, die Ihnen vielleicht verständlicher machen werden, wovon die Rede ist, wenn wir das Wesen der Zeit untersuchen.

Die erste Bemerkung ist mehr methodischer Art. Da jedes Nachdenken über die Zeit und über alles, was in der Zeit ist, sei es direkt, sei es indirekt, von unserer unmittelbaren Zeitauffassung ausgeht, ist es eine Forderung der methodischen Sauberkeit, daß wir uns zunächst klarmachen, wie sich das Phänomen der Zeit in dieser unmittelbaren Zeitauffassung manifestiert. Bisher haben sich die Philosophen durch eine Reihe von schwer zu erschütternden Axiomen immer gezwungen gesehen, die Zeit in anderer Gestalt zu denken, als wie sie in der unmittelbaren Zeitauffassung erscheint; aber auch Abweichungen von der unmittelbaren Zeitauffassung müssen durch einen Vergleich mit dieser Zeitauffassung bestimmt und gerechtfertigt werden. Wenn wir die genaue Explikation der unmittelbaren Zeitauffassung überspringen, wie es bisher immer geschehen ist, so besteht die Gefahr, daß wir das Phänomen der Zeit deshalb verfehlen, weil wir bestimmte Aspekte des unmittelbaren Phänomens der Zeit isolieren und in ihrer Vereinzelung verabsolutieren. Vielleicht ist unsere unmittelbare Zeitauffassung klüger als die Reflexionen des Denkens über das, was sie uns darbietet. Vielleicht bleibt unser Denken hinter dem, was unser Verständnis der Zeit uns anbietet, in der Regel zurück.

Nun habe ich freilich, indem ich das sage, von den Begriffen „unmittelbar", „Auffassung", „Phänomen" und „Denken" einen sehr unvorsichtigen Gebrauch gemacht – hat uns doch Hegel gründlich darüber belehrt, daß alles, was wir für unmittelbar halten, immer schon in sich vermittelt ist, und daß es insbesondere eine unmittelbare Auffassung der Zeit weder gibt noch geben kann [35]. Die Redeweise,

---

[35] Der Gedanke durchzieht das Werk Hegels; zwei Belege: Phänomenologie des Geistes, 3, 88f.; 2, 88ff. und 3, 612f.; 2, 558. GP zitiert Hegel nach der Jubiläums-Aus-

deren ich mich bedient habe, ist also nur erlaubt, wenn man den Begriff „unmittelbar" anders versteht, als Hegel ihn verstanden hat. Dann ändert sich aber alsbald auch die Bedeutung aller übrigen Begriffe – des Begriffes „Phänomen", des Begriffes „Auffassung" und des Begriffes „Denken". Ich erwähne das, um deutlich zu machen, daß ich mir dieser Probleme bewußt bin. Eine Rechtfertigung meines Verfahrens kann sich erst aus dem zweiten Gang, nämlich der transzendentalen Erörterung unseres Zeitverständnisses ergeben. An dem jetzigen Abschnitt unseres Weges kann ich Sie nur auffordern, mir wenigstens als Hypothese zu konzedieren, daß alles menschliche Denken und Handeln und alles menschliche Weltverständnis von einem Vorverständnis des Wesens der Zeit getragen ist, das wir thematisieren müssen, wenn wir uns über unser Denken und Handeln Rechenschaft ablegen wollen. Bei dem Versuch der Thematisierung dieses Zeitverständnisses verfolge ich die Methode, daß ich versuche, die Implikationen analytisch zu entwickeln, die in diesem Zeitverständnis enthalten sind. Ich habe zunächst damit begonnen, nach dieser Methode die Implikationen des Begriffes der Gegenwart zu analysieren, und habe dabei der unmittelbaren Zeitauffassung den Satz entnommen: Gegenwart sei immer der Übergang von Zukunft in Vergangenheit. Da schwerlich bestritten werden kann, daß die unmittelbare Zeitauffassung, wo immer Menschen sie ausgesprochen haben, diesen Satz enthält oder voraussetzt, bleiben wir innerhalb der Grenzen der unmittelbaren Zeitauffassung, wenn wir nichts Weiteres zu leisten versuchen, als uns die Implikationen dieses Satzes klarzumachen.

Aber Sie haben ein Recht zu fragen, wie man methodisch vorgeht, wenn man die Implikationen eines solchen Satzes entfalten will. Solange unser Denken versäumt, sich über sein eigenes Vorgehen Rechenschaft abzulegen, bleibt es im Vorfeld der Philosophie. Ich möchte deshalb mit einem gewissen Vorgriff auf die transzendentale Erörterung unseres Zeitverständnisses einen Hinweis auf die Methode einschalten.

Die Auslegung eines Satzes auf die in ihm enthaltenen Implikationen

---

gabe von Hermann Glockner (Reprint: Fromann-Holzboog, 1956). Für die Studienausgabe werden die Glockner-Zitate ergänzt durch die Seitenzahlen der besonders leicht zugänglichen und vollständig vorliegenden Theorie Werkausgabe, Frankfurt: Suhrkamp, 1969ff.

ist eine Aufgabe der Hermeneutik. Jede Hermeneutik bewegt sich ausdrücklich oder unausdrücklich innerhalb eines hermeneutischen Horizontes. Jede Verschiebung oder Erweiterung des hermeneutischen Horizontes deckt neue und andere Implikationen auf. Bei jeder Verschiebung des hermeneutischen Horizontes ergibt sich zugleich die Gefahr, daß das, was früher schon erkannt worden ist, hinter der Linie des Horizontes gleichsam verschwindet. Der hermeneutische Horizont verändert sich deshalb selbst in der Zeit, und jedes Nachdenken über die Zeit muß diesen sehr hintergründigen Aspekt der Zeit selbst ausdrücklich mit bedenken.

In der Verschiebung des hermeneutischen Horizontes vollzieht sich Geschichte. Deshalb ist es ein Gebot der Methode, daß wir uns klarmachen, wie unser Standort in der Geschichte den hermeneutischen Horizont für die Explikation unseres Vorverständnisses von Zeit bestimmt. Ich begnüge mich damit, hierzu einige summarische Feststellungen zu machen.

1. Unser hermeneutischer Horizont ist bestimmt durch die bisherige Geschichte des Denkens. Wir stehen an einem großen Wendepunkt, an dem sich herausstellt, daß die Gestalt, in der die europäische Philosophie von Parmenides bis Hegel das Wesen der Zeit und alles dessen, was in der Zeit ist, zu denken versuchte, nicht mehr trägt. Seit Nietzsche ist dem europäischen Denken bewußt geworden, daß nicht nur die Philosophie sondern auch die Theologie, die positiven Wissenschaften, die Moral, die Politik und die gesamte Weltordnung der vergangenen zwei Jahrtausende durch jene Gestalt des Denkens bestimmt waren, die man als „Metaphysik" zu bezeichnen pflegt. Die gegenwärtige Epoche in der Geschichte des Denkens steht deshalb im Zeichen einer großen Krise der Metaphysik, die nicht nur die Philosophie etwas angeht, sondern sämtliche Sphären des menschlichen Lebens ergreift. Nietzsche hat diese große Krise unter dem Titel „die Heraufkunft des europäischen Nihilismus" vorausschauend analysiert[36]. Seit Heidegger beginnen wir zu erkennen, daß die gesamte Metaphysik auf einem bestimmten Zeitverständnis beruht. Deswegen erreichen wir mit der Frage nach dem Wesen der

---

[36] So z. B. in den nachgelassenen Fragmenten November 1887 – März 1888, KGW VIII 2, 11 [411], 431. Nietzsche wird nach der kritischen Gesamtausgabe von Giorgio Colli und Mazzino Montinari, Berlin/New York: de Gruyter, 1967ff., zitiert. Vgl. auch Georg Picht, Nietzsche, a. a. O., insbes. Kapitel I,8.

Zeit den innersten Kern der Krise der Metaphysik. Dies muß man wissen, wenn man den hermeneutischen Horizont erkennen will, in dem wir uns bewegen, wenn wir heute nach dem Wesen der Zeit fragen.
2. Durch die *Krise* der Metaphysik wird uns allmählich deutlich, was *die positive Leistung* der Metaphysik für das Weltverständnis der Menschen gewesen ist. In der Metaphysik sind gewisse Grundvoraussetzungen enthalten, die es möglich gemacht haben, die Welt der Menschen und den Kosmos von den gleichen Axiomen her zu verstehen und damit zugleich die Stellung des Menschen innerhalb des Kosmos verständlich zu machen. Durch die Krise der Metaphysik ist das Band zwischen Geschichte und Natur, zwischen Politik und Wahrheit, zwischen menschlicher Gesellschaft und Natur für unser Denken zerrissen. Das hat insbesondere für die Theologie unabsehbare Folgen und ist der eigentliche Grund für jene Geisteshaltung, die Nietzsche als Nihilismus beschreibt. In derselben Epoche, in der wir die Fähigkeit verloren haben, Natur- und Geisteswissenschaften noch innerhalb desselben Horizontes zu verstehen und miteinander in Verbindung zu bringen, hat aber die Expansion von Naturwissenschaft und Technik die politische, soziale und geistige Existenz des Menschen in eine nahezu totale Abhängigkeit von seiner Erkenntnis der Natur gebracht. Die Krise der Metaphysik hat uns also gerade der Erkenntnis beraubt, deren wir in der gegenwärtigen Phase der Menschheitsgeschichte am dringendsten bedürftig sind.
Daraus ergibt sich, unter welcher Perspektive wir heute die Frage nach dem Wesen der Zeit zu stellen haben. Ich sagte schon, daß die gesamte Metaphysik auf einem bestimmten Verständnis des Wesens der Zeit beruhte. Die Metaphysik vermochte die Natur und die Geschichte des Menschen in einem Horizont zusammenzuschließen, weil sie von ihrem Zeitverständnis aus den Zusammenhang von Natur und Geschichte aus jenen gemeinsamen Grundvoraussetzungen erklären konnte, die sich daraus ergeben, daß die Vorgänge in der Natur und die Geschichte des Menschen in einer und derselben Zeit verlaufen. Dadurch, daß die metaphysische Form, das Wesen der Zeit zu begreifen, in eine Krise geraten ist, wurde die Wahrheit des Satzes doch nicht angetastet, daß die Geschichte der Menschen sich in der gleichen Zeit bewegt, in der sich auch die Sterne bewegen. Damit ist schon die Aufgabe, die wir zu lösen haben, formuliert: wir müssen versuchen, das Wesen der Zeit so zu explizieren, daß einsich-

tig wird, daß die rein zeitlichen Strukturen, innerhalb deren alle Naturvorgänge verlaufen, mit den rein zeitlichen Strukturen, innerhalb deren die Geschichte der Menschheit verläuft, identisch sind. Nur so läßt sich ein Zugang zum Verständnis der Stellung des Menschen in der Natur wiedergewinnen.

3. Diese Problemstellung erlaubt uns nun, den hermeneutischen Horizont, in dem wir uns bewegen, noch genauer zu bestimmen. Wir haben die Auflage, das Wesen der Zeit so zu explizieren, daß in dieser Explikation jene neuen Einsichten in die Struktur der Zeit Raum finden, die uns die Entwicklung der modernen Physik auf der einen Seite, die Entwicklung der Geschichtswissenschaften und Sozialwissenschaften auf der anderen Seite vermittelt haben. Ich habe versucht, Ihnen in der ersten Hälfte dieser Vorlesung einen Einblick in die Struktur der ausschließlich aus den Geisteswissenschaften hervorgegangenen Philosophie von „Sein und Zeit" zu vermitteln. Der Gedankengang, den ich jetzt im Zug der phänomenalen Betrachtung der Zeit durchführe, ist unter anderem auch durch die Absicht bestimmt, einen philosophischen Zugang zum Verständnis und zur Deutung des Zeitbegriffes der Relativitätstheorie zu gewinnen. Man ist im allgemeinen der Auffassung, daß Einsteins Theorie über die Zeit nicht zuletzt deshalb unverständlich sei, weil sie sich mit der „natürlichen" Zeitauffassung nicht vereinen läßt. Ich bin umgekehrt der Meinung, daß das in der bisherigen Gestalt der Relativitätstheorie vielleicht noch unvollkommen hervortretende neue Zeitverständnis unserer unmittelbaren Zeitauffassung besser entspricht als das Zeitverständnis der klassischen Physik. Das kann ich Ihnen hier nicht erklären, aber ich war Ihnen doch diesen Hinweis schuldig. Ich orientiere mich also unausdrücklich stets auch an der Zeitauffassung der Naturwissenschaften. Dabei muß ich aber, wie ja schon diese methodische Zwischenbemerkung zeigt, stets auch die Zeitauffassung der Geschichtswissenschaften und der Sozialwissenschaften im Auge haben; denn wenn ich mich nicht im Fortgang der Untersuchung, auch wo es nicht expliziert wird, ständig an der Aufgabe orientieren würde, die in diesen Wissenschaften hervortretenden heterogenen Aspekte der Zeit miteinander in Zusammenhang zu bringen, so könnte ich die uns gestellte Aufgabe nicht lösen. Ich kann Ihnen nicht Satz für Satz explizit deutlich machen, wie ich mich auf den hermeneutischen Horizont, der durch diese Feststellung umrissen ist, beziehe; deshalb hielt ich es für nötig, Ihnen wenigstens an einer

Stelle schon jetzt in groben Zügen zu zeigen, durch welche Leitgedanken meine Methode bestimmt ist[37].

⟨19. Der Zusammenhang zwischen Zeit und Wahrheit⟩

Wir haben festgestellt, daß in der Definition der Gegenwart als Übergang von Zukunft in Vergangenheit ein Widerspruch enthalten ist: der Widerspruch zwischen Beständigkeit und Verfließen. Die philosophische Tradition bezeichnet das Prinzip der Beständigkeit als das Prinzip der Identität; denn beständig ist das, was sich selbst gleich bleibt. Das Prinzip des Verfließens ist das Prinzip der Differenz; denn das Verfließen erkennen wir, wie gezeigt, an dem Unterschied zwischen dem, was wahr gewesen ist und nicht mehr wahr ist, dem, was jetzt wahr ist, aber nicht wahr gewesen ist, und dem, was wahr sein wird, aber jetzt nicht wahr ist und zuvor nicht wahr gewesen ist. Der Gegensatz zwischen Identität und Differenz und der davon unterschiedene Gegensatz zwischen den verschiedenen Momenten der Differenz, also das fortgesetzte Widerspiel zwischen zwei verschiedenen Gestalten der Gegensätzlichkeit von Gegensätzen, entfaltet sich in der Dialektik. Die Dialektik ist bei Hegel der Prozeß der beständigen Aufhebung der Gegensätzlichkeit in der Differenz durch die Aufhebung des Gegensatzes zwischen Differenz und Identität, also die Aufhebung des Verfließens der Zeit in der ewigen Gegenwärtigkeit von Gegenwart. Indem wir versuchen, uns die Bedeutung des Begriffes der Gegenwart klarzumachen, haben wir zugleich den phänomenalen Horizont von Hegels Dialektik aufgedeckt. Deshalb sagte ich in einer früheren Stunde, die Zeit sei der Horizont der Dialektik. Wir können jetzt präziser sagen: der Horizont der Dialektik ist nicht die Zeit überhaupt sondern die Gegenwärtigkeit der Zeit. Indem wir nach der Erkenntnis der Zukunft fragen, fragen wir über die Dialektik hinaus. Wir verlassen den Horizont der Metaphysik, in den die Dialektik gebunden bleibt.

[37] An dieser Stelle folgen im Manuskript die folgenden Sätze: *Dies war die erste Zwischenbemerkung. Die zweite Zwischenbemerkung soll einen bestimmten, aber zentralen Punkt, nämlich das Verhältnis dieses Versuches zur Dialektik von Hegel verdeutlichen.* Sie wurden in die Anmerkungen verwiesen, weil sich der folgende Gedankengang rasch von der Frage nach der Hegelschen Dialektik entfernt. Die Seiten 158 (Mitte) – 183 bilden eine zweiteilige Einfügung in das ursprüngliche Manuskript. Der erste Teil endet hier.

Wir sind bei unserer Analyse der Zeit von der unmittelbaren Zeitauffassung ausgegangen. Für die unmittelbare Zeitauffassung entfaltet sich die Zeit in den drei sogenannten Modi der Vergangenheit, der Gegenwart und der Zukunft. Vergangenheit ist alles, was einmal Gegenwart war; Zukunft ist alles, was einmal Gegenwart sein wird. Die Gegenwart hat also in der Phänomenalität der Zeit, wie sie sich unserer unmittelbaren Zeitauffassung darbietet, unter den drei Modi der Zeit den Vorrang. Wer verstehen will, was Zeit ist, der muß verstehen, was Gegenwart ist. Nun zeigte sich, daß in jener Auffassung der Gegenwart, die unser gesamtes Zeitverständnis trägt, ein Widerspruch enthalten ist. Wir sagen: „Gegenwart ist immer der Übergang von Zukunft in Vergangenheit". „Immer" ist eine Zeitbestimmung, welche die sich gleichbleibende Beständigkeit bezeichnet. „Übergang" hingegen ist Wechsel, Veränderung, Differenz. Was immer sich selbst gleichbleibt, verändert sich nicht. Was sich verändert, bleibt sich nicht gleich. Die beiden Bestimmungen der Gegenwart schließen sich also wechselseitig aus. Trotzdem ist keine dieser beiden Bestimmungen aus dem Begriff der Gegenwart hinwegzudenken. Die Gegenwart ist weder die isolierte Beständigkeit noch das isolierte Verfließen; sie ist vielmehr dieser Widerspruch selbst. Deshalb hat Hegel das Absolute als die Identität von Identität und Nicht-Identität bestimmt. Er bestimmt das Absolute als ewige Gegenwart.

Um nun den Sinn dieses Widerspruches genauer bestimmen zu können, haben wir in der vorigen Stunde einen sehr wichtigen aber keineswegs selbstverständlichen Schritt vollzogen. Wir haben versucht, uns klarzumachen, was wir eigentlich meinen, wenn wir von Verfließen und von Beständigkeit sprechen. Das Verfließen von Zeit, so sagten wir, nehmen wir wahr durch die Veränderung. Daß eine Veränderung eingetreten ist, weist sich immer dadurch aus, daß eine Aussage, die wahr gewesen ist, jetzt nicht mehr wahr ist. Die Aussage: „Ich halte die Kreide in der Hand" ist nicht mehr wahr, wenn die Veränderung eingetreten ist, daß ich die Kreide fallen lasse. Jetzt ist die entgegengesetzte Aussage wahr: „Ich halte die Kreide nicht in der Hand". Wir registrieren unablässig eine unendliche Menge von Veränderungen. Dadurch erfahren wir, daß die Zeit verfließt. Umgekehrt läßt sich die Beständigkeit nur dadurch ausweisen, daß eine Aussage, die wahr gewesen ist, wahr bleibt. Wenn nun Verfließen und Beständigkeit die beiden Momente der Gegenwart ausmachen, so ergibt sich, daß wir die Beständigkeit der Gegenwart an dem

Wahrbleiben von Aussagen, das Verfließen von Gegenwart in Vergangenheit an dem Falschwerden von Aussagen und das Auftauchen neuer Gegenwart an der Möglichkeit neuer wahrer Aussagen erkennen. So sind wir zu der Feststellung gelangt, daß es nicht zulässig ist, die Gegenwart punktuell auf einen einzigen Augenblick zu beschränken. Die Gegenwart reicht vielmehr, von der Seite der Beständigkeit her betrachtet, von den Aussagen, die nur einen Augenblick lang wahr sind, über die Aussagen, die für eine endliche Zeitdauer wahr sind, bis zu den Aussagen, die immer wahr sind, dabei aber durch den Wechsel aller Relationen, in denen sie stehen, ihren Sinn verändern. Das Entsprechende gilt umgekehrt von der Veränderung; ich brauche das hier nicht zu wiederholen. Wenn nun die Beständigkeit kontinuierlich den gesamten Bereich zwischen Jetzt und Immer ausfüllt, so ergibt sich, daß der Widerspruch zwischen Beständigkeit und Verfließen durch unendliche Übergänge vermittelt ist. Jedes Verfließen wird von einer übergeordneten Beständigkeit zusammengehalten. Jede Beständigkeit ist in einem Verfließen eingeschlossen. Das Verfließen verfließt in Relation auf Beständiges, das bleibt. Würde alles gleichzeitig verfließen, so könnten wir das Verfließen nicht mehr wahrnehmen; die Zeit wäre erloschen. Umgekehrt sprechen wir von Beständigkeit in Relation auf ein Verfließen. Wäre alles beständig, so verlöre der Begriff der Beständigkeit seinen Sinn; die Zeit wäre erstarrt. Damit wird schon verständlicher, weshalb wir Gegenwart nur durch den Widerspruch von Beständigkeit und Verfließen definieren können. Die Gegenwart ist wirklich dieser Widerspruch. Heben wir den Widerspruch auf, so haben wir die Zeit überhaupt aufgehoben. Es hat demnach seinen guten Sinn, daß wir auch Vergangenheit und Zukunft mit Hilfe der Gegenwart definieren; denn Gegenwart bedeutet, wie wir jetzt sehen, daß die Einheit der Zeit in jedem möglichen Augenblick präsent ist. Jeder mögliche Modus der Zeit muß zugleich die Einheit der Zeit repräsentieren. Jeder Modus der Zeit ist ein Modus *in* der Zeit. Deshalb kann Zeit nur sein, was die Gegenwart durchläuft, durchlaufen hat oder durchlaufen wird.
Aber zu allen diesen Feststellungen sind wir nur dadurch gelangt, daß wir behauptet haben, die *Beständigkeit* würde ausgewiesen durch die Zeitdauer der Gültigkeit von Sätzen, die *Veränderung* und damit das Verfließen würde aufgewiesen durch das Auftreten von Widersprüchen, also durch das Aufhören der Gültigkeit von Sätzen.

Diese Voraussetzung müssen wir nun genauer betrachten, denn es könnte ja sein, daß wir etwas vorausgesetzt haben, was zwar auf den ersten Blick als plausibel erscheint, aber einer genauen Prüfung nicht standhält.

Ein Satz ist gültig, das bedeutet: die in ihm enthaltene Aussage ist wahr. Aussagen werden von Menschen gemacht. In ihnen spricht sich unsere Erkenntnis aus. Wie kommen wir dazu zu behaupten, der wirkliche Gang der wirklichen Zeit könne an Aussagen abgemessen werden? Haben wir hier nicht auf ganz und gar unzulässige Weise die Zeit, in der alles ist, was überhaupt sein kann, auf das Erkennen und die Aussagen von Menschen bezogen?

Wir könnten uns diesem Einwand entziehen, indem wir antworten, daß wir uns ja von Anfang an nichts anderes vorgenommen haben, als das Phänomen der Zeit so zu beschreiben, wie es sich in unserer unmittelbaren Zeitauffassung manifestiert. Wenn sich bei der Analyse dieser unmittelbaren Zeitauffassung herausstellt, daß sich das menschliche Erkennen in diese Zeitauffassung mit einmengt, so ist dadurch unsere Beschreibung des in der Zeitauffassung sich manifestierenden Phänomens der Zeit nicht widerlegt – im Gegenteil: man könnte die Meinung vertreten, unsere Beschreibung des Phänomens sei dadurch bestätigt. Aber unser Gesprächspartner wird sich mit einer solchen Antwort nur widerwillig zufriedengeben, denn er will wissen, wie die wirkliche Zeit wirklich ist. Und wenn wir ihm antworten, daß wir in unserem Auffassen der Zeit, wie sie wirklich ist, über die Formen unseres Auffassens niemals hinwegkommen können, so wird er uns fragen, wozu wir denn überhaupt denken, wenn wir von vornherein zu wissen glauben, daß wir die Wahrheit nicht erkennen können. Wenn er genügend Mut und Entschiedenheit hat, wird er uns darüber hinaus beweisen, daß die Annahme von festen Formen der Zeitauffassung einen Zeitbegriff impliziert, der sich mit jenem Phänomen der Zeit, das wir beschrieben haben, nicht zur Deckung bringen läßt. Ich will diese Frage hier nicht vertiefen, weil sie erst auf dem zweiten Gang, nämlich bei der transzendentalen Erörterung unseres Zeitverständnisses diskutiert werden kann. Ich durfte die Frage aber auch nicht unterschlagen, denn ich mußte Sie darauf aufmerksam machen, daß die methodisch unerläßliche Trennung der phänomenalen und der transzendentalen Betrachtung dem Phänomen der Zeit, wie es in Wahrheit ist, Gewalt antut, und daß in Wahrheit der phänomenale und der transzendentale Aspekt fortwährend ineinander übergreifen. Der Einspruch, den ich eingeführt habe, soll uns zunächst nur dazu veranlassen zu prüfen, ob nicht in unserer Hypothese, daß sich Beständigkeit und Verfließen in der Zeit an der relativen Dauer der Gültigkeit von Aussagen ausweisen lassen, Implikationen enthalten sind, die uns auch bei der phänomenalen Betrachtung der Zeit noch weiterhelfen können.

Was meinen wir, wenn wir sagen, ein Satz sei gültig? In jedem Satz wird eine Aussage gemacht; die Aussage verweist auf Sachverhalte. Ich unterscheide deshalb Satz, Aussage und Sachverhalte. Der Satz ist ein Mittel der Kommunikation zwischen Menschen. Durch den Satz vermittle ich anderen Menschen die in der Aussage enthaltene Erkenntnis. Man kann diese Erkenntnis, ohne die in ihr enthaltene Wahrheit anzutasten, in sehr verschiedenartigen Sätzen aussprechen; denn in den Sätzen nehmen wir Bezug auf den Verständnishorizont der Menschen, zu denen wir in Sätzen sprechen. Der Satz soll verständlich, die Aussage soll wahr sein. In der Unterscheidung von Aussage und Satz verbirgt sich ein Aspekt der Zeit. Denn der Verständnishorizont der Menschen ist in einem fortwährenden Wandel begriffen, der mit dem Wandel in der Wahrheit der Aussagen nicht gleichgeordnet ist. Es kann also nötig sein, daß man die selbe Aussage in immer anderen Sätzen aussprechen muß, weil die Aussage beständig bleibt, während der Verständnishorizont sich wandelt. Das ist der Grund, weshalb es nötig ist, zwischen Satz und Aussage zu unterscheiden.

Aber wie steht es nun mit den Aussagen selbst? Eine Aussage ist solange wahr, als der Sachverhalt besteht, den sie aufweist. Verändert sich der Sachverhalt, so wird sie falsch – es sei denn, daß wir die Veränderung in der Zeit in die Aussage mit aufnehmen, also zum Beispiel die Aussage: „Die Kreide ist in meiner Hand" ersetzen durch die Aussage: „Die Kreide war in meiner Hand". Verändern wir den Modus der Zeit, so wird die Aussage, die falsch geworden war, wieder wahr. Schon an diesem einfachen Beispiel zeigt sich, daß es irreführend ist, wenn man behauptet, die Prädikate „wahr" oder „falsch" kämen primär den Aussagen zu. An der Aussage als solcher verändert sich nichts, wenn sie falsch wird. Was sich verändert, ist der Sachverhalt. Primär ist deshalb „wahr" ein Prädikat des Sachverhaltes. Wahr ist der Sachverhalt, wenn er sich so zeigt, wie er ist; die Aussage ist nur mittelbar wahr, wenn sie uns auf das Sich-Zeigen des Sachverhaltes verweist. Setzen wir voraus, ein Sachverhalt könne sich von sich aus überhaupt nur so zeigen, wie er in Wahrheit ist, so wäre wenigstens das Prädikat „falsch" ein Prädikat, das nur der Aussage zukommt. Nur die Aussage hätte dann die Möglichkeit, in der Alternative „wahr oder falsch" zu stehen. Betrachtet man „wahr" als Gegenbegriff zu „falsch", so würden wir damit doch wieder auf die Auffassung zurückgeführt, daß „wahr" oder „falsch" Prädikate der Aussage sind und auf die Sachverhalte nicht angewendet werden dürfen. Anders sieht es aus, wenn die Möglichkeit besteht, daß sich die Sachverhalte von sich aus, ohne Relation auf die Auffassung und das Denken der Menschen, so zeigen können, wie sie an sich nicht sind. Ich erläutere das an einem Beispiel, das für uns später noch wichtig werden wird. Es gibt Sterne, die wir jetzt leuchten sehen, obwohl sie Tausende von Lichtjahren entfernt sind. Wir sagen, daß wir den Stern jetzt am Himmel stehen sehen, obwohl das Licht, das wir jetzt sehen, vor Tausenden von Jahren ausgesandt wurde. Das ist keine optische Täuschung, es ist auch kein Denkfehler; es ist vielmehr in der Struktur des Weltsystems selbst begründet, daß uns das Licht erst jetzt erreichen kann. Der Stern hat nicht die Möglichkeit, sich durch das Medium seines Strahlens von sich aus so zu zeigen, wie er jetzt ist; er kann sich uns nur so zeigen, wie er jetzt nicht ist. Das Bild, das wir jetzt aufnehmen, ist nicht im gewöhnlichen Sinne des Wortes falsch, obwohl es uns zu einer falschen Aussage verleiten kann. Es ist aber auch nicht im gewöhnlichen Sinne des Wortes wahr. Das hängt, wie wir noch sehen werden, mit dem Wesen der Zeit zusammen. Das Bild des Sternes, das wir am Himmel stehen sehen, ist mit dem Stern nicht identisch; es ist vielmehr seine Erscheinung.

Nachdem wir eingesehen haben, daß in der Natur selbst, unabhängig von unserer Auffassung der Natur, zwischen dem Sachverhalt selbst und seiner Erscheinung ein Unterschied gemacht werden muß, und daß die Erscheinung den Sachverhalt so präsentiert, wie er von sich aus nicht ist, wird es schon sehr viel schwerer anzugeben, wie sich die Prädikate „wahr" und „falsch" auf Sachverhalt und Aussage verteilen. Das Bild des Sternes, das wir am Himmel sehen, ist von dem wirklichen Stern unterschieden; es ist nicht nur wegen der perspektivischen Verkürzung unermeßlich viel kleiner als der Stern; es ist auch dadurch verschieden, daß der wirkliche Stern, wenn es sich um sehr weit entfernte Sterne handelt, sich jetzt nicht mehr an der Stelle befindet, an der wir das Bild sehen. Es gibt sogar Sterne, die wir leuchten sehen, obwohl sie in Wirklichkeit schon erloschen sind.

Wenn man die astronomischen Gesetze und Beobachtungen kennt, auf Grund derer wir wissen, wie groß und wie entfernt der wirkliche Stern ist, so kann man zwischen der Erscheinung des Sternes und dem wirklichen Stern unterscheiden. Man kann dann auch erkennen, warum der wirkliche Stern in dieser Gestalt erscheinen *muß*. Man ist dann in der Lage, durch die Bestimmung der Relationen zwischen dem wirklichen Stern und seiner Erscheinung diese Erscheinung von dem wirklichen Stern zu unterscheiden. Solange man dazu nicht in der Lage ist und die Erscheinung mit der Wirklichkeit verwechselt, verfällt man dem Schein in der Erscheinung, der aus der Gleichsetzung von Erscheinung und Sachverhalt entspringt. Das ist eine schwer zu durchschauende Quelle des Truges, denn der Stern zeigt sich ja ausschließlich in seiner Erscheinung. Wir können nur in der Erscheinung selbst zwischen Erscheinung und Wahrheit unterscheiden; und es ist etwas ganz Ungeheures, daß wir dazu überhaupt in der Lage sind.

Wie steht es nun mit der Aussage? Um das zu verstehen, müssen wir zunächst vom Satz ausgehen. Ein Satz ist ein Gefüge von Worten. Worte sind, wie Aristoteles als Erster deutlich ausgearbeitet hat, Zeichen, die ihre Bedeutung innerhalb des Kommunikationssystems einer Sprache besitzen. Dem Zeichen, isoliert genommen, kann man nicht ansehen, was es bedeutet. Wir sagen: „der Hund", die Franzosen sagen: „le chien" – das sind zwei ganz verschiedene Zeichen, die aber dasselbe bedeuten. Die Bedeutung beruht auf einer Konvention, die durch die Tradition der Sprache vermittelt wird. Die Worte gehören also dem Satz, nicht der Aussage an, denn sie beziehen sich auf den durch die Sprache vermittelten gemeinsamen Verständnishorizont der Menschen, die die Sprache verstehen, der das Wort angehört. Für jeden, der die deutsche Sprache kennt, ist das Wort „Hund" ein Zeichen, das ihn auf einen bestimmten Sachverhalt verweist. In jedem Zeichen liegt die doppelte Verweisung: erstens auf die Menschen, für die es Zeichen ist; zweitens auf den Sachverhalt, den es bezeichnet.

Nun haben wir aber ungenau geredet, denn das Wort „Hund" verweist uns nicht unmittelbar auf den Sachverhalt; es verweist uns vielmehr auf die Aussage. Wir nennen das Element der Aussage, auf das uns das Wort „Hund" verweist, im Unterschied zum Wort, „Begriff". Was ist der Begriff? Die Unterscheidung zwischen Wort und Begriff wird deutlich, wenn man verschiedene Sprachen vergleicht. Hund, chien, dog, canis, χύων sind fünf verschiedene Worte, die aus verschiedenen Lauten bestehen; sie sind also verschiedene Zeichen für verschiedene Menschengruppen. Aber alle diese Zeichen zeigen auf das selbe, nämlich den Begriff. Der Begriff gehört demnach keiner Sprache an; er muß von der Sprache unterschieden werden. Aber was ist nun der Begriff, wenn er etwas anderes ist als die Worte? Er ist wiederum ein Zeichen. Aber er bezeichnet nicht einen bestimmten Sachverhalt, denn den Sachverhalt „Hund überhaupt" gibt es nicht. Der Begriff ist ein Zeichen, das etwas sehr besonderes leistet. Er erlaubt uns nämlich, alle möglichen Hunde aus der Gesamtheit alles dessen, was es sonst geben kann, so auszugrenzen, daß wir jeden einzelnen Hund als Hund identifizieren können. Er ist sozusagen ein Okular, das nichts anderes aufzunehmen vermag als Hunde, so daß wir wissen können: sooft sich in diesem Okular etwas zeigt, ist es ein Hund. Ich bezeichne zum Zweck der Verständigung jenen Inbegriff aller möglichen Phänomene einer bestimmten Gattung, den uns der Begriff bezeichnet, als „Region". In diesem übertragenen Sinne des Wortes „Region" können wir dann sagen: der Begriff ist ein Zeichen, das uns in eine bestimmte Region verweist und uns die Phänomene, die in diese Region gehören, so zeigt, wie sie von sich aus sind.

Der Begriff kann uns nur solches zeigen, was sich von sich aus manifestiert. An allem, was sich von sich aus manifestiert, tritt aber alsbald die Unterscheidung zwischen dem Sachverhalt selbst und seiner Erscheinung auf. Wir bewegen uns also mit jedem Satz, den wir sprechen, in einem komplizierten Gefüge von Relationen:
1. der Relation zwischen Menschen, die sich durch Sätze verständigen,
2. der Relation zwischen Satz und Aussage,
3. der Relation zwischen Aussage und Erscheinung,
4. der Relation zwischen Erscheinung und Sachverhalt.
Jede dieser Relationen läßt in sich selbst eine Vielzahl von weiteren Brechungen zu, die ich mit einer bewußten Vereinfachung unterschlagen habe. An allen Stellen, wo eine Relation in die andere übergeht, entsteht die Möglichkeit einer Verwechslung zwischen dem Zeichen und dem durch das Zeichen Gezeigten. Ich habe diese Form der Verwechslung am Unterschied zwischen dem Stern und seiner Erscheinung erläutert. So kompliziert ist der phänomenale Sachverhalt, den wir in einer barbarischen Simplifikation durch die einfache Alternative „wahr oder falsch" mehr zustellen als bezeichnen.

Aber bei all seiner Komplikation ist das System der Relationen, innerhalb dessen wir uns in vielfacher Übersetzung zwischen Wort und Sachverhalt bewegen, dadurch zusammengehalten, daß jede dieser Relationen eine bestimmte Form von Kommunikation darstellt. Der Stern kommuniziert durch das Licht, das uns als sein Bild am Himmel erscheint, mit der Erde. Durch das Zeichen des Begriffes, das uns erlaubt, den Lichtfleck als Stern zu identifizieren, kommuniziert die Aussage durch das Medium seiner Erscheinung mit dem Stern. Durch das Wort, mit dem wir den Begriff bezeichnen, wird die Möglichkeit der Kommunikation mit allen Menschen hergestellt, die derselben Sprachgemeinschaft angehören. Würden wir die Analyse noch weitertreiben, so würde noch deutlicher hervortreten, daß die Wahrheit in allen ihren Modifikationen und der Trug in allen seinen Modifikationen ihren Spielraum und ihre Brechungen innerhalb der komplexen Relationen eines weitgespannten Kommunikationssystems haben.

Ich kann die Analyse hier nicht weitertreiben. Wir werden später auf den Begriff der Kommunikation noch zurückkommen müssen. Das bisher Gesagte mag genügen, um deutlich zu machen, wieso es möglich ist, jene Polarität von Beständigkeit und Verfließen, durch die wir die Gegenwart definieren, an der Gültigkeitsdauer von Aussagen aufzuweisen. Eine Aussage ist ein Gefüge von Zeichen, die uns in eine bestimmte Region verweisen und innerhalb dieser Region einen bestimmten Sachverhalt bezeichnen. Die Aussage ist solange gültig, als innerhalb dieser Region der Sachverhalt in der Gestalt präsent ist, wie ihn die Aussage durch ihre Zeichen aufweist. Verändert sich der Sachverhalt, so verweisen uns die Zeichen der Aussage ins Leere. Genauer gesagt: es zeigt sich in der bezeichneten Region anderes, als was die Aussage zeigt. Die Kommunikation ist abgerissen, die Aussage ist falsch geworden. Die Aussage kann also nur solange wahr sein, als ein bestimmter Sachverhalt präsent ist. Präsenz bedeutet Gegenwart. Die Wahrheit der Aussage setzt immer die Gegenwart eines Sachverhaltes voraus. Deswegen ist es legitim, wenn wir die Gültigkeitsdauer eines Satzes und die Wahrheit der in ihm enthaltenen Aussage als ein Indiz für die Gegenwärtigkeit von Gegenwart betrachten. Analog gilt das Gleiche für den Vorgang, daß sich Gegenwärtiges entzieht und Neues in die Gegenwart eintritt. Es war also ein Kurzschluß, wenn der fiktive Gesprächspartner, den ich eingeführt habe, den Einwand erhob, wir hätten durch die Einführung der Aussage in die Definition der Gegenwart und der Zeit überhaupt die Zeit von den Formen der menschlichen Erkenntnis abhängig gemacht. Der Zusammenhang zwischen Aussage und Zeit hat *auch* seine phänomenale Basis. Phänomenal betrachtet beruht jede wahre Aussage auf der Präsenz eines Sachverhaltes, und weil die Aussage immer eine Präsenz oder deren Entschwinden indiziert, verweist uns jede mögliche Aussage in den phänomenalen Bereich der Zeit.

Sie sind vielleicht ungeduldig darüber geworden, daß ich auf den Aufweis dieses Zusammenhanges so viel Zeit verwendet habe. Aber wir haben dabei eine ganz fundamentale Einsicht gewonnen. Wir haben nämlich die Einsicht gewonnen, daß die Zeit nicht ohne Wahrheit und die Wahrheit nicht ohne Zeit gedacht werden kann. Das gilt schon für die einfachste und alltäglichste Zeitauffassung. Wenn wir von „heute" sprechen und man uns fragt, was wir mit dem Wort „heute" bezeichnen, so müssen wir auf Sachverhalte verweisen, die heute gegenwärtig sind. Auf diese Sachverhalte können wir aber nur durch Aussagen verweisen, die sie sichtbar machen. In diesem ganz einfachen Zusammenhang wird die unlösbare Verbindung von Zeit und Wahrheit bereits manifest. Zeit kann nur sein, wenn Wahrheit sein kann. Wahrheit kann nur sein, wenn Zeit sein kann. Erinnern wir uns daran, daß im gesamten Zeitalter der Metaphysik die Wahrheit als „zeitlos" betrachtet wurde, so tritt alsbald zutage, welche Konsequenzen sich aus einer so einfachen Feststellung ergeben müssen. Sie reichen bis tief in die Theologie und die theologische Gotteslehre hinein. Ich glaube, nicht zu übertreiben, wenn ich sage, daß alles, was in der bisherigen Geschichte der Menschheit gedacht worden ist, neu gedacht werden muß, wenn wir die unlösbare Verbindung von Zeit und Wahrheit einmal verstanden haben. Wenn das so ist, dann waren die elementaren Vorüberlegungen, an denen wir uns den Zusammenhang zwischen der Wahrheit von Aussagen und der Struktur der Zeit klargemacht haben, das äußerste Minimum, auf das wir uns beschränken durften.

Vielleicht haben Sie schon bemerkt, daß sich im Zuge unserer Überlegungen scheinbar unbemerkt ein Begriff von Gegenwart eingeschlichen hat, dessen Zusammenhang mit dem Begriff der Gegenwart, den wir zunächst definiert hatten, keineswegs evident ist. Wir sagen, der Stern ist für uns in seiner Erscheinung am Himmel präsent. Wir sagen, der Sachverhalt sei in der Aussage präsent, die ihn aufweist. Wir sagen, die Aussage sei in den Sätzen präsent, die diese Aussage in die verschiedenen Sprachen übersetzt. In allen diesen Sätzen bedeutet „präsent" soviel wie manifest, wenngleich die Formen der Manifestation in jedem dieser Beispiele verschieden sind. Schauen wir genauer zu, so stellt sich heraus, daß der Zusammenhang zwischen Wahrheit und Zeit, um dessen Verdeutlichung es ging, bedeutet, daß Zeit nicht ohne Manifestation und Manifestation nicht ohne Zeit sein kann. Das Sprichwort sagt: „Die Sonne bringt es an den Tag." Das ist die Form, in der die unmittelbare Zeitauffassung ausspricht, daß es im Wesen der Zeit liegt, das, was präsent ist, manifest zu machen. Aber wie das geschieht, ist uns noch dunkel. Wenn das Verständnis des Zusammenhanges zwischen Zeit und Wahrheit eine so fundamentale Bedeutung besitzt, wie ich es eben behauptet habe, so werden wir dem noch weiter nachgehen müssen.

⟨20. Gegenwart und Kommunikation⟩

Worin unterscheidet sich die neue Bedeutung des Wortes „Gegenwart" von der Bedeutung, die wir zuerst ins Auge gefaßt haben? Zuerst haben wir versucht, die Zeit rein als Zeit, isoliert von allem, was *in* der Zeit ist, zu betrachten. Daraus ergab sich jene so fragwürdige Definition der Gegenwart, die besagte, Gegenwart sei immer der Übergang von Zukunft in Vergangenheit. Wenn wir hingegen sagen, der Stern sei in seiner Erscheinung und durch das Medium seiner Erscheinung gegenwärtig, so meinen wir damit, daß der Stern durch das Medium seiner Erscheinung anwesend ist. Als gegenwärtig bezeichnen wir das, was anwesend ist. Als vergangen bezeichnen wir das, was nicht mehr anwesend ist, als zukünftig, was noch nicht anwesend ist. Was bedeutet nun dieses Anwesendsein? „Anwesend" heißt doch: bei uns, in unserer Nähe. Es ist ein räumlicher, kein zeitlicher Begriff. Warum drängt dieser räumliche Begriff sich auf, wenn wir das Wesen eines Modus' der Zeit, nämlich der Gegenwart, bestimmen wollen?
Wir machen uns das am besten klar, wenn wir die Negation, nämlich das Abwesendsein ins Auge fassen. Alles Vergangene ist abwesend, weil es nicht mehr anwesend sein kann. Alles Zukünftige ist abwesend, weil es noch nicht anwesend sein kann. Hingegen kann alles, was in der Gegenwart ist, sei es direkt, sei es indirekt, auch räumlich

anwesend sein. Räumlich anwesend ist nicht nur das, was wir mit unseren Händen greifen oder mit unseren Augen sehen können; räumlich anwesend ist vielmehr alles, womit wir kommunizieren können. Wenn wir das Licht des Sirius leuchten sehen, ist er für uns anwesend, selbst wenn uns die Astronomen darüber belehren, daß er 8, 7 Lichtjahre von uns entfernt ist[38]. Ich habe dieses Beispiel gewählt, um Sie auch noch auf einen anderen sehr merkwürdigen Tatbestand aufmerksam zu machen. Das Licht, das wir jetzt leuchten sehen, wurde vor 8,7 Jahren ausgesandt. Hier tritt also ein vergangener Zustand in unsere Gegenwart ein. Es gibt demnach so etwas wie eine Gegenwart der Vergangenheit, und diese Gegenwart der Vergangenheit ist nicht ein Phänomen des Bewußtseins, also nicht eine bloße Erinnerung, sondern sie manifestiert sich in einem physikalischen Vorgang, den Meßapparate registrieren können. Was bedeutet aber hier „Gegenwart der Vergangenheit"? Es bedeutet, daß durch das Medium des Lichtstrahls zwischen dem Sirius und der Erde eine Kommunikation hergestellt wird, die 8,7 Jahre in Anspruch nimmt. Ich will dieses Phänomen jetzt nicht weiter analysieren, weil uns die Analyse zu weit vom unmittelbaren Zeitverständnis abführen würde. Für den Augenblick genügt es festzustellen, daß es eine Kommunikation ist, die es möglich macht, daß das vor 8,7 Jahren ausgesandte Licht in unsere Gegenwart eintritt. Die Kommunikation vermittelt Anwesenheit. Was für uns anwesend sein kann, gehört in unsere Gegenwart, was nicht anwesend sein kann, ist entweder vergangen oder zukünftig. Der Begriff der Gegenwart ist also nicht ein reiner Zeitbegriff. Im Begriff der Gegenwart ist vielmehr immer der Bereich möglicher Kommunikation mitenthalten. Andererseits darf der Begriff der Kommunikation nicht so verstanden werden, als würde nun doch die Zeit in ein Phänomen des Bewußtseins verwandelt; als wäre die Gegenwart nun doch eine Gegenwart für uns. Das Licht des Sirius wird die Erde auch treffen, wenn die Gattung Mensch verschwunden ist. An den Verhältnissen der Zeit ändert sich durch das Bewußtsein der Menschen nichts. In einer früheren Stunde habe ich die Anwesenheit und damit Gegenwart von Entferntem an dem Gesetz der Gravitation erläutert (88). Solange die Erde nach dem Gravitationsgesetz um die Sonne kreist, steht die

---

[38] *Ein Lichtjahr ist der Weg, den das Licht in einem Jahr zurücklegt – rund 9,5 Billionen Kilometer.*

Erde mit der Sonne in einem Verhältnis der Kommunikation, selbst wenn diese Kommunikation durch kein Bewußtsein wahrgenommen wird. Und eben diese, vom Bewußtsein unabhängige Kommunikation bestimmt die Maße unserer Zeitrechnung. Wenn wir die Zeit nach Jahren und nach Tagen messen, so tun wir das, weil das Gravitationsgesetz gilt, das Abwesendes abwesend sein läßt [39].
Wir haben uns vorgenommen, von unserer unmittelbaren Zeitauffassung auszugehen und zunächst lediglich die Momente der Zeit hervorzuheben, die sich in unserer unmittelbaren Zeitauffassung manifestieren. Wir dürfen uns deshalb jetzt nicht darauf einlassen, den Satz, daß im Begriff der Gegenwart immer ein Kommunikationsbereich mitgedacht wird, zu vertiefen und den Begriff der Kommunikation genauer zu diskutieren. Wenn wir das tun wollten, müßten wir uns gründlich mit der Informationstheorie beschäftigen. Das führt weit über den Rahmen dieser Vorlesung hinaus. Für unsere Zwecke genügt es, wenn ich das, was gemeint ist, an einem ganz einfachen Beispiel erläutere, das unserer alltäglichen Erfahrung angehört. Ein Stein wird warm, weil er in der Sonne liegt. Erwärmt wird er durch die Energie, die von der Sonne ausgestrahlt wurde. In dieser Strahlung kommuniziert die Sonne über eine Entfernung von 150 Millionen Kilometern, also von fünfzehntausendmal dem Erddurchmesser, mit dem Stein. Dadurch ist sie für den Stein gegenwärtig, in dem doppelten Sinn, daß sie für ihn anwesend ist und in seine zeitliche Gegenwart gehört. Was bedeutet nun: sie kommuniziert mit dem Stein? Der Stein reagiert auf die Strahlung der Sonne. Er wird warm. Aber der Stein weiß nicht, daß er warm wird. Er weiß nicht, daß er mit der Sonne kommuniziert. Es ist also ungenau, wenn wir sagen, daß die Sonne *für* ihn anwesend ist. Wir könnten allenfalls sagen, daß die Sonne durch das Medium der von ihr ausgestrahlten Energie *an* dem Stein anwesend ist. Anders steht es mit uns, die wir den Stein betrachten. *Für* uns ist *an* dem Stein die Sonne gegenwärtig. Wir reagieren nicht nur auf die Kommunikation, sondern wir vermögen die Kommunikation zu verstehen.
Damit dieser sehr wichtige Unterschied Ihnen ganz deutlich wird, wähle ich noch ein anderes Beispiel. Wenn ich ein Telefongespräch

---

[39] Vgl. zum Folgenden auch Georg Picht, „Ist Humanökologie möglich?", in: Constanze Eisenbart (Hg.), Humanökologie und Frieden, a. a. O, vor allem das Kapitel IV: Information – Kommunikation – Anpassung, 51 ff.

führe, reagiert der Apparat auf meinem Schreibtisch auf die Signale, die von einem Apparat auf einem Schreibtisch in Berlin ausgehen. Der Apparat empfängt die Kommunikation. Sie tritt *an* ihm in Erscheinung. Sie wird *an* ihm manifest. Aber weder der Apparat in Berlin noch der Apparat auf meinem Schreibtisch kann verstehen, was mir mein Partner sagt. Die Kommunikation wird *an* ihm manifest, aber sie wird nicht *für* ihn manifest. Das Wort „Kommunikation" ist also doppeldeutig. Die an einem Kommunikationsempfänger in Erscheinung tretende Reaktion muß unterschieden werden von jenen ganz andersartigen Reaktionen, die erst möglich werden, wenn eine Kommunikation für einen Empfänger verständlich ist. Um das noch deutlicher zu machen, gehe ich in der Analyse des Telefongespräches noch einen Schritt weiter. Wir betrachten jetzt nicht die beiden Apparate sondern die beiden Menschen, die miteinander sprechen. Nehmen wir einmal an, daß sie sich streiten. Ein Dritter, der zuhört, wird vielleicht feststellen, daß hier ein Mißverständnis zugrunde liegt. Sie streiten sich, weil trotz der vorzüglich funktionierenden Telefonverbindung keiner von beiden in der Lage ist, dem anderen seine wirkliche Meinung zu kommunizieren. Auch wenn sie sich streiten, ist der eine für den anderen auf eine höchst aufdringliche Weise anwesend. Aber jeder ist für den anderen so anwesend, wie er in Wirklichkeit nicht ist. Er ist also zugleich auch abwesend. Überall dort, wo sich die Kommunikation nicht nur *an* einem Empfänger sondern zugleich *für* einen Empfänger manifestiert, tritt alsbald das Problem auf, daß mit der Möglichkeit des Verstehens die Möglichkeit des Mißverstehens untrennbar verbunden ist. Damit ergibt sich dann eine ganz neue Serie von Problemen der Kommunikation, die in der modernen Theorie nicht in den Bereich der Informationstheorie sondern in den Bereich der Semantik gehören. Die Kommunikation *für* einen Empfänger setzt stets die Kommunikation *an* einen Empfänger voraus. Aber daß die Kommunikation *an* einen Empfänger überhaupt „Kommunikation" ist, tritt erst hervor, wenn sie sich in eine Kommunikation *für* einen Empfänger verwandelt. Gäbe es nicht den Menschen, der den Stein betrachtet, so bliebe total verborgen, daß der Stein durch die Wärme mit der Sonne kommuniziert. Der Stein weiß es nicht, die Strahlung weiß es nicht, und die Sonne weiß es auch nicht. Wohl aber weiß es der Mensch, der den Stein beobachtet. Wir werden uns später noch fragen müssen, wie der Mensch dazu kommt, so etwas wissen zu können. Vielleicht haben Sie aber schon jetzt gemerkt, daß ein solches Wissen mit dem so rätselhaften Phänomen der Gegenwart untrennbar verknüpft ist.

Damit wir in unserem Gedankengang keine Sprünge machen, sondern uns darüber Rechenschaft ablegen, was wir verstanden haben und was offenbleibt, rekapituliere ich noch einmal, was wir über den Begriff der Gegenwart bisher ermittelt haben. Wir haben festgestellt, daß sich der zeitliche Begriff der Gegenwart von einem anderen Begriff, der zunächst rein räumlicher Natur zu sein scheint, nämlich dem Begriff der Anwesenheit, nicht trennen läßt. Als „anwesend" bezeichnen wir alles, was innerhalb des Bereiches möglicher Kommunikation steht, gleichgültig, ob diese Kommunikation nur *an* einem Empfänger oder auch *für* einen Empfänger manifest wird. Von allem, womit wir kommunizieren können, wissen wir, daß es in die selbe Zeit gehört, in der wir selbst uns befinden. Hingegen ist Vergangenheit das, womit wir nicht mehr kommunizieren können, Zukunft das, womit wir noch nicht kommunizieren können. Damit haben wir aber einen Begriff der Gegenwart gewonnen, der sich fundamental von jenem abstrakten Begriff der Gegenwart unterscheidet, nach dem die Gegenwart nur das Jetzt markiert, das zwischen Vergangenheit und Zukunft liegt. Ich will das an einem extremen Beispiel verdeutlichen. Der fernste beobachtete Sternennebel ist etwa 500 Millionen Lichtjahre entfernt. Das Licht, das die fotografische Platte jetzt aufnimmt, wurde ausgesendet, als sich die Erde noch in der Periode des Kambrium befand; das ist die Periode, in der sich die ersten reichen Lebensspuren auf der Erde finden. Das Menschengeschlecht ist auf der Erde etwa eine Million Jahre alt. Die Lichtstrahlen, die die Platte jetzt aufnimmt, wurden also etwa 499 Millionen Jahre vor der Entstehung der ersten Menschen ausgesandt. So alt ist das Licht, das jetzt die Kommunikation zwischen uns und dem Sternennebel herstellt. Durch diese Kommunikation wird der Zeitpunkt, an dem vor 500 Millionen Jahren der Lichtstrahl ausgesandt wurde, für uns Gegenwart. Wenn wir nachts den Sternenhimmel betrachten, kommunizieren wir mit Jahrtausenden und Jahrhunderttausenden vor unserer Zeit. Der Andromena-Nebel ist fast zwei Millionen Lichtjahre entfernt; trotzdem können wir ihn jetzt mit bloßem Auge in dem Bereich, den wir unseren Himmel nennen, sehen. Die Sternbilder stehen für uns, wenn wir das sogenannte Firmament betrachten, in der Gegenwart; wenn sie nicht *für* uns in der

187

Gegenwart stehen, so zeigt sich doch *an* uns, nämlich an unserer Netzhaut, ihre Gegenwart.

Damit wird deutlich, daß jenes Phänomen, das wir „Gegenwart" nennen, weder als ein Zeitpunkt noch als ein bestimmter Zeitabschnitt betrachtet werden kann. Was wir in Wirklichkeit innerhalb des uns als Kommunikationsbereich erschlossenen Horizontes als Gegenwart erfahren, ist *die Einheit der Zeit*. Der Lichtstrahl kann uns über 500 Millionen Jahre hinweg erreichen, weil er sich in der selben Zeit bewegt, in der auch wir uns bewegen. Die Einheit der Zeit ist über riesige Zeitspannen hinweg die gemeinsame Gegenwart, die sich in der Kommunikation bezeugt. Tatsächlich meinen wir auch, wenn wir das Wort „Gegenwart" gebrauchen, unausdrücklich immer die Einheit der Zeit. Wir meinen nicht einen Moment, der sich von der Stellung des Sekundenzeigers ablesen läßt, sondern wir meinen eine bestimmte Epoche, eine bestimmte Periode, also eine – freilich schwer abzugrenzende – *Spanne* der Zeit. Was begründet die Einheit, die eine Spanne der Zeit so zusammenschließt, daß wir sie als „unsere Gegenwart", die Gegenwart unserer Epoche betrachten? Der Historiker Hermann Heimpel stellt fest, als „Gegenwart" habe in der Geschichte immer die Zeit nach der letzten großen Katastrophe gegolten [40]. Die Katastrophe hat nämlich einen so tiefen Umsturz aller Lebensverhältnisse herbeigeführt, daß die Zeit vor der Katastrophe unwiederbringlich versunken zu sein scheint. Was vor der Katastrophe galt, gilt jetzt nicht mehr; die Tradition ist durch die Katastrophe unterbrochen, der Kommunikationszusammenhang zerrissen; die Zeit vor der Katastrophe ist für uns unverbindlich und damit auch unverständlich geworden – denn man versteht nur, was für einen verbindlich ist. Daraus erklärt sich, daß die Revolutionäre stets das Bedürfnis empfinden, mit dem Tag des Sieges der Revolution eine neue Zeitrechnung beginnen zu lassen: sie wollen eine neue Gegenwart begründen. Im laizistischen Frankreich wurde die französische Geschichte vor der französischen Revolution aus dem Lehrplan der Schulen eliminiert, weil man verhindern wollte, daß die christlichen Traditionen der französischen Geschichte Gegenwart blieben. Die christliche Zeitrechnung beginnt mit Christi Geburt, weil für die Christen jede überhaupt mögliche Gegenwart eine Ge-

---

[40] Hermann Heimpel, Der Mensch in seiner Gegenwart, Göttingen: Vandenhoeck, 1954, 12f.

genwart nach Christi Geburt ist. Die Christen machen durch ihre Zeitrechnung sichtbar, daß jede Gegenwart, in der sie leben können, eine Gegenwart im Kommunikationszusammenhang der unsichtbaren Kirche ist. Die Revolutionäre wollen durch ihre neue Zeitrechnung die Zeit vor der Revolution eliminieren; der Kommunikationszusammenhang soll unterbrochen, die neue Gegenwart durch die Vernichtung aller früheren Gegenwart begründet werden. An diesem politischen Verständnis von Gegenwart wird besonders deutlich, was sich auch an der Periodisierung der privaten Biographie demonstrieren ließe: Gegenwart bedeutet immer die Einheit einer Epoche, und diese Einheit läßt sich nur durch den Kommunikationszusammenhang definieren, der sie begründet. Wenn jemand auswandert, tritt er in eine neue Gegenwart ein, und alles, was der Auswanderung vorausgeht, ist mit einem Schlage Vergangenheit geworden; er ist nämlich in einen neuen Kommunikationsbereich eingetreten, er ist von einer Gegenwart in eine andere Gegenwart übergewechselt. Nun sagten wir aber, die Vergangenheit sei der Inbegriff aller jener Epochen, die einmal Gegenwart gewesen sind, die Zukunft hingegen der Inbegriff aller jener Epochen, die später einmal Gegenwart sein werden. Wenn der Begriff des Kommunikationsbereiches für den Begriff der Gegenwart konstitutiv ist, so ist er auch für den Begriff der Vergangenheit und für den Begriff der Zukunft konstitutiv. Er ist also für die Zeit überhaupt konstitutiv, und wir werden uns fragen müssen, was Zeit bedeutet, wenn Zeit nicht mehr als abstrakt, als die bloße Erstreckung eines linearen Verlaufes sondern vieldimensional, als das System von Kommunikationsbereichen zu verstehen ist.

Ich will auf diese Frage zunächst nur eine sehr einfache Antwort geben. Wir haben zwei ineinander verschränkte Formen der Kommunikation unterschieden: die Manifestation von etwas *an* etwas und die Manifestation von etwas *für* etwas. Kommunikation ist also immer Manifestation. Etwas wird manifest, wenn es auf diese oder jene Weise in Erscheinung tritt. Von allem, was in Erscheinung tritt, sagen wir, daß es auf diese oder jene Weise *ist*. Daß das Sein sich dadurch meldet, daß es sich manifestiert, das hängt mit der Wahrheit zusammen. Wahrheit ist unverstellte Manifestation von Sein. Daß wir die Gegenwart und damit die Zeit überhaupt nur im Horizont von Kommunikationsbereichen zu denken vermögen, hat also seinen Grund darin, daß Zeit, Wahrheit und Sein zusammengehören. Dieser Zusammenhang wird durch den Begriff der Gegenwart bezeichnet. Jeder Versuch, die Zeit ohne das Sein und ohne die Wahrheit, das Sein ohne die Wahrheit und die Zeit, und die Wahrheit ohne die Zeit und das Sein zu verstehen, scheitert schon bei der ersten einfachsten Probe, nämlich der Frage, wie nach einer solchen Aufspaltung der Begriff der Gegenwart noch erklärt werden soll. Die Gegenwart aber ist das Alltäglichste von allem, macht sie doch die Alltäglichkeit erst möglich. Wir können überhaupt keinen Gedanken denken, ohne die Gegenwart immer mitzudenken. Wir können überhaupt keinen Gedanken denken, ohne die Einheit von Zeit, Wahrheit und Sein mitzudenken, und ein Prozeß der Aufklärung, der sich selbst ernst nimmt, wird immer mit der Aufklärung dieses Zusammenhanges beginnen müssen.

⟨21. Gegenwart als Manifestation der Einheit der Zeit⟩

Damit, daß wir den Begriff der Gegenwart, wenn nicht geklärt, so doch umrissen haben, ist ein erster Abschnitt unseres Weges erreicht. Es wird gut sein, wenn wir einen Augenblick innehalten und uns darauf besinnen, was das alles bedeutet. Wir sind von der unmittelbaren Zeitauffassung ausgegangen, und Sie werden vielleicht daran Anstoß genommen haben, daß ich trotzdem zur Erläuterung astronomische Sachverhalte herangezogen habe, deren Erkenntnis wir erst dem 20. Jahrhundert verdanken. Ist nicht die Zeit der unmittelbaren Zeitauffassung eine andere Zeit als jene Weltzeit, auf die sich die Astronomen beziehen, wenn sie von den Lichtjahren sprechen? Ist nicht die Zeit der unmittelbaren Zeitauffassung die Zeit des Menschen? Ist nicht die Gegenwart, die wir unmittelbar erfassen, die eng umgrenzte Gegenwart der menschlichen Gesellschaft und Geschichte, die man verstehen kann, auch wenn man von der Weltzeit der Astronomie nichts weiß? Für unser heutiges Bewußtsein ist der Abstand zwischen der Weltzeit der Astronomie und der faktischen Zeiterfahrung der Menschen in unserer Gesellschaft unüberbrückbar. In den Geisteswissenschaften und den Sozialwissenschaften ist zwar fortwährend von Zeit und Geschichte, aber nie von den Sternen die Rede. Als Carl Friedrich von Weizsäcker im Jahre 1948 seine Vorlesungen über die „Geschichte der Natur" veröffentlichte[41], empfanden Theologen und Historiker diesen Titel als nahezu blasphemisch, weil es im Laufe des 19. Jahrhunderts zu einer Art von Dogma geworden ist, daß nur der Mensch eine Geschichte haben könnte. Wenn nur der Mensch eine Geschichte hat, dann muß die Gegenwart, in der er sich befindet, eine andere Gegenwart sein als die Gegenwart der Astrophysik. Man kann dann wie Heidegger ein Buch mit dem Titel „Sein und Zeit" schreiben, ohne sich um die Relativitätstheorie zu kümmern. Die Zeit und auch die Gegenwart wird dann zum Existenzial, und diese Auffassung der Zeit hat auch die Theologie ganz wesentlich bestimmt. Wenn man die Zeit von der weltlosen Existenz des Menschen her auslegt, so verwandelt sich auch Gott in ein Existenzial, und die moderne Indifferenz gegen Gott hat ihren Grund ganz wesentlich darin, daß Gott nicht mehr als Herr der Schöpfung verstanden und erfahren wird, sondern daß man versucht, die Wirklichkeit Gottes auf eine menschliche Gegenwart zu beziehen, die sich der Gegenwart des Universums verschließt. Man darf deshalb von Gegenwart nicht sprechen, ohne wenigstens die Frage zu stellen, wie sich die Gegenwart der humanen Geschichte zur Gegenwart der Milchstraßensysteme, und wie sich diese beiden, scheinbar so unvereinbaren Gestalten der Gegenwart zur Allgegenwart Gottes verhalten.

Wie steht es mit dem Verhältnis der unmittelbaren Zeitauffassung zur Weltzeit? Auf diese Frage erhalten wir durch die Überlieferung aus den frühen Kulturen reiche Antwort. Im alten Mesopotamien besaßen die Priester auf Grund einer Himmelsbeobachtung, die ungezählte Generationen in Anspruch genommen haben muß, detaillierte Statistiken über den Lauf der Sonne, des Mondes und der Planeten. Sie berechneten richtig die Zeit zwischen zwei Vollmonden auf etwas über 29,5 Tage, das heißt sie begründeten die Zeitrechnung, die allem menschlichen Handeln, der Einteilung der Ernten, der Staatsverwaltung und jeder Ordnung der gesellschaftlichen Verhältnisse immer zugrunde liegt, auf die Berechnung der siderischen Zeitabläufe. Das Gleiche gilt von den Ägyptern, die den Jahresbeginn auf den Tag festsetzten, an dem der Sirius zum ersten Mal bei Sonnenaufgang am östlichen Horizont erscheint. Die Chinesen haben schon um 4000 v. Chr. Eklipsen beschrieben und zahlreiche

---

[41] Carl Friedrich von Weizsäcker, Die Geschichte der Natur, Göttingen: Vandenhoeck, 1948, [13]1990.

Observatorien gebaut; die Genauigkeit ihrer Beobachtungen steht hinter der Himmelskunde in Mesopotamien nicht zurück. Aber auch die Mayas waren in der Lage, Finsternisse vorauszusagen und auf der Basis einer genauen Berechnung der Länge des Sonnenjahres und der Monate einen Kalender aufzubauen, der praktischer ist als der bei uns noch in Gebrauch befindliche mediterrane Kalender. Die großen steinzeitlichen Kulturanlagen in Karmak in der Bretagne sind nach dem Ort des Sonnenaufganges am Äquinoktium orientiert. Überall dient die große Himmelsuhr der Weltzeit als Grundlage für die Zeiteinteilung der Menschen. Sie ist es auch bei uns. Nur haben wir vergessen, daß wir beim Blick auf das Zifferblatt der Armbanduhr eine Projektion der Himmelsuhr betrachten. Im Laufe der Jahrtausende ist uns die astronomische Zeiteinteilung so selbstverständlich geworden, daß wir nicht mehr beachten, in welchem Maße die gesamte Gesellschaftsordnung von der Zeiteinteilung abhängig ist[42]. Würde ein Diktator die Uhren und die Kalender abschaffen, so würde binnen weniger Wochen unsere gesamte Zivilisation kollabieren, denn der gesamte Verkehr, die gesamte Staatsmaschinerie und jeder industrielle Betrieb ist auf Uhrzeiten und Termine abgestimmt. Es gibt keine humane Zeit, die von der Weltzeit unabhängig wäre. Wohl aber gibt es ein falsches Bewußtsein der Menschen, die diesen Zusammenhang vergessen und nicht mehr wissen, daß ihre Gesellschaftsordnung auf der Periodizität der Sternbewegung beruht. In der unmittelbaren Zeitauffassung orientiert sich das Zeitbewußtsein an der Weltzeit. Deswegen mußten wir die Weltzeit zum Ausgangspunkt unserer Betrachtungen machen.

Hat man einmal erkannt, daß unsere gesamte Staats- und Gesellschaftsordnung die einheitliche Zeiteinteilung voraussetzt, und daß diese Zeiteinteilung durch die Bewegung der Erde um die Sonne und um ihre eigene Achse und die Bewegung des Mondes um die Erde bestimmt wird, so erhält das Wort „Gegenwart" einen neuen Sinn. Wir sind nämlich nun in der Lage, die zeitliche Bedeutung dieses Begriffes der Kommunikation genauer zu bestimmen. Die Bewegung des Zeigers auf dem Zifferblatt repräsentiert für uns die Drehung der Erde um ihre eigene Achse. Daß wir zur Einteilung des Tages und der Nacht das Duodezimalsystem verwenden, hängt vermutlich

---

[42] Vgl. zum Folgenden auch den politischen Vortrag „Unter dem Diktat der physikalischen Zeit", in: Georg Picht, Hier und Jetzt II, a. a. O., 377ff.

damit zusammen, daß das Jahr zwölf Monate hat, die durch die Phasen des Mondes vorgezeichnet werden, und daß es sinnvoll ist, den Tag nach demselben System aufzuteilen wie das Jahr. Wenn diese Vermutung richtig ist, so würde uns das Zifferblatt nicht nur direkt die Achsendrehung der Erde sondern auch indirekt die Bewegung des Mondes repräsentieren. Nun sahen wir aber schon, daß der gesamte Mechanismus von Staat, Wirtschaft und Gesellschaft darauf beruht, daß alle die gleiche Zeiteinteilung befolgen. Die Ausdehnung der technischen Zivilisation über die Erde wäre nicht möglich gewesen, wenn man nicht die verschiedenen Zeiten auf den verschiedenen Kontinenten nach dem gleichen Prinzip genau aufeinander abgestimmt hätte. Das Zifferblatt repräsentiert uns also zugleich die fundamentalste Regel des Lebenslaufes des größten Teils der Menschheit – eine Regel, die unvergleichlich viel strikter gilt als alle sonstigen Normen und Gesetze, nämlich die Regel, daß die gesamte Menschheit dem gleichen Zeitablauf gehorchen muß. Es gibt kein Herrschaftssystem, das die Freiheit des Menschen so unerbittlich zu unterwerfen vermöchte wie das Diktat der einheitlichen Normalzeit. Das Zifferblatt repräsentiert uns nicht nur die Weltzeit, sondern es repräsentiert uns zugleich durch die Zeiteinteilung das Grundgesetz der meisten gesellschaftlichen Schematismen, denen die Menschheit unterworfen ist. Was bedeutet das wohl, wenn ich sage, daß uns das Zifferblatt zugleich mit der Achsendrehung der Erde das Grundsetz der gesellschaftlichen Schematismen *repräsentiert?* Repräsentieren heißt: die Gegenwart darstellen. Das Zifferblatt stellt uns vor Augen, daß die gesellschaftlichen Mechanismen, die den wirklichen Lebensablauf der Menschen beherrschen, von der Weltzeit abhängig sind. Es stellt uns vor Augen, daß die Weltzeit die humane Zeit beherrscht. Es stellt uns vor Augen, daß die Arbeiter, die in den Betrieb gehen, die Bahnbeamten, die die Züge abfahren lassen, die Geschäftsleute, die den Laden aufmachen, und die Schüler, die in die Schule laufen, der Umdrehung der Erde gehorchen. Es stellt uns vor Augen – das bedeutet: es bringt zur Darstellung, daß dieses alles zu unserer Gegenwart gehört. Wir machen uns das zwar nicht bewußt; wir registrieren ⟨es⟩ in der Regel bloß, das heißt wir verhalten uns zu dieser Kommunikation wie der Telefonapparat, nicht wie der menschliche Empfänger. Die Kommunikation tritt *an* uns in Erscheinung, indem wir auf die Uhr schauen und uns nach ihr richten, sie tritt nicht *für* uns in Erscheinung. An diesem Unterschied zwischen dem Anuns-manifestiert-Werden und dem Für-uns-manifestiert-Werden, zwischen dem bloßen Registrieren und dem Verstehen, hängt die Unterscheidung zwischen der bloß menschlichen Zeit und der Weltzeit. In einer bloß menschlichen Zeit leben wir dann, wenn wir von unseren menschlichen Fähigkeiten nicht Gebrauch machen, sondern die Weltzeit bloß registrieren. Verhalten wir uns hingegen wahrhaft als Menschen, so erkennen wir, daß wir in der Weltzeit leben und uns nach der Weltzeit richten, und daß die Weltzeit unsere Gegenwart ist.

Aber was meinen wir, wenn wir „Welt-Zeit" sagen? Unter der Herrschaft des ptolemäischen Weltbildes war diese Frage einfach zu beantworten. Man hielt die Erde für eine unbewegte Kugel, um die sich Sonne, Mond und Planeten in verschiedenen Kreisbahnen drehten. Umschlossen war die Welt von einer Fixsternsphäre. Die Menschen glaubten also, daß sie sich im Mittelpunkt einer Kugel befänden. Hier war es leicht zu definieren, was Gegenwart heißt. Die Gegenwart war nämlich bestimmt erstens durch die Unveränderlichkeit und die Beständigkeit eines geschlossenen Systems, zweitens durch die Gleichförmigkeit der Kreisbewegungen innerhalb dieses Systems, die es, so nahm man an, erlaubte, für jeden beliebigen Zeitpunkt in einem festen Bezugssystem eindeutig die Konstellation der sich auf ihren Kreisbahnen bewegenden Gestirne anzugeben. In diesem System waren Beständigkeit und Verfließen in einer festen Korrelation auf die unveränderliche Gegenwart des unbeweglichen Firmamentes und auf die Kreisbewegung der Gestirne verteilt. Hier brauchte man also nicht über Kommunikation nachzudenken, wenn man die Gegenwart verstehen wollte; denn alle Probleme, die uns heute dazu nötigen, den Begriff der Kommunikation bei der Analyse der Gegenwart zu verwenden, waren durch die Annahme der Unveränderlichkeit eines geschlossenen Weltsystems gelöst. Schon Parmenides hat erkannt, daß der Begriff der Gegenwart nicht den vorübergehenden Zeitpunkt sondern die Identität der in jedem möglichen Zeitpunkt sich selbst gleichen Gegenwart des Seins bezeichnet. Wenn zu jedem Augenblick und an jedem Ort die unveränderliche Einheit des ganzen Weltgebäudes sich manifestiert, so ist eben dadurch auch gesichert, daß alles, was überhaupt in Erscheinung tritt, sich in ein und derselben Gegenwart befindet. Nun hat sich aber in den letzten hundertfünfzig Jahren unser Weltbild revolutionär verändert. Wir wissen heute, daß die Erde ein unbedeutender Planet eines mittelgroßen Fixsternes am Rande einer Milchstraße ist, die rund

hundert Milliarden Sterne enthält. Diese Milchstraße ist wiederum nur eine von unzähligen Milchstraßen. Im Sichtbereich der irdischen Teleskope befinden sich mehr als eine Milliarde von Milchstraßen. Hier kommen wir nun nicht nur räumlich sondern auch zeitlich in Dimensionen, die unsere Vorstellungskraft weit übersteigen, und in die man sich beim Studium astronomischer Bücher nur schwer eingewöhnt. In dieser ungeheuren Weite erscheint die Erde als ein verlorener Punkt. Man weiß aber noch mehr. Man weiß, daß sich die Milchstraßensysteme mitsamt den Milliarden Sternen, die sie enthalten, in rasender Geschwindigkeit voneinander entfernen. Hier gibt es nirgends einen festen Mittelpunkt, an dem wir uns noch orientieren könnten. In diesem offenen und mobilen System ist es, wie Einstein gezeigt hat, nicht mehr möglich, an dem Begriff der Gleichzeitigkeit festzuhalten. Wenn aber der Begriff der Gleichzeitigkeit aus den Fugen gerät, wie sollen wir dann von Gegenwart noch sprechen? Vielleicht bemerken Sie schon, weshalb es nötig war, zu Beginn der Überlegung, in der wir uns befinden, an die Philosophie des Parmenides zu erinnern. Schon zu Beginn der europäischen Philosophie hat menschliches Denken zu durchschauen vermocht, daß der Begriff der Gegenwart etwas anderes meint als nur einen bestimmten Augenblick der verfließenden Zeit. In dem Begriff der Gegenwart wird nach Parmenides, so sagte ich, die unerschütterliche Identität des Weltsystems manifest, die in jedem möglichen Augenblick in Erscheinung tritt, und in der sich alles, was in der Zeit ist, immer befindet. Gegenwart meint nicht nur einen abstrakten Zeitpunkt, sondern im Begriff der Gegenwart wird immer mitgedacht, daß alles, was ist, sich stets in ein und derselben Zeit befindet. Der Gedanke, daß ich jetzt bin, impliziert, daß ich mich in derselben Gegenwart befinde, in der sich auch alles übrige befindet, von dem wir sagen können, daß es jetzt ist. Gegenwart meint nicht nur Präsenz sondern Omnipräsenz, Omnipräsenz von allem, was jetzt ist. Der Begriff der Gegenwart verweist also auf die Einheit der Zeit, in der sich alles, was jetzt ist, zumal befindet. Auch nach dem überlieferten Zeitbegriff ist also die nach der Uhr abzumessende Gleichzeitigkeit nur ein sekundärer Aspekt der Gegenwart; primär meint Gegenwart die Erscheinung der Einheit der Zeit in jedem Zeitpunkt und an jedem Ort.
Diese Feststellung ist von eminenter Bedeutung, wenn wir klären wollen, was in der heutigen Astrophysik der Begriff der Gegenwart bedeutet. Wir sahen schon, daß der Begriff der Gleichzeitigkeit revi-

diert werden muß. Es stellt sich nämlich jetzt heraus, daß im Begriff der Gleichzeitigkeit zwei verschiedene Bedeutungen miteinander verkoppelt sind, die heute auseinandertreten. Gleichzeitigkeit bedeutet erstens: zum selben, an der Uhr ablesbaren Zeitpunkt. Gleichzeitigkeit bedeutet zweitens: in einer und derselben Zeit. Der erste Begriff der Gleichzeitigkeit muß, wie wir heute wissen, aufgegeben werden. Es ist aus zwingenden physikalischen Gründen nicht möglich, sämtliche Vorgänge im Weltraum in ihrer Zeitfolge so zu koordinieren, daß sie sich einer einzigen abstrakten Zeitskala eindeutig zuordnen ließen. Es gibt nicht eine abstrakte Zeit an sich. Es gibt eine Uhr unseres Planetensystems, aber keine Weltuhr. Wohl aber bewegen sich auch die entferntesten Milchstraßensysteme in ein und derselben Zeit wie wir. Die Aussage, daß die Nebelhaufen in der Hydra etwa 2,7 Milliarden Lichtjahre von der Erde entfernt sind, und daß sich ihre Distanz von unserer Milchstraße in jeder Sekunde um 60 000 km vergrößert, setzt voraus, daß das Licht, durch das die Hydra mit der Erde kommuniziert, sich in derselben Zeit bewegt, in der sich auch die Erde bewegt. Nur weil das so ist, können wir von der Milchstraßengruppe in der Hydra etwas wissen. Umgekehrt: darin, daß wir von ihr etwas wissen, manifestiert sich, daß wir und diese Milchstraßengruppe uns in derselben Zeit befinden. Die Einheit der Zeit, die sich im Wissen manifestiert, konstituiert, daß auch noch jene unermeßlich fernen Sterne zu unserer Gegenwart gehören, oder genauer gesagt: daß jene Sterne und wir uns in derselben Gegenwart, nämlich in der Einheit der Zeit befinden. Die durch Licht und Gravitation vermittelte Kommunikation zwischen den Sternen ist die Trägerin jener Identität der Zeit, die wir als „Gegenwart" bezeichnen. Diese Kommunikation ist das Äquivalent für die Unerschütterlichkeit des Firmamentes im griechischen Weltbild.

⟨22. Gegenwart als Gegenwart von Wahrheit⟩

Damit sind wir an die wichtigste Schwelle im Gang unserer Überlegungen gelangt. Der Horizont, der sich entfaltet, wenn wir uns von den Astronomen über die Entdeckungen der letzten Jahrzehnte belehren lassen, ist überwältigend, und uns ergreift ein Schwindel, wenn wir uns vorstellen sollen, wie unsere winzige Erde an der Peripherie eines Milchstraßensystems in rasender Geschwindigkeit durch den Weltraum wirbelt. Aber noch unbegreiflicher als die Milliarden von Milchstraßensystemen und Sternen ist die Tatsache, daß unsere Erkenntnis in jene unausdenkbaren Weiten hinausgreift, daß wir die Geschwindigkeiten, von denen ich sprach, exakt berechnen, daß wir durch Spektralanalyse die chemische Zusammensetzung entfernter Sterne bestimmen und eine Fülle von Informationen über die Weite des Weltraumes gewinnen können, die ebenso zuverlässig sind wie die nicht weniger erstaunlichen Ergebnisse der Atomphysik. Mit seinem Denken und Erkennen ist der Mensch allüberall. Das Denken überholt die Lichtgeschwindigkeit. Es ist an keinen Raum gebunden, sondern ist durch die Sachverhalte, die es erkennt, auch noch in den fernsten Galaxien präsent. Wie ist das möglich? Es ist möglich, weil Zeit und Wahrheit zusammengehören. Wenn wir wissen, daß auch die fernsten Gestirne sich in ein und derselben Zeit befinden wie wir, so wissen wir auch, daß die Wahrheit auf jenen Gestirnen dieselbe ist wie bei uns. Nur unter dieser Voraussetzung ist es sinnvoll, aus den Beobachtungen, die wir auf der Erde machen, auf Sachverhalte in anderen Milchstraßensystemen zu schließen. Wenn aber die Wahrheit im gesamten Universum eine und dieselbe ist, so ist es völlig gleichgültig, ob sich die Erde, wie man früher dachte, im Mittelpunkt der Welt, oder ob sie sich verloren an der Peripherie einer der vielen Milchstraßen befindet. Denn wenn die Wahrheit eine und dieselbe ist, so ist der Mittelpunkt überall dort, wo die Wahrheit erkannt wird. Wir wissen nicht, ob nicht auf irgendwelchen fernen Planeten ebenfalls denkende Wesen leben, die die Wahrheit erkennen. Sollte das aber so sein, so befänden sie sich in genau dem gleichen Mittelpunkt wie wir. Denn sofern wir und sie die Wahrheit erkennen, denken beide Teile das Gleiche. Die räumliche Distanz ist aufgehoben; beide befinden sich in ein und derselben Gegenwart, die man freilich nicht auf eine Zeitskala eintragen kann. Damit wird deutlich: den Kern der Gegenwärtigkeit der Gegenwart bildet die Wahrheit, und nur weil Gegenwart die Gegenwart von Wahrheit ist, konnten wir auf einer früheren Stufe unserer Überlegungen das Wesen der Gegenwart mit Hilfe des Begriffes der Kommunikation erläutern.

Es ist ein ungeheurer Tatbestand, daß wir, gestützt auf die Erkenntnisse der Astrophysik, mit völliger Gewißheit behaupten können, daß auf den Milliarden von Sternen, die das Universum erfüllen, die Wahrheit eine und dieselbe ist. Noch ungeheuerlicher ist der Tatbestand, daß der Mensch, wenn auch noch so fragmentarisch, diese Wahrheit zu erkennen vermag. Das ganze Universum gehorcht der Mathematik, die Generationen von Forschern auf der Erde entdeckten. Im ganzen Universum gelten die Gesetze der Physik, die von den Menschen gefunden worden sind. Das alles aber können wir nur sagen, weil wir wissen, daß das ganze Universum in einer und derselben Zeit ist. Der Mensch ist das Lebewesen, das die Zeit versteht. Er ist das Lebewesen, das die Weltzeit versteht. Wie aber sollen wir verstehen können, daß es möglich ist, daß der Mensch die Weltzeit versteht?

Ich mußte diese Frage hier schon stellen, weil wir an eine Stelle geraten sind, wo sie sich nicht mehr unterdrücken läßt. Ich kann sie hier noch nicht durchführen, denn wir betrachten die Zeit noch immer von außen. Die Frage, wie es möglich ist, daß wir die Zeit verstehen, läßt sich erst entfalten, wenn wir die Zeit von innen betrachten. Aber ich darf doch schon an dieser Stelle die historische Feststellung machen, daß sich mit einiger Genauigkeit angeben läßt, was die geschichtlichen Bedingungen dafür gewesen sind, daß die neuzeitliche Wissenschaft so ungeheure Erkenntnisse gewinnen konnte. Carl Friedrich von Weizsäcker hat in einem seiner wichtigsten Aufsätze in seinem Sammelband „Zum Weltbild der Physik", nämlich dem Aufsatz über die Unendlichkeit der Welt, gezeigt, wie die Erkenntnisse der Physik aus den zwei unerschöpflichen Quellen der griechischen Philosophie und der christlichen Offenbarung hervorgewachsen sind[43]. Griechische Philosophie und christliche Offenbarung haben den Horizont eröffnet, innerhalb dessen die Erkenntnisse der modernen Naturwissenschaft erst möglich wurden. Nun sahen wir aber, daß der Sache nach der Horizont, den die moderne Astrophysik voraussetzt, die in der Einheit der Zeit erscheinende Einheit der Wahrheit innerhalb des gesamten Universums ist. Wenn uns die griechische Philosophie und wenn uns die christliche Offenbarung einen Einblick in die Struktur des gesamten Universums eröffnen, so bedeutet das, daß die Erkenntnisse der griechischen Philosophie und die Offenbarung des Evangeliums im gesamten Universum wahr sind. In diesem Sinne dürfen wir, ja, müssen wir auch innerhalb des Weltbildes der modernen Physik von der Allgegenwart Gottes sprechen.

---

[43] Carl Friedrich von Weizsäcker, „Die Unendlichkeit der Welt", in: Zum Weltbild der Physik, Stuttgart: Hirzel, [12]1976, 118ff.

Aber es wird uns zugleich durch die Erkenntnisse der modernen Astrophysik auch deutlich, wie weit sowohl die Philosophie wie die Theologie bisher hinter den Dimensionen zurückbleibt, in die uns die Wahrheit, die sich offenbart hat, versetzen will. Wenn wir über die Zeit nachdenken, eröffnen wir uns den Horizont, innerhalb dessen die großen Gedanken der Philosophie und die Offenbarung des Evangeliums erst verstanden werden können. Wir nennen den Horizont des Verstehens den hermeneutischen Horizont. Der hermeneutische Horizont für die Erkenntnis der Wahrheit und der hermeneutische Horizont für die im Evangelium uns geschenkte Offenbarung ist die Welt-Zeit, die Eine Zeit des Universums. Was uns davor zurückweichen läßt, uns diesen hermeneutischen Horizont zu erschließen, ist die Angst vor der Wahrheit und die Angst vor Gott.

Blicken wir auf den bisher durchlaufenen Weg zurück, so stellt sich heraus, daß wir hintereinander drei Begriffe von Gegenwart diskutiert haben, die auf den ersten Blick ganz verschiedener Herkunft und Bedeutung zu sein scheinen, und die doch, wie sich zeigte, miteinander zusammenhängen.

1. Wir haben zunächst den Begriff der Gegenwart als reinen Zeitbegriff zu fassen versucht und haben Gegenwart in diesem Sinne als Übergang von Zukunft in Vergangenheit definiert.

2. Unter einem anderen Aspekt erscheint uns die Gegenwart, wenn wir sagen, daß der Sirius am Himmel steht. Hier bedeutet Gegenwart, daß ein 8,7 Lichtjahre entfernter Stern sich jetzt in seiner Erscheinung manifestiert. Gegenwart bedeutet sich manifestierende Anwesenheit.

3. Die Betrachtung des Zifferblattes auf unserer Uhr hat uns gezeigt, daß die Bewegung des Zeigers die Drehung der Erde um ihre eigene Achse repräsentiert. Sie repräsentiert aber zugleich die Zeiteinteilung, die in der Zivilisation, in der wir leben, den gesamten gesellschaftlichen Mechanismus beherrscht. Das Zifferblatt repräsentiert uns also unsere, durch die Weltzeit vermittelte Gleichrichtung mit dem Lebensablauf aller Menschen, die gezwungen sind, sich nach der gleichen Zeit zu richten. Die Repräsentation des Zeitablaufes aller übrigen Menschen haftet dem Zifferblatt noch unmittelbarer an als die Repräsentation der Achsendrehung der Erde, denn es gibt nur deshalb eine Uhrenindustrie, weil alle Menschen in unserer Gesellschaft sich nach der gleichen Zeit richten müssen. Repräsentieren heißt: die Gegenwart darstellen. Das Zifferblatt stellt dar, daß un-

sere Gegenwart die Gegenwart einer nach der Weltzeit regulierten Gesellschaft ist. Das Zifferblatt stellt uns also die Gesamtheit jener Bezüge vor Augen, in denen sich menschliches Dasein überhaupt befindet. Es stellt uns vor Augen, daß wir als Menschen nur in der Entäußerung an Natur und Gesellschaft zu existieren vermögen. Aber die Repräsentation der Weltzeit und der Gesellschaftsstrukturen durch das Zifferblatt hat eine andere Gestalt als die Erscheinung des Sternes in seinem Licht am Himmel. Die Repräsentation der Regulierung aller menschlichen Zeit durch die Weltzeit, wie sie das Zifferblatt leistet, versetzt uns in den Kommunikationszusammenhang, in dem sich alles menschliche Leben bewegt, nämlich den Kommunikationszusammenhang der Zeit. Aber die Kommunikation, die wir am Zifferblatt ablesen können, ist nur für den wahrnehmbar, der das Phänomen Zifferblatt versteht. Es ist eine Kommunikation *für* uns, aber man müßte sehr viele Vermittlungsglieder einschieben, wenn man die These aufrechterhalten wollte, es sei eine Kommunikation *an* das Zifferblatt. In Wahrheit treten hier die beiden Bedeutungen von Kommunikation auseinander, und damit tritt ein neuer Begriff der Gegenwart hervor. Wenn wir den Sirius fotografieren, so zeigt sich auf der fotografischen Platte ein Lichtpunkt, der dokumentiert, daß sie von Strahlen getroffen wurde. So manifestiert sich die Kommunikation *an* der Platte. *Für* uns *re*präsentiert der Lichtpunkt auf der Platte den wirklichen Stern. Wir sind in der Lage zu berechnen, daß das Licht 8,7 Jahre brauchte, bis es die Platte erreichen konnte. Wir sind dadurch in der Lage, die vom Lichtstrahl durchlaufene Zeit aufzuheben, und dadurch erst gelangt der wirkliche Stern in unsere Gegenwart. Die Gegenwärtigkeit der Gegenwart leuchtet erst auf, wenn wir die Kommunikation *an* der Platte in eine Kommunikation *für* uns übersetzen. Der selbe Vorgang zeigt sich an dem Zifferblatt. Für sich genommen ist das Zifferblatt eine runde Platte, auf der sich regelmäßig ein Zeiger dreht. *Am* Zifferblatt tritt die Zeit nur dadurch in Erscheinung, daß die Platte beharrt, der Zeiger hingegen sich dreht. So manifestiert *für* uns das Zifferblatt unmittelbar den Widerspruch zwischen Beständigkeit und Verfließen, den wir ausführlich besprochen haben. Daß wir aber durch die Bewegung des Zeigers über die Achsendrehung der Erde und über die Zeiteinteilung unserer Gesellschaft informiert werden, läßt sich dem Zifferblatt nicht ansehen. Selbst wenn wir das Uhrwerk auseinandernehmen, läßt sich nur feststellen, daß diese Maschine zu dem Zweck gebaut wurde, den Zeiger in einer regelmäßigen und gleichförmigen Bewegung zu halten. Nichts läßt erkennen, daß diese Bewegung auf die Achsendrehung der Erde abgestimmt ist. Das muß man *wissen*, wenn man in der Lage ist, die Uhrzeit abzulesen. Die Uhr ist also gebaut, um eine Kommunikation *für* uns zu ermöglichen, die *an* der Uhr nicht manifest wird. Und erst die Kommunikation für uns versetzt uns beim Betrachten des Zifferblattes in jene Gegenwart, die der Zeiger uns anzeigt.

Es ergeben sich also drei Begriffe von Gegenwart:
– Gegenwart als Übergang von Zukunft in Vergangenheit,
– Gegenwart als Präsenz eines Sachverhaltes in seiner Erscheinung,
– Gegenwart als Repräsentation.

Begrifflich können wir diese drei Bedeutungen von Gegenwart unterscheiden. Aber die Diskussion der drei Bedeutungen hat uns darüber belehrt, daß wir bei jeder der Bedeutungen genötigt waren, teils explizit, teils implizit die beiden anderen Bedeutungen mit heranzuziehen. Wir werden also den vollen Begriff der Gegenwart erst gewinnen, wenn wir die Einheit der drei Bedeutungen zu verstehen vermögen. Dabei stellt sich etwas sehr Überraschendes heraus. Es stellt sich nämlich heraus, daß die dritte Bedeutung die Basis der beiden anderen ist. Ich demonstriere das zunächst an der rein zeitlichen Bedeutung von Gegenwart. Sie werden sich daran erinnern, daß wir den im Begriff der Definition enthaltenen Widerspruch von Beständigkeit und Verfließen nur dadurch überwinden konnten, daß wir feststellten, daß die Beständigkeit äquivalent war zum Wahrbleiben von Aussagen in Relation zu anderen Aussagen, die falsch wurden; und daß umgekehrt das Verfließen äquivalent war mit dem Falschwerden von Aussagen und dem Auftauchen der Möglichkeiten neuer wahrer Aussagen in Relation zu Aussagen, deren Wahrheit sich durchhielt. Die Analyse hat ergeben, daß sich das Ineinander von Beständigkeit und Verfließen nur am Index der Wahrheit der Aussagen ausweisen läßt. Was aber ist eine Aussage? Eine Aussage repräsentiert den Sachverhalt, auf den sie verweist. Repräsentierte Wahrheit ist der Maßstab, an dem wir sowohl die Beständigkeit wie das Verfließen von Zeit ablesen; und einen anderen Index als die Zeit gibt es nicht. Die Unterscheidung von Gegenwart, Zukunft und Vergangenheit ist also auf das Phänomen der Repräsentation von Wahrheit notwendig bezogen. Die einzelne Aussage repräsentiert einen einzelnen Sachverhalt. Was aber repräsentiert die Wahrheit in der

Aussage als solche? Aus dem Gesagten ergibt sich: sie repräsentiert die Einheit der Zeit. Wir können die Modi der Zeit nur unterscheiden, wenn wir die Einheit der Zeit voraussetzen können. Die Einheit der Zeit ist aber kein bloßer Gedanke, sondern sie liegt phänomenal dem Ineinander-Verschmolzen-Sein von Beständigkeit und Verfließen zugrunde und macht die Gegenwart erst zur Gegenwart. Gegenwart ist deshalb immer die Erscheinung der Einheit der Zeit im Verfließen der Zeit. Und auf diesen, im Phänomen der Repräsentation sich manifestierenden Grundcharakter der Gegenwart beziehen wir uns, wenn wir die Vergangenheit als gewesene Gegenwart, die Zukunft als zukünftige Gegenwart verstehen müssen. Deshalb fundiert das Phänomen, das sich in der Repräsentation manifestiert, die Gegenwärtigkeit der Gegenwart, die Möglichkeit von Zeit.

Wir haben gezeigt, daß die rein zeitliche Bedeutung von Gegenwart in jener Gestalt von Gegenwart fundiert ist, die wir am Phänomen der Repräsentation ablesen können. Es gilt nun noch zu prüfen, wie sich die zweite Bedeutung von Gegenwart, nämlich die Präsenz eines Sachverhaltes in seiner Erscheinung zur Repräsentation verhält. Um die Erscheinung vom Sachverhalt isolieren zu können und damit den Begriff der Erscheinung erst verständlich zu machen, habe ich die Unterscheidung zwischen der Kommunikation *an* etwas und der Kommunikation *für* etwas eingeführt. Der Sirius kommuniziert durch seine Strahlung mit der fotografischen Platte. Der Punkt auf der Platte ist die Form, in der sich diese Kommunikation an ihr manifestiert. Woher wissen wir, daß der Punkt auf der Platte ein Dokument der zwischen dem Sirius und der Platte durch die Strahlen hergestellten Kommunikation ist? Wir wissen es, weil wir die Kommunikation an der Platte in eine Kommunikation für uns übersetzt haben. Nachdem wir das aber einmal eingesehen haben, wird deutlich, daß wir den Begriff der Kommunikation für uns schon voraussetzen, wenn wir den Lichtpunkt auf der Platte als Dokument einer Kommunikation auffassen. Nur wenn unser Denken jenen Weg, den der Lichtstrahl zwischen Sirius und Platte durchlaufen hat, in entgegengesetzter Richtung noch einmal durchmißt und von der Platte zum Sirius zurückkehrt, ist es möglich zu sagen, daß der Sirius in der Erscheinung auf der Platte präsent ist. Präsenz ist Anwesenheit von Abwesendem. Um aber den abwesenden Sachverhalt in der anwesenden Erscheinung wiederzuerkennen, muß man von der Erscheinung zum Sachverhalt zurückkehren. Der Lichtpunkt auf der Platte wäre, für sich genommen, nicht ausreichend, um uns erkennen zu lassen, daß sich der Sirius selbst und der von ihm ausgesandte Lichtstrahl in derselben Zeit bewegen wie wir, die wir die Platte betrachten. Erst wenn unser Denken das Dokument auf der Platte in eine Kommunikation für uns verwandelt, wird sichtbar, daß alles, was im Weltraum ist, sich in einer und derselben Zeit bewegt, und diese Erkenntnis ist die Basis für alles, was wir von der Platte, dem Sirius, dem Lichtstrahl und überhaupt allen Phänomenen in dieser Welt aussagen können.

Wir haben nunmehr demonstriert, daß alles, was uns die unmittelbare Zeitauffassung als Gegenwart manifestiert, die Einheit der von uns unterschiedenen Bedeutungen von Gegenwart voraussetzt. Wir haben darüber hinaus gezeigt, daß jene Gestalt der Gegenwart, die in der Repräsentation hervortritt, den beiden anderen Formen der Gegenwart zugrunde liegt. Gegenwart ist primär das in der Repräsentation von Abwesendem durch ein Anwesendes sich manifestierende Hervortreten der Einheit der Zeit in jedem Zeitpunkt. Dieses sich Manifestieren der Einheit der Zeit ist die Bedingung der Möglichkeit von Wahrheit, denn jede Erkenntnis geschieht durch Repräsentation und setzt die Einheit der Zeit voraus. Es ist nicht überraschend, daß die unmittelbare Zeitauffassung uns die Einheit der Zeit manifestiert, denn sie versteht sich ja selbst als Auffassung der Zeit überhaupt, nicht nur als Auffassung von ständig wechselnder Gegenwart. Überraschend ist hingegen, daß das Verhältnis von Zeit und Wahrheit uns schon bei der phänomenalen Betrachtung der Zeit begegnet, denn nach der seit Kant herrschenden Auffassung gehört die Frage nach dem Verhältnis von Zeit und Wahrheit, nach dem Wesen der Repräsentation und nach den Bedingungen der Möglichkeit der Erkenntnis der Wahrheit nicht in die phänomenale Betrachtung sondern in die transzendentale Erörterung der Zeit. Wir haben also durch die Form, in der wir die Frage nach dem Wesen der Gegenwart durchgeführt haben, die Grenze der Unterscheidung zwischen phänomenaler Analyse und transzendentaler Erörterung verschoben. Geschah das aus bloßer Unkenntnis und Blindheit, oder läßt sich diese Verschiebung der Grenzlinie zwischen phänomenaler und transzendentaler Erkenntnis begründen?

Dritter Teil
Vorbereitung der Transzendentalen Erörterung der Zeit

⟨23. Die Zeit im Horizont der Metaphysik⟩

⟨a. Χρόνος und αἰών⟩

Wir haben jetzt den Punkt erreicht, an dem ich erklären kann, weshalb ich genötigt war, Ihnen in einer früheren Stunde Platons Definition der Zeit zu interpretieren (125 ff.). Der χρόνος ist nach Platons Definition das nach der Zahl fortschreitende αἰών-artige Abbild des αἰών. In dieser Definition wird das Verfließen der Zeit als χρόνος, die Beständigkeit der Gegenwart als αἰών bezeichnet. Αἰών ist, wie ich schon sagte, die ewige Gegenwart eines Jetzt, für das es kein Vorher und Nachher gibt, also die ewige Gegenwart der Einheit der Zeit. Χρόνος hingegen ist das unabhängige Verfließen der Augenblicke, von denen jeder neue den vorherigen aufhebt. Der χρόνος ist dadurch Abbild des αἰών, daß jedes Jetzt in dem Verfließen der vielen Augenblicke die Gegenwart des αἰών manifestiert. Sie werden bei dieser Erinnerung bemerkt haben, daß alle konstitutiven Glieder des platonischen Gedankens in verwandelter Form bei unserer Analyse der Gegenwart wieder auftreten: die Polarität von Beständigkeit und Verfließen, die für das Phänomen der Zeit konstitutive Bedeutung des Phänomens der Repräsentation einer Präsenz, also die Einheit von Zeit und Wahrheit, und das Phänomen der Präsenz von Abwesendem in seiner Erscheinung – bei Platon das Verhältnis Urbild – Abbild. Nachdem wir durch die phänomenale Analyse der in der unmittelbaren Zeitauffassung sich manifestierenden Gegenwärtigkeit von Gegenwart in anderer Form auf die Verschränkung der selben drei Momente von Gegenwart gestoßen sind, vermögen wir erst Platons Definition der Zeit von ihrer phänomenalen Basis her zu interpretieren. Platon interpretiert, wie sich nun zeigt, die Zeit überhaupt vom Modus der Gegenwart her. Das ist nicht Willkür oder Voreingenommenheit; es ist, wenn man von der unmittelbaren Zeitauffassung ausgeht, notwendig, denn da für die unmittelbare Zeitauffassung Vergangenheit alles umfaßt, was einmal Gegenwart war, und Zukunft alles umfaßt, was einmal Gegenwart sein wird, kann die Einheit der Zeit, die ebenfalls der unmittelbaren Zeitauffassung schon zugrundeliegt, nur von der Gegenwart aus begriffen werden. Bei der Explikation der Gegenwärtigkeit von Gegenwart stößt aber Platon auf die selbe Verschränkung von drei verschiedenen Gestalten des Gegenwärtig-Seins von Gegenwart, auf die auch wir durch die Analyse geführt worden sind. Das ist, wenn Sie wollen, eine indirekte Bestätigung für Platons Definition der Zeit, denn es zeigt, daß in der Tat die Struktur von Gegenwart, also die Gegenwärtigkeit der Gegenwart, sich durch den Wandel der Zeiten, durch den Umsturz der politischen Systeme und der Gesellschaftsordnungen und durch den Umbruch der Religionen hindurch als permanent erweist. Wir können auf Grund unserer Analyse auch den Grund für diese Permanenz angeben: die Zeit überhaupt, so sahen wir, ist die Weltzeit. Die Zeit der Menschen ist vermittelte Weltzeit. Da sich die Erde, heute nicht anders als zu Platons Zeiten, im Umlauf um die Sonne um ihre Achse dreht, und da keine Revolution in der Lage ist, daran etwas zu ändern, kann die Grundstruktur der Zeit, wie sie in unserer Zeitauffassung begegnet, von Platon bis heute sich nicht verändert haben. Verändert haben sich die Formen der Vermittlung der Weltzeit in humane Zeit. Verändert haben sich damit auch die Formen der möglichen Erkenntnis des Wesens der Zeit. Wir werden deshalb jetzt die Frage stellen müssen, ob sich, trotz der offenkundigen Nähe unserer Analyse der phänomenalen Gegenwart zur Definition von Platon, in dieser Analyse auch die Veränderung unseres Zeitverständnisses und damit die Entfernung von Platon aufweisen läßt.

Da wir bisher nur die Gegenwart, nicht aber die Zukunft und Vergangenheit betrachtet haben, kann ich diese Frage nur mit einem Hinweis beantworten. Platon interpretiert den αἰών als reine, unveränderliche Identität, weil für die Griechen das große Wunder in aller menschlichen Erkenntnis war, daß sterbliche, hinfällige, endliche, im Trug befangene und in sich zerrissene Lebewesen wie die Menschen fähig sind, Wahrheiten zu erkennen, von denen wir wissen, daß sie immer wahr sind, daß sie ewig und unvergänglich sind wie die Götter. Die Trennung zwischen αἰών und χρόνος vollzieht sich an jener Grenzlinie, die nach griechischem Glauben das Sein der Götter von dem Sein der Menschen scheidet. Das Wunder der Erkenntnis ist, daß sich die Menschen durch die Erkenntnis der Wahrheit in den Bereich des Göttlichen versetzen können, also daß ein Mensch, obwohl er weiß, daß er sterben muß, eine Wahrheit erkennen kann, von der wir wissen, daß sie zu allen Zeiten, die gewesen sind, und zu allen Zeiten, die noch kommen werden, wahr bleiben wird. Alle Wahrheit bleibt wahr. Das bedeutet nichts anderes, als daß sie zu jedem möglichen Zeitpunkt in der unendlichen Folge der Zeiten stets gegenwärtig ist. In diesem Sinne begründet die ewige Gegenwart unveränderlicher Wahrheit die Einheit der Zeit.

Nachdem wir unsere Analyse der Gegenwart, wie sie sich in der unmittelbaren Zeitauffassung manifestiert, durchgeführt haben, vermögen wir erst zu ermessen, mit welcher Helligkeit und Lauterkeit des Denkens hier das Wesen des dunkelsten aller Phänomene, nämlich des Phänomens der Zeit, erfaßt worden ist. Kein späterer Philosoph hat mehr vermocht, die Zeit in ihrer Einheit so zu erfassen, wie Platon es in seiner Philosophie geleistet hat. Die Zeit bricht in den späteren Philosophien gleichsam in Fragmente auseinander. Das hängt wesentlich damit zusammen, daß kein späterer Philosoph das Wesen der Gegenwart in seiner Vieldimensionalität mit solcher Klarheit zu erfassen vermochte. Diese Erkenntnis der Zeit ist, wie wir schon sahen, auf der Basis jener Bestimmungen erwachsen, in denen die Griechen das Wesen der Götter in seiner Unterscheidung vom Wesen der Menschen umrissen und festgehalten haben. Was wir dem griechischen Denken an Erkenntnis verdanken, ist aus der griechischen Religion hervorgewachsen. In den Grenzen, in denen diese Erkenntnisse wahr sind, sind auch die Götter der Griechen wahr und leben noch heute – ob wir das wissen oder nicht. Sie sind nicht nur wahr, sie sind sogar, wenn wir für solche Erkenntnis bereit sind, noch verständlich, denn sie erscheinen im Horizont einer Manifestation des Wesens der Zeit, das wir, wie unsere Analyse beweist, noch heute nicht nur nachvollziehen, sondern darüber hinaus auch verifizieren können.

Daß wir nicht wissen, daß die griechischen Götter noch leben, und daß wir uns von ihrer Gegenwart noch heute überzeugen könnten, wenn wir in der Lage wären, sie zu erkennen, das liegt daran, daß sie zwar auch für uns, wie ich glaube, wirkliche Phänomene, daß sie aber doch für uns nicht mehr Götter sind. Wir haben durch den Sturz der Götter, weil er vorschnell und unbedacht vollzogen wurde, auch von der Erkenntnis der Phänomene, wie sich zeigen ließe, Wesentliches verloren. Das zu erörtern, würde uns vom Weg abführen. Wir haben aber auch etwas gewonnen. Wir sind nämlich nun nicht mehr genötigt, zwischen αἰών und χρόνος eine Grenze zu ziehen, deren Aufhebung nicht nur Irrtum sondern Frevel wäre. Das bedeutet, daß wir nun einsehen können, daß in der unauflöslichen Verklammerung, welche Verfließen und Beständigkeit in der Einheit der Zeit zusammenhält, weder der χρόνος, isoliert und für sich genommen, noch der αἰών, isoliert und für sich genommen, als Zeit verstanden und ausgegeben werden kann. Zeit ist die Einheit von αἰών und χρόνος. Zeit ist die offene Identität von Verfließen und Beständigkeit. Zeit ist nicht die bloße Aufeinanderfolge von Zeitpunkten, die wir teils der Vergangenheit, teils der Gegenwart, teils der Zukunft zuordnen, sondern Zeit ist das Aufgehobensein von Vergangenheit, Gegenwart und Zukunft in der Einheit der Zeit, die sich in diesen sogenannten Modi auf je verschiedene Weise manifestiert. Daß wir die Schranke zwischen Ewigkeit und Zeit, zwischen dem Absoluten und dem Relativen, zwischen Identität und Differenz einreißen können: das ist die wichtigste Folge des Sturzes der griechischen Götter, von dem ich sprach. Damit beginnt das Ende der Metaphysik. Denn das metaphysische Denken hat bis zum heutigen Tage an dieser Schranke festgehalten, und wenn Sie die positiven Wissenschaften unserer Zeit analysieren, so können Sie leicht feststellen, wie die Denkformen der Metaphysik die Methoden der Wissenschaft bis heute bestimmen. Der Sturz der griechischen Götter vollzieht sich erst heute. Er vollzieht sich im Zeichen der Krise der Metaphysik. So lange brauchen die großen Ereignisse der Weltgeschichte, bis ihre Kunde im Bewußtsein der Menschen allmählich ankommt. Aber wehe uns, wenn wir den Sturz der Götter falsch verstehen, wenn wir meinen, der Sturz der Götter bedeute, daß sie nun ein für allemal eliminiert wären. So hat der Kaiser Theodosius den Sturz der Götter verstanden, als er befahl, die heidnischen Greuelwerke des Tempels in Olympia zu zertrümmern. In Wirklichkeit vollzieht sich der *Sturz* der Götter nur dadurch, daß wir die *Wahrheit* der Götter zu entdecken vermögen und damit das, was uns zuvor als Gott erschien, in ein Phänomen verwandeln, das uns zugänglich ist. Der wahre Sturz der Götter ist die Befreiung der Götter aus jenen numinosen Banden, in die sie durch die Menschen geschlagen wurden, weil man die Übergewalt der Phänomene zu bannen versuchte, die sich in den Göttern manifestieren. Diese Befreiung der Götter ist Philosophie.

⟨*b. Die Krise der „zeitlosen" Wahrheit seit Nietzsche*⟩

Was hat das alles mit der Frage nach dem Unterschied zwischen phänomenaler Analyse und transzendentaler Erörterung zu tun? Wenn Sie den Entwurf von Kants Transzendentalphilosophie studieren, so werden Sie feststellen, daß die Erfahrung auf den Bereich der bloßen Erscheinung beschränkt ist, während die transzendentale Frage nach den Bedingungen der Möglichkeit dieser Erfahrung aufdeckt, was immer und zu allen Zeiten wahr ist. Alle Erscheinung ist nach Kant Erscheinung im Verfließen der Zeit. Die Bedingungen der Möglichkeit der Erfahrung, nämlich die reinen Formen der Anschauung und des Denkens, liegen nicht in der Zeit, aber die Zeit vermittelt zwischen dem reinen Denken und der Erfahrung. Sie werden nun erkennen, daß diese Entwicklung sich innerhalb des Raumes hält, der durch Platons Definition der Zeit erschlossen wurde. Der Bereich der Erscheinung, auf den sich unsere Erfahrung bezieht, ist der Bereich des χρόνος. Der Bereich der Bedingungen der Möglichkeit der Erfahrung hingegen ist der Bereich des αἰών. Die reinen Formen der Anschauung und des Denkens werden in jeder Erscheinung *re*präsentiert; dadurch ist sie *Erscheinung*. Entsprechend war bei Platon der χρόνος Abbild des αἰών. Vergleichen wir Kants Entwurf der Transzendentalphilosophie mit Platons Definition der Zeit, so stellt sich heraus, daß die Unterscheidung zwischen phänomenalem und transzendentalem Denken, zwischen der Erfahrung und der Reflexion auf die Bedingungen der Möglichkeit dieser Erfahrung in jenem Zeitverständnis verwurzelt ist, das Platons Definition der Zeit umreißt. Wenn wir nun wagen, die Schranke zwischen den griechischen Göttern und den Menschen, zwischen der Ewigkeit und der Zeit zum Einsturz zu bringen, so erschüttern wir damit die Basis der Unterscheidung zwischen phänomenalem und transzendentalem Denken. Wir können dann weder das phänomenale noch auch das transzendentale Denken weiterhin so verstehen, wie es im Zeitalter der Metaphysik verstanden wurde. Wir erschüttern damit zugleich die Basis, auf der die überlieferte Unterscheidung zwischen Theorie und Praxis oder zwischen reiner und empirischer Forschung beruhte. Alle bisherigen Schematismen des Denkens geraten ins Wanken. So außerordentliche Konsequenzen ergeben sich, wenn man die drei Bedeutungen von Gegenwart, die ich zugleich unterschieden und in ihrer wechselseitigen Verschmelzung aufgewiesen habe, als drei verschiedene Dimensionen einer und derselben Gegenwart versteht und diese Gegenwart rein aus der Zeitlichkeit der Zeit entfaltet. Warum kann durch die Aufdeckung der Dimensionen der Gegenwärtigkeit von Gegenwart das Grundgefüge der bisherigen Geschichte des europäischen Denkens, ja das Grundgefüge der uns überkommenen Lebensordnung erschüttert werden? Die Antwort ergibt sich, wie wir gesehen haben, aus der Analyse des Zusammenhanges von Zeit und Wahrheit. Die Zeit ist der Horizont von allem, was ist. Die Wahrheit ist die Manifestation der Einheit dieses Horizontes als Präsenz und Repräsentation. Im Wandel der Erfahrung von Wahrheit vollzieht sich Geschichte. Die heutige große Krise der Geschichte hat ihren Grund in einem Wandel der Erfahrung der Wahrheit, der schon im 18. Jahrhundert beginnt, den Hegel als erster in seiner Tiefe erkannt hat aber nicht zu bewältigen vermochte, und dessen alles bisherige Denken vernichtende Gewalt den Inhalt der bis heute unbekannten Philosophie von Nietzsche bildet [44]. Wir können diesen Wandel in der Erfahrung der Wahrheit auf Grund unserer Analyse der Gegenwart jetzt sehr einfach beschreiben. Im Zeitalter der Metaphysik war die Wahrheit in den Bereich des αἰών gebunden. Sie war, wie man zu sagen pflegte, zeitlos. Wahrheit war absolute Wahrheit. Jetzt bricht die Wahrheit in die Zeit selbst ein. Wahrheit, so sagte ich, ist Manifestation der Einheit der Zeit in jedem Augenblick. Der Gegensatz von absolut und relativ ist aufgehoben. Wir erfahren, was unvergänglich ist, in der Vergänglichkeit selbst. Die Götter, von denen man glaubte, sie wären entthront, brechen in unsere Zeit und Wirklichkeit ein. Das alles erfahren wir schon heute. Aber wir wissen noch nicht, was uns geschieht. Und im Geschehen von dem, was wir nicht begreifen, vollzieht sich die wirkliche, die Weltgeschichte.

⟨*c. Zeit-Bilder: Kreisbahn und unendliche Gerade*⟩

Wir sind mit der Frage nach dem Wesen der Wahrheit, die von der Frage nach dem Wesen der Götter nicht getrennt werden kann, erneut an die Schwelle des Übergangs von der phänomenalen Analyse zur transzendentalen Erörterung der Zeit gestoßen, ja wir haben die Schwelle fast schon überschritten. Aber noch einmal müssen wir uns

---

[44] Vgl. Georg Picht, Nietzsche, a. a. O., Kapitel 11–14, 244 ff., sowie ders., „Der Gott der Philosophen", in:· Wahrheit, Vernunft, Verantwortung, a. a. O., 321 ff.

zurückhalten. Wir müssen die phänomenale Analyse um eine Dimension erweitern, die zwar bisher schon ständig mit hineingespielt hat, aber die wir noch nicht ausdrücklich thematisiert haben. Thematisch haben wir bisher nur die Gegenwart erörtert. Aber die Zeit hat eine Richtung. Sie fließt von der Zukunft in die Vergangenheit; und solange wir nicht verstehen, was es eigentlich ist, das wir erfahren, wenn wir erfahren, daß die Zeit vergeht, bleibt uns das phänomenale Wesen der Zeit noch verborgen. Wie haben wir uns die Zeit als Ganze in ihrem Verfließen vorzustellen?

Wenn Menschen sich von dem, was sie nicht sehen können, eine Vorstellung machen wollen, so entwerfen sie davon ein Bild, das wie ein Modell die unsichtbare Wirklichkeit repräsentiert und uns die Möglichkeit gibt, von der Struktur des Bildes auf die Struktur der im Bild dargestellten Wirklichkeit zu schließen. Wenn wir untersuchen wollen, wie sich das Verfließen der Zeit in der unmittelbaren Zeitauffassung darstellt, müßten wir zunächst die kaum übersehbare Fülle jener mythischen Bilder interpretieren, in denen die allumfassende Macht der Zeit sich in einer Epoche der Menschheitsgeschichte, die solche Phänomene unreflektiert und rein aufzufassen vermochte, Gestalt gewonnen hat. Dazu fehlt mir in dieser Vorlesung der Raum. Ich beschränke mich deshalb darauf, sehr kurz zwei Bilder der Zeit zu diskutieren, die eine hohe Stufe der Reflexion repräsentieren und uns die Zeit so vorstellen, wie sie in der unmittelbaren Zeitauffassung *nicht* ist. Das hindert nicht, daß diese Bilder über das Denken der Menschen eine gewaltige Macht ausgeübt haben. In dem Maße, in dem wir Schritt für Schritt erkennen, daß diese Bilder der unmittelbaren Zeitauffassung nicht entsprechen, werden wir diese unmittelbare Zeitauffassung wieder entdecken. Dabei ergibt sich dann das unerwartete Resultat, daß die unmittelbare Zeitauffassung den Erkenntnissen der modernen Physik weit näher steht als jene reflektierten Bilder von der Zeit, die das Denken der letzten zweieinhalb Jahrtausende beherrschten.

Das erste Bild, das wir zu diskutieren haben, ist das Bild von der Zeit, das Aristoteles auf der Basis der Kosmologie von Anaxagoras im Buch Δ der „Physik" entworfen hat[45]. Aristoteles stellt dort den Verlauf der Zeit durch das Bild der Kreisbahn dar. Das Denken jener

---

[45] Δ, 223b 28f. Vgl. Aristotle's Physics, hg. von (Sir) David Ross, Oxford: Clarendon, 1936.

Epoche ist uns so ferngerückt, daß wir unmittelbar kaum mehr verstehen, wie Menschen den Verlauf der Zeit im Bild einer Bahn darstellen konnten, die in sich zurückkehrt. Gewiß gibt es auch in der modernen Astrophysik Spekulationen über die Möglichkeit, daß sich in riesigen Perioden jener Zustand wieder herstellt, den die Astrophysik als Initialzustand unserer Welt hypothetisch rekonstruiert. Aber das ist doch nur ein Zeichen für die seltsame Macht, die alte mythische Bilder auch auf das Denken der Wissenschaft ausüben. In Wahrheit vermögen wir die Vorstellung, daß die Zeit in sich selbst zurückläuft, nicht mehr nachzuvollziehen, und es wird sich noch zeigen, warum wir das nicht können. Aber es läßt sich, wenn man darüber nachdenkt, doch einsehen, wie Aristoteles zu dem der archaischen Zeitvorstellung widersprechenden Bild von einem zyklischen Verlauf der Zeit gelangt ist. Das Bild ergibt sich nämlich mit strenger Konsequenz, wenn man drei Axiome miteinander verbindet, die für die griechische Philosophie von Parmenides bis Aristoteles unerschüttert waren:
1. das Axiom der unwandelbaren Einheit des Seins,
2. das Axiom der Endlichkeit der Welt,
3. das Axiom, daß die unwandelbare Einheit des Seins in dem Verlauf der Endlichkeit erscheint.

Die unwandelbare Einheit des Seins: das ist die Beständigkeit in der Gegenwart. Wenn nun das Verfließen der Zeit innerhalb einer endlichen Welt verläuft, und wenn sich in diesem Verfließen die Einheit des Seins als stets sich selbst gleich manifestiert, so läßt sich die Beziehung der Bahn des Verfließens auf die sich selbst gleichbleibende Ruhe der Beständigkeit nur in dem Bild eines Kreises darstellen, innerhalb dessen jeder Punkt zum Zentrum des Kreises den gleichen Abstand hat. Wenn wir mehr Zeit hätten, könnte ich Ihnen die Tiefe dieses Gedankens noch verständlicher machen. Wenn man ihn gründlich durchdacht hat, wird sehr wohl verständlich, weshalb die aristotelische Lehre von der Zeit bis hin zu Hegel und zu Bergson alles Nachdenken über das Wesen der Zeit beherrscht hat. Aber wir sind gezwungen, uns zu beschränken. Ich gehe deshalb mit einem großen Sprung zu jenem Bild der Zeit über, das sich in der Neuzeit durchgesetzt hat und die gesamte klassische Physik beherrscht.

Ich sagte schon, daß das Bild der Kreisbahn das Axiom der Endlichkeit der Welt voraussetzt. Die endliche Welt ist für das griechische Denken ein Bild, in dem die in sich abgeschlossene und vollendete

Einheit Gottes zur Erscheinung kommt. Seit dem Nominalismus setzt sich im europäischen Denken der große Gedanke der Unendlichkeit der Macht Gottes durch, und Nikolaus von Kues hat aus der Unendlichkeit Gottes auf die Unendlichkeit der Welt geschlossen. Dieser Schluß hebt eines der Axiome der griechischen Gotteslehre auf. Er hebt das Axiom auf, daß Gott, weil er in sich vollendet ist, in diesem Sinne auch endlich sein muß. Ein anderes Axiom hält er hingegen fest. Er hält fest, daß Gott sich in der Welt manifestiert. Nur wenn sich Gott in der Welt manifestiert, ist es möglich, von der Unendlichkeit Gottes auf die Unendlichkeit der Welt zu schließen. Wenn Gott unendlich ist, so kann sich auch in einer nach Raum und Zeit unendlichen Welt an jedem Ort und zu jedem Zeitpunkt die Allgegenwart Gottes manifestieren. Dann ist es nicht mehr nötig, den Verlauf der Zeit im Bild einer Kreisbahn darzustellen, wenn man einsichtig machen will, daß die unwandelbare Einheit des Seins in jedem Augenblick der Zeit präsent ist. Wenn Gott unendlich ist und seine Allgegenwart in einer unendlichen Welt manifestiert, so tritt an die Stelle der Kreisbahn als neues Bild das Bild einer unendlichen Geraden.

⟨24. Zeit und Raum in der neuzeitlichen Physik und bei Kant⟩

Es ist, wie wir noch sehen werden, sehr wichtig sich klarzumachen, daß sowohl das Bild von der Kreisbahn wie das Bild von der unendlichen Geraden nicht primär aus der unmittelbaren Zeitauffassung hervorgegangen sind, sondern sozusagen Projektionen eines bestimmten Gottesbegriffes sind. Aber bevor wir die Konsequenzen, die sich aus dieser Erkenntnis ergeben, genauer untersuchen, müssen wir uns klarmachen, wie sich das zweite Bild, nämlich die Darstellung der Zeit als einer unendlichen Geraden, auf die Ausbildung der Physik der Neuzeit ausgewirkt hat. Wenn Physiker oder Astronomen Bewegung untersuchen, behandeln sie die Zeit unreflektiert als eine unendliche Gerade; die Zeit ist dann die vierte Koordinate neben den drei Koordinaten des Raumes. Man kann sich diese Form, die Zeit darzustellen, am graphischen Fahrplan der Eisenbahner klarmachen. Dort wird auf einer Koordinate die Strecke aufgetragen, die der Zug zurücklegt, auf der anderen die Zeitdauer, in der er sie zurücklegt. So läßt sich dann für jeden Punkt der Strecke der entsprechende Zeitpunkt bestimmen, an dem der Zug ihn durchfährt. Auf dieser Form, die Zeit darzustellen, beruht mit einer sehr wichtigen Ausnahme, die ich noch besprechen werde, die gesamte Physik.

Betrachten wir nun genauer, wie sich die Zeit in diesem Bilde darstellt, so fällt alsbald auf, daß dieses Bild in seinen wesentlichsten Merkmalen unserer unmittelbaren Zeitauffassung widerspricht. Es gibt im Bild der Geraden keinen Unterschied zwischen Vergangenheit, Gegenwart und Zukunft. Das ist das Merkmal, worin dieses Bild mit dem Bild der Kreisbahn übereinstimmt. Auch in der Kreisbahn gibt es keinen Unterschied zwischen Vergangenheit, Gegenwart und Zukunft.

Wir werden uns später fragen müssen, was der Grund für diese so auffällige Übereinstimmung zwischen den beiden für das europäische Denken maßgeblichen Modellen der Zeit ist. Aber zunächst müssen wir noch weiter zusehen, welche physikalischen Konsequenzen sich aus dieser Form, die Zeit zu denken, ergeben.

1. Der Sachverhalt, daß es in dem Bild der Geraden keinen Unterschied zwischen Vergangenheit, Gegenwart und Zukunft gibt, hat zur Folge, daß in diesem Bild nicht zur Darstellung kommt, daß die Zeit eine Richtung hat und unumkehrbar ist. Es macht keinen Unterschied, in welcher Richtung man die Gerade durchläuft. Sie bleibt immer sich selbst gleich. Wenn nun die physikalische Theorie bei ihrer Analyse der Bewegungen ein Bild von der Zeit zugrundelegt, in dem die Richtung, in der die Zeit verläuft, gleichgültig ist, so muß das für den Aufbau der Theorie die Folge haben, daß dort ebenfalls die Richtung, in der die Zeit verläuft, gleichgültig ist. Genau das ist in der Tat der Fall. Die Gesetze der Mechanik drücken die Unumkehrbarkeit der Zeit nicht aus. Nach ihren Gleichungen könnte jede Bewegung auch wie ein rückwärts abrollender Film in umgekehrter Richtung verlaufen. Die Umkehrung einer Planetenbewegung oder die Umkehrung einer ungedämpften Schwingung wäre wieder eine nach der Mechanik mögliche Bewegung. Es hat sich gezeigt, daß auch die Grundgesetze des elektromagnetischen Feldes und die Grundgesetze der Atomphysik die Unumkehrbarkeit der Zeit nicht implizieren; sie können sie nicht implizieren, weil ja von vornherein der Analyse der Bewegungen ein Bild der Zeit zugrundegelegt wurde, das auf die Darstellung der Richtung der Zeit verzichtet. Die Mechanik ist also jene Form der Darstellung von Bewegungen im

Raum, die sich ergibt, wenn man davon absieht, daß die Zeit eine Richtung hat.

2. Dies hat nun sehr bedeutende Konsequenzen für unsere Grundfrage, nämlich die Frage nach der Erkenntnis der Zukunft. Wenn wir voraussetzen, daß die Zeit keine Richtung hat, wenn wir also voraussetzen, daß prinzipiell zwischen Vergangenheit, Gegenwart und Zukunft kein Unterschied besteht, so gilt für die Zukunft das selbe, was für die Vergangenheit gilt: sie liegt dann fest. Deswegen war die direkte Konsequenz aus dem der Physik zugrundeliegenden Zeitbegriff der Determinismus, also die Lehre, daß alle zukünftigen Ereignisse nach unabänderlichen Gesetzen bestimmt sind, und daß es lediglich an der Beschränktheit unseres Erkenntnisvermögens liegt, wenn wir nicht in der Lage sind, schon heute mit absoluter Sicherheit sämtliche Ereignisse vorauszusagen, die zu einem beliebigen Zeitpunkt der Zukunft eintreten werden. Jener Begriff der durchgängigen Kausalität, der der gesamten klassischen Physik zugrundeliegt, steht und fällt mit der Vorstellung, daß die Zeit sich im Bild einer unendlichen Geraden darstellen läßt. Wenn dieser Zeitbegriff nicht richtig ist, dann gerät auch der Begriff der Kausalität ins Wanken. Eines der großen Zentralprobleme der gesamten neueren Philosophie, nämlich das Problem des Verhältnisses von Kausalität und Freiheit, muß dann völlig neu gefaßt werden.

3. Ich sagte, daß die Physik die Bewegungen innerhalb eines Koordinatensystems beschreibt, in dem die Dimensionen des euklidischen Raumes als drei Koordinaten dargestellt werden; die vierte Koordinate soll die Zeit repräsentieren. Darin kommt zum Ausdruck, daß zwischen der Form, wie wir den Raum denken, und der Form, wie wir die Zeit denken, ein fester Zusammenhang besteht. Der Raum der klassischen Physik ist der von Newton behauptete absolute Raum. Ihm ist als vierte ⟨Dimension⟩[46] zugeordnet die absolute Zeit. Wir wollen zunächst prüfen, was die Annahmen eines absoluten Raumes und einer absoluten Zeit positiv für die Physik geleistet haben. Die klassische Mechanik ist die Lehre von der Bewegung von Körpern. Will man die Bewegung von Körpern analysieren und beschreiben, so braucht man dazu ein Koordinatensystem, in Bezug auf welches die Stellung jedes bewegten Körpers zu jedem bestimm-

---

[46] Im Text: „Koordinate". Carl Friedrich von Weizsäcker hat mit Recht an den Rand des Manuskriptes notiert, daß hier „Dimension" gemeint ist.

ten Zeitpunkt definiert werden kann. Wenn wir sagen, daß sich alle Körper *im* Raum und *in* der Zeit bewegen, so beziehen wir uns auf dieses Koordinatensystem, nämlich die drei Koordinaten des Raumes und die vierte Koordinate der Zeit. Dieses System ist nach der Grundannahme der klassischen Physik unabhängig von den Bewegungen der Körper, die innerhalb dieses Systems beschrieben werden. Die Körper bewegen sich, aber das Koordinatensystem von Raum und Zeit steht fest. Ruhe und Bewegung haben also, auf dieses Koordinatensystem bezogen, einen absoluten Sinn. Es läßt sich in Bezug auf das Koordinatensystem eindeutig angeben, ob sich ein Körper in Ruhe befindet oder bewegt.

Durch die Relativitätstheorie sind bekanntlich diese Grundannahmen erschüttert worden. Schon Leibniz und in anderer Form Kant hatten erkannt, daß das raum-zeitliche Koordinatensystem, innerhalb dessen die klassische Physik die Bewegungen der Körper beschreibt, experimentell nicht verifiziert werden kann und deshalb nicht als eine physikalische Tatsache betrachtet werden kann. Es ist vielmehr eine metaphysische Voraussetzung oder, mit Kant zu sprechen, eine metaphysische „Bedingung der Möglichkeit" der Physik. Im 20. Jahrhundert ist die Physik auf Phänomene gestoßen, die sie gezwungen haben, die Vereinbarkeit des auf metaphysischen Axiomen beruhenden Koordinatensystems, innerhalb dessen sie die physikalischen Vorgänge beschrieb, mit diesen Vorgängen zu überprüfen. Dabei stellte sich heraus, daß es Vorgänge gibt, die sich unter der Voraussetzung des unbewegten Koordinatensystems von Raum und Zeit nicht erklären ließen. Die wirklichen Bezugssysteme sind beweglich, und die Definition von Längen und Zeitspannen ist abhängig von der Bewegung des Bezugssystems, in dem man sie mißt.

Ich erläutere das an dem Begriff der Geschwindigkeit. Geschwindigkeit ist die in einer Zeiteinheit zurückgelegte Länge. Innerhalb des Bezugssystems der klassischen Physik sind die Länge eines Maßstabes und die mit einer Uhr gemessene Zeit an sich feststehende, absolute Größen, weil sie sich innerhalb des absoluten Koordinatensystems eindeutig definieren lassen. Wenn aber das Bezugssystem, innerhalb dessen wir unsere Beobachtung machen, von physikalischen Faktoren abhängig und bewegt ist, so können wir nicht mehr an der Voraussetzung festhalten, daß es eine absolute Länge und eine absolute Zeiteinheit gibt. Wenn man ein bewegtes Bezugssystem von einem nicht bewegten Bezugssystem aus betrachtet, so gehen die be-

wegten Uhren langsamer, die Längenmaße werden verkürzt. Einstein hat gezeigt, daß es nicht möglich ist, sämtliche Vorgänge im Kosmos auf eine einheitliche Welturh so zu beziehen, wie wir die Vorgänge innerhalb unseres Planetensystems auf die Umdrehung der Erde um die Sonne und um ihre eigene Achse beziehen. Das kommt besonders deutlich heraus bei der Kritik des Begriffs der Gleichzeitigkeit. Zwei Ereignisse, die, von einem Bezugssystem aus betrachtet, gleichzeitig sind, brauchen es, von einem anderen System aus betrachtet, nicht zu sein. Es gibt in der Natur kein absolutes System, von dem aus wir absolut die Zeit messen und damit auch die Gleichzeitigkeit feststellen könnten. Absolut ist nur die Transformationsregel, nach der wir berechnen können, wie sich der Aspekt innerhalb eines Bezugssystems in den Aspekt innerhalb eines anderen Bezugssystems übersetzen läßt. Da ich kein Physiker bin, bin ich nicht in der Lage, Ihnen die Relativitätstheorie zu erklären. Die Bemerkungen, die ich gemacht habe, mögen ausreichen, um Ihnen eine Vorstellung davon zu geben, wie hier die Grundannahme der klassischen Physik, nämlich die Annahme einer absoluten Zeit, in Frage gestellt wird. Analoges gilt vom absoluten Raum. Ich brauche das hier nicht auszuführen. Nur auf Eines möchte ich noch hinweisen, was in unserem Zusammenhang von Bedeutung ist. Im Zentrum der Theorien von Einstein stehen zwei Phänomene: die Konstanz der Lichtgeschwindigkeit und die Gravitation. Ich habe schon darauf hingewiesen, daß sowohl das Licht wie die Gravitation Kommunikationsbereiche repräsentieren (196). Nun haben wir schon bei der Analyse des Begriffes der Gegenwart ohne Zuhilfenahme der Physik feststellen können, daß sich Gegenwart nur innerhalb eines Kommunikationsbereiches definieren läßt (184ff.). Jede Kommunikation *für* einen Empfänger setzt eine Kommunikation *an* einen Empfänger voraus, und die Kommunikation *an* einen Empfänger ist ein physikalischer Vorgang. Es steht deshalb im Einklang mit unserer Analyse der unmittelbaren Zeitauffassung, wenn Einstein feststellt, daß sich Gegenwart im Sinne der Gleichzeitigkeit nicht absolut sondern nur relativ auf die physikalischen Bedingungen definieren läßt, unter denen Kommunikation überhaupt möglich ist.
Man kann von Raum und Zeit nicht reden, ohne explizit oder implizit vom Begriff der Anwesenheit Gebrauch zu machen. Anwesenheit ist immer durch Kommunikation vermittelt. Der Begriff des leeren absoluten Raumes und der Begriff der leeren absoluten Zeit enthält

deshalb einen Widerspruch in sich selbst; denn der absolute Raum ist ein Raum ohne Ort, die absolute Zeit eine Zeit ohne Gegenwart, Vergangenheit und Zukunft. Wir haben uns durch eine Tradition, die viele Jahrhunderte brauchte, um sich auszubilden, daran gewöhnt zu meinen, die Darstellung der Bewegung von Körpern, die uns die klassische Mechanik im absoluten Raum und in der absoluten Zeit gibt, sei „anschaulich". Das läßt sich empirisch widerlegen, denn auf den frühen Stufen der Kunst werden ebenso wie in Kinderzeichnungen die Vorgänge nicht im euklidischen Raum und nicht in einer geradlinigen Zeitfolge dargestellt. Die unmittelbare Auffassung von Raum und Zeit enspricht also dem Weltbild der klasssischen Physik gerade *nicht*; denn dieses Weltbild setzt eine Zeit voraus, in der es keinen Unterschied zwischen Vergangenheit, Gegenwart und Zukunft gibt, eine Zeit, die keine Richtung hat. Das steht in schroffem Widerspruch zu unserer unmittelbaren Zeitauffassung.

Ich habe versucht, Ihnen so knapp, wie es irgend ging, deutlich zu machen, wie sich die Darstellung der Zeit im Bild einer unendlichen Geraden auf die klassische Physik auswirkt; wie sie mit der Vorstellung vom absoluten dreidimensionalen Raum zusammenhängt, und aus welchen Gründen sich auch unabhängig von physikalischen Entdeckungen einsehen läßt, warum dieser Zeitbegriff in der Physik des 20. Jahrhunderts in eine Krise gerät. Da sich das Bild von der unendlichen Geraden mit unserer unmittelbaren Zeitauffassung nicht zur Deckung bringen läßt, stellt sich die Frage, wie es zu erklären sein mag, daß sich das wissenschaftliche Denken Jahrhunderte lang an diesem Bild der Zeit orientiert hat. Die Antwort kann sich nur ergeben, wenn wir klären, welche Auffassung vom Wesen der Zeit in diesem Bild zur Darstellung kommt – denn man hat selbstverständlich immer gewußt, daß die unendliche Gerade nur ein *Bild* für eine gleichförmige Eindimensionalität ist. Der Philosoph, der die versteckten Grundlagen und Voraussetzungen der klassischen Mechanik mit letzter Konsequenz durchdacht hat, ist Kant. Bei Kant werden wir deshalb lernen, wie wir das Wesen der Zeit zu denken haben, wenn die klassische Mechanik wahr sein soll. Kant sagt in der „Kritik der reinen Vernunft" in dem Kapitel „Von dem Schematismus der reinen Verstandesbegriffe": „Die Zeit verläuft sich nicht, sondern in ihr verläuft sich das Dasein des Wandelbaren. Der Zeit also, die selbst unwandelbar und bleibend ist, korrespondirt in der Erscheinung das Unwandelbare im Dasein, d. i. die Substanz." (B 183; 3,

137) Dem entspricht, was er im Abschnitt über die erste Analogie der Erfahrung sagt: „Die Zeit . . ., in der aller Wechsel der Erscheinungen gedacht werden soll, bleibt und wechselt nicht; weil sie dasjenige ist, in welchem das Nacheinander- oder Zugleichsein nur als Bestimmungen derselben vorgestellt werden können. Nun kann die Zeit für sich nicht wahrgenommen werden. Folglich muß in den Gegenständen der Wahrnehmung, d. i. den Erscheinungen, das Substrat anzutreffen sein, welches die Zeit überhaupt vorstellt, und an dem aller Wechsel oder Zugleichsein durch das Verhältniß der Erscheinungen zu demselben in der Apprehension wahrgenommen werden kann. Es ist aber das Substrat alles Realen, d. i. zur Existenz der Dinge Gehörigen, die Substanz, an welcher alles, was zum Dasein gehört, nur als Bestimmung kann gedacht werden." (B 225; 3, 162) Wir entnehmen diesen Sätzen Folgendes:

1. „Die Zeit . . . bleibt und wechselt nicht", sie ist unwandelbar und bleibend. Nicht die Zeit selbst verfließt, sondern alles, was verfließt, verfließt *in* der Zeit. Die Unwandelbarkeit der Zeit ist der Grund, weshalb die unendliche Gerade, die uns die Bewegung des Verfließens *in* der Zeit darstellt, gleichförmig ist und keinen Unterschied zwischen Vergangenheit, Gegenwart und Zukunft kennt.

2. Die Zeit für sich kann nicht wahrgenommen werden. Sie wird uns vorgestellt durch die Substanz. Als Substanz bezeichnet Kant nicht diese oder jene, so oder so bestimmte Substanz sondern das Reale der Erscheinung, „an welcher alles, was zum Dasein gehört, nur als Bestimmung kann gedacht werden". Die Substanz ist also das mit sich selbst identische Sein, das sich im Wechsel der Erscheinungen gleichbleibend durchhält. Sie ist die reine Identität, die als die Negation allen Wechsels überhaupt begriffen wird. Diese reine Negation des Wechsels, der reine Begriff der Unwandelbarkeit, stellt uns die selbst nicht wahrnehmbare Zeit vor. Vorstellung heißt *repraesentatio*. Das Sein des Daseins repräsentiert für uns in allem Wechsel die Unwandelbarkeit der selbst nicht wahrnehmbaren Zeit. Die Bedingung der Möglichkeit der *repraesentatio* kann selbst nur die reine Präsenz als solche sein; das Wesen der Zeit ist also die Präsenz. Wenn die Präsenz zugleich die reine Unwandelbarkeit ist, so kann sie nur als Ewigkeit verstanden werden[47]. Der Grund des Zeitbegriffes bei Kant ist

---

[47] Vgl. Georg Picht, Kants Religionsphilosophie, a. a. O., Kapitel 59, Raum und Zeit als Formen menschlicher Anschauung, 217 ff.

deshalb die ständige Gegenwart der Ewigkeit. Damit erkennen wir bereits den Ursprung des Zeitbegriffes, der die gesamte klassische Physik beherrscht. Die ewige Präsenz der unwandelbaren Substanz: das ist der Gottesbegriff der metaphysischen Theologie. Wenn Gott die ewige Präsenz ist, so ist seine Ewigkeit das *nunc stans*, das stehende Jetzt. Vor ihm, vor dem tausend Jahre wie ein Tag sind, ist alle Zeit eine ewige Gegenwart. Was wir „die Zeit" nennen, ist hingegen eine Anschauungsform des empirischen Daseins *in* der Zeit. Wir können deshalb die Zeit, wie Kant sagt, nicht „für sich" wahrnehmen. Wir können sie nicht als Gegenwart begreifen. Wir können das Jetzt nicht zum Stehen bringen. Deswegen ist unser Vorstellen nicht unmittelbare *praesentatio* wie die Anschauung Gottes, es ist vielmehr nur als *repraesentatio* möglich. Das Bild der unendlichen gleichförmigen Geraden ist, innerhalb einer unendlichen Welt, die höchste Annäherung des Verfließens der Zeit an das stehende Jetzt der wahren Zeit Gottes.

Der Zeitbegriff der klassischen Physik, wie er von Kant erläutert wird, beruht also auf der selben Grundvorstellung wie das aristotelische Bild der Kreisbahn: die Zeit repräsentiert die Unwandelbarkeit Gottes. Sie ist ein Abbild seiner Ewigkeit, nämlich die Unendlichkeit einer Erstreckung. Zwar ist an die Stelle des griechischen Gottesbegriffes, der Gott in der vollkommenen Abgeschlossenheit seiner Vollendung erfaßt, der neue Begriff der Unendlichkeit Gottes getreten. Deshalb wird jetzt die Zeit nicht als Kreisbahn sondern als unendliche, gleichförmige, eindimensionale Erstreckung dargestellt. Aber der Grundgedanke bleibt der gleiche: daß uns die unendliche Erstreckung der unwandelbar sich selbst gleichbleibenden Zeit die ewige Präsenz des unwandelbaren Wesens Gottes darstellt. Deshalb darf Wandel nur als Wandel *in* der Zeit, nicht aber als Wandel der Zeit selbst gedacht werden. Wenn aber in das Wesen der Zeit kein Wandel eindringen darf, so gehört der Übergang von Zukunft in Vergangenheit und die Unterscheidung von Zukunft und Vergangenheit nicht der Zeit selbst sondern nur der Erscheinung an. Von der Zeit selbst muß dann gesagt werden: sie steht. Sie steht, weil Gott unwandelbar ist, und weil die Unwandelbarkeit des einen Gottes nach Kant eine Vernunftidee ist, die wir bei allem, was wir überhaupt zu denken vermögen, notwendig immer voraussetzen müssen.

⟨25. Die Konstitution des Raumes durch die Zeit⟩

Die Erkenntnis, daß das Bild der unendlichen Geraden die ständige Gegenwart der Ewigkeit darstellen soll, gibt uns die Möglichkeit, genauer zu bezeichnen, worin sich dieses Bild von unserer unmittelbaren Zeitauffassung unterscheidet. Henri Bergson, der als erster eine radikale Kritik am Zeitbegriff der Physik unternommen hat, weil dieser Zeitbegriff die Verschiedenheit der offenen ungewissen Zukunft von der vollzogenen und feststehenden Vergangenheit unterschlägt, hat die Verzerrung des Phänomens der Zeit darauf zurückgeführt, daß die Zeit im Bild der unendlichen Geraden *verräumlicht* werde[48]. Das ist dann oft wiederholt worden. Aber was bedeutet eigentlich „verräumlicht"? Verräumlicht bedeutet, daß die Zeit in diesem Bild so vorgestellt wird, als ob sie in ihrer Gesamtheit gleichzeitig vorhanden wäre. Darauf beruht nämlich die uns so geläufige Unterscheidung zwischen Raum und Zeit, daß Verschiedenes im Raum gleichzeitig, in der Zeit hingegen nacheinander vorhanden ist. Im Raum ist das Verschiedene nebeneinander, in der Zeit ist es nacheinander. „Nebeneinander" bedeutet aber immer: gleichzeitig vorhanden, und zwar innerhalb eines Kommunikationszusammenhanges; denn was nicht miteinander kommunizieren kann, von dem können wir nicht mehr behaupten, es sei innerhalb desselben Raumes. Wenn der Raum durch die Gleichzeitigkeit konstituiert wird, so wird er durch die Zeit konstituiert. Genauer gesagt: er wird durch einen bestimmten Modus der Zeit, nämlich durch die Gegenwart konstituiert. Wir können dann zwischen Raum und Zeit nicht mehr unterscheiden; wir müssen vielmehr sagen, daß sich im Raum die Gegenwärtigkeit von Gegenwart manifestiert. Nur weil im Bild der unendlichen Geraden ebenso wie im Bild der Kreisbahn die Gesamtheit der Zeit betrachtet wird, als ob sie Gegenwart wäre, ist es möglich, in diesen Bildern von der Zeit eine räumliche Darstellung zu geben. Das Räumliche aber erscheint uns nur deshalb als anschaulich, weil es das Wesen der Anschauung ist, das Gegenwärtige in seiner Gegenwart zu erfassen. Die wirkliche Struktur der Zeit in der Verschiedenheit von Vergangenheit, Gegenwart und Zukunft ist deshalb notwendig

---

[48] So z. B. Henri Bergson, Sur les données immédiates de la conscience, Paris: Presses Universitaires de France, 1936; dt. Zeit und Freiheit, Frankfurt: Athenäum, 1989, 79 ff.

immer unanschaulich. Aber gerade diese unanschauliche Wirklichkeit wird in unserer unmittelbaren Zeitauffassung erfahren.
Raum ist, so hat sich nun herausgestellt, ein Kommunikationsbereich, innerhalb dessen Verschiedenes gleichzeitig vorhanden ist. Raum ist die Form, in der wir uns das Nebeneinander von Verschiedenem in der gleichen Zeit vorstellen. Raum ist die Struktur der gleichzeitigen Gegenwart von Verschiedenem. Raum ist also eine Struktur der Zeit. Schon in der klassischen Physik ist, wie wir sahen, die Unterscheidung von Raum und Zeit eine Willkür, denn Zeit wird in der klassischen Physik als Koordinate eines vierdimensionalen Koordinatensystems behandelt. Eine Koordinate an sich ist aber ein unmöglicher Gedanke. Tatsächlich wird in der klassischen Physik das vierdimensionale Koordinatensystem als eine Einheit betrachtet. Die drei Koordinaten des genannten Raumes stellen die Formen dar, in denen verschiedene Körper gleichzeitig gegenwärtig sein können. Die vierte Koordinate zeigt die Richtung an, in der Verschiedenes auftritt, wenn es nicht gleichzeitig gegenwärtig ist. Auch in der klassischen Physik sind also die Dimensionen des Raumes die möglichen Dimensionen der Gegenwart. Die Unterscheidung von Zeit und Raum wird erst dadurch nötig, daß – wie wir sahen – auch die Zeit auf der Basis des Gottesbegriffes der Metaphysik als stehende Gegenwart betrachtet wurde. Betrachtet man die Gesamtheit der Zeit, als ob sie eine sich selbst gleichbleibende Gegenwärtigkeit wäre, so ⟨geraten⟩ [49] zwei verschiedene Formen der Gegenwart miteinander in eine unvereinbare Kollision. Daraus entsteht dann die Notwendigkeit, den Raum und die Zeit auseinanderzubrechen. Bricht man den Raum und die Zeit auseinander, so bricht man zugleich Materie und Geist, Kausalität und Freiheit, Sein und Denken auseinander. Deshalb ist die Trennung von Raum und Zeit eine der wesentlichsten Voraussetzungen für den europäischen Nihilismus.
Uns ist durch die Tradition der letzten Jahrhunderte die Unterscheidung zwischen Raum und Zeit so selbstverständlich geworden, daß der Gedanke, die Dimensionen des Raumes seien Dimensionen der Zeit, als widersinnig und absurd erscheint. Aber die Raumvorstellung der Neuzeit ist keineswegs selbstverständlich. Die griechische Sprache kennt so wenig wie die lateinische Sprache ein Wort für Raum, und überhaupt ist der Begriff des Raumes, soweit mir be-

---

[49] Im Text: „treten".

kannt ist, allen Kulturen bis zum Ausgang des europäischen Mittelalters fremd. Sie kennen den Begriff der Welt, den ich zu meinem Bedauern in dieser Vorlesung nicht mehr genauer erörtern kann[50]. Sie kennen den Begriff der Region. Sie kennen den Begriff des Zwischenraumes oder Abstandes zwischen solchem, was gleichzeitig vorhanden ist. Diese Begriffe lassen sich auf der Basis der drei Bedeutungen von Gegenwart, deren Verschränkung ich aufgewiesen habe, interpretieren. Aber der Begriff des absoluten Raumes tritt vor Beginn der Neuzeit nirgendwo auf, weil er der unmittelbaren Zeitauffassung widerspricht. Ich habe die metaphysische und theologische Herkunft der uns geläufigen Begriffe von Raum und Zeit deshalb so ausführlich erörtert, weil ich anders nicht begreiflich machen konnte, daß diese Begriffe zu unserer unmittelbaren Zeitauffassung in Widerspruch stehen, obwohl sie uns so geläufig sind. Durch die Destruktion des Raum- und ⟨des⟩ Zeitbegriffes der europäischen Neuzeit haben wir uns die Bahn gebrochen, um die allerdings fundamentale Erkenntnis zu gewinnen, daß die Dimensionen des Raumes in Wahrheit Dimensionen eines bestimmten Modus der Zeit, nämlich Dimensionen der Gegenwart sind. Es ist falsch, wenn man meint, die Zeit sei ein Parameter am Raum; vielmehr sind umgekehrt die Koordinaten des Raumes Parameter der Gegenwart.

Damit wird zugleich deutlich, weshalb die Gegenwart, wie ich schon sagte, für die phänomenale Betrachtung der Zeit den Vorrang besitzt. Die Zeit ist für uns dadurch Phänomen, daß sie sich zeigt. Sie zeigt sich, wie wir sahen, in den vielfältigen Formen von Kommunikation, die sie ermöglicht. In Kommunikation steht das, was in derselben Gegenwart in Beziehung steht. Was nicht kommunizieren kann, das ist auch nicht in der Einheit der Zeit. Deshalb vermögen wir Vergangenheit nur als den Inbegriff aller Epochen zu denken, die einmal Gegenwart gewesen sind; deshalb verstehen wir als Zukunft den Inbegriff aller Epochen, die einmal Gegenwart sein werden. Den Bereich möglicher Kommunikation, der aus dem Wesen der Zeit hervorgeht, nennen wir Welt. Der Vorrang der Gegenwart in der phänomenalen Betrachtung der Zeit ist darin begründet, daß

---

[50] Vgl. dazu neben den zahlreichen Passagen in allen Büchern von GP, die nach den Sachregistern zu finden sind, die Kapitel 3ff. in: Georg Picht, Glauben und Wissen, a. a. O.

nichts in der Zeit sein kann, was nicht in der Welt ist, und daß umgekehrt alles, was in der Welt ist, in einer und derselben Zeit ist.

⟨26. Wahrscheinlichkeit – der Zweite Hauptsatz der Thermodynamik und das Selektionsprinzip⟩

Wir sind bei der Diskussion des Bildes von der Zeit als einer unendlichen Geraden von der Paradoxie ausgegangen, daß dieses Bild nicht erkennen läßt, daß die Zeit eine Richtung hat, und haben festgestellt, daß die Negation der Richtung der Zeit im Modell der Zeit sich darin auswirkt, daß, mit einer einzigen Ausnahme, sämtliche Bewegungsgesetze der Physik so gebaut sind, daß die in ihnen beschriebenen Bewegungsvorgänge ohne Verletzung der Gesetze auch in umgekehrter Richtung ablaufen könnten. Wir müssen nun die Ausnahme betrachten, nämlich den einzigen Satz der Physik, in dem die Unumkehrbarkeit der Zeit ihren Ausdruck findet. Es ist der zweite Hauptsatz der Thermodynamik.

Der erste Hauptsatz ist der Satz von der Erhaltung der Energie. Er besagt, daß Energie überhaupt weder entstehen noch vergehen, sondern nur ihre Erscheinungsformen ändern kann. Solche Formen sind die kinetische Energie, die Wärme, die elektrische, die magnetische, die chemische Energie und die Energie der Atomkerne. Es ist möglich, daß sich die Energieformen ineinander umsetzen. In der Dampfmaschine verwandelt sich chemische Energie in Wärme und Wärme in kinetische Energie. Aber in allen diesen Umwandlungen bleibt die Gesamtmenge aller Energie konstant.

Wir halten einen Augenblick inne, um uns klarzumachen, wie seltsam dieser Satz ist. Er ist ein Satz der Physik, aber er redet von etwas, was es nicht gibt, nämlich von der Energie überhaupt. Das, was es gibt, nämlich die Erscheinungsformen der Energie, also die kinetische Energie, die Wärme usf., werden als Erscheinungen betrachtet, in denen etwas, was es nicht gibt, sich manifestiert. Wenn überhaupt irgendein Satz, so ist dieser Satz ein Satz der Metaphysik. Er formuliert den physikalischen Aspekt des metaphysischen Prinzips der Identität. Wir haben das Prinzip der Identität auf die in der Gegenwart sich manifestierende Einheit der Zeit zurückgeführt (221). Das Wirken der sogenannten Energie erkennt man an Bewegungen, das heißt an Vorgängen in der Zeit. Es ist deshalb nicht verwunderlich, daß sich die Einheit der Zeit in allen Vorgängen in der Zeit manifestiert. Wenn unsere Grundannahme richtig ist, so würde sich der im Wesen der Zeit selbst begründete Drang zur Manifestation im Bereich der Physik als Energie manifestieren. Das, was die Physiker Energie nennen, wäre dann eine Manifestation von Zeit. Deshalb ist jeder energetische Prozeß zugleich ein Prozeß der Kommunikation. Problematisch ist lediglich der ungenaue Begriff der Erhaltung. Es wäre der Mühe wert zu untersuchen, wie der Begriff der Erhaltung zu definieren ist, wenn er nicht das unbewegte Sich-selbst-Gleichbleiben des Absoluten bezeichnen soll.

Schon in dem ersten Hauptsatz der Thermodynamik ist auf versteckte Weise die Richtung der Zeit enthalten. Man kann den Energiesatz nämlich auch als den Satz von der Unmöglichkeit des *Perpetuum mobile* bezeichnen. Ein *Perpetuum mobile* wäre eine Maschine, welche ohne permanente Änderung des Zustandes in ihrem Inneren oder in ihrer Umgebung permanent Arbeit leistet. Es ist evident, daß eine solche Maschine die Zeitlichkeit der Zeit aufheben würde; denn alles, was in der Zeit ist, erfährt dauernde Änderungen des Zustandes, in dem es sich befindet. Daran bemerken wir, daß die Zeit eine Richtung hat. Wenn man das *Perpetuum mobile* mit Hilfe des Satzes von der Erhaltung der Energie widerlegt, so stellt man fest, daß es nicht möglich ist, daß eine Maschine Arbeit leistet, also Veränderungen produziert, wenn diese selbe Maschine gleichzeitig in einem zeitlosen Zustand verharrt. Sie sehen an diesem Beispiel, daß es nicht möglich ist, daß die Physik etwas entdeckt, was nicht implizit in unserer unmittelbaren Zeitauffassung schon enthalten ist.

Der zweite Hauptsatz beschäftigt sich mit der Umwandlung von Wärme in andere Energieformen. Er stellt fest, um gleich das Resultat zu formulieren, daß zwar Arbeit vollständig in Wärme umgewandelt werden kann, aber Wärme nicht vollständig in Arbeit. Die Erzeugung von Wärme ist also in gewissem Umfang unumkehrbar. Als Maß für die Menge der Wärmeenergie eines Gebildes, die nicht mehr in Arbeit umgesetzt werden kann, hat man in der mathematischen Fassung des zweiten Hauptsatzes eine neue Größe, die Entropie, eingeführt. Von dieser Größe macht der zweite Hauptsatz Gebrauch. Er heißt: die Entropie eines abgeschlossenen Systems kann zunehmen oder konstant bleiben aber nicht abnehmen. Da nun jeder Naturvorgang Wärme erzeugt, ist jeder Vorgang unumkehrbar. Jede

Pendelschwingung erlischt. Kein Vorgang wiederholt sich genau. Der Endzustand wäre ein Zustand, in dem alle Wärmeunterschiede ausgeglichen wären und die Bewegungen zur Ruhe kämen. Diesen Zustand hat man als „Wärmetod" bezeichnet.

Es scheint mir, daß auch dieser Satz eine Reihe von metaphysischen Voraussetzungen enthält, die – eben weil sie metaphysisch sind – physikalisch nicht bewiesen werden können. Vielleicht wird eine genauere Prüfung der hier vorausgesetzten Begriffe der Physik später nötigen, die im zweiten Hauptsatz enthaltene Erkenntnis anders zu formulieren. Aber das ist für uns hier nicht wichtig. Wichtig ist, daß wir uns noch genauer klarmachen, in welcher Gestalt im zweiten Hauptsatz die Richtung der Zeit erscheint.

Wärme ist eine ungeordnete Bewegung der Atome. Auch die Wärmeenergie ist also in Wahrheit kinetische Energie. Wenn ein bewegter Körper seine kinetische Energie durch Reibung in Wärme verwandelt, so hören seine Atome nicht auf, sich zu bewegen. Aber sie bewegen sich nicht wie vorher alle in derselben Richtung. Die Bewegung in derselben Richtung ist eine geordnete Bewegung. Wenn sich die Atome nicht mehr in derselben Richtung bewegen, so entsteht eine ungeordnete Bewegung. Der zweite Hauptsatz besagt demnach, daß es immer möglich ist, geordnete Bewegung vollständig in ungeordnete Bewegung zu überführen, daß es hingegen niemals möglich ist, ungeordnete Bewegung vollständig in geordnete Bewegung zu überführen.

Wenn wir nun fragen, wie die Unumkehrbarkeit der Zeit in den zweiten Hauptsatz hineinkommt, so stellt sich heraus: die Unumkehrbarkeit kommt in die kinetische Theorie der Wärme nicht durch die Mechanik herein, denn nach den Gleichungen der Mechanik kann jede Bewegung der Atome auch umgekehrt ablaufen. Wenn also Wärme Bewegung der Atome ist, so ist nicht einzusehen, warum nicht auch jeder thermische Vorgang umgekehrt ablaufen können soll. Tatsächlich kommt die Unumkehrbarkeit nicht durch die Mechanik sondern durch die Statistik hinein. Die ungeordnete Bewegung hat vor der geordneten Bewegung deshalb den Vorrang, weil sie unvergleichlich viel wahrscheinlicher ist. Die Zahl der Atome ist so ungeheuer groß, daß Abweichungen vom statistischen Mittel nur bei mikroskopisch kleinen Körpern vorkommen. Energetisch wäre es, wie Carl Friedrich von Weizsäcker feststellt, möglich, daß sich ein Stein plötzlich abkühlt und mit der so freiwerdenden kinetischen Energie von selbst in die Luft springt⁵¹. Aber das ist so ungeheuer unwahrscheinlich, daß wir mit Gewißheit behaupten können, daß es nie vorkommen wird. Nun kann man aber von Wahrscheinlichkeit nur im Bereich dessen reden, was möglich ist. Möglich sind nur zukünftige Ereignisse, denn die vergangenen Ereignisse sind Fakten. Der zweite Hauptsatz spricht von der Richtung der Zeit, weil er von der statistischen Wahrscheinlichkeit spricht. Er gerät aber dadurch in einen zwar tief versteckten und fast unmerklichen, aber doch eindeutigen Widerspruch zum Zeitbegriff der Mechanik, den er ebenfalls voraussetzt. Denn am Parameter der Zeit läßt sich ein Unterschied zwischen Vergangenheit und Gegenwart nicht feststellen. Wenn ich es vorhin wagte, die Vermutung auszusprechen, daß die Physiker später genötigt sein werden, die Formulierung der in den beiden Hauptsätzen der Thermodynamik niedergelegten Erkenntnisse zu modifizieren, so hatte ich vor allem die Unvereinbarkeit der in ihnen implizierten Zeitbegriffe vor Augen.

In der Physik tritt die Unumkehrbarkeit der Zeit, also die Richtung der Zeit und die Unterscheidung von Vergangenheit, Gegenwart und Zukunft, so, wie man die Gesetze der Physik bisher formuliert, nur im zweiten Hauptsatz in Erscheinung. Hingegen spielt die Richtung der Zeit in der Biologie eine so fundamentale Rolle⁵², daß es vermutlich keinen Satz der Biologie gibt, der nicht die Richtung der Zeit impliziert. Ähnlich fundamental wie die beiden Hauptsätze in der Physik ist das Prinzip der Selektion in der Biologie, denn das Prinzip der Selektion erklärt die Entstehung der Arten. Hier zeigt sich aber nun ein höchst paradoxer Sachverhalt. Das Prinzip der Selektion führt zur Ausbildung immer höher differenzierter Organismen. Der gesamte Prozeß der Fortbildung des Lebens auf der Erde ist ein Prozeß der fortschreitenden Differenzierung. Wendet man nun auf den Prozeß der Differenzierung der Organismen, der ja ebenfalls ein Prozeß in der Zeit ist, das Prinzip an, an dem sich in der Physik die Richtung der Zeit manifestierte, nämlich das Prinzip der statistischen Wahrscheinlichkeit, so stellt sich heraus, daß schon die einfachsten Organismen physikalisch betrachtet äußerst unwahrscheinlich sind, und daß jede höhere Stufe der Differenzierung einen unermeßlichen Sprung in Richtung auf die Unwahrscheinlichkeit

---

[51] *Carl Friedrich von Weizsäcker, Die Geschichte der Natur,* a. a. O., 40f.
[52] Im Text: „eine so fundamentale Rolle in der Biologie".

jener Anordnung von Atomen darstellt, die wir als Organismen bezeichnen. Ein Lebewesen wie der Mensch ist mindestens ebenso unwahrscheinlich wie Weizsäckers plötzlich in die Luft springender Stein. Die Biologie ist also eine Wissenschaft, in der sich die Richtung der Zeit genau umgekehrt darstellt wie in der Physik. Manifestiert sich in der Physik die Richtung der Zeit als der Übergang von unwahrscheinlichen zu wahrscheinlichen Zuständen, so manifestiert sich umgekehrt in der Biologie die Richtung der Zeit als der Übergang von wahrscheinlichen zu immer unwahrscheinlicheren Zuständen.

Diese Feststellung wäre noch relativ einfach, wenn die Vorgänge, von denen die Physik handelt, und die Vorgänge, von denen die Biologie handelt, zwei ganz verschiedenen Systemen angehören würden. Das ist aber nicht der Fall. Schon bei dem elementarsten Lebensvorgang, nämlich bei der Ernährung, werden andere Formen der Energie in Wärme umgesetzt. Leben ist überhaupt nur möglich, weil es Entropie gibt und der zweite Hauptsatz gilt. Leben setzt das Gefälle der Energieumwandlung in Richtung Wärme voraus. Wenn es also so aussieht, als ob zwischen dem Prinzip der Selektion und dem zweiten Hauptsatz ein Widerspruch bestünde, so kann das nicht daran liegen, daß sich die Sachverhalte widersprechen; was sich widerspricht, sind die Begriffe von Wahrscheinlichkeit, die wir verwenden, wenn wir diese Sachverhalte interpretieren. Was sich zu widersprechen scheint, sind zwei partikuläre Aspekte eines und desselben Grundphänomens, nämlich des Phänomens der Richtung der Zeit; denn jede Definition des Begriffes der Wahrscheinlichkeit impliziert einen ihr zugrunde liegenden Zeitbegriff.

In unserer alltäglichen Lebenserfahrung machen wir von dem Unterschied zwischen dem In-der-Zeit-Sein unbelebter Körper und dem In-der-Zeit-Sein belebter Körper ganz selbstverständlich Gebrauch. Wir wundern uns nicht darüber, wenn ein Lebewesen in die Luft springt; wir wissen, daß der Stein nicht in die Luft springt. Aber wir reflektieren nicht darauf, woher es kommt, daß die Lebewesen, obwohl in ihnen die gleiche Physik gilt wie im Stein, sich anders verhalten als der Stein. Schon Aristoteles hat bemerkt, daß bereits die Tiere so etwas wie Gedächtnis und Erfahrung brauchen, um leben zu können[53]. Es genügt nicht, daß sie sich in ihrer Gegenwart befinden;

---

[53] Metaphysik A, 980 a 21 ff.

sie müssen auch Vergangenheit erinnern. Sie müssen aber auch in irgendeiner Form Zukunft antizipieren. Das Raubtier, das auf die Jagd geht, antizipiert den Augenblick, wo es die Beute erhascht. Die Spinne, die ihr Netz baut, antizipiert, daß sich die Fliege darin verfängt. Es gibt noch weit kompliziertere Formen der Antizipation von Zukunft im Verhalten von Tieren. Die Antizipation vollzieht sich nicht bewußt; trotzdem ist der Bau des Spinnennetzes, die Anlage von Wintervorräten, der Flug der Zugvögel und was man sonst noch an Beispielen nennen mag, auf die Zukunft bezogen. Man hat diesen Bezug lebendiger Organismen auf die Zukunft oft dadurch fehlgedeutet, daß man ihn ohne genauere Analyse dieses Begriffes als Bezogenheit des organischen Lebens auf *Zwecke* interpretiert. Der Begriff des Zweckes ist höchst vieldeutig. Benützt man ihn unreflektiert, so wird man zu Fehlschlüssen verführt. Man kann nicht sagen, daß die Spinne ihr Netz zu dem *Zweck* baut, Fliegen zu fangen; denn die Steuerungsmechanismen, welche die Spinne veranlassen, das Netz zu bauen, unterscheiden sich von den Motivationen, die Menschen bestimmen, wenn sie einen Zweck verfolgen. Aber man kann sagen, daß die Fähigkeit von höher organisierten Lebewesen, sich selbst und ihre Art zu erhalten, davon abhängig ist, wieweit sie fähig sind, ein Verhalten zu entwickeln, das auf zukünftige Vorgänge eingestellt ist, und man kann sagen, daß diese Art von Vorwegnahme der Zukunft sich parallel zur Differenzierung der Organismen steigert. Je höher die Fähigkeit eines Lebewesens ist, Erinnerung zu speichern und Zukunft vorwegzunehmen, desto größer ist seine Fähigkeit, sich wechselnden Bedingungen anzupassen; desto größer sind also seine Chancen, sein Leben zu erhalten. Definieren wir die Wahrscheinlichkeit für die Existenz eines Lebewesens durch seine Chancen, sich im Dasein zu behaupten, so wird der selbe Zustand, der unter rein statistischer Betrachtung ein unwahrscheinlicher Zustand genannt werden muß, ein wahrscheinlicher Zustand.
Die Definition der Wahrscheinlichkeit oder der Unwahrscheinlichkeit ist immer abhängig von dem Koordinatensystem, innerhalb dessen man die Begriffe bestimmt. Deswegen ergibt sich bei der Bestimmung der Wahrscheinlichkeit der Existenz von hochentwickelten Organismen ein anderer Begriff von Wahrscheinlichkeit, als wenn man unter Ausschaltung aller sonstigen Faktoren nur die statistische Wahrscheinlichkeit der Bewegungsformen von Atomen betrachtet. Die Überlegung, die wir durchgeführt haben, sollte zeigen, daß die

verschiedenen Formen, die Wahrscheinlichkeit von Vorgängen zu bestimmen, davon abhängig sind, wie diese Vorgänge in der Zeit verlaufen. Innerhalb des Systems einer Physik, welche die Zeit nur als Koordinate kennt, ergibt sich ein anderer Wahrscheinlichkeitsbegriff als innerhalb der Biologie, die gezwungen ist, Erinnerung und Vorwegnahme von Zukunft in die Beschreibung des In-der-Zeit-Seins ihrer Objekte mit aufzunehmen, und die deshalb die Verschiedenheit der Modi der Zeit in ihre Beschreibung der Naturvorgänge aufnehmen muß.

Hat man das einmal erkannt, so sieht man auch ein, daß widersprechende Aussagen über die Wahrscheinlichkeit sich wechselseitig nicht auszuschließen brauchen. Man kann nämlich grundsätzlich Wahrscheinlichkeit nicht absolut sondern immer nur in Relation auf ein bestimmtes Bezugssystem definieren. Wenn sich in einem vieldimensionalen System verschiedene Bezugssysteme überschneiden, so kann sehr wohl ein Vorgang, der innerhalb des einen Bezugssystems als extrem unwahrscheinlich erscheint, innerhalb eines anderen Bezugssystems die höchste Wahrscheinlichkeit besitzen. Die Bezugssysteme ergeben sich dadurch, daß unsere Wissenschaften uns die Welt verständlich machen, indem sie durch das vieldimensionale System der Welt gleichsam verschiedene Schnitte legen. Man kann die Vorgänge in der Zeit auch unter der hypothetischen Annahme betrachten, die Zeit wäre ein gleichförmiger Parameter. Diese Annahme ist nichts als eine Arbeitshypothese, die zwar unserer unmittelbaren Zeitauffassung widerspricht, sich aber durch ihre extreme Einfachheit empfiehlt. Weil diese Hypothese so einfach ist, macht sie es möglich, alle Phänomene, die sich bei diesem Schnitt durch die Welt erfassen lassen, also vor allem die Phänomene der Mechanik, in eindeutigen Gesetzen zu erfassen und mathematisch zu beschreiben. Freilich stößt diese Form der Beschreibung dann im weiteren Fortgang auf Grenzphänomene, die sich mit Hilfe der Ausgangshypothese, die diesem Schnitt durch die Welt zugrundelag, nicht mehr erklären lassen. So entsteht dann jene Grundlagenkrise der Physik, die im 20. Jahrhundert in der Relativitätstheorie und der Quantenphysik aufgebrochen ist, und die, wenn ich recht sehe, ihren Grund darin hat, daß sich die Grenzphänomene, mit denen sich diese Theorien beschäftigen, unter der Annahme des Zeitbegriffes der klassischen Physik nicht mehr erklären lassen. Nun bemerkt man, oder sollte doch bemerken, daß die Biologie ganz unbefangen und unreflektiert von einem anderen Zeitbegriff bestimmt wird und deshalb einen anderen Schnitt durch die Welt legt, in der ihr die Phänomene begegnen. Reflektiert man nun hierauf, so stellt sich die Frage, wie die verschiedenen Bezugssysteme koordiniert oder ineinander transformiert werden sollen. Sollte es richtig sein, daß sich die Grundannahmen der verschiedenen Wissenschaften auf verschiedene Formen, das Phänomen der Zeit zu begreifen, zurückführen lassen, so würde die ausgeführte Explikation der phänomenalen Strukturen der Zeit das universale System darstellen, innerhalb dessen sich die verschiedenen Aspekte der Zeit, die den verschiedenen Wissenschaften zugrundeliegen, koordinieren lassen. Dies wäre die wissenschaftstheoretische Bedeutung der Überlegungen, die ich ihnen vortrage.

⟨27. Kausalität und phänomenale Zeitbetrachtung⟩

Es war unumgänglich, daß ich Ihnen in knappen Andeutungen zu zeigen versuchte, wie sich die Richtung der Zeit in einigen grundlegenden Theorien der Naturwissenschaft darstellt. Ich habe bewußt darauf verzichtet, den Fundamentalsatz über die Richtung der Zeit, nämlich das Kausalitätsprinzip, zu diskutieren, weil dieses Prinzip in der Naturwissenschaft der Neuzeit weder aus der Struktur der Zeit noch aus der Struktur des Raumes abzuleiten ist, sondern eine rein metaphysische Grundannahme darstellt, deren Gültigkeit man zwar empirisch verifizieren, aber weder begründen noch erklären kann. Deshalb wurde Kant durch den Versuch, das Kausalitätsprinzip zu begründen, zur Transzendentalphilosophie gedrängt. Das Kausalitätsgesetz besagt, daß verschiedene Zustände oder Ereignisse nur in einer bestimmten Sukzession aufeinander folgen können. Man bezeichnet dann das zeitlich vorhergehende Ereignis als Ursache, das darauf nach bestimmten Gesetzen folgende Ereignis als Wirkung. Das Kausalitätsprinzip ist die fundamentale Grundhypothese der gesamten Naturwissenschaft über die Richtung der Zeit. Es besagt in seiner allgemeinsten Form, daß die Gegenwart immer durch die Vergangenheit bestimmt ist. Es untersucht also lediglich das Verhältnis der Gegenwart zur Vergangenheit, ohne in Betracht zu ziehen, daß es auch Zukunft gibt; denn die Projektion des Kausalprinzips in die Zukunft ist – innerhalb der klassischen Physik – nur unter der schon diskutierten Voraussetzung möglich, daß sich die Zeit als gleichförmiger Parameter darstellen läßt. Dann hat die Zukunft die gleiche Gestalt wie die Vergangenheit.

Die Vorherrschaft des Kausalitätsprinzips in der Naturwissenschaft der Neuzeit hat wiederum metaphysisch-theologische Gründe. Die Wissenschaft der Neuzeit hat sich von einer Metaphysik emanzipiert, die Gott als höchste Ursache der Welt zu begreifen versucht. Im Prozeß der Säkularisation entwickelt sich daraus eine Physik, die zwar auf diese theologische Hypothese verzichtet, aber die Denkform des universalen Bezuges aller Vorgänge auf sie bestimmende Ursachen beibehält. Aus dieser metaphysischen Herkunft erklärt sich auch die sonst gar nicht zu begreifende Tendenz, das Prinzip der Kausalität zu verabsolutieren und einen Satz aufzustellen, der sich weder empirisch verifizieren noch theoretisch begründen läßt, nämlich den Satz, die Gegenwart sei durch die Vergangenheit nicht nur bestimmt, sie sei vielmehr durch die Vergangenheit *total* bestimmt. Das ist nicht mehr ein wissenschaftlicher Satz, sondern es ist ein Glaubenssatz, denn Totalität läßt sich empirisch prinzipiell nicht erkennen. Da aber dieser Glaubenssatz sich nicht mehr im Zusammenhang eines religiösen Glaubens in seinem Sinn ausweisen läßt, ist er auch nicht ein Glaubenssatz sondern das Prinzip einer bestimmten Form des Aberglaubens. Da aber dieser Aberglauben zu einem organisierenden Prinzip der wissenschaftlich-technischen Welt geworden ist, besitzt er eine unheimliche Macht, deren faktische Reichweite allerdings dadurch begrenzt wird, daß es nicht möglich ist, die Zukunft zu planen, als ob sie Vergangenheit wäre. Wissenschaftstheoretisch erklärt sich die Vorherrschaft des Kausalitätsprinzips daher, daß sich Aussagen über die Gegenwart und die Vergangenheit an objektiven Sachverhalten verifizieren lassen, daß aber die Zunft nicht objektiviert werden kann. Eine Wissenschaft, die sich durch das Ideal und den Wahrheitsbegriff der Objektivität bestimmen läßt, wird also immer der Beziehung der Gegenwart auf die Vergangenheit zugewandt sein. Deshalb muß in der objektiven Wissenschaft das Kausalitätsprinzip immer den Vorrang haben.

Wir haben einige Zeit darauf verwandt, jene Vorstellungen von der Richtung der Zeit zu diskutieren, die vor allem in den Naturwissenschaften unser heutiges Weltbild bestimmen, obwohl schon diese flüchtige Diskussion deutlich erkennen läßt, daß jede dieser Vorstellungen nur einen einseitigen Aspekt der vieldimensionalen Struktur der Zeit ans Licht treten läßt. Ich mußte diese Vorstellungen kurz diskutieren, weil sie über unser heutiges Denken eine große Macht besitzen. Es ist nicht leicht, sich von ihnen so weit zu befreien, daß man das reine Phänomen der Zeit, so wie sie sich in der unmittelbaren Zeitauffassung darstellt, in dem ganzen Reichtum seiner Strukturen zu Gesicht bekommt. Ich werde nun versuchen müssen, dieses Phänomen selbst in seinen Umrissen darzustellen, ohne auf die bisherigen Auffassungen vom Wesen der Zeit Rücksicht zu nehmen, genauer gesagt: ohne diese Auffassungen noch weiterhin explizit zu diskutieren. Implizit muß alles, was Menschen von Zeit wahrnehmen können, in einer Darstellung des Phänomens der Zeit enthalten sein. Indem ich das sage, bezeichne ich zugleich die Ansatzpunkte meiner Selbstkritik; denn ich bin weit davon entfernt, diese Forderung erfüllen zu können. Ich weise noch einmal mit Nachdruck darauf hin, daß wir uns immer noch bei der phänomenalen Betrachtung der Zeit befinden [54]. Die transzendentale Erörterung des so aufgewiesenen Phänomens der Zeit, die ich in dieser Vorlesung nicht mehr durchführen kann, hätte zu untersuchen, wie es möglich ist, daß sich die Weltzeit in der aufgewiesenen phänomenalen Struktur für menschliche Auffassung manifestieren kann. Sie hätte also das Zeitverständnis der Menschen auf seine tragenden Strukturen hin zu analysieren. Dabei würde sich herausstellen, daß die phänomenale Zeit so, wie sie sich in der unmittelbaren Zeitauffassung manifestiert, für mögliches menschliches Bewußtsein nur entdeckbar sein kann, wenn unser Zeitverständnis selbst in seiner Struktur auf die Möglichkeit der Antizipation der Zukunft hin angelegt ist. Es tritt also eine Asymmetrie zwischen der durch den Vorrang der Gegen-

---

[54] Hier folgte ein Passus, den GP beim Durcharbeiten durch den folgenden Text ersetzt hat, der aber für das Verständnis seiner philosophischen Intention wichtig ist. Deshalb geben wir ihn als Anmerkung wieder: *„Ich hoffe aber, in den letzten Stunden den Gang, den eine transzendentale Erörterung der Zeit einschlagen müßte, noch so weit bezeichnen zu können, daß sichtbar wird, warum die Erkenntnis der Zukunft für die Frage nach dem Wesen der Zeit einen Vorrang besitzt, und welche Konsequenzen sich ergeben, wenn man im Horizont der voll entfalteten Frage nach dem Wesen der Zeit jene Möglichkeit menschlicher Existenz ergreift, die mit dem Namen ‚Erkenntnis der Zukunft' bezeichnet ist."* In späteren Arbeiten wird der Gedanke der transzendentalen Betrachtung der Zeit weitergeführt: Glauben und Wissen (1969), a. a. O., Kapitel 17–25, 157 ff.; „Die Zeit und die Modalitäten" (1971), in: Hier und Jetzt I, Stuttgart: Klett-Cotta, 1980, 362 ff.; Der Begriff der Natur und seine Geschichte (1973), a. a. O., Kapitel XXXI, 450 ff.; „Ist eine philosophische Erkenntnis der politischen Gegenwart möglich?" (1981), in: Hier und Jetzt II, a. a. O., 327 ff.

wart bestimmten phänomenalen Zeit und der Struktur des Zeitverständnisses hervor, das sich in dem Gefüge der phänomenalen Zeit seine Welt entwirft. Auch in dem Zeitverständnis zeitigt sich aber Zeit. Deshalb enthüllt sich das volle Wesen der Zeit erst dann, wenn es gelingt, die phänomenale Analyse der Zeit mit ihrer transzendentalen Erörterung zusammenzuschließen.

Die Darstellung der phänomenalen Struktur der Zeit, die ich zu geben versuchte, hat herausgestellt, warum die Gegenwart in der phänomenalen Zeit den Vorrang hat. Der Vorrang der Gegenwart wird sozusagen evident, sowie man erkannt hat, daß die Dimensionen des Raumes nur als Dimensionen der Gegenwart interpretiert werden können; denn damit stellt sich heraus, daß der Vorrang des Raumes in der klassischen Physik ein Aspekt des Vorranges der Gegenwart ist. Aber wir müssen nun versuchen, genauer zu verstehen, was das alles bedeutet. Ich setze deshalb jetzt neu ein und bezeichne zunächst die eigentliche Basis der gesamten Betrachtung der phänomenalen Zeit.

Eine phänomenale Betrachtung muß ausweisen können, wie sie den Begriff des Phänomens versteht. Φαινόμενον ist dem Wortsinne nach alles, was sich von sich aus zeigt. Nun sahen wir: alles, was sich in welcher Weise auch immer zeigt und was sich in welcher Weise auch immer zeigen kann, ist in der Zeit. Man kann diesen Satz auch umkehren; dann heißt er: alles, was in der Zeit ist, hat den Charakter des Phänomens. Alles, was in der Zeit ist, kann sich – sei es direkt oder sei es indirekt, sei es so, wie es ist, sei es so, wie es nicht ist – zeigen. Was sich überhaupt auf keine Weise zeigen kann, was nicht einmal in irgendeiner Wirkung hervortritt, davon kann man auch nicht behaupten, daß es ist. Denn es steht mit dem, was ist, in keiner möglichen Kommunikation; es ist absolut draußen. Und was absolut außerhalb alles möglichen Seins liegt, nennen wir „Nichts"[55].

Vielleicht bereitet Ihnen dieser Gedanke Schwierigkeiten, weil wir unwillkürlich den Begriff des Sich-Zeigens auf ein menschliches Bewußtsein beziehen. Ich darf deshalb daran erinnern, daß wir die Kommunikation *an* etwas von der Kommunikation *für* etwas unterschieden haben. Wir wissen: auch die fernsten Milchstraßensysteme

---

[55] Zum Verständnis von „Phänomen" und „Phänomenalität" bei GP vgl. vor allem Kunst und Mythos, a. a. O., Zweiter Teil „Die Phänomenalität der Kunst", 118 ff., und Fünfter Teil, Kapitel II, „Zur Phänomenalität des Mythos", 523 ff.

gehorchen dem Gesetz der Gravitation. Sie stehen also in jenem Kommunikationszusammenhang, an dem wir die Einheit der Zeit im Weltraum erkennen. Es ist möglich, wenn auch vielleicht nicht wahrscheinlich, daß die Erde unter Milliarden von Sternen der einzige ist, auf dem Lebewesen wohnen, die das Gravitationsgesetz erkennen können. Dann wären die Menschen die einzigen Lebewesen, *für* die sich in den Phänomenen, an denen wir die Wirkung der Gravitation erkennen, dieses universale Weltgesetz manifestiert. Aber das Gesetz wirkt in allen Körpern, die der Gravitation gehorchen, und stellt einen universalen Kommunikationszusammenhang her, durch den sich alles, was Masse hat, *an* allem, was Masse hat, manifestiert. So ist durch das Gravitationsgesetz bestimmt, daß alles, was Masse hat, ein Phänomen ist – gleichgültig, ob es ein Bewußtsein gibt, *für* das diese Phänomene Phänomene sind oder nicht. Weil es Phänomene gibt, kann es Bewußtsein geben. Aber es gibt nicht umgekehrt nur für ein Bewußtsein Phänomene. In jeder Wirkung zeigt sich ihre Ursache. Alles, was der Kausalität gehorcht, ist Phänomen. Jeder Gedanke steht im Zusammenhang mit anderen Gedanken. Alles, was gedacht werden kann, ist Phänomen. Was nicht Phänomen ist, können wir nicht denken, denn sowie es gedacht wird, ist es Phänomen. Aber der Begriff des Phänomens ist nicht auf das menschliche Denken bezogen; es gibt ohne Zweifel unendlich viele Phänomene, die nie ein Mensch wird denken können. Trotzdem sind sie Phänomene, insofern sie entweder physikalische Eigenschaften haben oder von einem nichtmenschlichen Bewußtsein wahrgenommen werden können. Was weder physikalische Eigenschaft hat, noch auf sonst eine Weise wahrgenommen werden kann, das ist überhaupt nicht. Deshalb ist alles, wovon wir sagen können, daß es ist, Phänomen.

Alles, was sein kann, ist in diesem Sinne Phänomen. Alles, was sein kann, ist in der Zeit. Demnach muß das Sich-Zeigen der Phänomene mit dem Wesen der Zeit zusammenhängen. Das ist noch eine sehr unbestimmte Redeweise, denn sie läßt offen, *wie* das Sich-Zeigen der Phänomene mit dem Wesen der Zeit zusammenhängt. Man könnte zum Beispiel darauf hinweisen, daß das Sich-Zeigen eines Phänomens einen Kommunikationszusammenhang voraussetzt. Kommunikation ist ein Vorgang in der Zeit. Das Verhältnis von Phänomenen und Kommunikation wäre dann so zu denken, daß auf der einen Seite das Phänomen aus einem uns unbekannten Grunde sich zeigt, und daß auf der anderen Seite die Zeit die Kommunikationsmöglich-

keiten gleichsam anbietet, die dem Phänomen erlauben, daß es sich zeigen kann. Aber sowie es sich zeigt, steht es bereits im Kommunikationszusammenhang, und das Sich-Zeigen ist nur möglich in der Zeit. Gerade dadurch, daß es sich zeigt, gerade dadurch, daß es Phänomen ist, befindet sich das Phänomen schon in der Zeit. Es findet sich am Phänomen überhaupt nichts vor, was nicht in seinem In-der-Zeit-Sein seinen Ursprung hätte, denn alles, was sich vorfinden ließe, wäre wiederum das selbe, nämlich Phänomen. Also müssen wir den Zusammenhang zwischen Phänomen und Zeit anders denken. Wir können nicht länger behaupten, daß der Grund für das Phänomen-Sein des Phänomens außerhalb der Zeit und unabhängig von der Zeit gedacht werden kann. Es bleibt nur die Möglichkeit, daß die Zeit selbst der Ursprung der Phänomenalität der Phänomene ist. Die Zeit selbst läßt aus sich die Möglichkeit hervorgehen, daß Phänomene Phänomene sein können. Von allem, was als Phänomen hervortreten kann, sagen wir, weil es als Phänomen hervortreten kann, daß es ist. Ich habe diesen Satz so formuliert, daß das Wort „ist" auch alles das umfaßt, was nur möglich ist. Alles, was ist, so sehen wir jetzt, befindet sich nicht nur in der Zeit, sondern es hat seinen Ursprung in der Zeit; es geht aus der Zeit hervor. Es wird von der Zeit aus ihrem eigenen Wesen heraus produziert. Es gibt also kein Sein außerhalb oder neben der Zeit. Die Zeit ist vielmehr selbst das Sein. Da aber die Zeit alles, was sein kann, aus sich hervorgehen läßt, so müssen wir in dem Satz: „die Zeit ist das Sein" das Wort „ist" verstehen, als ob es ein transitives Verbum wäre. Die Zeit läßt alles, was Phänomen sein kann, in die Sphäre seines Erscheinens eintreten, und umgekehrt: in allem, was überhaupt Phänomen sein kann, zeigt sich notwendig immer zugleich die Zeit. So ist der Begriff Phänomen zu verstehen, wenn wir vom Phänomen der Zeit sprechen. Die Zeit ist insofern Phänomen, als sie in jedem überhaupt möglichen Phänomen als die Bedingung seiner Möglichkeit mitscheint. Sie ist der universale Horizont der Phänomenalität der Phänomene. Indem wir die Phänomenalität der Phänomene analysieren, analysieren wir immer zugleich die Struktur der Zeit.
Alles, was Phänomen ist, ist in irgendeiner Weise präsent. Ein Phänomen, das sich von sich aus so zeigt, wie es ist, ist in diesem Sich-Zeigen zugleich präsent. Die Sonne ist präsent, indem sie scheint. Es ist nicht möglich zu denken, daß die Sonne scheint, ohne zu denken, daß die Sonne präsent ist, obwohl wir zugleich das Scheinen der

Sonne von den physikalischen Vorgängen im Inneren der Sonne, die sich im Scheinen manifestieren, unterscheiden. Wenn wir Zeit hätten, das Beispiel genauer zu analysieren, würde sich herausstellen, daß es sehr schwierig ist, genau zu bestimmen, was Präsenz hier eigentlich heißt. Trotzdem bleibt bestehen, daß, wo nichts präsent ist, überhaupt nichts ist. Deshalb können wir ohne Bedenken formulieren: im Phänomen manifestiert sich immer Präsenz. Präsenz aber ist Gegenwart. Der Satz: „Im Phänomen manifestiert sich immer Präsenz" ist deshalb eine Paraphrase unseres ersten Satzes: „Die Zeit ist das Sein".
Aber diese Paraphrase rückt jenen allgemeinen Satz unter eine bestimmte Perspektive. Sie läßt nämlich den Vorrang der Gegenwart in der phänomenalen Struktur alles dessen, was in der Zeit ist, erkennen. Durch den Begriff der phänomenalen Struktur ist der Vorrang der Gegenwart bereits konstituiert; denn phänomenal heißt: auf Präsenz bezogen. Sie werden bemerkt haben, daß ich, ohne bisher ausdrücklich darauf hinzuweisen, den Begriff der Gegenwart durch den Begriff der Präsenz ersetzt habe. Der Begriff der Gegenwart könnte, ungeachtet der Analyse, die wir durchgeführt haben, immer noch so mißverstanden werden, als wäre damit nur ein bestimmter Zeitpunkt oder ein bestimmter Zeitabschnitt gemeint. Der Begriff der Präsenz hingegen bezeichnet das eigentliche Wesen oder, wie man auch sagen könnte, die Gegenwärtigkeit der Gegenwart, indem er den Zusammenhang zwischen dem Wesen von Gegenwart und dem Wesen von Phänomenen hervortreten läßt. Wo nichts präsent ist, kann auch nichts im trivialen Sinne des Wortes gegenwärtig sein. Wo nichts präsent ist, ist die Zeit erloschen. Sowie aber etwas präsent ist, da ist alsbald auch Gegenwart in jedem Sinne dieses Wortes. Die Präsenz macht deshalb das Wesen der Gegenwart aus. In der Präsenz manifestiert sich die Gegenwärtigkeit der Gegenwart.
Nun hat aber unsere Analyse der Gegenwärtigkeit von Gegenwart ergeben, daß sie nur in der Polarität von Beständigkeit und Verfließen überhaupt Gegenwart sein kann. Nachdem wir unsere Analyse weiter fortgeführt haben, können wir nachträglich erkennen, wie diese Polarität sich in die Grundvorstellungen der klassischen Physik übersetzt. Die Beständigkeit, isoliert und absolut genommen: das ergibt den absoluten Raum. Das Verfließen, isoliert und absolut genommen: das ergibt den Parameter der Zeit. Aber wenn man Beständigkeit und Verfließen in dieser Weise voneinander isoliert und dann

äußerlich wieder zusammensetzt, läßt sich, wie wir gesehen haben, nicht mehr verstehen, wieso die Zeit eine Richtung hat. Wir haben dann die getrennten Bestandstücke des absoluten Raumes und der absoluten Zeit und des Kausalitätsprinzips, aber wir können nicht verstehen, wie diese Bestandstücke ineinanderhängen. Wir können nicht verstehen, warum es im Raum zeitliche Vorgänge gibt, warum diese Vorgänge dem Kausalitätsprinzip gehorchen, und warum wir dies alles zusammen denken können. Aus dieser kritischen Überlegung ergibt sich umgekehrt, daß wir den Zusammenhang zwischen Beständigkeit und Verfließen, den wir bisher nur unbefriedigend interpretieren konnten, erst verstehen werden, wenn wir diesen Zusammenhang mit der Richtung der Zeit in Verbindung bringen. Man kann von Gegenwart nicht sprechen, ohne von Vergangenheit und von Zukunft zu sprechen. Daß ich das bisher explizit noch nicht getan habe, liegt daran, daß unsere gesamte philosophische Tradition aus Gründen, die ich deutlich zu machen versuchte, die Einheit der Zeit als stehende Gegenwart ohne Vergangenheit und ohne Zukunft interpretiert. Diese Grundvoraussetzung aller bisherigen Zeitauffassung liegt, wie wir sahen, auch noch dem Zeitparameter der klassischen Physik zugrunde. Wir mußten diesen Begriff der Zeit erst gleichsam abtragen, um auch nur die Frage stellen zu können, wie denn die wirkliche Gegenwart mit der wirklichen Vergangenheit und der wirklichen Zukunft zusammenhängt.

⟨28. Die Gegenwart der Vergangenheit⟩

Wir stellen also jetzt die Frage nach der Richtung der Zeit unabhängig von jenen Vorstellungen über die Richtung der Zeit, die wir bisher diskutiert haben, und beginnen mit einem Satz, den die Physik nicht begründet, sondern voraussetzt. Es ist der Satz von der Unumkehrbarkeit, von der Irreversibilität der Zeit. Er beruht auf der sehr einfachen Feststellung, daß es nicht möglich ist, etwas, was einmal geschehen ist, wieder ungeschehen zu machen. Vergangene Ereignisse sind Fakten, sie sind geschehen; sie sind eingetreten; sie haben sich verwirklicht; sie liegen fest. Ich sagte: dieser Satz werde in der Physik nicht begründet, sondern vorausgesetzt. Die Analyse des Gesetzes, durch das die Irreversibilität der Zeit sich im Horizont der Physik darstellt, nämlich des zweiten Hauptsatzes der Thermodynamik, hat gezeigt, in welcher Weise die Irreversibilität vorausgesetzt wird. Die Unumkehrbarkeit kommt in den zweiten Hauptsatz durch eine statistische Deutung, also durch den Begriff der Wahrscheinlichkeit hinein. Dieser Begriff läßt sich nur auf Ereignisse anwenden, die in der Zukunft liegen, denn was wahrscheinlich ist, muß möglich sein. Möglich ist nur, was noch nicht feststeht. Die Fakten der Vergangenheit aber liegen fest. Nur wenn man als selbstverständlich voraussetzt, daß alles, was vergangen ist, in diesem Sinne den Charakter des Faktums hat, ergibt sich, daß der zweite Hauptsatz die Unumkehrbarkeit physikalisch formuliert. In Wirklichkeit setzt dieser Satz die Unumkehrbarkeit der Zeit voraus und formuliert eine bestimmte physikalische Konsequenz, die sich daraus ergibt.

Aber was bedeutet nun der Satz, daß nichts, das einmal geschehen ist, wieder ungeschehen gemacht werden kann? Etwas, das einmal geschehen ist: das ist die wörtliche Übersetzung des lateinischen Wortes *factum*, das bekanntlich als *participium perfecti* für *fieri* verwendet wird. In der Wahl der Passivform von *facere* für das, was geschehen ist, spricht sich die römische Auffassung des Geschehens in dieser Welt aus, denn *facere* heißt: etwas zustandebringen, etwas durchsetzen, etwas vollbringen. Im *factum* manifestiert sich der Wille, die Energie, die Entschlußfähigkeit, die Macht und die Unbeugsamkeit dessen, der das *factum* vollbracht hat. Für das Verständnis eines Volkes, dessen Beruf es war, eine imperiale Weltordnung zu errichten, erscheint alles, was überhaupt geschieht, als *factum*, als etwas, das vollbracht worden ist, und an dem nun nicht mehr gerüttelt werden darf. Ich habe dieses Wort interpretiert, um wenigstens an diesem einen Beispiel deutlich zu machen, daß mit den Namen, durch die wir die Geschehnisse in der Zeit bezeichnen, ein Netz von Assoziationen verbunden ist, die sich, wenn wir ein solches Wort gebrauchen, unmerklich in unser Denken einschleichen und uns zu Folgerungen verleiten, die unser Denken in völlig falsche Bahnen führen können. Das zeigt sich auch, wenn wir das moderne Fortleben des Begriffes *factum* in dem positivistischen Begriff des „fact" betrachten. Ein „fact" ist eine Tatsache, die sich eindeutig bestimmen läßt. Nun sind ⟨aber⟩ die Phänomene, mit denen wir es in der Welt zu tun haben, nie eindeutig, weil jedes Phänomen in einer Vielzahl von Bezugssystemen steht und in jedem dieser Bezugssysteme in anderen Relationen einen anderen Aspekt repräsentiert. Will man die Eindeutigkeit erzielen, durch die ein „fact" erst dieses und kein anderes wird, so muß man ein bestimmtes Bezugssystem verabsolutieren. Man muß das Phänomen in ein festes Koordinatensystem einspannen, in dem es nicht mehr die Freiheit hat, sich auch von dieser anderen Seite zu zeigen. Das ist ein Eingriff in die Natur der Dinge, also ein Akt menschlicher Machtausübung. Und eine genauere Analyse des Aufbaus der Wissenschaften, die uns „facts" erkennen lassen, würde zeigen, daß gewaltige Machtapparate errichtet werden müssen, wenn man die Phänomene der Natur und der Gesellschaft dazu zwingen will, sich in der Gestalt von „facts" zu präsentieren. Daß man dann mit erheblichem Erfolg den Menschen einreden kann, diese Produkte menschlicher Macht seien die Wirklichkeit selbst, gehört zum Phänomen der Macht mit hinzu. Es ist die Suggestion der Macht, die nicht nur im Bereich der Politik sondern auch im Bereich der Wissenschaft die Wirksamkeit der effektiven Macht um ein Vielfaches potenziert.

Für unsere Betrachtung müssen wir diese anthropomorphen Vorstellungen vom Wesen des Geschehnisses ausschalten. Wir dürfen nur solche Bestimmungen des Geschehnisses zulassen, die sich aus dem Wesen der Zeit ableiten lassen. Die Zeit produziert, so sahen wir, Phänomene als Erscheinungen von Präsenz. Deswegen muß sich das Wesen des Geschehnisses aus der Struktur der Präsenz von Phänomenen, also aus der Gegenwärtigkeit von Gegenwart ableiten lassen. Jedes steht in einem Kommunikationszusammenhang. Jedes Phänomen manifestiert sich so, daß es mit anderem kommuniziert. Deswegen ist die Grundbestimmung der physikalischen Phänomene die Energie, denn Energie ist das Sich-Manifestieren einer Präsenz, das nun nicht mehr so gedacht werden kann, als sei erstens eine Substanz vorhanden, die sich dann zweitens etwa durch eine Strahlung manifestiert, sondern die nur noch so zu denken ist, daß das Sich-Manifestieren selbst das Präsentsein der Präsenz ausmacht. Alles, was ist, ist dadurch, daß es ist, schon bei anderem, und wird an diesem anderen dadurch manifestiert, daß es mit ihm kommuniziert. Die universale Interdependenz sämtlicher Phänomene untereinander ist nicht ein zusätzliches Netz, das diesen Phänomenen gleichsam übergelegt wird, vielmehr gilt von jedem einzelnen Phänomen, daß es nur innerhalb dieser Interdependenz Phänomen und damit überhaupt sein kann. Dann ist Geschehnis das Eintreten einer neuen Präsenz in die universale Interdependenz der Phänomenalität der Zeit. Der Satz, daß nichts, was einmal geschehen ist, wieder ungeschehen gemacht werden kann, bedeutet, daß jede Präsenz, die sich in der universalen Interdependenz alles dessen, was ist, einmal manifestiert hat, in dieser Interdependenz so aufgeht, daß sie sich nicht mehr austilgen läßt. Man kann das auch sehr einfach so ausdrücken, daß alles, was geschieht, seine Wirkungen hat und in diesen Wirkungen und ihren Fortwirkungen aufgehoben ist, auch wenn es selbst entschwindet. Ein Lebewesen kann sterben, aber durch die Wirkungen, die es im Lauf seines Lebens hervorgebracht hat, und die unzählige kleine Veränderungen im Gesamtzusammenhang der Dinge erzeugen, lebt jeder Augenblick seines Lebens bis an das Ende der Zeit. Dabei ist „Wirkung" ein sehr ungenauer Ausdruck für die Mitteilung von Kommunikation in dem schon eingehend erörterten Sinne. In seinen Wirkungen manifestiert sich das Dasein; in seinen Wirkungen ist es Phänomen.

Wir haben durch diese Überlegungen ein sehr wichtiges Ergebnis gewonnen, nämlich den Satz, daß das Vergangene nicht vergeht. Solange man Fakten isoliert betrachtet, kann man zu diesem Satz nicht gelangen, denn jedes isolierte Faktum wird sich im Verlauf seines Bestehens in seine Wirkungen gleichsam auflösen. Jedes Phänomen hat gleichsam einen endlichen Vorrat von kommunikativer Energie. Ist dieser Vorrat erschöpft, so ist die Präsenz, die in dem Phänomen erschien, vollständig in die Kommunikation aufgegangen, die es, solange es noch Phänomen war, ausgesandt hat. Wir meinen dann, die Präsenz sei entschwunden, aber sie hat sich kommuniziert und wirkt in den Empfängern der Kommunikation und ihrem Phänomensein fort. Man müßte dann den Satz von der Erhaltung der Energie umformulieren und ihn als den Satz von der Unendlichkeit der Phänomenalität der Phänomene bezeichnen.

Verifizieren könnten wir den Satz, daß nichts Vergangenes vergeht, nur dann, wenn jedes Phänomen von jeder Phase seiner Präsenz Dokumente hinterließe, die wir als solche identifizieren könnten. Es hinterläßt tatsächlich solche Dokumente. Wir haben sie als Kommunikation beschrieben. Aber aus der unendlichen Menge der „Dokumente", die die Welt ausmachen – denn jedes Phänomen ist in der universalen Interdependenz zugleich Dokument –, können wir nur eine winzige Zahl identifizieren. Ich habe auf dem Weg in diesen Hörsaal Myriaden von Staubkörnern bewegt; jedes dieser Staubkörner dokumentiert dadurch, daß es sich jetzt an einer anderen Stelle befindet, daß mein Erscheinen an ihm manifest geworden ist. Es ist insofern ein Dokument. Aber es läßt sich als Dokument nicht identifizieren, und es ist auch nicht nötig, daß wir es identifizieren können, denn wir wissen auf Grund von allgemeinen Gesetzen auch ohne eine solche Dokumentation, daß ich die Staubkörner bewegt habe. Ich habe dieses Problem nur deshalb angeführt, weil ich zu meinem Erstaunen in Diskussionen feststellen mußte, daß unter der Herrschaft des Positivismus nur noch als Faktum zugelassen wird, was den Charakter des möglichen Dokumentes hat. Hier wird der Unterschied zwischen Kommunikation *an* einen Empfänger und der Kommunikation *für* einen Empfänger vernachlässigt. Ein Dokument ist eine mögliche Kommunikation *für* einen Empfänger, aber nicht jede Kommunikation *an* einen Empfänger muß sich notwendig auch in eine Kommunikation *für* einen Empfänger übersetzen lassen. Der Charakter der Kommunikation wird nicht dadurch angetastet, daß ich sie nicht für einen möglichen Empfänger übersetzen kann. Trotzdem läßt sich aus allgemeinen Gründen einsehen, daß der Empfang einer Kommunikation den Empfänger verändert. In der Veränderung ist die Kommunikation dann aufgehoben, selbst wenn wir sie nicht als Dokument verifizieren können.

Wir sagten: „Nichts Vergangenes vergeht", und ich habe diesen Satz so weit erläutert, wie es fürs erste nötig ist. Die Rede von der „Vergangenheit" ist also ungenau. Wir müßten vielmehr von der permanenten Gegenwart alles dessen, was einmal Gegenwart gewesen ist, sprechen. Daraus ergeben sich sehr weittragende Konsequenzen, die ich hier noch nicht ausführen kann, denn alle bisherigen Bestimmungen der Gegenwart und der Vergangenheit sind unvollständig, solange wir nicht die Zukunft ins Auge gefaßt haben.

⟨29. Die Modalitäten und die Zeitmodi⟩

Wie sollen wir von der Zukunft sprechen, solange die Zukunft noch nicht eingetreten ist und uns keine Phänomene gegeben sind, auf die wir unsere Aussagen beziehen können? Es gibt eine Form, in der wir unablässig von der Zukunft sprechen. Wir betrachten nämlich als zukünftig alles, von dem wir sagen, daß es *möglich* ist. Der Begriff der Möglichkeit ist vieldeutig. Es wird deshalb nötig sein, daß ich genau bestimme, in welchem Sinne ich ihn hier verwende.

In der Sprechweise nicht nur der neueren Philosophie sondern auch der positiven Wissenschaften herrscht eine große Konfusion, weil man das, was logisch möglich ist, von dem, was wirklich möglich ist, nicht unterscheidet. Logisch ist, in einem sehr weiten Sinne des Wortes, „möglich" alles, was gedacht werden kann, ohne daß wir gegen die Regeln des Denkens verstoßen. Dieser Begriff der Möglichkeit unterscheidet sich von den sogenannten Modalitäten: der Möglichkeit, der Wirklichkeit und der Notwendigkeit [56]. Denken können wir auch, was notwendig ist, denn wäre das Notwendige nicht denkmöglich, so wäre es nicht notwendig. Die Denkmöglichkeit ist deshalb den Modalitäten übergeordnet. Nun denken wir aber auch den Unterschied zwischen den drei Modalitäten: möglich, wirklich, notwendig. Daß diese Modalitäten sich nicht von den Gesetzen des Denkens her aufklären lassen, kommt in der zweiten Modalität, nämlich der Wirklichkeit, heraus. Durch reines Denken läßt sich niemals ausmachen, was wirklich ist und was nicht. Auf diese mittlere Modalität sind aber die beiden anderen Modalitäten bezogen. Möglich ist, was wirklich sein *kann*. Notwendig ist, was wirklich sein *muß*. Die Lehre von den Modalitäten gehört also nicht, wie sie immer dargestellt wird, in die Logik. Sie gehört vielmehr in die Ontologie. Wenn nun der Satz gilt, den wir aufgestellt haben, nämlich der Satz: „Die Zeit ist das Sein", so müssen sich die drei Modalitäten aus dem Wesen der Zeit ableiten lassen. Tatsächlich sind wir auf die Notwendigkeit auch schon gestoßen. Sie begegnet uns in dem Satz, daß nichts, was einmal geschehen ist, wieder ungeschehen gemacht werden kann. Dieser Satz hat einen solchen Grad von Notwendigkeit, daß er sogar den Willen Gottes bindet. Gott konnte bereuen, daß er die Menschen geschaffen hat, aber er konnte nicht ungeschehen machen, daß er die Menschen geschaffen hat. Gott kann die Schöpfung vernichten, aber er kann sie nicht revozieren. Denn innerhalb der Schöpfung gilt das Grundgesetz der Zeit, daß alles, was in die Wirklichkeit eingetreten ist, in der Wirklichkeit bleibt. Von der Möglichkeit haben wir gesprochen, als wir die Dimension der Zukunft einführten. Als möglich bezeichnen wir den Spielraum zwischen dem, was notwendig sein muß, und dem, was notwendig nicht sein kann, und was wir deshalb als unmöglich betrachten. Unmöglich ist alles, was der Struktur der Zeit widersprechen würde. Möglich ist, wie wir sahen, alles, was wirklich sein kann. Damit haben wir aber auch die zeitliche Deutung der Mo-

---

[56] Vgl. Georg Picht, „Die Zeit und die Modalitäten", a. a. O., 362 ff.

dalität der Wirklichkeit gewonnen. Wirklich ist alles, was gegenwärtig ist. Die sogenannten drei Modalitäten entspringen deshalb dem Versuche, die trinitarische Entfaltung der Zeit in Vergangenheit, Gegenwart und Zukunft, also die sogenannten drei Modi der Zeit, in die Sprache des zeitlosen Denkens der klassischen Metaphysik zu übersetzen. Die Notwendigkeit ist jener Restbestand der Vergangenheit, der übrig bleibt, wenn man davon absieht, daß sie ein Modus der Zeit ist. Die Möglichkeit ist jener Restbestand der Zukunft, der übrig bleibt, wenn man davon absieht, daß sie ein Modus der Zeit ist. Das Gleiche gilt von der Wirklichkeit. Die Wirklichkeit ist jenes ontologische Dunkel, das übrig bleibt, wenn man davon abstrahiert, daß alles, was wir „wirklich" nennen, Gegenwart ist.

Wir beginnen jetzt einzusehen, daß die Modalitäten der Notwendigkeit, Wirklichkeit und Möglichkeit im Wesen der Zeit begründet sind, und daß ihre Dreiheit mit der Dreiheit der sogenannten Modi der Zeit zusammenhängt. Das tritt formal darin ans Licht, daß die Modalität der Wirklichkeit in dem Gefüge der drei Modalitäten die selbe Vorrangstellung einnimmt wie die Gegenwart in dem Gefüge der Modi der Zeit. Vergangen ist, so haben wir gesehen, alles, was einmal Gegenwart war; zukünftig alles, was einmal Gegenwart sein wird. Entsprechend ist notwendig alles, was wirklich sein muß, möglich alles, was wirklich sein kann. Der Zusammenhang zwischen Gegenwart und Wirklichkeit ist auch in sich evident; denn es gibt keinen Weg, sich von der Wirklichkeit eines Phänomens zu überzeugen als den, sich von seiner Präsenz zu überzeugen. Schwieriger ist es, den Zusammenhang zwischen Vergangenheit und Notwendigkeit einzusehen. Wir sind der Notwendigkeit des Vergangenen in dem Satz begegnet, daß nichts, was einmal geschehen ist, wieder ungeschehen gemacht werden kann. In diesem Satz kommt die Zeit in zweifacher Gestalt vor. Die Worte „nichts, was einmal geschehen ist" beziehen sich auf alles, was in der Vergangenheit geschehen ist; der Satz als ganzer bezieht sich nicht nur auf die Vergangenheit, sondern er bezieht sich auf alle Zeit, also auch auf die Gegenwart und auf jede mögliche Zukunft. Nur wenn der Satz für alle Zeiten gilt, ist er notwendig; denn als notwendig bezeichnen wir das, was keine Veränderung in der Zeit erschüttern kann. Wir wagen also, in diesem Satz eine Aussage zu machen, von der wir behaupten, daß sie in jeder möglichen Zukunft wahr ist; und erst der Vorblick auf die Zukunft berechtigt uns zu der Behauptung, daß ein Sachverhalt, der in der

Vergangenheit, auf die wir zurückblicken, und in dem Augenblick, in dem wir uns jetzt befinden, wahr ist, zu allen Zeiten wahr, also notwendig ist. Was gibt uns das Recht zu einer solchen Behauptung? Die Metaphysik hat sich die Möglichkeit zur Behauptung von notwendig wahren Sätzen dadurch geschaffen, daß sie zwischen αἰών und χρόνος, zwischen dem Absoluten und dem Relativen, zwischen der reinen Erkenntnis zeitloser Wahrheit und der empirischen Erkenntnis unterschieden hat. Wenn es zeitlose Wahrheit gibt, und wenn wir solche Wahrheit erkennen können, dann können wir auch unabhängig von aller Erfahrung behaupten, daß es Sätze gibt, die zu allen Zeiten, die also auch in der Zukunft wahr sind. Wir sind aber durch die Analyse der Gegenwärtigkeit der Gegenwart dazu gezwungen worden, die Grenze zwischen αἰών und χρόνος aufzuheben. Wenn diese Grenze nicht besteht, dann ist es nicht möglich, die Notwendigkeit einer Erkenntnis auf ihre Zeitlosigkeit zu begründen. Es stellt sich die Frage, wie überhaupt eine Erkenntnis möglich sein soll, die notwendig ist und deshalb zu allen Zeiten gilt. Aber Eines können wir wissen: alle möglichen Abschnitte der Zeit sind Zeit. Alles, was sich daraus ableiten läßt, daß jede überhaupt mögliche Zeit jedenfalls Zeit ist, läßt sich für alle Zeiten behaupten. Notwendig sind deshalb alle Erkenntnisse, die sich rein aus dem Wesen der Zeit ableiten lassen; denn was sich aus dem Wesen der Zeit ableiten läßt, das muß für jede mögliche Zeit seine Gültigkeit haben. Umgekehrt muß alles, was für jede mögliche Zeit seine Gültigkeit hat, aus dem Wesen der Zeit abgeleitet werden können; denn wir haben, wenn wir die Grenze zwischen αἰών und χρόνος einreißen, keinen archimedischen Punkt außerhalb der Zeit, auf den wir uns noch stützen könnten, wenn wir die Aussagen wagen, die für alle Zeiten gelten sollen. Es läßt sich also nur dann einsehen, daß ein Satz zu allen Zeiten wahr ist, wenn sich einsehen läßt, daß seine Wahrheit in dem Wesen der Zeit als solcher begründet ist.

Aber widersprechen wir uns nicht selbst, wenn wir versuchen, nunmehr das Wesen der Zeit selbst so zu bestimmen, als ob es ein zeitloses Wesen wäre? Eine ausführliche Antwort auf dieses Bedenken läßt sich erst geben, wenn uns das Wesen der Zeit in seiner vollen Entfaltung durchsichtig ist. Vorläufig sei Folgendes gesagt: Man kann die Zeit nicht betrachten als „etwas", das „ist". Die Zeit „ist" nicht, sie zeitigt sich. Dabei erfährt sie den Wandel, den sie hervorbringt; sie manifestiert sich in einem offenen und mobilen System.

Aber die mobile Struktur, die diesen Wandel hervorbringt, hält sich in diesem Wandel durch: in allem Wandel zeitigt sich Zeit als Einheit von Vergangenheit, Gegenwart und Zukunft. Die Einheit der Zeit manifestiert sich nicht als unbewegte, mit sich selbst identische, in sich selbst verharrende Einheit absoluten Seins. Sie bewegt sich, aber sie erhält im Wandel das bewegliche Gefüge der Verschränkung ihrer drei Modi. In diesem Sinne sprechen wir vom „Wesen" der Zeit.

⟨30. Richtung und Irreversibilität der Zeit⟩

Wieso ist aber in dem Wesen der Zeit selbst begründet, daß nichts, was einmal geschehen ist, wieder ungeschehen gemacht werden kann? Unmittelbar ist der Zusammenhang dieses Satzes mit dem Wesen der Zeit nicht einzusehen. Aber er läßt sich einsehen, wenn wir durchschauen, daß die Zeit nur unter der Voraussetzung, daß dieser Satz wahr ist, eine Richtung haben kann. Wir wissen, daß die Zeit eine Richtung hat. Wir wissen, daß die Richtung der Zeit sich an dem Unterschied zwischen Vergangenheit und Zukunft manifestiert. Wenn sich einsehen läßt, daß dieser Unterschied und damit die Richtung der Zeit die Wahrheit des Satzes impliziert, daß nichts, was geschehen ist, wieder ungeschehen gemacht werden kann, so ist die Wahrheit dieses Satzes aus dem Wesen der Zeit selbst abgeleitet.

Wir haben schon eingehend analysiert, wie sich der Satz, daß nichts, was einmal geschehen ist, wieder ungeschehen gemacht werden kann, aus dem Wesen der Zeit ableiten läßt. Ich rekapituliere diese Begründung, damit an dem wichtigen Übergang, an dem wir stehen, jeder Schritt, den wir weitergehen, durchsichtig ist. Die Zeit, so sahen wir, läßt alles, was überhaupt Phänomen sein kann, in die Sphäre seines Erscheinens eintreten. Deshalb ist Zeit der universale Horizont der Phänomenalität der Phänomene. In jedem Phänomen manifestiert sich Präsenz; denn was überhaupt nicht die Möglichkeit hat, in irgendeiner Weise präsent zu sein, das hat auch nicht die Möglichkeit, Phänomen zu sein; und was nicht Phänomen sein kann, das ist nicht. Ein Phänomen ist aber nur dadurch Phänomen, daß es mit Anderem kommuniziert. Durch Kommunikation manifestiert sich das Präsentsein einer Präsenz im Phänomen. Deshalb ist Phänomenalität nur möglich im Kontext einer kommunikativen Interdepen-

denz. Daraus ergab sich, daß jedes Geschehnis das Eintreten einer neuen Präsenz in die universale Interdependenz der Phänomenalität der Zeit ist. Der Satz, daß nichts, was einmal geschehen ist, wieder ungeschehen gemacht werden kann, bedeutet, daß jede Präsenz, die sich in der universalen Interdependenz alles dessen, was ist, einmal manifestiert hat, in den Kommunikationen, die diese Interdependenz ausmachen, so aufgeht, daß sie sich nicht mehr austilgen läßt. Würde man den Satz, daß nichts, was einmal geschehen ist, wieder ungeschehen gemacht werden kann, aufheben, so würde man den Strukturzusammenhang, in dem es Phänomene, Kommunikation und Interdependenz gibt, aus den Angeln heben. Dieser Strukturzusammenhang ist nicht der Strukturzusammenhang von Vergangenheit, sondern es ist der Strukturzusammenhang von Gegenwart. Gegenwart kann nur sein, wenn dieser Strukturzusammenhang gegeben ist. Deshalb vermögen wir als „vergangen" nur das zu bezeichnen, was einmal Gegenwart war. Aber der Satz macht außerdem deutlich, daß es im Wesen der Gegenwart selbst begründet ist, daß Gegenwart sich nicht austilgen läßt. Zwar kann sich Gegenwart verändern, aber jeder neue Zustand geht, wie wir sahen, aus dem vorherigen Zustand hervor. Denkt man sich den vorherigen Zustand hinweg, so ist auch der neue Zustand nicht mehr möglich. Der neue Zustand enthält also in sich alles, was der vorherige Zustand an ihn kommuniziert hat. Der vorherige Zustand ist in dem neuen Zustand aufbewahrt. Er ist als kommunizierter Zustand in ihm präsent.
Wie hängt das nun mit der Richtung der Zeit zusammen? Die Zeit hat deshalb eine Richtung, weil in der Zeit fortwährend Zustände eintreten, die vorher noch nicht dagewesen sind. Würde man die Zeit umkehren und von der Zukunft in die Vergangenheit reisen, so müßten wir die Vergangenheit als einen Bereich von Zuständen betrachten können, die veränderlich, die neu, die noch nicht dagewesen sind. Aber was in der Vergangenheit liegt, das steht, wie wir gesehen haben, fest, weil es schon einmal Gegenwart war, weil es schon einmal Phänomen geworden ist und in die Interdependenz aller übrigen Phänomene aufgegangen ist. In dieser Richtung ist deshalb eine Bewegung nicht möglich, denn jede Bewegung ist der Übergang aus dem vorherigen in einen neuen Zustand. Wo alles festliegt, gibt es keinen neuen Zustand. Es gibt also in dieser Richtung keine Bewegung. Durch den Satz, daß nichts, was einmal geschehen ist, wieder ungeschehen gemacht werden kann, wird festgelegt, daß

in Richtung auf die Vergangenheit keine Bewegung möglich ist. Es gibt also nach der Vergangenheit hin überhaupt keine Richtung. Alle Richtung verläuft aus der Vergangenheit in die Zukunft.

Daß die Zeit überhaupt eine Richtung hat, haben wir vorausgesetzt; das wissen wir. Denn unser Denken ist Bewegung. Alle Bewegung ist in der Zeit, und alle Bewegung hat deshalb eine Richtung, weil die Zeit selbst aus der Vergangenheit in die Zukunft gerichtet ist. Das nennt man die Irreversibilität der Zeit. Nachdem wir eingesehen haben, wie der Satz, daß nichts, was einmal geschehen ist, wieder ungeschehen gemacht werden kann, einerseits in dem Wesen der Zeit als dem universalen Horizont der Phänomenalität der Phänomene begründet ist, und wie er andererseits die Richtung der Zeit im Sinne ihrer Irreversibilität begründet, können wir sagen, daß der Satz unmittelbar aus dem Wesen der Zeit entspringt. Entspringt er aus dem Wesen der Zeit, so ist er notwendig; denn er gilt für alle Zeiten. Der Satz ist also zugleich ein Beispiel dafür, daß wir notwendige Wahrheiten auch dann erkennen können, wenn wir die Schranke zwischen αἰών und χρόνος einreißen und alle überhaupt mögliche Erkenntnis auf jenen Horizont beziehen, der durch den Satz umschrieben ist: Die Zeit *ist* das Sein. Es *gibt* notwendige Erkenntnisse; aber wir müssen uns der Einsicht fügen, daß diese Erkenntnisse im Gang der Zeit ihren Sinn verwandeln. Denn was wir den Sinn eines Satzes nennen, ergibt sich aus seiner Relation zu den Bezugssystemen, in denen er steht; und diese Bezugssysteme verwandeln sich im Fortgang der Zeit.

Wir haben festgestellt, daß sich die Worte „nichts, was einmal geschehen ist" auf alles Vergangene beziehen, während der Satz als ganzer eine Notwendigkeit ausspricht, die für alle Zeiten gelten soll. Wie hängen diese beiden Feststellungen miteinander zusammen? Das wird einsichtig, wenn wir dem Satz eine einfachere Fassung geben und sagen: „Nichts, was vergangen ist, vergeht". Wenn wir den Satz in dieser Fassung betrachten, so stellt sich heraus, daß er erklärt, warum alle Zeit, die einmal gewesen ist, zu der Zeit, in der wir uns jetzt befinden, hinzugehört. Nur weil das, was vergangen ist, nicht vergeht, gehört die Vergangenheit zu einer und derselben Zeit wie die Gegenwart und wie die Zukunft. Nur auf Grund dieses Satzes ist es gerechtfertigt, Vergangenheit und Gegenwart als zwei Modi einer und derselben Zeit zu bezeichnen. Die Unvergänglichkeit ist nicht eine Eigenschaft, die dem Vergangenen als solchem anhaftet – sahen

wir doch, daß sie darin begründet ist, daß alles, was einmal erschienen ist, sich durch Bewegung in der Zeit kommuniziert, also nicht einem so oder so bestimmten Phänomen als seine bleibende Eigenschaft anhaftet, sondern von Phänomen zu Phänomen gleichsam wandert und an jedem Phänomen als eine *andere* Eigenschaft auftritt. Der Lichtstrahl, den die Sonne ausgeschickt hat, ist in dem Stein als Wärme aufbewahrt. Die Wärme kommuniziert sich an die Eidechse und ruft den Trieb hervor, sich auf den Stein zu legen. Was wir den Trieb der Eidechse nennen, ist aber nichts anderes als ihre Fähigkeit zu antizipieren, daß sie sich auf dem Stein erwärmen kann. Der Trieb ist antizipierte Kommunikation mit der von der Sonne ausgestrahlten Wärme. Er ist antizipierte Kommunikation mit der Gegenwart von Vergangenheit. So breitet sich die im Phänomen hervorgetretene Präsenz als Kommunikation im Weltall aus und läßt an den verschiedenartigsten Phänomenen die verschiedenartigsten Prozesse hervortreten, die uns als Eigenschaften dieser Phänomene erscheinen, während sie in Wahrheit die an diese Phänomene kommunizierte Gegenwart vergangener Geschehnisse sind. So übersetzt sich die Unvergänglichkeit alles dessen, was einmal gewesen ist, in ständig neue Phänomenalität und demonstriert uns, daß die Phänomenalität der Phänomene aus der Zeit selbst hervorgeht.
Der Satz, daß nichts Vergangenes vergeht, ist also nicht ein Satz über eine bestimmte Eigenschaft von Phänomenen innerhalb der Zeit; er ist vielmehr ein Satz über die Zeit selbst, und nur, weil er von der Zeit überhaupt spricht, können wir behaupten, daß er für alles gilt, was in der Zeit erscheint. Aus dem gleichen Grund können wir behaupten, daß er für alle Zeiten gilt, daß er notwendig ist. Diese Erkenntnis nötigt uns aber, über alles, was wir bisher von der Vergangenheit gesagt haben, hinauszugehen und nicht nur von der Gegenwart sondern auch von der Zukunft der Vergangenheit zu sprechen. Auch für die Zukunft gilt, daß nichts, was einmal in Erscheinung getreten ist, wieder ausgetilgt werden kann. Dadurch, daß dieser Satz auch für die Zukunft gilt, wird der Bereich zukünftiger Möglichkeiten eingeschränkt. Was immer auch die Zukunft bringen mag: sie kann nichts bringen, was ein Geschehnis, das einmal eingetreten ist, wieder aufheben würde. Das ist für das Verständnis der humanen Geschichte ein grundlegender Tatbestand, den ich nicht zu verdeutlichen brauche, weil er uns durch Erfahrung evident ist.
Wir haben schon bei der Analyse der Gegenwart gesehen, daß sich

die Gegenwart nicht auf einen bestimmten Zeitpunkt reduzieren läßt, sondern daß der Begriff der Gegenwart äquivalent ist zur Gültigkeitsdauer von Aussagen (164ff.). Es gibt Aussagen, die sind für eine bestimmte Zeitdauer wahr; es gibt auch Aussagen – nämlich alle die Aussagen, die sich aus dem Wesen der Zeit selbst ableiten lassen –, die sind für alle Zeiten wahr. Der Begriff der Gegenwart bezeichnet also nicht eine so oder so große Spanne auf der Skala der Zeit, sondern er durchgreift die Gesamtheit aller möglichen Zeit, selbst jener Zeit, die noch nicht Gegenwart ist, die wir aber nur „Zukunft" nennen können, insofern wir wissen, daß sie einmal Gegenwart wird. Die Zeit insgesamt ist Gegenwart in den drei Formen der schon gewesenen, der jetzt präsenten und der zukünftigen Gegenwart. Das selbe gilt, wie wir nun sehen, von der Vergangenheit, denn alles, was einmal Gegenwart war, bleibt aufbewahrt und wird in alle Zukunft aufbewahrt bleiben. In diesem Sinne wären wir genötigt, von der Gegenwart der Vergangenheit und von der Zukunft der Vergangenheit zu sprechen. Die Rede von den Modi der Zeit wird also mißdeutet, wenn man die Modi der Zeit so betrachtet, als wären sie voneinander unterschiedene Abschnitte der Zeit. Die Modi der Zeit sind vielmehr ein strukturelles Gefüge, in dessen Gestalt wir einen Einblick gewonnen haben, als wir erkannten, daß die Modalitäten der Notwendigkeit, der Wirklichkeit und der Möglichkeit in der Struktur der Zeit, genauer gesagt: in den Modi der Zeit, begründet sind. In einer übertragenden Redeweise können wir sagen: die drei Modi der Zeit, nämlich Vergangenheit, Gegenwart und Zukunft, seien drei verschiedene Dimensionen der Zeit, in denen sich die Einheit der Zeit manifestiert.

⟨31. Struktur der Zeit⟩

Wie steht es nun aber mit der Zukunft? Wir haben schon festgestellt, daß das Wesen der Zukunft durch eine Modalität bezeichnet wird: „zukünftig" nennen wir das, was sein kann oder auch nicht sein kann, mit anderen Worten: was möglich ist. Wenn das Zukünftige eintritt, ist es wirklich; und ist es einmal eingetreten, so ist es notwendig, denn nichts, was einmal eingetreten ist, kann wieder aufgehoben werden. Deshalb ist der Begriff des Möglichen auf das Zukünftige eingeschränkt. Aber wir sprechen von der Gegenwart aus, wenn wir das Zukünftige „möglich" nennen. Der Begriff der Möglichkeit hat deshalb den zeitlichen Sinn der Gegenwart von Zukunft. Es ist sehr schwer, im Bereich der rein physikalischen Phänomene die Gegenwart der Zukunft aufzuweisen, denn die klassische Physik beschreibt, wie wir gesehen haben, die Bewegungen in der Natur unter Zugrundelegung eines Modells der Zeit, das die Zukünftigkeit der Zukunft eliminiert und deshalb streng genommen von den Begriffen der Möglichkeit und Wahrscheinlichkeit nicht Gebrauch machen dürfte. In der Relativitätstheorie und ⟨in⟩ der Quantentheorie ist die Physik auf zeitliche Phänomene gestoßen, die sie genötigt haben, die Form ihrer Zukunftsaussagen zu modifizieren. Es ist deshalb anzunehmen, daß in Zukunft eine in sich konsistente physikalische Theorie die Formen der Gegenwart der Zukunft in allen physikalischen Phänomenen analysieren muß. Einstweilen läßt uns die Physik bei der Analyse der Möglichkeit weithin im Stich; aber die Gegenwart der Zukunft ist trotzdem für die gesamte klassische Physik in einer bestimmten Form konstitutiv geworden. Sie konstituiert nämlich die Apparate, mit denen die Physiker ihre Messungen machen. Was ist ein Apparat? Er ist eine Einrichtung, die es erlaubt, unter bestimmten Bedingungen bestimmte Beobachtungen zu machen. Der Bau des Apparates antizipiert die Beobachtungen, die er ermöglichen soll. Ein Apparat ist deshalb nichts anderes als eine Gestalt gewordene Antizipation von Zukunft. Die Erkenntnisse, die mit Hilfe eines solchen Apparates gewonnen werden, haben durchgängig die gleiche Struktur: *wenn* die und die Voraussetzungen gegeben sind, tritt das und das ein. Das ist eine hypothetische Zukunftsaussage. Nicht nur der Apparat sondern auch die durch den Apparat gewonnenen Erkenntnisse haben deshalb die Grundstruktur der Antizipation von Zukunft. Der Physiker erzählt nicht nur, daß er bei einem bestimmten Experiment eine bestimmte Beobachtung gemacht hat, sondern er behauptet: „Jedesmal wenn dieses Experiment wiederholt wird, wird man die gleiche Beobachtung machen". Wenn wir behaupten, daß eine solche Erkenntnis wahr sei, so behaupten wir, daß zukünftige Vorgänge in der Form des Bedingungssatzes schon jetzt erkannt werden können. Kein Physiker bezweifelt, daß er die Möglichkeit hat, seinen Apparat entweder zu bedienen oder nicht zu bedienen und die Beobachtung entweder anzustellen oder nicht anzustellen. Die Bedienung von physikalischen Apparaten ist aber ein physikalischer Vorgang in der Zeit. Hätten die Physiker nicht die offene Möglichkeit, ihre Apparate zu bedienen oder nicht zu bedienen, so hätte auch die klassische Physik nicht entstehen können. Die Physik hat erst im 20. Jahrhundert gelernt, auf die physikalischen Bedingungen der Möglichkeit ihrer eigenen Beobachtung zu reflektieren. Sie steckt auch jetzt noch in den Anfängen dieser Reflexion. Nur so ist zu erklären, daß die klassische Mechanik als eine Theorie aufgebaut werden konnte, welche die Möglichkeit der Experimente, mit deren Hilfe sie aufgebaut wurde, physikalisch ausschloß. Jene Gestalt der Gegenwart der Zukunft, die wir als Möglichkeit bezeichnen, ist, wie die Apparate beweisen, zwar die Voraussetzung der Physik, aber sie ist bisher noch nicht zum Inhalt der physikalischen Theorie geworden.

Wir müssen nun das Beispiel des physikalischen Apparates noch etwas genauer betrachten. Der Apparat bietet die Möglichkeit, gewisse Experimente zu machen. Wie aber verhält sich der Forscher, der den Apparat entwirft, und der Techniker, der ihn baut, zur Zukunft? Der Forscher, der den Apparat entwirft, muß zuvor die Möglichkeit entdeckt haben, daß man die Experimente machen kann, für die der Apparat bestimmt ist. Er kann sich nicht seinen Phantasien überlassen, sondern er muß in seinem Entwurf gegebene Möglichkeiten präzise erfassen, und wenn der Techniker den Entwurf ausführt, kann er diese gegebenen Möglichkeiten entweder treffen oder verfehlen. Die zukünftigen Möglichkeiten, auf die hin der Apparat entworfen und gebaut wurde, sind also nicht etwa nur ein Gedankengebilde, sondern sie sind tatsächlich schon jetzt gegeben. Die Zukunft, die durch den Bau des Apparates realisiert werden soll, ist jetzt als Möglichkeit schon vorgezeichnet. Sie ist zwar vorgezeichnet, aber nicht determiniert. Die Möglichkeit kann aber unentdeckt bleiben. Die Mittel zum Bau des Apparates können verweigert werden; und wenn der Apparat einmal gebaut ist, kann man ihn bedienen oder auch nicht bedienen. Die Möglichkeit ist also vorgezeichnet als ein offener Spielraum, dessen Grenzen aber so klar umrissen sind, daß er entdeckt oder verfehlt werden kann. Was gibt es, das die Grenzen eines offenen Spielraumes der Möglichkeit so eindeutig umreißen kann, daß wir in jedem Fall, den wir durchschauen, präzise angeben können, was möglich, was wahrscheinlich, was unwahrscheinlich und was unmöglich ist? Man pflegt diese Frage durch die Unterscheidung von realen und fiktiven Möglichkeiten zu beantworten. Was macht, daß eine Möglichkeit real ist? Als „Realität" bezeichnen wir den Inbegriff alles dessen, was zu einer bestimmten Zeit gegeben ist. Gegeben ist das, was direkt oder indirekt präsent ist. Präsent ist alles, was nach dem Satz, daß nichts Vergangenes vergeht, aus der Vergangenheit resultiert. Die Grenzen des Spielraums der Möglichkeit sind also durch jenen phänomenalen Bereich gezogen, den wir als Gegenwart der Vergangenheit beschrieben haben. Im Spielraum der Möglichkeit manifestiert sich aber Präsenz in einer zwiefachen Gestalt: in den *Grenzen* des Spielraumes ist präsent das, was gegeben ist und was wir „wirklich" nennen, weil es, so wie es ist, vielleicht verändert, aber nicht aus der Welt geschafft werden kann: das ist die Gegenwart der Vergangenheit. In der *Offenheit* des Spielraumes ist präsent, was innerhalb seiner Grenzen möglich ist, was später einmal wirklich werden kann, was aber jetzt schon gegenwärtig ist als der Bereich, in den hinein sich alle Bewegung bewegt. Wenn wir das volle Wesen der Gegenwart beschreiben wollen, müssen wir sie immer nach den beiden Seiten der Gegenwart der Vergangenheit und der Gegenwart der Zukunft entfalten. Dann zeigt sich, daß es das Wesen der Gegenwart ist, die Einheit der Zeit zu manifestieren.

Bevor wir weitergehen, wird es nötig sein, daß wir zusammenfassen, was wir bisher von der Vergangenheit und von der Zukunft gelernt haben. Die Analyse der Vergangenheit hat uns auf den Satz geführt, daß nichts, was einmal geschehen ist, wieder ungeschehen gemacht werden kann, oder anders gesagt: daß nichts Vergangenes vergeht. Nichts, was je in Erscheinung getreten ist, kein Ding, kein Ereignis, kein Gedanke, kein Gefühl bleibt ohne Wirkung, und in seiner Wirkung ist es aufbewahrt, weil alles, was erscheint, sich dadurch, daß es erscheint, dem, was schon erschienen ist, kommuniziert. Wir bezeichnen dieses Aufbewahrtsein von allem, was je erschienen ist, als das Beharren. Das Beharren ist ein reiner Modus der Zeit. Henri Bergson hat ihn unter dem Titel „la durée" als das Constituens der Zeit überhaupt herausgestellt[57]. Das Beharren ist die Gegenwart des Vergangenen. Durch dieses Aufbewahren alles dessen, was je erschienen ist, erschafft die Zeit sich selbst den Horizont, innerhalb dessen sich Erscheinungen ereignen. Wir bringen dies zum Ausdruck, indem wir sagen, daß die Vergangenheit die Gegenwart deter-

---

[57] Bergson, a. a. O., Kapitel II: Von der Mannigfaltigkeit der Bewußtseinszustände. Die Vorstellung der Dauer.

miniert. Aber diese Redeweise ist, wie wir gesehen haben, ungenau. Genauer müßte man sagen, daß die Vergangenheit die Grenzen des Spielraums für offene Möglichkeiten festlegt. Da nun die Möglichkeit durch die Umgrenzung des Spielraumes, in dem sie Möglichkeit ist, selbst erst ermöglicht wird, ist die Rede von der Determination irreführend. Jede neue Struktur schafft neue, differenziertere Möglichkeiten. Die Summe dessen, was möglich ist, wächst proportional zur Summe dessen, was schon festgelegt ist. Die Determination schränkt die Freiheit nicht ein, sondern sie potenziert die Möglichkeiten der Freiheit. Das läßt sich in der Biologie am Fortschritt der Differenzierung der Arten demonstrieren. Wir bezeichnen die bestimmte Umgrenzung des Spielraums von Möglichkeiten als Struktur. Eine Struktur hat immer zwei Aspekte. Auf der einen Seite legt sie fest; sie ist genau umrissen und begrenzt und hebt sich dadurch gegen alles, was unbestimmt ist oder andere Strukturen hat, ab. Auf der anderen Seite sprechen wir aber nur dann von Struktur, wenn diese so bestimmte Gestalt sich als die bleibende in einer Vielzahl von möglichen Erscheinungsweisen durchhält. Struktur in diesem Sinne sind zum Beipiel die Gattungen der Lebewesen. Eine und dieselbe Struktur manifestiert sich in einer unübersehbaren Fülle von wechselnden Erscheinungen. Das Maß der Gestaltungen, die im Rahmen der als Gattung gesetzten Struktur möglich sind, ist nicht auszuschöpfen. Die Struktur gibt durch ihre Begrenzung jedem Phänomen, das im Rahmen der durch sie gesetzten Möglichkeiten erscheint, Gestalt und Bestimmtheit. Deshalb können wir die Phänomene als Exemplare einer Gattung identifizieren. Zugleich aber ist jedes Exemplar der Gattung ein Individuum, also einmalig und neu; denn jedes Phänomen erscheint in dem einmaligen Kommunikationszusammenhang seiner bestimmten Gegenwart, die so nur einmal da ist und nicht wiederkehrt. Die logische Unterscheidung zwischen dem Allgemeinen und dem Einzelnen unterschlägt, daß das Allgemeine Struktur, also eine reine Form der Zeitigung von Zeit ist, in der sich Gegenwart der Vergangenheit und Gegenwart der Zukunft verschränken. Ebenso unterschlägt sie, daß das Einzelne Phänomen, also Präsenz ist, die innerhalb des Horizontes der durch eine Struktur umgrenzten Möglichkeiten in die universale Interdependenz aller übrigen Phänomene eintritt und dadurch ihre Einmaligkeit begründet. Weil in der zeitlosen, in der rein logischen oder, wie man besser sagen würde, in der metaphysischen Betrachtung des Verhältnisses zwischen dem Allgemeinen und dem Einzelnen stets unterschlagen wird, daß beides verschiedene Formen der Zeitigung von Zeit sind, ist es bisher noch nie gelungen, dieses Verhältnis aufzuklären. Wenn wir das Allgemeine wie das Einzelne, wenn wir Struktur und Individuation aus dem Wesen der Zeit abzuleiten lernen, so wird ihr Wechselverhältnis durchsichtig, und damit gelangen wir erst zu einem Verständnis der tragenden Strukturen unseres eigenen Denkens.

Mit der Herleitung des Begriffes der Struktur haben wir in der Aufhellung des Wesens der Zeit einen Schritt getan, aus dem sich weittragende Konsequenzen ergeben. Jedes Phänomen erscheint im Rahmen einer Struktur. Jedes Phänomen präsentiert deshalb die Verschränkung von Gegenwart der Vergangenheit und Gegenwart der Zukunft. Sind wir bisher bei der Bestimmung des Wesens des Phänomens von der reinen Präsenz ausgegangen, so ist nun zu sagen, daß Präsenz nur möglich ist, wo sich in einer Struktur Vergangenheit und Zukunft durchdringen. Die Zeit *muß* eine Richtung haben, wenn es möglich sein soll, daß sich in einem Phänomen eine Präsenz manifestiert. Wie hängt aber dann die Richtung der Zeit mit dem Präsentsein von Präsenz zusammen?

Wir dürfen, wenn wir diese Frage stellen, die Richtung des Verfließens der Zeit nicht mehr abstrakt und äußerlich an die Bestimmungen herantragen, die wir bisher gewonnen haben. Wir müssen die Grundbestimmung der Zeit, von der unsere Zeitauffassung ausgeht, nämlich die Richtung der Zeit, also den Unterschied zwischen Vergangenheit, Gegenwart und Zukunft, aus diesen Bestimmungen selbst entwickeln. Dazu genügt eine sehr einfache Überlegung. Struktur, so sahen wir, umgrenzt den Spielraum für mögliche Phänomene. Gibt es die Phänomene nicht, so entschwindet alsbald auch die Struktur. Es liegt also in der Struktur als solcher ein Drang zum Präsentwerden im Phänomen. Struktur ist aber als Begrenzung Gegenwart von Vergangenheit. Wenn Gegenwart von Vergangenheit Möglichkeit setzt und damit Gegenwart und Zukunft umreißt, so liegt in der Gegenwart von Vergangenheit selbst der Drang zur Vergegenwärtigung von Zukunft. Daraus folgt der tiefste Satz über das Wesen der phänomenalen Zeit: das Wesen der phänomenalen Zeit ist die Vergegenwärtigung von Zukunft. Weil Zeit Vergegenwärtigung von Zukunft ist, deshalb gilt auch der Satz: die Zeit ist das Sein.

Wir haben das Wesen von Struktur aus dem Wesen der Zeit abgeleitet, und diese Ableitung würde uns, wenn wir die Implikationen, die in ihr enthalten sind, ausführen können, die Möglichkeit geben, das Fundament der überlieferten Metaphysik und Wissenschaftstheorie, nämlich die Kategorienlehre, durchgreifend zu verwandeln und damit alles, was bisher gedacht worden ist, neu zu denken. Nun hat aber die Zeit selbst eine Struktur, nämlich die dreifache Entfaltung ihres Wesens in Vergangenheit, Gegenwart und Zukunft. Nach der Struktur der Zeit wollten wir fragen. In dieser Absicht haben wir die ganze Untersuchung der Zeit unternommen. Was bedeutet der Begriff der Struktur, wenn wir die Zeit als solche in einer Struktur sich entfalten sehen? Wie ist die Apriorität schlechthin, nämlich die unaufhebbare Vorgabe von Zeit für alles, was ist, und alles, was wir denken, zu verstehen, wenn wir die Apriorität von Zeit als eine Struktur, also selbst wiederum zeitlich, zu verstehen haben?

Wenn wir verstehen wollen, wonach wir fragen, wenn wir es wagen, dieses Problem ins Auge zu fassen, müssen wir einen Aspekt des Wesens der Struktur ins Auge fassen, von dem wir zwar schon Gebrauch gemacht haben, aber den wir bisher nicht ausdrücklich beim Namen nannten. Wir sahen: jedes Phänomen erscheint im Horizont einer Struktur. Dieser Horizont ist Gegenwart von Vergangenheit. Er geht dem Phänomen auch zeitlich voraus. Die Apriorität von Struktur ist also keine absolute sondern eine zeitliche Apriorität. Für jedes Phänomen ist seine Struktur sein Apriori, aus dem es nicht herausfallen kann. So ist zum Beispiel für jedes Lebewesen seine Gattung das Apriori, das sein Dasein bestimmt, und zwar auch dann bestimmt, wenn sich, durch eine Mutation, durch es hindurch ein Wandel der Gattung vollzieht. Der Horizont der Phänomenalität von Phänomenen ist also diesen Phänomenen zeitlich vorgegeben. Dieser Horizont ist aber ein Spielraum von Möglichkeiten. Er ist, wie wir sahen, Gegenwart von Zukunft. Wenn nun der Horizont zeitlich vorgegeben ist, so können wir nicht dabei stehenbleiben, daß wir von einer Gegenwart der Zukunft sprechen; wir müssen vielmehr von der Vergangenheit von Zukunft sprechen.

Was das bedeutet, wird uns einsichtig, wenn wir nicht mehr wie bisher nur von Physik und Biologie sondern auch von der Geschichte des Menschen sprechen. Jede überhaupt mögliche menschliche Gesellschaft beruht auf einer bestimmten Konstitution. Haben die Menschen den Grad der Bewußtheit erreicht, auf dem sie diesen Sachverhalt durchschauen, so gelangen sie in den Stand der Freiheit, auf diese Konstitution zu reflektieren, sich ihre Bedingungen klarzumachen und sich selbst eine Verfassung zu geben. Eine Verfassung antizipiert alle Möglichkeiten gesellschaftlichen Lebens, die innerhalb dieser Verfassung möglich sind. Sie umgrenzt den Spielraum, innerhalb dessen ein Staat und eine Gesellschaft existieren sollen. Sie umgrenzt den Spielraum der Möglichkeiten des kollektiven Handelns einer Gesellschaft. Sie antizipiert also Zukunft. Sie ist als Gegenwart von Zukunft entworfen. Solange nun die Verfassung in Kraft bleibt, bewegt sich alles gesellschaftliche und politische Leben in den so antizipierten Bahnen. Durch den verfassungsgebenden Akt wurde der Spielraum einer Zukunft begründet, die bis zur Aufhebung der Verfassung dauert. Die Verfassung ist also die Vergangenheit der Gegenwart und der Zukunft der Bürger, die auf diese Verfassung verpflichtet sind. Um den so paradoxen Sachverhalt der Vergangenheit der Zukunft zu verdeutlichen, nehme ich ein noch einfacheres Beispiel. Der Erfinder der Regeln des Schachspiels hat einen Spielraum von Möglichkeiten umgrenzt. Jedes Spiel, das gespielt wird, realisiert eine bestimmte Möglichkeit, die in der Struktur der Regeln vorgezeichnet ist. Auf diese Möglichkeiten hin sind die Regeln entworfen. Sie sind eine Antizipation aller Schachspiele, die im Laufe der Zeit gespielt werden können. In diesem Sinne ist der Kanon der Regeln die Vergangenheit der Zukunft, nämlich die Setzung der Möglichkeiten aller zukünftigen Schachspiele. Ein anderes Beispiel wäre die musikalische Partitur. Jede Aufführung realisiert eine der Möglichkeiten, die in dieser Partitur vorgezeichnet sind; jede Aufführung ist ein einmaliges Ereignis. Aber auch die vollkommenste Aufführung vermag die Partitur nicht zu erschöpfen. Die Partitur ist der Entwurf einer unendlichen Zahl von zukünftigen Möglichkeiten. Da aber dieser Entwurf für alle möglichen Aufführungen in der Vergangenheit liegt, so ist er die Vergangenheit ihrer Zukunft.

In dem Satz, daß jedes Phänomen nur innerhalb einer Struktur erscheinen kann, ist ausgesprochen, daß die Vergangenheit von Zukunft Bedingung der Möglichkeit für Präsenz ist. Er bedeutet nämlich, daß jede Präsenz antizipierte Zukunft realisiert. Nun haben wir vorhin gesagt, der tiefste Satz, der sich über das Wesen der phänomenalen Zeit aussprechen läßt, sei der Satz: „Das Wesen der Zeit ist Vergegenwärtigung". Jetzt stellt sich heraus: Vergegenwärtigung ist die Verwirklichung antizipierter Zukunft. Damit tritt hervor, was es bedeutet, wenn wir von der Zeit überhaupt sagen, sie habe Struktur. Struktur ist Antizipation von Zukunft. Wenn die Zeit Struktur hat, so muß die Einheit der Zeit als Antizipation von Zukunft gedacht werden. Gerade dadurch wird der Vorrang der Gegenwart in der phänomenalen Zeit erst begründet. Wenn aber die Einheit der Zeit in ihrer Struktur als Antizipation von Zukunft zu denken ist, so läßt sich einsehen, daß die Zeit eine Richtung haben muß, wenn Gegenwart überhaupt möglich sein soll. Phänomenal betrachtet ist die Zukunft, wie wir gesehen haben, auf Gegenwart bezogen: Zukunft ist alles, was einmal Gegenwart sein kann. Aber zugleich ist Zukunft, wie wir nun sehen, Bedingung der Möglichkeit der Struktur von Zeit überhaupt. Mit dieser Erkenntnis treten wir in eine neue Dimension der Frage ein; wir fragen nach der Bedingung der Möglichkeit der Struktur der phänomenalen Zeit. Wir vollziehen also den Übergang von der Analyse der phänomenalen Zeit zur transzendentalen Erörterung der Zeit.

⟨32. Der Übergang zur transzendentalen Erörterung der Zeit⟩

Wir können in die transzendentale Erörterung des menschlichen Zeitverständnisses nicht mehr eintreten. Aber wir müssen an dem Übergang von der phänomenalen Analyse zur transzendentalen Erörterung zu bestimmen versuchen, in welchem Sinne es überhaupt möglich und nötig ist, an einer transzendentalen Durchführung der Frage nach dem Wesen der Zeit festzuhalten, nachdem sich gezeigt hat, daß durch die phänomenale Analyse die metaphysischen Fundamente der überlieferten Transzendentalphilosophie erschüttert sind. Bei Kant erschüttert die transzendentale Reflexion durch die Aufdeckung des transzendentalen Scheins den metaphysischen Glauben an die Möglichkeit der theoretischen Erkenntnis der absoluten Wahrheit durch die menschliche Vernunft. Deshalb ist bei Kant die Transzendentalphilosophie im Bereich der theoretischen Vernunft nur eine Grundlegung der endlichen Erkenntnis, nicht eine Grundlegung des absoluten Wissens. Trotzdem bleibt Kants Transzendentalphilosophie Metaphysik, denn auch in der Endlichkeit unseres theoretischen Wissens wird daran festgehalten, daß die reinen Begriffe und Grundsätze des Verstandes, daß die transzendentalen Vernunftbegriffe und die reinen Formen der Anschauung in Raum und Zeit für alle Menschen und für alle Zeiten gültig, mit anderen Worten: daß sie zeitlos sind. Nur durch die Rückführung aller Erfahrung auf Grundlagen, die selbst zeitlos sind, glaubte Kant die Möglichkeit von wissenschaftlichen Erkenntnissen begründen zu können. Deshalb ist Kants Transzendentalphilosophie nach seiner eigenen Aussage Metaphysik[58]. Durch unsere Analyse der phänomenalen Zeit ist die Schranke, die auch bei Kant zwischen der Erfahrungserkenntnis in der Zeit und der Zeitlosigkeit der Bedingungen dieser Erkenntnis aufgerichtet war, zum Einsturz gelangt. Es stellt sich die Frage, ob überhaupt und in welchem Sinne nach dieser neuen Revolution der Denkart Transzendentalphilosophie noch möglich ist.

Kant suchte die Bedingungen der Möglichkeit der menschlichen Erkenntnis auf dem Weg einer Selbsterkenntnis der Vernunft. Wie Descartes fand er in den Prinzipien des menschlichen Bewußtseins zugleich die Bedingungen der Möglichkeit aller Erkenntnis und die Bedingungen der Möglichkeit der Gegenstände der Erkenntnis[59]. Für uns ist dieser Weg des Denkens nun versperrt, denn wir können nicht hoffen, in der Tiefe des menschlichen Bewußtseins auf Prinzipien zu stoßen, auf die sich eine zeitlose Erkenntnis dessen, was für uns Menschen immer wahr ist, begründen ließe. Stattdessen stoßen wir in der Tiefe des menschlichen Bewußtseins auf die Zeit. Auch in dem Zeitverständnis des Menschen zeitigt sich Zeit. Damit scheint sich die transzendentale Frage wieder umzukehren. Es scheint zunächst, als bedeute diese Erkenntnis, daß wir nun nicht mehr im Bewußtsein die Bedingungen der Möglichkeit für die Phänomene des Bewußtseins sondern daß wir umgekehrt im phänomenalen Horizont der Phänomene die Bedingungen der Möglichkeit für das Be-

---

[58] So z. B. in der „Transzendentalen Methodenlehre" der KrV: „Die im engeren Verstande so genannte Metaphysik besteht aus der Transscendentalphilosophie und der Physiologie der reinen Vernunft. . . . Diese transscendente Physiologie hat daher entweder eine innere Verknüpfung oder äußere, die aber beide über mögliche Erfahrung hinausgehen, zu ihrem Gegenstande; jene ist die Physiologie der gesammten Natur, d. i. die transscendentale Welterkenntniß, diese des Zusammenhanges der gesammten Natur mit einem Wesen über der Natur, d. i. die transscendentale Gotteserkenntniß" (B 873f.; 3, 546).

[59] „Die Bedingungen der Möglichkeit der Erfahrung überhaupt sind zugleich Bedingungen der Möglichkeit der Gegenstände der Erfahrung und haben darum objective Gültigkeit in einem synthetischen Urtheile a priori." KrV B 197; 3, 145.

wußtsein zu suchen haben. Alles, was ist, befindet sich in der Zeit. Der Mensch befindet sich verstehend in der Zeit, aber so, daß sich aus seinem In-der-Zeit-Sein und damit aus dem Wesen der Zeit selbst die Möglichkeit seines Verstehens erst entfaltet. Unter diesem Aspekt hätte die phänomenale Zeit die absolute Priorität vor der transzendentalen Analytik des Zeitverständnisses des Menschen. Diese naive Auffassung des Verhältnisses von Zeit und Zeitverständnis erhält durch die Destruktion der metaphysischen Basis aller bisherigen Transzendentalphilosophie eine Rechtfertigung, die der gesamte transzendentale Idealismus, mit Ausnahme von Schelling, für unmöglich gehalten hätte. Trotzdem können wir bei dieser Naivität nicht stehenbleiben, denn wir haben durch die Epoche der klassischen Transzendentalphilosophie gelernt, die Abhängigkeit jeder phänomenalen Analyse von ihren transzendentalen Voraussetzungen zu erkennen. Wir können nicht mehr annehmen, es wäre dem geschichtlichen Bewußtsein möglich, unreflektiert ein Phänomen so aufzufassen, wie es sich von sich aus zeigt. Auch unsere phänomenale Analyse bedarf deshalb der transzendentalen Kritik. Wir können nicht unbedacht annehmen, die Zeit „an sich" habe von sich aus die Struktur, die sich uns darbietet, wenn wir heute, in der zweiten Hälfte des 20. Jahrhunderts, die Zeitauffassung, die wir für unmittelbar halten, analysieren. Die transzendentale Reflexion ist dehalb auf dem gegenwärtigen Stand der philosophischen Erkenntnis ein Gebot der kritischen Methode.

Aber woher nehmen wir die Prinzipien einer solchen transzendentalen Reflexion? Was gibt uns die Möglichkeiten der Kritik, nachdem die transzendentale Logik paradoxer Weise durch die phänomenale Analyse aus den Angeln gehoben wurde? Wir können grundsätzlich nicht anders vorgehen, als wir auch bei der phänomenalen Analyse vorgegangen sind. Wir haben in der phänomenalen Analyse die Zeit, in der sich uns die Phänomene zeigen, also die Weltzeit, so darzustellen versucht, wie sie sich in unserer Zeitauffassung manifestiert. Entsprechend wäre nun der nächste Schritt, die Struktur der inneren Zeiterfahrung des Menschen aus unserem Zeitverständnis abzulesen. Das innere Zeitverständnis des Menschen ist nicht identisch mit seiner Auffassung der phänomenalen Zeit. Es steht zur phänomenalen Auffassung in einer Asymmetrie, in der begründet ist, daß wir nicht nur die Möglichkeit haben, sondern gezwungen sind, die Zeit, in der wir unser eigenes Dasein erfahren, von der Zeit, in der wir die Welt der Phänomene erfahren, zu unterscheiden und einen inneren Bereich dem Raum der Außenwelt entgegenzusetzen. Diese Asymmetrie und Differenz in der Weise, wie wir die Zeit erfahren, ist das Problem, das eine transzendentale Erörterung der Zeit zu lösen hat. Dabei kann nur so vorgegangen werden, daß wir die Strukturen, in denen das Dasein seine Zeitlichkeit erfährt, also die innere Möglichkeit unseres Denkens, Handelns und Empfindens als Formen der Zeitigung von Zeit verstehen lernen. Nun wissen wir aber zugleich, daß die Zeit, aus der wir und in der wir unser eigenes Dasein erfahren, keine andere sondern die selbe Zeit ist, in der wir uns in der Welt befinden. Die transzendentale Erörterung der Zeit hat also ihr Ziel erst dann erreicht, wenn es ihr gelingt, den Nachweis zu führen, daß unser Zeitverständnis gerade durch die Asymmetrie, von der ich sprach, die Auffassung der phänomenalen Zeit, die wir bisher betrachtet haben, möglich macht.

Mit diesem Ausblick muß ich schließen. Er zeigt nicht mehr als eine Möglichkeit. Aber wenn wir die Gegenwart der Zukunft in allem, was wir denken, ja sogar in der Unzulänglichkeit unseres Denkens und in dem Scheitern unserer Pläne erfahren, so treten wir über in das Element, in dem die Erkenntnis der Wahrheit erst möglich wird. Sollte es mir gelungen sein, Sie bis an diese Stelle zu führen, so hat die Vorlesung ihren Sinn erfüllt.

Mut zur Utopie

Die großen Zukunftsaufgaben

INHALT

Vorbemerkung 1981 268

Vorwort 1968 273

1. Die Verantwortung der Menschheit für ihre zukünftige Geschichte 277
2. Die künstliche Welt 287
3. Die Erhaltung des Weltfriedens 297
4. Welternährung, Geburtenkontrolle und Bevölkerungslenkung 306
5. Politische Probleme der technischen Welt 316
6. Das Welt-Erziehungsproblem 326
7. Wissenschaft und Technologie I 336
8. Wissenschaft und Technologie II 346
9. Die weltpolitische Bedeutung der Wissenschaftsplanung 355
10. Die menschliche Gesellschaft in der technischen Welt . 365
11. Weltreligionen und Ideologien 376
12. Die Zukunft des Menschen 385

Vorbemerkung 1981

"Mut zur Utopie" hat eine Vorgeschichte. Im Vorwort zu "Wahrheit, Vernunft, Verantwortung" habe ich zu formulieren gewagt: "Vernunft kann die Wahrheit, die für sie konstitutiv ist, nur erkennen, indem sie Zukunft antizipiert. Ermöglicht und erzwungen wird die Antizipation von Zukunft im menschlichen Denken durch die geschichtlichen Aufgaben, die diesem Denken gestellt sind. Deswegen läßt sich im Bereich einer nicht mehr metaphysisch sondern vom Wesen der Zeit her begriffenen Wahrheit die innere Möglichkeit von Vernunft nur aus der Verantwortung des Menschen für seine zukünftige Geschichte begründen." (8) Diese Sätze umreißen die Fragestellung einer Studie über "Prognose – Utopie – Planung", in der ich 1966 versucht hatte, im Hinblick auf die zwei fundamentalen Aufgaben der Erhaltung des Weltfriedens und der Ernährung der wachsenden Erdbevölkerung eine transzendentalphilosophische Analyse der Grundformen menschlicher Antizipation von Zukunft durchzuführen (1ff.). Ich gelangte zu dem Ergebnis, daß sich das menschliche Denken auf Zukunft in drei voneinander klar zu unterscheidenden Schemata vollzieht, die aufeinander nicht reduziert werden können, aber stets miteinander verwechselt und auf unzulässige Weise vermischt werden. Die Welt war damals fasziniert von jener amerikanischen Schule der Futurologie, deren wichtigster Repräsentant Herman Kahn ist. Seine Prognosen waren eine politische Macht ersten Ranges. Regierungen führender Industrienationen und Direktionen großer multinationaler Konzerne orientierten sich bei ihren Planungen an den Methoden und Expertisen des Hudson-Institutes. Aber auch andere amerikanische Futurologen gelangten weit über die westlichen Industriestaaten hinaus durch ihre Zukunftsbilder vom "postindustriellen Zeitalter" zu riesigem Einfluß [1].
In dieser Situation forderte mich Carl Friedrich von Weizsäcker auf, vor der "Vereinigung deutscher Wissenschaftler" über "Die Situation

---

[1] Der Begriff wurde von Daniel Bell geprägt und in: The Coming of the Post-Industrial Society. A Venture in Social Forecasting, New York: Basic Books, 1973, popularisiert.

des Menschen in der Zukunft der technischen Welt" zu sprechen[2]. *Ich bin weder Prophet noch Futurologe und habe deshalb das Thema abgewandelt. Wofür ich mich zuständig fühlte, und was ich für vordringlich hielt, war eine kritische Analyse der Methoden, nach denen die Menschen ihre Bilder von der Zukunft entwerfen. Diese in der Schriftenreihe der „Vereinigung deutscher Wissenschaftler" zuerst veröffentlichte Studie veranlaßte Johannes Schlemmer ⟨von der Wissenschaftsredaktion des Süddeutschen Rundfunks⟩, mich zu überreden, eine zwölfteilige Sendereihe über die „großen Zukunftsaufgaben" zu machen.*

Im Zentrum von „Prognose – Utopie – Planung" stand eine These, die seit der Publikation der Meadows-Studie[3] *in aller Munde ist, nämlich die Einsicht, daß das Wachstum begrenzt ist: Daß wir heute genötigt sind, nicht nur unsere Erkenntnis, sondern auch unsere Hoffnungen und Wünsche, unsere Ideologien und unsere Träume am Maßstab kritisch antizipierter Realität zu prüfen, „ist das Ergebnis einer neuen und fundamentalen geschichtlichen Wende. Wir schicken uns an, unwiderruflich die Erfahrung zu machen, daß der Traum von den unbegrenzten Möglichkeiten ein Wahn war. Die technische Welt ist eine Welt der grausam begrenzten Möglichkeiten. Die hungernden Milliarden werden nicht auf einen anderen Planeten auswandern können. Die Ressourcen auf der Erde sind nicht unerschöpflich. Die Expansion von Wissenschaft und Technik stößt umso schneller an unüberschreitbare Grenzen, je rascher sie vorangetrieben wird. Der Mensch erobert seine eigene Endlichkeit. Er demoliert den Spielraum der Phantasie. Das*

---

[2] Die „Vereinigung deutscher Wissenschaftler" ist eine seit 1959 bestehende Gruppierung von Wissenschaftlern verschiedener Fachrichtungen, die sich die Untersuchung der politischen und sozialen Folgen wissenschaftlicher und technologischer Forschung zur Aufgabe gesetzt hat. Zu den Gründungsmitgliedern der VDW gehörten Otto Hahn, Max von Laue, Max Born, Werner Heisenberg und Carl Friedrich von Weizsäkker. Zur Zeit hat die VDW etwa 350 Mitglieder aus allen Disziplinen sowie aus der Wissenschaftsverwaltung.

[3] Donella H. Meadows/Dennis L. Meadows/Jorgen Randers/William W. Behrens, The Limits to Growth, New York: Universe Books, 1972; deutsche Ausgabe: Die Grenzen des Wachstums, Stuttgart: Deutsche Verlags-Anstalt, 1972. Der erste „Bericht an den Club of Rome" erschien gleichzeitig in elf Sprachen. Zur Diskussion der Meadows-Studie vgl. Georg Picht, „Die Bedingungen des Überlebens", „Wir brauchen neue Überzeugungen" und „Die Dynamik der Geschichte", in: Hier und Jetzt II, a. a. O., 128 ff., 141 ff., 150 ff., sowie „Die Idee des Fortschritts und das Problem der Zeit", in: Hier und Jetzt I, a. a. O., 375 ff.

muß zu einem ungeheuren Umschlag in seinem Selbstverständnis führen und wird für die innere Situation des Menschen in der Zukunft der technischen Welt der alles beherrschende Tatbestand sein." (27)
Wegen dieser These, die auch den ganzen Aufbau von „Mut zur Utopie" trägt, befand ich mich zum Club of Rome von Anfang an in einem Verhältnis der kritischen Bundesgenossenschaft, das in den Arbeiten seinen Ausdruck fand, die in Anmerkung 3 genannt sind. Es stand mir im Jahr 1968 noch nicht jene Masse von Informationen zur Verfügung, die heute, dank der internationalen Diskussion, die der Club of Rome in Gang gesetzt hat, jedermann zugänglich sind. Es gab damals überhaupt noch keine Publikation, die den Versuch gemacht hätte, die globalen Prozesse, deren Wechselwirkungen das gegenwärtige und zukünftige Geschick der Menschheit bestimmen, zu untersuchen und durchsichtig zu machen. Aber auf solche Informationen kam es zunächst auch nicht an, denn meine Kritik an der durch Herman Kahn repräsentierten futurologischen Schule hatte gezeigt, daß man mit exakt berechneten und zuverlässigen Informationen beliebige Phantasmagorien produzieren kann, wenn man sie auf falsche Raster montiert. Bevor man anfängt, mit Informationen zu operieren, muß man die richtige Methode entdeckt haben, sie anzuordnen und ihre Wechselwirkungen zu analysieren. Deswegen ist „Mut zur Utopie" ein Diskurs über die Methode der Erkenntnis unserer geschichtlichen Gegenwart, zu der in einer durch Planungssysteme gesteuerten Welt die Antizipationen von Zukunft hinzugehören.
Die Studien von Meadows und von Pestel/Mesarovic[4] spiegeln die rapide Entwicklung einer neuen Schule der amerikanischen Futurologie wider, die mit den Methoden der Systemanalyse arbeitet. Der Versuch, mit Hilfe der Systemanalyse Prognosen über die Weltentwicklung im technischen Zeitalter zu machen, beruht auf zwei spezifischen Merkmalen dieser Phase der Geschichte, die ich auch schon in „Prognose – Utopie – Planung" herausgestellt hatte: die Globalität und die Interdependenz der für die Zukunft relevanten Prozesse. Ein drittes Strukturelement der technischen Welt kann jedoch in einem systemanalytischen Modell nicht vorkommen, weil sich in ein solches Modell nur quantifizierbare Größen einsetzen lassen. Die technische Welt ist näm-

---

[4] Mihajlo Mesarovic/Eduard Pestel, Mankind at the Turning Point. The Second Report to the Club of Rome, New York: Dutton, 1974; gleichzeitig dt.: Menschheit am Wendepunkt, der zweite Bericht an den Club of Rome, Stuttgart: Deutsche Verlags-Anstalt.

lich dadurch definiert, daß sie durch Anwendung von Wissenschaft, also durch menschliches Denken und menschliches Handeln hervorgebracht ist. In meiner Kritik der Meadows-Studie habe ich gezeigt, daß diese infolge der Ausklammerung der nicht quantifizierbaren Determinanten menschlicher Geschichte, die aus den jeweiligen Bewußtseinslagen hervorgehen, in Widerspruch zu sich selbst gerät. Der Club of Rome hat im Fortgang der von ihm angeregten Untersuchungen den Versuch gemacht, dies Schritt für Schritt nachträglich zu korrigieren. Der „human factor" trat immer stärker ins Bewußtsein und wird in der letzten Studie, „No limits to learning", dominant[5]. *Vor allem Aurelio Peccei selbst sah immer deutlicher, daß das Problem der „inner limits" noch bedrohlicher ist als jene „outer limits", von deren Feststellung der Club of Rome ausgegangen war*[6]. *Aber der methodische Fehler des ersten Ansatzes ließ sich durch nachträgliche Korrekturen nicht mehr eliminieren. Er hat den Club of Rome in einen Engpaß geführt.*

„Mut zur Utopie" ist anders aufgebaut. Der Gedanke, der seiner Disposition zugrunde liegt, wird auf S. 337 formuliert: „Alle Geschichte resultiert aus der Einstellung des menschlichen Bewußtseins zu gegebenen Realitäten. Die nächsten fünfzig Jahre werden uns mit Realitäten konfrontieren, die in der bisherigen Geschichte ohne Beispiel sind. Eine zukünftige Geschichte der Menschheit wird es nur geben, wenn unser Bewußtsein auch diesen neuen Realitäten gewachsen ist. Wer von der Zukunft redet, muß deshalb versuchen, den Horizont und die Dimensionen eines möglichen zukünftigen Bewußtseins zu antizipieren." Entsprechend handeln die ersten sechs Vorträge von den schon damals erkennbaren Voraussetzungen der realen Entwicklung der künftigen Welt, die zweiten sechs Sendungen sprechen über die politischen, gesellschaftlichen, moralischen und religiösen Bedingungen, unter denen vernunftgemäßes Denken und Handeln, das diesen Realitäten gewachsen ist, möglich sein könnte. Die in diesem Satz postulierte Vernunft führt zu einer Erkenntnis, die auch methodisch für

---

[5] James W. Botkin/Mahdi Elmandjra/Mircea Malitza, No Limits to Learning, Bridging the Human Gap, A Report to the Club of Rome, Oxford: Pergamon Press, 1979; dt. Aurelio Peccei (Hg.), Das menschliche Dilemma, Zukunft und lernen, Wien: Molden, 1979.

[6] Vgl. Constanze Eisenbart, „Äußere und innere Grenzen. Die politische Antwort des Club of Rome auf die Krisen der technischen Welt", in: Constanze Eisenbart (Hg.), Humanökologie und Frieden, a. a. O., 170ff.

beide Teile grundlegend ist: „Das Kernproblem der heutigen Zeit ist nicht die Frage, was möglich, sondern was notwendig ist. Die Tragik unserer Zeit ist das Faktum, daß wegen des bedenkenlosen Spiels mit Möglichkeiten fortwährend das Notwendige versäumt wird." *(288) Ein Denken, das mit Möglichkeiten spielt, pflegen wir „utopisch" zu nennen. Dem wird als Utopie der Vernunft hier die Idee entgegengestellt, daß eine über ihre eigene Endlichkeit aufgeklärte Menschheit unter bestimmten Bedingungen in der Lage sein könnte, das zu erkennen, was unausweichlich ist, und entsprechend zu handeln. Die Analyse zeigt mit wachsender Deutlichkeit, wie unwahrscheinlich es ist, daß diese Utopie verwirklicht wird. Deshalb schließt der letzte Vortrag mit den Sätzen:* „Die Welt, in der wir leben, wird in den nächsten Jahrzehnten von Krisen und Katastrophen erschüttert werden, wie sie die Menschheit in ihrer Geschichte noch nicht erfahren hat. Diesmal steht nicht der Bestand von Völkern und Kulturen auf dem Spiel, diesmal ist der Bestand der ganzen Menschheit bedroht. Nur diese Gefahr kann jenen ungeheuren Wandel des Bewußtseins erzwingen, der aus der Menschlichkeit des Menschen eine neue Gestalt der geschichtlichen Vernunft hervorgehen läßt." *(395f.) Der Titel „Mut zur Utopie" fordert zum Kampf gegen die Wahrscheinlichkeit auf. Selbst wenn die geschichtliche Entwicklung, wie es seit dem Erscheinen dieser Analysen der Fall war, dem Gesetz der Wahrscheinlichkeit gehorcht, ist die Utopie, von der hier geredet wird, unentbehrlich, denn sie ist ein Spiegel, in dem wir erkennen können, wie es um uns steht, und sie liefert Kriterien, an denen sich ablesen läßt, wie wir handeln müßten, wenn wir vernünftig handeln wollen. Mir scheint, daß der 1968 unternommene Versuch in der heutigen Weltlage an Aktualität eher zugenommen hat. Das rechtfertigt den erneuten Abdruck in diesem Buch.*

Vorwort 1968

Der Versuch, für ein breiteres Publikum in eng gestecktem Rahmen eine Übersicht über die großen Zukunftsaufgaben zu geben, geht auf eine Anregung von Johannes Schlemmer zurück; aus eigenem Antrieb hätte ich schwerlich gewagt, mich auf ein so kühnes und in vieler Hinsicht so problematisches Unternehmen einzulassen. Die Vorlesungsreihe wurde im Sommer 1968 vom Süddeutschen Rundfunk übertragen[7]. *Sie spricht von den zentralen Themen einer Wissenschaft, die es erst in Ansätzen gibt, nämlich der Wissenschaft von der Zukunft. Alles, was wir wünschen, hoffen, planen, vollbringen und denken, ist auf Zukunft bezogen und wird in der Zukunft seine Wirkung haben. Leben vollzieht sich als Vorwegnahme von Zukunft. Wir sind deshalb zur Orientierung über unsere Zukunft und zur Antizipation von Zukunft gezwungen. Sooft wir uns beim Ausblick in die Zukunft verschätzen und uns dabei von falschen Bildern leiten lassen, denken und handeln wir falsch und müssen später dafür büßen. Ein Denken und Handeln, das sich verantworten läßt, kann deshalb der Verpflichtung nicht ausweichen, sich eine Übersicht über jene Fakten der zukünftigen Weltentwicklung zu verschaffen, die heute schon – in verschiedenen Graden der Wahrscheinlichkeit – berechnet werden können und deshalb schon heute als Realitäten der Politik, der Ökonomie und des gesellschaftlichen Prozesses betrachtet werden müssen. Vor allem muß die Politik von allen Möglichkeiten wissenschaftlicher Prognose Gebrauch machen, über die wir verfügen; versäumt sie das, so ist sie illusionär und dient, wie die Geschichte beweist, der Vorbereitung von Wirtschaftskrisen, Revolutionen und Kriegen. Die Vorlesungsreihe wird den Nachweis führen, daß sämtliche Staaten sich durch die Ideologien, die sie beherrschen, in einem Netz von politischen Illusionen verfangen haben. Deshalb treibt unsere Welt mit rasender Geschwindigkeit einer schwer abzuschätzenden Katastrophe entgegen.*
Es ist von dem die Rede, was alle wissen müßten und was fast niemand weiß. Ich bin weit davon entfernt, den Anspruch zu erheben, daß ich

---

[7] Vgl. Die Erkenntnis der Zukunft, Anm. 1, 48f.

selbst dieses unentbehrliche Wissen besitze. Die Wissenschaft der technischen Zivilisation hat sich die Institutionen noch nicht geschaffen, die nötig wären, wenn wir Prognose und Planung, ohne die unsere Welt nicht zu bestehen vermag, auf eine zuverlässige Basis stellen wollten. Deswegen sind wir bisher nicht in der Lage, die riesige Masse von Informationen über die Zukunft, welche die Wissenschaft besitzt, zu übersehen und kritisch auszuwerten; jenen Universalwissenschaftler, der einer solchen Aufgabe gewachsen wäre, kann es nicht geben. Ich habe dankbar eine große Zahl von Publikationen über diese Probleme zu Rate gezogen. Aber zur kritischen Prüfung der oft höchst widersprüchlichen Auskünfte, die sich dort finden, wäre in jedem Fall ein spezialwissenschaftlicher Sachverstand erforderlich, der mir nicht zur Verfügung steht und den ich durch Konsultation von sachkundigen Freunden, so hilfreich sie waren, nicht ersetzen konnte.
Bevor man jedoch darangeht, die einzelnen Informationen zu analysieren, zu gruppieren und in partielle Voraussagen zusammenzufassen, ist eine Vorarbeit nötig, zu der auch die Wissenschaft, die ich zu üben versuchte, nämlich die Philosophie, gebraucht wird. Informationen sind wertlos, solange man das Koordinatensystem nicht kennt, in das sie gehören. Die wichtigsten Zukunftsprognosen ergeben sich nicht aus der Erkenntnis isolierter Tatbestände sondern aus der Analyse des Geflechtes von Wechselwirkungen, von denen jeder dieser Tatbestände abhängig ist. Deshalb kam es mir vor allem darauf an, eine Methode zu entwickeln, nach der wir die tragenden Strukturen der künftigen Welt und ihre Determinanten ermitteln können. Diese Strukturen sind nicht statisch sondern dynamisch. Erst wenn wir von der „Physik" dieser Dynamik und ihrem offenen System etwas verstehen, werden wir in der Lage sein, die uns verfügbaren Informationen über die zukünftige Weltentwicklung auszuwerten. Das ist die Leitfrage dieser Vorlesungsreihe; die Auswahl der Informationen, die sie enthält, ist nur im Hinblick auf die Klärung dieser „systematischen" Problemstellung zu beurteilen. Ein solches Unternehmen ist ein Abenteuer, das ich im vollen Bewußtsein meiner unzureichenden Ausrüstung unternommen habe. Es rechtfertigt sich durch die Hoffnung, daß andere, die es besser können, sich durch Zustimmung oder Widerspruch anreizen lassen, das unbekannte und stürmische Meer der Zukunft des Menschengeschlechtes zu erkunden. Den Freunden, die mir geholfen haben, mein zerbrechliches Fahrzeug für einen so gewagten Vorstoß auszustatten, darf ich hier insgesamt meinen Dank aussprechen. Be-

sonderen Dank schulde ich Herrn Dr. Jürgen Heinrichs von der Forschungsstelle der Vereinigung Deutscher Wissenschaftler, der mir die Vorarbeiten zu der von der VDW publizierten Studie über die Welternährungskrise zur Verfügung gestellt hat[8]. *Sonst habe ich mich vorwiegend auf Literatur gestützt, die allgemein zugänglich ist; einiges habe ich aus eigenen früheren Arbeiten übernommen. Ich verzichte darauf, die Quellen, die ich nicht ohne Kritik benutzt habe, im einzelnen aufzuzählen, weil ich nicht den Anschein erwecken möchte, als hätte ich sie systematisch ausgewertet. Dazu wäre heute ohnehin nur noch ein Institut von beträchtlichem Umfang in der Lage.*

---

[8] Jürgen Heinrichs/Otto Kreye (Hg.), Welternährungskrise oder ist eine Hungerkatastrophe unausweichlich?, Reinbek bei Hamburg: Rowohlt, 1968 (rororo aktuell 1147).

1. Die Verantwortung der Menschheit für ihre
zukünftige Geschichte

Nach der Zukunft zu fragen, die Zukunft zu erkunden, war bis vor kurzem der Wissenschaft verwehrt. Nur den Propheten und den Dichtern war es gestattet, die unheimliche Schranke zu durchbrechen, die unsere Gegenwart von der Zukunft trennt. Erforschen zu wollen, was in Gottes Hand liegt, galt als ein Frevel. Gewiß sah sich das neuzeitliche Denken mit einer wachsenden Unruhe dazu getrieben, Vorgriffe in die Zukunft zu wagen. Die Überzeugung, daß der Mensch seine Geschichte nur zu begreifen und zu meistern vermag, wenn er sie als beständigen Fortschritt versteht, bricht sich seit dem 18. Jahrhundert in immer neuen Anläufen ihre Bahn. Dieser Glaube an den Fortschritt der menschlichen Geschichte ist die verborgene Triebkraft für die Expansion der Naturwissenschaften im 19. und 20. Jahrhundert. Er verwandelt sich bei Marx in eine Theorie der Revolution, die große Staaten von Grund auf umgepflügt und neue Herrschaftssysteme begründet hat; es beherrscht in seiner kapitalistisch-liberalen, von der Faszination durch die Technik bestimmten Gestalt die Vereinigten Staaten. Durch ihn sind Rußland und Amerika zu Weltmächten geworden, während die sogenannte „alte Welt" ihre Furcht vor dem Ausgriff in die Zukunft mit dem Verlust der geistigen und politischen Vorherrschaft und ihre reaktionären Tendenzen mit furchtbaren Katastrophen bezahlen mußte[9]. Aber die positiven Wissenschaften standen zur Zukunft immer in einem zwiespältigen Verhältnis. Auf der einen Seite haben sie sich vom Fortschrittsglauben in seinen naivsten und unreflektiertesten Formen tragen lassen; auf der anderen Seite wurde die Zukunft nie zum Gegenstand wissenschaftlicher Forschung gemacht. Jeder Entwurf einer möglichen Zukunft wurde als „Utopie" betrachtet, und Utopien galten als unwissenschaftlich. Das hat seinen Grund in der Konstitution der positiven Wissenschaften selbst. Die Wissenschaft der Neuzeit versteht sich als objektive Wissenschaft. Um objektiv sein zu können, bedarf die Wis-

---

[9] Vgl. Georg Picht, *„Die Idee des Fortschritts und das Problem der Zeit"*, a. a. O.

senschaft der Objekte. Nun ist die Zukunft aber dadurch definiert, daß sie alles umfaßt, was noch nicht ist, worüber wir noch nicht verfügen können, und was deshalb auch nicht als Objekt bestimmt werden kann. Deshalb ist eine „objektive Wissenschaft" im bisherigen Sinne dieses Wortes von der Zukunft prinzipiell nicht möglich. Erkenntnis der Zukunft und „Objektivität" schließen sich wechselseitig aus. Von dieser Regel sind nur solche Aussagen nicht betroffen, die sich mit zwingender Notwendigkeit aus allgemeinen Gesetzen ableiten lassen; hier wird nicht das erkannt, was in Zukunft gilt, sondern das, was zu allen Zeiten gilt und deshalb freilich auch in der Zukunft gelten muß. Wissenschaft ist etwas anderes als Prophetie, und Prophetie darf nicht als Wissenschaft auftreten wollen. Es ist ein Gebot der Vernunft sowohl wie des Stilgefühls, die Wissenschaft von der Prophetie säuberlich zu trennen.

Trotzdem sieht sich die Wissenschaft seit der Mitte des 20. Jahrhunderts genötigt, in Widerspruch zu ihrer gesamten Tradition und zu den Voraussetzungen, auf denen sie bisher beruhte, von den verschiedenartigsten Ansätzen her die Zukunft als einen neuen Bereich ihrer Forschung zu erschließen. Ja es ist sogar unter dem von Ossip K. Flechtheim eingeführten Titel der „Futurologie" eine neue Wissenschaft entstanden, die alles zu umspannen versucht, was wir heute schon von der Zukunft meinen wissen zu können. Die Feststellung, daß man allen Zukunftsprognosen, auch wenn sie wissenschaftlich begründet sind, mit großer Skepsis begegnen muß, ist trivial. Interessanter ist die Frage, woher es sich erklären mag, daß heute nicht nur Träumer und Phantasten sondern führende Repräsentanten der verschiedensten wissenschaftlichen Disziplinen sich in großer Zahl genötigt sehen, gegen die bisherigen Regeln der Wissenschaft zu verstoßen und nach Methoden zu suchen, die es erlauben, den Spielraum der Möglichkeiten zukünftiger Weltgestaltung zu umreißen. Man entwickelt wissenschaftliche Methoden der Prognose; man entwirft neue Planungstheorien; sogar der Ausgriff in die Utopie ist nicht mehr verboten, wenngleich daran festgehalten werden muß, daß sich Wissenschaft nur die methodisch reflektierte, also die selbstkritische oder, wie man auch sagen könnte: die aufgeklärte Utopie erlauben sollte [10]. Die besonders bei Naturwissenschaftlern weit verbreitete Verbindung von spezialwissenschaftlicher Methode mit nai-

---

[10] Vgl. „Prognose – Utopie – Planung", 10ff.

ven und unwissenschaftlichen Formen utopischen Denkens ist eine gefährliche Kinderkrankheit, die es zu überwinden gilt. Was für ein Zwang ist am Werk, der kritische, in den Reflektionsformen moderner Wissenschaft geschulte Köpfe in den Vereinigten Staaten, in Frankreich, in England, in Skandinavien und auch bei uns in Deutschland plötzlich veranlaßt, die Tabus zu durchbrechen, die bisher die Integrität der objektiven Erkenntnis gegen das Eindringen von Schwarmgeisterei und ideologischer Verblendung schützen sollten? Wie kommt es, daß sie gegen jene Grundregel der positiven Wissenschaften verstoßen, die alle Aussagen verbietet, die sich nicht an gegebenen Sachverhalten verifizieren lassen? Was kann einen Wissenschaftler dazu bewegen, sich auf ein Gelände vorzuwagen, von dem er weiß, daß es mit den Methoden der bisherigen Wissenschaft nicht zu erforschen ist?

Der Zwang, die Schranke zur Zukunft zu durchbrechen und damit eine Revolution zu vollziehen, die tiefer greift und größere Folgen haben kann als die Eroberung des Weltraums, ergibt sich aus einer geschichtlichen Lage, die sich schon seit dem 17. Jahrhundert vorbereitet hat, aber erst durch die Konstruktion der Atomwaffen der Öffentlichkeit und der Wissenschaft selbst ins Bewußtsein getreten ist. Die Menschen verfügen heute durch Wissenschaft und Technik über die Macht, das Leben auf dem Erdball zu vernichten. Sie haben also im negativen Sinn die Verfügungsgewalt über ihre eigene Geschichte errungen. Allein schon dadurch, daß es möglich ist, der Geschichte der Menschheit ein Ende zu setzen, hat sich eine qualitative Veränderung der gesamten menschlichen Geschichte vollzogen. Jean Paul Sartre beschreibt diese Veränderung mit folgenden Worten: „Für die gesamte Menschheit gilt: wenn sie fortfährt zu leben, wird es nicht einfach deshalb geschehen, weil sie geboren ist, sondern weil sie den Entschluß gefaßt hat, ihr Leben zu verändern. Es gibt nicht mehr die menschliche Gattung. Die Gemeinschaft, die sich zur Hüterin der Atombombe gemacht hat, steht oberhalb des Reiches der Natur, denn sie trägt die Verantwortung für ihr Leben und ihren Tod; es wird in Zukunft nötig sein, daß sie jeden Tag und jede Minute zum Leben ihre Zustimmung gibt. Das ist es, was wir heute erfahren, in der Angst."[11] Aus diesem Grund sind wir genötigt, den Versuch zu

---

[11] „Et l'humanité tout entière, si elle continue de vivre, ce ne sera pas simplement parce qu'elle est née, mais parce qu'elle aura décidé de prolonger sa vie. Il n'y a plus d'espèce

machen, ob es selbstkritischem und kontrolliertem Denken möglich ist, den Vorgriff in die Zukunft zu wagen. Wir sind uns jählings dessen bewußt geworden, daß wir an der Verantwortung für die zukünftige Geschichte der Menschheit beteiligt sind. Wir wissen, wenn wir vor uns selber redlich sind, daß jeder von uns durch sein alltägliches Verhalten dazu beiträgt, wie die Geschichte in Zukunft verlaufen wird: ob sie auf einer neuen Stufe der Erkenntnis und des moralischen Bewußtseins die Erhaltung des Menschengeschlechtes weiterhin möglich macht, oder ob sie in eine große Katastrophe führt. Eine solche Situation hat es in der bisherigen Geschichte noch nicht gegeben. Sie ist radikal neu und hat in den letzten Jahrzehnten, ohne daß wir recht wußten, wie uns geschah, das Leben jedes Einzelnen spürbar verändert. Verantwortliches Denken und Handeln setzt die Bereitschaft voraus, für die Folgen dessen, was man gedacht und getan hat, einzustehen. Wer nicht in der Lage ist, sich über die möglichen Folgen des eigenen Handelns Rechenschaft abzulegen, der ist eben deshalb nicht verantwortungsfähig. Das ist der Grund, weshalb sich auch und gerade kritische Wissenschaftler heute gezwungen sehen, die möglichen Folgen ihrer eigenen Wissenschaft zum Gegenstand methodischer Untersuchung zu machen. Sie wissen, daß es ohne Wissenschaft nicht möglich ist, die wachsende Erdbevölkerung zu ernähren und jene Katastrophen zu verhindern, die eintreten müssen, wenn man den Gang der Dinge sich selbst überläßt. Zugleich aber wissen sie auch, daß eine blindlings betriebene Wissenschaft, die ihre möglichen Folgen nicht bedenkt, auf vielfache Weise die Existenz der Menschheit bedrohen, ja zerstören könnte. Die Menschheit hat heute die Mittel zu einer nahezu totalen Verfügungsgewalt über ihre zukünftige Geschichte in der Hand; sie kann diese Macht nicht wieder loswerden, sondern ist gezwungen, sie noch weiter zu steigern. Aber es fehlt ihr das Wissen, das nötig wäre, um diese Macht recht zu gebrauchen. Wir fahren mit rasender Geschwindigkeit ohne Licht; und dieser Zustand ist weder zu verantworten noch zu ertragen.

humaine. La communauté qui s'est faite gardienne de la bombe atomique est au-dessus du règne naturel car elle est responsable de sa vie et de sa mort: il faudra qu'à chaque jour, à chaque minute elle consente à vivre. Voilà ce que nous éprouvons aujourd'hui dans l'angoisse." Jean Paul Sartre, La Fin de la Guerre, in: Les Temps Modernes, Revue Mensuelle, Paris: Selbstverlag, 1, 1945/46, 166.

Die Intensität, mit der die Wissenschaft selbst nach der Zukunft zu fragen beginnt, ist also durch das Bewußtsein des qualitativen Sprunges hervorgerufen, den die Geschichte der Menschheit heute vollzieht. Wir werden in den folgenden Kapiteln versuchen müssen, uns diesen qualitativen Sprung unter verschiedenen Perspektiven in seinem eigentümlichen Wesen verständlich zu machen. Aber zunächst gilt es, genauer zu begreifen, wie überhaupt ein solcher qualitativer Sprung entstehen kann, und warum er uns nötigt, unser Denken auf die Zukunft zu richten. Wie kommen wir dazu zu behaupten, daß sich die menschliche Geschichte mit einem Schlage qualitativ, das heißt bis in die innersten Strukturen hinein, verwandelt? Auf welchem Weg bricht diese Veränderung sich ihre Bahn?
Man hat den Prozeß, der die gesamte Richtung und die Gangart der menschlichen Geschichte heute verändert, mit einem Namen bezeichnet, der, wie mir scheint, den Kern der Sache trifft: man nennt ihn „die wissenschaftliche Revolution". Um zu erläutern, was damit gemeint ist, genügt es fürs erste, einige sehr einfache und fast trivial erscheinende Sachverhalte in Erinnerung zu rufen, von deren Wahrheit sich jeder aus eigener Erfahrung überzeugen kann.
1. Die Wissenschaft ist heute mit der Technik zu einer unauflöslichen Einheit verschmolzen. Das hat zur Folge, daß alles, was gedacht wird, auch gemacht wird. Die abstrakten Experimente des Gedankens werden durch das Instrument der Technik und den Apparat der Industrie binnen weniger Jahre zu gesellschaftlichen Realitäten, die das alltägliche Leben von Millionen von Menschen prägen. Daraus ergibt sich das erste Merkmal des qualitativen Sprunges, nämlich *die Rapidität der Veränderungen* in der Geschichte.
2. Keine Sphäre des menschlichen Daseins wird von diesem Wandel verschont. Es verändern sich nicht nur die Formen der ökonomischen Produktion, die Strukturen der Gesellschaft und die politischen Systeme. Auf dem Wege über die Medizin, die Pharmazie und die Biologie durchdringen die Auswirkungen der Wissenschaft die intimsten Bereiche unseres Lebens. Sogar die biologische Konstitution der Menschen wird durch die Einwirkungen der Wissenschaft schon heute auf mannigfaltige Weise verändert. Noch nie hat menschliches Denken und Handeln so tief in die Gestaltung des menschlichen Daseins eingegriffen. Daraus ergibt sich das zweite Merkmal, nämlich *die Penetranz der Veränderungen*.
3. Die modernen Mittel der Information und Kommunikation

machen es möglich, daß politische Entscheidungen, deren Folgen sich früher nur in Jahren und Jahrzehnten gezeigt hätten, binnen weniger Minuten in allen Ländern der Erde bekannt sind und eine entsprechende politische Reaktion auslösen können. Das führt im Bereich der Politik zu einer sprunghaften Expansion der Möglichkeiten menschlicher Macht. Die Schranken, die durch Raum und Zeit der menschlichen Machtausübung in den bisherigen Phasen der Geschichte gezogen waren, sind durch die Interkontinental-Raketen und die modernen Kommunikationsmittel außer Kraft gesetzt. Die Macht ist gleichsam allgegenwärtig geworden. Daraus ergibt sich das dritte Merkmal: *die Schrankenlosigkeit der Möglichkeiten von Machtausübung.*

4. Zum Wesen der Macht gehört die Unberechenbarkeit. Niemand kann wissen, welche Errungenschaften der Wissenschaft in wenigen Jahren unser aller Leben plötzlich verändern werden. Niemand kann wissen, ob nicht ein Zwischenfall, ein Umsturz oder auch eine bloße Kopflosigkeit an irgendeinem Fleck der Erde das höchst labile Gleichgewicht des Zustandes, den wir „Frieden" nennen, plötzlich erschüttert und eine unabsehbare Kette von politischen und militärischen Aktionen auslöst. Der Stand der Technik erzwingt, daß in Krisenzeiten die Entscheidung über die Geschicke der Welt in den Händen eines eng begrenzten Kreises von wenigen Individuen liegt. Ein einziger psychischer Kurzschluß kann wegen der Geschwindigkeit und der Totalität der Übertragung von Entscheidungen auf Mechanismen das ganze Gebäude unserer vermeintlichen Sicherheit zum Einsturz bringen. Daraus ergibt sich das vierte Merkmal, nämlich *die Labilität der technischen Welt.*

Ich werde später zeigen, daß diese Labilität kein vorübergehender Zustand ist, sondern aus strukturellen Gründen permanent die Verfassung der künstlichen Welt, in der wir leben, bestimmt. Diese Situation stellt uns vor neue geistige und moralische Anforderungen, deren sich die ganze Menschheit bewußt werden muß.

Die Rapidität der permanenten Veränderungen hatte zur Folge, daß die heute lebenden Menschen in einem Zeitraum von zwanzig Jahren Wandlungen der Lebensverhältnisse und des gesellschaftlichen Bewußtseins durchlaufen haben, die früher mehrere Generationen in Anspruch genommen hätten. Jeder von uns hat am eigenen Leib erfahren, daß eine fortwährende Umstellung der Gewohnheiten, der Denkweisen und der beruflichen Kenntnisse und Fähigkeiten erfor-

derlich ist, wenn man sich in diesem unaufhörlichen Wechsel behaupten will. Daraus ergibt sich eine tiefgreifende Konsequenz. In allen früheren Epochen der Geschichte fanden die Menschen ihren Halt in der überkommenen Sitte und orientierten sich an der Erfahrung. Erfahrung und Sitte waren die Basis des menschlichen Daseins. Aber heute vermögen weder Erfahrung noch Sitte das Leben zu tragen. Die Verhältnisse ändern sich so schnell und so radikal, daß alles, was früher Sitte war, zu der gesellschaftlichen Situation, in der wir heute leben, in Widerspruch gerät, und daß in zwanzig Jahren das, was wir heute für selbstverständlich halten, sinnlos geworden sein kann. Nicht anders steht es um die Erfahrung. Alle Erfahrung wird fortwährend durch neue Entwicklungen überholt und außer Kraft gesetzt. Wenn man sich von den Erfahrungen bestimmen läßt, die man unter den bisherigen Verhältnissen gemacht hat, so urteilt und handelt man falsch; denn die Welt hat sich inzwischen verändert. Tag für Tag berichten die Zeitungen von Fehlurteilen und von Fehlentscheidungen, die sich daraus erklären, daß die Gesellschaft und ihre politische Führung in ihren Erfahrungen gleichsam steckenbleiben, während die permanente Revolution der technischen Welt ohne Rücksicht auf die Mentalität der Menschen ihren Gang nimmt. Die Erfahrung gibt der Weltorientierung keinen Halt mehr; wer sich auf sie verläßt, geht in die Irre. Wenn aber Sitte und Erfahrung nicht mehr helfen, woher sollen wir dann überhaupt noch wissen, wie wir zu handeln und uns zu verhalten haben?
Hier setzt die Frage nach der Zukunft ein. Wenn sich die Gegenwart so schnell von der Vergangenheit entfernt, daß wir aus der Vergangenheit das, was wir für die Gegenwart brauchen, nicht mehr lernen können, dann läßt sich nur aus einem Vorblick auf die zukünftigen Möglichkeiten erschließen, welchen Weg wir hier und heute einzuschlagen haben. Die Orientierungshilfen, die uns die Erfahrung versagt, müssen dann aus Prognosen und aus Planungen gewonnen werden. Jeder ist dann genötigt, sich ein Bild davon zu machen, mit welchen Entwicklungsmöglichkeiten er zu rechnen hat; denn wenn er seine zukünftigen Möglichkeiten falsch beurteilt, wird er in der Gegenwart Fehler machen, die vielleicht nicht mehr zu korrigieren sind. Die Frage nach der Zukunft ist deshalb heute nicht mehr ein müßiges Spiel utopischer Schwärmer und verstiegener Idealisten; sie ist, wenngleich in wechselndem Maße, für jeden zur Lebensnotwendigkeit geworden. Es ist auch nicht möglich, die Sorge um die Zukunft

auf die Wissenschaftler und die Politiker abzuschieben; unsere Zukunft ist eine viel zu ernste Sache, als daß wir sie den bloßen Experten und den sogenannten Praktikern überlassen dürften. Wenn es wahr ist, daß die Menschheit heute die Verantwortung für ihre zukünftige Geschichte trägt, so ist damit zugleich gesagt, daß sie diese Verantwortung nicht an eine kleine Zahl von Professionellen delegieren kann; denn die zukünftige Geschichte der Menschheit wird das Resultat der politischen, gesellschaftlichen und geistigen Bewegungen sein, die sich in der Gesamtheit aller Völker und Rassen vollziehen. Nur die Menschheit als Ganzes kann als das Subjekt unserer zukünftigen Geschichte begriffen werden und sich selbst begreifen. Es gilt also, einen Bewußtseinswandel in Gang zu setzen, der alle mündigen Bürger der neuen Welt befähigt, an der Willensbildung zu partizipieren, aus der unsere zukünftige Geschichte hervorgehen wird. Da jeder mithandelt, ob er will oder nicht, so ist auch ein jeder zum Mitdenken verpfichtet. Niemand kann sich der Nötigung entziehen, an der Entzifferung des Rätsels mitzuwirken, das uns gemeinsam aufgegeben ist.

Ein jeder ist zum Mitdenken verpflichtet: das ist die einzige Legitimation, durch die ich rechtfertigen kann, daß ich es wage, über unsere großen Zukunftsaufgaben zu sprechen. Ich verfüge so wenig wie irgend jemand sonst über den universalen wissenschaftlichen Sachverstand, der für die Behandlung dieses Themas erforderlich wäre. Aber ich glaube verstanden zu haben, daß sich die Wissenschaft heute die bequeme Beschränkung auf Spezialgebiete, für die man zuständig ist, nicht leisten kann. Ich spreche hier weder als Prophet noch als jener Universalwissenschaftler, den es nicht gibt, sondern als Bürger unseres Staates und unserer Gesellschaft und bin mir bewußt, daß ich mich dabei in genau der gleichen Rolle befinde wie meine Leser, mögen sie nun Wissenschaftler sein oder nicht. Ich lege Wert darauf, dies ausdrücklich festzustellen, damit nicht der Eindruck entsteht, als wollte ich mit dem, was ich sage, einen falschen Anspruch verbinden.

Kein Einzelner besitzt den Sachverstand für ein Problem, das gleichwohl gelöst werden muß: das Problem unserer gemeinsamen Zukunft. Man hat versucht, diese Schwierigkeit dadurch zu umgehen, daß man die Spezialisten nach ihren Spezialgebieten befragt und die so gewonnenen Informationen zusammenaddiert hat. Eine ganze Reihe von höchst verdienstvollen Büchern ist in den letzten Jahren auf diese Weise entstanden. Sie liefern unentbehrliches Material; aber sie bringen uns der Lösung des Problems nicht näher. Es lohnt sich, darüber nachzudenken, warum man mit diesem Verfahren nicht weiterkommt; denn wenn wir uns auf die Methoden einer möglichen Erkenntnis der Zukunft besinnen, lernen wir, unter welchen Voraussetzungen die Gesellschaft der technischen Welt ihrer Verantwortung für die zukünftige Geschichte gerecht werden kann.

Befragt man die Spezialwissenschaftler, mit welchen Entwicklungen in ihren Wissenschaften zu rechnen ist, so erhält man Antworten, die auf dem Weg der Extrapolation aus den zur Zeit erkennbaren Trends abgeleitet werden. Sie setzen dabei, als ob das selbstverständlich wäre, voraus, daß der Frieden erhalten bleibt, daß Staat und Gesellschaft bereit sein werden, die Forschung, mit der die Prognose rechnet, zu finanzieren, und daß eine genügende Zahl von qualifizierten Wissenschaftlern zur Verfügung steht. Stellt man nun, wie das in zahlreichen Büchern geschieht, eine Reihe solcher Prognosen nebeneinander und versucht den Aufwand zu kalkulieren, der für die Durchführung dieser Projekte erforderlich wäre, so ergeben sich Summen von astronomischer Höhe. Das zusammengefaßte wirtschaftliche und personelle Potential der großen Industrienationen würde nicht ausreichen, um die Forschungen zu realisieren, auf denen die Mehrzahl der heute diskutierten Zukunftsprognosen beruht. Die Wissenschaften, die bei den futurologischen Prognosen im Vordergrund stehen, sind nicht zuständig für die Frage, unter welchen wirtschaftlichen, gesellschaftlichen und politischen Voraussetzungen moderne Forschung möglich ist. Deshalb wird dieses Problem meistens unterschlagen, obwohl wir erst hier in den Bereich der Realitäten vorstoßen, von denen die Gestaltung der Zukunft abhängen wird. Es ist kein Zweifel, daß nur ein kleiner Bruchteil der Projekte, die wissenschaftlich möglich und wünschenswert wären, durchgeführt werden kann. Es kommt also auf die Auswahl an. Die wirkliche Zukunft ist nicht der Inbegriff alles dessen, was möglich wäre, sondern sie ergibt sich durch die Realisierung jenes kleinen Sektors aus dem Bereich des Möglichen, für den man sich aus mehr oder weniger vernünftigen Gründen entscheidet. Wegen der Höhe der erforderlichen Investitionen kann die Auswahl der zu finanzierenden Projekte nur von jenen Instanzen getroffen werden, die legitimiert sind, über die Verteilung der öffentlichen Haushaltsmittel zu befinden. Die Festsetzung der Prioritäten, durch die über unsere Zukunft verfügt wird, ist also keine wissenschaftliche sondern eine politische Entscheidung. In den Vereinigten Staaten und in Rußland wurden die Prioritätsentscheidungen in den letzten Jahren primär unter militärischen Gesichtspunkten getroffen.

Aus diesen Feststellungen geht hervor, weshalb es prinzipiell unmöglich ist, von den zukünftigen Realitäten ein Bild zu gewinnen, solange man nur die an der Gestaltung der Zukunft beteiligten Wissenschaften befragt. Die moderne Wissenschaft ist zu einem beträchtlichen Teil in eine funktionale Abhängigkeit von Wissenschaftsplanung und -finanzierung geraten, und die Wissenschaftsplanung und -finanzierung wird durch ökonomische, politische und gesellschaftliche Faktoren bestimmt, die im Rücken des wissenschaftlichen Bewußtseins liegen[12].

Diese so einfache Überlegung erlaubt uns nun, einen methodisch sehr wichtigen Schritt in der Umgrenzung der Möglichkeiten von Zukunftsprognosen zu vollziehen. Wir stellten fest: soweit die Gestaltung der Zukunft durch die Entwicklung der Wissenschaften bestimmt wird, hängt sie von den Prioritätsentscheidungen der politischen Instanzen ab, die über die Verteilung der verfügbaren finanziellen und personellen Ressourcen zu befinden haben. Niemand kann positiv voraussagen, welche Forschungsprojekte die Regierungen der verschiedenen Staaten mit Priorität unterstützen werden. Aber wir wissen negativ, daß nur ein Bruchteil dessen, was wissenschaftlich möglich wäre, realisiert werden kann, und daß die Summe dessen, was geleistet wird, von der Größe des finanziellen und personellen Potentials abhängig ist. Will man den wissenschaftlichen Fortschritt steigern, so muß man den Prozeß der Forschung rationalisieren und sowohl die Summe der bereitzustellenden Mittel wie die Zahl der verfügbaren Wissenschaftler erhöhen. Man muß also planen. Jeder Plan ist ein Vorgriff auf die Zukunft; aber das planende Denken hat eine andere Struktur als die objektive Erkenntnis der Wissenschaft. Jede Planung wird nämlich von der Absicht bestimmt, die Sachverhalte, auf die sie sich richtet, selbst hervorzubringen. In diesem Sinne gehört Planung weder in den Bereich der reinen Theorie noch in den Bereich der reinen Praxis; sie bewegt sich auch nicht in irgendeinem undurchsichtigen Zwischengelände, in dem sich

---

[12] Vgl. Georg Picht, „Struktur und Verantwortung der Wissenschaft im 20. Jahrhundert", in: Wahrheit, Vernunft, Verantwortung, a. a. O., 343 ff.

Theorie und Praxis unkontrollierbar überschneiden. Planung gehört vielmehr in den noch viel zu wenig erforschten Bereich des dritten großen Grundvermögens der menschlichen Vernunft; sie ist ein Akt der Produktion[13]. Soweit die menschliche Vernunft auf dem Weg der Planung an der Gestaltung unserer Zukunft beteiligt ist, wird die Zukunft durch menschliches Denken und Handeln produziert. Der Satz, daß die Menschheit durch die wissenschaftliche Revolution in die Zwangslage versetzt worden ist, die Verantwortung für ihre zukünftige Geschichte bewußt zu übernehmen, bedeutet nichts Geringeres, als daß die Menschheit den Versuch machen muß, ihre eigene Zukunft zu produzieren. Ich werde später Gelegenheit haben, diesen Satz sehr tiefgreifend zu modifizieren – jetzt aber sollten wir ihn in der Gestalt festhalten, wie er dasteht.

2. Die künstliche Welt

Wir sind auf dem ersten Abschnitt unseres Weges zur Formulierung von zwei Thesen gelangt, die auseinander hervorgehen. Die erste These hieß: die Menschheit wird durch den Prozeß der wissenschaftlichen Revolution in die Zwangslage versetzt, in einem qualitativen Sprung ihres Bewußtseins die *Verantwortung* für ihre zukünftige Geschichte zu übernehmen. Daraus ergab sich der zweite Satz, von dem ich freilich angekündigt habe, daß er sich später tiefgreifend modifizieren wird. Er besagt, daß die Menschheit auf der gegenwärtigen Stufe ihrer Geschichte zu dem Versuch gezwungen wird, ihre eigene

---

[13] An dieser Stelle verweist GP in einer Anmerkung auf die Vorbemerkung zu dem Aufsatz über „Kreativität und Bildung", in: Hier und Jetzt II, a. a. O., 405, in dem folgende Sätze für den hier behandelten Zusammenhang wichtig sind: „Es gehört ... zu den Paradoxien der technisch-industriellen Zivilisation, daß sie über das Wesen von Produktion kaum nachgedacht hat. Die Ökonomie hat Theorien über Produktions*verhältnisse* entwickelt; sie untersucht, *wie* – je nach den Zielsetzungen – optimal und möglichst effizient produziert werden kann. Hingegen gibt es keine Theorie der *Produkte*, man untersucht nicht, *was* produziert werden soll bzw. produziert werden muß, wenn es um die Erhaltung der Gattung Mensch geht. Das gilt auch von der geistigen Produktion ... Wie man Emanzipation an sich nur dann für einen ‚Wert' halten kann, wenn man verlernt hat, nach dem Wesen von Freiheit zu fragen, so kann auch schiere Produktivität nur verherrlicht werden, wenn man die Frage nach Wesen und Sinn von Produktion verdrängt." Vgl. auch die Sachregister der bisher erschienenen Bände der Studienausgabe s.v. Produktion und Poiesis.

Zukunft zu *produzieren*. Eine mit den Methoden der Wissenschaft produzierte Welt ist eine „künstliche Welt". So werden wir auf unsere nächste Frage geführt: was ist die Struktur der künstlichen Welt der zukünftigen Geschichte der Menschheit?

Wer Freude daran hat, sich die Zukunft nach Art der science fiction als eine von Robotern beherrschte technische Phantasmagorie vorzustellen, kommt bei der Lektüre der prognostischen Literatur auf seine Kosten. Die Menschen besitzen heute eine nahezu unbeschränkte Macht, aus den Elementen des großen Baukastens der Natur zusammenzubauen, was sie wollen; und sie bedienen sich dieser Macht mit der Besinnungslosigkeit spielender Kinder. Die modernen Zukunftsromane werden nicht mehr gedichtet, sie werden unmittelbar praktiziert; und das Spiel mit den technischen Möglichkeiten wirkt auf das kollektive Unbewußte der Gesellschaft der wissenschaftlich-technischen Welt wie eine Droge. Vielleicht wird man in späteren Zeiten die Wahnzustände, aus denen sich viele der gegenwärtigen Formen des Umganges mit den scheinbar unbegrenzten Möglichkeiten der Wissenschaft und der Technik erklären, mit jenen religiösen Epidemien vergleichen, die Europa am Ende des Mittelalters schüttelten. Man kann bisweilen den Eindruck haben, als hätte die Expansion der Wissenschaft eine neue Form von Geisteskrankheit erzeugt, die ich *„dementia rationalis"* nennen möchte. Ein nicht geringer Teil der politischen, wirtschaftlichen und geistigen Führungsschichten unserer Welt ist von dieser Form des Wahnsinns ergriffen.

Von all dem soll hier nicht die Rede sein. Wir bezeichnen mit dem Namen der künstlichen Welt nicht die artifiziellen Paradiese einer vom Traum ihrer Allmacht berauschten wissenschaftlich-technischen Phantasie, sondern orientieren uns an der nüchternen Tatsache, daß der Bestand der gegenwärtigen und der zukünftigen Menschheit nur in einer künstlichen Welt gesichert werden kann. Das Kernproblem der heutigen Zeit ist nicht die Frage, was möglich sondern was notwendig ist. Die Tragik unserer Zeit ist das Faktum, daß wegen des bedenkenlosen Spiels mit Möglichkeiten fortwährend das Notwendige versäumt wird. Das Maß der Vernunftlosigkeit in der Grundorganisation der neuen Welt wächst proportional zu der Rationalität ihrer partikulären Systeme. Die Bürger der wissenschaftlich-technischen Welt sind offenbar schwerer zur Vernunft zu bringen als die Repräsentanten archaischer Kulturstufen. In beiden Fällen sind die Menschen von Magie und Fetischglauben behext; aber der Bann der technischen Magie ist schwerer zu brechen, weil der technische Mensch unter dem Schein der Rationalität die Fähigkeit verliert, seine eigene Macht von den Gewalten, mit denen er spielt, zu unterscheiden. Was sind aber die Kriterien von Vernunft? Wir gehen von einigen sehr einfachen Voraussetzungen aus: Die Vernunft gebietet, daß wir uns im Rahmen unserer Möglichkeiten darum bemühen müssen, den Bestand des Menschengeschlechtes zu sichern. Die Vernunft gebietet also die Erhaltung des Friedens. Die Vernunft verlangt, daß wir uns anstrengen müssen, die Weltbevölkerung zu ernähren und ihr ein Minimum an Lebensstandard und sozialer Sicherheit zu garantieren. Die Vernunft gebietet zu verhindern, daß durch bedenkenlose Eingriffe die biologischen Voraussetzungen für die Erhaltung des menschlichen Lebens auf diesem Erdball zerstört werden. Die Vernunft fordert schließlich, daß die gesellschaftlichen und moralischen Bedingungen ihrer eigenen Existenz, also Freiheit und Menschenwürde, in einer verwilderten Welt immer neu hergestellt und erhalten werden. Mit allen diesen Forderungen stellt sich die Vernunft in schroffen Gegensatz zur Weltentwicklung der letzten Jahrzehnte; sie muß dieser Entwicklung Widerstand leisten. Die These, die jetzt begründet werden soll, besagt darüber hinaus, daß die durch diese Prämissen definierte Vernunft den Aufbau einer künstlichen Welt gebietet.

Die Begriffe „künstliche Welt", „Zivilisation" und „Technik" sind in Deutschland seit vielen Generationen ideologisch diffamiert worden. Man spielt die Natur, das vermeintlich Ursprüngliche und Echte oder – wie man auch gern sagt – das „Organische" gegen die „sekundären Systeme" aus. Dabei begegnen sich die von den romantischen Impulsen des jungen Marx gespeisten ideologischen Tendenzen in ihrem Affekt gegen die technische Welt auf höchst paradoxe Weise mit reaktionären Strömungen der verschiedensten Herkunft und mit bestimmten Traditionen der Jugendbewegung. Der trüben, aber explosiven Mischung, die sich aus diesen Quellen in immer neuen Verbindungen zusammenbraut, ist die nüchterne Erkenntnis der Griechen entgegenzuhalten, daß der Mensch ein Lebewesen ist, das von der Natur so unvollkommen ausgestattet wurde, daß er seit jeher künstlicher Maßnahmen bedurfte, um sich selbst und seine Gattung zu erhalten. Es ist die Natur des Menschen, daß er nur auf künstliche Weise existieren kann. Erst durch die Erzeugung einer künstlichen zweiten Natur versetzt sich der Mensch in die Lage, der Entdeckung seiner wahren Natur als einer unendlichen Aufgabe nachzustreben. Die Künste, die der Mensch erfunden hat, um die Mängel seiner Konstitution zu kompensieren, werden von den Griechen τέχναι genannt – dem verdanken wir den Begriff der Technik. Ein großer Teil der griechischen Philosophie ist der Untersuchung des Wesens der Technik gewidmet. Schon im 5. Jahrhundert vor Christus hat man entdeckt, daß die Technik ihrer Konstitution nach ambivalent ist, weil sie den Menschen, dem sie dient, zugleich der äußersten Gefährdung aussetzt. Wäre die griechische Philosophie besser bekannt, so stünden wir den Problemen der technischen Welt weniger ratlos gegenüber. Die Einsicht in die Unentbehrlichkeit und die Einsicht in die Gefährlichkeit der Technik gehören zusammen. Aus der Verbindung dieser beiden Einsichten entspringt die geschichtliche Vernunft in ihrem Gegensatz zur bloßen Rationalität. Heute, so heißt die These, fordert die Vernunft eine gewaltige Expansion der technischen Möglichkeiten der Menschen für ihren notwendigen Gebrauch; nur durch die Bindung an die Gebote der Notwendigkeit kann der Gefahr begegnet werden, daß die Menschen diese selben Möglichkeiten zum Werkzeug ihrer Selbstvernichtung machen.

Wir fragen also, welche Maßnahmen erforderlich sind, um das menschliche Dasein auf unserem Erdball zu erhalten. Aus den Antworten, die wir auf diese Frage finden, ergibt sich dann im Umriß die Struktur der künstlichen Welt, in der die zukünftige Menschheit leben wird, falls sie sich nicht vorher durch ihren eigenen Wahnsinn zugrunderichtet. Dabei kommt es zunächst nur darauf an, die ersten Grenzlinien des neuen Kontinentes zu zeichnen. Wir werden später Gelegenheit haben, einige der zunächst nur angedeuteten Probleme etwas genauer zu untersuchen.

Die Basis des menschlichen Lebens ist die Ernährung. Schon jetzt sind zwei Drittel der Menschheit unterernährt. Nach einer Schätzung, die ich nicht nachprüfen konnte, fordert der Hunger in zwanzig Monaten ebenso viele Tote wie der Zweite Weltkrieg, nämlich 55 Millionen [14]. Wenn alle Möglichkeiten zur Geburtenkontrolle, die uns zur Verfügung stehen, auf sinnvolle Weise angewendet werden, kann es vielleicht in einigen Jahrzehnten gelingen, die Bevölkerungs-

---

[14] *Diese Schätzung bleibt hinter der Hungertodrate, die wir aus den heute (1981) verfügbaren Statistiken ablesen können, weit zurück.*

explosion einzudämmen. Das setzt aber gigantische Investitionen in die Bildungssysteme der Entwicklungsländer und eine politische Revolution des gesamten gegenwärtigen Staatensystems voraus. Fürs erste müssen wir feststellen, daß die Versuche, das Anwachsen der Erdbevölkerung auf dem Weg über Geburtenkontrolle zu regulieren, um dreißig Jahre zu spät begonnen wurden. Die Explosion hat sich bereits vollzogen; die dadurch ausgelöste Entwicklung nimmt ihren Lauf. Für die nächste Zukunft steht deshalb, trotz der Unentbehrlichkeit einer zielbewußten Geburtenkontrolle, das Ernährungsproblem im Vordergrund.

Zu seiner Lösung ist zunächst erforderlich, die nutzbaren Böden in allen Teilen der Erde auf eine Weise zu bebauen, die dem gegenwärtigen Stand der Wissenschaft entspricht. Die Landwirtschaft müßte eine wissenschaftlich gesteuerte Produktionsform erhalten; das setzt Methoden der Rationalisierung und der Verwaltung voraus, wie sie bisher nur in den Industriestaaten entwickelt worden sind. Darüber hinaus müßten die riesigen Ödgebiete durch Bewässerung der Wüsten, Züchtung kälteunempfindlicher Getreidesorten und ähnliche Maßnahmen fruchtbar gemacht werden. Man kann auch die Ozeane für die menschliche Nahrung besser nutzen, indem man durch schwimmende Fischfabriken die unerschlossenen Schätze der südlichen Meere ausbeutet und in der Fischerei von der Jagd zur Züchtung übergeht. In wachsendem Umfang wird man zur künstlichen Erzeugung von Nahrungsmitteln, durch Proteingewinnung aus Erdöl oder durch Algen- und Hefekulturen, seine Zuflucht nehmen. Aber diese Methoden fallen in absehbarer Zeit quantitativ kaum ins Gewicht. Nur durch gigantische Investitionen und globale Planung kann jene Revolution der Weltökonomie vollzogen und jene Umgestaltung großer Teile der Erdoberfläche in die Wege geleitet werden, die zur Ernährung der Menschheit unerläßlich wären.

Das Problem der Welternährung wird durch die Krise des Weltwasserhaushaltes erschwert, denn der größte Teil des indirekten Wasserverbrauches dient der Nahrungsmittelerzeugung. Der größte Teil des direkten Wasserverbrauches dient der Industrie; aber ein hoher Prozentsatz der Industrieprodukte dient ebenfalls Ernährungszwecken. Man schätzt, daß der gesamte Wasserbedarf der Welt in den nächsten Jahrzehnten auf das Doppelte steigen wird, während das natürliche Wasseraufkommen unverändert bleibt. Die wachsende Differenz zwischen Verbrauch und natürlichem Wasseraufkommen wurde in vielen Teilen der Erde durch Übergriffe auf die Grundwasserreserven ausgeglichen. Das hat schon jetzt in Afrika, in Asien, aber auch in manchen Distrikten der Vereinigten Staaten eine alarmierende Austrocknung zur Folge. Zentraleuropa ist von der Versteppung bedroht; der Süden von Texas verwandelt sich in eine Wüste. Das Problem verschärft sich dadurch, daß das Süßwasser auf der Erde ungleichmäßig verteilt ist. Über ein Drittel des gesamten Süßwasservorkommens befindet sich in Kanada. Vermutlich wird die Wasserverteilung bei der Bildung der Schwerpunkte der Industrialisierung eine immer größere Rolle spielen, denn das Wasser wird immer teurer werden. In einem Teil der Entwicklungsländer ist die Industrialisierung dadurch sehr erschwert, daß nahezu alles verfügbare Wasser für die Erzeugung der Grundnahrungsmittel verbraucht wird. In großem Umfang könnte die Differenz zwischen natürlichem Wasservorkommen und Verbrauch nur durch Meerwasserentsalzung mit Hilfe von Kernenergie ausgeglichen werden [15]. Aber die Wasserfabriken, Pumpanlagen und Tunnelsysteme würden ein Vielfaches der Mittel erfordern, die heute für militärische Zwecke ausgegeben werden. Ein Teil der Staaten wird die Wasserversorgung aus eigener Kraft nicht finanzieren können. Daraus ergeben sich große Probleme für die ökonomische Organisation der künstlichen Welt. Darüber hinaus ist die Wasserversorgung ein Energieproblem von riesigem Ausmaß.

Die Energie, die sie verbraucht, gewinnt die technische Welt bisher vor allem durch Ausbeutung der großen, aber begrenzten Reserven an Kohle, Erdöl und Erdgas. Nach einer groben Schätzung werden die Vorräte an fossilen Energieträgern noch etwa für die Dauer von zweihundert Jahren reichen. Diese Schätzung beruht auf der Voraussetzung, daß auch in Zukunft die privilegierten Industrienationen monopolistisch über diese Reserven verfügen. Werden die Entwicklungsländer industrialisiert und fordern die hungernden Milliarden am Reichtum der Welt ihren Anteil, so steigt der Weltenergiebedarf sprunghaft an. Entsprechend schneller werden die Reserven verbraucht. In welchem Umfang eine Neuerschließung von „klassischen" Energiequellen möglich sein wird, ist unbekannt. Wir setzen unsere Hoffnung auf die Atomenergie; der quantitative Ertrag und

---

[15] In den sechziger Jahren konnte man noch glauben, viele Notstände durch die Bereitstellung der vorgeblich sicheren, preiswerten, umweltfreundlichen und in ihrer zivilen von ihrer militärischen Nutzung strikt trennbaren Kernenergie beheben zu können. 1981 stand fest, daß diese Hoffnung unrealistisch war; vgl. Anm. 16.

die Wirtschaftlichkeit einer Reihe von anderen Verfahren der Energiegewinnung, an denen die Wissenschaft arbeitet, ist noch nicht abzuschätzen. Man nimmt an, daß in zwanzig Jahren etwa 4% des Weltenergiebedarfes durch Kernspaltung gedeckt werden können. Erst wenn es gelänge, die höchst komplexen technischen Probleme einer Energieerzeugung durch Kernfusion zu lösen, würde sich die Lage revolutionär verändern. Es ist aber eine offene Frage, ob das jemals möglich sein wird [16].

Für das Verständnis der Strukturprobleme der künstlichen Welt, die in den nächsten Jahrzehnten gelöst werden müssen, sind Spekulationen über die mögliche Beantwortung von Spezialfragen weniger wichtig als die Einsicht in den untrennbaren Zusammenhang von Energiewirtschaft, Wasserwirtschaft und Ernährungswirtschaft. Schon ein flüchtiger Überblick über die ungleiche Verteilung der Energiereserven, der Wasservorräte und der zur Zeit verfügbaren Anbauflächen auf der Erde macht deutlich, daß keines dieser Probleme auf nationaler Basis zu lösen ist. Alle Errungenschaften der Technik bleiben nutzlos, wenn es uns nicht gelingt, den gesellschaftlichen und ökonomischen Unterbau der technischen Systeme so zu gestalten, daß eine internationale Kooperation zur gemeinsamen Sicherung der Existenzgrundlagen der gesamten Menschheit möglich wird. Gelingt das nicht, so wird der babylonische Turm, den die hochentwickelten Industrienationen errichtet haben, mit Sicherheit in Kürze zusammenstürzen und dann auch alle Chancen für die Ernährung der übrigen Menschheit unter sich begraben.

Wir treffen damit auf das Kernproblem der Organisation der künstlichen Welt. Die Industrienationen werden noch immer von dem Wahn beherrscht, die technische Welt sei eine Welt der unbegrenzten Möglichkeiten. Tatsächlich stoßen wir schon jetzt infolge der Auswirkungen von Wissenschaft und Technik auf grausame Weise an absolute Schranken des menschlichen Daseins auf dieser Erde. Während die Industrienationen noch in dem Traum vom fortwährend wachsen-

---

[16] *Dieser Absatz wurde im Jahr 1968, also vor der ersten Ölkrise, geschrieben. Die Energiediskussion des letzten Jahrzehntes hat eine Flut von Informationen erbracht, die damals noch nicht zur Verfügung standen; sie hat auch neue Perspektiven und noch mehr neue Probleme zu Tage gefördert. Die Hoffnungen, die ich im Jahr 1968 auf die friedliche Nutzung der Kernenergie setzte, mußte ich später revidieren; vgl. dazu Georg Picht, „Die Zukunft der Atomgesellschaft – Was heißt Sicherheit?" und „Politische Kontrolle der Kernenergie", in: Hier und Jetzt II, a. a. O., 363ff. und 371ff..*

den Wohlstand befangen sind, vollzieht sich schon heute vor unseren Augen die progressive Verelendung eines immer größeren Teiles der Weltbevölkerung. Die Menschheit vermag sich nicht zu ernähren, und selbst die Güter, von denen wir in unserer Jugend noch glauben konnten, sie stünden unbeschränkt zur Verfügung, wie etwa Wasser, reine Luft und Raum, sind heute zur Mangelware geworden und müssen unter staatlicher Aufsicht bewirtschaftet werden. Gelingt es nicht, in internationalem Rahmen die Probleme der Nahrungsmittelversorgung, der Wasserversorgung und der Energieversorgung zu lösen, so werden sich auch die übrigen Zukunftserwartungen der wissenschaftlich-technischen Welt nicht erfüllen; denn dann zerbricht die politische und gesellschaftliche Substruktur der großen Industrienationen, von deren Funktionsfähigkeit heute die Erhaltung der gesamten Weltbevölkerung abhängig ist.

Das Fundament der technischen Welt bilden nicht technische sondern politische und gesellschaftliche Systeme. Die künstliche Welt ist eine von Menschen gemachte und von Menschen in Gang gehaltene Welt. Je mehr Computer wir konstruieren, desto mehr steigen die Anforderungen an die menschliche Verantwortungsfähigkeit und Vernunft. Sind die politischen Strukturen nicht darauf eingerichtet, als Unterbau für die riesigen technischen Systeme zu dienen, die zur Lösung der großen Weltprobleme erforderlich sind, so werden auch die technischen Systeme entweder nicht errichtet werden oder kollabieren. Nun stammen aber die politischen Ordnungen, in denen wir leben, aus der vortechnischen Welt. Die Rationalität der Staaten und der Gesellschaftsordnungen hat sich vielfach noch nicht einmal auf das Niveau der primitiven Stufen der technischen Entwicklung erhoben. Die Mentalität der Menschen spiegelt aber stets die Verfassung der politischen und gesellschaftlichen Ordnung, in der sie leben. Deshalb verhalten sich in unserer Welt sogar die Spitzen der wissenschaftlichen, technischen und wirtschaftlichen Intelligenz, wenn sie mit politischen und gesellschaftlichen Problemen konfrontiert werden, in hohem Maße irrational. Das gleiche gilt aber auch von den politischen Führungsschichten. Mit dem finanziellen und personellen Aufwand, den zum Beispiel der Vietnam-Krieg kostete, hätte man Südostasien in ein blühendes Land verwandeln können. Mit den Milliarden, die im Vorderen Orient für Waffenlieferungen verschwendet wurden, hätte man diese Gebiete erschließen und unvorstellbares Elend überwinden können. Die strukturellen Widersprüche zwischen der Leistungsfähigkeit der politischen und gesellschaftlichen Systeme auf der einen, und der technischen Systeme, die wir brauchen, auf der anderen Seite, werden immer größer, und es ist heute schon deutlich sichtbar, wo die Bruchstellen verlaufen, die das Gebäude zum Einsturz bringen könnten.

Welche Bedingungen müßten erfüllt werden, damit die politischen Systeme unseres Erdballs die Konstruktion jener künstlichen Welt zu tragen vermögen, die das Menschengeschlecht zu seiner Erhaltung aufbauen muß?

1. Die Investitionen, die in allen Teilen der Welt erforderlich sind, um der wachsenden Erdbevölkerung die Existenz und einen minimalen Lebensstandard zu sichern, erreichen solche Größenordnungen, daß sie nur durch eine Umverteilung des Reichtums der Welt zu realisieren wären. Die Mehrzahl der auf der Erde lebenden Menschen ist überzeugt, daß dieses Ziel nur durch eine Weltrevolution erreicht werden kann. Vernunftgemäß wäre das System unserer nationalen und internationalen Politik erst dann, wenn es der Aufgabe gewachsen wäre, auf friedlichem Wege einen Zustand herbeizuführen, der die Verbreitung von Revolutionskriegen über immer weitere Teile der Welt dadurch verhütet, daß er sie überflüssig macht.

2. Da keines der großen Weltprobleme im nationalen Rahmen gelöst werden kann, fordert die Vernunft den raschen Ausbau von supranationalen Systemen und einen entsprechenden Abbau der nationalen Souveränitäten. Der gegenwärtigen internationalen Ordnung liegt die Vorstellung zugrunde, es sei vernünftig und naturgemäß, die Erdoberfläche in Parzellen aufzuteilen, die wir als staatliche Territorien bezeichnen, und den Regierungen, die diese Territorien verwalten, die Verfügungsgewalt über ihre Bewohner und Bodenschätze einzuräumen. Dieses Schema der Verwaltung der Erde widerspricht sowohl der Struktur der technischen Systeme wie den elementaren Lebensbedürfnissen unserer Welt. Es läßt sich nicht mit den Prinzipien der Ökonomie in Einklang bringen und steht in unauflösbarem Konflikt mit den Geboten der Gerechtigkeit und Humanität. In einer internationalen Sozietät ließen sich ganz andere Formen der politischen Ordnung denken; sie gelten heute insgesamt als utopisch. Technische Utopien werden Jahr für Jahr in atemberaubendem Umfang realisiert. Aber die menschliche Vernunft kapituliert einstweilen vor der Realisierung jener politischen und gesellschaftlichen Utopien, durch deren Ausführung für die technischen Utopien erst der unent-

behrliche Unterbau geschaffen würde. Es stellt sich die Frage, wie lange die Welt es sich leisten kann, im Bereich von Wissenschaft und Technik rational und utopisch, aber im Bereich von Politik und Gesellschaft reaktionär und irrational zu denken.

3. Je mehr sich Wissenschaft und Technik entwickeln, desto mehr steigen auch die intellektuellen und moralischen Anforderungen an die gesamte Erdbevölkerung in allen ihren sozialen Schichten. Zur Zeit sind nicht einmal die Industriestaaten in der Lage, die Bildungssysteme so schnell auszubauen, daß die geistige Entwicklung ihrer Bürger der technischen Entwicklung zu folgen vermag. Noch ernstere Aspekte der Bildungskrise der technischen Welt treten zutage, wenn man sie nicht im nationalen Rahmen sondern im Weltzusammenhang untersucht. Der Prozentsatz von Menschen mit völlig ungenügender Bildung wird immer größer, weil die Bildungssysteme nicht proportional zum Wachstum der Erdbevölkerung expandiert werden können. Deshalb fehlt vor allem die untere Mittelschicht, von der die gesamte Substruktur der technischen Welt getragen wird. Keine der Aufgaben, von denen bis jetzt die Rede war, kann gelöst werden, wenn das Weltdefizit an Bildung nicht überwunden wird. Dazu sind aber nicht nur riesige Investitionen erforderlich; es bedarf auch einer Entwicklungshilfe durch Menschen, die alle bisherigen Planungen sprengt. In einer vernunftgemäß organisierten Welt müssen auch die Bildungsmonopole der hochentwickelten Länder aufgebrochen werden.

Aus diesen Überlegungen ergibt sich eine sehr einfache Beschreibung der Struktur der technischen Welt, in der wir leben. Die gewaltige Expansion der wissenschaftlichen und technischen Möglichkeiten, deren Zeugen wir sind, vollzieht sich inmitten eines hochgradig irrationalen Zustandes der politischen und gesellschaftlichen Systeme unserer Welt. Die Wissenschaften, die den Fortschritt tragen, sind den politischen und gesellschaftlichen Problemen gegenüber blind. Die Anstrengungen, die unternommen werden, um der Vernunft auch in der Organisation des menschlichen Zusammenlebens zum Sieg zu verhelfen, sind mutlos, phantasielos und unzureichend. Aber die großen Weltprobleme lassen sich nicht dadurch zum Verschwinden bringen, daß man vor ihnen die Augen verschließt. Die zentralen Zukunftsaufgaben unserer Welt liegen nicht auf dem Gebiet von Wissenschaft und Technik sondern auf dem Gebiet der Politik.

3. Die Erhaltung des Weltfriedens

Im zweiten Kapitel habe ich zu zeigen versucht, daß die Ernährung, die Wasserversorgung und die Energieversorgung der Menschheit nur gesichert werden können, wenn es gelingt, mit einem riesigen technischen Aufwand eine künstliche Welt zu errichten, in der die Reserven der Erde mit wissenschaftlichen Methoden erschlossen und ökonomisch verwaltet werden. Damit bestätigte sich die These des ersten Kapitels, daß die Menschheit heute gezwungen ist, ihre eigene Zukunft zu produzieren. Wir können diese These aber jetzt präziser fassen: die Menschheit ist um ihrer Erhaltung willen gezwungen, die gesamte Erde, und nicht nur einige Kulturlandschaften, in eine zweite, künstliche, von menschlicher Vernunft regierte Natur zu verwandeln. Berücksichtigt man die technologischen und sozialen Bedingungen der verschiedenen Regionen, so wird dies nicht durch technische Großsysteme sondern durch „soft technologies" zu leisten sein. Eine solche Anstrengung kann aber nur gelingen, wenn für das Zusammenleben der Völker ein politischer Rahmen geschaffen wird, dessen Struktur sich radikal von der Struktur aller bisherigen politischen Systeme unterscheidet. Zum erstenmal in ihrer Geschichte ist die Menschheit vor die harte Alternative gestellt, entweder dem Gebot der Not zu folgen und ihre geschichtlichen Traditionen zu überwinden, oder eine Verkettung von Katastrophen herbeizuführen, die dann Hunderten von Millionen Menschen das Leben kosten und alle bisherigen Traditionen nicht umgestalten, sondern vernichten würden. Tertium non datur – eine dritte Möglichkeit gibt es nicht.

Wir wissen nicht, ob die Menschheit reif genug ist, um diese Situation zu erkennen und entsprechend zu handeln. Jedenfalls aber ist es ein müßiges Unterfangen, dem Ernst dieser Frage dadurch auszuweichen, daß man sich in optimistischen oder pessimistischen Vermutungen ergeht. Jeder von uns kann die Chancen, daß das große Spiel um die Zukunft gewonnen wird, dadurch verbessern, daß er sich an dem universalen Bewußtseinswandel, der von uns gefordert wird, aktiv beteiligt. Der erste Schritt der heute gebotenen Aktion ist ein Schritt der nüchternen Erkenntnis. Wir müssen aus dem unbestimmten Bereich alles dessen, was in Zukunft möglich ist, die Elemente ausgrenzen, die unausweichlich sind und deshalb heute schon als Realitäten gelten können. Aus diesen Realitäten der zukünftigen Welt müssen wir dann die Direktiven für das gegenwärtige politische Handeln ableiten.

Diese Form der Betrachtung politischer Sachverhalte ist ungewohnt. Wir lassen uns in unserem politischen Denken durch Traditionen und überkommene Vorurteile und durch die Oberflächenphänomene des gegenwärtigen Weltzustandes bestimmen. Jeder Versuch, die Gesamtverfassung unserer politischen Welt von der Zukunft her zu betrachten, wird als utopisch und unrealistisch beiseite geschoben, denn die Zukunft gilt noch immer als ein unberechenbarer Bezirk, in dem wir zwar unsere Wünsche und Hoffnungen spielen lassen dürfen, der aber der Erkenntnis verschlossen ist. Die Zukunft hat uns jedoch schon bei der ersten flüchtigen Analyse des Zusammenhanges von Welternährung, Weltwasserversorgung und Weltenergieversorgung ein Gesicht zugewandt, vor dem wir erschrecken und vor dem die meisten von uns die Augen verschließen. Sie enthält nicht nur das, was kommen kann, und wo wir frei sind zu hoffen und zu wünschen; sie enthält auch das, was unter den gegebenen Bedingungen kommen muß, und was wir deshalb heute schon zu akzeptieren haben, falls wir uns nicht entschließen, die Bedingungen zu verändern. Es läßt sich berechnen, welche Katastrophen eintreten müssen, wenn es uns nicht gelingt, die politische Welt radikal, das heißt von ihren Fundamenten her umzugestalten. Es läßt sich zwingend demonstrieren, welche Maßnahmen erforderlich sind, um die Existenz der Menschheit auf diesem Erdball zu erhalten, und es läßt sich ebenso zwingend erweisen, daß diese Maßnahmen im gegenwärtigen Gefüge der Weltpolitik nicht durchführbar sind. Wir sind hier nicht auf unbestimmte Annahmen und fragwürdige Prognosen angewiesen, sondern es gibt eine ganze Reihe von harten Fakten der zukünftigen Welt, die man erkennen kann, wenn man den Mut dazu besitzt.

Eine Politik, die realistisch sein will, muß mit diesen zukünftigen Realitäten nicht anders rechnen als mit den gegenwärtigen Gegebenheiten. In der technischen Welt muß sich die Politik der Priorität der großen Zukunftsaufgaben unterwerfen. Das ist die Form, in der das politische Handeln von jener qualitativen Veränderung der gesamten Geschichte ergriffen wird, von der im ersten Kapitel die Rede war. Man kann diese Veränderung daran ablesen, in welchem Umfang rationale Planung in den vergangenen fünfzehn Jahren zu einem bestimmenden Faktor der politischen Willensbildung geworden ist. Die technische Welt ist möglich nur als eine geplante Welt; jede Planung nimmt aber die Zukunft vorweg und ist auf die Zukunft ausgerichtet. Wenn es wahr ist, daß die technische Welt nur als geplante Welt konstruiert werden kann, so muß die Planung auch die politische Substruktur für diese Welt ergreifen. Dadurch werden wir aber gezwungen, das gegenwärtige System der Weltpolitik unter einem Gesichtspunkt zu betrachten, der uns noch fremd und ungewohnt ist, und von dem aus sich höchst unerwartete Perspektiven des politischen Denkens und Handelns ergeben könnten.

Wir sind nämlich heute genötigt, die politischen Systeme, in denen wir leben, auf ihre technische Funktionsfähigkeit, also auf ihre Rationalität hin zu prüfen. Das bedeutet, daß die kritische Analyse in eine Schicht der politischen Realitäten vordringen muß, die man bisher zu wenig bedacht hat. Es ist hier nicht möglich, eine solche Analyse in ihrer vollen Breite durchzuführen; wir beschränken uns auf die Frage nach den Bedingungen des Weltfriedens.

Eine Krankheit kann man nur besiegen, wenn man ihre Ursachen beseitigt. Es ist deshalb höchst unwahrscheinlich, daß es gelingt, den Frieden zu erhalten, solange die Welt an einem politischen System festhält, das so gebaut ist, daß es unablässig neue Konflikte produzieren muß, und das die technischen Möglichkeiten besitzt, diese Konflikte militärisch auszutragen. Wenn man den Krieg verhindern will, muß man den Krieg technisch unmöglich machen und die Konflikte so kanalisieren, daß sie in anderen Formen ausgekämpft werden können. Wir fragen deshalb: Was sind die Ursachen von Kriegen?

Kriege werden immer von Staaten geführt. Wenn es keine Staaten gibt, so gibt es zwar immer noch mannigfaltige und zum Teil höchst bösartige Formen der Gewaltausübung, aber es gibt keinen Krieg. Die Anarchisten haben daraus seit jeher geschlossen, man brauche die Staaten und ihre Herrschaftssysteme nur zu beseitigen, und die Menschheit wäre von der Geißel des Krieges befreit. Aber so einfach ist die Sache nicht; denn die staatliche Organisation der Macht ist im technischen Zeitalter aus Gründen, auf die ich später eingehen werde, noch unumgänglicher geworden, als sie es in den bisherigen Epochen der Geschichte schon war. Die in den Wohlstandsgesellschaften der hochentwickelten Industrienationen weit verbreitete Verketzerung des Staates ist nur so lange legitim, als sie sich gegen bestimmte Formen der staatlichen Ordnung und Verwaltung richtet; wendet sie sich gegen den Staat überhaupt, so ist sie der Ausdruck einer nicht zu verantwortenden Leichtfertigkeit. Wir müssen also präziser fragen, welche Konstruktionsfehler in dem System der Staaten dazu führen, daß die Staaten, die der Erhaltung der Gesellschaft dienen sollen, in der bisherigen Geschichte zwangsläufig immer wieder dazu getrieben wurden, sich wechselseitig anzugreifen und zu verwüsten. Der Widerspruch, der sich hier auftut, tritt schon im öffentlichen Recht zutage. Ein Staat ist idealtypisch als ein geschlossenes System konstruiert. Die Sphäre innerhalb dieses Systems ist scharf gegen die Sphäre außerhalb des Systems abgegrenzt. Nach innen beruht jeder Staat auf einer Rechtsordnung. Deshalb ist es im Innern der Staaten verboten, politische Konflikte mit Waffengewalt auszutragen. Aber nach außen hin ist es dem souveränen Staat unter gewissen völkerrechtlichen Einschränkungen, die wir hier übergehen können, weil sie meistens mißachtet werden, gestattet, im Interesse der Staatsraison von den Waffen Gebrauch zu machen. Deshalb gibt es militärische Macht. Es gibt militärische Macht, weil der souveräne Staat in seinen internationalen Beziehungen keine übergeordnete Instanz anerkennt, die ihm das Recht der letzten Entscheidung über Krieg und Frieden abnehmen dürfte. Es gibt Kriege, weil wir in einer internationalen Ordnung leben, die den Staaten nach außen hin die Anwendung jener Waffengewalt konzediert, die sie im Inneren mit gutem Grund verbieten. Wie kommt es zu diesem Widerspruch?

Das hat geschichtliche Ursachen, an die ich hier nur flüchtig erinnern kann. Die Grundvorstellungen, nach denen unsere politische Welt bis heute organisiert ist, haben sich schon in vorgeschichtlicher Zeit durch eine Revolution der Menschheitsentwicklung vorbereitet, die ebenso einschneidend war wie die wissenschaftlich-technische Revolution, die wir jetzt erleben. Die erste große Wende in der Geschichte der Menschheit vollzog sich beim Übergang von der Jäger- und Hirtenkultur zum Ackerbau und damit zur Seßhaftigkeit der Menschen. Sei jenem Zeitpunkt haben sich in einem lange währenden Prozeß alle politischen Ordnungen den durch die agrarischen Lebensverhältnisse vorgezeichneten Strukturen eingefügt; sie haben sich zu territorialen Ordnungen entwickelt, und die Vollendung dieser Territorialisierung der politischen Verhältnisse ist der Staat. Der Staat ist seinem Wesen nach Territorialstaat. Er ist durch geographische Grenzen umrissen, und wir können nur deshalb den Bereich der inneren Ordnung des Staates eindeutig von seinen internationalen Beziehungen unterscheiden, weil es möglich ist, eindeutig anzugeben, was innerhalb und was außerhalb seiner geographischen Grenzen liegt. Im 20. Jahrhundert wurde dieses Ordnungsprinzip, das sich in früheren Epochen nur auf einem Teil der Erdoberfläche durchgesetzt hatte, über den ganzen Erdball ausgedehnt. Die Welt organisierte sich nach dem Schema der „Vereinten Nationen". Schon bei der Betrachtung der Faktoren, die dem vernunftgemäßen Aufbau einer künstlichen Welt entgegenstehen, stießen wir auf dieses Phänomen, das weniger selbstverständlich ist, als es uns erscheint. Die gesamte Erdoberfläche ist in Territorialstaaten parzelliert, und der Theorie nach hat die Regierung jedes dieser Staaten die souveräne Verfügungsgewalt über die Menschen und Bodenschätze ihres Territoriums. Der Theorie nach herrschen also heute auf dem ganzen Erdball die politischen Verhältnisse, die sich in der Neuzeit in West- und Mitteleuropa ausgebildet haben. An der neuzeitlichen Geschichte Europas läßt sich nun gut studieren, aus welchen Gründen ein so organisiertes Staatensystem fortwährend Kriege produzieren muß. Die Staaten sind zwar als geschlossene Systeme entworfen; aber um wirklich ein geschlossenes System sein zu können, müßte ein Staat nicht nur autonom, er müßte auch autark sein. Da sich das Ideal der Autarkie aber sogar in vorindustriellen Zuständen niemals vollständig realisieren ließ, hatte jeder Staat das Bedürfnis, sich – wie man zu sagen pflegte – zu „arrondieren", das heißt, sich Stücke der Territorien angrenzender Staaten einzugliedern. Die überwiegende Mehrzahl der Kriege in der europäischen Geschichte wurde um den Besitz von Territorien geführt. Die ideologischen Motivationen dienten als Maske.

Durch die Entwicklung von Technik und Industrie wurde den Territorialstaaten die Basis in den realen Verhältnissen entzogen. Die Wirtschaft des technischen Zeitalters hat sich von der überkommenen Grundlage der Agrarwirtschaft gelöst. Sie ist auf der neuen Grundlage von Industrie und Technik zur Weltwirtschaft geworden, und das hat zur Folge, daß selbst die Superstaaten nicht mehr autark sind. Ihre Macht beruht auf technischen und industriellen Systemen, die nicht an das Territorium gebunden sind, sondern große Distrikte umspannen. Aber auch kleine Staaten, wie etwa Holland und die Schweiz, leben nicht von dem Ertrag ihres Territoriums sondern von ihrem Anteil an der Weltwirtschaft. Das bedeutet, daß ein großer Teil der Ressourcen, auf denen die faktische Existenz eines Staates beruht, der direkten Verfügungsgewalt der Regierung dieses Staates entzogen ist. Schon heute verdanken die Völker und Staaten ihren Bestand einer internationalen Verflechtung, die zwar die adäquaten Rechtsformen noch nicht gefunden hat und deshalb höchst zerbrechlich ist, die aber trotzdem die wirtschaftlichen und politischen Verhältnisse mindestens ebenso bestimmt wie die Jurisdiktion der einzelnen Staaten.

Noch deutlicher läßt sich an den militärischen Verhältnissen demonstrieren, daß der Territorialstaat zur Fiktion geworden ist. Solange die Reichweite der Waffen auf wenige Kilometer beschränkt war, bildete in der Tat das Territorium die Basis der gesamten Kriegführung. Ein Krieg brach aus, wenn die Grenzen eines Staates von feindlichen Truppen überschritten wurden; und das Militär hatte den Auftrag, die Grenzen des Vaterlandes zu sichern und dadurch vor dem Feind zu schützen. Schon durch die Luftkriege und erst recht durch die Raketen ist diese territoriale Form der Kriegführung außer Kraft gesetzt worden. Ein Staat kann heute durch den Einsatz nuklearer Waffen einen weit abgelegenen anderen Staat, ja sogar einen anderen Kontinent vernichten, ohne daß sich ein einziger Soldat in Bewegung setzt. Es ist nicht mehr möglich, Territorien zu verteidigen, und der Gedanke des Schutzes der Zivilbevölkerung hat jeglichen Sinn verloren, wenn aus Flugzeugen Napalm auf das Hinterland regnet. Im Zeitalter der technischen Vernichtungswaffen ist es nicht möglich, an Formen der politischen Ordnung festzuhalten, die sich ausgebildet haben, als man noch mit Vorderladern und Feldschlangen kämpfte.

Nach diesen Überlegungen wird es uns leichter, die Frage zu präzisieren, was geschehen sollte, um in Zukunft Kriege zu verhindern. Den Territorialstaaten muß die Verfügungsgewalt über alle Waffen entzogen werden, deren Einsatz die Grenzen der territorialen Anwendung überschreiten könnte. Eine solche Entwicklung ist bereits im Gange, und die Bundesrepublik Deutschland kann als Beispiel dienen. Die Bundesrepublik erfüllt die Forderung, die wir eingangs aufgestellt haben: es ist ihr technisch unmöglich, einen nationalen Krieg zu führen, weil der größte Teil ihrer Truppen einem supranationalen Kommando unterstellt ist. Das gleiche gilt für die Ostblockstaaten mit Ausnahme von Rußland. Ihr Verteidigungssystem ist supranational, und es hat sich auch im Osten bereits herausgestellt, daß die Integration der militärischen Macht in ein supranationales System, also ihre Ausgliederung aus der souveränen Verfügungsgewalt einer

Regierung, die politische Bewegungsfreiheit weniger beeinträchtigt, als man in der bisherigen Geschichte annahm. Durch die Ausbildung einer Pluralität von supranationalen Verteidigungssystemen ist zwar das Problem, vor dem wir stehen, noch nicht gelöst, denn diese größeren Systeme sind in der Lage, gegeneinander Krieg zu führen. Aber der erste Schritt ist praktisch schon vollzogen. Es ist nämlich bewiesen, daß es möglich ist, die Verfügungsgewalt über die militärische Macht aus dem Bereich der souveränen Kompetenzen der einzelnen Staatsregierung auszugliedern, ohne die Organe des Staates zu zerstören. Ein Staat wird immer Polizeitruppen brauchen; aber die Meinung, daß er zusammenbricht, wenn er nicht mehr in der Lage ist, selbständig Krieg zu führen, kann trotz de Gaulle in der technischen Welt nur als ein Atavismus gelten.

Wichtiger ist die Frage, in welcher Form der nächste Schritt, nämlich der Abbau der supranationalen Militärsysteme, erfolgen könnte. Er kann erfolgen, wenn sich die Erkenntnis durchsetzt, daß sie zwecklos sind. Ein Militärsystem dient entweder dem Angriff oder der Verteidigung. Es kann außerdem zur politischen Erpressung benutzt werden; dazu wird später noch ein Wort zu sagen sein. Zu einem Angriffskrieg entschließt man sich nur, wenn man annimmt, dadurch etwas gewinnen zu können. Man kann dabei verblendet sein. Es war schon 1939 ein Wahnsinn, zu glauben, daß es sich lohnen würde, zum Zweck der Eroberung von Danzig und dem polnischen Korridor einen Weltkrieg zu entfesseln. Aber immerhin konnte man sich noch eine Chance ausrechnen. Inzwischen hat die Entwicklung der atomaren, biologischen und chemischen Waffen einen Zustand herbeigeführt, in dem niemand mehr der Illusion verfallen kann, daß ein Angriffskrieg sich auszahlen würde. Zum Angriff ist die militärische Macht nicht mehr zu gebrauchen. Noch einschneidender ist die Erkenntnis, daß die Militärsysteme auch für den Zweck der Verteidigung weitgehend nutzlos geworden sind. Diese Erkenntnis wird systematisch unterdrückt, denn wenn sie sich allgemein Bahn brechen würde, wären die Steuerzahler nicht länger bereit, die Mittel für den Militärhaushalt aufzubringen. Sie ist trotzdem nicht zu bestreiten. Gegen nukleare Raketen gibt es bisher keine Verteidigung. Man kann diesen Satz durch den Hinweis auf die ABM-Systeme in Frage stellen und gelangt nach einer endlosen Diskussion über Radarnetze, Warnzeiten und die Strategie der Abschreckung am Ende wie-

der zum gleichen Resultat. Würde aber eine wirksame Verteidigung erfunden, so wäre sie vermutlich so kostspielig, daß die Staaten, die sie aufbauen wollten, auch ohne Krieg unter der finanziellen Last zusammenbrechen müßten. Ich behaupte darüber hinaus, daß ein technisch hochentwickelter Staat auch einem konventionellen Krieg nicht gewachsen ist. Wenn neben jedem Haus ein Öltank im Garten vergraben liegt, wirken schon konventionelle Luftangriffe tödlich. Und wenn jeder einzelne Haushalt in eine totale Abhängigkeit von höchst verletzlichen technischen Versorgungseinrichtungen geraten ist, führen schon beschränkte Kriegshandlungen zum Kollaps jeglicher Ordnung.
Ist aber ein Militärsystem weder für den Angriff noch für die Verteidigung mehr zu gebrauchen, so bleibt nur noch der Zweck, dem die großen Militärbündnisse heute faktisch dienen: der Zweck der politischen Erpressung. Man kann mit diesen Instrumenten Poker spielen; wenngleich die Frage erlaubt sein muß, ob der mögliche Gewinn die Kosten für den Aufwand noch zu decken vermag.
Hier setzt aber eine ganz andere Überlegung ein. Die große Auseinandersetzung um die Machtposition in der heutigen Welt wird in den Entwicklungsländern ausgetragen. Die Vorherrschaft wird dem politischen System zufallen, das in den Entwicklungsländern den stärksten Einfluß erringt. Dort ist mit bloßer Propaganda auf die Dauer wenig zu erreichen, denn diese Länder sind auf reale Hilfe angewiesen und werden immer mehr gezwungen sein, sich für die Politik zu entscheiden, die ihnen die größten Entwicklungschancen bietet. Nun ist schon heute unverkennbar, daß auch die Supermächte die doppelte Last der militärischen Rüstung und der Entwicklungshilfe nicht zu tragen vermögen. Entscheiden sie sich für die Rüstung, so berauben sie sich dadurch der wirksamsten Mittel einer effektiven Machtpolitik in der Dritten Welt. Damit hat sich aber die militärische Macht ad absurdum geführt. Denn wenn die Verfügungsgewalt über Waffensysteme die Entfaltung realer Macht nicht steigert, sondern verhindert, hat der Besitz dieser furchtbaren Instrumente den Wert, den man ihnen noch zumißt, verloren. Gewiß ist die Vorstellungswelt der Völker und ihrer Regierungen noch immer in den Vorurteilen einer versunkenen Geschichtsepoche befangen. Aber die Tatsachen setzen sich gegen den Nebel der Fiktionen auf die Dauer durch. Wenn das erreicht ist, verwandelt sich die Forderung, die Welt müsse so eingerichtet werden, daß der Ausbruch von Kriegen tech-

nisch nicht mehr möglich ist, aus einer politischen Utopie in eine organisatorische Aufgabe, die lösbar ist.

Wie ist dieser Bewußtseinswandel zu erreichen? Die bloße Vernunft ist in der heutigen Welt zu schwach, um die Struktur der Staaten zu verändern und die großen Militärmaschinen abzubauen. Aber die Menschheit wird von der Not in die Zange genommen; sie wird zur Einsicht gezwungen werden. Der Hunger und die Verelendung des wachsenden Weltproletariats haben inzwischen eine neue furchtbare Form des Krieges entstehen lassen, gegen die sich die großen Militärsysteme als machtlos erweisen. Die neue Form des Krieges ist nicht der Krieg zwischen Staaten sondern der nach Taktik und Strategie des Guerillakampfes geführte Bürgerkrieg, an dem sich die konkurrierenden Staaten nur aus dem Hintergrund durch Waffenlieferungen, Agitation und diplomatische Hilfestellung beteiligen. Es ist die welthistorische Bedeutung des Vietnam-Krieges, daß dort die militärische Nutzlosigkeit der überdimensionalen Waffensysteme des technischen Zeitalters demonstriert worden ist. Besiegt wurden durch diesen Krieg die Computer. Widerlegt wurde der blinde Glaube, daß menschliche Vernunft sich durch technische Rationalität und Übermacht der Mittel ersetzen läßt. Die Kehrseite der Übermacht der Technik ist die Machtlosigkeit. Nachdem die Welt dies in Vietnam erfahren hat, ist damit zu rechnen, daß sich das Feuer des Bürgerkrieges, der nicht nur die technischen Waffensysteme sondern auch jede staatliche Ordnung unterläuft, über weite Teile der Erde ausbreiten wird. Dadurch, daß man den großen Krieg technisch unmöglich macht, wird also noch lange nicht der Friede hergestellt. Im Gegenteil: die Zeit der klassischen Kriege wird uns im Rückblick wie eine Idylle erscheinen. Wie aber ist der Bürgerkrieg zu bekämpfen? Mit Waffen wird man seiner nicht Herr. Keine Weltpolizei wäre mächtig genug, das Feuer des Weltbürgerkrieges zu ersticken. Auch diese neue Form der politischen Krankheit läßt sich nur dadurch überwinden, daß man ihre Ursachen beseitigt. Wir sind damit zu dem gleichen Resultat gelangt, wie es sich im Zusammenhang unserer Überlegungen zum Aufbau einer künstlichen Welt ergeben hatte. Die wichtigsten Ursachen der Bürgerkriege sind Hunger, Ausbeutung und soziale Ungerechtigkeit in der heutigen Welt. Der Krieg ist nicht die einzige Form der Anwendung von brutaler Gewalt. Es gibt auch die lautlose Gewalt der Unterdrückung durch kapitalistische, feudale oder sozialistische Herrschaftssysteme. Sie kostet nicht weniger

Menschenleben als die großen Vernichtungsschlachten und Völkermorde dieses Jahrhunderts und provoziert den Bürgerkrieg. Deshalb läßt sich der Bürgerkrieg nicht mehr durch Waffen sondern nur durch positive Kräfte des Friedens überwinden. Man muß eine internationale Rechtsordnung schaffen, die auch die lautlose Gewalt in ihre Schranken weist und die zentralen Weltprobleme zu lösen erlaubt. Das größte dieser Weltprobleme ist der Hunger. Deshalb werden wir im nächsten Kapitel das Thema der Welternährungskrise wieder aufgreifen müssen.

4. Welternährung, Geburtenkontrolle und Bevölkerungslenkung

In den drei ersten Kapiteln habe ich versucht, die Umrisse des Rahmens zu skizzieren, in den wir alle Überlegungen über die Zukunft des Menschengeschlechtes, alle Prognosen und alle Planungen, alle Zielsetzungen und alle Wünsche einzuordnen haben. Das erste Kapitel sollte zeigen, daß die Menschheit heute gezwungen ist, in bewußter Erkenntnis der möglichen Folgen ihres gegenwärtigen Handelns die Verantwortung für ihre zukünftige Geschichte zu übernehmen. Sie muß ihre Zukunft selbst produzieren. Das geschieht, wie das zweite Kapitel ausgeführt hat, durch den planmäßigen Aufbau jener künstlichen Welt, die allein noch fähig ist, der wachsenden Menschheit einen Lebensraum zu gewähren. Diese künstliche Welt kann, wie das dritte Kapitel zeigte, nur eingerichtet werden, wenn die Erhaltung des Weltfriedens garantiert ist. Die einzig wirksame Garantie des Weltfriedens wäre eine politische Ordnung, die es den Staaten technisch unmöglich macht, Kriege zu führen. Aber durch die Verhinderung von Kriegen ist noch nicht der Friede hergestellt. Infolge der wachsenden Verelendung und des Hungers in der Welt droht vielmehr eine neue Form von Gewalt: der Weltbürgerkrieg, gegen den die großtechnischen Waffensysteme machtlos sind. Die hier ausbrechende Gewalt ist selbst schon durch Gewalt provoziert: durch die offene Gewalt der Polizeistaaten und Militärdiktaturen oder durch die lautlose Gewalt des erzwungenen Elends, der Ausbeutung und der Unterdrückung. Man kann sie deshalb nicht mit Gewalt bekämpfen, man muß ihre Ursachen beseitigen. Die schlimmste dieser Ursachen ist der Hunger. Deswegen müssen wir uns in einem nächsten Schritt dem Problem der Welternährung und den damit zusammen-

hängenden Problemen der Geburtenkontrolle und der Bevölkerungslenkung zuwenden.
Zunächst ist es nötig, daß wir uns kurz die wichtigsten Tatsachen vergegenwärtigen. Die Zahl der heute (1968) lebenden Menschen beträgt etwa 3,5 Milliarden. Die Zuwachsrate, die in den drei Jahrhunderten der Neuzeit von ungefähr 4 pro Tausend im Jahr auf 10 pro Tausend allmählich anstieg, hat sich infolge der Einwirkung der Wissenschaft sprunghaft erhöht und jetzt die Zahl von 20 pro Tausend erreicht. Deshalb werden 1975 fast 4 Milliarden, 1985 etwa 5 Milliarden und im Jahr 2000 nach zurückhaltender Schätzung 6,1 Milliarden, nach anderen Schätzungen über 7 Milliarden Menschen auf der Erde leben. Das bedeutet, daß sich die Erdbevölkerung zwischen 1960 und 2000 etwa verdoppeln wird.
Der Zuwachs der Erdbevölkerung verteilt sich nicht gleichmäßig über die Kontinente. In den Entwicklungsländern beträgt die Geburtenrate zwischen 30 und 50 pro Tausend, während sie in den meisten Industrienationen zwischen 17 und 23 pro Tausend liegt. Die Bevölkerung wächst also in jenen Ländern am schnellsten, die ökonomisch, gesellschaftlich und politisch am wenigsten in der Lage sind, diesen Zuwachs zu bewältigen. Im Jahr 1970 werden in den hochentwickelten Staaten 1,1 Milliarden Menschen, in den weniger entwickelten Staaten 2,5 Milliarden Menschen leben. Im Jahr 2000 hingegen stehen 1,4 Milliarden der hochentwickelten Staaten 4,7 Milliarden in den Entwicklungsländern gegenüber. Die volkreichsten Länder der Dritten Welt sind China, Indien, Pakistan, Indonesien, Brasilien, Nigeria und Mexiko. In diesen sieben Ländern leben 48% der Erdbevölkerung.
Es ist statistisch nachgewiesen, daß der schnelle Bevölkerungszuwachs nicht auf ein Steigen der Geburtenraten in den Entwicklungsländern zurückzuführen ist; die Geburtenraten bleiben auf gleicher Höhe, oder sie fallen sogar leicht. Die Bevölkerungsvermehrung erklärt sich vielmehr durch den starken Rückgang der Sterberaten, den wir der Medizin und Hygiene verdanken. Die sogenannte Bevölkerungsexplosion ist also eine mittelbare Folge der Einwirkung der Wissenschaft. Bei der gemäßigten Schätzung, nach der die Weltbevölkerung im Jahr 2000 auf 6,1 Milliarden Menschen angestiegen sein wird, ist bereits eingerechnet, daß familienplanerische und bevölkerungspolitische Programme ihre Wirkung zeigen. Rechnet man mit einer konstanten Vermehrung, so wären 7,5 Milliarden Menschen

für das Jahr 2000 zu erwarten. Man sieht daraus, daß auch eine systematische Geburtenkontrolle den etwa 1980 einsetzenden kumulativen Effekt der Bevölkerungsvermehrung nur zum Teil eindämmen kann. Wie wirkt sich diese demographische Entwicklung auf die Ernährungslage aus? Früher hatten die Entwicklungsländer erhebliche Exportüberschüsse an Nahrungsmitteln; darauf beruht die überkommene Vorstellung von der weltwirtschaftlichen Arbeitsteilung zwischen Industrie- und Agrargebieten. In den Jahren 1920 bis 1960 hat sich aber die Bevölkerung dieser Länder um 830 Millionen Menschen vermehrt, und dieses Wachstum setzt sich rapide fort. Hingegen hat die Erweiterung der Anbauflächen, die in den letzten Jahrzehnten eine Steigerung der Nahrungsmittelproduktion erlaubte, jetzt ihre Grenzen erreicht; zusätzliche Anbauflächen könnten nur mit großem technischen Aufwand erschlossen werden, für den in vielen dieser Länder die Voraussetzungen fehlen. Deswegen herrscht Hunger. Etwa 20% der Bevölkerung der Entwicklungsländer leiden an Unterernährung, das heißt, sie hungern oder verhungern. Etwa 60% leiden an Mangelernährung. In unseren Ländern stehen pro Kopf und Tag 45 g Protein tierischer Herkunft zur Verfügung, in den Entwicklungsländern nur 9,5 g. Von 53% der Weltbevölkerung werden nur 28% der Gesamtmenge an Nahrungsmitteln verbraucht. Das umgekehrte Verhältnis zeigt sich in den industrialisierten Regionen: ein knappes Drittel der Menschheit verfügt über zwei Drittel der anfallenden tierischen Nahrungsmittel. Der qualitative Nahrungsmangel, also der Mangel an Vitaminen und Mineralstoffen, vor allem aber an Proteinen, hat neben spezifischen Mangelkrankheiten körperliche und geistige Leistungsminderungen verschiedenen Grades zur Folge. Die hungernde Mehrheit der Erdbevölkerung ist durch Krankheit und Schwäche daran verhindert, ihre Lage zu verbessern. Bei Kindern führt die unzureichende Eiweißversorgung zu Entwicklungsstörungen, die später nicht mehr ausgeglichen werden können. Von 950 Millionen Kindern auf der Welt sind 600 Millionen schlecht oder unterernährt. Sollen bei steigenden Bevölkerungszahlen Unterernährung und Mangelernährung überwunden werden, so muß die gesamte Nahrungsmittelerzeugung in den Entwicklungsländern bis zum Jahr 2000 auf das Vierfache, die Erzeugung tierischer Nahrung sogar auf das Sechsfache gesteigert werden[17].

---

[17] Zwischen dem Abschluß des Manuskriptes von „Mut zur Utopie" und dem Erschei-

Die Unterernährung in diesen Ländern erklärt sich zu einem großen Teil daraus, daß die Agrarerzeugung im Vergleich zu den Leistungen der Landwirtschaft der Industrienationen außerordentlich niedrig ist. Das hat eine ganze Reihe von Gründen:
1. Es fehlen industrielle Produktionsstätten für die technischen Hilfsmittel, die man zur Steigerung des Ertrages braucht. Neben Acker-

nen dieses Bandes sind fast fünfundzwanzig Jahre vergangen. Die Herausgeber haben deshalb ihren wirtschaftswissenschaftlichen Kollegen, Hans Diefenbacher, gebeten, die Prognosen von GP kritisch zu prüfen. Er schreibt u. a.: „Die Bevölkerungsprognosen, die Picht zitiert, waren ziemlich exakt. 1989 gab es 5,2 Milliarden Menschen auf der Welt, die Prognose für das Jahr 2000 liegt bei 6,2 Milliarden. Heute wird über die Projektionen für 2100 diskutiert. Bei Annahme der Abwesenheit von Weltkriegen oder nicht beherrschbarer Seuchen liegen diese Prognosen zwischen 10,2 Milliarden und 14,2 Milliarden Menschen, wobei der wahrscheinlichste Wert bei 11,3 Milliarden liegt. Die Entwicklung der *crude birth rate per 1.000 population* seit den Pichtschen Angaben belegt sehr eindrucksvoll, daß Bevölkerungspolitik Wirkung zeigen kann. Picht gibt korrekt die Zahlen von 1965 an; seitdem hat eine große Differenzierung eingesetzt: *Sub-saharan Africa* liegt im Schnitt unverändert bei 48, *Ostasien* ist von 39 auf 23 herunter, *Südasien* von 45 auf 33, *Lateinamerika* von 40 auf 28. Einige Länder weisen Zunahmen aus: *Äthiopien* von 43 auf 52, *Niger* von 45 auf 51, andere Länder besonders starke Rückgänge: *die Volksrepublik China* von 38 auf 22, *Sri Lanka* von 33 auf 21, *Indonesien* von 43 auf 26. Bei den reichen Ländern liegen mittlerweile viele bei Werten zwischen 10 und 14. Diese so nicht prognostizierte Differenzierung der *crude birth rate* führt dazu, daß die Prognosen über die relativen Anteile der Weltbevölkerung heute noch ungleichgewichtiger ausfallen, als es die von Picht zitierten Prognosen anführen. Für 2025 wird projektiert, daß nur noch 15,8 % der Weltbevölkerung in der ‚Ersten‘ und der ‚Zweiten‘ Welt leben; 1950 waren es noch 32,1 %, 1970 rund 30 %. Wenn man die Angaben von Picht umrechnet, kommt man auf 22,9 % für 2000. – Die Aussage, daß Hunger herrscht, weil die Anbauflächen nicht ausreichen, hat sich inzwischen als falsch erwiesen. Alle Untersuchungen deuten darauf hin, daß es weltweit keinen Mangel an Land geben wird, auf dem man Nahrungsmittel produzieren könnte, selbst wenn die Bevölkerung auf 14 Milliarden Menschen steigen würde. Dies gilt allerdings nur, wenn die Produktion auf vorwiegend vegetarische Nahrungsmittel umgestellt werden würde. In der Welt wurden sowohl 1968 als auch heute genügend Nahrungsmittel produziert, um alle Menschen ausreichend zu ernähren. Wenn trotzdem heute 500 Millionen Menschen unterernährt sind, ist das ein Problem der Armut und der mangelnden Umverteilung. Diese Fehleinschätzung führt zu der aus heutiger Sicht verfehlten Forderung nach einer überproportionalen Steigerung der Veredelungsproduktion. Heute wird die These vertreten, daß eine ökologisch verträgliche Landwirtschaft, die auf lokale Vermarktung von Grundnahrungsmitteln ausgerichtet ist und deren Überschüsse dazu beitragen können, größere Gebiete jeweils in sich ‚*sustainable*' zu machen, in der Lage wäre, die Weltbevölkerung zu ernähren. Von diesem Ziel sind wir aber, vor allem in Afrika, noch weit entfernt."

geräten, Maschinen und Traktoren fehlen chemische Hilfsmittel, also Düngemittel, Unkrautvertilger, Mittel zur Schädlingsbekämpfung und zur Bekämpfung von Pflanzenkrankheiten. Besonders schwerwiegend ist der Mangel an Mineraldünger. Aber mit all dem wäre noch nichts geholfen, solange kein Infrastruktursystem aufgebaut ist. Eine moderne Agrarwirtschaft braucht Verkehrswege zur Verteilung der Hilfsmittel und der Erzeugnisse. Sie braucht Vermarktungseinrichtungen und Industrien, die durch Konservierungs- und Verpackungsmethoden eine ökonomische Verwertung der Produktion ermöglichen. Das ist rasch aufgezählt, aber man muß sich klarmachen, was es bedeutet. Die gegenwärtige primitive Subsistenzwirtschaft vermag ökonomisch den Übergang zu „zeitgemäßen" Formen der Landwirtschaft nicht selbständig zu leisten. Die Anstöße zu einer Steigerung der Agrarerzeugung müssen aus den übrigen Wirtschaftsbereichen kommen. Deshalb ist die Industrialisierung der Entwicklungsländer, so paradox das zunächst klingen mag, die unabdingbare Voraussetzung für eine Steigerung ihrer Agrarproduktion. Eine Industrialisierung ist auch deshalb nötig, weil nur eine einheimische Industrie die Infrastruktur aufbauen kann, die erforderlich ist. Man hört heute vielfach, die Entwicklungshilfe müsse ganz auf Agrarhilfe umgestellt werden. Das Gegenteil ist richtig: die ökonomischen Impulse für eine Modernisierung der Agrarwirtschaft können nur von einem raschen und richtig abgewogenen Ausbau des industriellen Sektors und des Handels in diesen Ländern ausgehen. Wenn man bedenkt, welche Investitionen allein für den Ausbau der Verkehrswege benötigt werden, so bekommt man eine Vorstellung davon, was wirtschaftlich in wenigen Jahrzehnten geleistet werden muß, oder genauer: schon in den vergangenen Jahrzehnten hätte geleistet werden müssen; denn jetzt ist die Katastrophe teilweise bereits eingetreten, und sie kann unvorstellbare Ausmaße annehmen. Zur Verhütung des Schlimmsten sind Maßnahmen erforderlich, deren Durchführung eine Umverteilung des Reichtums der Welt bedeutet.

2. Eine weitere unabdingbare Voraussetzung für die Modernisierung der Landwirtschaft in den Entwicklungsländern ist eine wirtschaftlich vernünftige Landverteilung. Wenn nicht im Lauf von wenigen Jahren in der Mehrzahl der Länder der Dritten Welt eine radikale Bodenreform durchgeführt wird, sind alle übrigen Versuche, die Welternährungskrise zu überwinden, illusorisch. Bedenkt man, auf welche Schwierigkeiten die Bodenreform schon in einem hochentwickel-

ten Land wie der Bundesrepublik Deutschland stößt, bedenkt man ferner, daß der ganze Vietnam-Krieg hätte vermieden werden können, wenn in Südvietnam rechtzeitig eine Bodenreform durchgeführt worden wäre, so läßt sich ermessen, was diese Forderung bedeutet. Sie bedeutet, daß in einem großen Teil der Welt eine revolutionäre Veränderung der gegenwärtigen gesellschaftlichen Strukturen unvermeidlich ist. Man kann Revolutionen auf dem Wege der Vernunft mit friedlichen Mitteln durchführen. Geschieht das nicht, so werden die hungernden Millionen zum Bürgerkrieg geradezu gezwungen. Es ist – um vorsichtig zu sprechen – eine offene Frage, ob das labile politische und militärische Gleichgewicht unserer gegenwärtigen internationalen Ordnung einen Weltbürgerkrieg überstehen könnte.

3. Kulturell ergibt sich aus der agrarischen Rückständigkeit, daß ein großer Teil der Erdbevölkerung noch in den Lebensverhältnissen der jüngeren Steinzeit befangen ist. Etwa 60% der heutigen Bauern arbeiten noch mit dem Grabstock oder mit primitiven Holzpflügen; schon die Einführung von Eisenpflügen und Zugtieren würde die Verhältnisse revolutionieren. Solange diese primitiven Wirtschaftszustände herrschen, werden die Menschen daran gehindert, auch gesellschaftlich, politisch, religiös und überhaupt in der gesamten Verfassung ihres Bewußtseins aus der Steinzeit herauszutreten. Die Modernisierung der Landwirtschaft kann aber nur gelingen, wenn diese Bauern in wenigen Jahrzehnten Jahrtausende der Kulturentwicklung überspringen. Sie ist nur möglich, wenn eine moderne Verwaltung eingerichtet wird, und wenn die Menschen dazu angeleitet werden, das Land nach rationalen Methoden zu bestellen und sich an die Wirtschafts- und Rechtsformen des 20. Jahrhunderts zu gewöhnen. Dazu braucht man Armeen von Verwaltungsbeamten und Instrukteuren. Ihre Ausbildung ist eine gigantische Aufgabe, auf die ich im sechsten Kapitel noch zurückkommen werde. Es genügt nicht, für die heranwachsenden Kinder Millionen von Schulen zu bauen und mit Lehrern zu versorgen; die Modernisierung der Landwirtschaft kann nur gelingen, wenn in den nächsten zwanzig Jahren auch der Analphabetismus der Erwachsenen überwunden wird; und mit Lesen, Schreiben und Rechnen allein ist es noch nicht getan. Wenn nicht einmal ein hochentwickeltes Land wie die Bundesrepublik die für das Bildungswesen erforderlichen Mittel aufzubringen vermag, so läßt sich ungefähr ermessen, welche Probleme sich stellen und in

welche ökonomischen Größenordnungen man gelangt, wenn man die Kosten kalkulieren will, die für den Aufbau des Bildungswesens in den Entwicklungsländern erforderlich sind. Die Bildungsinvestitionen sind aber für jede Steigerung der landwirtschaftlichen Produktion ebenso unentbehrlich wie die Industrialisierung und die Bodenreform. Hier müssen die hochentwickelten Länder nicht nur durch Geld sondern vor allem durch Hunderttausende von Lehrern helfen. Würden alle Industrienationen auf diesem Feld das Gleiche leisten wie Frankreich, so stünde etwa eine halbe Million Lehrer zur Verfügung. Frankreich hat auf diesem Wege erreicht, daß die französisch sprechenden Länder Afrikas vor anderen Ländern mit gleichen Ausgangsbedingungen einen Vorsprung haben.

Wir haben versucht, uns die Tatsachen vor Augen zu stellen, die man kennen muß, wenn man die Welternährungskrise beurteilen will, um aus ihnen in großen Zügen einige elementare Folgerungen ableiten zu können, die sich mit zwingender Konsequenz ergeben, gleichgültig, wie man sonst die höchst komplexe Problematik beurteilen mag, in die man sich bei jeder detaillierten Diskussion der möglichen Lösungsversuche alsbald verstrickt. Wir bewegen uns hier nicht auf dem Feld unbestimmter Vermutungen sondern in dem Bereich dessen, was unausweichlich ist. Es geht also um jene harten Fakten der Zukunft, von denen ich schon im vorigen Kapitel sagte, daß eine vernunftgemäße Politik sie bereits heute als Realitäten behandeln muß. An den statistischen Zahlen, die ich zu Anfang nannte, ließe sich nur dann etwas ändern, wenn Hunderte von Millionen Menschen dem Hungertod zum Opfer fallen, oder wenn ein Atomkrieg die Erdbevölkerung dezimiert. Katastrophen von einem solchen Ausmaß würden aber eine Erschütterung des internationalen Gefüges zur Folge haben, die auch die hochindustrialisierten Länder so oder so zum Einsturz bringen müßte. Die technische Zivilisation ist auf das Funktionieren der Weltwirtschaft angewiesen; es ist den Industriestaaten nicht möglich, die Schotten dicht zu machen und sich um das Schicksal der hungernden Völker nicht zu kümmern. Jedes Erdbeben in der Dritten Welt überträgt sich sofort auf die überaus empfindlichen Systeme der Industriegesellschaften. Ihre politische und gesellschaftliche Existenz ist mit dem Geschick der übrigen Welt untrennbar verflochten. Die Welt ist faktisch zu einer Einheit geworden, selbst wenn die Völker und die Regierungen das noch nicht begreifen. Deshalb ist die Solidarität der gesamten Menschheit heute nicht nur eine

moralische Forderung, sie ist zu einem in den Strukturprinzipien der technischen Zivilisation verankerten Zwang geworden. Die Überwindung der Welthungersnot ist auch für die reichen und prassenden Länder ein Gebot der Selbsterhaltung. Wenn sie diese Aufgabe nicht zu lösen vermögen, werden sie von dem Strudel selbst verschlungen. Was kann geschehen? Die öffentliche Diskussion dieser Frage wird einstweilen von der Tendenz beherrscht, den gewaltigen Anstrengungen und Opfern, die erforderlich sind, wenn man den Hunger in der Welt überwinden will, dadurch auszuweichen, daß man die Meinung verbreitet, die Welternährungskrise könnte durch eine systematische Geburtenkontrolle bewältigt werden. Bevor wir die Geburtenkontrolle und ihre Möglichkeiten diskutieren, müssen wir uns deshalb klarmachen, was sie erreichen kann und was nicht. Ich habe schon darauf hingewiesen, daß die Bevölkerungsvermehrung nicht durch die Steigerung der Geburtenzahlen, sondern durch eine Senkung der Sterblichkeitsrate, vor allem bei Kindern und Säuglingen, verursacht wurde. Die Menschen, die ernährt werden müssen, sind zum größten Teil schon geboren, und man wird sie nicht dazu zwingen können, überhaupt auf Kinder zu verzichten. Die Statistiken, von denen ich ausging, setzen voraus, daß es einer zielbewußten und konsequenten Bevölkerungspolitik gelingt, das Anwachsen der Menschheit bis zum Jahr 2000 um 1,5 Milliarden zu reduzieren. Das ist eine optimistische Schätzung, und selbst dann wird sich die Erdbevölkerung in diesem Zeitraum nahezu verdoppeln. Durch diese Feststellung wird die Notwendigkeit einer systematischen Geburtenkontrolle nicht eingeschränkt; aber die Probleme rücken in die rechte Proportion. Keine der vorhin aufgezählten Konsequenzen der Welternährungskrise kann durch Geburtenkontrolle verhütet werden.
Trotzdem besteht kein Zweifel, daß die Familienplanung, also eine durch staatliche Bevölkerungslenkung mit allen moralisch vertretbaren Methoden ermöglichte kollektive Geburtenkontrolle, für die Menschheit zur Existenzbedingung geworden ist. Es ist dem Menschen nicht möglich, sich selbst inmitten der künstlichen Welt, die er aufbaut, in seinem generativen Verhalten als bloßes Naturwesen zu verstehen; er muß die Rationalität, die er der übrigen Natur oktroyiert, auch auf sich selbst anwenden. Heute ist es nicht mehr eine Frage der privaten, religiösen oder weltanschaulichen Entscheidung, ob man Geburtenkontrolle will oder nicht; die Menschheit ist zur Geburtenkontrolle gezwungen, denn die einzige Alternative ist der

direkte oder indirekte Massenmord. Hingegen sollte weit sorgfältiger, als das in der Regel geschieht, durch individuelle Beratung versucht werden, die Geburtenkontrolle selbst zu kontrollieren und sie in Formen zu vollziehen, die sich verantworten lassen. Gefahrlose Methoden der Geburtenkontrolle gibt es nicht, denn jedes Verfahren hat gesundheitliche oder psychische Begleiterscheinungen, die zum großen Teil noch zu wenig erforscht sind. Außerdem treten immer auch soziale, demographische und politische Nebeneffekte auf, die man nicht vernachlässigen darf. Gerade weil die Bevölkerungslenkung und die Familienplanung unausweichlich sind, müssen wir alle Gefahren, die damit verbunden sind, sorgfältig analysieren und durchdenken. Ein so schwerwiegendes Problem darf nicht mit der Primitivität und Bedenkenlosigkeit behandelt werden, mit der man es heute vielfach noch diskutiert. Jede Geburtenkontrolle und Bevölkerungslenkung ist ein rationaler Eingriff in biologische Zusammenhänge, der die Selektionsbedingungen und damit die biologische Konstitution der zukünftigen Menschheit planmäßig beeinflußt. Sie ist also, so sehr wir uns gegen diesen Gedanken sträuben mögen, ein Akt der Züchtung. Wir sollten bei der Züchtung des künftigen Menschen wenigstens den Grad von Sorgfalt und Differenziertheit der Methoden aufbringen, der uns bei der Züchtung von Pflanzen oder Tieren selbstverständlich ist.

Bei der Geburtenkontrolle geht es um die Frage, mit welchen Methoden die Regierungen der heutigen Welt Hunderte von Millionen Menschen dazu veranlassen können, einen der elementarsten Triebe, nämlich den Trieb sich fortzupflanzen, unter rationale Kontrolle zu nehmen und Grundvorstellungen zu verändern, die durch Religion und Sitte sanktioniert sind. Das ist eine politische und gesellschaftliche Aufgabe von der gleichen Größenordnung wie die Abschaffung des Krieges. Will man bei der Bevölkerungslenkung Fehler vermeiden, so muß man sich die Motive klarmachen, die bisher das generative Verhalten der Mehrzahl der Erdbewohner bestimmt haben. Wie unsere politischen Grundvorstellungen, so haben auch die Familienordnungen und die Gewohnheiten, die bisher die Erzeugung von Kindern regulierten, ihre Wurzeln in den agrarischen Verhältnissen, in denen die meisten Menschen faktisch noch leben. In allen primitiven Formen der Agrarwirtschaft wird eine hohe Kinderzahl angestrebt, weil Kinder billige Arbeitskräfte sind und später für die alten Menschen sorgen. Dabei geht es nicht nur um die Erhaltung der Familie; auch die übergreifenden Ordnungen der Sippe, des Clans und des Stammes spielen, wie sich nachweisen läßt, für die Einstellung zur Erzeugung von Kindern eine beträchtliche Rolle. Noch heute steht in einem Teil der jungen Staaten jeder Stamm in Konkurrenz mit anderen Stämmen, die ihn mit Ausrottung oder Unterwerfung bedrohen. Er kann sich in diesem Kampf nur durch seine Zahl behaupten; hier wird die hohe Kinderzahl zum Gebot der nackten Selbsterhaltung. Daraus folgt, daß innerhalb des Stammes die Sippe und innerhalb der Sippe die Familie ihr Ansehen, ihre Stellung und ihren Einfluß nur durch die Zahl der Kinder erringen und behaupten kann. Es ist statistisch belegt, daß in großen Familienverbänden die durchschnittliche Fruchtbarkeit höher ist als in aufgesplitterten Familiensystemen; das erklärt sich aus der Bedeutung der Kinder für das Prestige und die Stellung der Eltern. Auch in den religiösen Vorstellungen spiegeln sich diese Lebensverhältnisse der agrarischen Kulturen. Kinderreichtum gilt als ein Beweis für die Gunst der Götter. Der Wert des Mannes und der Segen der Frau finden in der Zahl der Kinder ihren Ausdruck. Die Kinderlosigkeit wird als ein Zeichen dafür angesehen, daß man im Schatten eines Fluches steht. Diese einfachen Grundvorstellungen werden heute auf den Kampf zwischen den Rassen transponiert. Es gibt eine Gegenpropaganda gegen Familienplanung, die sich des nicht ganz unbegründeten Argumentes bedient, die Geburtenkontrolle sei eine listige Erfindung des weißen Mannes, weil ohne sie die farbigen Völker durch ihre Überzahl die Vorherrschaft auf der Erde gewinnen würden.

Das Problem der Geburtenkontrolle ist also nicht damit gelöst, daß die Wissenschaft perfektionierte Methoden der Empfängnisverhütung anbieten kann. Wenn man die Menschen dazu bringen will, daß sie zu einer Familienplanung bereit sind, so muß man ihre Motivationen verändern, und das setzt, wie nun deutlich geworden ist, eine Veränderung der politischen, der sozialen und der wirtschaftlichen Verhältnisse voraus. Die Familien können auf die Altersfürsorge durch ihre Kinder nur dort verzichten, wo eine funktionierende Sozialversicherung eingerichtet ist. Wenn man die Bauern dazu veranlassen will, sich freiwillig die billige Arbeitskraft der Kinder zu versagen, so muß man ihnen landwirtschaftliche Maschinen liefern und ihnen beibringen, wie man damit umgeht. Solange die politische Ordnung in den jungen Staaten nicht in der Lage ist, Stammeskriege zu verhindern, werden die Stämme weiterhin gezwungen sein, ihre Existenz durch die Erzeugung einer möglichst großen Zahl von Kindern zu sichern. Hat man das erkannt, so verändert sich der Begriff der Bevölkerungslenkung. Ein erfolgreiches System der kollektiven Familienplanung setzt genau die gleichen wirtschaftlichen, gesellschaftlichen und politischen Maßnahmen voraus, die auch ergriffen werden müssen, wenn man die Rückständigkeit der Agrarwirtschaft in den Entwicklungsländern überwinden will. Ernährungspolitik und Bevölkerungspolitik sind keine Alternativen sondern zwei verschiedene Aspekte des gleichen Prozesses. Eine entschlossene Modernisierung der rückständigen Teile der Welt ist der einzige Weg, der uns offenbleibt. Wenn das aber so ist, dann können Geburtenkontrolle und Ernährungswirtschaft nicht isoliert betrachtet werden; sie hängen zusammen mit dem Problem der Industrialisierung der Welt, und dieses Problem ist, wie wir schon sahen, von den drei anderen Grundfaktoren der künstlichen Welt abhängig: der Weltwasserversorgung, der Weltenergieversorgung und der Überwindung des Weltbildungsdefizits. War im letzten Kapitel von der negativen Aufgabe einer Weltfriedenspolitik, nämlich von der Verhinderung der Kriege die Rede, so sehen wir jetzt in einem ersten Umriß die positiven Aufgaben einer solchen Politik vor uns aufsteigen. Die Neubegründung einer Friedensordnung in der künstlichen Welt wird diese vier Zentralprobleme zu lösen haben. Daraus ergeben sich die wichtigsten Strukturen der neuen Weltpolitik. Ich werde im nächsten Kapitel versuchen müssen, genauer zu bestimmen, welche weltpolitischen Konsequenzen nach unseren bisherigen Ergebnissen unausweichlich sind.

5. Politische Probleme der technischen Welt

Die Konfrontation mit der Welternährungskrise hat der zunächst noch nebelhaften Überschrift „Die großen Zukunftsaufgaben" scharfe, ja grausame Konturen verliehen. Es läßt sich jetzt ermessen, was die These des ersten Kapitels bedeutet, die Menschheit trage heute die Verantwortung für ihre zukünftige Geschichte. Denn von den Maßnahmen, die in den nächsten zwanzig Jahren ergriffen werden, hängt ab, ob es eine zukünftige Geschichte der Menschheit überhaupt geben kann, oder ob es Resten der heutigen Erdbevölkerung überlassen bleibt, inmitten der Trümmer der gegenwärtigen

Staatenwelt und der nutzlos gewordenen Ruinen von Industrie und Technik die Geschichte der Menschheit neu zu beginnen. Auch die These, der Friede sei die Lebensbedingung der technischen Welt, hat einen neuen Sinn gewonnen, seit wir erkannt haben, daß zur Herstellung des Friedens die Abschaffung der offenen Gewalt der Kriege zwischen den Staaten nicht genügt, sondern daß auch die lautlose Gewalt besiegt werden muß, die wehrlosen Menschen den Ausweg aus ihrem Elend vermauert. Der Krieg wird nur durch eine Friedensordnung überwunden, welche die großen Weltprobleme zu lösen vermag. Das ist eine Aufgabe der Politik. So werden wir zu der These des ersten Kapitels zurückgeführt, daß die zentralen Zukunftsaufgaben unserer Welt auf dem Gebiet der Politik zu suchen sind.
Aber was soll dieser Satz bedeuten? Sobald wir ihn genauer betrachten, stellt sich heraus, daß er mißverständlich und vieldeutig ist. Sein Sinn hängt davon ab, wie wir den Begriff der Politik zu interpretieren haben. Es steht nicht ein für allemal fest, was unter Politik zu verstehen ist, sondern die wechselnden Bedeutungen, die der Begriff der Politik annehmen kann, bestimmen sich nach den realen Möglichkeiten politischen Handelns. Jede Herrschaftsordnung und jede Rechtsordnung etabliert ein System von Formen politischen Handelns. Deshalb kann man den Kampf um die Macht als ein Ringen um die Frage beschreiben, welche Definition der Politik zur Herrschaft gelangen und sich durchsetzen soll. Da nun die Expansion von Wissenschaft und Technik eine revolutionäre Umgestaltung aller politischen und gesellschaftlichen Verhältnisse bereits hervorgerufen hat und auch weiterhin erzwingen wird, verändert sich fortwährend der Spielraum der Möglichkeiten politischen Handelns und damit auch die Bedeutung des Begriffes „Politik". So erweist sich die Wissenschaft als politische Macht. Der Satz, daß die zentralen Zukunftsaufgaben unserer Zeit auf dem Gebiet der Politik zu suchen sind, versetzt uns deshalb in eine eigentümliche Verlegenheit: auf der einen Seite ist der Satz evident, auf der anderen Seite können wir den präzisen Sinn dieses evidenten Satzes nicht bestimmen, weil wir nicht wissen, was das Wort „Politik" in der Zukunft, auf die er sich bezieht, bedeuten wird. Die paradoxe Situation, in der wir uns angesichts dieses Satzes befinden, macht deutlich, wie es überhaupt um die Erkenntnis der Zukunft bestellt ist. Es ist nicht richtig, daß wir von der Zukunft gar nichts wissen könnten; es gibt eine große Zahl von Sätzen über die Zukunft, von denen wir mit völliger Gewißheit

sagen können, daß sie wahr sind. Aber bei allen diesen Sätzen begegnen wir der gleichen Schwierigkeit: wir vermögen nicht anzugeben, was ihre Wahrheit, deren wir doch gewiß sind, in Zukunft bedeuten wird. Das liegt nicht nur daran, daß uns die Informationen, aus denen sich ihr zukünftiger Sinn ergeben würde, einstweilen noch fehlen; es liegt auch daran, daß durch menschliches Handeln über die zukünftige Bedeutung dieser Sätze erst entschieden wird. Durch unser eigenes Tun oder Unterlassen leisten wir Tag für Tag zur Definition des zukünftigen Begriffes der Politik unseren Beitrag. Wenn wir erkennen, was die Zukunft fordert, tragen wir dazu bei, daß ein Begriff der Politik sich durchsetzt, der sich mit der Vernunft vereinen läßt.

Wir befolgen also bei dem Versuch, die politischen Probleme der technischen Welt zu umreißen, die gleiche Methode, die wir schon in dem Kapitel über die Erhaltung des Weltfriedens befolgt haben. Wir fragen, welche Forderungen der Zukunft unausweichlich sind, und untersuchen, welche Konsequenzen sich aus diesen unausweichlichen Forderungen mit Notwendigkeit ergeben. So gewinnen wir einen festen Boden, denn dieses Verfahren erlaubt uns anzugeben, was unter allen Umständen geleistet werden muß, wenn wir die Alternative globaler Katastrophen ausschließen wollen.

Von diesem methodischen Ansatz aus sind wir zur Feststellung einer vierfachen Aufgabe der zukünftigen Weltpolitik gelangt, die wir uns noch einmal vergegenwärtigen wollen. Unausweichlich ist, daß die politische Führung der heutigen Welt sich ökonomisch, politisch und gesellschaftlich darauf einrichten muß, bis zum Jahr 2000 nahezu die doppelte Zahl an Menschen zu ernähren; das erfordert eine angemessene Industrialisierung der Entwicklungsländer. Unausweichlich ist zur Erreichung beider Zwecke ein Wasserhaushalt, der es erlaubt, etwa das Doppelte des gegenwärtigen Wasserbedarfs zu decken, während das natürliche Wasseraufkommen sich gleichbleibt. Unausweichlich ist eine Energiewirtschaft, die es möglich macht, durch riesige Investitionen neue verschiedenartige Energiequellen zu erschließen und so die Energieerzeugung auf der Erde zu vervielfachen, ohne durch Raubbau an den natürlichen Energiereserven einen zukünftigen totalen Kollaps vorzubereiten. Unausweichlich ist schließlich ein Welterziehungsprogramm, das die ungebildeten Massen der Weltbevölkerung durch eine große Bildungsanstrengung in den Stand setzt, sich als Bürger der technischen Welt zu verhalten.

Stellt man sich diesen Katalog von unausweichlichen Aufgaben jeder zukünftigen Politik vor Augen, so ergibt sich daraus eine Reihe von ebenso einfachen wie zwingenden Folgerungen, die sich zum Teil schon in den früheren Kapiteln abgezeichnet haben, und die jetzt genauer bestimmt werden müssen.

1. Keine dieser Aufgaben läßt sich in nationalem Rahmen lösen. Selbst die Superstaaten sind ihnen nicht gewachsen. Die USA vermochten Texas bisher nicht zu bewässern. Rußland kann die von ihm abhängigen Länder nicht ernähren. China muß Weizen aus Kanada einführen. Auch die Staatenbündnisse sind nicht in der Lage, ihre Ressourcen zu erschließen und optimal auszunutzen, weil das System der nationalen Souveränitätsrechte sich mit den Prinzipien der ökonomischen und technischen Rationalität nicht vereinbaren läßt. Da aber die Welthungersnot eine rationale Verwaltung der lebenswichtigen Ressourcen unserer Erde erzwingt, gelangt man bei der Analyse der Maßnahmen, die erforderlich sind, um die vier großen Weltprobleme zu lösen, zum gleichen Resultat wie bei der Untersuchung des Problems, wie man den Ausbruch von Kriegen technisch verhindern kann. Der souveräne Territorialstaat alten Stils ist den politischen und ökonomischen Aufgaben der technischen Welt nicht mehr gewachsen. Er wird einen Teil seiner bisherigen Hoheitsrechte an supranationale Organisationen abgeben müssen.

2. Wenn man versucht, die vier großen Weltprobleme zu analysieren, reduzieren sich die höchst komplizierten Sachverhalte, die geklärt werden müssen, sehr rasch auf die einfache Frage, wie die überdimensionalen Leistungen, die erforderlich wären, wirtschaftlich realisiert werden sollen. Wissenschaftlich und technisch wäre es möglich, diese Probleme zu lösen. Auf unserer Erde könnte eine weit größere Zahl von Menschen ernährt und auf einem menschenwürdigen Lebensstandard erhalten werden. Aber dazu sind gigantische Investitionen erforderlich, welche die gegenwärtige Leistungsfähigkeit nicht nur der nationalen Staaten sondern auch der gesamten Weltwirtschaft übersteigen. Im Zentrum der zukünftigen Politik wird deshalb die Organisation eines Systems der Weltwirtschaft stehen müssen, das der Aufgabe der Erhaltung der Menschheit gewachsen ist. Alle übrigen Zielsetzungen der Politik werden dieser wirtschaftlichen Zielsetzung untergeordnet werden müssen. Die ökonomische Verwaltung der Ressourcen der Erde erlangt die absolute Priorität. Nun setzt aber jede Ökonomie eine Wirtschaftsverfassung und jede Wirt-

schaftsverfassung eine politische Ordnung voraus. Man kann die Weltwirtschaft nicht planen, solange es keine politischen Instanzen gibt, welche die Macht besitzen, die Planungen durchzuführen, und solange der organisatorische Rahmen für die Realisierung dieser Planungen nicht aufgebaut ist. Der Begriff der Planung ist koextensiv mit dem Begriff der Macht. Wenn eine Weltwirtschaftsplanung effektiv sein soll, so müssen supranationale Machtsysteme aufgebaut werden, die eine weit höhere Konzentration der technischen und wirtschaftlichen Macht erlauben, als sie im Rahmen des gegenwärtigen Staatensystems erreicht werden kann.

3. Der Begriff der Macht ist ebenso vieldeutig wie der Begriff der Politik. Seine Bedeutung ändert sich mit dem Wandel der politischen Strukturen und mit dem Wandel der Herrschaftssysteme. Unsere überkommenen Vorstellungen vom Wesen der Macht orientieren sich an ihren sichtbarsten Instrumenten: dem Militär, der Polizei, den übrigen Organen des traditionellen Staates und dem Kapital. In den letzten Jahrzehnten haben sich innerhalb der Industriegesellschaften neue Mächte organisiert, die in der Regel als Verbände auftreten und die Träger der staatlichen Macht unter Druck setzen. Deshalb spricht man von der „Herrschaft der Verbände"[18]. Die Macht des Gedankens, die Macht der Erkenntnis und die Macht der Wahrheit hat die politische Theorie bisher noch kaum untersucht. Das gleiche gilt von der Macht der Wissenschaft und der Macht der Technik. Schon heute üben technische Systeme durch ihre Eigengesetzlichkeit eine Macht aus, die unvergleichlich viel stärker ist als die Macht der Menschen, die sich einbilden, diese Systeme zu beherrschen. Die impliziten Machtstrukturen der Wissenschaft und der Technik bedürfen aber noch der Analyse. Bisher hat sich die Wissenschaft gehütet, ihre eigenen politischen Konsequenzen zum Gegenstand der Forschung zu machen; die wissenschaftliche Revolution wurde zwar von Menschen vollbracht, aber sie wird von der politischen Theorie wie ein Naturereignis behandelt. Deswegen vermögen wir diese neue Weltmacht weder geistig noch politisch zu kontrollieren. Sie entfaltet sich irrational und ungesteuert. Wenn die Politik der Zukunft die Aufgabe hat, ökonomisch die vier großen Weltprobleme zu bewältigen, so muß sie für den ganzen Planeten jenes Werk

---

[18] Theodor Eschenburg, Herrschaft der Verbände?, ²Stuttgart: Deutsche Verlags-Anstalt, 1963.

der Rationalisierung vollbringen, das im territorialen Rahmen der neuzeitliche Staat des 18. und 19. Jahrhunderts geleistet hat. Diese Rationalisierungsaufgabe ist nur zu lösen, wenn sich politische Vernunft und wissenschaftlich-technische Rationalität durchdringen. Daraus entsteht dann eine neue Form der Macht, die sich nicht mehr der primitiven Gewalt sondern der Instrumente des Denkens bedient. Dem werden die neuen Herrschaftssysteme entsprechen; ihr Symbol ist nicht das präsentierte Gewehr sondern das Elektronengehirn. Darin tritt, wie in allen Machtsymbolen, zugleich die Fragwürdigkeit dieser Macht zutage. Das Problem, wie diese neuen Gestalten der Macht kontrolliert werden können, wird sich als eine der Kernfragen der zukünftigen Weltpolitik herausstellen. Jedenfalls kann sich die Entwicklung der neuen Weltpolitik und Weltökonomie nur parallel zur Ausbildung neuer Formen des internationalen Rechtes vollziehen.

Nachdem wir versucht haben, uns klarzumachen, daß es einer ganz neuen Form von politischen Systemen bedarf, um die Weltökonomie zu rationalisieren, wird erst sichtbar, auf welchen Bedeutungswandel des Begriffes „Politik" wir uns einzustellen haben. Die sinnlich nicht mehr greifbare, an keinen Ort gebundene, lautlose, aber alles durchdringende Macht von supranationalen Rationalisierungsinstanzen läßt sich in den überlieferten Kategorien unseres politischen Denkens nicht mehr erfassen. Die Sprache ihrer Programmierungen und Analysen ist eine mathematisierte Fachsprache; man kann die politischen Entscheidungen, die hier getroffen werden, nicht mehr in die Sprache der Regierungen und Parlamente oder in die Sprache der Massenmedien übersetzen. Die Politik wird in der zukünftigen Welt eine Stufe der Abstraktion erreichen, auf der sie sich mit der Atomphysik durchaus vergleichen läßt. Man wird die komplizierte Mathematik, deren sich die moderne Ökonomie bedient, beherrschen müssen, wenn man verstehen will, was in der Welt politisch vorgeht. Auch hier sind wir gezwungen, uns dem Gebot der zu lösenden Aufgaben zu unterwerfen; denn ohne das wissenschaftliche Instrumentarium der technischen Welt sind die Probleme dieser Zivilisation nicht zu bewältigen. Damit ergibt sich aber ein neues Kriterium für die Funktionsfähigkeit politischer Systeme. Die Regierungen und Parlamente, die wir heute haben, können nur in dem Bereich Kompetenzen ausüben, der nicht durch übergeordnete Weltinteressen festgelegt ist und sich mit den Mitteln des gesunden Menschenverstandes beherrschen läßt. Das sind schon heute nicht mehr die relevanten Probleme. Deshalb sinken die bisherigen Staaten zwangsläufig auf ein politisches Niveau ab, das sich zu den wirklichen Zentren der Weltpolitik verhält wie der Landkreis zur Staatsregierung. Sie werden dadurch nicht weniger wichtig; aber sie verändern ihre Funktion. Sie erhalten einen neuen Spielraum der Autonomie; aber diese Autonomie hat eine andere Struktur als die klassische Souveränität.

Was sind die neuen Funktionen, die das überlieferte Staatensystem in der technischen Welt zu erfüllen hat? Die sogenannte „große Politik", also die Außenpolitik und die Verteidigungspolitik, wird, soweit sie nicht überhaupt verschwindet, an supranationale Institutionen delegiert werden müssen. Auch die Strategie der internationalen Wirtschaftspolitik wird von supranationalen Organisationen übernommen werden. Der Staat wird neben der Wahrnehmung seiner klassischen Verwaltungsfunktionen alle Kräfte auf die Infrastrukturpolitik, einschließlich der Bildungs- und Wissenschaftspolitik, und auf die Sozialpolitik konzentrieren müssen. Daneben tritt aber eine neue Aufgabe, zu deren Lösung uns die Institutionen noch fehlen, nämlich die Aufgabe, in demokratischen Formen die Masse der Staatsbürger zum Verständnis der großen Weltprobleme anzuleiten, in ihnen ein internationales Bewußtsein zu wecken und jene gewaltigen geistigen und moralischen Energien freizusetzen, deren die Welt heute bedarf. Wir stoßen damit auf einen Kreis von Problemen, die wir bisher übergangen haben und über die noch einiges zu sagen ist.

Die Dynamik der gesellschaftlichen Prozesse, der Machtverschiebungen und der politischen Explosionen gehorcht einer Physik, die noch weithin unbekannt ist. Es ist nicht möglich, diese Physik monokausal auf ökonomische Trends oder auf die Konkurrenz der Herrschaftssysteme oder auf die Spannungen und Antinomien der gesellschaftlichen und politischen Strukturen zurückzuführen. Eine Fülle von teils bekannten, teils unbekannten Faktoren wirkt ineinander und produziert fortwährend Phänomene, die unberechenbar und schwer zu deuten sind, und die das Gesicht der Welt verändern. Am schwersten zu berechnen sind die Prozesse des Bewußtseins. Aber das Bewußtsein der Menschen ist bei der Gestaltung der Politik ein dominierender Faktor, und jede Rationalisierung der Politik wird mit einer Analyse der Kräfte einsetzen müssen, die das gesellschaftliche Bewußtsein bestimmen. Auch hier haben Wissenschaft und Technik vor allem durch das Medium der Massenkommunikationsmittel eine

neue Situation geschaffen, die sich am eindrucksvollsten in den Entwicklungsländern darstellt [19].
Die Agrarbevölkerung der Entwicklungsländer lebt zwar faktisch, wie wir gesehen haben, noch unter den Bedingungen der jüngeren Steinzeit; aber die Kommunikationsmittel haben dafür gesorgt, daß ihr die Lebensverhältnisse der hochzivilisierten Länder durch Bild und Wort bekannt sind. Darüber hinaus hat die räumliche Mobilität, die durch die Verkehrstechnik ermöglicht wurde, zur Folge gehabt, daß die verschiedenen Kulturzonen sich rapide durchdringen. Die Menschen leben dank der Kommunikationssysteme faktisch in einer einzigen Welt, aus der sich sogar China nicht ausschließen kann. Das hat vor allem in den Entwicklungsländern zu einer Revolution des Bewußtseins geführt, die man als „Revolution der steigenden Erwartungen" bezeichnet hat [20]. Die ungeheuren Unterschiede zwischen den armen und den reichen Ländern sind den hungernden Völkern bekannt; und sie sind nicht länger bereit, diese Unterschiede hinzunehmen, sondern fordern ihren Anteil am Reichtum der Welt. In den ersten zwei Jahrzehnten nach dem Zweiten Weltkrieg waren nicht nur die Entwicklungsländer sondern auch die Industrieländer in der Illusion befangen, daß es möglich wäre, die Kluft zwischen den armen und den reichen Völkern relativ schnell zu überbrücken. Tatsächlich ist das Gegenteil eingetreten. Die reichen Länder sind immer reicher, die armen Länder sind immer ärmer geworden. Das erklärt sich auf seiten der armen Länder durch die Bevölkerungsvermehrung, durch Mißwirtschaft, durch das Fehlen der Infrastruktur und eines leistungsfähigen Bildungswesens und durch die Unfähigkeit der jungen Staaten, ihre Entwicklungsaufgaben zu bewältigen. Das Wirtschaftsgebaren der reichen Länder hat die Entwicklungsnöte der armen Länder verschärft. Die reichen Länder waren nämlich ebenso unfähig, die Weltaufgaben zu begreifen und politisch und wirtschaftlich zu lösen. Sie haben die Industrialisierung der Entwicklungsländer durch Schutzzölle gehemmt, haben nicht Lehrer geschickt sondern Waffen geliefert und haben reaktionäre Machthaber gestützt, wo es nötig gewesen wäre, eine politische Reform zu erzwingen. Dabei hat die Verschiedenheit der Wirtschaftsverfassungen

---

[19] Vgl. Georg Picht, „Die Massenmedien und die Zukunft der Gesellschaft", in: *Hier und Jetzt II, a. a. O., 393 ff.*
[20] Es ist uns nicht gelungen herauszufinden, seit wann es diese vielen geläufige Formel gibt, und wer sie geprägt hat.

eine erstaunlich geringe Rolle gespielt; auch die sozialistischen Länder bedienen sich, soweit sie zu den reichen Ländern gehören, ohne jeden Skrupel des altvertrauten Instrumentariums imperialistischer Machtpolitik.

Aber die Aspirationen der hungernden Völker werden durch das wachsende Elend nicht erstickt. Sie bilden einen Zündstoff, den der kleinste Funke zur Explosion bringen kann. Die „Revolution der steigenden Erwartungen" ist nicht mehr aufzuhalten, und einen Wandel des Bewußtseins kann man nicht mit Waffengewalt bekämpfen. Die Erwartungen sind legitim; sie sind außerdem eine unentbehrliche Triebkraft der Modernisierung. Es ist eine Forderung der schlichten Vernunft, daß sämtliche Hilfsmittel der Industriestaaten mobilisiert werden, um die Not der Entwicklungsländer zu überwinden. Die Vernunft kann man nicht polizeilich verbieten, man kann sie auch nicht militärisch niederkämpfen; man kann ihre legitimen Forderungen nur dadurch zum Schweigen bringen, daß man sie erfüllt.

Bei der Analyse des Welternährungsproblems sind wir zu dem Resultat gelangt, daß die Modernisierung der Agrarwirtschaft der Entwicklungsländer einen gewaltigen Bewußtseinswandel der agrarischen Bevölkerung voraussetzt. Dieser Bewußtseinswandel vollzieht sich im Aufbruch der neuen Aspirationen der hungernden Völker. Hier werden die Energien mobilisiert, die nötig sind, um das ungeheure Werk der Umgestaltung der Erde in den Entwicklungsländern selbst zu vollbringen. Wenn die Industriestaaten die politische Vernunft besitzen, sich mit den vorwärtsdrängenden Kräften in den Entwicklungsländern zu verbünden und ihnen die Unterstützung zu geben, die sie brauchen, könnte der Wall von Vorurteilen und überholten gesellschaftlichen und politischen Strukturen durchbrochen werden, der bisher jeder vernunftgemäßen Ordnung der technischen Welt entgegensteht. Verharren hingegen die hochentwickelten Staaten bei der Methode, mit der linken Hand die wissenschaftlich-technische Revolution zu betreiben und mit der rechten den politischen und gesellschaftlichen Fortschritt zu unterdrücken, so bereiten sie sich selbst den Untergang. Sie scheitern dann an ihrer eigenen Unfähigkeit, sich inmitten der wissenschaftlichen Welt rational zu verhalten.

Die Hoffnung, daß sich politische und ökonomische Vernunft in den hochentwickelten Staaten durchsetzt, ist gering. Ihre politische Mentalität ist in West und Ost durch ein rapides Ansteigen irrationaler

Tendenzen charakterisiert, die sich nur noch in den Kategorien der Psychopathologie beschreiben lassen. Ob man verhungert, weil man heilige Kühe füttert, oder ob man seinen Wasserbedarf nicht decken kann, weil man den Ehrgeiz hat, auf den Mond zu fahren, macht nur einen geringen Unterschied. Es ist Wahnsinn, Hunderte von Milliarden in den Aufbau nuklearer Verteidigungssysteme zu investieren, wenn man weiß, daß die Anwendung dieser Waffen Angreifer wie Angegriffene vernichten würde, und daß sich mit denselben Mitteln alle rational vertretbaren Motive bewaffneter Konflikte aus der Welt schaffen ließen. Es ist eine Beleidigung der Vernunft, ein Subventionssystem aufrecht zu erhalten, das uns veranlaßt, auf der einen Seite des Mittelmeeres in „Butterbergen" zu ersticken, während auf der anderen Seite des Mittelmeeres die Hungerkatastrophe ihren Gang nimmt. Ob man im Ostblock Fortschritt predigt und die Freiheit unterdrückt, oder ob man im Westen technische Luftschlösser baut, aber für Universitäten und Schulen kein Geld hat – überall zeigt sich die gleiche Unfähigkeit, den politischen und gesellschaftlichen Problemen der technischen Welt mit Vernunft, Augenmaß und Nüchternheit zu begegnen.

Auch der Widerstand gegen die Unvernunft verfängt sich in den Mechanismen der Vernunftlosigkeit und äußert sich in irrationalen Formen. Die rebellierende studentische Jugend schreitet im Namen der kritischen Analyse zu terroristischen Methoden und zur Gewalt; sie gibt damit den regressiven Tendenzen, die ohnehin im Vordringen sind, neue Impulse, weil sie selbst inmitten der technischen Welt der Regression verfallen ist.

Was sind die Ursachen für die seelische und geistige Erkrankung, die sich in den industrialisierten Gesellschaften so offen manifestiert? Die Analyse, so meine ich, stößt in der tiefsten Schicht auf den fundamentalen Widerspruch zwischen den archaischen Grundformen unserer politischen Ordnung und den Machtmitteln der hochentwickelten Technik. Es ist ein rational nicht zu vertretender Zustand, daß einem Nationalstaat die Verfügungsgewalt über interkontinentale Waffensysteme und über eine weltbeherrschende Wirtschaftsmacht anvertraut ist. Wenn nationaler Egoismus über planetarische Machtmittel verfügt, kann, allem Idealismus zum Trotz, kein anderer Zustand resultieren, als daß die Reichen immer reicher, die Armen immer ärmer werden. Da aber die Vernunft diese Erkenntnis nicht erträgt, flüchtet sie sich in die Desintegration des Bewußtseins und in die Verdrängung. Sie ist dann nicht mehr fähig, die Realitäten zu erkennen, weil sie sich gegen Tatbestände abschirmen muß, die sie moralisch nicht ertragen würde. Der Wissenschaftler flüchtet in das Spezialistentum, der Politiker in die sogenannte „Realpolitik", der Träumer flüchtet in den Terror, das öffentliche Bewußtsein in die Konsumkultur. Werden die armen Völker vom Hunger bedroht, so sind die reichen Völker durch kollektive seelische und geistige Erkrankungen nicht minder gefährdet. Die Therapie der Gesellschaft wird immer mehr zu einem Kernproblem der Politik. Die Not ist stets ein guter Arzt gewesen; es könnte sein, daß uns die Konfrontation mit den großen Weltproblemen die Heilung bringt, zu der wir aus eigener Kraft ganz offensichtlich nicht mehr fähig sind.

6. Das Welt-Erziehungsproblem [21]

Erziehung und Bildung sind das Feld, auf dem wir heute schon über die Zukunft verfügen, denn durch die gegenwärtige Einrichtung der Schulen und der Universitäten wird quantitativ wie qualitativ der Horizont der Möglichkeiten festgelegt, die der Menschheit in zwanzig Jahren offenstehen. Hier werden ebenso unverrückbare Tatbestände geschaffen wie durch die Bevölkerungsvermehrung. Aber wenn die Bevölkerung sich vermehrt, kann man hoffen, daß es gelingt, neue Nahrungsquellen zu erschließen; die Unterlassungssünden auf dem Gebiet der Erziehung und Bildung hingegen sind im allgemeinen nicht mehr zu korrigieren. Deshalb gibt es keinen Bereich,

---

[21] *Da ich als Bildungspolitiker bekannt war, erwartete man von mir unter diesem Titel ein bildungspolitisches Manifest, das den damals herrschenden Vorstellungen von „Bildungspolitik" entsprach. Es war meine Absicht, durch dieses Kapitel alle derartigen Erwartungen zu enttäuschen. Wenn man das Welterziehungsproblem auf jenem fundamentalen Niveau erörtern will, das durch den Kontext von „Mut zur Utopie" gefordert ist, muß man die Vorstellungswelt der modernen Bildungspolitiker durchbrechen und auf anthropologische Voraussetzungen menschlicher Bildung überhaupt eingehen, die nicht nur von der Bildungspolitik sondern auch von der Pädagogik vernachlässigt werden. Dies konnte hier nur in knappen Andeutungen geschehen. Zu einer ausführlichen Begründung verweise ich auf das Kapitel „Die geschichtliche Natur des Menschen", in: Hier und Jetzt I, a. a. O., 165ff. und auf meine Beiträge in: Humanökologie und Frieden, a. a. O., 14ff.; 418ff.; 438ff. Zur Bildungspolitik im engeren Sinne dieses Wortes vgl. in Hier und Jetzt II, a. a. O., das Kap. V „Erziehung – Bildung – Wissenschaft", 393ff.*

in dem die heute lebende Generation durch ihre Anstrengungen oder ihre Unterlassungssünden so tief in die Gestaltung der Geschicke der zukünftigen Menschheit eingreift wie auf dem Feld der Bildungspolitik. Die Bildungspolitik der Gegenwart determiniert die Weltpolitik der Zukunft.

Will man die Aufgaben der internationalen Bildungspolitik unseres Zeitalters begreifen, so muß man versuchen, die Funktion der Bildungsinstitutionen innerhalb der modernen Gesellschaftssysteme zu verstehen. Dazu ist eine allgemeine Vorüberlegung unumgänglich. Man hat die Gesellschaftssysteme gerne mit Organismen verglichen, und die „organischen Staatslehren" des vorigen Jahrhunderts sind ideologisch noch keineswegs ausgeräumt. Wie verhält sich ein gesellschaftliches System zu dem System eines Organismus?

Die jüngste Entwicklung der Biologie hat uns einen tiefen Einblick in die Struktur des lebenden Organismus gegeben. Die Entfaltungsmöglichkeiten des einzelnen Organismus sind in den Genen festgelegt. Das „Buch der Gene" ist so geschrieben, daß es gegen grobe Änderungen weitgehend geschützt ist. Die Gesellschaft bezieht ihre Entfaltungsmöglichkeiten ebenfalls aus einem „Buch": aus den gesellschaftlichen, kulturellen und politischen Normen und aus der Verfassung. Aber im Unterschied zum genetischen „Buch" erfährt das gesellschaftliche, kulturelle und politische „Buch" unablässig rasche Veränderungen, es wird vom Menschen selbst immer neu formuliert. Das ist möglich, weil der Mensch die Fähigkeit besitzt, durch Erfahrung und Erkenntnis zu lernen und das, was er gelernt hat, für die Umgestaltung und Neugestaltung seiner künstlichen Welt zu nutzen. Jeder soziale Organismus ist das Produkt einer Reflexion über die im Prozeß des Lernens erworbenen und aufgespeicherten Informationen. Erfahrung, Lernfähigkeit, Gedächtnis und Reflexion sind die Kräfte, welche die menschliche Gesellschaft, die Staaten und die Kulturen aufgebaut haben und zusammenhalten. Blickt man nun auf die bisherige Geschichte der Menschheit zurück, so stellt sich heraus, daß es große Einschnitte gibt, die zu einer qualitativen Veränderung und einer plötzlichen Beschleunigung im Prozeß der Ausbildung der Gesellschaften und Kulturen geführt haben.

Der erste große Einschnitt war, wie ich schon im dritten Kapitel sagte, der Übergang zu Ackerbau und Seßhaftigkeit, also zu jener agrarischen Kultur, die bis heute unsere politischen, rechtlichen, religiösen und kulturellen Vorstellungen weit tiefer prägt, als wir uns klarzumachen pflegen. Der nächste große Sprung erfolgte mit der Begründung der städtischen Kulturen im Zweistromland, in Ägypten und später in Griechenland und in Rom. Hier bildeten sich im mediterranen Bereich die ersten Hochkulturen aus. Von diesen „Brandherden" aus hat sich nach Pierre Bertaux die Geschichtlichkeit als eine neue Form des Menschseins wie ein Waldbrand oder wie eine Pest über die Erde verbreitet[22]. Nun kann man sehr genau sagen, warum an diesen Stellen jene Form des menschlichen Daseins beginnt, die man später „Kultur" genannt hat. Hier wird nämlich die Schrift erfunden; die Menschen entdecken, daß es möglich ist, das Wissen der einen Generation an die folgenden Generationen weiterzugeben und dadurch das Wissen zu akkumulieren[23]. Die Anhäufung des Wissens hatte alsbald eine sprunghafte Beschleunigung der wirtschaftlichen, gesellschaftlichen und politischen Entwicklung zur Folge, weil sie die Menschen befähigte, in kontinuierlichem Fortgang die Kultur so aufzubauen, daß jeder neue Schritt aus den anderen hervorging. Hier zeigt sich mit exemplarischer Deutlichkeit zum erstenmal, daß das im Gedächtnis aufbewahrte menschliche Wissen das „Buch" ist, das die Entfaltung der Gesellschaft und des Staates ermöglicht. Es zeigt sich zugleich, daß schon auf jener frühen Kulturstufe kein Kapital so hohe Zinsen trug wie das Kapital an Bildung.

Der nächste qualitative Sprung setzt ein mit der neuzeitlichen Naturwissenschaft im 16. und 17. Jahrhundert. Im Unterschied zur Antike und zum Mittelalter hat jetzt der Mensch in seinem Verhältnis zur Natur alle Tabus durchbrochen, die zuvor seinem Eingreifen in die vorgegebene Ordnung Schranken setzten. Er will nicht nur eine göttliche Ordnung bestaunen, sondern er will sich, nach einem berühmten Wort von Descartes, zum „Meister und Besitzer der Natur" aufschwingen[24]. Er will die Natur nicht nur erkennen sondern beherr-

---

[22] Pierre Bertaux, Mutation der Menschheit. Zukunft und Lebenssinn; deutsche Originalausgabe, aus dem Französischen übertragen vom Verfasser und von Heinz Wismann, Frankfurt: Suhrkamp, 1963, jetzt: suhrkamp taschenbuch 1979, 102.
[23] *Vgl.* Georg Picht, *„Ist Humanökologie möglich?"*, in: *Humanökologie und Frieden*, a. a. O., *64ff.*, und *„Was ist Literatur?"*, in: *Hier und Jetzt I, a. a. O., 273ff.*
[24] „... on en peut trouver une pratique, par laquelle, connaissant la force et les actions du feu, de l'eau, de l'air, des astres, des cieux et de tous les autres corps qui nous environnent, aussi distinctement que nous connaissons les divers métiers de nos artisans, nous les pourrions employer en même façon à tous les usages auxquels ils sont propres, et ainsi nous rendre comme maîtres et possesseurs de la nature." René Des-

schen. Das führt seit dem 18. Jahrhundert zu einer raschen Expansion der Technik, die im 19. Jahrhundert durch den Prozeß der Industrialisierung zum erstenmal demonstriert, wie Wissenschaft und Technik auch die Gesellschaft und die Staaten umzugestalten, ja zu revolutionieren vermögen. Aber das Prinzip, das dabei zutage tritt, ist wieder das gleiche wie bei der Begründung der ersten Hochkulturen. Die nun schon atemberaubende Beschleunigung des geschichtlichen Prozesses ist ausschließlich dem Umstand zu verdanken, daß die Wissenschaft über Jahrhunderte hinweg ihre Erkenntnisse aufgespeichert und so erst eine methodische Progression zu immer neuen Erkenntnissen ermöglicht hat. Wieder ist die Akzeleration der Geschichte ein Produkt der systematischen Ansammlung von Wissen, also des kollektiven Gedächtnisses vieler Generationen, das in einer festen Tradition verbunden ist. Wieder erweist sich das aufgespeicherte Wissen als das produktivste Kapital, das es gibt. Durch die Ansammlung des Wissens an den Universitäten, den Bibliotheken, den Akademien und den Schulen hat Europa die Weltherrschaft errungen, die es dann später in einer Eruption irrationaler und anti-intellektualistischer Kräfte wieder verloren hat.

In den letzten zwei Jahrzehnten hat die Expansion der wissenschaftlichen Zivilisation einen neuen qualitativen Sprung und eine neue Akzeleration des politischen und gesellschaftlichen Prozesses erfahren. Die äußeren Kennzeichen dieses Umschlages sind die Erschließung der Atomenergie, Automation und Elektronik, die Synthetisierung neuer Stoffe, die Weltraumfahrt, die Verbreitung der Massenkommunikationsmittel, die Ausdehnung des Weltverkehrs, die Expansion von Industrie und Technik über den ganzen Erdball, die durch diese Entwicklungen ermöglichte Emanzipationsbewegung der Völker, die Entstehung neuer Zentren des wissenschaftlichen Fortschrittes in den Vereinigten Staaten und in Sowjetrußland und, alles andere überschattend, die durch die Wissenschaften ausgelöste Bevölkerungsexplosion. Wieder ist die Akkumulation von Wissen der eigentliche Motor der Entwicklung. Man schätzt, mit allen gebotenen Vorbehalten, daß sich die Summe des verfügbaren Wissens von 1800 bis 1900 zum erstenmal, von 1900 bis 1950 zum zweitenmal verdoppelt hat, während jetzt alle fünfzehn Jahre eine Verdoppelung

cartes, Discours de la méthode pour bien conduire sa raison, VI Œuvres et Lettres, Édition Pléiade, Paris: Gallimard, 1952, 168.

des menschlichen Wissens stattfindet. Das hängt mit der ungeheuren Vermehrung der Zahl der Wissenschaftler zusammen. Erneut bestätigt sich auch, daß akkumuliertes Wissen das produktivste Kapital und das größte Machtpotential eines Staates ist. Die USA und Rußland verdanken ihren uneinholbar gewordenen Vorsprung und ihre Weltmachtstellung der Zahl der dort arbeitenden Wissenschaftler, der Leistungsfähigkeit ihrer Bildungsinstitutionen und der Höhe der für diese Zwecke bereitgestellten Investitionen.

Ein wesentliches Merkmal des qualitativen Sprunges, der sich seit der Mitte dieses Jahrhunderts vollzieht, liegt darin, daß die körperliche Arbeit in den hochentwickelten Staaten von Maschinen übernommen wurde. Dafür steigern sich mit ungeheurer Geschwindigkeit die geistigen und moralischen Anforderungen an die Menschen, welche die technischen Apparaturen zu steuern und zu bedienen haben. Das Tempo der Beschleunigung des technisch-industriellen, des gesellschaftlichen und des politischen Prozesses wird durch die wissenschaftliche Entwicklung diktiert. Die Expansion der Bildungssysteme aber vermag dieser Beschleunigung in einem Teil der Industrieländer nicht zu folgen, weil die politischen Führungsschichten die Notwendigkeit dieser Expansion entweder gar nicht oder zu spät erkannt haben. In ganz anderen Dimensionen begegnet uns das gleiche Problem, wenn wir nicht provinziell im engen Rahmen des eigenen Staates befangen bleiben, sondern die Bildungskrise in dem Weltzusammenhang betrachten, in den sie gehört. Es hat sich schon gezeigt, daß die Welthungerskatastrophe, die auch die bisher reichen Staaten politisch und gesellschaftlich immer mehr gefährdet, nur überwunden werden kann, wenn es gelingt, die ganze Erde in eine technische Welt zu verwandeln. Das bedeutet, daß die gesamte Weltbevölkerung in wenigen Jahrzehnten einen Bildungsstand erreichen müßte, der dem der Industriestaaten vergleichbar wäre; denn nur so ließe sich das technische und organisatorische Niveau erreichen, das zu einer angepaßten Industrialisierung der Entwicklungsländer und zur Modernisierung der Weltagrarwirtschaft erforderlich wäre. Schon kurz nach dem ersten Weltkrieg hat H. G. Wells das prophetische Wort gesprochen: „Die Geschichte der Menschheit wird mehr und mehr zu einem Wettlauf zwischen der Bildung und der Katastrophe."[25] Dieser Satz hat heute einen fast tragischen Klang, denn

---

[25] Der Satz wird ohne Stellenangabe zitiert von Bertram Vivian Lord Bowden, „Ein

wenn man die Statistiken betrachtet, gehört ein verzweifelter Mut
dazu, sich der resignierenden Feststellung zu widersetzen, daß die
Menschheit diesen Wettlauf bereits verloren hat.
Angesichts der Geschwindigkeit, mit der die Akzeleration der Wissenschaft und damit die Kulturentwicklung ihren Gang nimmt, werden manche nachdenklichen Forscher zu Spekulationen über das herannahende Ende der Geschichte verleitet. Man kann aber auch eine ganz andere Erwägung anstellen. In der bisherigen Geschichte ist immer auf einen explosiven Durchbruch neuer Entdeckungen und Gestaltungen eine Phase der Konsolidierung gefolgt, in der das gewonnene Gut verarbeitet, verbreitet, stabilisiert und zum gemeinsamen Besitz einer ganzen Zivilisation gemacht wurde. Es scheint mir, daß man auch für die Zukunft den Punkt ziemlich genau bezeichnen kann, an dem eine neue Stabilisierung möglich würde. In der Gegenwart lebt die Menschheit von der Hoffnung auf eine weitere Beschleunigung der wissenschaftlich-technischen Entwicklung, denn mit den bisherigen Mitteln sind die großen Weltprobleme nicht zu lösen. Die Menschheit müßte sehenden Auges ihrem eigenen Untergang entgegentreiben, wenn sie nicht hoffen dürfte, durch neue Anstrengungen der Wissenschaft die Auswirkungen der bisherigen Wissenschaft unter Kontrolle bringen zu können. Allerdings ist anzunehmen, daß sich unter dem Zwang der Not das Schwergewicht von den Naturwissenschaften auf Ökonomie und Sozialwissenschaften verlagern wird, denn wir müssen lernen, auch die Physik der Gesellschaft zu beherrschen. Aber die Akzeleration kann in eine neue Epoche der Stabilisierung übergehen, wenn ein Weltzustand erreicht ist, der Stabilität wieder zuläßt.
Stabilität herrscht nur, wo ein Gleichgewichtszustand besteht. Die hochgradige Labilität der heutigen Welt erklärt sich zu einem Teil aus dem Prozeß von Wissenschaft und Technik selbst, denn dieser Prozeß erzwingt mit wachsender Beschleunigung eine permanente Veränderung aller Lebensverhältnisse. Das Prinzip des Fortschritts widerspricht allen stabilisierenden Tendenzen. Zu einem anderen Teil ergibt sich die Labilität der weltpolitischen Situation aus der Unerträg-

---

Leben lang lernen", in: Robert Jungk/Hans Josef Mundt (Hg.), Unsere Welt 1985, Modelle für eine neue Welt, München: Desch, 1965, 216. Die Originalbeiträge des Buches waren in der Zeitschrift „New Scientist", London 1964, unter dem Sammeltitel „1984" (!) erschienen.

lichkeit der Unterschiede zwischen den armen und den reichen Ländern. Diese Unterschiede störten das Gleichgewicht nicht, solange die Kulturen sich noch nicht vermengt hatten. Nachdem aber durch die Kommunikationsmittel und durch die wachsende Verflechtung von Weltwirtschaft und Weltpolitik die ganze Erde zu einem einheitlichen Kulturbereich zu werden beginnt, ließe sich ein Gleichgewichtszustand nur durch eine Einebnung des Gefälles von Lebensstandard und Machtverteilung erreichen. Wirtschaftswachstum und politischer Einfluß sind aber abhängig vom Bildungsniveau einer Gesellschaft. Deshalb würde eine Stabilisierungsphase, die unsere Nachkommen von der permanenten Bedrohung durch Weltkatastrophen wieder befreit, erst dann möglich werden, wenn alle Völker der Erde etwa die gleiche Bildungsstufe erreicht und den Code des Systems der neuen Weltgesellschaft erlernt hätten. Die universale Demokratisierung der Bildung des wissenschaftlich-technischen Zeitalters ist das Ziel, das in dem Wettlauf um die Ermöglichung einer zukünftigen Menschheitsgeschichte erreicht werden muß.

Wie groß sind die Chancen, daß der Wettlauf zwischen der Welthungersnot und dem Ausbau der Bildungssysteme gewonnen wird? Aus den Unterlagen der internationalen Konferenz über die Welterziehungskrise, die im Oktober 1967 in Williamsburg abgehalten wurde, geht hervor, daß auch diese vielleicht größte unserer Zukunftsaufgaben zunächst ein ökonomisches Problem ist. Die Summen, die erforderlich sind, um in allen Staaten der Erde moderne Erziehungssysteme aufzubauen, erreichen astronomische Höhen und übersteigen bei weitem die wirtschaftliche Leistungsfähigkeit der weniger entwickelten Staaten. Wie die Welternährung, der Weltwasserhaushalt und die Weltenergieversorgung, sind auch die Weltbildungsinvestitionen eine ökonomische Aufgabe, die sich im nationalwirtschaftlichen Rahmen nicht lösen läßt, sondern eine die Erde umspannende Zusammenarbeit von supranationalen Instanzen erfordert. Nur der grausame Zwang der Not kann Energien der Vernunft mobilisieren, welche die Macht besitzen, jene Barrieren der Dummheit, der Borniertheit und des nationalstaatlichen Eigennutzes zu durchbrechen, an denen bisher alle Initiativen zerschellt sind. Deshalb sind es gerade die tragischen Konsequenzen der Welterziehungskrise, die ihre Überwindung vielleicht erzwingen werden.

Der riesige Bildungsrückstand der Entwicklungsländer ist eine der wichtigsten Ursachen der Welternährungskrise. Wir haben schon im vierten Kapitel gesehen, daß es ökonomisch nicht möglich ist, die Agrarwirtschaft isoliert zu betrachten. Wenn die landwirtschaftlichen Erträge gesteigert werden sollen, muß die gesamte Gesellschaft und die gesamte Ökonomie eines Landes auf das Niveau gehoben werden, das moderne Formen der Bewirtschaftung erst möglich macht. Man kann in einem groben Überschlag ein Bild davon gewinnen, welche Bildungsanstrengungen dazu erforderlich sind. Die erste Voraussetzung für eine Modernisierung auf allen Gebieten ist eine effektive Verwaltung. Sie rekrutiert sich aus jener unteren Mittelschicht, die als die Basis jeder modernen Leistungsgesellschaft zu gelten hat, und aus der auch Handel, Verkehrswesen usw. versorgt werden müssen. Um eine solche Mittelschicht heranzubilden, braucht man ein breit ausgebautes mittleres Schulwesen, auf das die erforderlichen Spezialausbildungen aufgestockt werden können. Nicht weniger leistungsfähig muß der Unterbau, nämlich die allgemeine Volksschule sein – haben wir doch in der Bundesrepublik Deutschland erlebt, wie wenig unser überkommenes ländliches Bildungswesen den Bedürfnissen einer modernen Landwirtschaft gewachsen war. Der ökonomische Motor für eine Modernisierung der Landwirtschaft ist, wie wir schon sahen, die Industrialisierung. Es müssen also Ausbildungseinrichtungen als Unterbau für jene Industrien geschaffen werden, die in den Entwicklungsländern wirtschaftlich gedeihen können. Dabei ist zu bedenken, daß die pädagogischen Aufgaben, die sämtliche Schulen zu lösen haben, unvergleichlich viel schwieriger sind als die entsprechenden Aufgaben in den Industrieländern; denn es gilt hier, jene Kulturschranken zu überwinden, die den Entwicklungsländern bisher den Sprung ins 20. Jahrhundert versperrt haben. Wenn diese Länder die Chance, neu anfangen zu dürfen, nutzen, könnte es wohl sein, daß in zehn bis zwanzig Jahren die alten Kulturnationen ihre Lehrer in die jungen Staaten schicken, damit sie dort lernen, was moderne Erziehungsmethoden leisten können. Aber zuerst müssen die hochentwickelten Länder auch pädagogisch die Starthilfe geben.

Die Aufgaben, die hier umrissen wurden, entsprechen dem Existenzminimum. Es war nicht von Wunschzielen sondern lediglich davon die Rede, was unter allen Umständen geleistet werden muß, wenn die schlimmsten Folgen der Welthungersnot noch abgefangen werden sollen.

Die unzureichende Finanzierung des Schulwesens in der Bundesrepu-

blik wurde in den letzten Jahren so viel diskutiert, daß allgemein bekannt sein sollte, in welche ökonomischen Größenordnungen man gelangt, wenn in der gesamten Welt ein modernes Schul- und Ausbildungswesen aufgebaut werden soll. Die UNESCO hat Minimalziele für die verschiedenen Regionen der Erde aufgestellt, und das UNESCO-Institut für Erziehungsplanung legte in Williamsburg einen Bericht vor, aus dem hervorgeht, welche Bedingungen erfüllt werden müßten, wenn die düsteren Prognosen, die der Bericht enthält, dementiert werden sollen. Es wären gleichzeitig erforderlich:
1. eine sprunghafte Erhöhung der Finanzhilfe durch die reichen Länder,
2. eine einschneidende Kürzung der Militärhaushalte der Entwicklungsländer,
3. eine Beschleunigung ihres Wirtschaftswachstums,
4. große Verbesserungen in der Effizienz der Erziehungssysteme.

Nur die Kombination aller vier Maßnahmen würde die Verwirklichung dieses Minimalprogramms ermöglichen. Aus dem Bericht geht hervor, daß die zentrale Aufgabe einer Verbesserung der Effizienz der Erziehungssysteme von den Entwicklungsländern aus eigener Kraft nicht zu bewältigen ist; denn jede Steigerung der Effizienz setzt einen qualitativen Sprung im Ausbildungsstand der Lehrer voraus; und gute Lehrer können erst herangebildet werden, wenn ein funktionsfähiges Bildungssystem bereits besteht. Hier wird also das Bildungsniveau, das erreicht werden soll, schon vorausgesetzt. Deshalb muß gerade an dieser Stelle die Hilfe der Industrieländer einsetzen. Das bedeutet, daß vor allem auf dem Feld der Erziehung die Entwicklungshilfe durch Geld in großem Umfang von einer Entwicklungshilfe durch Menschen ergänzt werden muß. Nun sind aber die Industrieländer selbst bisher nicht in der Lage gewesen, ihre eigenen Erziehungssysteme den Erfordernissen der technischen Welt anzugleichen, ihren Eigenbedarf an Lehrern zu decken und ihre eigenen Bildungsinstitutionen zu finanzieren. Sie werden deshalb einen Teil der Maßnahmen, die der UNESCO-Bericht den Entwicklungsländern empfiehlt, selbst durchführen müssen. Sie werden die Effizienz ihrer eigenen Erziehungssysteme erheblich steigern müssen; und das wird nur gelingen, wenn sie sich ebenfalls zu radikalen Kürzungen ihrer Militärhaushalte entschließen.

Damit begegnen wir erneut einem methodisch höchst aufschlußreichen und ermutigenden Sachverhalt. Es stellt sich nämlich bei der

Analyse der großen Weltprobleme immer wieder heraus, daß dieselben Maßnahmen, die zur Lösung des einen Problems erforderlich sind, auch die Lösung der anderen Probleme vorantreiben. Wir haben im dritten Kapitel festgestellt, daß die Sicherung des Weltfriedens, auf den die wissenschaftlich-technische Zivilisation angewiesen ist, nur gelingen kann, wenn man den Ausbruch von Kriegen technisch unmöglich macht. Man muß also die Abrüstung fordern. Durch die Abrüstung werden aber die Mittel und die Menschen frei, die man zur Lösung der übrigen Probleme braucht. Der Ausbau eines leistungsfähigen Bildungswesens ist die Bedingung für die Modernisierung der Entwicklungsländer; und durch die Modernisierung der Entwicklungsländer würde die Weltwirtschaft so stimuliert, daß Investitionen, die bisher noch außerhalb unserer Reichweite liegen, in den Bereich des Möglichen rücken. Mit Hilfe dieser Investitionen könnte das Energieproblem und damit auch das Wasserproblem gelöst werden, denn beide sind technisch zu bewältigen, wenn man die Kosten aufbringen kann. Es wäre also eine Strategie zur Lösung der großen Weltprobleme denkbar, die, wenn man die Verkettung der Kausalitäten analysiert, mit der Abrüstung und den Bildungsinvestitionen beginnen müßte. Aber solange die Welt als ein System von nationalen Territorialstaaten organisiert ist, kann eine solche Strategie nicht durchgeführt werden. Wir müssen deshalb das gesamte Netz von politischen Strukturen zerreißen, in dem sich die gegenwärtige Welt verfangen hat, und supranationale Instanzen begründen, die eine planetarische Operation in großem Stil in Angriff nehmen können. Damit stoßen wir nun aber in eine ganz andere Schicht der heutigen Weltbildungskrise vor. Die Analyse des politischen Bewußtseins in den verschiedenen Teilen der Erde ergibt nämlich, wie ich im vorigen Kapitel zu zeigen versuchte, daß die hochindustrialisierten Länder ebensowenig wie die Entwicklungsländer jene Bewußtseinsstufe schon erreicht haben, auf der die Lösung der großen Weltprobleme denkbar würde. Sogar das politische Denken der Weltmächte ist der Entwicklung von Wissenschaft und Technik nicht nachgekommen, und, was nicht weniger unheimlich ist, die Majorität der Wissenschaftler und Techniker selbst bleibt in ihrem Denken über politische und gesellschaftliche Sachverhalte in einer Naivität befangen, die kulturell noch der Bewußtseinsstufe einer vorindustriellen Agrargesellschaft entspricht. Auch in den hochindustrialisierten Staaten ist das Bewußtsein dem qualitativen Sprung, den vor allem die Naturwissenschaften vollzogen haben, nicht nachgekommen, sondern bleibt ideologischen Vorurteilen verhaftet, die sich auch durch ihre ehrwürdige Tradition nicht rechtfertigen lassen. Das gilt vom Marxismus ebenso wie von den politischen Ideologien der westlichen Welt. Die Umstellung des gesamten Bewußtseins, die von der politischen, wirtschaftlichen und wissenschaftlichen Führungsschicht in allen Staaten der Welt zu leisten wäre, hängt nicht von Investitionen ab, obwohl sie eine Bildungsaufgabe größten Stiles ist. Hier geht es nicht so sehr um intellektuelle wie um moralische Leistungen. In ihrem tiefsten Kern ist die Bildungskrise eine moralische Krise der heutigen Welt. Man glaubt nicht an den Vorrang des Geistes, und weil man nicht an den Vorrang des Geistes glaubt, vermag man die materiellen Probleme nicht zu lösen. Über der Jagd nach Informationen und Fakten hat man die Frage nach dem Wesen der Wahrheit vergessen. Auch das wissenschaftliche Denken des 20. Jahrhunderts befindet sich – wie das politische Denken – in einem Zustand der Desintegration. Es fehlt ihm die synthetische Kraft, und unsere Bildung wirft jene Modelle, an denen man das synthetische Denken üben könnte, über Bord. Die Bildungskrise ist, es sei wiederholt, eine geistige und eine moralische Krise. Nur der Geist hat die schöpferische Macht, sie zu überwinden.

7. Wissenschaft und Technologie I

Wir stehen auf der Mitte unseres Weges. In den ersten sechs Kapiteln habe ich versucht, die großen Weltprobleme, die gelöst werden müssen, wenn es überhaupt eine zukünftige Geschichte der Menschheit geben soll, in ihrer ganzen Unausweichlichkeit und Härte darzustellen. Ich mußte von jenen Realitäten der Zukunft sprechen, die wir schon in der Gegenwart voraussehen können, und denen wir uns heute schon zu fügen haben. Ich hoffe, daß es mir gelungen ist, deutlich zu machen, daß es sich hier nicht um vage Möglichkeiten sondern um feste Realitäten jener Welt handelt, auf die wir uns einrichten müssen; die Politik muß sie schon heute einkalkulieren. Wenn aber der kurzsichtige Opportunismus der Regierungen und der Wähler auch weiterhin den Entscheidungen ausweicht, die geboten sind, so tragen wir selbst an den furchtbaren Folgen der Welthungersnot und des zu erwartenden Weltbürgerkrieges die Schuld.

In der zweiten Hälfte soll von den geistigen, moralischen und religiösen Kräften die Rede sein, mit deren Hilfe es der Menschheit – wie wir hoffen müssen – gelingen wird, die großen Weltprobleme zu lösen. Es gibt nur eine einzige Macht, die es vollbringen könnte, die materielle Existenz der Menschheit zu sichern, nämlich die Macht der Vernunft. Sie bedarf dazu der Wissenschaft. Deshalb werde ich im siebten bis neunten Kapitel von Wissenschaft und Technologie, ihren Voraussetzungen, Grenzen und Zielen sowie ihren Möglichkeiten und Gefahren und von der weltpolitischen Bedeutung der Wissenschaftsplanung sprechen. Vernunftgemäßes Denken und Handeln ist aber nur unter bestimmten gesellschaftlichen und moralischen Bedingungen möglich; darum sollen im zehnten und elften Kapitel die Situation der Gesellschaft in der technischen Welt und die vorauszusehende Verwandlung der Weltreligionen und Ideologien dargestellt werden. War bisher von den Realitäten der künftigen Welt die Rede, so wird nun vom Bewußtsein der Menschen zu sprechen sein. Alle Geschichte resultiert aus der Einstellung des menschlichen Bewußtseins zu gegebenen Realitäten. Die nächsten fünfzig Jahre werden uns mit Realitäten konfrontieren, die in der bisherigen Geschichte ohne Beispiel sind. Eine zukünftige Geschichte der Menschheit wird es nur geben, wenn unser Bewußtsein auch diesen neuen Realitäten gewachsen ist. Wer von der Zukunft redet, muß deshalb versuchen, den Horizont und die Dimensionen eines möglichen zukünftigen Bewußtseins zu antizipieren. Er antizipiert damit eine neue Gestalt der Menschlichkeit des Menschen in der Geschichte. Die Humanität ist aber in der Welt, in der wir leben, so bedroht, daß wir den Satz: das Menschengeschlecht müsse erhalten werden, nicht mehr als ein Axiom betrachten können, an dessen Gültigkeit nicht gerüttelt werden darf. Deshalb wird im letzten Kapitel die Frage nach dem Sinn und der inneren Möglichkeit der Humanität in der einzigen Form, in der sie zulässig ist, nämlich in der Form der Selbstkritik, gestellt werden müssen. Erst so wird dann die Dimension erreicht, innerhalb derer es erlaubt ist, nach der Zukunft des Menschen überhaupt zu fragen.

Der Übergang von den harten Realitäten zu dem Bewußtsein der Menschen, die diese Realitäten zu meistern haben, fordert von uns auch methodisch eine höhere Stufe der Reflexion. Die Tatsachen des Weltbevölkerungszuwachses, des Weltwassermangels und der Lücken in der Weltenergieversorgung lassen sich kalkulieren. Die Konsequenzen, die wir daraus abgeleitet haben, konnten in ihren großen Umrissen durch einfache und zwingende Schlüsse begründet werden. Ich habe mich bemüht, die Methode des Vorgehens Schritt für Schritt klarzulegen und keine Folgerungen zu ziehen, deren Prämissen nicht durchsichtig waren. Wir bewegten uns also in den bisherigen Kapiteln auf dem Feld der Prognose und der möglichen Planung[26]. Das Bewußtsein der Menschen hingegen läßt sich nicht kalkulieren, obgleich es von Realitäten und Strukturen abhängig ist, die sich sehr wohl berechnen lassen. Der unkalkulierbare Faktor des Bewußtseins bezieht sich auf die Zukunft in den drei Grundformen des Wünschens, des Hoffens und des Wollens. Diese drei positiven Formen, die Zukunft im Bewußtsein zu antizipieren, liegen im Kampf mit der beständigen Versuchung, der Zukunft auszuweichen, sie zu fliehen oder sie zu negieren. Die Zukunft macht den Menschen Angst. Die Angst wird aber falsch verstanden, wenn wir sie nur als negative Macht auffassen, denn erst die Angst öffnet uns für die Zukunft die Augen; ohne sie wären wir stumpf, bewußtlos und in das Gefängnis unserer Triebe eingeschlossen; wir wären nicht Menschen. Durch die Angst wird unser Geist für die Zukunft geöffnet. Aber wir sollen die Angst überwinden. Wenn wir durch sie hindurchgehen und sie hinter uns lassen, entspringen jene geistigen Entwürfe, in denen wir unsere Zukunft gestalten.

Ich bezeichne die Bilder, die unser Wünschen, Hoffen und Wollen von der Zukunft entwirft, als Utopien, unterscheide aber drei Formen der Utopie. Im gewöhnlichen Sprachgebrauch versteht man unter „Utopien" Traumbilder einer unwirklichen Welt, also die Projektionen der bewußtlosen Wünsche, der blinden Hoffnungen und des irrationalen Wollens. Daneben gibt es eine Form von literarischen Utopien, die im Spiegel erdichteter Welten gewisse Zustände oder Möglichkeiten der gegenwärtigen Welt, in der wir leben, erkennen lassen und kritisch reflektieren. Man könnte sie im Unterschied zu den erträumten Utopien als „kritische Utopien" bezeichnen. Von beiden Formen des utopischen Denkens unterscheide ich den Entwurf von Bildern jener Zustände, die durch zielbewußtes Handeln herbeigeführt werden können. Im Gegensatz zu jenen Gebilden, die wir sonst „Utopien" zu nennen pflegen, ist diese Form der Antizipa-

---

[26] Vgl. Georg Picht, „Prognose – Utopie – Planung" (1ff.), sowie „Technik und Utopie", in: Hier und Jetzt II, a. a. O., 335ff.

tion von Zukunft auf den Bereich der realen Möglichkeiten eingeschränkt. Ich nenne sie die „*aufgeklärte Utopie*". Schon im ersten Kapitel habe ich die These begründet, daß die Menschheit durch die wissenschaftliche Revolution in die Zwangslage versetzt worden ist, ihre eigene Zukunft produzieren zu müssen. Produktion ist nur möglich, wenn man zuvor entworfen hat, was produziert werden soll. Die künstliche Welt, die wir genötigt sind zu errichten, um der zukünftigen Menschheit ihre Existenzgrundlage zu sichern, muß heute schon im Grundriß entworfen werden; sonst kann ihr Aufbau nicht gelingen. Ein solcher Entwurf des Grundrisses der zukünftigen Welt ist dann eine aufgeklärte Utopie, wenn er den Realitäten gerecht wird, die sich mit den Methoden der rationalen Prognose ermitteln lassen, und wenn er die realen Voraussetzungen politischer Planung nicht ignoriert. Sind diese beiden Kriterien aber erfüllt, so läßt sich positiv sagen, daß ohne eine aufgeklärte Utopie, das heißt ohne ein klares Bild von der Zukunft, die unser Denken und Handeln herbeiführen soll, die technische Welt überhaupt nicht bestehen kann. Eine der wichtigsten Konsequenzen der wissenschaftlichen Revolution liegt darin, daß sie uns in einen Weltzustand versetzt hat, in dem die aufgeklärte Utopie und die durch sie erst ermöglichte rationale Planung für die gesamte Menschheit zur Existenzbedingung geworden ist. Es steht uns nicht frei, uns je nach Belieben für oder gegen utopisches Denken zu entscheiden. Wir sind zur Utopie gezwungen. Aber es gibt einen unheimlichen Spielraum zwischen der blinden und der aufgeklärten Utopie; in diesem Spielraum wird die Freiheit des Menschen und damit seine ganze Zukunft auf die Probe gestellt.

Wie sollen wir nun Kriterien gewinnen, nach denen sich entscheiden läßt, ob wir der blinden Utopie verfallen sind oder die Bahn der aufgeklärten Utopie gefunden haben? In den ersten sechs Kapiteln konnten wir einige ebenso einfache wie evidente Sätze formulieren, die allen weiteren Überlegungen als methodische Grundlage dienten. Wir stellten fest, daß man von der Zukunft des Menschengeschlechtes nur sprechen kann, wenn seine Erhaltung gesichert ist, und haben dann die Bedingungen untersucht, die unter allen Umständen erfüllt werden müssen, wenn die Menschheit nicht in einer Serie von furchtbaren Katastrophen zugrundegehen soll. Treten wir jetzt in den Bereich der aufgeklärten Utopie über, so behalten diese Sätze ihr volles Gewicht, aber sie gewinnen auf dieser neuen Stufe der Reflexion eine andere Bedeutung: sie sagen nicht positiv, was

sein soll, sondern stellen negativ fest, was nicht sein darf. Jeder Wunsch, jeder Plan, jede Hoffnung, jeder Vorsatz und jeder Gedanke, der diesen Sätzen und den daraus abzuleitenden Konsequenzen widerspricht, ist verfehlt. Aber diese Feststellung genügt noch nicht, um uns für den Entwurf der aufgeklärten Utopie eines zukünftigen Weltzustandes als Leitfaden zu dienen. Es stellt sich deshalb die Frage: gibt es einen obersten Grundsatz, aus dem sich positiv die Struktur aller überhaupt zulässigen Zielsetzungen menschlichen Denkens und Handelns ableiten läßt? Gibt es einen obersten Grundsatz der aufgeklärten Utopie? Ich behaupte: es gibt einen solchen obersten Grundsatz, und ich will versuchen, ihn aufzustellen. Wir sagten schon: die menschliche Geschichte resultiert aus der Einstellung des menschlichen Bewußtseins zu vorgegebenen Realitäten. Die aufgeklärte Utopie muß der negativen Bedingung genügen, daß sie die vorgegebenen Realitäten so erkennt und in Rechnung stellt, wie sie wirklich sind. Der positive Entwurf der Utopie ist eine Leistung der Vernunft, die, von der produktiven Einbildungskraft geleitet, den Spielraum der Möglichkeiten entwirft, innerhalb dessen die menschliche Gesellschaft im Rahmen dieser Realitäten ihr zukünftiges Leben einrichten kann. Alle positiven Möglichkeiten der zukünftigen Geschichte entspringen aus der Bewältigung von vorgegebenen Realitäten durch die Vernunft des Menschen. Nur die Vernunft vermag eine Welt zu produzieren, in der die äußere Existenz der Menschheit gesichert ist. Also muß diese künftige Welt so konstruiert sein, daß sich Vernunft in ihr entfalten kann. Damit haben wir den Grundsatz gewonnen, den wir suchten. Er heißt: eine zukünftige Geschichte der Menschheit wird es nur geben, wenn es gelingt, einen Weltzustand herbeizuführen, in dem vernunftgemäßes Denken und Handeln möglich ist und sich durchsetzen kann. Auch dieser Satz ist in sich evident. Jede Zielsetzung, jede Planung, jedes politische Handeln und jedes Denken, das diesem Satz widerspricht, ist verfehlt.
Nun setzt Vernunft in allen ihren Gestalten notwendig immer Freiheit voraus. Nicht jede Form der Freiheit ist vernunftgemäß, aber jede Gestalt der Vernunft geht aus Freiheit hervor. Da aber die Lösung der großen Weltprobleme in den Bereichen der Politik, der Ökonomie, der Organisation der Gesellschaft, der Technik und der Wissenschaft ein Maß von vernünftigem Handeln voraussetzt, das alle Anforderungen, die in der bisherigen Geschichte an die Vernunft der Menschen gestellt worden sind, weit hinter sich läßt, so erweist

sich die Realisierung von Vernunft als die zentrale Aufgabe der zukünftigen Geschichte der Menschheit. Haben wir bisher die Frage gestellt, was nötig ist, um den äußeren Bestand der Menschheit zu sichern, so werden wir jetzt fragen müssen, unter welchen Voraussetzungen und in welchen Formen in der gegenwärtigen und in der zukünftigen Welt vernunftgemäßes Denken und Handeln möglich sind.
Was haben wir aus dieser Überlegung für das Verständnis der modernen Wissenschaft und Technologie und ihrer Zukunftsmöglichkeiten gewonnen? Beim Studium der in großer Zahl erschienenen Bücher, in denen man sich über den gegenwärtigen Stand der Wissenschaften und die von ihnen ins Auge gefaßten zukünftigen Entwicklungen orientieren kann, gewinnt man ein faszinierendes Bild von der unübersehbaren Fülle der Möglichkeiten, die menschlichem Denken und Handeln heute erschlossen sind. Die Expansion der Wissenschaften scheint keine Grenzen zu kennen und respektiert keine Grenzen. Zum erstenmal in der Geschichte der Menschheit gewinnt die Rede von den unbegrenzten Möglichkeiten einen Sinn, der sich ausweisen läßt. Untersucht man die Denkstruktur der heutigen Wissenschaften, so ist das vielleicht wichtigste gemeinsame Merkmal die Grundüberzeugung, daß der Mensch alles, was er machen *kann*, auch machen *soll*. In dieser Überzeugung manifestiert sich ein Strukturwandel, der sämtliche Wissenschaften ergriffen hat und den man am deutlichsten daran erkennt, daß es heute nicht mehr möglich ist, reine Wissenschaft und Technologie voneinander zu trennen. Man kann bei der Analyse des Prozesses der heutigen Wissenschaft die Frage „Was kann ich wissen?" von der Frage „Was kann ich machen?" nicht mehr unterscheiden; denn jedes Machen wird die Quelle neuen Wissens, und jedes Wissen die Quelle neuen Machens. Schon immer war die europäische Wissenschaft von dem in seiner tiefsten Wurzel religiösen Glauben getragen, daß die Menschheit in der Erkenntnis der Wahrheit ihre Bestimmung erfüllt, und daß deshalb alle übrigen Kräfte, Möglichkeiten und Mittel der Menschen in den Dienst dieses großen Zieles gestellt werden müßten. Im 20. Jahrhundert ergießt sich aber nun das ganze Pathos dieses Glaubens in die Erschließung der unbegrenzten Möglichkeiten der Technologie. Daraus erklärt sich, daß die große Mehrzahl vor allem der Naturwissenschaftler auf jeden Zweifel an dem Satz, daß man alles *machen* soll, was man *machen* kann, wie Gläubige auf eine Gotteslästerung reagieren. Denn durch diesen Zweifel wird wegen der Verflechtung

von Wissenschaft und Technologie zugleich in Frage gestellt, daß der Mensch alles *wissen* soll, was er *wissen* kann. Für die erdrückende Majorität der Wissenschaftler, von deren Arbeit das Schicksal der Welt abhängt, ist die Utopie, von der ihr Handeln bestimmt wird, der Traum von einer zukünftigen Welt, in der sämtliche Möglichkeiten der wissenschaftlich-technischen Produktion, die sich heute abzeichnen, ausgeschöpft werden, um neues Wissen zu erschließen, das noch unermeßlichere Möglichkeiten der technischen Realisierung eröffnet[27].

Ihre volle Brisanz erhält diese Utopie aber erst durch die Verbindung mit einer zweiten Struktureigentümlichkeit aller modernen Wissenschaft, nämlich der Spezialisierung. Es ist eine unerlaubte und verlogene Trivialität, das Spezialistentum zu beklagen, denn die heutige Welt lebt von Errungenschaften, die nur durch hochgradige Spezialisierung möglich wurden. Nicht nur die Wissenschaft selbst sondern auch alle anderen Bereiche einer Welt, die den Strukturen von Wissenschaft und Technik unterworfen ist, können nur noch durch Spezialisten in Gang gehalten und verwaltet werden. Der Spezialist ist, wie schon Goethe erkannt hat, der repräsentative Bildungstyp des bürgerlichen Maschinenzeitalters. Aber für die Denkweise des Spezialisten ist konstitutiv, daß er sich darin geschult hat, alle jene Momente des Wirklichen auszublenden, welche die reine Versuchsanordnung, der er seine Erkenntnisse verdankt, durchkreuzen könnten. Nur wo es gelingt, alles, was „nicht dazugehört", als störende Faktoren zu eliminieren, gewinnt man Erkenntnisse, die nachprüfbar sind. Man nennt diese Erkenntnisse „objektiv". Die Objektivität der modernen Wissenschaft ist geradezu dadurch definiert, daß sie der Wirklichkeit *nicht* entspricht, sondern auf solche Erkenntnisse eingeschränkt ist, die sich nur durch eine eindeutig zu kontrollierende Versuchsanordnung gewinnen lassen. Deshalb gehört die genaue Beschreibung der Versuchsanordnung, wie die Quantenphysik uns gelehrt hat, als integrierender Bestandteil zur Definition der durch sie gewonnenen Erkenntnisse.

Diese Struktur des objektivierenden Denkens hat aber außerordentliche Konsequenzen, wenn sich die Wissenschaft durch das Medium

---

[27] Vgl. Georg Picht, „Struktur und Verantwortung der Wissenschaft im 20. Jahrhundert", in: Wahrheit, Vernunft, Verantwortung, a. a. O., 343 ff. und „Die Idee des Fortschritts und das Problem der Zeit", in: Hier und Jetzt I, a. a. O., 375 ff.

der Technik der wirtschaftlichen und gesellschaftlichen Wirklichkeit bemächtigt. Man nennt diesen Vorgang „Rationalisierung". Hier wird nicht nur der wissenschaftliche Versuch sondern auch der industrielle Betrieb, die Verwaltung, ja die Gesellschaft im ganzen so konstruiert, daß reine Versuchsbedingungen gegeben sind, die sich einer absoluten Kontrolle unterwerfen lassen. Das ist die Voraussetzung für die Anwendbarkeit der objektiven Wissenschaft auf die reale Welt. Je vollkommener es gelingt, alle Momente des Wirklichen, die sich nach diesem Verfahren nicht erfassen lassen, zu eliminieren, desto höher ist der erreichte Grad der Rationalisierung. Hier wird also jenes Verfahren, das die moderne Spezialwissenschaft zur Gewinnung spezialisierter Kenntnisse entwickelt hat, der Welt als universales Gesetz oktroyiert; und dadurch entstehen erst jene gesellschaftlichen, ökonomischen und politischen Strukturen, welche die Welt des 20. Jahrhunderts immer mehr in eine von der Wissenschaft geprägte Welt verwandeln.

Die reale Gestalt der Utopie, die uns, teils ausgesprochen, teils verhüllt, in den meisten wissenschaftlichen Zukunftsprognosen gegenübertritt, kommt erst ans Licht, wenn man die beiden Triebkräfte, von denen die moderne Wissenschaft beherrscht ist – den Trieb, alles zu machen, was man machen kann, und den Trieb zur totalen Rationalisierung –, in ihren vielfältigen Kombinationen betrachtet. Die Utopie, aus der die moderne Wissenschaft ihre Impulse bezieht, ist das Bild einer total rationalisierten Welt, in der eine schrankenlose Technologie der Wissenschaft alles zu machen erlaubt, was sie machen kann. Ist diese Utopie im oben definierten Sinne eine aufgeklärte Utopie? Vermag sie die äußere Existenz der Menschheit zu sichern? Und macht sie vernunftgemäßes Handeln und Denken möglich?

Vernunftgemäß ist ein Handeln dann, wenn es seine eigenen Voraussetzungen kennt, seine eigenen Konsequenzen übersieht und sich über die Motivationen seiner eigenen Zielsetzungen aufgeklärt hat. Die Struktur der modernen, objektiven Wissenschaften schließt eine solche Reflexion, durch die sie erst zur Vernunft kommen würden, methodisch aus. Die Wissenschaften reflektieren zwar in gewissem Umfang noch auf ihre theoretischen Voraussetzungen, aber sie reflektieren nicht darauf, daß die politischen, die gesellschaftlichen und nicht zuletzt die ökonomischen Rahmenbedingungen moderner Wissenschaft ein integrierender Bestandteil jener Versuchsanordnung sind, die zur Definition ihrer Erkenntnisse hinzugehört. Die Reflexion auf die möglichen Konsequenzen wissenschaftlicher Erkenntnis ist verpönt. Die Wissenschaft hat noch nicht erkannt, daß ihre Erkenntnis unvollständig ist, solange nicht mit jeder Entdeckung eine wissenschaftliche Erforschung der möglichen Auswirkungen dieser Entdeckung verbunden wird.

Die größten Widerstände aber setzt die objektive Wissenschaft einer Aufklärung über die Motivationen ihrer eigenen Zielsetzungen entgegen. Der ehrwürdige und – wenn man ihn recht versteht – unaufhebbare Satz, daß der Mensch dazu bestimmt ist, die Wahrheit um ihrer selbst willen zu erforschen, wird als Basis für eine Ideologie mißbraucht, die dazu dienen soll, die wirklichen Motivationen vieler Zweige der wissenschaftlichen Forschung zu tarnen. Man braucht sich nur die Forschungsetats der großen Industrienationen anzusehen, um festzustellen, welche Motivationen die wissenschaftliche Forschung faktisch bestimmen. Der weitaus größte Teil der aufgewendeten Mittel dient militärischen Zwecken. Hier kann man auch die Weltraumforschung einbeziehen, die primär aus militärischen Gründen ihre Prioritätsstellung erlangen konnte. Ein weiterer großer Teil der Forschung dient industriellen Zielsetzungen. Dabei darf nicht nur die Industrieforschung im engeren Sinne in Betracht gezogen werden, denn auch die Forschung staatlicher Institute ist in wachsendem Umfang industrielle Auftragsforschung. Daneben tritt zunehmend und in schwer zu durchschauender Verflechtung mit der industriellen Auftragsforschung eine staatliche Auftragsforschung auf den verschiedensten Gebieten.

Man kann die Motivationen der Wissenschaft mit den Motivationen ihrer Auftraggeber nicht kurzschlüssig identifizieren. Der Prozeß der Übertragung der Motive des Auftraggebers in die Resultate der Forschung ist höchst kompliziert und schwer zu kontrollieren. Aber global betrachtet, gilt doch die einfache Regel, daß man die realen Motivationen wissenschaftlicher Forschung erkennt, wenn man durchschaut, aus welchen Motiven sie finanziert worden ist. Die Zielsetzungen, denen die Wissenschaft dient, werden in der Regel nicht von ihr selbst sondern von ihren Auftraggebern bestimmt, und die Auftraggeber finanzieren die Wissenschaft, um mit Hilfe der Ergebnisse wissenschaftlicher Forschung ihre wirtschaftlichen und politischen Machtpositionen zu stärken.

Daraus ergibt sich eine sehr weittragende Feststellung: Gewiß ist alle

Wissenschaft, die überhaupt den Namen verdient, rational. Aber vernunftgemäß ist Wissenschaft nur, wenn sie vernunftgemäßen Zielen dient. Da nun die Zielsetzungen der Wissenschaft den Machtkampf der Auftraggeber widerspiegeln, ist die Wissenschaft insgesamt trotz ihrer formalen Rationalität ebenso vernunftwidrig und damit irrational wie die politischen Mächte, denen sie dient. Formal betrachtet, hat die Wissenschaft im 20. Jahrhundert die Weltherrschaft erlangt, denn die technische Welt ist reproduzierte Wissenschaft. Da aber die Wissenschaft noch nicht gelernt hat, auf ihre Voraussetzungen, ihre Konsequenzen und ihre Zielsetzungen zu reflektieren, befindet sie sich zugleich in einer nahezu totalen Abhängigkeit von den auftraggebenden Mächten. Die Rationalität der Wissenschaft potenziert die irrationale Macht der Auftraggeber. Daraus ergibt sich eine tragische Paradoxie, an der die Menschheit zugrundegehen könnte: der Prozeß der Rationalisierung der Welt hat bisher lediglich dazu gedient, die Irrationalität des Spieles der Macht ins nahezu Unermeßliche zu steigern.

Wir sehen jetzt, weshalb es nötig war, in einem ersten Schritt den Begriff der Utopie zu klären. Es hat sich nämlich nun herausgestellt, daß die Wissenschaft des 20. Jahrhunderts von einer blinden Utopie in Bann geschlagen ist, weil sie es versäumt hat, ihre eigenen Voraussetzungen, ihre möglichen Konsequenzen und ihre Ziele zum Gegenstand wissenschaftlicher Forschung zu machen. Die Wissenschaft unserer Zeit hätte die Möglichkeit, uns die Wege zu erschließen, auf denen die großen Weltprobleme gelöst werden können. Durch eine außerordentliche Konzentration von wissenschaftlichem und technischem Sachverstand könnte die Menschheit mit Nahrung, mit Wasser und mit Energie versorgt werden. Die Wirtschafts- und Sozialwissenschaften wären in der Lage, ein Instrumentarium zu entwickeln, mit dessen Hilfe die Politiker die ökonomischen Engpässe durchbrechen und die politischen und gesellschaftlichen Voraussetzungen für den Aufbau der neuen künstlichen Welt herstellen könnten. Es wäre mit Hilfe der Wissenschaft möglich, einen Weltzustand herbeizuführen, in dem die Zukunft des Menschengeschlechtes gesichert werden könnte. Aber die Wissenschaft hat noch nicht die Stufe der Reflexion erreicht, auf der sie ihre neuen Möglichkeiten ergreifen könnte. Sie ist noch nicht zur Aufklärung über sich selbst gelangt. Sie durchschaut noch nicht ihre eigenen Bedingungen und Konsequenzen. Sie ist noch in naiven Vorurteilen befangen und erkennt nicht ihre eigenen Abhängigkeiten. Sie verwechselt Rationalität und Vernunft. Deswegen hat sie noch nicht die Mündigkeit erworben, die ihre neue Machtstellung von ihr fordert. Wir sind davon ausgegangen, daß die gesamte Menschheit einen großen Bewußtseinswandel vollziehen muß, wenn sie ihrer Zukunft gewachsen sein soll. Jetzt zeigt sich, daß dieser Bewußtseinswandel mit einem Bewußtseinswandel der Wissenschaft selbst zu beginnen hätte. Alle Ziele und Prognosen der Wissenschaft bleiben fiktiv, solange Wissenschaft die kritische Reflexion auf ihre eigene Verantwortung versäumt. Deswegen müssen wir den Katalog der großen Weltprobleme erweitern. Eines der großen Probleme ist die Frage: „Wie kommt die Wissenschaft des 20. Jahrhunderts zur Vernunft?"

8. Wissenschaft und Technologie II

Einer der bedeutendsten Physiker unseres Jahrhunderts, der Nobelpreisträger Isidor Isaac Rabi, langjähriger Berater des Präsidenten der Vereinigten Staaten und Vorsitzender der amerikanischen Atomenergiekommission, sagt, daß die Wissenschaft der Integration bedürfe, wenn sie ihrer neuen Funktion in Politik, Gesellschaft und Wirtschaft gerecht werden soll. Tatsächlich vollziehe sich jedoch infolge der wachsenden Spezialisierung eine „Balkanisierung der Wissenschaft", durch die sich das wissenschaftliche Denken immer weiter von seinem eigentlichen Sinn und Wesensgehalt entferne. Er fordert deshalb einen neuen, humanistischen Typ von wissenschaftlicher Bildung; die Elemente der älteren klassischen Bildung müßten wieder stärker zur Geltung gebracht werden. „Ohne eine solche neue Bildungsform", so stellt er fest, „sind wir gegen die Gefahren des Kernzeitalters, der Automation und der neu entstandenen Gesellschaftsformen inmitten einer Welt von Unbildung, Krankheit und Armut nur schlecht gewappnet"[28]. So bestätigt Rabi das Ergebnis, zu dem wir im letzten Kapitel gelangt sind; auch er fordert angesichts der großen Weltprobleme, mit denen er sich in seinen Ämtern wie nur wenige Wissenschaftler unserer Zeit auseinandersetzen mußte, einen durchgreifenden Bewußtseinswandel der Wissenschaft selbst.

---

[28] Isidor Isaac Rabi, Der Wissenschaftler und das öffentliche Leben, in: Robert Jungk/Hans Josef Mundt, a. a. O., 25.

„Balkanisierte Wissenschaft" ist vernunftlose Wissenschaft. Rabis Forderung, die Wissenschaft müsse zur Integration gelangen, deckt sich also mit jener Frage, die ich als eines der großen Weltprobleme bezeichnet habe: „Wie kommt die Wissenschaft zur Vernunft?" Diese Frage zu formulieren ist leicht; sie zu beantworten scheint unmöglich zu sein. Die modernen Spezialwissenschaften haben einen Komplikationsgrad erreicht, der es selbst qualifizierten Wissenschaftlern nicht mehr erlaubt, das Feld ihrer eigenen Wissenschaft zu überschauen. Noch weniger sind Laien in der Lage, sich über die Inhalte und möglichen Auswirkungen der Wissenschaft unserer Zeit ein Urteil zu bilden. Es wird immer schwerer, die abstrakten Methoden moderner Forschung in die Sprache des gemeinen Menschenverstandes zu übersetzen. Der große welthistorische Prozeß, der sich in den Forschungsinstituten und Laboratorien abspielt, ist für Reporter unzugänglich. Die Kluft zwischen dem Bewußtsein der modernen Forschung und dem öffentlichen Bewußtsein läßt sich auf der gegenwärtigen Stufe der Wissenschaft nicht mehr überbrücken. Deswegen entzieht sich das größte Machtpotential der heutigen Welt, das Potential der Wissenschaft, jeder politischen Kontrolle.
Die Wissenschaft ist aber auch der Kontrolle durch die Wissenschaft selbst entzogen. Alle Erfolge der modernen Wissenschaft beruhen auf dem mit letzter Konsequenz auf die Spitze getriebenen Prinzip der Arbeitsteilung. Der riesige Apparat moderner Forschung ist in unzählige Zellen aufgespalten, in denen kleine Gruppen von Eingeweihten, durch ihr Spezialwissen isoliert, ihr esoterisches Handwerk betreiben. Was in der Nachbarzelle geschieht, bekümmert sie nicht; und sie vermögen nicht zu überschauen, wie ihre eigenen Resultate in das unkontrollierte Räderwerk des wissenschaftlichen Betriebes eingreifen. Zwar wird infolge der Verschmelzung von Wissenschaft und Technologie jede Entdeckung kurzfristig in technische Produktion übersetzt; nichts hemmt das ungezügelte Spiel mit der Macht des Gedankens über die Kräfte der Natur; aber die Auswirkungen dieses Tuns werden weder bedacht noch kontrolliert, weil keine Spezialwissenschaft dafür zuständig ist. Die folgenreichsten Auswirkungen der modernen Wissenschaft sind nicht die vorausberechneten und geplanten Effekte sondern die unvorhergesehenen Nebenwirkungen. Das irrationale Produkt dieser Nebenwirkungen ist die Zivilisation, in der wir leben. Die riesigen Weltprobleme, von denen in den ersten Kapiteln die Rede war, die Bevölkerungsexplosion, der

Wassermangel und die Mißwirtschaft in der Energieversorgung, sind ausnahmslos ein Ergebnis der Nebeneffekte. Niemand hat bei der Malariabekämpfung daran gedacht, daß die am Leben erhaltenen Menschen auch ernährt werden müssen. Der vernunftgemäße Aufbau der künstlichen Welt, den wir gefordert haben, weil er zur Existenzbedingung geworden ist, setzt eine systematische Kontrolle der Nebenwirkungen der Wissenschaft voraus. Er fordert also eine bisher unbekannte Form der Wissenschaft, die zu einer solchen Kontrolle in der Lage ist.

Das Problem einer Kontrolle der Nebenwirkungen ist für den Einbau der Wissenschaft in die zukünftige Welt von so fundamentaler Bedeutung, daß ich es durch ein weiteres Beispiel erläutern möchte. Die Pharmakologie hat eine ganze Serie von Mitteln erzeugt, die, von der Schmerz- und Schlaftablette bis hin zu den Psychopharmaka, die Menschen in einen künstlichen Seelenzustand versetzen. Die Produktion wurde in Gang gebracht und die Gesellschaft der hochindustrialisierten Staaten in eine partiell narkotisierte Gesellschaft verwandelt, bevor man die psychischen und gesellschaftlichen Wirkungen dieser neuen Form von Massenkonsum studiert hatte. Der Physiopathologe Zenon Bacq prophezeit als Ergebnis dieser Entwicklung, daß in naher Zukunft der gesunde Mensch in einer von Tabletten und Pülverchen beherrschten Gesellschaft als Abnormität auffallen wird. Er sagt: „Statt eines breiten Spektrums kluger und starker Persönlichkeiten werden wir eine langsam um sich greifende Aushöhlung des Charakters und eine Kastration der Persönlichkeit erleben."[29] Dies ist nur eines unter vielen Beispielen dafür, daß die Auswirkungen der Wissenschaft die psychophysische Konstitution des Menschen auf unkontrollierbare Weise affizieren.

Das Beispiel illustriert aber zugleich die Feststellung des vorigen Kapitels, daß die Frage nach den Auswirkungen einer Forschung von der Frage nach den verborgenen Motivationen dieser Forschung nicht getrennt werden kann. Die Pharmakologie hat einen außergewöhnlichen Aufschwung genommen, weil riesige Finanzmittel dafür eingesetzt werden. Finanziert und damit zugleich gesteuert wird diese Forschung von der pharmazeutischen Industrie; das Studium der Nebeneffekte wird auf einen sehr bescheidenen Umfang einge-

---

[29] Zenon Bacq, Der Teufelskreis Chemie gegen Chemie, in: Robert Jungk/Hans Josef Mundt, a. a. O., 186.

schränkt, weil es dem Interesse der Geldgeber widersprechen würde. Die pharmazeutische Industrie wiederum kann nur deshalb so große Mittel investieren, weil sie mit einem nahezu unbegrenzten Bedarf kalkuliert. Das Bedürfnis der Gesellschaft nach Mitteln, die sie in einen künstlichen Seelenzustand versetzen, entsteht aus Mechanismen dieser Gesellschaft selbst, über die im zehnten Kapitel gesprochen werden soll. Die Wissenschaft käme erst dann zur Vernunft, wenn sie zugleich mit ihren Nebenwirkungen auch die versteckten Triebkräfte studieren würde, von denen ihre Produktion in Gang gehalten wird. Aber dadurch würden vitale Interessen der wissenschaftlichen Kommunität gefährdet. Die Wissenschaft ist also an der Irrationalität ihrer Geldgeber und damit an der Irrationalität ihres Betriebes selbst interessiert. Erst wenn man eingesehen hat, daß die Wissenschaft auch durch höchst massive eigene Interessenlagen in ihrer Vernunftlosigkeit erhalten wird, begreift man, wie schwer es ist, auf die Frage: „Wie kommt die Wissenschaft zur Vernunft?" eine Antwort zu finden.

Die Tragweite dieser Feststellung wird erst sichtbar, wenn man sich klarmacht, welche Folgen es hat, daß eine Wissenschaft, die durch das Medium der Technik und der industriellen Produktion die Welt, in der wir leben, beherrscht, sich nicht nur jeder politischen Kontrolle sondern auch ihrer Selbstkontrolle entzieht. Die wissenschaftliche Forschung der zweiten Hälfte des 20. Jahrhunderts ist, wenn man die Gesamtheit ihres Apparates ins Auge faßt, das größte Machtinstrument, das die Menschen je besessen haben. Kleine Gruppen von bescheiden auftretenden und schlecht bezahlten Herren in weißen Kitteln verfügen durch die Macht des Gedankens und durch das Instrumentarium ihrer Methoden über die Kräfte der Natur, über die Mechanismen der Wirtschaft, über die Organisation der Gesellschaft und über die unsichtbaren Schaltstellen, durch deren Schematismen der Gang der Politik tatsächlich beherrscht wird. Die Aktionen der Präsidenten, Kanzler und Marschälle erscheinen, verglichen mit der lautlosen Arbeit der Wissenschaftler, als ein bloßer Theaterdonner. Es gibt Schreibtische und Laboratorien, die ein größeres Machtpotential repräsentieren als ganze Armeen. Aber dieses Machtpotential ist dem blinden Spiel des Zufalls und der unreflektierten Interessen überlassen. Die politischen Institutionen unserer Welt, die Regierungen, die Parlamente, die großen Organisationen und die Wirtschaft, vermögen sich des Machtpotentials der Wissen-

schaft nicht vernunftgemäß zu bedienen, weil ihnen der wissenschaftliche Sachverstand fehlt, um die Möglichkeiten und Auswirkungen der Wissenschaft zu überschauen. Die Wissenschaft selbst ist rational, doch ihre Anwendung ist blind und wird von undurchsichtigen Interessen bestimmt. Aber selbst wenn der politische Wille, der sich des Instrumentes der Wissenschaft bemächtigt, blind ist und nicht zu übersehen vermag, was er tut, setzt er eine ungeheure Entfaltung von Macht und eine außerordentliche Beschleunigung des wissenschaftlichen Fortschritts in Gang. Da die Gestaltung der zukünftigen Welt nur aus der Verbindung von politischen Energien mit wissenschaftlicher Macht hervorgehen kann, hängt viel davon ab, daß wir aus den bisherigen Experimenten von politischer Operation mit wissenschaftlichen Potentialen die richtigen Konsequenzen ziehen. Deswegen wollen wir das eindrucksvollste Beispiel, die Konstruktion der Atombombe, kurz betrachten.
Die kleine Gruppe von Physikern, die während des letzten Krieges durchgesetzt hat, daß unter Einsatz gewaltiger Mittel die erste Atombombe gebaut wurde, war der naheliegenden aber irrigen Meinung, daß sonst die deutschen Physiker für Adolf Hitler die furchtbare Waffe herstellen würden. Das in der Wissenschaftsgeschichte bis dahin beispiellose finanzielle und industrielle Potential, das etwa 60 000 Arbeitskräfte umfaßte, wurde ihnen zur Verfügung gestellt, weil Krieg war, und weil sie auf Grund von falschen Informationen die Politiker zu überzeugen vermochten, daß ihr wissenschaftliches Projekt als integraler Bestandteil der Kriegführung betrachtet werden müßte. So wurde erreicht, daß jene politischen Energien, die in der bisherigen Geschichte der Menschheit nur für den Krieg zu mobilisieren waren, als Motor für ein wissenschaftliches Unternehmen dienten. Das Ergebnis hat in wenigen Jahren die Welt verwandelt; aber die Entscheidung über den militärischen Einsatz der ersten Atombomben wurde nicht auf Grund einer rationalen und mit wissenschaftlichen Methoden durchgeführten Analyse der möglichen Konsequenzen getroffen, sondern erfolgte weitgehend irrational nach jenen primitiven Faustregeln der Strategie, die man für den Umgang mit Kanonen und Maschinengewehren entwickelt hatte. Es ergibt sich also, daß eine irrationale Vorentscheidung in einer von irrationalen Kräften bestimmten Situation zu einer äußersten Konzentration der Rationalität geführt hat, die wiederum irrationale Folgen hatte. Diese Irrationalität ist, wie ich im dritten Kapitel zu zeigen

versuchte, für die Weiterentwicklung der nuklearen Waffensysteme bestimmend geblieben. Die Rationalisierung der Politik, die über den Gebrauch oder Mißbrauch dieser furchtbaren Instrumente zu entscheiden hat, bleibt unermeßlich weit hinter der Stufe der Rationalität zurück, die zu ihrer Konstruktion erforderlich war.
Auch bei analogen Vorgängen, wie etwa beim Aufbau der Weltraumforschung oder bei der Entwicklung der neuen Kommunikations- und Planungstechniken, sind außerordentliche wissenschaftliche Leistungen erst dadurch möglich geworden, daß sich ein konzentrierter politischer Wille, geleitet von irrationalen Motiven, des wissenschaftlichen Potentials zu bedienen vermochte. Besonders bemerkenswert ist in allen diesen Fällen, daß auch rein wissenschaftsorganisatorische Probleme, die als unüberwindbar galten, wie zum Beispiel das Problem der interdisziplinären Zusammenarbeit, wie mit einem Zauberschlag gelöst werden konnten, wo immer der politische Wille stark genug war, um ihre Lösung zu erzwingen. Deshalb hat – es ist leider nicht zu leugnen – blinder politischer Wille auch in der Wissenschaftsentwicklung einen qualitativen Sprung zu induzieren vermocht, zu dem die Wissenschaft aus sich selbst heraus nicht fähig war. Wir lernen also aus der bisherigen Erfahrung des politischen Umgangs mit der Wissenschaft, daß einerseits ungeheure Leistungen möglich werden, sobald sich ein politischer Wille formiert, der von dem Machtpotential der Wissenschaft Gebrauch macht, und daß andererseits aus eben diesem Grunde unermeßliche Gefahren heraufbeschworen werden, wenn der politische Wille selbst vernunftlos ist und weder seine Motivationen noch seine Methoden noch seine Zielsetzungen kritisch zu durchleuchten vermag. Es gibt in unserer Welt bisher keinen Schutz gegen den Mißbrauch der Wissenschaft durch politische Macht. Die Wissenschaft kann sich gegen einen solchen Mißbrauch nicht wehren, denn sie ist in ihrer gegenwärtigen Verfassung desintegriert oder, wie Rabi sagt, „balkanisiert", und hat bisher noch keine Theorie über ihre eigenen Zielsetzungen entwickelt; sie ermangelt der aufgeklärten Utopie. Solange aber die Wissenschaft selbst nicht weiß, welchen Gebrauch man von ihren Möglichkeiten machen soll, kann den Politikern der Mißbrauch oder die Vernachlässigung des wissenschaftlichen Potentials kaum vorgeworfen werden.
Wir wurden zu diesen Überlegungen genötigt, weil uns die Übersicht über die großen Weltprobleme, die ich in den ersten Kapiteln zu

geben versuchte, auf die Frage geführt hat, ob das Bewußtsein der Menschen den Realitäten gewachsen ist, mit denen uns diese Probleme konfrontieren werden. Im eigentlichen Zentrum des Bewußtseins der wissenschaftlichen Zivilisation steht die Wissenschaft selbst. Es ist nicht denkbar, daß ein außerwissenschaftliches Bewußtsein die Reflexionsstufe erreicht, die nötig ist, wenn menschliche Vernunft die rationalen Instrumente der Wissenschaft des 20. Jahrhunderts beherrschen soll. Das Ergebnis, zu dem wir geführt wurden, ist erschreckend genug. Die modernen Spezialwissenschaften sind innerhalb ihres eng beschränkten Horizontes auf eine so hohe Stufe der Rationalität und der methodischen Reflexion gelangt, daß ihre Denkweisen sich nicht mehr in das allgemeine Bewußtsein übersetzen lassen und vom politischen Bewußtsein resorbiert werden können. Gleichzeitig aber ist die Wissenschaft bei der Reflexion auf ihre eigenen Voraussetzungen und Konsequenzen in einer Naivität befangen, die sich über die Bewußtseinsstufe des durchschnittlichen Laienverstandes nicht erhebt. Deshalb sind die rationalen Apparate der Wissenschaft und ihre unermeßlichen Machtpotentiale dem blinden Spiel von irrationalen Gewalten ausgeliefert. Die Rationalität der Wissenschaft potenziert die Irrationalität der politischen oder wirtschaftlichen Macht; und irrationale Impulse aus Wirtschaft oder Politik führen zu neuen Steigerungen partikularisierter wissenschaftlicher Rationalität. Die Struktur der Wissenschaft selbst steht einer Rationalisierung des Umgangs mit der Wissenschaft im Wege, und in den wissenschaftlichen Institutionen sind Interessen investiert, die sich jeder Rationalisierung der wissenschaftlichen Produktion widersetzen müssen. Die Strukturen, die uns hier begegnen, stehen in einer genauen Analogie zu den politischen Strukturen, die wir im dritten Kapitel bei der Analyse des Systems der Territorialstaaten angetroffen haben. Auch die politische Organisation der heutigen Welt widersetzt sich jeder Integration. Auch politisch ist die Welt „balkanisiert". Auch in der Politik verhindern die vorgegebenen Strukturen und die in ihnen investierten Interessen die Ausbildung eines Bewußtseins, das den Problemen unserer Welt vernunftgemäß zu begegnen wüßte. Im Wechselspiel von Wissenschaft und Politik kommt es nur selten dazu, daß politisches Handeln durch wissenschaftliche Reflexion rationalisiert, oder daß umgekehrt durch politische Vernunft die Wissenschaft zur Reflexion auf ihre eigenen Zielsetzungen veranlaßt würde. Hingegen gibt es eine verborgene Allianz zwischen den irrationalen Interessen beider Partner. In dieser Verfassung unseres Bewußtseins treibt uns die ungeheure Dynamik der durch die Wissenschaft entfesselten Gewalten des Weltprozesses mit rasender Geschwindigkeit jenen Krisen entgegen, die sich auf Grund der Analyse der Weltprobleme heute schon berechnen lassen.

Die Frage, auf die wir eine Antwort suchen, hieß: „Wie kommt die Wissenschaft zur Vernunft?" Die Ursachen der Vernunftlosigkeit der Wissenschaft sind uns jetzt deutlicher geworden. Die Wissenschaft ist vernunftlos, weil sie zwar alles macht, was sie machen kann, aber nicht darauf reflektiert, was sie machen soll. Die Wissenschaft des 20. Jahrhunderts hat sich mit einer solchen Ausschließlichkeit auf die Strukturen und Methoden der hochspezialisierten Forschung festgelegt, daß sie nicht in der Lage ist, auf sich selbst und ihre eigenen Konsequenzen zu reflektieren. Sie ist im strengen Sinne des Wortes nicht verantwortungsfähig. Es fehlt eine Wissenschaft in der zweiten Potenz, die den gesamten Komplex der Spezialwissenschaften zum Gegenstand der Forschung machen und ihre möglichen Konsequenzen untersuchen würde. Es fehlt eine wissenschaftliche Theorie von den Weltbezügen der Wissenschaft. Es fehlt auch eine Theorie von den Zielsetzungen der Wissenschaft. Wie wäre eine solche Theorie zu entwickeln? Die Analyse der großen Weltprobleme hat uns zur Antwort auf diese Fragen den Weg gewiesen. So groß das Machtpotential der heutigen Wissenschaft auch sein mag, es reicht bei weitem noch nicht aus, um unter dem mörderischen Zeitdruck, in den uns die Welthungerkatastrophe versetzt, die riesigen Forschungsprogramme durchzuführen, von denen der Bestand der Menschheit abhängig ist. Werden diese Aufgaben aber nicht gelöst, so zerbrechen auch die politischen und gesellschaftlichen Ordnungen, auf denen die Wissenschaft beruht. Die Wissenschaft wird also um ihrer Selbsterhaltung willen gezwungen sein, sämtliche Kräfte auf die Lösung der großen Weltprobleme zu konzentrieren. Die Forschungsprogramme werden durch den Zwang der Not unerbittlich diktiert. Die Wissenschaftler werden nicht mehr lange wie spielende Kinder nach freiem Belieben treiben können, was ihnen Spaß macht. Auch hier erweist sich also der Zwang der Not als der einzige Weg, auf dem sich menschliches Denken, allen Widerständen zum Trotz, vielleicht zur Vernunft bringen läßt.

Die Forschungsprogramme werden, so sagte ich, der Wissenschaft durch die großen Weltprobleme diktiert. Aber eine präzise Analyse der Frage, welche Forschungsaufgaben in welcher Reihenfolge und in welcher Verkettung gelöst werden müssen, wenn wir der unaufhaltsamen Dynamik der Weltentwicklung nachkommen sollen, ist eine wissenschaftliche Aufgabe, deren Umfang und Schwierigkeit hinter den übrigen großen Problemen der Wissenschaft des 20. Jahrhunderts um nichts zurücksteht. Die Wissenschaft ist aus den genannten Gründen auf die Lösung eines solchen Problems nicht vorbereitet, ja, sie vermag es noch nicht einmal zu stellen. Gerade deshalb ist eine systematische Erforschung der Lebensbedingungen unserer Zivilisation eine Aufgabe, deren Priorität allen übrigen Prioritäten der Forschung vorangeht.

Was wird die Wissenschaft entdecken, wenn sie diese Aufgabe in Angriff nimmt? Sie wird entdecken, daß der Spielraum ihrer theoretischen Möglichkeiten zwar unbegrenzt, daß aber ihre realen Möglichkeiten endlich sind. Auf der einen Seite wird die Expansion der wissenschaftlichen Forschung dadurch eingeschränkt, daß die Ressourcen, die ihr zur Verfügung stehen, bei weitem nicht ausreichen, um die Fülle dessen, was der Wissenschaft heute möglich wäre, zu realisieren. Dazu fehlen ihr nicht nur die finanziellen Mittel sondern auch die Institute; es fehlen vor allem angemessen ausgebildete Wissenschaftler. Noch radikaler aber wird der Spielraum der Wissenschaften dadurch begrenzt, daß die unvorhergesehenen Auswirkungen der Wissenschaft selbst den gesellschaftlichen und politischen Unterbau der Wissenschaft des 20. Jahrhunderts unterminieren. Die Wissenschaft wird deshalb gezwungen sein, die Herstellung ihrer eigenen Voraussetzungen zum Gegenstand ihrer Forschung zu machen, und das wird Anstrengungen erfordern, die einen sehr rasch wachsenden Prozentsatz der gesamten Kapazität der Wissenschaften in Anspruch nehmen.

Die Endlichkeit dessen, was inmitten eines unbegrenzten Spielraumes theoretischer Möglichkeiten wirklich realisiert werden kann, darf aber nicht nur negativ als eine äußere Begrenzung angesehen werden. Gerade durch die Erkenntnis ihrer Endlichkeit wird nämlich die Wissenschaft zur Vernunft gezwungen. Sie wird zu der Einsicht gezwungen, daß sie nicht länger alles machen kann, was sie machen könnte, sondern daß sie aus allem, was machbar wäre, eine wissenschaftlich begründete Auswahl treffen muß. Sie wird gezwungen, eine wissenschaftliche Theorie der Prioritäten der Forschung zu entwickeln. Sie wird also gezwungen, eine wissenschaftliche Antwort auf die Frage zu finden, was denn von allem, was gemacht werden *kann,* in welcher Reihenfolge gemacht werden *soll.* So könnte die Erkenntnis der Endlichkeit der Realisierungsmöglichkeiten jene Reflexion der Wissenschaft auf sich selbst erzwingen, die dann die Wissenschaft als Ganzes aus dem artifiziellen Paradies ihrer bisherigen Naivität vertreiben und auf eine höhere Bewußtseinsstufe führen würde. Die wissenschaftliche Planung der Wissenschaft: das ist die Zukunftsaufgabe, die bewältigt werden muß, wenn uns die Wissenschaft bei der Lösung der großen Weltprobleme nicht im Stich lassen soll.

Wir haben im vorigen Kapitel festgestellt, daß es eine zukünftige Geschichte der Menschheit nur geben kann, wenn das Bewußtsein der Wissenschaft den Realitäten gewachsen ist, mit denen uns die Weltentwicklung in den nächsten fünfzig Jahren konfrontieren wird. Da aber die zukünftige Menschheit, wie wir bereits gesehen haben, nur noch in einer künstlichen Welt zu existieren vermag, die durch Wissenschaft und Technologie produziert werden muß, ist die Wissenschaft selbst eine der großen Realitäten der zukünftigen Welt, ja sie ist die beherrschende Realität. Die wissenschaftliche Erkenntnis und die wissenschaftliche Analyse zukünftiger Realitäten müssen deshalb mit einer Selbsterkenntnis und einer Selbstanalyse der Wissenschaft beginnen. Aus einer solchen Reflexion der Wissenschaft auf ihren eigenen Auftrag und ihre eigenen Möglichkeiten entspringt dann jene aufgeklärte Utopie, von der ich schon gesprochen habe. Wir können jetzt den Inhalt dieser Utopie bestimmen: wenn es die Aufgabe der Wissenschaft ist, eine künstliche Welt zu produzieren, in der die Erhaltung des Menschengeschlechtes gesichert bleibt, so ist der Entwurf dieser künstlichen Welt im ganzen der Inhalt jener großen Zielplanung, zu der die Wissenschaft heute gezwungen ist. Die Wissenschaft wird sich entschließen müssen, sich ihrer Verantwortung bewußt zu werden und in ihrer Gesamtheit als ein aufgeklärtes Subjekt unserer zukünftigen Geschichte zu handeln. Wie kommt die Wissenschaft zur Vernunft? Durch die Erkenntnis ihrer Verantwortung für die zukünftige Geschichte der Menschheit.

9. Die weltpolitische Bedeutung der Wissenschaftsplanung

In den beiden letzten Kapiteln haben wir versucht, uns die Struktur und die Bewußtseinslage der Wissenschaft des 20. Jahrhunderts deutlich zu machen. Insgesamt könnte der Komplex der wissenschaftlichen Institutionen das größte Machtpotential sein, über das die Menschheit je verfügt hat; aber niemand vermag von den Möglichkeiten, die die Wissenschaften uns erschließen könnten, Gebrauch zu machen, denn die moderne Wissenschaft ist desintegriert und hat längst den Überblick über ihre eigenen Möglichkeiten verloren. Sie kennt sich selbst nicht und vermag sich nicht zu steuern. Sie ist auch wissenschaftlich nicht in der Lage, ihre eigene Verantwortung zu durchschauen und entsprechend zu handeln. Die Politik kann diese Steuerung nicht übernehmen, denn man darf von ihr eine Übersicht nicht erwarten, zu der die Wissenschaft selbst nicht fähig ist. Deshalb bleibt es dem Zufall überlassen, welchen Gebrauch die blinden Interessen der Menschen von den ungeheuren Gewalten machen, mit denen die Wissenschaftler experimentieren, ohne nach den Auswirkungen ihres selbstvergessenen Spieles zu fragen. Wenn wir von den Möglichkeiten der heutigen Forschung einen vernunftgemäßen Gebrauch machen wollen – und davon wird das Schicksal der Menschheit abhängen –, so müssen wir die wissenschaftliche Forschung organisieren und ihren institutionellen Rahmen planen. Da keines der großen Weltprobleme ohne die Hilfe der Wissenschaft gelöst werden kann, und da nur zielbewußte Planung jene gigantischen Projekte in Gang zu setzen vermag, die zur Erhaltung der Menschheit durchgeführt werden müssen, ist die Wissenschaftsplanung eine der vordringlichsten unserer Zukunftsaufgaben. Sie nimmt unter den großen Weltproblemen, von denen wir gesprochen haben, eine Schlüsselstellung ein, denn von der vernunftgemäßen Planung wissenschaftlicher Forschung hängen alle konstruktiven Möglichkeiten einer zukünftigen Weltpolitik ab. Deswegen ist es nicht übertrieben, von einer weltpolitischen Bedeutung der Wissenschaftsplanung zu sprechen.

Die besonderen Schwierigkeiten der Aufgaben, die hier zu lösen sind, ergeben sich daraus, daß sich in der Wissenschaftsplanung Wissenschaftstheorie und Weltpolitik wechselseitig bedingen und überschneiden. Wir werden also die Dimensionen, in denen sich eine zukünftige Wissenschaftsplanung zu bewegen hätte, nur erkennen, wenn wir die Strukturanalyse der Wissenschaft des 20. Jahrhunderts, die uns in den beiden vorhergehenden Kapiteln beschäftigt hat, mit der Übersicht über die großen Aufgaben der Weltpolitik in Verbindung setzen, die ich in den ersten sechs Kapiteln zu geben versuchte.

Deswegen ist es nötig, daß wir uns jene Verkettung von Problemen noch einmal in Erinnerung rufen, aus der sich ergibt, daß in der Wissenschaftsplanung der Schlüssel für die mögliche Zukunft des Menschengeschlechtes zu suchen ist. Unsere Ausgangsthese, daß die Menschheit heute zum erstenmal in die Zwangslage versetzt wurde, die Verantwortung für die zukünftige Geschichte bewußt zu übernehmen, hat sich durch die Analyse der großen Weltprobleme bestätigt. Selbst wenn es gelingen sollte, in einer irrationalen und höchst labilen Ordnung der Weltpolitik den Frieden zu erhalten und die Menschheit vor einem Atomkrieg zu bewahren, sind wir von einer Hungerkatastrophe bedroht, die ein solches Ausmaß hat, daß sie auch den Bestand der im Überfluß lebenden Staaten erschüttern könnte. Der Bedarf der Menschheit an Wasser und Energie kann im Rahmen der bisherigen politischen Organisation der Welt nicht gedeckt werden; und die Tatsache, daß die Substruktur unserer gesamten Wirtschaft und Zivilisation, nämlich die Erziehungssysteme, völlig ungenügend ausgebaut sind, droht jene Expansion der Weltwirtschaft zu blockieren, ohne die wir die riesigen technischen Leistungen, die erforderlich sind, nicht finanzieren können. Es gibt keine Ausflucht vor dem grausamen Kalkül, der uns darüber belehrt, daß die Weltentwicklung einem Zusammenbruch unserer gesamten Zivilisation und der Vernichtung von Milliarden von Menschen entgegentreibt, wenn wir sie, wie in der bisherigen Geschichte, der Dynamik irrationaler Kräfte überlassen. Auf der anderen Seite haben wir gesehen, daß es der Wissenschaft möglich wäre, unter vernunftgemäßem Einsatz aller verfügbaren Mittel die großen Weltprobleme zu lösen und den zukünftigen Bestand der Menschheit zu sichern. Es wäre möglich, die Welt so einzurichten, daß unsere Kinder und Enkel nicht zugrundegehen. Eine so unausweichliche Alternative hat es in der bisherigen Geschichte vielleicht für einzelne Staaten oder Gruppen, aber noch niemals für die gesamte Menschheit gegeben. Daß heute zum erstenmal die Existenz der gesamten Menschheit auf dem Spiel steht, ist eine Auswirkung von Wissenschaft und Technik. Das Problem der Wissenschaftsplanung läßt sich deshalb auch auf die Formel der Frage bringen: Ist es möglich, mit Hilfe einer neuen Wissenschaft, einer Wissenschaft in der zweiten Potenz, die katastrophalen Auswirkungen der bisherigen Wissenschaft zu überwinden?
Nachdem wir in den beiden letzten Kapiteln die Konstitution und die

Bewußtseinslage der Spezialwissenschaften des 20. Jahrhunderts unter wissenschaftstheoretischen Gesichtspunkten diskutiert haben, sind wir jetzt genötigt, in planungstheoretische Überlegungen einzutreten. Dazu bedarf es zunächst einer Orientierung über gewisse Grundvoraussetzungen jeglicher Planung, die meistens nicht genug bedacht werden. Daß wir überhaupt heute in der Lage sind, das Problem der Planung ernsthaft in Angriff zu nehmen, verdanken wir der erstaunlich raschen Entwicklung jener modernen Planungswissenschaften, ohne die schon heute unsere politischen, wirtschaftlichen und militärischen Großorganisationen nicht mehr funktionsfähig wären. Die Planungstechniken wurden bereits auf eine hohe Stufe der Rationalität gebracht; planungstechnisch wären die Planungsprobleme des 20. Jahrhunderts vielleicht zu lösen. Hingegen ist das funktionale Denken der heutigen Wissenschaft noch nicht imstande gewesen, eine Theorie der Planungsziele zu entwickeln. Auch unsere ökonomische Theorie ist eine Theorie der Produktionsprozesse, nicht der Produkte. Das ist kein Zufall, sondern es ergibt sich aus der Konstitution der Wissenschaft selbst, die, wie wir schon gesehen haben, jede Reflexion auf ihre möglichen Konsequenzen ausschließt und deshalb auch nicht in der Lage sein kann, eine Theorie dieser Konsequenzen auszubilden. Nicht weniger folgenreich und für unsere Fragestellung noch wichtiger ist der Umstand, daß die Wissenschaft auf ihre eigenen Voraussetzungen nicht reflektiert. Das führt dazu, daß die Planungstheorie das Problem, wie das Subjekt einer möglichen Planung konstruiert sein müßte, weitgehend zu vernachlässigen pflegt. Wir wissen viel darüber, wie geplant werden soll, aber wir wissen wenig darüber, was geplant werden soll, und wir wissen so gut wie nichts darüber, wer überhaupt planen kann und planen soll. Es wird sich herausstellen, daß die Frage, was geplant werden soll, mit der Frage, wer planen kann und soll, untrennbar verknüpft ist. Wenn es gelingt, diesen Zusammenhang durchsichtig zu machen, so werden wir in der Klärung der Probleme der Wissenschaftsplanung und ihrer weltpolitischen Bedeutung einen wichtigen Schritt vollzogen haben.

Wir fragen zunächst, wer die Wissenschaftsplanung, von der die Zukunft der Menschheit abhängen wird, übernehmen kann. In ihrer Gesamtheit bilden die Institute und Laboratorien, an denen die Spezialwissenschaften des 20. Jahrhunderts betrieben werden, wie wir schon festgestellt haben, das größte Machtpotential der bisherigen

Geschichte. Die Organisation eines solchen Machtpotentials ist ohne jede Frage eine politische Aufgabe erster Ordnung. Die Politik wäre demnach zur Wissenschaftsplanung berufen und verpflichtet. Die Regierungen der Welt hätten den Auftrag, einen institutionellen Rahmen zu schaffen und zu finanzieren, der es den Wissenschaften erlaubt, zur Lösung der großen Weltprobleme ihren Beitrag zu leisten. Um aber einen solchen Rahmen schaffen zu können, müßten sie erstens die Aufgaben kennen, die gelöst werden müssen, und zweitens die Möglichkeiten überschauen, über welche die Wissenschaft in ihren Hunderten von Disziplinen verfügt. Sie müßten außerdem die methodische Struktur jeder dieser Wissenschaften und ihre spezifischen Voraussetzungen so weit übersehen, daß sie die Bedingungen herstellen könnten, die zu ihrer Weiterentwicklung erforderlich sind. Dazu ist keine Regierung in der Lage; denn man braucht dazu wissenschaftlichen Sachverstand. Die Regierungen versuchen, diesen Mangel notdürftig durch ein System von wissenschaftlichen Beiräten auszugleichen.

Die erste Antwort, die wir auf die Frage, wer planen kann, erhalten haben, ist demnach negativ ausgefallen: die politischen Instanzen sollten zwar planen, aber sie können nicht planen. Es ist nun zu prüfen, wie es um den anderen Partner des Dialogs, nämlich die Wissenschaft selbst, bestellt ist. Die Beiräte, von denen sich die Regierungen bei der Wissenschaftsplanung beraten lassen, bestehen aus Vertretern der verschiedenen Spezialwissenschaften. Wir haben aber bereits gesehen, daß die Spezialwissenschaft als solche ihrer methodischen Struktur nach die Übersicht über einen größeren Komplex verschiedener Wissenschaften ausschließt. Es fehlt jene Wissenschaft in der zweiten Potenz, welche die Wissenschaften, die wir haben, zum Gegenstand ihrer Forschung macht, ihre Voraussetzungen und Konsequenzen untersucht, ihre methodischen Ansätze zueinander in Beziehung setzen und so die Integration der Wissenschaft vollbringen könnte. Ebenso fehlt eine wissenschaftliche Analyse der Lebensbedingungen unserer Zivilisation, aus der die Ziele der Planung abgeleitet werden könnten. Niemand ist heute in der Lage, die Forschungsprogramme aufzustellen, die zur Lösung der großen Weltprobleme durchgeführt werden müssen. Dieses Vakuum auf Seiten der Wissenschaft kann auch das beste Mitglied eines wissenschaftlichen Beirates durch die private wissenschaftliche Allgemeinbildung, die es erworben haben mag, nicht ausfüllen. Mit anderen Worten: auch die Wissenschaft kann in ihrer gegenwärtigen Verfassung nicht als Subjekt der Wissenschaftsplanung fungieren. Auch hier erhalten wir auf die Frage, wer planen kann, eine negative Antwort. Von einer vernunftgemäßen Wissenschaftsplanung hängt unsere gesamte Zukunft ab, aber es gibt heute keine Instanz, die politisch sowohl wie wissenschaftlich so ausgerüstet wäre, daß sie als Subjekt der Wissenschaftsplanung denken und handeln könnte. Hat man sich das einmal klargemacht, so wird man nicht länger daran zweifeln können, daß das Zentralproblem der Planungstheorie die Frage ist, wie die Subjekte einer möglichen Planung konstituiert werden sollen.

Bevor wir weitergehen, wird es nötig sein, den Begriff des Subjekts der Planung genauer zu bestimmen. Wir haben im ersten Kapitel den Satz begründet, die Menschheit habe heute eine Verantwortung für ihre zukünftige Geschichte. Es gibt so etwas wie ein Gewissen der Welt, das uns diese Verantwortung erkennen läßt; aber wenn wir uns umsehen, stellen wir fest, daß niemand für diese Verantwortung zuständig ist. Niemand bezweifelt, daß wir verpflichtet sind, für die Ernährung der wachsenden Weltbevölkerung zu sorgen. Aber die Regierungen der Nationalstaaten müssen ihrer Konstitution nach jede Zuständigkeit für die Ernährung der Bevölkerung anderer Staaten von sich weisen. Es hat sich noch kein Subjekt konstituiert, das der Verantwortung gerecht werden könnte, die der gesamten Menschheit in dieser Aufgabe vorgezeichnet ist; auch die Vereinten Nationen sind nur Nationen. Das gleiche gilt für das höchst undurchsichtige Gewirr der modernen Spezialwissenschaften. Keine dieser Wissenschaften ist für die anderen Wissenschaften und ihre Planung zuständig; keine fühlt sich deshalb berufen, eine Aufgabe anzugreifen, von deren Lösung doch der Bestand und die Fortentwicklung sämtlicher Einzelwissenschaften abhängig sind. Auch hier hat sich noch kein Subjekt konstituiert, das der Verantwortung einer umfassenden Wissenschaftsplanung gerecht werden könnte, obwohl niemand in Zweifel ziehen kann, daß eine solche Planung unabweisbar ist. Es ergibt sich demnach folgende, in ihrem Grundriß sehr einfache Struktur, die sich an zahlreichen Beispielen aus der Geschichte illustrieren ließe: die Menschheit steht vor riesigen Aufgaben, von denen wir wissen, daß sie gelöst werden müssen, wenn wir nicht unserem eigenen Untergang zutreiben sollen. In diesen Aufgaben ist eine Verantwortlichkeit vorgezeichnet, der sich niemand entziehen kann; sie zu erkennen, ist die Verantwortung des Geistes, an der wir alle teilhaben. Aber obwohl wir diese Verantwortung erkennen, fehlt es an Trägern, die sie übernehmen könnten, und die für die Lösung der uns vorgezeichneten Aufgaben zuständig wären. Es fehlen in der Wissenschaft, nicht anders als in der Politik, Institutionen, denen die Zuständigkeit für die Lösung der großen Zukunftsaufgaben übertragen werden könnte. Als „Subjekt" bezeichne ich nicht nur Personen sondern auch Institutionen und Organisationen, sofern sie sich durch ihre innere und äußere Verfassung als Träger von geschichtlicher Verantwortung qualifizieren. Die Wissenschaft wird erst verantwortungsfähig sein, wenn sich im Rahmen der Wissenschaft selbst Institutionen ausbilden, die so ausgestattet sind, daß sie als Träger wissenschaftlicher Vernunft die Verantwortung der Wissenschaft für den Aufbau einer zukünftigen Welt übernehmen und realisieren können. Solche Institutionen wären dann die Subjekte der Planung, die wir brauchen [30].

Bevor wir untersuchen, wie diese Subjekte der Planung aussehen müßten, ist noch eine weitere allgemeine Überlegung nötig. Bei der Analyse des Systems der Territorialstaaten sind wir, ebenso wie bei der Analyse der heutigen Spezialwissenschaften, auf einen Tatbestand gestoßen, der für die Planung der zukünftigen Welt von fundamentaler Bedeutung ist. Er läßt sich in dem knappen Satz zusammenfassen, daß der Horizont und die Mentalität des kollektiven Bewußtseins immer von der Struktur des institutionellen Rahmens abhängig sind, in dem dieses kollektive Bewußtsein sich ausbildet. Territorialstaaten werden immer ein durch die borniertes Interessen des Territorialstaates beschränktes Nationalbewußtsein entwickeln, denn so schreibt es ihr politischer Rahmen vor. Spezialwissenschaftler werden immer die Mentalität und die Interessenlage von Spezialisten in ihrem Bewußtsein widerspiegeln, denn ihre Institute sind darauf eingerichtet, spezialistische Spitzenleistungen zu produzieren. Wenn sich in unserer zerspaltenen Welt ein universales Bewußtsein ausbilden soll, müssen internationale Organisationen geschaffen werden, in denen sich ein solches Bewußtsein ausbilden kann. Wenn die „balkanisierte" Wissenschaft zur Vernunft kommen soll, müssen wissenschaftliche Institutionen geschaffen werden, in denen das wissenschaftliche Bewußtsein zur Erkenntnis seiner Weltverantwortung

---

[30] *Über Verantwortung, Verantwortlichkeit und Zuständigkeit vgl. Hier und Jetzt I, a. a. O., 94 ff., 114 f.*

gelangen kann. Im Bereich der Wissenschaft wie im Bereich der Politik sind die Institutionen, die geschaffen werden müssen, damit wir Träger der Verantwortung für die zukünftige Geschichte der Menschheit gewinnen, identisch mit den Institutionen, die wir brauchen, wenn sich ein Bewußtsein ausbilden soll, das dieser Verantwortung gewachsen ist. Die äußere und innere Verfassung solcher Institutionen wird erst dann einer vernunftgemäßen Konzeption genügen, wenn man begreift, daß es hier nicht nur darauf ankommt, höchst komplizierte technische Aufgaben zu lösen, sondern daß diese Institutionen so gebaut sein müssen, daß sich in ihnen ein neues Bewußtsein von der Verantwortung der gesamten Menschheit für ihre zukünftige Geschichte entwickeln kann.

Wir haben jetzt die Theorie des Subjektes der Planung so weit dargestellt, daß es möglich ist, in großen Umrissen die Aufgaben und Konstruktionsprinzipien der wissenschaftlichen Institutionen zu skizzieren, deren die Wissenschaftsplanung bedarf. Es sei aber zuvor noch daran erinnert, daß die Organisation des Machtpotentials der Wissenschaft eine politische Aufgabe ist. Wir werden also die Frage nach dem Subjekt der Planung erst vollständig beantwortet haben, wenn wir das analoge Problem auch auf der Seite der Politik zu lösen vermögen. Da aber die Politik auf dem Felde der Wissenschaftsplanung ohne die Wissenschaft nicht handlungsfähig ist, hat die Frage nach der Struktur der wissenschaftlichen Institutionen den Vorrang.

1. Subjekte konstituieren sich, wie wir sahen, erst dann, wenn eine Aufgabe sich aufdrängt, zu deren Lösung ein Träger der Verantwortung erforderlich ist. Die Bestimmung der Aufgaben, die diese Institutionen zu lösen haben, muß deshalb am Anfang stehen. Die gegenwärtige Weltsituation läßt nicht zu, daß wir nach freiem Belieben darüber befinden, welche Aufgaben von der Wissenschaft gelöst werden sollen; sie sind uns durch den Zwang der Not diktiert. In diesen Aufgaben sind zugleich die Prioritäten vorgezeichnet, nach denen sich jede vernunftgemäße Wissenschaftsplanung wird richten müssen. Es ist aber eine höchst komplexe Forschungsaufgabe, durch detaillierte Analysen der Weltprobleme und ihrer Verkettung festzustellen, welche Forschungsprojekte in welcher Reihenfolge und in welchen Formen der Koordination in Angriff genommen werden müssen, wenn es gelingen soll, durch rationale Planung die Weltentwicklung in den Griff zu bekommen. Die Forschung zweiter Potenz, die wir

aufbauen müssen, bedarf deshalb ihrerseits einer gründlichen Generalstabsplanung.

2. Eine so große Aufgabe ist nur zu lösen, wenn die zu gründenden Institutionen das ganze Instrumentarium jener abstrakten Grundwissenschaften beherrschen und weiterentwickeln, auf denen die modernen Planungstechniken beruhen. Hier ist aber erneut daran zu erinnern, daß sich die Theorie der Planung nicht auf die Perfektionierung der Planungsmethoden und Planungstechniken beschränken darf. Die Wissenschaft kommt erst dann zur Vernunft, wenn sie weiß, unter welchen Voraussetzungen und mit welchen Konsequenzen sie von diesen Techniken Gebrauch machen darf. Am Beispiel der Rüstungssysteme läßt sich illustrieren, daß man von rationalen Planungstechniken auch einen höchst irrationalen Gebrauch machen kann. Die Rationalität der Forschung ist durch die Rationalität ihrer Methoden nicht garantiert. Wenn wissenschaftliche Institutionen sich als Subjekte der Wissenschaftsplanung verstehen wollen, so müssen sie jene Reflexion der Wissenschaft auf sich selbst ermöglichen, deren Notwendigkeit schon dargestellt wurde. Dazu gehört auch ein systematisches Studium der unberechneten Nebenwirkungen der Wissenschaft und aller jener oft lebenswichtigen Faktoren, die beim Prozeß der Rationalisierung ausgeblendet werden.

3. Hat man begriffen, daß zur Lösung der Planungsaufgaben, die diesen Institutionen gestellt sind, eine Reflexion der Wissenschaft auf sich selbst erforderlich ist, und daß diese Reflexion die Unterscheidung von Rationalität und Vernunft voraussetzt, so wird man diese Institutionen nicht mehr nach dem Modell von reibungslos funktionierenden Maschinen konstruieren wollen. Es gilt vielmehr dann, auf sie jenen Grundsatz anzuwenden, den wir im siebenten Kapitel als den obersten Grundsatz der aufgeklärten Utopie formuliert haben. Als Träger der Verantwortung sind diese Institutionen nur zu brauchen, wenn sie so gebaut sind, daß in ihrem Rahmen vernunftgemäßes Denken und Handeln möglich ist und sich durchsetzen kann. Jede Gestalt der Vernunft geht aus Freiheit hervor. Die Freiheit der wissenschaftlichen Vernunft ist die Freiheit des kritischen Bewußtseins. Es gilt demnach, nicht nur die Planungsmechanismen sondern auch das kritische Bewußtsein zu institutionalisieren. Kritik setzt immer eine Pluralität von selbständigen Partnern voraus. Hingegen wird durch die Ausbildung von wissenschaftlichen Monopolen zusammen mit der Selbständigkeit der Kritik auch die Vernunft in der

Wissenschaft erstickt. Die Institutionen der Wissenschaft in der zweiten Potenz sind deshalb prinzipiell nur in der Form eines pluralistischen Systems von Institutionen möglich, die miteinander gleichzeitig koordiniert sind und im Wettbewerb stehen.
4. Wir haben schon gesehen, daß jede Forschung, die größere Finanzmittel erfordert, direkt oder indirekt und meist ihr selbst verborgen, durch die Interessen der Geldgeber gesteuert wird. Der überwiegende Teil der heutigen Forschung wird im nationalen Rahmen geplant und finanziert. Selbst die Weltmächte machen keine Ausnahme von der Regel, daß die Schwerpunkte und damit die Fortschritte der Wissenschaft durch die nationalpolitischen Interessen der jeweiligen Regierungen bestimmt werden. Diese Interessen sind, wie wir im dritten Kapitel gesehen haben, in hohem Maße irrational. Auf nationaler Basis ist es nicht möglich, eine Wissenschaftsplanung zu organisieren, die nicht die partikulären Interessen einer Nation sondern die universalen Interessen der gesamten Menschheit im Auge hat. Die Wissenschaft wird deshalb darum bemüht sein müssen, daß internationale Organisationen geschaffen werden, die in der Lage sind, die Unabhängigkeit der wissenschaftlichen Institutionen, die wir brauchen, von den politischen Interessen der Regierungen der Nationalstaaten zu garantieren.
Mit diesem letzten Punkt haben wir bereits den Übergang zu der politischen Seite des Problems vollzogen. Die internationale Kommunität der Wissenschaft wird zwar fortwährend von den Nationalstaaten zur Steigerung ihres Machtpotentials mißbraucht; sie steht gleichwohl ihrer Struktur nach zu der territorialstaatlichen Organisation unseres Planeten im Widerspruch. Man kann die Wahrheit nicht unter Nationen parzellieren. Der Physiker in Sowjetrußland erforscht, erkennt und denkt das Gleiche wie sein Kollege in den Vereinigten Staaten oder in China. Deshalb ist die Kultur des wissenschaftlichen Zeitalters ihrer Struktur nach eine Weltkultur. Die nationalen Eigenarten, die ideologischen Differenzen und die politischen Gegensätze sind Restbestände der vergangenen Geschichte, die rückständige Bewußtseinslagen konservieren. Wenn sich die politischen Instanzen und Mächte in den Stand setzen wollen, die Probleme des wissenschaftlichen Zeitalters mit wissenschaftlichen Methoden zu lösen, wenn sie das große Machtpotential der modernen Wissenschaft für die Erhaltung der Menschheit einsetzen wollen, so müssen sie eine Bewußtseinsstufe erreichen, die der Struktur des wissenschaftlichen

Zeitalters entspricht. Sie müssen lernen, internationale Aufgaben in internationaler Kooperation und im Bewußtsein internationaler Verantwortung zu lösen. Aber auch hier gilt das Gesetz, daß kollektives Bewußtsein immer ein Reflex der Institutionen ist, in denen es zur Ausbildung gelangt. Die Politiker werden erst dann lernen, international zu denken und zu handeln, wenn als Träger der erdumspannenden Verantwortung, der wir uns nicht mehr länger entziehen können, internationale Organisationen aufgebaut werden, die dieser Verantwortung gewachsen sind. Das bedeutet praktisch, daß auch von seiten der Politik zum Zweck der internationalen Wissenschaftsplanung eine Organisation geschaffen werden müßte, die über die Finanzmittel und Ressourcen verfügt, um die wissenschaftlichen Institutionen, die wir fordern, aufbauen zu können. Das ist auch in der gegenwärtigen Verfassung der Welt ein lösbares Problem. Die Mittel, die erforderlich wären, sind zunächst bescheiden. Aber wenn man hier einen Anfang machen würde, könnten die Wirkungen außerordentlich sein. Es wäre nämlich dann zum erstenmal ein geistiger Träger jener universalen Verantwortung konstituiert, die auch für das Bewußtsein der Menschheit eine neue Epoche der Weltgeschichte begründet. Erst wenn wir uns in die Lage versetzen, die Zukunft geistig zu durchdringen, werden wir Wege finden, um auch materiell die Zukunft des Menschengeschlechtes zu sichern.

10. Die menschliche Gesellschaft in der technischen Welt

Wir untersuchen die Möglichkeiten einer zukünftigen Geschichte der Menschheit. Die menschliche Geschichte resultiert, so sagten wir, aus der Einstellung des menschlichen Bewußtseins zu vorgegebenen Realitäten. In den ersten sechs Kapiteln haben wir versucht, ein Bild davon zu gewinnen, welche Realitäten der zukünftigen Geschichte der Menschheit vorgegeben sein werden. Es sind jene Fakten, die sich schon heute berechnen lassen. Eine zukünftige Geschichte der Menschheit wird es nur geben, wenn es dem menschlichen Bewußtsein gelingt, diese harte und grausame Wirklichkeit zu meistern. Die einzige menschliche Macht, auf die wir uns dabei verlassen können, ist die Macht der Vernunft. Deswegen haben wir im siebenten bis neunten Kapitel die Frage untersucht, wie sich im Bereich des größten Machtapparates der heutigen Welt, nämlich im Bereich von Wissenschaft und Technologie, Vernunft realisieren läßt. Bei dieser Untersuchung trat aber sehr deutlich hervor, daß jede mögliche Gestalt des kollektiven Bewußtseins von der institutionellen und gesellschaftlichen Situation abhängig ist, in der sie sich ausbildet. Es ist nicht möglich, von Vernunft abstrakt zu reden. Vernunft kann nur zur Ausbildung und zur Herrschaft gelangen, wenn sie sich in einer gesellschaftlichen Situation befindet, die eine Entfaltung vernünftigen Denkens und Handelns erlaubt. Die geschichtliche Existenz der Vernunft ist von gesellschaftlichen Bedingungen abhängig. Vernunft wird sich in dieser Welt nur durchsetzen können, wenn es gelingt, einen Weltzustand herbeizuführen, in dem vernunftgemäße Formen der menschlichen Gesellschaft möglich werden. So ist uns durch den Weg, den wir durchlaufen haben, die Fragestellung vorgezeichnet, die uns bei der Untersuchung der zukünftigen Situation der menschlichen Gesellschaft in der technischen Welt die Richtung weist.

Diese Fragestellung unterscheidet sich von den Perspektiven und den Methoden, die heute die Sozialwissenschaften und die politischen Wissenschaften beherrschen, dadurch, daß sie bewußt von jener Form der Utopie ausgeht, die ich als aufgeklärte Utopie bezeichnet habe. Utopisches Denken gilt als unwissenschaftlich. Ein Wissenschaftler, der sich in kritischem Denken geübt hat, und der die Selbstkritik für ein Grundprinzip der Vernunft hält, wird sich deshalb nicht leicht entschließen, eine Utopie bewußt zur methodischen Basis eines theoretischen Entwurfes zu machen. Aber wir befinden uns in der paradoxen Situation, mit Sicherheit wissen zu können, daß die gesamte technische Welt und alles, was wir bisher „Gesellschaft" nennen, zusammenbrechen wird, wenn es uns nicht gelingt, durch unser eigenes Denken und Handeln die utopische Hypothese zu verifizieren, daß die großen Weltprobleme durch die Macht der Vernunft zu lösen sind. Die Utopie, die wir zugrundelegen, ist die einzige Basis, von der aus überhaupt eine Theorie der zukünftigen Gesellschaft entworfen werden kann; denn jede andere Grundannahme hätte zur Folge, daß es diese zukünftige Gesellschaft gar nicht geben wird. Wir sind deshalb zur Utopie gezwungen. Aus diesem Grunde sind wir aber auch methodisch berechtigt, beim Entwurf der zukünftigen Möglichkeiten einer Entwicklung der menschlichen Gesellschaft nicht von der Frage auszugehen, welche Zustände sich durch Extrapolation aus den bisherigen Trends ableiten lassen, sondern von der Frage, welche Zustände herbeigeführt werden müssen, wenn eine zukünftige Gesellschaft überhaupt möglich sein soll. Die aus der Empirie unserer bisherigen Geschichte abgeleitete Betrachtungsweise der heutigen Sozialwissenschaften verliert durch diesen veränderten Ansatz nicht ihren Wert; mag sie prognostisch noch so fragwürdig sein, so hat sie doch die kritische Funktion, uns Schritt für Schritt dazu zu zwingen, daß wir auf die Voraussetzungen, die Implikationen und die Realisierungsmöglichkeiten jedes utopischen Entwurfes reflektieren, und daß wir aus den blinden Utopien, in denen jegliches Denken bewußt oder unbewußt befangen bleibt, in den Bereich der aufgeklärten Utopie übertreten. Alles menschliche Denken, so sagte ich, ist in blinden Utopien befangen. Das gilt auch von den Sozialwissenschaften jeglicher Richtung. Ich kenne keine sozialwissenschaftliche Theorie, die nicht in ihren Grundannahmen von Vorurteilen bestimmt wäre, die sich aus der gesellschaftlichen Situation der Wissenschaften, welche diese Theorien entwerfen, ableiten lassen. Die Sozialwissenschaften unserer Zeit sind ein Produkt der hochindustrialisierten Gesellschaften und spiegeln die Bewußtseinslage, die Mentalität, die psychischen Krisen, die Neurosen, die Bedürfnisse und die Ambitionen der Intellektuellen in diesen Gesellschaften wider. Deswegen sind die Gesellschaftstheorien unseres Jahrhunderts trotz ihrer rationalen Virtuosität und ihrer hohen Differenziertheit von irrationalen Motivationen durchzogen. Sie sind um so wirklichkeitsfremder, je mehr sie sich in das Flitterwerk empirischer Daten hüllen und in der Attitude des Positivismus auftreten. Die Irrealität des Bewußtseins jener Sozialwissenschaften, in denen die hochindustrialisierte Gesellschaft ihr eigenes Malaise reflektiert, ist aber zu einer Großmacht in der heutigen Weltpolitik geworden; denn die Führungseliten der Entwicklungsländer, die in den hochentwickelten Ländern ausgebildet werden, gewinnen gerade aus den irrationalen und affektiv aufgeladenen Tendenzen der heutigen Sozialwissenschaften ihre ideologischen Impulse. Die Ressentiments der Intellektuellen der westlichen Welt liefern den Zündstoff für die Weltrevolution. Die Frage: Wie kommt die Wissenschaft zur Vernunft? betrifft deshalb die Sozialwissenschaften nicht weniger als Naturwissenschaften und Technologie. Versteckte Irrationalität im Bewußtsein der Sozialwissenschaften kann ebenso verhängnisvolle Folgen haben wie versteckte Irrationalität im Umgang mit den Gewalten der Natur. Niemand ist gegen diese Irrationalität gefeit; denn da sich unser aller Bewußtsein im Medium einer hochgradig irrationalen

Gesellschaft entfaltet, spricht die Wahrscheinlichkeit dafür, daß jeder Entwurf, der aus der Mitte dieser Gesellschaft hervorgeht, vom Stigma der Irrationalität gezeichnet ist. Man kann sich dieser Fessel nicht entziehen. Aber auch der Kranke kann wissen, daß er krank ist, und kann sich bemühen, jene Vorsichtsmaßregeln anzuwenden, die sich im Falle einer solchen Krankheit empfehlen.

Die Methode, die wir bisher verfolgt haben, bietet einen gewissen Schutz gegen die in jedem von uns wirksamen Tendenzen, in die Bilder, die wir uns von der Zukunft machen, nur unser eigenes Unbehagen an einer nicht bewältigten Gegenwart zu projizieren. Wir sind von zukünftigen Tatbeständen ausgegangen, die mit einem hohen Grad von Zuverlässigkeit berechnet werden können, und haben uns bemüht, durch eine kontrollierbare Analyse die Maßnahmen zu ermitteln, die erforderlich wären, um die berechenbaren Situationen zu meistern. Auch hier sind Fehlurteile unvermeidlich, denn die Wissenschaft, die uns erlauben würde, die Aussagen, zu denen wir genötigt sind, einer genauen Kontrolle zu unterwerfen, ist erst im Entstehen. Aber die Methode, die drei Grundformen der denkenden Antizipation von Zukunft, nämlich Prognose, Utopie und Planung, in ihrer unaufhebbaren Verschränkung so durchsichtig zu machen, daß sie sich wechselseitig kritisch beleuchten, ist, wie ich glauben möchte, unanfechtbar. Ich habe mich bemüht, diese Methode in sämtlichen Kapiteln zu befolgen. Da wir uns bei der Frage nach den Entwicklungsmöglichkeiten der menschlichen Gesellschaft in der technischen Welt auf ein besonders unsicheres Gelände vorwagen müssen, war es an dieser Stelle nötig, ausdrücklich auf die Methode zu verweisen, die mich bei dieser Untersuchung geleitet hat.

Die methodische Basis, von der wir ausgehen, ist also die utopische Hypothese, daß es der menschlichen Vernunft gelingen wird, die großen Weltprobleme zu lösen. Wir fragen, welche gesellschaftlichen Bedingungen realisiert werden müssen, wenn diese Hypothese durch eine kollektive Anstrengung verifiziert werden soll, wenn also der Weltzustand herbeigeführt werden soll, dessen Möglichkeit die Hypothese postuliert. Dabei setzen wir die Ergebnisse unserer Analyse der politischen Strukturen voraus. Wir setzen voraus, was streng genommen nur im Zusammenhang mit den Gesellschaftsstrukturen erörtert werden dürfte, daß es nämlich in den kommenden Jahrzehnten gelingen wird, supranationale Systeme zu entwickeln, mit deren Hilfe die Irrationalität der gegenwärtigen politischen Organisation des Erdballs überwunden werden kann. Diese Voraussetzung mußte gleich zu Beginn mit Nachdruck in Erinnerung gerufen werden, weil keines der ökonomischen Probleme der zukünftigen Welt auf nationalwirtschaftlicher Basis lösbar ist. Wir sind also genötigt, hypothetisch vorauszusetzen, daß in den nächsten Jahrzehnten ein politischer Rahmen geschaffen wird, in dem jene Expansion der Weltwirtschaft realisiert werden kann, die nicht etwa zur Befriedigung von Konsumbedürfnissen, wohl aber zur Ernährung und Erhaltung einer auf das Doppelte wachsenden Erdbevölkerung erforderlich ist. Tatsächlich sind der politische, der ökonomische und der gesellschaftliche Prozeß untrennbar ineinander verwoben, und wenn man genetisch vorgehen wollte, wäre die Isolierung der Probleme, die wir vornehmen, unerlaubt [31]. Da aber ohne eine Neuordnung des Systems der Weltpolitik die Expansion der Weltwirtschaft nicht in Gang kommen kann, und da ohne eine solche Expansion die großen Weltprobleme nicht zu lösen sind, ist für uns, die wir von der Möglichkeit der Zukunft ausgehen, eine solche Annahme erlaubt. Denn sollte diese Annahme sich als falsch erweisen, so wird es – wie wir schon sahen – die zukünftige Gesellschaft, von der jetzt zu reden ist, gar nicht geben.

Selbst wenn diese Bedingungen erfüllt sind, bleibt die Tatsache bestehen, daß die Welt infolge der Bevölkerungsvermehrung in eine Epoche des wachsenden Elends, der wachsenden Not und der wachsenden Armut eintritt. Die hochindustriellen Gesellschaften leben heute im Überfluß. Sie bilden sich ein, die Verelendung des Weltproletariats ignorieren zu können. Aber wir haben bereits gesehen, daß eine so verblendete Politik auf die Dauer undurchführbar ist. Wir fragen deshalb, was geschehen muß, wenn der zunehmende Abstand zwischen dem Lebensstandard der reichen und dem Elend der armen Nationen nicht zu einer Weltkatastrophe führen soll. Die Menschheit kann nur erhalten werden, wenn es gelingt, in allen Ländern der Erde in kurzer Zeit jene Infrastruktur aufzubauen, auf der die technische Welt beruht. Dazu sind ökonomische Leistungen erforderlich, denen, wie sich zeigte, die gegenwärtige Kapazität der Weltwirtschaft nicht gewachsen ist. Die wirtschaftliche Leistungs-

---

[31] *Dieser Satz formuliert eine der Grundhypothesen, von denen die Arbeitsgruppe ausgegangen ist, die erste Ergebnisse in Humanökologie und Frieden, a. a. O., vorgelegt hat.*

fähigkeit der Gesellschaften auf allen Kontinenten muß also gewaltig gesteigert werden. Zur Zeit sind die hochindustrialisierten Gesellschaften nicht einmal in der Lage, ihre eigene Infrastruktur zu planen und zu finanzieren. Der Wohlstand, in dem wir leben, ist trügerisch, denn er wird durch die Vernachlässigung der Schulen und Universitäten, der Krankenhäuser und Altersheime, der Stadtsanierung und der Wasserversorgung bezahlt. In Zukunft werden aber die Industrieländer zusätzlich noch einen beträchtlichen Teil der Infrastrukturausgaben der Entwicklungsländer übernehmen müssen, denn die Nationalwirtschaften dieser Länder vermögen die Last nicht zu tragen. In den hochindustrialisierten Ländern ist ein so großer Teil des wirtschaftlichen Potentials unseres Erdballes konzentriert, daß ihre industrielle Leistungsfähigkeit auch in den Dienst der anderen Länder gestellt werden muß. Das ist im Rahmen der gegenwärtigen politischen Strukturen nicht möglich. Aber die Not der Welt könnte eine Veränderung dieser Strukturen erzwingen.
Im Widerspruch zu allen Prognosen, die der Gesellschaft der hochindustrialisierten Staaten einreden wollen, daß die Menschen in Zukunft nicht mehr wissen werden, was sie mit ihrer Freizeit anfangen sollen, ist festzustellen, daß das so viel diskutierte Freizeitproblem nur eine Übergangsphase charakterisiert, in der die hochentwickelten Länder es sich leisten können, von dem Elend der übrigen Welt keine Notiz zu nehmen. Schon jetzt geht diese Übergangsphase zuende. In den kommenden Jahrzehnten wird ein ständig wachsender Druck dafür sorgen, daß in den meisten Ländern der Erde die Leistungsfähigkeit aller Schichten der Gesellschaft bis an die äußerste Grenze beansprucht wird. Der Kampf ums nackte Dasein, der in den hungernden Ländern geführt werden muß, wird sich in anderer Gestalt auch in die Lebensform der industriellen Gesellschaften übersetzen. Das Wachsen der Erdbevölkerung, die Hungersnot und die zur Überwindung des Elends erforderlichen technologischen, wirtschaftlichen und politischen Anstrengungen werden eine solche Dynamik der Weltentwicklung entfesseln, daß „Mobilität" ein viel zu schwaches Wort ist, um jene permanente Revolution aller Verhältnisse, die wir erleben werden, zu beschreiben. Diese Dynamik übersetzt sich innerhalb der industriellen Gesellschaften notwendig in einen mörderischen Konkurrenzkampf, denn durch die Schnelligkeit der Veränderungen wird jegliche Stabilität der Gesellschaftsordnungen unterspült. Es gibt keine wirtschaftliche Position und keinen

sozialen Status, die inmitten einer solchen Dynamik noch gesichert wären. Jeder Staat, jede gesellschaftliche Gruppe und jeder Einzelne werden ihre wirtschaftliche, politische und soziale Existenz durch eigene Leistungen immer neu begründen müssen. Die Zeiten, in denen man noch hoffen konnte, auf dem Wege der Ochsentour in einer fest etablierten Karriere zu einem friedlichen und gesicherten Lebensabend zu gelangen, sind vorbei. Allenthalben wird sich das Leistungsprinzip in seinen grausamsten Formen durchsetzen. Die Not der Welt wird zur Folge haben, daß wir in eine Phase der Geschichte eintreten, in der in allen Kontinenten der Kampf ums Dasein wieder das ganze Leben beherrscht.

Verändern wird sich die Art der Leistungen, die von jedem Einzelnen gefordert werden. Der Motor, durch den sich Hunger und Armut der Welt in gesellschaftliche Entwicklungen übersetzen, ist der technologische Fortschritt, der gewaltig gesteigert werden muß, wenn es gelingen soll, das Elend zu überwinden. Technologischer Fortschritt hat in sämtlichen Ländern und für alle Schichten der Bevölkerung einen unaufhörlichen Wandel der Arbeitsplatzanforderungen und rapide steigende Ansprüche an die geistige Leistung zur Folge; die körperlichen Anforderungen gehen zurück. Wer seinen Arbeitsplatz nicht verlieren und seinen sozialen Status behaupten will, wird also gezwungen sein, einen großen Teil seiner Zeit, seiner Kraft und seiner moralischen Energien auf die Entwicklung seiner geistigen Fähigkeiten, auf den Erwerb von weiteren Qualifikationen und auf die Erweiterung seines geistigen, gesellschaftlichen und politischen Horizontes, also auf Lernen in jedem Sinne dieses Wortes zu konzentrieren. Die Gesellschaft des wissenschaftlich-technischen Zeitalters ist nur als gebildete Gesellschaft lebensfähig. Sie muß den Ausbildungsgrad erreichen, der sie für hochtechnisierte Arbeitsprozesse qualifiziert, und sie muß ein kollektives Bewußtsein entwickeln, das den in ununterbrochener Folge auf sie eindringenden neuen gesellschaftlichen und politischen Problemen, die gelöst werden müssen, gewachsen ist [32].

Die Vermehrung der Erdbevölkerung wird sowohl innerhalb der Staaten wie über die Staatsgrenzen hinweg große Bevölkerungsverschiebungen zur Folge haben. Das wird allein schon der Wasserman-

---

[32] Vgl. Georg Picht, „Erwachsenenbildung – die große Bildungsaufgabe der Zukunft", in: Hier und Jetzt II, 442 ff.

gel erzwingen. Die Menschenmassen werden sich in jenen Regionen zusammendrängen, in denen der zivilisatorische Fortschritt so weit gediehen ist, daß erträgliche Lebensbedingungen herrschen. Aber eben durch diese Zusammenballungen werden die Lebensverhältnisse auch in den Kultur-Oasen unseres Planeten unerträglich werden. Die Städte werden an ihrer eigenen Expansion ersticken. Sie werden weder mit Wasser noch mit reiner Luft versorgt werden können. Ihre Verkehrs- und Wohnungsprobleme werden sich als unlösbar erweisen, und es wird sich herausstellen, daß die Versorgung einer urbanisierten Bevölkerung weit kostspieliger ist als die Erschließung der unterentwickelten agrarischen Räume.

Die rechtzeitige Entwicklung von internationalen Raumordnungsprogrammen wird also schon allein aus ökonomischen Gründen eine der vordringlichsten Aufgaben sein. Sie haben aber nur Erfolg, wenn die Bevölkerungsbewegungen kontrolliert werden können. Ohne empfindliche Einschränkungen der Freizügigkeit und ohne rigorose politische Kontrollen wird der Druck, der riesige Bevölkerungsmassen auf vernunftlose Weise in Bewegung setzt, nicht reguliert werden können. Da gleichzeitig immer größere Teile der Erde infolge des wachsenden Elends und der Unbildung vom schwelenden Feuer des Weltbürgerkrieges ergriffen werden, dürften wir Restriktionen der Freiheit erleben, die sich mit den klassischen Grundrechten nicht mehr vereinbaren lassen. Solche Restriktionen sind zu ertragen, solange sie klar definiert, genau begrenzt und demokratischen Kontrollen unterworfen sind. Sie müßten mit der menschlichen Freiheit auch die Möglichkeiten der Vernunft ersticken, wenn sie unkontrollierten politischen Mächten zum Vorwand für die Etablierung von totalitären Herrschaftssystemen dienen würden. Das zentrale Problem der zukünftigen Gesellschaft ist deshalb das Problem der Organisation der Machtverteilung. Hier gilt es, eine Antinomie zu überwinden, aus der sich die wichtigsten Strukturprobleme der zukünftigen Welt ableiten lassen. Auf der einen Seite erfordern Aufgaben wie die Erschließung und Industrialisierung der Entwicklungsländer, die Potenzierung und Rationalisierung der Agrarproduktion, die Regulierung des Weltwasserhaushaltes und die Weltenergieversorgung monopolistische Konzentrationen von Macht, wie es sie in der Geschichte der Menschen noch nicht gegeben hat. Auf der anderen Seite stehen alle überlieferten Formen der monopolistischen Organisation von Macht im Widerspruch zu der Entfaltung jener Freiheit,

ohne die kollektive Vernunft nicht zur Ausbildung gelangen kann. Für die Gesellschaft der technischen Welt wird aber beides, die Konzentration von riesigen Machtkomplexen wie die Entfaltung von Vernunft und Freiheit, zur Lebensbedingung. Es stellt sich deshalb in internationalen Dimensionen auf völlig neue Weise das Grundproblem der klassischen Staatstheorie: wie Macht und Freiheit sich vereinigen lassen.
Der Nationalstaat klassischer Prägung hat auch in seinen parlamentarischen Formen durch die Übernahme des Begriffs der Souveränität zu erkennen gegeben, daß er das Erbe des fürstlichen Absolutismus antrat. Er beruht auf der Hypothese, daß das Gesamtpotential der verfügbaren Macht in einer Spitze vereinigt werden muß, damit es rational eingesetzt und kontrolliert werden kann. Es herrscht also bisher die Vorstellung, daß die Organisation der Macht die Form eines geschlossenen Systems haben müsse. Dieses Modell läßt sich unter gewissen Bedingungen in einem Territorialstaat realisieren, denn der Territorialstaat ist von festen Grenzen umgeben und kann deshalb, soweit er wirtschaftlich autark ist, als ein geschlossenes System aufgebaut werden. Hingegen läßt sich die Organisation der Machtverteilung, wenn sie von einer Pluralität von Trägern verwirklicht werden soll, nur als ein offenes System konstruieren. Die archaische Vorstellung, daß es möglich sein könnte, das Modell des klassischen Territorialstaates auf den gesamten Erdball zu transponieren und eine einheitliche Weltregierung zu etablieren, halte ich aus einer Reihe von Gründen, die ich hier nicht ausfüllen kann, nicht für eine aufgeklärte sondern für eine blinde Utopie.
Supranationale Organisationen und Institutionen pflegen sich anders zu entwickeln. Hier wird nicht die Gesamtheit der staatlichen Souveränität an eine Superregierung übertragen, sondern es werden gewisse Teilbereiche aus der staatlichen Souveränität ausgegliedert und einer supranationalen Verwaltung unterstellt. Eine solche supranationale Verwaltung kann gewaltige Machtpotentiale konzentrieren, aber sie kann über die derart zusammengeballte Macht nicht unbeschränkt verfügen, sondern ist einem komplizierten System von politischen Kontrollen unterworfen. Nach diesem, hier nur im Umriß skizzierten Modell ist es möglich, jene überdimensionalen technisch-industriellen Komplexe aufzubauen, deren die künftige Welt bedürfen wird, und gleichzeitig den totalitären Mißbrauch der in dieser Form kumulierten Macht zu verhüten. Die Irrationalität der

überlieferten Formen der Organisation von Macht hat uns Jahrtausende hindurch dazu erzogen, die Macht in jeder Gestalt zu dämonisieren. Würde die menschliche Gesellschaft lernen, das Problem der Verbindung von Macht und Freiheit nüchtern als ein organisationstechnisches Problem zu analysieren, so würde sich, wie ich annehme, zeigen, daß es möglich ist, im Rahmen von pluralistischen Organisationen offene Systeme von optimaler Effizienz zu konstruieren, in denen höchste Konzentration von Macht mit wirksamer Kontrolle der Macht so kombiniert ist, daß sie die Freiheit nicht gefährdet[33].

Die autoritären und die anarchistischen Ideologien unserer Zeit stimmen in der archaischen und romantischen Vorstellung überein, die Organisation der Macht müsse für den Mann auf der Straße „durchsichtig" sein. Ein pluralistisches System von supranationalen Organisationen, die komplizierten Kontrollmechanismen unterliegen, ist in hohem Maße undurchsichtig und abstrakt. Je wirksamer technische Macht kontrolliert wird, desto komplizierter werden die Apparaturen, die zur Kontrolle benötigt werden. Deshalb sind die Garantien der Freiheit noch schwerer zu durchschauen als die Machtkomplexe selbst.

Die Gesellschaft wird sich darum politisch in einem eigentümlichen Vakuum befinden, solange das gesamtgesellschaftliche Bewußtsein die Stufe der Vernünftigkeit noch nicht erreicht hat, die nötig wäre, um zu einem aufgeklärten Verständnis der politischen Probleme der technischen Welt zu gelangen. Abstrakte Verwaltungsapparaturen vermögen keine Loyalitätsverhältnisse zu begründen. Das kollektive Unbewußte ist aber immer noch von archaischen Leitbildern bestimmt; es sucht nach Führern, Königen und Helden, nach charismatischen Figuren, denen es Gefolgschaft leisten kann; oder es will das verlorene Paradies unmittelbarer personaler Bezüge auf dem Weg der Basisdemokratie wiederherstellen. Diese Tendenzen werden ständig genährt durch die Ressentiments jener Gesellschaftsgruppen, die von der technisch-industriellen Entwicklung überrollt

---

[33] *Die politische Organisation von offenen Systemen wird erst gelingen, wenn wir die Theorie von offenen Systemen überhaupt besser verstehen. Erste Vorarbeiten zu einer solchen Theorie finden sich in den von der FEST in der Reihe „Forschungen und Berichte der Forschungsstätte der Evangelischen Studiengemeinschaft" publizierten Bänden Offene Systeme I, Hg. Ernst von Weizsäcker, Stuttgart: Klett, 1974; Offene Systeme II, Hg. Krysztof Maurin, Krysztof Michalski, Enno Rudolph, Stuttgart: Klett-Cotta, 1981 sowie Humanökologie und Frieden, a. a. O.*

werden, und sie verbinden sich mit der Verzweiflung der wirklich Ausgebeuteten und Unterdrückten. Das durch die komplizierten Vermittlungsmechanismen der technischen Welt erzeugte personale Vakuum wird zum Spielfeld regressiver Tendenzen von rechts und von links; und Vernunft und Freiheit werden durch diese irrationalen politischen Strömungen mehr bedroht als durch die monopolistischen Konzentrationen realer Macht.

Wir sind von der utopischen Hypothese ausgegangen, daß es der menschlichen Vernunft gelingen wird, die großen Weltprobleme zu lösen, und haben gefragt, welche Bedingungen erfüllt sein müssen, wenn diese Hypothese verifiziert werden soll. In einem nächsten Schritt haben wir dann die gesellschaftlichen Zustände analysiert, die aus der Herstellung dieser Bedingungen resultieren müssen. Dabei haben wir das Bild von einer Gesellschaft gewonnen, die durch die Gewalten, welche die Not der hungernden Welt entfesselt – durch den wachsenden Bevölkerungsdruck, durch den Zwang zu einer ungeheuren Expansion der Weltwirtschaft, durch die Auflösung der bisherigen politischen Ordnungen und durch die Rapidität des technologischen Fortschrittes – von der Dynamik einer Bewegung ergriffen wird, die man nur als permanente Revolution bezeichnen kann, und die ständig am Rande des Weltbürgerkrieges entlangführt. Unsere Ausgangshypothese beruhte aber auf dem Grundsatz, daß es eine zukünftige Geschichte der Menschheit nur geben wird, wenn es gelingt, einen Weltzustand herbeizuführen, in dem vernunftgemäßes Denken und Handeln möglich ist und sich durchzusetzen vermag. Kann die Verfassung der Gesellschaft, die sich aus unserer Analyse ergeben hat, als ein solcher Weltzustand bezeichnet werden? Werden Vernunft und Freiheit und – wie wir hinzufügen müssen – Humanität in dieser Gesellschaft sich entfalten können? Wir werden am jetzt erreichten Abschnitt unseres Weges auf diese Frage weder eine positive noch eine negative Antwort geben können. Wir müssen noch ganz andere Bereiche des menschlichen Bewußtseins in ihrem Wechselverhältnis mit der Verfassung der Gesellschaft in Betracht ziehen, bevor wir es wagen dürfen zu entscheiden, ob unsere Ausgangshypothese durch ihre eigenen Implikationen widerlegt ist, oder ob es uns freisteht, an ihr festzuhalten.

11. Weltreligionen und Ideologien

Die Menschheit, so hieß unsere Ausgangsthese, trägt heute die Verantwortung für ihre zukünftige Geschichte. Sie kann sich dieser Verantwortung nicht entziehen; denn überließe sie die Dynamik des Weltprozesses sich selbst, so wäre ihre Vernichtung nicht aufzuhalten. Die Menschheit müßte durch die unkontrollierten Auswirkungen der von ihr produzierten Wissenschaft zugrunde gehen, denn bisher ist diese Wissenschaft vernunftlos; vernunftlos ist auch die Organisation der politischen Welt. Zwar hätten wir durchaus die Möglichkeit, die gegenwärtige Bedrohung der äußeren Existenz des Menschengeschlechtes noch abzuwehren; aber das setzt voraus, daß es gelingt, einen Weltzustand herbeizuführen, in dem Vernunft zur Ausbildung gelangen und sich durchsetzen kann. Die Frage nach der äußeren Möglichkeit einer zukünftigen Geschichte der Menschheit führt uns deshalb zurück auf die Frage nach der inneren Möglichkeit von Vernunft. Wie konstituiert sich Vernunft in einer Gesellschaft, die, wie das vorige Kapitel gezeigt hat, in den Prozeß einer Revolution hineingerissen wird, die alle überlieferten Fundamente vernunftgemäßen Denkens und Handelns unterspült?

Die überlieferten Fundamente jeder menschlichen Ordnung, die Substrukturen aller höheren Kultur, sind aus den großen Weltreligionen hervorgewachsen. Die Religionen haben jenen tief verborgenen Untergrund von Recht, von Sitte, von Gewohnheiten und menschlichen Grundvorstellungen ausgebildet, in dem die Humanität verwurzelt ist und aus dem sich in einer späten Phase der Menschheitsgeschichte die aufgeklärte Vernunft entfaltet hat. Man bezeichnet dieses ganze Feld mit einem unzulänglichen Begriff als „Moral". Die Religionen sind der geschichtliche Ursprungsbereich der Moral; und Moral ist ihrerseits die Basis der Vernunft, sofern Vernunft als das Vermögen gelten soll, verantwortlich zu denken und zu handeln. Die Frage nach der inneren Möglichkeit der Vernunft führt uns deshalb notwendig auf die Frage nach der Bedeutung der Religionen für den Aufbau einer zukünftigen Welt. Man kann nicht untersuchen, ob die Menschheit eine Zukunft hat, ohne zu untersuchen, ob die Religionen eine Zukunft haben.

Aber der Schritt, den wir damit vollziehen, zwingt uns zum Eintritt in einen Bezirk, in dem äußerste Wachsamkeit geboten ist. Bei keinem der Probleme, die wir bisher zu klären versuchten, war die Gefahr, daß wir uns durch versteckte Vorurteile, durch blinde Traditionen und durch untergründige Wünsche oder Abneigungen bestimmen lassen, so groß wie hier. Die Frage greift in jene Schichten des individuellen und des kollektiven Seelenlebens ein, die das moderne Bewußtsein zu verdrängen pflegt und die uns deshalb weithin unbekannt sind. Die höchsten Möglichkeiten des Menschen sind hier mit seinen dunkelsten Gefahren unauflöslich verflochten. Die Hoffnung, daß wir in diesem Bezirk Erkenntnisse aufdecken könnten, die unser Denken und Handeln zur Vernunft befreien, verbindet sich mit der Gewißheit, daß aus dem gleichen Bezirk fortwährend jene kollektiven Gewalten hervorbrechen, welche Vernunft und Freiheit zu verschlingen drohen. Die Geistesgeschichte lehrt, daß die Vernunft ihre höchsten Tugenden – ihre Klarheit, ihre Besonnenheit, ihre Nüchternheit und ihre Unbestechlichkeit – aufs Spiel setzt, wenn sie in den Bereich eindringen will, aus dem sie selbst hervorgegangen ist. Deshalb – es sei wiederholt – ist Wachsamkeit geboten.

Aber ist es denn überhaupt erlaubt, die Frage nach der inneren Möglichkeit der Vernunft mit dem Problem zu verknüpfen, welche Rolle die großen Religionen beim Aufbau einer zukünftigen Welt noch spielen können? Mußte die Freiheit der Vernunft nicht im Prozeß der europäischen Aufklärung den alten Religionen Stück für Stück in harten und oft blutigen Kämpfen abgerungen werden? Verdankt die Wissenschaft nicht alle ihre Erfolge der Befreiung des Denkens aus den Fesseln mythischer Überlieferung? Ist nicht das säkulare Bewußtsein der neuen Weltzivilisation, in der wir leben, unwiderruflich ein religionsloses Bewußtsein?

Es kann keinen Zweifel daran geben: die Wissenschaft, die Technik, die Ökonomie, die Verwaltung und die Politik der modernen Welt sind gegen Religion indifferent. Zwar gibt es noch Kirchen, Tempel und Pagoden; es werden Gottesdienste abgehalten; uralte Bräuche und Traditionen leben fort. Aber für das Bewußtsein jener Mächte, die unsere gegenwärtige und zukünftige Welt zu gestalten haben, sind die Kulte, die Riten und die Symbole der Religionen sinnlose und unverständliche Überbleibsel der Prähistorie. Die Wissenschaft des 20. Jahrhunderts betrachtet die rätselhaften Traumgebilde der religiösen Phantasie nicht anders als ein Psychiater die Wahnvorstellungen von Geisteskranken. Die Wachsamkeit, auf die wir uns verpflichtet haben, nötigt uns, von diesem Standort des modernen Bewußtseins auszugehen. Denn die Analyse der heutigen Weltsituation hat gezeigt, daß nichts die gesamte Menschheit so sehr bedroht wie das Festhalten an archaischen Denkweisen und Vorurteilen, an Ordnungsmodellen und an Traditionen, die uns den Blick für die Notwendigkeiten unserer zukünftigen Geschichte versperren. Jedes Volk, jede Gesellschaftsschicht pflegt heilige Kühe; und der Verdacht, daß wir den ehrwürdigen Namen der Religion nur als ein Alibi für unsere regressiven Tendenzen benutzen, kann sich auf eine erdrückende Zahl von schwer zu widerlegenden Indizien stützen. Wir werden deshalb gut daran tun, uns zunächst entschlossen auf den Boden des säkularen Bewußtseins zu stellen und seine immanente Verfassung daraufhin zu durchleuchten, wohin es durch seine Abkehr von der Religion geführt worden ist.

Vermochte die europäische Aufklärung und die aus ihr hervorgegangene Wissenschaft jenes Reich der autonomen Vernunft zu begründen, das ihre Väter uns verheißen haben? Ist die Welt durch die Emanzipation der Vernunft von den alten Bindungen der Religion vernünftiger, gerechter und menschenwürdiger geworden? Hat die Befreiung aus der alten Vormundschaft uns jene Mündigkeit eingebracht, die sie versprach? Diese Fragen stellen, heißt schon sie verneinen. Nur in den schlimmsten Krisenzeiten der Spätantike und des ausgehenden Mittelalters ist so viel gefoltert, eingekerkert und gemordet worden wie in der wissenschaftlichen Zivilisation des 20. Jahrhunderts. Die Rationalität der Wissenschaft wurde von den finstersten Gewalten in Dienst genommen und mißbraucht. Ihre Symbole sind nicht Zeichen des Friedens sondern die Gaskammern, die Atomwaffen und die Napalmbomben. Die Rationalisierungstechniken, welche die Wissenschaft entworfen hat, wurden zum Ausbau von Terrorsystemen benutzt, wie sie die Weltgeschichte noch nicht kannte. Nie ist die Freiheit so geknechtet, die Menschenwürde so geschändet, das Denken und Empfinden so zynisch manipuliert worden wie in der religionslosen Welt, in der wir leben. Das säkulare Bewußtsein macht also die Erfahrung, daß sich in seinem vermeintlich autonomen Bezirk auf pervertierte Weise die gleichen Attitüden, die gleichen Rituale und Herrschaftssysteme reproduzieren, mit denen sich die alten Religionen der Emanzipation der freien Wissenschaft widersetzt hatten. Es gibt auch säkulares Opium des Volkes; es gibt auch säkularen Klerikalismus; und es gibt säkulare Formen, die Freiheit des Denkens zu unterdrücken, die unvergleichlich viel wirksamer sind als ihre kirchlichen Vorstufen.

Es ist demnach ein Irrtum, wenn man glaubt, die säkulare Welt habe die Religion hinter sich gelassen. Gerade die pervertierten Formen des religiösen Bewußtseins schlagen überall durch. Ja es gibt sogar säkulare Imitationen der alten Religionssysteme. Man pflegt sie als „Ideologien" zu bezeichnen. Über den Begriff der Ideologie haben wir eine weitverzweigte Literatur; sie ist zum größten Teil von Perspektiven bestimmt, die sich mit unserer Fragestellung nicht zur Deckung bringen lassen. Für unsere Zwecke mag es genügen, wenn ich, unter bewußter Vereinfachung höchst verwickelter Phänomene, zwei Grundformen der Ideologie unterscheide: die offene und die versteckte Ideologie. Die offene, die politische Ideologie ist ein Machtinstrument der technischen Welt. Ideologien sind kunstvoll erdachte Maschinerien, die durch die Gleichschaltung der sozialen Vorstellungswelten die gesellschaftlichen Gruppen und ihre Organisationen einheitlichen Direktiven, den sogenannten Parteilinien, unterwerfen. In ihren Methoden und in ihren Schematismen imitieren sie uralte Herrschaftsformen, die in den großen Religionen ausgebildet wurden. Aber die Imitation ist zugleich eine teils bewußte, teils unbewußte Verfälschung, die in dem Menschentyp zutage tritt, den die politischen Ideologien als ihren Träger hervorgebracht haben. An die Stelle des Priesters tritt der Funktionär; an die Stelle des Mittlers göttlicher Lehren der Schulungsleiter; an die Stelle des Propheten der Propagandist. Den Platz der Götter nehmen „Leitbilder" ein. Ein Leitbild ist nicht das, als was es sich darstellt, es ist also nicht ein Ideal; Leitbilder sind vielmehr Normen in dem präzisen Sinne, daß sie gestatten, die gesamte Gesellschaft zu normieren und die sonst nicht zu beherrschende Vielfalt der sozialen Gestaltungen auf eine Mindestzahl von Standardtypen zu reduzieren. Dieser Sachverhalt wird zugleich getarnt. Die Ideologie gibt sich als „Weltanschauung" aus; das heißt, sie präsentiert sich einer Gesellschaft, deren gesamter Konsum auf billige Ersatzgüter eingestellt ist, als eine Ersatzreligion, die den Komfort, von selbständigem Denken zu entlasten, mit dem Vorteil kombiniert, daß man von den übrigen Pflichten der alten Religionen entbunden ist.

Neben den offiziellen Ideologien dringen aber in jenes ungeheure Vakuum, das durch den Abbau der alten Weltreligionen entstanden ist, durch alle Poren des Bewußtseins versteckte und unbewußte Ideologien ein, von denen heute niemand frei ist. Die trivialeren Formen der modernen Ideologiekritik pflegen solche Ideologien auf die verborgenen gesellschaftlichen, ökonomischen oder politischen Interessen zurückzuführen, die sich in ihnen manifestieren und denen sie dienen. Aber damit wird nur die Oberflächenschicht des ideologischen Bewußtseins erfaßt. Man muß mit dem Instrumentarium der Soziologie die analytischen Methoden der Religionswissenschaft und der Psychologie verbinden, wenn man das Phänomen untersuchen will. Dann stellt sich heraus, daß das ideologische Bewußtsein versteckten Mechanismen gehorcht, die uns aus der primitiven Vorgeschichte der Hochreligionen und aus dem infantilen Untergrund des individuellen Seelenlebens vertraut sind. Keine Gesellschaftsschicht ist gegen das Gift der versteckten Ideologisierung immun. Ja es zeigt sich gerade in unseren Tagen, daß das vermeintlich aufgeklärte und differenzierte Bewußtsein der Wissenschaftler und der Intellektuellen eine spezifische Anfälligkeit für Ideologisierungsprozesse besitzt, der man so lange nicht beikommen wird, als man ihre Gründe nicht durchschaut. Die Analyse der gegenwärtigen Verfassung des säkularen Bewußtseins führt deshalb zu einem erschreckenden Resultat: hinter dem Rücken der modernen Rationalität vollzieht sich, widerstandslos und ohne Kontrolle, eine kollektive Regression des gesamtgesellschaftlichen Bewußtseins auf jene primitiven Stufen, welche die großen Religionen mit der Begründung der alten Hochkulturen und der Ausbildung der mythischen Formen des Denkens überwunden hatten. Dem Aberglauben sind keine Grenzen gesetzt, wenn man es unternimmt, den Glauben aus der Welt zu schaffen. Man braucht nur die futurologische Literatur zu studieren, um sich von der Wahrheit dieses Satzes zu überzeugen.

Wenn wir auf diese Weise die psychologische Verfassung des säkularen Bewußtseins durchleuchten, ergibt sich eine neue Erklärung für jenen Widerspruch von Rationalität und Vernunft, der uns sowohl bei der Analyse der modernen Wissenschaft wie bei der Analyse der Grundverfassung unserer politischen Welt begegnet ist. Die Rationalität der Neuzeit hat, wie sich zeigt, die Religion nicht überwunden; sie konstituiert sich vielmehr durch eine permanente Verdrängung ihrer eigenen religiösen Vorgeschichte und ist eben deshalb dem Phänomen der Religion gegenüber mit Blindheit geschlagen. Dadurch, daß sie der Religion den Rücken kehrt, ist die Rationalität zugleich vernunftlos geworden. Andererseits hat die Religionsfeindschaft der neuzeitlichen Zivilisation die Folge gehabt, daß sich die alten Religionen gegen den Weg des modernen Geistes weithin verschlossen haben. Sie haben die Sprache des säkularen Bewußtseins nicht erlernt und verweigern uns auf die Frage „Was ist Religion?" jede Antwort, die für ein aufgeklärtes Denken verständlich wäre. Zwar gibt es in der neuzeitlichen christlichen Theologie – über die anderen Religionen bin ich nicht ausreichend informiert – bedeutende und produktive Tendenzen einer modernen Interpretation der alten Wahrheiten des Glaubens; aber diese Tendenzen laufen insgesamt Gefahr, im Nachvollzug der Aufklärung, den sie erstreben, zugleich auch jener Verständnislosigkeit gegenüber den primären religiösen Phänomenen zu verfallen, die das Element des säkularen Bewußtseins ist. Der Dialog zwischen Religion und säkularem Denken gleicht dem Gespräch zwischen einem Stummen und einem Blinden. Der Stumme kann nicht sagen, was er sieht; der Blinde kann nur sagen, was er nicht sieht [34].

Es ist dem modernen Bewußtsein nicht geholfen, wenn man es auf Formen religiösen Denkens und Lebens verweist, die der Vergangenheit angehören. Es ist uns nicht möglich, in unsere Vorgeschichte zurückzuflüchten und den Weg, den das aufgeklärte Denken im Vollzug seiner Emanzipation hinter sich gebracht hat, wieder zu vergessen. Wir können jene Gestalten des religiösen Bewußtseins, die einer vorwissenschaftlichen Epoche des menschlichen Geistes angehören, nicht reproduzieren. Wer das versuchen will, der belügt sich selbst. Wenn das moderne Bewußtsein die uns wie durch ein Nebelmeer verhüllte Welt der großen Religionen wiederentdecken soll, so werden diese Religionen selbst in einem ungeheuren Verwandlungsprozeß den geschichtlichen Rückstand, in den sie geraten sind, überwinden müssen. Und wenn es wahr ist, daß die Rationalität nur durch die Wiederentdeckung ihrer eigenen Vorgeschichte die Möglichkeit erhält, zur Vernunft zu kommen, so wären die Religionswissenschaft und die Theologie, die dieses Werk zu leisten hätten, Grundwissenschaften einer zukünftigen Welt.

Damit ist eine Aufgabe gestellt, die wir hier nicht einmal skizzieren können. Wir können nur die Frage formulieren. Das schwerste aller Zukunftsprobleme wäre gelöst, wenn die Menschheit zu einer Antwort auf diese Frage durchdringen würde. Es ist aber schon viel gelei-

---

[34] *Die Dokumentation eines solchen Dialoges findet sich in dem Band Georg Picht (Hg.), Theologie – was ist das?, Stuttgart: Kreuz-Verlag, 1977, der die Fragestellungen dieses Kapitels weiterführt und in vielfacher Hinsicht vertieft.*

stet, wenn wir dahin gelangen zu erkennen, in welchen Zusammenhang diese Frage gehört, und wie sie angemessen gestellt werden kann. Zur Klärung dieses Problems haben die vorhergehenden Kapitel einige wichtige Ergebnisse erbracht. Wenn wir sie jetzt zusammenfassen, zeigt sich vielleicht, in welcher Gestalt die alte Frage nach dem Verhältnis von Wissen und Glauben der Welt des 20. Jahrhunderts neu aufgegeben ist[35].
Zunächst sei noch einmal daran erinnert, durch welche Aporie des säkularen Bewußtseins wir uns gezwungen sahen, nach der zukünftigen Bedeutung der großen Religionen zu fragen. Wir suchten nicht, wie man es heute vielfach tut, nach einem irrationalen Schutzbezirk für die in einer rationalisierten Welt zur Heimatlosigkeit verdammte Seele. Wir fragten vielmehr nach den Bedingungen der Möglichkeit von vernunftgemäßem Denken und Handeln in einer gerade durch die Rationalität immer mehr der Vernunftlosigkeit verfallenden Welt. Wir fragten also nach der Konstitution von Vernunft. Wir haben auch gewagt zu definieren, welches Denken und welches Handeln vernunftgemäß ist. Vernunftgemäß, so sagten wir, ist ein Denken und ein Handeln dann, wenn es seine eigenen Voraussetzungen durchschaut und sich über seine eigenen Konsequenzen Rechenschaft ablegen kann. Das sind keine beliebigen Kriterien; es sind vielmehr genau die Bedingungen, die erfüllt werden müssen, wenn unser Handeln und unser Denken seiner Verantwortung gerecht werden soll. Wir haben also den Begriff der Vernunft mit Hilfe des Begriffs der Verantwortung definiert. Der Begriff der Verantwortung umreißt den Horizont, den unser Denken zu durchdringen und unser Handeln zu erschließen hat. Für das neuzeitliche Denken gehört der Begriff der Verantwortung in den Bereich der Moral. Wenn wir Vernunft mit Hilfe des Begriffes der Verantwortung definieren, so führen wir die Vernunft des Menschen auf ihre moralische Grundlage zurück. Seiner Herkunft nach ist aber der Begriff der Verantwortung nicht ein moralischer sondern ein religiöser, genauer gesagt: ein eschatologischer Begriff. Alle Verantwortung vor Menschen hat ihren Grund in der Verantwortung vor Gott; und die Verantwortung vor Gott wird in den spätmittelalterlichen Quellen, in denen dieser Begriff uns zuerst begegnet, eschatologisch als die Verantwortung der Seele im Jüngsten Gericht verstanden. Wir wissen heute nicht

---

[35] Vgl. dazu auch Georg Picht, Glauben und Wissen, a. a. O.

mehr, was der Name „Gott", wir wissen erst recht nicht mehr, was das Jüngste Gericht bedeutet. Aber wir können diesem Hinweis doch entnehmen, daß auch die Moral des Menschen nicht autonom ist, sondern uns schon allein durch ihre Möglichkeit in einen Bereich verweist, den wir vergessen haben [36].

Nun ist uns aber der Begriff der Verantwortung auch noch in anderem Zusammenhang begegnet. Wir sahen uns nämlich zu der Erkenntnis genötigt, daß heute die gesamte Menschheit eine Verantwortung für ihre zukünftige Geschichte hat. Diese Erkenntnis besitzt eine Evidenz, der wir uns nicht entziehen können, mögen wir uns auch noch so sehr gegen sie sträuben. Wir lernen aus ihr etwas sehr Wichtiges. Wir lernen nämlich, daß die Geschichte, in dem konkreten Sinn der zukünftigen Weltgeschichte, den Horizont darstellt, innerhalb dessen Vernunft, Moral und Religion im Zeichen der Verantwortung sich zusammenschließen. Aus der unleugbaren Verantwortung der Menschheit für ihre zukünftige Geschichte ergab sich für uns die Notwendigkeit, den Begriff der Vernunft auf den Begriff der Verantwortung zu gründen; damit erschließt sich zugleich der präzise Sinn unserer Frage nach der geschichtlichen Konstitution der Vernunft. Wir stellen diese Frage nicht abstrakt, sondern wir stellen sie im Hinblick auf die konkrete Situation, in der sich die Menschheit heute befindet. Auch die Besinnung auf die religiöse Vorgeschichte des neuzeitlichen Begriffes der autonomen Vernunft gewinnt durch diese Perspektive ihren präzisen und stringenten Sinn.

Nun ist uns aber der Begriff der Verantwortung auch noch an einer anderen Stelle, nämlich im Zusammenhang mit der Theorie der Planung begegnet. In den großen Weltproblemen sind uns, so sahen wir, Aufgaben vorgezeichnet, die eine gemeinsame Verantwortlichkeit der gesamten Menschheit begründen. Damit sich aber diese noch unbestimmte Verantwortlichkeit konkret als Verantwortung artikulieren kann, müssen sich Subjekte konstituieren, die im Bereich bestimmter Zuständigkeiten definierte Aufgaben übernehmen können. Wir sahen: erst wo sich ein solches Subjekt konstituiert hat, sind die Bedingungen erfüllt, unter denen ein bestimmter Bereich durch zielbewußte Analyse für eine mögliche Planung erschlossen und für

---

[36] Vgl. Georg Picht, „Der Begriff der Verantwortung", in: Wahrheit, Vernunft, Verantwortung, a. a. O., 318 ff. und „Rechtfertigung und Gerechtigkeit – zum Begriff der Verantwortung", in: Hier und Jetzt I, a. a. O., 202 ff.

ein mögliches Handeln organisiert werden kann. Das bedeutet: erst durch die Konstitution eines Subjektes, das sich als Träger von Verantwortung begreift, wird vernunftgemäßes Denken und Handeln überhaupt möglich. Auch die neuzeitliche Philosophie bestimmt den Träger der Vernunft als Subjekt. Die Grundverfassung dieses Subjektes – man nennt sie seine Subjektivität – ist der Bezirk, aus dem die neuere Philosophie die innere Möglichkeit von Vernunft zu explizieren versucht. Aber im Gegensatz zu dem Subjektbegriff der neueren Philosophie entwickeln wir die Konstitution des Subjektes nicht aus seiner Autonomie. Wir glauben nicht, daß die Vernunft sich wie Münchhausen an ihrem eigenen Zopf aus dem Sumpf ziehen kann. Wir bestimmen vielmehr die Konstitution des Subjektes durch seine Fähigkeit, als Träger von Verantwortung zu dienen. Das Subjekt der Vernunft wird also hier durch seine geschichtliche Aufgabe konstituiert. Es begründet sich nicht aus sich selbst sondern aus einer Erkenntnis, die ihm vorgegeben sein muß. Die Vorgabe einer Erkenntnis, welche Vernunft nicht aus sich selbst heraus gewinnt, sondern die umgekehrt Vernunft erst möglich macht, bezeichnet die Sprache des Glaubens als Offenbarung. Die Offenbarung der uns aufgegebenen Verantwortung wäre dann die Bedingung der Möglichkeit von Vernunft; sie würde die Subjekte des Handelns in ihrer Subjektivität erst konstituieren. Man kann das auch sehr einfach so formulieren: daß nicht die Vernunft Bedingung der Möglichkeit der Wahrheit sondern daß umgekehrt die Wahrheit Bedingung der Möglichkeit von Vernunft ist.

Was bedeutet das für unsere Frage nach der Möglichkeit einer zukünftigen Geschichte der Menschheit? Wir haben im ersten und zweiten Kapitel den Nachweis geführt, daß die Menschheit heute gezwungen ist, die Welt, in der sie allein noch leben kann, als eine künstliche Welt selbst zu produzieren. Diese Welt, so sahen wir später, muß eine Grundverfassung haben, die es erlaubt, daß in ihr vernunftgemäßes Handeln möglich ist und sich durchsetzen kann. Die Grundelemente dieser künstlichen Welt können demnach nur Subjekte sein, die in der Lage sind, als Träger von Verantwortung zu denken und zu handeln. Der Titel „Subjekte der Vernunft" bezeichnet hier nicht nur Personen sondern auch Institutionen und Organisationen, sofern sie sich durch ihre innere und äußere Verfassung als Träger von geschichtlicher Verantwortung qualifizieren. Diese Subjekte der Vernunft sind die Monaden, welche die Harmonie der künstlichen Welt hervorzubringen haben. In der bisherigen Geschichte haben sich die Subjekte der Vernunft in dem Gefüge der alten Hochkulturen durch einen unbewußten Prozeß im Schoß der großen Religionen ausgebildet. Sie sind aus jener uralten Weisheit hervorgetreten, die in den Religionen zugleich gesammelt und verborgen war. Heute befinden wir uns in einer Übergangsphase, in der sich erst herausstellen muß, ob aus dem ungeheuren Gärungsprozeß, in den die Welt durch Hunger, Krieg und Elend und durch die Krise aller bisherigen Ordnungen versetzt worden ist, eine neue, eine die Welt umspannende Kultur hervorgehen wird. Aber wir haben jene verborgene Weisheit der großen Religionen nicht nur vergessen; wir haben sie verleugnet. Wo sich durch Zufall oder Gunst des Schicksals Subjekte vernunftgemäßen Denkens und Handelns konstituieren, da wissen wir besser als in jeder früheren Phase der Geschichte von der Vernunft, die uns geschenkt ist, Gebrauch zu machen. Das ist die unermeßliche Chance, die wir der neuzeitlichen Wissenschaft verdanken. Aber das Geheimnis der Konstitution dieser Subjekte der Vernunft haben wir vergessen. Die Mächte, welche die deutsche Transzendentalphilosophie in der magischen Formel der „produktiven Einbildungskraft" zu bannen versuchte, sind in chaotischen Widerstreit miteinander geraten, weil die Vernunft nicht mehr mit dem Licht des Glaubens ihren eigenen Ursprungsbereich zu durchleuchten vermag. Wir sollen unsere Zukunft produzieren. Aber den Grundakt jeder Produktion, nämlich die Konstitution der Vernunft als solcher, hat die Vernunft im Prozeß der Aufklärung verlernt. Werden die Flammenzeichen der drohenden Weltkatastrophe die Kraft besitzen, die Blindheit des modernen Denkens zu durchbrechen und uns jene Verantwortung erkennen zu lassen, aus der sich durch die Offenbarung Gottes Vernunft in der geschichtlichen Welt konstituiert?

12. Die Zukunft des Menschen

„Es scheint mir, daß der Versuch der Natur, auf dieser Erde ein denkendes Wesen hervorzubringen, gescheitert ist."[37] Dieses Wort von Max Born, einem der großen Pioniere der neuen Physik, bezeichnet den Punkt, an dem wir heute stehen, wenn wir nach der Zukunft

---

[37] *„Die Zeit", 7. 6. 1968.*

des Menschen fragen. Wir wissen nicht, ob es gelingen wird, den äußeren Bestand des Menschengeschlechtes zu sichern. Noch weniger wissen wir, ob es wünschenswert ist, daß eine Gattung von Lebewesen erhalten bleibt, die durch ihr verantwortungsloses Spiel mit den Gesetzen der Natur auf dem ihrer Herrschaft anvertrauten Erdball die furchtbarsten Verwüstungen angerichtet hat und für die übrigen Lebewesen und die Pflanzen nach einem Wort des Biologen Friedrich Oehlkers als das „schlechthin satanische Wesen" erscheinen muß[38]. Kein Raubtier erreicht die Stufe der Bestialität, der Ruchlosigkeit und der zynischen oder tückischen Wut, mit der die Menschen im Namen der Zivilisation zu morden, zu vernichten, auszurotten, zu unterdrücken, zu erpressen, zu knechten und auszubeuten verstehen. Man muß an Gott glauben, wenn man den Glauben an die verborgene Zukunft des Menschengeschlechtes nicht verlieren soll. Empirisch läßt sich die Hoffnung nicht mehr begründen, daß aus der Schändung von allem, was heilig ist, daß aus Niedertracht, Dummheit, Gier, Roheit und Barbarei noch ein Segen für die Zukunft der Welt hervorgehen kann.

Wir haben gewagt, die Frage zu untersuchen, ob es möglich ist, im Zeitalter der Welthungersnot und des beginnenden Weltbürgerkrieges, trotz der Vernunftwidrigkeit der politischen Organisation unserer Erde und trotz der Vernunftlosigkeit, mit der die Menschen von dem Potential der modernen Wissenschaft Gebrauch machen, die äußere Existenz der Menschheit zu sichern. Auf diese Frage haben wir zwei Antworten gefunden, die noch genauer betrachtet werden müssen:

1. Es ist zwar möglich, aber es ist unwahrscheinlich, daß die Vernichtung des größeren Teiles der Menschheit und aller bisherigen Formen von Kultur verhütet werden kann. Das Experiment „Menschheit" wird gescheitert sein, wenn es nicht gelingt, in wenigen Jahrzehnten eine neue politische Organisation der gesamten bisherigen Staatenwelt zu errichten, die Waffensysteme abzubauen und die Führung von Kriegen technisch unmöglich zu machen, im Rahmen einer revolutionären Neuordnung der Weltwirtschaft eine Umverteilung des Reichtums der Welt herbeizuführen, in kürzester Frist riesige

---

[38] Friedrich Oehlkers, „Die Mutabilität des Lebendigen", in: *Die Albert-Ludwigs-Universität Freiburg 1457–1957, Die Festvorträge bei der Jubiläumsfeier*, Freiburg: H. F. Schulz, 1957, 67.

Bildungssysteme aufzubauen und durch einschneidende Konsumverzichte der reichen Länder die Mittel für den Ausbau der Infrastruktur der technischen Welt in sämtlichen Erdteilen bereitzustellen. Die Menschheit wird nur überleben, wenn es gelingt, in planetarischem Ausmaß die Gesamtheit jener Probleme zu lösen, an denen die hochentwickelten Länder innerhalb ihrer eigenen Gesellschaften bisher gescheitert sind. Das wäre, wie wir gesehen haben, möglich, und wir können auch die Bedingungen angeben, die zur Erreichung dieses Zieles erfüllt werden müssen. Daß es unwahrscheinlich ist – wer wollte das leugnen? Aber der Verweis auf die Unwahrscheinlichkeit des Gelingens ist im Bereich der menschlichen Geschichte kein Argument. Es ließe sich demonstrieren, daß der Mensch, schon rein biologisch betrachtet, das unwahrscheinlichste aller Lebewesen ist, und daß er eine Konstitution hat, die ihn zwingt, sein Dasein in einem fortgesetzten Kampf gegen die Regeln der Wahrscheinlichkeit zu behaupten. Aus diesem Kampf geht die Geschichte der Menschheit hervor, die uns durch alle Niederlagen hindurch auf immer unwahrscheinlichere Stufen der Kulturentwicklung und der politischen Organisation geführt hat. Welche Energien haben die Menschheit dazu befähigt, den Wettlauf gegen die Wahrscheinlichkeit bisher zu gewinnen? Man nennt das Vermögen des Menschen, sich der Wahrscheinlichkeit zu widersetzen, seine Moral. Sie entspringt dem Vermögen der Vernunft und dem Vermögen zur Freiheit. Die Menschen sind bisher nicht zugrundegegangen, weil sich trotz riesiger Katastrophen Vernunft und Freiheit gegen die Übermacht der entgegenwirkenden Kräfte zu behaupten vermochten.

2. Daraus erklärt sich die zweite Antwort, die wir durch die Analyse der großen Weltprobleme auf die Frage erhalten haben, wie die Existenz der Menschheit gesichert werden soll. Es zeigte sich nämlich, daß die materielle Sicherung der physischen Existenz der Menschheit in der jetzigen Phase unserer Zivilisation ausschließlich von den geistigen und moralischen Kräften der menschlichen Natur abhängig ist. Die politische und die wissenschaftliche Vernunft verfügen über das zukünftige Schicksal der Menschheit. Da aber sowohl unsere politischen Ordnungen wie unsere Wissenschaften desintegriert und damit vernunftlos sind, hängt die Zukunft des Menschengeschlechtes davon ab, ob es gelingt, in einem qualitativen Sprung eine neue Stufe der kollektiven Moral und eine neue Stufe der kollektiven Vernunft zu erreichen. Die Zukunft, die wir suchen, wird uns nicht durch

äußere Errungenschaften, wie die Erschließung neuer Reichtümer und die Vermehrung unserer technischen und industriellen Ressourcen, in den Schoß fallen; denn alle diese Errungenschaften, so nötig sie sind, beschleunigen nur den Prozeß der Vernichtung, wenn es uns nicht gelingt, eine politische und gesellschaftliche Ordnung zu schaffen, in der es möglich wird, solche Ressourcen vernunftgemäß und sinngemäß zu gebrauchen. Die Menschheit wird ihre Zukunft nur durch einen moralischen und geistigen Durchbruch erobern können, für den es in der bisherigen Geschichte kein Vorbild gibt. Das Fundament der neuen künstlichen Welt wird nicht von jenen komplizierten und hochgradig abstrakten Planungssystemen gebildet, die wir ebenfalls brauchen; das Fundament setzt sich aus den einfachsten und edelsten Grundelementen der geistigen Existenz des Menschen zusammen. Wir treten in eine Weltepoche ein, in der jeder einzelne von uns durch Prüfungen hindurchgehen muß, die alles, was mürbe, faul und brüchig ist, verbrennen und alles, was wir für unzerstörbar halten, auf die Probe stellen werden. „Wenige Menschen", so sagte Robert Kennedy, „sind bereit, der Mißbilligung ihrer Mitmenschen, der Kritik ihrer Kollegen und der zornigen Feindschaft ihrer Gesellschaft standzuhalten. Moralischer Mut ist ein selteneres Gut als Tapferkeit in der Schlacht oder hohe Intelligenz; und doch ist er die eine, wesentliche, unerläßliche Qualität derer, die eine Welt verändern wollen, die sich nur widerwillig der Veränderung beugt."[39]

Die Frage nach der Zukunft des Menschen ist also nicht dadurch beantwortet, daß wir uns um möglichst sichere Informationen bemühen, aus denen sich errechnen läßt, mit welcher Wahrscheinlichkeit es die biologische Gattung Mensch in näherer oder fernerer Zukunft auf dieser Erde noch geben wird. Die Frage fragt nach etwas anderem; sie fragt nach der Zukunft der Menschlichkeit des Menschen. Läßt sich doch, wie wir gesehen haben, demonstrieren, daß auch die biologische Erhaltung unserer Gattung von jenen geistigen

---

[39] *„For every ten men who are willing to face the guns of an enemy there is only one willing to brave the disapproval of his fellows, the censure of his colleagues, the wrath of his society. Moral courage is a rarer commodity than bravery in battle or great intelligence. Yet it is the one essential, vital quality for those who seek to change a world which yields most painfully to change."* Rede an die Studenten der Universität von Kapstadt am 6. Juni 1966, abgedruckt in: *Congressional Record, June 6, 1966, vol. 112. p. 12430;* GP zitiert aus der *„International Herald Tribune"* vom 10. Juni 1968, also vier Tage nach der Ermordung von Robert Kennedy.

und moralischen Qualitäten abhängen wird, welche die Menschlichkeit ausmachen. Das schließt nicht aus, es setzt vielmehr voraus, daß wir auch das Problem der biologischen Erhaltung der Gattung Mensch mit größerer Gründlichkeit und größerem Ernst bedenken müssen, als das bisher geschieht. Die biologische Erhaltung hängt nicht nur von Ernährung und Wasserversorgung ab. Der Aufbau der künstlichen Welt, auf die wir angewiesen sind, zwingt uns zu Eingriffen in die Natur, welche die biologische Umwelt sämtlicher Lebewesen radikal verändern und in unzähligen Fällen vernichten wird. Als bloßes Lebewesen ist der Mensch den unwiderruflichen Zerstörungen der natürlichen Umwelt, die er durch seine verantwortungslose Verwaltung des ihm anvertrauten Planeten angerichtet hat, ebenso wehrlos ausgeliefert wie alle anderen Lebewesen auch. Er produziert blind und gedankenlos technisch-industrielle Systeme, die ihm erlauben, durch massenhaften Einsatz von Chemikalien, durch die Störung des natürlichen Wasserhaushaltes, durch Raubbau jeder Art, durch Verschmutzung von Wasser und Luft, durch radioaktive Strahlung und durch eine Fülle von sonstigen Einwirkungen die Sphäre, in der sich alles natürliche Leben entfaltet, so rasch und tiefgreifend zu verändern, daß die unberechenbaren Nebenwirkungen dieser Eingriffe sämtliches Leben auf der Erde einem uns unbekannten Wandel unterwerfen. Das gilt auch für den Menschen selbst. Die Veränderungen, welche die biologische Konstitution des Menschen durch die Auswirkungen der Wissenschaft erleiden wird, treten heute am sichtbarsten in der rapiden Vermehrung der Erdbevölkerung zutage, über die schon ausführlich gesprochen wurde. Aber die unsichtbaren Auswirkungen der Wissenschaft sind nicht nur qualitativ sondern auch quantitativ von nicht geringerer Bedeutung. Durch die modernen Formen der Nahrungsmittelproduktion, durch die Überschwemmung von Erde, Wasser und Luft mit Chemikalien, durch die kollektive Arzneimittelvergiftung, durch biologisch abnorme Wohn- und Lebensverhältnisse, durch den rapiden Rückgang körperlicher Arbeit und das entsprechende Zunehmen der geistigen und nervlichen Belastungen, durch das rasche Absinken der Sterblichkeit und die steigende Bevölkerungsdichte und durch ein enges Geflecht von unkontrollierten Nebenwirkungen aller dieser Faktoren hat sich die Umwelt des Menschen, sein natürlicher und sozialer Oikos, in wenigen Jahrzehnten radikal verwandelt. Die Selektionsbedingungen, unter denen eine zukünftige Menschheit sich biologisch entwickeln wird, sind mit den Selektionsbedingungen der bisherigen Geschichte nicht zu vergleichen. Entsprechend werden sich die Selektionsprodukte verändern. Die zukünftige Menschheit wird in ihrem genetischen Bestand mit der bisherigen Menschheit nicht identisch sein; aber niemand vermag heute zu sagen, ob die Veränderungen, die unentrinnbar sind, negativ als Degenerationserscheinungen oder positiv als Symptome der Fortentwicklung zu deuten sind. Der Prozeß ist in Gang gesetzt und kann nicht wieder rückgängig gemacht werden; wir wissen nicht, ob er der Erhaltung der Gattung Mensch zugute kommt, oder ob er die Gattung in ihrem Kern gefährdet. Wohl aber könnten wir durch zielbewußte und energische Kontrollen die gröbsten und eindeutigsten Schädigungen der biologischen Substanz der Menschheit verhindern. Durch willkürliche Gefährdung oder Zerstörung des menschlichen Erbgutes werden ohne nennenswerte Gegenwirkung fortwährend Verbrechen von planetarischem Ausmaß begangen, die unabsehbare Schäden zur Folge haben. Die Kontrolle verantwortungsloser Eingriffe in die Lebenssphäre unserer Erde ist ohne jeden Zweifel eine der wichtigsten Aufgaben der zukünftigen Weltpolitik.

Die Prüfung der rein biologischen Existenzbedingungen der zukünftigen Menschheit führt uns also erneut darauf zurück, daß nur die Herrschaft der Vernunft über die Entwicklung von Wissenschaft und Politik den Fortbestand unserer Gattung zu sichern vermag. Jede Gestalt der Vernunft geht aus der moralischen Grundhaltung hervor, die man als „Humanität" zu bezeichnen pflegt. Wenn überhaupt, so wird der Mensch nur kraft seiner Menschlichkeit überleben können. Aber was ist die Menschlichkeit des Menschen? Was ist das Humanum, das es zu retten gilt?

Vor dieser so einfachen und so naheliegenden Frage, die sich uns täglich beim Umgang mit anderen Menschen, beim Lesen der Zeitungen und bei der Erfüllung unserer Berufspflichten aufdrängt, verstummt die Wissenschaft und erweist sich als ratlos. Keine der ungezählten Disziplinen, die sich mit der Biologie, der Psychologie, den Krankheiten und dem Denken des Menschen befassen, weiß über seine Menschlichkeit etwas auszusagen. Man wäre versucht zu behaupten, daß die Menschlichkeit den Wissenschaften vom Menschen unbekannt ist; aber genaueres Zusehen belehrt uns darüber, daß alle die Regungen, in denen Menschlichkeit sich manifestiert, von der

Wissenschaft verdrängt werden, weil sie als suspekt erscheinen. Die Denkweise, die heute nicht nur die Wissenschaft sondern die gesamte industrielle Gesellschaft und die Verwaltung unserer Welt beherrscht, betrachtet alles, was nicht objektiviert werden kann, als ungehörig, als anstößig, ja als indezent. Als 1945 in der Zeitschrift „Die Wandlung" ein „Wörterbuch des Unmenschen" erschien, das den Jargon des Nationalsozialismus demaskieren sollte[40], konnte man sich noch der arglosen Hoffnung hingeben, es genüge, dieses Unkraut auszurotten, um die deutsche Sprache wieder in eine Sprache von Menschen zu verwandeln. Inzwischen kann uns die Beobachtung der Sprachentwicklung darüber belehren, daß es in unserer Gesellschaft keinen Winkel mehr gibt, der nicht von der alles zerfressenden Lauge einer ungreifbar sich verbreitenden Unmenschlichkeit durchdrungen würde. Nicht nur die Wissenschaft ist für die Menschlichkeit blind, auch Literatur, Musik und bildende Kunst vermögen der gequälten Kreatur des Menschen im Menschen oft nur noch dadurch Ausdruck zu verleihen, daß sie in schrillen Dissonanzen oder mit dem Seziermesser der Analyse unseren stumpf gewordenen Nerven die Qualen und Verkrümmungen des Wesens in Erinnerung rufen, das einmal Mensch war und auf neue Menschheit hofft. Wir haben von der Menschlichkeit nicht nur kein Wissen; es fehlt uns auch die Sprache, in der wir, ohne zu lügen, noch aussprechen könnten, daß wir menschlich empfinden. Das Wort „vergasen" ist zu einem Modewort der Umgangssprache geworden. Man kann sich mit Adorno fragen, ob es nicht ein bloßer Schein ist, wenn wir uns einbilden, wir hätten als Menschen die Gaskammern, die Bomben und das Vernichtungswerk der Terrorsysteme überlebt[41].
Es wäre deshalb ein Selbstbetrug und eine Verblendung, wenn wir die Menschlichkeit des Menschen in den offiziell anerkannten Tugendsystemen, in den Zielvorstellungen und in den Idealen einer der Unmenschlichkeit verfallenen und die Unmenschlichkeit betreibenden Gesellschaft aufsuchen wollten. Längst hat sich, was menschlich ist, auf die Schattenseite des Daseins, in Krankheit, Leiden, Not und in die sogenannten Abnormitäten geflüchtet. Menschlich sind heute nicht die Angepaßten, die Satten und Normgerechten, die

---

[40] Dolf Sternberger/Gerhard Storz/W. E. Süskind, Aus dem Wörterbuch des Unmenschen; jetzt: Ungekürzte Ausg. nach der erw. Ausg. 1967, ³1968 Frankfurt a. M./Berlin: Ullstein, 1989 (Ullstein-Buch Nr. 34335).
[41] Negative Dialektik, a. a. O., 353 ff.

standardisierten Musterexemplare jenes Erfolgstyps, den uns die Stellenanzeigen der Zeitungen beschreiben – menschlich sind die Hungernden und Unterdrückten, die Ausgestoßenen, die Armen und die Kranken. In einem solchen Zustand der Gesellschaft muß man die Chiffren der Not zu entziffern lernen, wenn man die Menschlichkeit wieder entdecken will. Wir suchen deshalb einen Zugang zum Verständnis der Humanität und zur Enträtselung der Zukunft des Menschen auf dem Weg über ein besseres Verständnis der Krankheit.

Etwa die Hälfte aller Patienten, die heute einen Arzt aufsuchen, leiden an Krankheiten, die es bei Tieren nicht gibt. Diese Krankheiten sind demnach nicht rein naturwissenschaftlich zu erklären; sie sind ein Produkt der Biographie des Patienten und der gesellschaftlichen Bedingungen, unter denen er leben soll. Sie sind also ein Produkt der künstlichen Welt, und da diese künstliche Welt der zukünftige Lebensraum der gesamten Menschheit ist, werden die Zivilisationskrankheiten in Zukunft die psychophysische Verfassung der Menschen noch weit stärker bestimmen als heute. Die Expansion der Wirtschaft, der Fortschritt der Technik und der Prozeß der Gesellschaft im ganzen wird dadurch erkauft, daß sich die Krankenhäuser, die psychiatrischen Kliniken und die Gefängnisse mit unzähligen Opfern dieses Prozesses füllen. Die Zahl der Opfer muß um so größer sein, je reibungsloser die Maschinerie funktioniert. Die Erfolgreichen, die Angepaßten, die Funktionäre des Systems pflegen mit einem bedauernden Achselzucken darüber hinwegzusehen, daß jener Fortschritt, auf den wir angewiesen sind, mit Opfern erkauft wird, die man als eine Art von normalen Abfallprodukten zu betrachten pflegt. Daran wird deutlich, daß die Normen, nach denen sich die Gesellschaft orientiert, Symptome der Krankheit, die Ordnungen, in denen sie lebt, Symptome der Deformation des Menschen, die Sitten, die sie hochhält, Spiegelungen versteckter Laster sind. Um Viktor von Weizsäcker zu zitieren: „Zu den Krankheiten [gehören . . .] nicht nur die Anginen, die Tuberkulosen und Krebse, sondern auch die naturwissenschaftliche Medizin selbst. Krankheiten haben auch Kulturen, Politiken, Künste, Wissenschaften und Religionen."[42] Wenn aber eine Gesellschaft insgesamt, wenn ihre Wissenschaft, ihre

---

[42] *Viktor von Weizsäcker, Pathosophie, Göttingen: Vandenhoeck und Ruprecht, 1956,* 238.

Sozialordnung, ihr Bildungswesen, ihre Justiz und ihre Politik selbst
krank sind, dann kann die Anpassung an ihre Normen, obwohl man
sie als Gesundheit ausgibt, nur neue Krankheit produzieren, selbst
wenn man durch Psychopharmaka und Medikamente den Anschein
der Gesundheit zu erhalten versteht. In einem solchen Zustand der
Gesellschaft läßt sich die Menschlichkeit des Menschen nur entdek-
ken, wenn man die tief erkrankte Gesundheit dazu befreit, ihrer
Krankheit inne zu werden. Je weiter die Analyse oder – wie wir nun
sagen müßten – die Diagnose der Gesellschaft, ihrer Strukturen und
Bewegungsabläufe, ihrer Verhaltensformen, ihrer Mentalität, ihrer
Normen und ihrer Denkweisen vordringt, desto unmöglicher wird
es, noch ein Koordinatensystem festzulegen, nach dem sich bestimmen ließe, was als gesund und was als krank, was als menschlich und
was als unmenschlich zu gelten hat.
Wir sind gezwungen, von der Diagnose der industriellen Gesellschaft auszugehen, wenn wir entdecken wollen, welche Möglichkeiten der Menschlichkeit des Menschen in der zukünftigen Welt, von
der ich in dieser Untersuchung zu sprechen hatte, offenstehen. Denn
die nachindustrielle Gesellschaft dieser zukünftigen Welt hat unsere
gegenwärtige Industriekultur zur Vorgeschichte. Sie geht aus dieser
Industriekultur hervor und ist durch ihre Deformationen gezeichnet.
Der Zugang zu neuen Formen der Menschlichkeit und der kollektiven Moral führt nicht an der Erkrankung unserer Gesellschaft vorbei; er führt mitten durch sie hindurch. Solange wir vor dieser Krankheit die Augen verschließen, ist uns der Weg zur Menschlichkeit ver
sperrt. Aber wie sollen wir heilen können, wenn wir nicht wissen,
was gesund, was krank ist? Wie sollen wir lehren und erziehen können, wenn uns bewußt wird, daß die Normen pervertiert, die Bil-
dungsgehalte unwahr, die Lehrmethoden Spiegel und Ursache von
Neurosen und das Lehrziel die Anpassung an eine vernunftwidrige
Sozialordnung ist? Wie soll der Richter urteilen, der Beamte verwalten, wenn beide wissen, daß die Gesetze und die Verordnungen, die
sie befolgen müssen, jene Zustände, die bekämpft werden sollten,
selbst produzieren? Ich habe diese Fragen gestellt, um deutlich zu
machen, daß es grundsätzlich unmöglich ist, die Erkrankung eines
Gesellschaftssystems mit systemimmanenten Methoden nach systemimmanenten Normen zu überwinden. Aber auch der Ausweg in den
Umsturz der Gesellschaft, die Destruktion der technischen Systeme
und die Zerstörung der falschen Welt ist uns versperrt, denn von dem

Funktionieren dieser Maschinerie hängt das Überleben der hungernden Menschheit ab.

Wir stehen also vor der Paradoxie, daß wir den selben Prozeß befördern müssen, von dem wir wissen, daß er die Menschlichkeit des Menschen zerstören und damit auch sich selbst aufheben könnte. Paradoxien werden in der menschlichen Geschichte nicht dadurch aus der Welt geschafft, daß man sie leugnet und an ihnen vorbeizuleben versucht; man muß sie akzeptieren und durchdringen.

Ich habe schon im zweiten Kapitel an die Erkenntnis der griechischen Philosophie erinnert, daß es die Natur des Menschen ist, nur auf künstliche Weise existieren zu können. „Erst durch die Erzeugung einer künstlichen zweiten Natur", so sagte ich, „versetzt sich der Mensch in die Lage, der Entdeckung seiner wahren Natur als einer unendlichen Aufgabe nachzustreben." (289f.) Wenn wir die Menschlichkeit des Menschen in der künstlichen Welt erhalten und ermöglichen wollen, müssen wir die Physik der künstlichen Natur, also die Physik unserer Gesellschaft, besser studieren und müssen zu erkennen versuchen, wie die wahre Natur aus dieser künstlichen Natur hervorgeht. Die heute politisch virulentesten Formen eines ideologischen Bewußtseins, das sich als Humanismus versteht, nämlich die verschiedenen Varianten eines anti-stalinistischen Marxismus, und die konservativen Richtungen jeglicher Art sind sich darin einig, daß sie die „sekundären Systeme" des Kapitalismus und der technischen Welt perhorreszieren. Die ideologische Fiktion von angeblich primären Strukturen, die ihren Ursprung bei Rousseau, bei Herder und in der Romantik hat, dient der versteckten Absicht, den Bereich unserer realen Verantwortung, nämlich die Zivilisation, in der wir leben, zu diffamieren. Das Stichwort für diese Tendenz ist der Begriff der Entfremdung. Wo immer dieses Stichwort ertönt, werden kollektive Affekte in Bewegung gesetzt, die jegliche Rationalität überschwemmen und die Menschen ihrer Besonnenheit berauben. Man ist nicht mehr in der Lage einzusehen, daß die Entfremdung kein Kulturprodukt und kein Erzeugnis des Kapitalismus ist, sondern am Anfang der Geschichte des Menschen steht. Der Mensch ist entfremdet, weil er weiß, daß er in der Zeit ist. Daher entspringt ihm die Erfahrung, daß er über sich selbst und seinen gegenwärtigen Zustand hinausgehen muß, um leben zu können. Der Mensch ist sich selbst immer entfremdet, denn er ist das Lebewesen, das sich im Dasein nur behaupten kann, indem es zu werden versucht, was es noch *nicht* ist. Alles Bemühen, einen Zustand herbeizuführen, in dem der Mensch mit sich selbst versöhnt wäre und mit dem Schlager aus der Nazizeit behaupten dürfte: „So sind wir und so woll'n wir auch bleiben", ist eine Verleugnung der Humanität. Weil der Mensch immer entfremdet ist, hat er Geschichte. Er hat Geschichte, weil ihn die Entfremdung, die in die Grundfigur seines Wesens eingezeichnet ist, dazu zwingt, in keinem Zustand verharren zu können, sondern sich stets aus sich selbst heraus in die Ungewißheit einer antizipierten Zukunft versetzen zu müssen. Schon immer diente der Begriff der Transzendenz als Schlüssel zu dem Geheimnis des menschlichen Daseins. Heute verstehen wir die Transzendenz geschichtlich als Überstieg in eine höhere Zukunft, welche die Gegenwart aus den Angeln hebt. Das bedeutet aber, daß die geschichtliche Krise die Form ist, in der sich das Menschengeschlecht am Leben erhält. Jeder Einklang mit der Gesellschaft, wie sie ist, jede Geborgenheit in der Umwelt, die wir uns schaffen, gefährdet unsere Humanität, denn sie verführt uns, ein System von Lügen zu errichten, das uns ermöglichen soll, den Fortgang der Zeit, das unerbittliche Weiterschreiten der Geschichte und die allgegenwärtige Wirklichkeit des Todes zu verleugnen. Menschlich ist nur, wer die Wahrheit der *condition humaine* erträgt, wer sich dem Anblick der Not in ihren tausenderlei Gestalten nicht entzieht, und wer vor dem Tod, den er auf seinem Weg zur letzten Stunde täglich zu sterben hat, nicht die Augen verschließt. Denn nur ein solcher Mensch vermag zu helfen, Not zu bekämpfen, Krankheit zu lindern und dem Tod sein Heimatrecht inmitten unseres Lebens zu gewähren.

Ich sagte, die geschichtliche Krise sei die einzige Form, in der wir zu bestehen vermögen. Das ist im Rückblick auf die Tatbestände, die wir ins Auge fassen mußten, ein Satz, der eine Tragweite besitzt, die unser Denken und unsere Phantasie weit übersteigt. Er besagt, daß wir die Hoffnung haben dürfen, daß sich die Menschlichkeit des Menschen und die zukünftigen Gestalten der Vernunft überall dort befreien, wo die Not des Menschen ans Licht tritt, wo sein Elend spricht, wo seine falsche Sicherheit zerbricht und sich die Lügen enthüllen, die sich in seinen Gesellschaftssystemen und Staatsordnungen und in den etablierten Hierarchien der Werte verbergen. Die wahre Hoffnung auf Menschlichkeit entzündet sich überall dort, wo die Gefahren uns zu überwältigen drohen und alle falschen Hoffnungen versinken. Die Welt, in der wir leben, wird in den nächsten Jahrzehnten von Krisen und Katastrophen erschüttert werden, wie sie die Menschheit in ihrer Geschichte noch nicht erfahren hat. Diesmal steht nicht der Bestand von Völkern oder Kulturen auf dem Spiel, diesmal ist der Bestand der ganzen Menschheit bedroht. Nur diese äußerste Gefahr kann jenen ungeheuren Wandel des Bewußtseins erzwingen, der aus der Menschlichkeit des Menschen eine neue Gestalt der geschichtlichen Vernunft hervorgehen läßt.

EDITORISCHES NACHWORT [1]

I.

Georg Picht starb vor zehn Jahren, am 7. August 1982. Er war erst 69 Jahre alt. Die tödliche Krankheit traf ihn mitten in der Arbeit an dem Buch, das die Summe seines Philosophierens ziehen sollte. Bis dahin hatte er nur ein paar schmale monographische Untersuchungen, vier Aufsatzsammlungen, zahlreiche Beiträge zu Sammelbänden sowie das dialogische Buch „Theologie – was ist das?" veröffentlicht [2]. Das Hauptgewicht seines philosophischen Arbeitens lag auf den Vorlesungen, die er in den dreizehn Jahren seiner Lehrtätigkeit hielt. Sie überspannten häufig zwei Semester. Keine von ihnen wurde wiederholt. 1965 war Georg Picht auf den neu geschaffenen Lehrstuhl für Religionsphilosophie an der Evangelisch-Theologischen Fakultät der Universität Heidelberg berufen worden; 1978 ließ er sich emeritieren. In einer Gedenkrede auf den verstorbenen Freund sagte Carl Friedrich von Weizsäcker: „Daß er einen philosophischen Lehrstuhl innehatte und beachtete philosophische Aufsatzsammlungen veröffentlicht hat, verrät fast nichts darüber, was für ein Philosoph er war: weder die politische Öffentlichkeit noch die gelehrte Zunft hat ihn wirklich als Philosophen wahrgenommen. Quantitativ gesprochen liegt das an der Verborgenheit seines Werks. Die Veröffentlichung seiner ausgearbeiteten Manuskripte würde den vier Bänden, die er allein veröffentlicht hat, wohl noch wenigstens vierzehn Bände hinzufügen. ... Die Pflicht zur großen Vorlesung, die er seinem Lehrstuhl verdankt, hat in seiner philosophischen Biographie eine fast entscheidende Rolle gespielt. Sie verschaffte ihm die Nötigung, seine Philosophie schriftlich in derjenigen Breite zu

---

[1] Die Bände der Studienausgabe sind als Einzeltitel konzipiert; deshalb ist es unvermeidlich, daß sich in den editorischen Nachworten ganze Passagen wiederholen.
[2] Stuttgart: Kreuz-Verlag, 1977.

entwickeln, ohne welche sie nahezu unverständlich bleiben muß."[3] Zahlreiche Hinweise in Georg Pichts gedruckt vorliegenden Arbeiten bestätigen diese Sätze. Immer wieder zwangen zeitliche Einschränkungen und thematische Zuspitzungen zum Verzicht darauf, tragende Gedanken so ausführlich darzustellen und zu begründen, daß sie in jedem Schritt nachvollziehbar blieben, daß sie in ihrer Konsistenz durchsichtig wurden, und daß die Notwendigkeit ihrer wechselnden Konstellationen sich enthüllte.

Georg Picht hatte es sich zur Regel gemacht, alle Vorlesungen auszuarbeiten. Er diktierte die Texte und sah sie durch, ehe er sie vortrug. Natürlich wich er in der Situation der Lehrveranstaltung häufig von den Manuskripten ab, erläuterte, extemporierte und beantwortete Fragen, die ihm die Studenten stellten. Er lehnte es aber immer wieder ab, seine Vorlesungen auf Band aufnehmen zu lassen, weil er die gefrorene Unmittelbarkeit solcher Fixierung nicht mochte. Die wirklich gehaltenen Vorlesungen sind also nur in der Erinnerung und in den Mitschriften seiner Hörer aufgehoben. Aber wir besitzen die, teilweise allerdings nur fragmentarischen, diktierten Kollegvorlagen aus den Jahren 1965 bis 1977[4]. Im letzten Jahr seiner Lehrtätigkeit veranstaltete er Blockseminare, um Zeit für die Ausarbeitung seines philosophischen Hauptwerkes zu gewinnen. Einige der Kollegmanuskripte hat er ganz oder teilweise überarbeitet, damit sie für die Studenten vervielfältigt werden konnten. Einige waren dazu bestimmt, Grundlagen für Bücher zu bilden. Veröffentlicht hat er nur „Theologie – was ist das?". Ungedruckt blieben auch Georg Pichts Dissertation über die „Ethik des Panaitios", eine längere Arbeit über Hippias von Elis, ein ausführlicher Kommentar zu dem platonischen Dialog „Laches", zwei Ausarbeitungen über Heidegger und eine Reihe kleinerer Texte zu Themen, die an dem von ihm seit 1958 geleiteten, interdisziplinär arbeitenden Institut, der Forschungsstätte der Evangelischen Studiengemeinschaft (FEST), diskutiert

---

[3] Georg Picht – Philosophie der Verantwortung, Stuttgart: Klett-Cotta, 1985, 46 und 75.

[4] In der Studienausgabe sind bisher erschienen: Kants Religionsphilosophie (WS 65/66, SS 66), 1985; Kunst und Mythos (WS 72/73, SS 73), 1986; Aristoteles' „De anima" (SS 71, WS 71/72), 1987; Nietzsche (SS 67, WS 67/68), 1988; Der Begriff der Natur und seine Geschichte (WS 73/74, SS 74), 1989; Platons Dialoge „Nomoi" und „Symposion" (WS 66/67, WS 68/69), 1990; Glauben und Wissen (WS 69/70), 1991.

worden sind. Unveröffentlicht ist der umfangreiche Briefwechsel. Unveröffentlicht ist aber vor allem auch das Manuskript jenes Buches, in dem er die eigene Philosophie im Zusammenhang darstellen wollte: „Im Horizont der Zeit". Von diesem Buch liegen umfangreiche Abschnitte fertig ausgearbeitet vor; andere sollten verändert und erweitert werden; bestimmte Schlüsselkapitel sind nur durch Überschriften angezeigt.

Aus diesen nachgelassenen Schriften und Vorlesungen wurden für die Studienausgabe die wichtigsten ausgewählt; sie werden in rascher Folge veröffentlicht; seit 1985 erscheint jedes Jahr ein Band.

II.

Georg Pichts Denken verweigert sich tradierten Klischees. Man kann seine Arbeiten nicht in „historische" und „systematische" trennen. Er hat einerseits Geschichte in systematischer Absicht betrieben und auf der anderen Seite jene Fragen, die versunkene Epochen „systematisch" genannt haben, unter der Perspektive des Geschichtlichen gesehen; die überkommene Unterscheidung erschien ihm naiv. Die Spaltung zwischen Natur- und Geisteswissenschaften nannte er „verhängnisvoll"[5] und gab jener scharfen Trennung zwischen Gesinnungs- und Verantwortungsethik, die Max Weber zwar „durch sein eigenes Denken und Wirken dementiert" hatte, die aber im deutschen Bürgertum bereitwillig aufgenommen wurde und in der „Absonderung der Welt des Geistes von der Welt der Politik" resultierte, die Mitschuld an dem „katastrophalen Verlauf der deutschen Geschichte" in unserem Jahrhundert[6]. Diese Überzeugung lag schon seinem frühen bildungspolitischen Engagement zugrunde. Sie trug auch den Arbeitsplan des von ihm geprägten Institutes und viele seiner öffentlichen Äußerungen. Sie führte ihn schließlich, früher als andere, dazu, sich der Wahrnehmung jener globalen Krisenprozesse auszusetzen, die uns mittlerweile allen vor Augen stehen. Welthungersnot und Klimabedrohung, ungesicherte Energieversor-

---

[5] Der Bildungshorizont des 20. Jahrhunderts, in: Die Verantwortung des Geistes, Olten: Walter, 1965, 187.
[6] Struktur und Verantwortung der Wissenschaft im 20. Jahrhundert, in: Wahrheit, Vernunft, Verantwortung, a. a. O., 352; Der Bildungshorizont, a. a. O.

gung, ökologische Zusammenbrüche, Wasserprobleme, eine ins Absurde gesteigerte Waffentechnik sowie politische Instabilitäten aller Art sind heute jedermann als globale Gefährdungen bekannt; sie bestimmen unser aller Lebensgefühl. Als Georg Picht jedoch 1966, fünf Jahre vor dem Bericht über die „Grenzen des Wachstums" an den Club of Rome, seinen Essay über „Prognose – Utopie – Planung" veröffentlichte, in dem er dieses Gefahrensyndrom und seine immanente Dynamik zum ersten Male darstellte, erregte er Kopfschütteln und Irritation.

Es lag also in der Konsequenz seiner Philosophie der geschichtlichen Verantwortung, daß er im Sommer 1968 – die Unruhe unter der Jugend trieb ihrem Höhepunkt entgegen – den Versuch unternahm, in zwölf Rundfunksendungen über die großen Weltprobleme so zu sprechen, daß ein weiter Hörerkreis ihm zu folgen vermochte, und gleichzeitig seinen Studenten eine im strengsten Sinne philosophische Vorlesung über die „Erkenntnis der Zukunft" zuzumuten. Immer wieder hat er betont, daß die Philosophie, die verpflichtet ist, nach dem rechten Gebrauch der Vernunft und nicht nur nach ihrem Wesen zu fragen, trotz des unaufhebbaren Gegensatzes zwischen Macht und Wahrheit, es wagen solle, Politik zum Inhalt ihres Nachdenkens zu machen. Dabei muß sie sich der Kluft zwischen dem Feld der Macht und der Sphäre der Wahrheit bewußt bleiben. „Philosophie hat die Aufgabe, die Dynamik der Prozesse zu durchleuchten, aus denen das kollektive Bewußtsein hervorgeht. Sie ist ihr ausgesetzt, aber vermeidet jene Identifikationen, durch die sie sich an sie ausliefern würde. Sie steht inmitten des Spiels, aber sie spielt nicht mit. Sie erkämpft sich Schritt für Schritt den Zugang zu ihrem eigenen Horizont, indem sie Kritik nicht als Waffe mißbraucht, sondern als Vermögen der Unterscheidung, des Abstandnehmens, der Distanz entdeckt. Ohne Distanz ist Freiheit weder im Denken noch in Politik und Gesellschaft möglich. Weil Philosophie aus Freiheit hervorgeht und Freiheit erzeugt, existiert sie mitten in der Gesellschaft als permanenter Widerspruch gegen die Mechanismen des kollektiven Bewußtseins. . . . Sie existiert, indem sie durch kritische Antizipation dessen, was kommen wird, die Illusionen destruiert, mit denen man im Felde der Macht Erfolge erzielt. Sie stört nicht nur den Frieden sondern auch die Konflikte. Weil sie nicht mitspielt, ist sie Spielverderber. Sie läßt sich von keiner Macht in Fesseln legen, weil es ihr Auftrag ist, daran zu erinnern, daß die Wahrheit den Menschen nicht unterworfen ist, sondern daß umgekehrt die Menschen nur dadurch eine Chance gewinnen, menschlich zu werden, daß sie der Wahrheit zu gehorchen lernen. Ausgesetzt in das Feld der Macht, steht sie im Horizont der Wahrheit."[7]

Die Zukunfts-Vorlesung geht aus von einer kritischen Auseinandersetzung mit Heideggers Analyse der Zeitlichkeit des Daseins. Ihr stellt Georg Picht seinen Entwurf einer Zeitphilosophie entgegen, den er im Gespräch mit der modernen Naturwissenschaft entwickelte, und der von vielfältiger politischer Erfahrung getragen ist. Nachdem die phänomenale Analyse von Raum und Zeit, zu der uns die Entdeckungen der Naturwissenschaft genötigt haben, die überlieferte Logik und mit ihr die metaphysische Basis der europäischen Philosophie erschütterte, mußte sich die kritische Frage nach dem Wesen der Zeit auf neuer Stufe stellen. Wir können nicht annehmen, die Zeit „an sich" habe jene Struktur, die sich uns darbietet, wenn wir in der zweiten Hälfte des 20. Jahrhunderts die Zeitauffassung, die wir für unmittelbar halten, analysieren.

Die Vorlesung gehört in den Kontext der zeitphilosophischen Untersuchungen Georg Pichts, der sich vor die Aufgabe gestellt sah, einerseits die Zeit, in der wir unser eigenes Denken erfahren, streng zu unterscheiden von der Zeit der Phänomene in der Welt, andererseits aber nachzuweisen, daß diese beiden Erscheinungsweisen von Zeit, die „transzendentale" und die „phänomenale" Zeit, nicht unvereinbar nebeneinander herlaufen, sondern in einer noch zu erhellenden Weise eine Einheit bilden. Nur kann diese Einheit der Zeit nicht mehr als unbewegte Identität gedacht werden. Damit verliert der Modus der Gegenwart seine beherrschende Position. Der Zeitmodus „Zukunft" und mit ihr die Modalität „Möglichkeit" treten in den Vordergrund. Dies hat nun aber nicht nur philosophische, es hat auch anthropologische und politische Konsequenzen. Die Menschen sind zur Zukunft verurteilt. Sie können weder der Chance noch der Verantwortung für die Zukunft ausweichen. So hält Georg Picht dem müden Zynismus und den vagen Ängsten einer Generation, die das Ende jeder Utopie proklamieren möchte, weil die Masken von ein paar blinden und sich selbst verblendenden Utopien zerbrochen sind, den Entwurf einer „aufgeklärten Utopie" entgegen, die verantwortliches Denken und Handeln ermutigt. Längst vor Hans Jonas'

---

[7] Philosophie und Politik, in: Hier und Jetzt II, a. a. O., 19.

bedeutendem Buch rückt Picht den Begriff der Verantwortung in das Zentrum philosophischen Fragens und Antwortens.

Der Bogen, der in diesem Band gespannt wird, zeigt die Forderungen, die Georg Picht an das philosophische Denken des 20. Jahrhunderts und damit an sein eigenes Denken zu stellen sich genötigt sah, in aller Härte. Erst in ihrer „Gegenstrebigkeit" lassen sie etwas von jener geheimnisvollen Gestalt von Wahrheit erscheinen, die dem nachmetaphysischen Zeitalter zu entdecken aufgegeben ist – eine Wahrheit, die sich im Horizont der Zeit bewegt, die keinen Anspruch mehr auf ewige Gültigkeit erhebt, ohne doch auf den großen Namen der Wahrheit zu verzichten. Ob es gelungen ist, diese Forderung zu erfüllen, schien Georg Picht sekundär gegenüber der Tatsache, daß sie hier mit einer Klarheit gestellt wird, die verbietet, ihr auszuweichen. Die von ihm immer durchgehaltene Absicht und Verpflichtung der Philosophie ist es, in die Wirklichkeit selbst einzudringen, vor ihr weder in die Vergangenheit noch in die blinde Utopie zu fliehen. Von daher bekommt die geschichtliche Gegenwart des Denkens ihr großes Gewicht. Die Vorlesung und die Rundfunkreihe gehören so eng zusammen, sie sind so einander gegenübergestellt, „daß sie sich wechselseitig kritisch beleuchten" (52). Deshalb war der nochmalige Abdruck dieses schon zweimal publizierten Textes unumgänglich. Die Rundfunkreihe stellt die Anforderungen der Gegenwart dar, vor denen sich das Denken zu bewähren hat. Umgekehrt ergeben sich aus der Vorlesung die Maßstäbe für die gedankliche Konsistenz eines politischen Denkens, das sich pragmatisch mit der Lösung der großen Weltprobleme beschäftigt.

Der Haupttext des Bandes wird vorbereitet durch den zwei Jahre früher entstandenen Essay „Prognose – Utopie – Planung". Er entwirft Grundriß und Aufriß von „Mut zur Utopie" und erleichtert das Verstehen der philosophischen wie der politikbezogenen Gedankenführung der beiden anderen Texte, ihre Zuordnung zueinander wie ihre Einordnung in das Gesamtwerk des Verfassers. Deshalb haben wir uns entschlossen, ihn noch einmal abzudrucken, obwohl auch dieser Text leicht zugänglich ist [8].

Außer den in diesem Buch zusammengestellten Schriften gibt es von Georg Picht noch zwei Aufsätze, in deren Titel das Wort „Utopie" vorkommt. In den wenigen Jahren zwischen dem Erscheinen von

---

[8] Wahrheit, Vernunft, Verantwortung, a. a. O., 373 ff.

„Mut zur Utopie" und der weltweiten Diskussion über den ersten Bericht an den Club of Rome nahm Pichts Skepsis gegenüber den Möglichkeiten einer vernünftigen Politik, die sich, wenn auch noch halb verborgen, schon in „Mut zur Utopie" angekündigt hatte, rasch zu. 1972 hielt er einen Vortrag, der sich unter dem Titel „Technik und Utopie" mit Fragen technokratischer Planung auseinandersetzt. Dort schreibt er: „Sieht man sich an, was tatsächlich geschieht, so ist der durch und durch fiktive Charakter der technokratischen Planungsmodelle leicht zu durchschauen. Partikuläre technische Systeme kann man einrichten, wie sie am Reißbrett entworfen sind. Aber sowie man solche Systeme realisiert, zeigt sich immer das gleiche Resultat: es ergibt sich eine unübersehbare Menge von nicht vorauszuberechnenden Nebenwirkungen und Rückkoppelungseffekten, die den gesamten Kontext, für den das technische System geplant war, so rasch verändern, daß sich das System selbst in kurzer Zeit als zweckwidrig und irrational erweist. Die Menge der unkontrollierten Nebenwirkungen übersteigt bei weitem jene Wirkungen, für die das System eingerichtet und geplant war. Im Ganzen betrachtet ist die technische Welt nicht das Produkt rationaler Planung; sie ist vielmehr das Ergebnis der unbeabsichtigten Nebenwirkungen unzähliger, mangelhaft oder gar nicht koordinierter technischer Einzelprojekte. Je mehr partikuläre Rationalität in unsere Weltordnung eingeführt wird, desto mehr steigert sich die Irrationalität des Gesamtzustandes."[9] Solche und andere Beobachtungen, die sich ihm vor allem im Umgang mit den Problemen von Umweltschutz und Kernenergie stellten – er war im Jahr 1971 gebeten worden, mit einer kleinen Arbeitsgruppe ein Gutachten zur Organisation wissenschaftlicher Beratung der Bundesregierung in Fragen des Umweltschutzes zu erstellen –, führten ihn zu einer Utopiekritik, die, wie er im Vorwort zu „Technik und Utopie" schreibt, „es mir heute nicht mehr erlauben würde, ein Buch mit dem Titel ‚Mut zur Utopie' zu veröffentlichen"[10].
Den letzten Schritt vollzieht er sieben Jahre später in dem Aufsatz „Utopie und Hoffnung": „In früheren Arbeiten habe ich noch gesagt, der Weltfrieden oder, was dasselbe bedeutet, ein Weltzustand, in dem die biologische Existenz der Gattung Mensch gesichert ist, sei

---

[9] Hier und Jetzt II, a. a. O., 337.
[10] A. a. O., 335.

die letzte Utopie der menschlichen Geschichte. Die Entwicklung hat uns inzwischen über diesen Punkt hinausgetrieben. Wir wissen heute, daß wir uns in einem Weltzustand befinden, in dem durch menschliche Vernunft weder der Zerstörung der Biosphäre Einhalt geboten, noch der globale Frieden gesichert werden kann. Der Traum von der Weltherrschaft der wissenschaftlichen Vernunft des Menschen ist ausgeträumt. Wir sind erwacht." [11]

Kurz nach der zweiten Ausstrahlung der Rundfunkreihe im Süddeutschen Rundfunk und im Südwestfunk erschien die Buchfassung des Textes von „Mut zur Utopie". Sie war sehr erfolgreich. 28.000 Exemplare wurden verkauft; das Buch erschien auf der „Bestseller-Liste" des „Spiegel". Andere Rundfunksender übernahmen die Reihe. Der Band wurde ganz ins Französische, Spanische, Holländische, Dänische, Koreanische, Polnische und Japanische, teilweise ins Englische und Italienische übersetzt. Er wurde direkt oder indirekt zum Anlaß für Georg Pichts internationale Aktivitäten in den siebziger Jahren. Er wurde eingeladen, Mitglied der strikt limitierten North-South-Round-Table der Society for International Development zu werden, sprach 1974 auf der Jahrestagung des Club of Rome in Berlin und gehörte als einziger Deutscher jener kleinen Gruppe von Experten an, die 1974 die „Erklärung von Cocojoque" verfaßten, jenes Dokument, in dem die Errichtung einer neuen internationalen Wirtschaftsordnung gefordert wurde. Einige seiner Prognosen erwiesen sich als falsch, andere waren zutreffend. Aber es ging ihm ohnehin nicht um Rechthaben und Rechtbehalten. „Ich verfüge bei keinem meiner Beispiele über den Sachverstand, der erforderlich wäre, um eine wissenschaftliche Antizipation von Zukunft in der Form der Prognose, der Utopie und der Planung zu begründen. Zweifellos wird sich bei genauer Prüfung ein guter Teil meiner Annahmen als fehlerhaft erweisen. Aber die Beispiele sollen nicht mehr leisten, als daß durch sie die methodische Struktur der verschiedenen Formen der Antizipation von Zukunft ans Licht tritt", schreibt er schon in „Prognose – Utopie – Planung" (12). In allen drei Beiträgen dieses Bandes ging es Georg Picht darum, den Ausblick auf neue Möglichkeiten des Denkens und den Weg zu neuen Spielräumen des Handelns zu öffnen.

---

[11] In: Humanökologie und Frieden, a. a. O., 443.

III.

Auch dieses Buch bereitete editorisch keine Schwierigkeiten. „Prognose – Utopie – Planung" und „Mut zur Utopie" lagen in vom Verfasser selbst durchgesehenen und um einige Anmerkungen erweiterten Fassungen vor – das eine in „Wahrheit, Vernunft, Verantwortung", das andere in „Hier und Jetzt II" nachgedruckt. Von der Vorlesung „Die Erkenntnis der Zukunft" gibt es ein maschinengeschriebenes Manuskript mit verhältnismäßig vielen und langen, aber, wie immer, gut lesbaren Korrekturen von der Hand des Autors. Kleinere Ergänzungen im Originalmanuskript stammen von mir oder von Carl Friedrich von Weizsäcker, mit dem Georg Picht den Text diskutierte. Auf diese Diskussionen beziehen sich auch meine Gesprächsnotizen, die dem Manuskript, vermutlich mit Blick auf eine spätere Überarbeitung, beigefügt sind. Gelegentlich hat Weizsäcker mit dünnen Bleistiftstrichen Passagen markiert, die er zu streichen vorschlägt.

Wie immer wurden am Text keine Veränderungen vorgenommen, nur gelegentlich habe ich ein „so", das den Sprechstil des Diktierens spiegelte, aber der Gedankenführung eher im Wege stand, ersatz- und hinweislos gestrichen. Nachträgliche „Verbesserungen" einzelner Stellen wurden hier wie in allen anderen Bänden unterlassen. Ich fühle mich dazu auch dort nicht ermächtigt, wo ich sicher weiß, daß Georg Picht sie gemacht hätte. Offensichtliche Hör- und Schreibfehler habe ich stillschweigend berichtigt. Die wenigen Stellen, an denen Einschübe oder kleine Umstellungen das Verständnis erleichtern sollen, sind mit spitzen Klammern und in den Anmerkungen gekennzeichnet. Da Georg Picht mir alle seine Manuskripte diktierte, lag die Hauptverantwortung für Rechtschreibung und Zeichensetzung ohnehin bei mir. Deshalb konnte ich auch in diesem Text beides für den Druck vereinheitlichen oder korrigieren, ohne das in jedem Falle anzumerken. Die Erfahrung der langen gemeinsamen Arbeit hilft mir bei dem Bemühen, seinen Intentionen auch dort zu folgen, wo sie den zur Zeit geltenden Regeln für Orthographie oder Interpunktion zuwiderlaufen.

Griechische Worte sind meistens mit griechischen Lettern wiedergegeben. Einige Termini, die im Deutschen gängig sind, wurden in der Umschrift belassen. Da alle Manuskripte uneinheitlich mit dem Griechischen umgehen, ist jede Entscheidung, wann man Umschrift, wann Griechisch wählt, philologisch anfechtbar und allein vom Sprachgefühl her zu treffen.

Unterteilt ist der Text des Vorlesungs-Manuskriptes nur in Absätze. Längere Einschübe sind an der Paginierung erkennbar. Alle wurden vom Autor selbst plaziert. Für den Druck mußte also der gesamte Text nach dem Vorbild der für die Edition maßgeblichen Kant-Vorlesung gegliedert werden. Die Kapitelüberschriften stammen von mir. Sie sind deshalb, wie alle Herausgeberzusätze, mit spitzen Klammern versehen.

Auch die meisten Anmerkungen sind von den Bearbeitern hinzugefügt worden. Anmerkungen oder Anmerkungsteile des Verfassers sind kursiv gesetzt. Sämtliche Zitate wurden überprüft und im Text oder in den Anmerkungen nachgewiesen. In dieser Vorlesung finden sich mehr Paraphrasen oder allgemeine Hinweise und weniger wörtliche Zitate als in den bisher veröffentlichten Manuskripten. Wir haben uns bemüht, auch dafür die Belegstellen zu finden. Im Text sind die Seitenzahlen der Zitate mit runden Klammern versehen; eckige Klammern kennzeichnen Einfügungen des Autors innerhalb von Zitaten. Hinweise auf ihn sind mit seinen Initialen versehen. In den Fußnoten sind die Ausgaben angegeben worden, die wir benutzt haben, um die Zitate zu belegen. Dabei wurden vorzugsweise die Handexemplare aus der Hinterzartener Bibliothek von Georg Picht benutzt. Gelegentlich wird in den Anmerkungen auf andere Arbeiten des Verfassers verwiesen. Das ergab sich einerseits aus Hinweisen im Text, andererseits aus der systematischen Bedeutung der vorgetragenen Überlegungen für das Verständnis seines Gesamtwerkes. Nach dem Wunsch von Georg Picht soll die Studienausgabe die Texte möglichst schnell zugänglich machen. Sie verzichtet deshalb auf den zeitaufwendigen Ballast eines kommentierenden Apparates, wie er bei historisch-kritischen Ausgaben unvermeidlich wäre. Sollte einmal der Versuch unternommen werden, eine solche Ausgabe zu machen, müßten neben dem Briefwechsel vor allem die zahlreichen Marginalien und Querverweise in den vom Verfasser benützten Büchern und Ausgaben herangezogen werden.

IV.

Nach langem Überlegen haben wir uns bei Beginn der Editionsarbeit dazu entschlossen, die Studienausgabe sowohl mit Personen- und Stellen- als auch mit Sachregistern zu versehen. Es ist eine nahezu unlösbare Aufgabe, für ein philosophisches Buch ein Sachregister zu machen, das Besseres darstellt als einen mehr oder weniger mangelhaften Index. Martin Heidegger hat ausdrücklich verboten, für die Gesamtausgabe seiner Werke Register anzulegen. Aber Georg Picht, der bei der Herstellung der Druckvorlagen für seine Aufsatzsammlungen bereits vor diesem Problem stand, hat sich entschlossen, nicht auf Register zu verzichten. Im Vorwort zu „Hier und Jetzt" I formuliert er die Sätze, die mir auch bei der Erstellung der Sachregister der Studienausgabe als Richtlinie dienen. Das Sachregister, schreibt er dort, erhebt keinen Anspruch auf Vollständigkeit, kann aber, in Verbindung mit dem ausführlichen Inhaltsverzeichnis, dem Leser den Weg durch das Buch erleichtern; „seine Stichworte beziehen sich nicht in jedem Fall auf den Wortlaut der Texte, sondern wollen die innere Organisation der Gedanken sichtbar machen" (10). Für die Register der Studienausgabe stellt sich eine weitere Aufgabe: Sie sollen nicht nur zur Aufschlüsselung der Einzelbände beitragen, sondern auch deren Einordnung in die Ausgabe fördern, ein Gesamtregister vorbereiten, sowie Rückverweise auf die bereits veröffentlichten Arbeiten ermöglichen. Der Reichtum, die innere Konsistenz und die Offenheit des Denkens von Georg Picht, das sich jedem Versuch entzieht, systematisch verfügbar gemacht zu werden, tritt schon in den wenigen noch von ihm selbst zusammengestellten Sachregistern klar hervor.
Es ist jedoch der Versuchung zu widerstehen, mit jedem weiteren Band die Sachregister auszuweiten. Dadurch würden sie alsbald unbenutzbar. Ohnedies widerspräche ein solches Verfahren den Absichten eines Autors, der sich immer gegen terminologische Festlegungen gewehrt hat – hier wie so oft ein Schüler Platons, der, wie er gezeigt hat, konsequent die terminologische Fixierung von Begriffen vermeidet und das feste Stilprinzip hat, Synonyme gegeneinander auszutauschen[12]. Deshalb habe ich auch diesmal wieder versucht,

---

[12] Vgl. Platons Dialoge „Nomoi" und „Symposion", Stuttgart: Klett-Cotta, 1990.

das Sachregister für diesen Band so weit, wie es sachlich vertretbar ist, zu straffen. Worte mit verwandten Bedeutungsfeldern werden unter einem Stichwort gesammelt, wie zum Beispiel „Sphäre", „Region" und „Bereich" unter „Sphäre". Synonyma erscheinen gelegentlich als Doppelstichworte: „Gedächtnis/Erinnern", „Sinnlichkeit/Sinne", „Erhaltung/Bestand". „Philosophie" und „Form" sind nur als Stichworte aufgenommen, wo sie zum Gegenstand der Erörterung gemacht werden. Die vom Verfasser beim Diktieren häufig verwendeten Zusammensetzungen mit „Grund" – „Grundform", „Grundprinzip" usw. – sind im Register unter „Form", „Prinzip" usw. verzeichnet; die zahlreichen Zusammensetzungen mit „Welt" – „Weltbevölkerung", „Welthungersnot", „Weltenergieversorgung" – stehen unter den tragenden Begriffen: „Bevölkerung", „Hunger", „Energie" etc. In fast jeder Vorlesung gibt es einige Leitworte, die zwar auch in anderen Texten auftauchen, deren gedankentragende Bedeutung aber erst im Kontext einer bestimmten Fragestellung hervortritt. In diesem Band sind es alle Worte, die sich auf Zeit beziehen, so wie „sich manifestieren/sich zeigen/sich präsentieren" und „Struktur". In der Vorlesung ist von „Frage", „Fragestellung" und „Problem" so durchgängig die Rede, daß darauf verzichtet wurde, die Stellen aufzulisten.

V.

Zu danken ist auch diesmal wieder der FEST und all ihren Gremien für die warme Unterstützung dieser Zeit und Kraft absorbierenden Editionsarbeit. Freundliche Auskunft in Einzelfragen erteilten Knut Borchardt, Hans Diefenbacher, Günter Figal, Richard Kannicht, Johannes Schlemmer, Ernst Ulrich von Weizsäcker, Linda Wooster von der USACEUR-Library und Volker Kaeppel von der Redaktion des Deutschen Wörterbuches. Siegfried Budack half bei den Korrekturen. Anna Frese richtete in gewohnter und unentbehrlicher Verläßlichkeit die Druckmanuskripte ein; sie las Korrekturen und fertigte das Personen- wie das Stellenregister an. Wie immer gilt unser Dank Edith Picht-Axenfeld.
Carl Friedrich von Weizsäcker wird in dem Jahr, in dem dieser Band erscheint, achtzig Jahre alt. In dem Jahrzehnt, das seit dem Tode von Georg Picht ins Land gegangen ist, gelang es ihm, trotz vielfältiger

politischer und kirchlicher Aktivitäten, sein großes philosophisch-naturwissenschaftliches Werk zu vollenden – wenn man denn ein Denken, das so weit in die Zukunft verweist, und das mehr Fragen aufwirft als Antworten bereitstellt, je als „vollendet" bezeichnen kann. Aber alle diese Belastungen haben ihn nie gehindert, mit Umsicht und konzentrierter Aufmerksamkeit die Veröffentlichung des philosophischen Nachlasses von Georg Picht zu begleiten. Immer war er da, wenn es galt, seinen Rat und seine Hilfe zu erbitten. Darüber hinaus hat er jahraus, jahrein der Arbeit der Forschungsstätte der Evangelischen Studiengemeinschaft Zeit und Kraft gewidmet. Er weiß, daß für Georg Picht das Institut, an dessen Aufbau und innerer Gestaltung dieser fünfundzwanzig Jahre lang arbeitete, ein integraler Teil seines Lebenswerkes ist. Carl Friedrich von Weizsäcker teilt mit Georg Picht die Überzeugung, daß Sittlichkeit keine Sache der privaten Moral ist, sondern daß die gesamte geistige und politische Welt zugleich als sittliche Welt verstanden werden muß. Er ist, wie sein Freund, durchdrungen von der Überzeugung, daß die Wissenschaft die Folgen ihres Denkens und Handelns in ihr Forschen mit aufnehmen muß. Ihm steht vor Augen, daß der Beitrag Europas für die künftige Geschichte der menschlichen Zivilisation nicht aus abendländischem Narzismus sondern nur aus richtig verstandener von Vernunft geleiteter Verantwortung erwachsen kann.

Wir danken Carl Friedrich von Weizsäcker dafür, daß er am Zustandekommen und Fortschreiten der Studienausgabe einen Anteil hat, der weiter reicht und tiefer gründet, als von außen erkennbar ist, und widmen ihm, gegen alle Gepflogenheiten einer solchen Werkausgabe, den 1992 erscheinenden Band. Wir sind zuversichtlich, daß er auch im neuen Lebensjahrzehnt unsere Arbeit so mittragen und begleiten wird wie in dem vergangenen. Daß dieser, ihm besonders zugeeignete Band den Weg in den offenen Horizont der Zukunft eingeschlagen hat und sich nicht scheut, den in Verruf geratenen Namen der „Utopie" zu evozieren, wird den mutig ins Neue sich Wagenden freuen.

Heidelberg, den 9. Juli 1992

SACHREGISTER

Aberglauben 234, 380
ABM-Systeme 303
das Absolute/absolut 174, 210, 212, 219f., 227, 232, 247f., 260
Absolutismus 373
abstrakt 12, 38, 103, 128, 154, 187, 189, 195f., 246, 257, 281, 321, 347, 363, 366, 374, 383
„Der Ackermann aus Böhmen" 95
Affekt 11, 125, 394
Afrika 29, 292, 309, 312
Agrarwissenschaften 16f.
Ägypten 191, 328
αἰών 129f., 134f., 151, 207ff., 210ff., 247, 250
Akkumulation von Macht 373
Akkumulation von Wissen 328f.
allgemein 34, 118, 120f., 154, 256f., 276
alltäglich 94, 105, 115, 124, 134f., 141, 185, 190, 230, 280f.
Altersversorgung 314ff.
Analytik, existentiale 83, 86, 88f., 91ff., 94, 98, 104, 109, 117ff., 122, 130, 133, 136, 141
–, transzendentale 262
Anarchismus 299, 374
Andromeda-Nebel 187
Angst 199, 279, 338
Anpassung 231
Anschauung, reine Formen der 103, 117f., 211, 222ff., 260
Antike s. a. griechische Philosophie 328, 378
Antizipation 3f., 8ff., 11f., 26f., 31ff., 40f., 61f., 78, 137, 141f., 144, 231f., 235, 251, 253, 259f., 268ff., 271, 273, 280, 283, 286, 337ff., 368, 395

Apparat 15, 103, 184, 186, 193, 253f., 280, 330, 349, 352, 374
a priori 98, 120f., 133, 258
Äquinoktium 192
Äquivokation 109f.
Arbeit 227, 315, 371, 389
Arbeiter 193
Architektur 146ff.
Art(en) 229, 231, 256
Asien 29, 292
Aspekt 126f., 148ff., 172, 176, 195, 226, 230, 236, 241, 256, 258
Astronomie/Astrophysik 57f., 178f., 184, 190ff., 195ff., 198f., 214f.
Asymmetrie 235, 262f.
Äthiopien 309
Atomenergiekommission der USA 346
Atomkrieg 28f., 312, 357
Atomphysik 4, 39, 88, 143, 197, 216, 228, 230f., 321
Atomwaffen 279, 302f., 325, 350f., 378, 391
Atomzeitalter 28, 346
Aufgabe, unendliche 290
Aufhebung 151, 173, 210, 252
Aufklärung s. a. „aufgeklärte Utopie" 8, 25, 63, 70, 190, 272, 344f., 355, 374, 377f., 380f., 385
Auftragsforschung 244, 345
Auge 102f., 188
Augenblick 175, 188, 195, 207, 212
Ausbeutung 31, 41, 305f., 375, 386
Ausblendung 20, 151, 363
„Auseinandersetzung", philosophische 84f.
Aussage 3, 57f., 60, 73f., 110, 165ff., 174ff., 177ff., 180ff., 201f., 234, 246f., 252f., 278f.
Autarkie 301, 373

Autonomie 4, 41, 171, 301, 322, 378, 383f.
Axiom 168, 171, 214f.

Babylon 57
Balkanisierung der Wissenschaft 346f., 351, 361, 364
Basisdemokratie 374
Befindlichkeit 114ff.
Begriff 154, 179ff., 185, 187, 189f., 199, 260
Bereich s. Sphäre
Berlin 186
Beständigkeit 156ff., 161, 163ff., 166f., 173ff., 177, 181, 194, 200ff., 207, 210, 214, 239f., 255
Bevölkerung/Bevölkerungswachstum 6, 12ff., 15, 19, 27, 29, 34, 49, 268, 280, 289ff., 294ff., 307f., 312ff., 315f., 318, 323, 326, 329f., 337, 347, 360, 369ff., 372, 375, 389
Bewegung 156ff., 192ff., 199ff., 215ff., 218, 220, 226, 228, 231, 248ff., 251, 253, 255
Bewußtsein 21, 25f., 41, 52, 70, 76f., 80f., 88, 91, 141, 152, 184f., 211, 235ff., 258, 261f., 271, 282, 284, 322, 325f., 335, 337f., 340, 347, 352f., 355, 361, 364f., 377, 379f.
–, falsches 192
–, kollektives 31, 50f., 192, 271, 280, 284, 322, 326, 335ff., 340, 347, 352, 355, 361f., 365ff., 371, 373ff., 377, 379ff., 382, 387, 394
–, kritisches 3, 363
Bewußtseinswandel 41, 50, 272, 297, 305, 314, 323f., 336, 346, 355, 361f., 364f., 396
Bezugssystem 232f., 241f., 250, 353
Bild/Abbild 3, 9f., 102f., 126, 129f., 146, 153, 156ff., 178, 181, 207, 211, 213ff., 216, 220, 223, 226, 269, 273, 323, 338f., 341, 368
Bildungswesen/-system 15f., 18, 36, 39, 188, 193, 285f., 291, 296, 311f., 316, 318, 322f., 325ff., 330, 332ff., 335f., 357, 370, 372, 387, 393

Biographie 189, 193, 199, 392
Biologie 5f., 19, 102f., 229ff., 232, 256, 258, 281, 289, 327, 387ff., 390
blaue Blume 25
Bodenreform 19, 310ff.
das Böse 386
Brasilien 19, 307
Brechung 103, 108, 112f., 127, 131, 147f., 180f.
Bretagne 192
B-Waffen 303
Bürgerkrieg 305f., 311

Cartesianismus 69, 80ff., 87, 109, 264
Charismatiker 374
China 191f., 307, 309, 319, 323, 364
Christentum 17, 23, 86, 133, 188f., 198f., 381
Christus 188f.
χρόνος/Chronos 125, 127, 129f., 134f., 151, 207ff., 210f., 247, 250
Club of Rome 269ff.
Computer 294, 305, 321, 329
C-Waffen 303

das „Da" 90ff., 93, 98, 101, 106, 112, 114ff., 119f., 132
Dampfmaschine 226
Darstellung 133, 193, 199, 213, 215f., 220, 223, 235
Dasein 69ff., 72f., 75, 77ff., 80ff., 83, 86ff., 89ff., 92ff., 95ff., 98ff., 101ff., 104, 106ff., 109, 111f., 114ff., 117ff., 120ff., 123ff., 130ff., 133ff., 136, 141ff., 200, 220ff., 231, 243, 258, 262f., 281, 283, 293, 395
Dauer 165, 167, 174f., 177, 181
Definition 156, 158, 160, 162f., 182f., 199, 201, 207f., 211
dementia rationalis 288
Demokratie 19, 24
Denken (auch passim) 4, 6, 8, 10f., 23, 25, 41, 47, 50, 52, 54f., 62, 65, 67, 69f., 73f., 76, 80f., 85f., 91, 99, 113f., 118, 133f., 136f., 145f., 149ff., 168f., 171, 178, 187, 195, 197, 202f., 210ff., 213, 222, 224, 235,

237, 241, 245f., 250, 257, 263, 268, 271, 273, 280ff., 284, 286f., 296, 299, 320ff., 330, 336f., 339ff., 342f., 347, 353, 360, 363, 366f., 375ff., 378, 380ff., 384f., 393, 395
Destruktion 67, 81, 118, 225, 262, 300, 386, 389, 393f.
Deutschland 19, 54, 279, 289, 302, 311, 333f.
Dialektik 70, 81, 84, 150f., 173
Dialog 53, 55, 66, 84f., 359
Dichtung 3f., 25, 57, 128, 131, 277, 338, 391
Differenz 66, 157ff., 160, 167, 173f., 210, 263
–, ontologische 69, 77, 82
Differenzierung 231
Diktatur 306
Dimension 48, 62, 86, 116, 127f., 142, 146, 151, 167, 195, 199, 212f., 217, 220, 224f., 232, 234, 236, 245, 252, 271, 337, 356, 373
Ding 74, 79ff., 83, 85, 87, 90, 92f., 97, 100, 102f., 105ff., 255
Dokument 55, 200, 202f., 243f.
Doppelforschung 363f.
Dritte Welt 304, 307, 312
durchsichtig/klar 3f., 10f., 32, 52, 56, 68, 75, 99, 209, 247, 257, 270, 358, 374, 377
Dynamik 10, 34f., 39, 111, 274, 322, 354, 357, 370f., 376

εἶδος/Eidos 74, 77, 125
Eigenschaft 73f., 77, 87, 237, 251
Eigentlichkeit 96ff., 99, 101, 106f., 112f., 119f., 123, 132ff., 145
Einbildungskraft, produktive 27, 31, 340, 385
Einheit 60, 92, 96, 100f., 104, 108, 111, 118, 124, 128ff., 135, 137, 147, 189, 194f., 198, 201, 203, 207, 214f., 224, 312
Einmaligkeit 94ff., 127, 130, 154, 256f.
ἔκστασις/Ekstasis 35, 131f., 162, 200
Elite 279, 288, 294, 330, 336, 367

Emanzipation 30, 234, 287, 329, 378, 381
Empirie 3, 23, 91, 99, 211, 220, 222, 233f., 247, 367
Endlichkeit 27, 31, 35, 41, 99, 165, 168, 175, 208, 214f., 260, 269, 272, 354f.
Energie 31, 36, 185, 226ff., 230, 241ff., 292ff., 297f., 316, 318, 332, 335, 337, 345, 348, 357, 372
–, Erhaltung der 226f., 243
Energieträger, fossile 292
England 279
Entdeckung 4, 21, 27, 66, 99f., 108f., 113, 220, 290, 331, 344
Entfremdung 5, 394f.
Entropie 227, 230
Entstehen 125ff., 128f., 134, 153, 157, 226
Entwicklung 9, 18, 26, 65f., 270f., 273, 283, 289, 291, 311, 323, 328, 351, 366, 368
Entwicklungshilfe 296, 304, 310, 334
Entwicklungsländer 13ff., 16, 18, 29, 34, 40, 291f., 304f., 307f., 310ff., 315f., 318, 323f., 330, 332ff., 335, 367, 370, 372
Entwurf 3ff., 6f., 9ff., 23f., 27, 31f., 40, 55, 61f., 66, 68, 79, 101, 108, 110, 116ff., 121, 124, 132, 134, 142f., 147f., 213, 236, 254, 259, 269, 277, 338ff., 355, 366ff.
Erde 13, 19f., 27, 31, 49, 181, 185, 187, 192ff., 195ff., 199, 208, 219, 229, 237, 268ff., 274, 279, 282, 289ff., 292f., 295, 297f., 301, 305, 320f., 328, 332, 335, 364, 368ff., 370ff., 386f., 389
Ereignis 229, 233, 240f., 255, 259
Erfahrung 27, 37, 62, 67, 84, 92, 100, 114, 126, 133, 147f., 151, 153ff., 156, 160, 174, 185, 190, 211f., 230, 247, 260ff., 263, 269, 281, 283, 327, 351, 378, 394
Erhaltung/Bestand 23, 28, 30, 35, 41, 279f., 289f., 294f., 297, 300, 313ff., 337, 339, 341, 353, 355f., 360, 364, 390

Erkenntnis 3, 5f., 8, 14, 26, 47, 49, 51f., 56ff., 59ff., 62, 65f., 69, 74, 76ff., 79, 83, 89ff., 93f., 97f., 105, 109, 111, 116, 122, 131f., 134, 136f., 141ff., 144, 146, 149f., 158, 173, 176f., 182, 190, 197ff., 203, 208f., 217, 225, 228, 235, 247, 250, 253, 261, 263, 269ff., 280, 285f., 297f., 306, 317, 320, 327, 329, 341f., 344, 354f., 384

Ernährung s. a. Hunger 12ff., 15f., 19f., 36, 38, 41, 49f., 230, 268, 275, 280, 289ff., 292ff., 297f., 306, 308, 312f., 324, 326, 332, 345, 360, 369, 389

Erpressung, politische 303f.

Erscheinung 22f., 102f., 106, 127ff., 145, 153, 178f., 180ff., 183, 186, 189, 193ff., 199ff., 202, 207, 209, 211, 214f., 221f., 226, 238, 242, 248, 251, 255f., 258

Erschlossenheit 71, 77f., 83f., 89ff., 92, 97f., 104, 112, 114f., 119f., 132, 134

Erwachsenenbildung 311, 315, 371

Eschatologie 23, 41, 382f.

essentia 72, 74, 87, 132

Europa 57, 65, 67, 69, 74, 76, 81, 122, 136, 157f., 170, 185, 212, 215f., 224f., 277, 288, 292, 301, 329, 341, 377f.

Evangelium 199

evident 165, 182, 227, 236, 317, 339f., 383

Ewigkeit 22f., 52, 72, 126f., 129f., 135, 157, 208, 210f., 221f.

Exekutive 38

existentia 72, 83, 90

Existentialien 78f., 81ff., 86, 101, 104, 122, 191

Existenz s. a. Dasein 35, 41, 47, 72f., 77, 83, 85, 88ff., 97, 101, 104, 112f., 115, 119ff., 132, 144, 162, 171, 191, 200, 231, 280, 290, 293, 295, 298, 301, 316, 328, 337, 339ff., 343, 348, 357, 366, 371, 376, 386ff., 394f.

Existenzphilosophie 68

Expansion 7, 24, 27, 31, 35f., 42, 171, 277, 282, 288, 290, 296, 329ff., 341, 354, 357, 369, 372, 375, 392

Experiment 20, 253f., 281, 350, 356

Extrapolation 285

Faktizität 115, 123

Faktum 31, 47, 240ff., 243f., 273, 298, 312, 336

Familienplanung 307, 313ff., 316

FAO (Food and Agricultural Organization) 13

Fetischismus 289

Feudalismus 305

Film 153, 156ff., 216

Finanzen/Finanzierung 15, 17ff., 20, 24, 33, 36f., 285f., 291f., 294ff., 303f., 311f., 318f., 325, 330, 332ff., 335f., 344, 348ff., 354, 357, 364f., 370

Firmament 194, 196

Fischerei 291

Folgen/Konsequenzen 5, 7f., 14, 20, 51, 57, 182, 210, 280ff., 283, 306, 318, 340, 343ff., 347ff., 350, 352ff., 356, 359, 363, 382

Folgerung/Folgerichtigkeit 34, 56, 73, 86, 118, 120, 182, 211, 215ff., 235, 241, 257

Form 8, 10ff., 20, 23, 30, 53, 74, 78, 102f., 105f., 108, 143ff., 146, 148ff., 159, 171, 176, 202f., 208, 211, 217, 224ff., 233, 244, 253, 268, 298, 302, 321, 325, 338, 341, 395

Fortschritt 36, 277, 286, 296, 324f., 329, 331, 350, 371f., 378

Frage/Fragestellung 47–263 passim

Frankreich 188, 279, 312

Franzosen 179

Freiheit 3f., 6ff., 21, 30, 37f., 41, 80, 95ff., 116ff., 123, 126, 193, 217, 224, 242, 256, 259, 287, 289, 325, 339f., 363, 372ff., 375, 377f., 387

Freizeit 376

Frevel 209, 277

Frieden 268, 282, 285, 289, 295, 299f., 305f., 311, 316f., 335, 357, 378

Friedenspreis des Deutschen Buchhandels 28
Froschauge 102f.
fundamentum inconcussum 114, 161f.
Futurologie 3, 51, 53, 268ff., 278, 285, 288, 341, 370, 380

Gaskammer 378, 391
Gattungen 3, 72, 94f., 184, 256, 258, 279, 289, 386, 388ff.
Geburtenkontrolle 290f., 307ff., 313ff., 316
Gedächtnis/Erinnern 230ff., 327ff.
Gefühl 131, 255, 263
Gegenstand 57, 69, 75f., 80, 100, 111, 150
Gegenwart 9, 18, 31, 35, 47, 49ff., 52, 59f., 65, 87, 109, 127, 129f., 134, 142, 151f., 153ff., 156ff., 160ff., 163ff., 166f., 169f., 173ff., 181ff., 184, 185ff., 188ff., 191ff., 194ff., 197, 199ff., 202f., 207ff., 211ff., 214, 216f., 219ff., 222ff., 225, 229f., 233, 235ff., 240, 242, 244, 246, 248ff., 251ff., 254ff., 257ff., 260, 263, 270, 277, 283, 298, 316f., 320, 327, 331, 336, 341, 347, 368, 394f.
–, ewige 127, 129f., 134, 174, 207, 209, 222f.
Gegenwärtigkeit s. a. Präsenz 161, 173, 175, 181, 183, 197, 200, 202, 207f., 212, 223f., 239, 242, 247, 257, 259
Geist 65, 111, 147f., 151, 171, 277, 296, 320, 322, 336ff., 360, 365, 371, 380f., 387f.
–, der absolute 70, 111, 147f., 151
Geisteswissenschaften 31, 83, 171f., 190
γένεσις/Genesis s. a. Entstehen 125, 127f.
Genetik 6, 327, 390
Gerade, unendliche 215ff., 220ff., 223, 226
Gerechtigkeit 38, 295, 305
das Jüngste Gericht 382f.
Geschichte 3ff., 7, 13, 20, 24, 28, 32, 49ff., 54ff., 57, 61f., 65, 67, 71, 74, 78, 80f., 84f., 109, 113, 118, 120f., 124f., 133, 136, 141, 143, 145, 150ff., 155, 161, 170ff., 182, 188, 190f., 198, 208, 210, 212f., 240, 251, 258, 268ff., 271ff., 277, 279ff., 281ff., 284f., 287f., 297ff., 300f., 303f., 306, 316f., 327ff., 330ff., 336f., 340f., 347, 350, 355, 357, 359f., 362, 364ff., 367, 371, 375ff., 378, 383ff., 387ff., 390, 394, 396
Geschichtlichkeit 133, 157, 328
Geschichtswissenschaft 172, 191
Geschwindigkeit 218ff.
Gesellschaft 20, 23ff., 26, 29ff., 33, 36f., 85, 97f., 144, 171, 190ff., 193, 199f., 208, 242, 258f., 314f., 318, 322, 324, 326f., 337
„Offene Gesellschaft" 23f.
Gesetz 3, 5, 22, 24, 28, 33, 35f., 38, 57ff., 87f., 108, 130, 143, 179, 193, 198, 216f., 226, 229, 232, 237, 240, 244f., 386
Gestalt 23, 37, 39, 59, 62, 65, 68, 70f., 74, 110, 125f., 130f., 147f., 153, 160, 168, 170, 173, 179, 181, 191, 200, 202, 208, 213, 252, 255f., 363, 366, 374, 381, 395f.
Gesundheit 348, 393
Gewalt 29, 60, 212, 299f., 305f., 317, 321, 324f., 353, 367, 375, 377f.
Gewissen 95, 133, 360
Gewißheit 156, 161
Geworfenheit 115ff., 135
Glauben 133f., 234, 380ff., 384ff.
Gleichgewicht 30, 282, 311, 331f.
Gleichzeitigkeit 164, 166, 195f., 219, 221, 223ff.
Globalität s. Erde
Gotik 146ff.
Gott 92, 127, 191, 198f., 215, 222, 234, 245, 277, 382f., 385f.
Unendlichkeit Gottes 222
Gottesbegriff 222, 224
Gotteserkenntnis 133
Götter 5, 132, 208ff., 211f., 315, 379
Götterbild 127

415

Gravitation 87f., 184, 196, 219, 237
Gravitationsgesetz 87f., 184f.
Grenze/Schranke 8, 14, 16, 20, 27, 31, 41, 49, 51, 82, 103, 142, 150, 167, 169, 203, 208ff., 211, 234, 247, 250, 254ff., 257, 259, 261, 277, 279, 282f., 285f., 300ff., 328, 341, 354, 373
„Grenzen des Wachstums" 269
Griechenland s. griechische Philosophie 328
Grund 58, 60, 70, 73f., 114, 118, 144, 156, 162, 191, 221, 238
Grundlage/Basis 52, 57, 67, 260f., 301f., 339, 376, 388
Guerilla 30, 305

Hades 126
Handeln 4ff., 7ff., 10, 27f., 31f., 34, 38, 41, 51, 70, 76, 114, 116f., 131, 144, 169, 191, 259, 263, 271ff., 280f., 284, 287, 298f., 306, 317f., 337ff., 340ff., 343, 352, 360, 363, 366, 375f., 382, 384f.
harmonia 111
Heidegger-Kritik 66ff., 69ff., 74, 78, 81ff., 84ff., 87ff., 90, 97ff., 101, 107f., 113f., 120, 135, 191
Heidelberg 54, 164
Hermeneutik 73, 84f., 100, 110, 120, 134, 170ff., 199
Herrschaft 3, 37, 39, 107, 193, 277, 299, 305, 317, 320ff., 328, 345, 372, 378f., 386
Hoffnung 9, 11, 26, 30f., 269, 273, 298, 331, 338, 340, 386, 391, 395
Höhlengleichnis 125ff., 133
Holland 301
Horizont 6, 41f., 47f., 52, 62, 68f., 72, 75f., 78f., 83f., 86, 89, 101, 105, 109f., 112, 117f., 141ff., 144ff., 151, 170ff., 173, 177, 179, 188f., 196ff., 199, 203, 209, 212, 235, 238, 240, 248, 250, 255f., 258, 261, 271, 326, 352, 361, 371, 382f.
Hudson-Institut 268, 270
„human factor" 271

Humanismus 394
Humanität 6, 12, 30f., 41, 51, 295, 337, 375, 388ff., 391ff., 394ff.
Hunger 13, 16, 19, 27ff., 30, 40, 47, 269, 290, 292, 305f., 308f., 312f., 319, 323ff., 326, 330, 332f., 336, 353, 357, 370f., 375, 385f., 389, 392, 394
Hydra (Sternbild) 196

Ich 94ff., 98
das logische Ich 76
Ideal 22, 379
Deutscher Idealismus 67, 69f., 77, 80, 91f., 99, 109, 211f., 260ff.
Idee 22f., 28
–, transzendentale 100f., 111
Identität 4ff., 23, 59, 136, 173f., 178, 194ff., 208, 210, 221, 226
Ideologie 24, 26, 113, 269, 273, 279, 289, 301, 336f., 344, 364, 367, 374, 379f., 394
Ideologiekritik 379f.
Imperium Romanum 241
Indien 17, 307
Indifferenz 30, 191, 377
Individualität 7, 10, 75, 125, 131, 133f., 256f., 380
Indonesien 30, 307, 309
Industrie 4, 18, 20, 37, 192f., 281, 291f., 301, 310, 312, 316ff., 320, 323, 329f., 333, 343f., 348ff., 372ff., 388, 393
Industriestaaten 16, 29, 31, 34, 268, 281, 285, 291ff., 294, 299, 304, 307, 309, 312f., 323f., 330, 332ff., 344, 348, 357, 367, 369f., 387, 393
Information 8f., 14f., 17, 19, 28, 34, 48, 197, 270, 274, 281f., 284f., 318, 327, 336, 350, 388
Informationstheorie 185f.
Infrastruktur 18, 30, 39, 296, 304, 310, 322, 354, 369f., 387
Innenraum 147f.
Institution s. a. Organisation 15f., 19f., 274, 335, 349, 352, 356, 358f., 361ff., 364ff., 373, 384

Integration 20, 30, 33, 37, 346f., 352, 359
Intellektuelle 367, 380
Interdependenz 20, 36, 242f., 248f., 256, 270, 332
Interdisziplinarität 351
Interessen 33, 37ff., 40, 350, 352f., 356, 361, 364, 380
Irrationalität 39, 148, 294, 296, 320, 324f., 329, 338, 345, 349ff., 352f., 357, 363f., 367f., 373, 375, 382
Irrtum 113f., 145, 209
Isomorphie 58f., 153

Jäger- und Hirtenkultur 300
Jahrhundert
–, 4000 v. Chr. 191
–, 6. v. Chr. 57f.
–, 5. v. Chr. 290
–, 16. n. Chr. 328
–, 17. n. Chr. 279, 328
–, 18. n. Chr. 24, 26, 58, 61, 93, 212, 277, 321, 329
–, 19. n. Chr. 24, 31, 191, 277, 321, 329
–, 20. n. Chr. 62, 65f., 84, 88, 93, 190, 218, 220, 232, 254, 262, 277f., 301, 311, 329, 333, 336, 341, 345f., 349, 352ff., 355f., 358, 367, 377f.
Jetzt (nunc, νῦν) 127, 129f., 153ff., 160, 164f., 174f., 187, 207, 222
Jugendbewegung 289
Justiz 393

Kalender 192
Kambrium 187
Kampf ums Dasein 371
Kanada 292, 319
Kapitalismus 24, 29, 31, 277, 305, 394
Karnak 192
Katastrophe/Zusammenbruch 13f., 28f., 49f., 166, 188, 272f., 277, 280, 289f., 295, 297f., 310, 312, 318, 330, 332, 339, 353, 357, 369, 376, 385, 387, 396
Kategorien/kategorial 74, 76ff., 79f., 82, 86ff., 107, 258
Kathedrale 146ff.

Kausalität 217, 224, 233f., 237, 240, 335
Kernenergie 226, 292f., 329
Kernfusion 293
Kirche 189, 377f.
Klarheit/Durchsichtigkeit 3f., 10f., 52, 68, 75, 88, 99, 148, 248
Kleinasien 58
Kollektiv 10
Kommunikation 177, 179, 181, 184ff., 187ff., 192ff., 196f., 200ff., 203, 219, 223ff., 227, 236ff., 242ff., 248f., 251, 255f., 281f., 323, 329, 332, 351
– an 187, 189, 200ff., 219, 236f., 244
– für 187, 189, 200ff., 203, 219, 236f., 244
Kongo 30
Konservatismus 394
Konstitution 4, 7, 9, 27f., 32ff., 61, 72ff., 76, 80f., 83, 85, 89ff., 93, 98f., 105ff., 108, 110, 112, 114, 116, 120, 124, 134f., 151, 154f., 160, 166, 189, 196, 207, 223, 239, 253, 255, 258f., 268, 277, 281, 290, 342, 357f., 360, 362, 365, 376, 382ff., 385
Konsum 326, 369
Konsumverzicht 387
Kontinuität 155, 157f., 161ff., 165f.
Kontinuum 58f., 154f., 165f.
Kontrolle 20, 34, 38, 331, 342f., 347ff., 368, 372ff., 380, 390
Kooperation/Organisation, internationale 15ff., 18, 34, 38, 49, 293ff., 297f., 300, 302f., 306, 311, 319ff., 322, 332, 335, 361, 364f., 368, 373f.
Koordinatensystem 217f., 224f., 231f., 242, 274
Körper 13, 79f., 88, 90, 217f., 220, 224, 230, 237
κόσμος/Kosmos 111, 126f., 130, 171, 213, 219
Krankheit 299, 308, 326, 346, 367f., 390ff., 393, 395
Kreisbahn 194, 213ff., 216, 222f.
Krieg 13, 39, 273, 282, 299ff., 302ff., 305f., 314ff., 319, 335, 350, 385f.

417

Kriegsursachen 299f., 305ff.
Krise 21, 30, 84, 170f., 210, 212, 220, 232, 272f., 282, 336, 353, 367, 378, 385, 395f.
Kriterien 6, 41, 59, 127, 144, 272, 280, 289, 339, 382
Kritik 9, 26, 40, 53ff., 56, 80, 85, 122, 223, 325, 338, 346, 351, 363, 366ff., 388
–, transzendentale 262
Kühe, heilige 17, 325
Kultur 31, 35, 192, 225, 272, 297, 323, 326ff., 328f., 331f., 364, 372, 376, 380, 385ff., 392f., 396
–, archaische 288
–, bäuerliche 107f.
–, städtische 107
–, vortechnische 4, 24f., 37
Kunst 220, 290, 391f.
Kybernetik 30

Landwirtschaft 12ff., 15ff., 18, 31, 107f., 291, 293, 300f., 308ff., 311f., 314ff., 324, 327, 330, 333, 335, 372
Lateinamerika 309
Leben 80, 95, 121ff., 132, 144, 152, 170, 200, 212, 229ff., 243, 279f., 283, 289, 327, 395
Lebensbedingungen 5, 31, 35, 41, 141, 317, 354, 359, 372f.
Lebewesen 5f., 142ff., 162, 197f., 208, 230f., 237, 243, 256, 258, 289, 386f., 389, 394
Lehre 119ff., 134, 245, 393
Lehrsatz des Pythagoras 131
Leib 124ff., 131
Leiden 391f.
Leistungsgesellschaft 333, 370f.
Licht 92, 117, 128f., 157, 165, 178, 181, 184, 187f., 196f., 200, 202f., 219, 251
Lichtgeschwindigkeit 197, 219
Lichtjahr 178, 184, 187, 190, 196, 199f.
Logik 73f., 76, 78, 113, 131, 168, 245, 256, 262
Logos 148
λόγος ἀποφαντικός 73f., 122

Luft 6, 294, 372, 389
Luftbrücke Berlin 39
Luftkrieg 302
lumen naturale 92f.
lumen supranaturale 92

Machbarkeit 281, 341, 353f.
Macht 4f., 7, 20, 24f., 29f., 33f., 36ff., 39f., 50, 108, 160, 213ff., 234f., 241f., 268, 279ff., 282, 288f., 299ff., 303ff., 317, 320f., 324f., 330, 332, 336f., 344ff., 347, 349ff., 352f., 356, 358f., 362, 364ff., 372ff., 379, 386
Machtkontrolle 321
Machtkonzentration 373
Machtmonopol 372, 375
Magie 289
Malariabekämpfung 348
das „Man" 98
das Kommunistische Manifest 25f.
sich manifestieren/sich zeigen/sich präsentieren 75f., 99, 116, 124f., 127f., 131, 136, 146, 148ff., 151f., 159, 168, 176ff., 179f., 182ff., 185ff., 188f., 193ff., 196, 199ff., 202f., 207, 209f., 212, 214f., 223, 225ff., 229f., 235ff., 238f., 241ff., 247ff., 252, 255ff., 260, 262, 325, 341, 380, 390
Marxismus 25f., 108, 277, 289, 336, 394
Maschine 79f., 227, 310, 315, 363
Masse (physikalische) 88, 237
Massenmedien 321ff.
Materialismus 26
Materie 224
Mathematik 22f., 54, 87, 131, 143, 198, 232, 321
Maya 192
Mechanik 23, 216f., 220, 228f., 232, 254
Medium 66, 128, 131, 165, 181, 183f.
Medizin 79, 281, 307, 390, 392f.
Meer 291
Mensch/Anthropologie s. a. Menschheit 3ff., 6ff., 11ff., 14f., 17, 19ff.,

27f., 30ff., 40ff., 47ff., 50f., 57f., 61, 68, 71ff., 79ff., 82ff., 88ff., 91f., 94, 97f., 102ff., 105ff., 108f., 123, 131, 133ff., 136f., 142ff., 145, 147f., 155, 161, 169ff., 172, 176f., 179ff., 182, 184, 187, 190ff., 193ff., 197f., 200, 208ff., 211, 213f., 230f., 235ff., 242, 245, 251, 258ff., 261f., 268ff., 271, 281, 283, 287ff., 290, 294, 296, 307ff., 313, 317ff., 320, 326ff., 330, 337f., 340ff., 344, 348f., 352, 356, 368, 370, 374ff., 377, 381ff., 386ff., 389ff., 392ff., 395

Menschenwürde 289, 378
Menschheit 4, 7, 29ff., 38, 49ff., 141, 172, 182, 187, 193, 213, 270ff., 274, 277, 279ff., 282, 284f., 287ff., 290, 293ff., 297f., 300, 305f., 308, 312ff., 316, 319, 326f., 331, 336f., 339ff., 343, 345f., 350, 353, 355ff., 358, 360, 362, 364f., 369, 375f., 378, 381, 383f., 386ff., 390, 395f.
Mentalität 283, 294, 324, 361, 367, 393
Mesopotamien 191f., 328
Metaphysik 51f., 60, 67, 69, 72f., 122, 135, 157, 170f., 173, 182, 210, 218, 222, 224ff., 228, 233f., 246f., 256, 258, 260ff., 268
Methode 3, 5, 10ff., 13ff., 19f., 32, 40, 47, 50, 52ff., 55f., 61f., 65ff., 68, 71, 75, 85, 97ff., 119f., 134, 142f., 146, 149f., 152, 168ff., 172f., 176, 262, 268ff., 271, 274, 278ff., 281, 285f., 288, 318, 334, 337ff., 343, 347, 349, 352f., 359, 363f., 366, 368
Mexiko 307
Migration 370ff.
Milchstraßen 194ff., 197, 236
Militär 282, 286, 292, 299f., 302ff., 305f., 311, 320, 325, 334, 344, 350, 358, 363
Mittelalter 82, 225, 288, 328, 378, 382
Mittelmeer 325, 328
Mittelschicht 296, 333
Modalität 245f., 252

Modell 10f., 23, 26, 31, 37, 39, 213, 216, 226, 253, 270, 336
Modus 60, 68f., 74f., 98, 106, 114, 126, 128, 135, 137, 143, 153, 155, 158, 174f., 177, 183, 202, 207, 210, 223, 225, 232, 246, 248, 250, 252, 255
Möglichkeit 9f., 21, 26ff., 31, 33f., 40f., 49, 51, 77ff., 86, 91f., 94f., 97f., 108f., 114, 116, 118ff., 123, 132, 135, 141ff., 145, 178, 201f., 213, 229, 238, 241, 244ff., 248, 251ff., 254ff., 257ff., 261ff., 269, 272f., 278, 282f., 286, 288, 290, 293, 296f., 317, 326, 339ff., 345, 350f., 354ff., 359, 365f., 372, 376, 383
–, innere 61f., 66, 74, 76, 79f., 90, 118, 143, 263, 268, 337, 376f., 384
Bedingung der Möglichkeit 5, 8, 28, 40f., 51, 56, 61, 68ff., 71, 75ff., 79, 81, 89, 91, 97, 100, 116ff., 142, 203, 211, 218, 221, 254, 259ff., 382, 384
Monade 88
Mond 192ff., 325
Monopole 29, 34, 37
Moral/Sittlichkeit 7, 17, 30, 39, 170, 271, 280, 282, 289, 296, 312f., 322, 326, 330, 336f., 371, 376, 382f., 387ff., 390, 393
Musik 259, 391
Mysterien 131
Mystik 133
Mythos 213f., 377, 380

Nahrungsmittelproduktion 12ff., 15f., 18, 36
Napalmbombe 378
Narkotika 348f., 393
Nation (alstaat) 19, 29ff., 38, 293, 295, 319, 325, 332, 335, 360f., 364, 368f., 373
Nationalbewußtsein 30, 361
Nationalsozialismus 391, 395
Natur 5, 20, 31, 85, 87, 100, 107f., 116, 128, 135, 143f., 148, 171f., 178, 190, 200, 219, 227, 232, 242, 253, 279, 288ff., 297, 313, 320, 328, 347, 349, 367, 386, 389, 394

Naturphilosophie 133
Naturwissenschaft s. a. Wissenschaft/
  Technologie 25, 79, 85f., 171f.,
  198, 331
Nebenwirkungen 347ff., 350, 363, 389
Negation 221, 226
Neukantianismus 91
Neuplatonismus 92f., 110, 131
Neuzeit 21, 75f., 80f., 128, 131, 198,
  214f., 225, 233f., 277, 301, 307, 321,
  328, 380ff., 384f.
Nichts 114, 143, 236
Niger 309
Nigeria 307
Nihilismus 170f., 224
Nominalismus 215
Norm 327, 379, 392f.
Not 29f., 47f., 294, 297, 305f., 317,
  325f., 331, 353, 362, 369ff., 372,
  375, 385, 391f., 395
Notwendigkeit 6, 19, 33f., 56f., 67,
  81, 86, 95, 99, 106, 120, 152, 155,
  207, 222, 224, 238, 245f., 250ff.,
  272, 278, 283, 288, 290, 318f., 378

Objekt 3f., 6, 19, 40, 79ff., 87f., 93,
  103, 105f., 142, 232, 278
Objektivität 7, 13, 54, 57, 75, 81, 234,
  277ff., 286, 342ff., 391
Offenbarung 92, 198f., 384f.
Offenheit 59, 90, 102, 104, 112, 114,
  117f., 120, 131, 145, 162, 167, 210,
  254, 255f.
Öffentlichkeit 56, 279
Olympia 210
Ontologie 67, 69ff., 73f., 77f., 80ff.,
  85, 94, 96, 100f., 104, 107ff., 110,
  115, 118, 120, 133f., 245f.
Ordnung 17ff., 22, 30f., 130, 144, 170,
  191, 212, 294f., 299ff., 302, 304ff.,
  311, 314ff., 317, 320, 324f., 328, 353,
  357, 369f., 378, 385, 388, 392, 395
Organisation 18f., 21, 33f., 36ff., 49,
  288, 296, 319ff., 322, 332, 335, 349,
  351f., 357ff., 361f., 364f., 368f.,
  372ff., 376, 379, 384, 386f.
Ort 86, 92, 130, 194f., 215, 312

Ostasien 309
Ostblock 302, 325
οὐσία 72ff., 87, 110f., 114, 126f.

Pagode 377
Pakistan 307
Paradox 26, 31, 38, 69, 90, 120, 122,
  167, 226, 229, 259, 262, 287, 289,
  310, 317, 366, 394
Parameter 225, 229, 232, 234, 239f.
Partizipation 284, 374
Perpetuum mobile 227
Perspektive 125f., 146ff., 149f., 159,
  171, 178, 281, 366, 379, 383
Phänomen 20, 25, 41, 58, 86f., 91ff.,
  94, 99f., 107ff., 110f., 113f., 120,
  122, 125, 130, 133f., 147ff., 150f.,
  154, 158ff., 166ff., 169, 176, 180,
  182, 184, 187f., 200ff., 207, 209f.,
  213, 218f., 223, 225, 230, 232f.,
  235ff., 238f., 241ff., 244, 246,
  248ff., 251, 253, 256f., 261ff., 301,
  322, 378, 380, 391
Phänomenalität 159, 173f., 180, 182,
  202, 238, 243, 248ff., 251, 255, 258
Phänomenologie 94f., 98f., 105, 120,
  122, 133
Phantasie 25, 27, 41, 56, 254, 269, 288,
  296, 377, 395
Pharmakologie 348
Pharmazie 281
„Philosophen der Zukunft" 62
Philosophie (auch passim s. Denken)
  31, 47ff., 50ff., 53ff., 56ff., 61f.,
  65ff., 68, 70f., 73ff., 78, 81f., 84f.,
  92f., 101, 109f., 120f., 123ff., 126,
  132f., 136, 141, 145, 149f., 152,
  157f., 169, 173, 190, 195, 209f., 215,
  274, 384
–, griechische 54, 60, 67, 72ff., 76,
  109ff., 112f., 121ff., 124ff., 127ff.,
  130ff., 133ff., 146, 151, 157, 164,
  179, 195f., 198, 207ff., 211, 213ff.,
  289f., 394
Photosynthese 14f.
Physik 57, 85ff., 130, 135, 146, 172,
  184, 196ff., 213ff., 216ff., 219f.,

222ff., 226ff., 229f., 232ff., 236f.,
239ff., 253f., 258, 385
„Physik der Gesellschaft" 394
φύσις/Physis s. a. Natur 110ff., 128
Planung 6, 8, 10ff., 14ff., 31ff., 34,
36ff., 39ff., 234, 268, 270, 273f.,
278, 283, 286f., 291, 296, 298f., 306,
320, 338ff., 347, 351, 355f., 358ff.,
361ff., 368, 370, 383, 388
Planungswissenschaft 358, 360, 362f.
Polarität 207, 239
Politik 7, 14ff., 17ff., 20f., 24f., 33,
36ff., 40, 47ff., 50, 52, 85, 133, 144,
170f., 188f., 208, 242, 259, 268–396
passim
–, Neubestimmung des Begriffes
316ff.
Politikberatung 359
Polizei 303, 305, 320
Polizeistaat 306
Positivität/Positivismus 3, 24, 67, 113,
145, 244, 367
Pragmatismus 32ff., 36ff., 40, 47ff.,
50, 52, 67
Präsenz/Anwesenheit/Gegenwärtigkeit 87f., 181ff., 184ff., 187, 195,
199, 201ff., 212, 221, 238f., 242f.,
246, 248, 255ff.
Praxis 26f., 32f., 37f., 40, 105, 108,
114, 211, 284, 286ff.
–, transzendentale 40
Prinzip 116f., 173, 234, 240, 261f.
Priorität 47f., 158, 262, 285f., 298,
319, 344, 354, 356, 362
Privatkapitalismus 31
Produkt 4ff., 7f., 19, 40, 242
Produktion 4ff., 7, 13, 17ff., 30, 40f.,
49f., 114, 238, 242, 247f., 281,
286ff., 291, 306, 339f., 342, 347,
349, 352, 354f., 358, 384f., 392
Produktionsverhältnisse 287
Prognose 8ff., 11ff., 14ff., 17f., 20f.,
26ff., 30, 32, 38, 40, 60, 268, 270,
273f., 278, 283, 285f., 298, 306,
309, 334, 338f., 346, 367f., 370
Projektion 9, 23, 31, 108, 126, 153,
156ff., 165f., 192, 215, 233, 338, 368

Prophetie 3, 8, 41, 57, 269, 277f., 284,
379
self-fulfilling prophecy 13f.
Protein 14f.
Prozeß 4ff., 25, 30, 32f., 35, 37ff., 41,
50, 150f., 173, 190, 227, 229, 251,
270, 273, 287, 300, 322, 327, 329ff.,
347, 353, 369, 376, 381, 385, 388,
390, 392, 394
Psychologie 11, 380, 390

Quantentheorie 232, 253, 342
Quantifizierbarkeit 270f.

Raketen 39, 282, 302f.
Rationalisierung 38, 286, 291, 321f.,
333, 343, 351f., 363, 372, 378
Rationalität 5, 10, 17, 21, 30, 32f.,
38ff., 148, 288ff., 294, 296, 298f.,
305, 313f., 319, 321, 324, 339, 345f.,
350ff., 358, 362f., 367, 378, 380ff.,
394
Rätsel 97, 167, 284, 377
Raum 79f., 86ff., 90, 103, 130, 146f.,
149, 163, 183f., 187, 195, 197, 215,
217ff., 220, 223ff., 233, 236, 260,
263, 282
–, absoluter 219f., 225, 239f.
–, euklidischer 217, 220
Raumfahrt 15, 36, 39, 325, 329, 344
Raumordnung 36, 372
reaktionär 277, 289, 296, 323, 364
Recht 144, 300, 302, 311, 317, 327,
372, 376
Rechtsstaat 19, 24
Reflexion 5f., 10, 16, 21, 25f., 28, 31,
40, 51, 76, 80, 89, 99, 136, 160, 168,
213, 230, 254, 259, 279, 327, 337,
339, 343ff., 346, 352f., 355, 358,
363, 366
–, transzendentale 76, 118, 260, 262
Regression 26, 325f., 375, 380
Relation 22f., 165, 175, 179ff., 232,
241, 250
Relativität 126, 212, 247
Relativitätstheorie 87, 172, 191, 195,
218f., 232, 253

Religion 17, 132, 134, 208f., 271, 288, 313ff., 327, 337, 341, 376ff., 379, 381f., 385, 392
Religionslosigkeit 377
Religionswissenschaft 380
Repräsentantenhaus der USA 12
repräsentieren 175, 192f., 199ff., 202f., 212f., 217, 219, 221f., 241
Reproduktion 6f., 84
res cogitans 80, 82
res extensa 80, 82
Ressentiment 367, 374
Ressourcen 27, 29, 31, 35, 269, 286, 295, 297, 301, 319, 354, 365, 388
Revolution 17, 24ff., 29f., 188f., 208, 273, 277, 279, 282f., 291, 300, 329, 367, 370, 376, 386, 393
– der Denkart 261
–, französische 188f.
–, wissenschaftliche 281, 287, 295, 300, 311, 317, 320, 323f., 331, 339, 341, 375
Roboter 288
Rockefeller-Foundation 12
Rom 128, 241, 328
Romantik 289, 394

Sachverhalt 9, 13, 47, 59f., 164, 177ff., 180ff., 197, 201f., 246, 259, 279
säkular 6, 234, 377f., 380ff.
Satz 164ff., 167, 174, 177, 179f., 247
Satz vom Widerspruch 164
Schachregeln 259
Schein 127, 144, 289, 391
–, transzendentaler 260
Schicksal 5, 21, 47, 52, 312, 342, 356, 385
Schöpfung 191, 245
Scholastik 72, 109f.
Schweiz 301
science fiction 7, 25, 288
Seele 11, 124ff., 131f., 145
Seiendes 22, 69, 71ff., 74, 76ff., 82, 85f., 88, 90, 92ff., 97ff., 100ff., 105, 107ff., 110ff., 122ff., 126
Sein 57, 59f., 62, 65ff., 68ff., 71f., 74f., 77ff., 80, 82f., 85f., 89, 91, 93ff., 96ff., 99, 101, 104, 106f., 110ff., 113ff., 116, 118f., 122ff., 125ff., 133, 135f., 144f., 149, 156ff., 162, 189f., 194, 208, 214, 221, 224, 236, 238f., 245, 247f., 250, 257f., 262
Sinn von Sein 67f., 71, 74, 85f., 109
Sein zum Tode 101, 112, 121f., 132
Seinsbestimmungen, transkategoriale 80f.
Seinsmodus/Seinsvollzug 68f., 74ff., 77f., 83, 96ff., 104, 106, 114, 116f., 122, 132ff., 141f., 162
Seinsverfassung 69f., 75f., 79, 82f., 89, 98, 104, 123, 132, 134f., 141f.
Seinsvergessenheit 69, 111
Selbsterkenntnis 5, 118, 261, 355
Selbstkritik 337, 366
Selbstverwaltung (der Wissenschaft) 39
Selektion 6, 229, 389f.
Seßhaftigkeit 300
Sicherheit 35f., 282, 289, 302ff., 395
Sinn 67ff., 71, 73f., 83, 85f., 121, 165, 250, 263, 318
Sinnlichkeit 22, 103f., 116, 125ff., 130, 147
Sirius 184, 191, 199f., 202f.
Sitte 283, 314, 376, 392
Situation 5f., 8, 12, 14, 27, 65, 96, 109, 118, 125, 144, 268ff.
Skandinavien 279
Solidarität 31, 312
Sonne(n) 58, 87f., 143, 183ff., 191f., 194, 208, 219, 238f., 251
Sonnenfinsternis 57f.
Sophisten 123
Sorge 11, 96, 101, 108, 122, 283
Souveränität 34, 295, 300f., 303, 305, 319, 322, 373
Sowjetunion 277, 286, 302, 319, 329f., 364
Sozialismus 25, 305
Sozialwissenschaften 31, 86, 172, 190, 331, 345, 366f., 380
Spezialisierung 36, 39, 283ff., 326, 342f., 346f., 352f., 358f., 360f.

Sphäre/Bereich/Region 23, 27, 57, 61, 93, 101f., 126f., 131, 134, 136, 141f., 153, 181, 187, 189, 211, 219, 225, 238, 248f., 251, 253, 263, 268, 278, 281, 285, 287, 297f., 300, 312, 326, 339, 342, 362, 365, 373, 376f., 383ff., 394
Spiel 8, 21, 38, 110, 272, 288f., 345, 347, 349, 352f., 356, 375, 386
Spielraum 9f., 27, 41, 49, 181, 245, 254ff., 257ff., 269, 278, 317, 322, 339f., 354
Spieltheorie 30
Sprache 73, 109ff., 177, 179ff., 183, 224, 321, 347, 391
Sprung, qualitativer 5, 7f., 279, 281, 287, 298, 328, 330, 334f., 351, 387
Sri Lanka 309
Staat 7, 19, 22ff., 33f., 38, 49, 191f., 259, 273, 277, 284ff., 291, 294, 299ff., 302, 304ff., 316f., 319ff., 322, 327ff., 330, 335f., 344, 352, 357, 360f., 371, 395
„der beste Staat" 22f.
Staatskapitalismus 31
Staatsraison 300
Staatstheorie 373
Stadt 107, 328, 372
Standort 146f., 149, 151, 170
State Department der USA 16
Statistik 228f., 231, 241, 307ff., 311ff., 315, 331
Steinzeit 192
Sterne 5, 27, 58, 87f., 130, 135, 143, 171, 178ff., 181ff., 184, 187, 190ff., 194ff., 197, 199f., 216, 219, 237, 269
„Stimmung" 115
Stoa 76
Strategie der Abschreckung 34, 303f.
Struktur 4f., 9, 11ff., 14, 16, 19, 22f., 25, 32, 34, 37, 47ff., 55, 62, 66, 68ff., 71ff., 74ff., 77ff., 80, 85ff., 88, 93f., 96, 98, 101, 104, 106, 108f., 112, 116ff., 122, 127, 133ff., 136, 142ff., 145ff., 148f., 154, 159, 172, 178, 182f., 198, 208, 213, 223f., 233ff., 236, 238f., 242, 245, 248f., 252f., 256ff., 259f., 262f., 270, 274,
281f., 286ff., 290, 293ff., 296ff., 300, 305, 311, 313, 316, 320, 322, 324, 335, 338, 340ff., 343, 352f., 355ff., 359ff., 362, 364, 368, 370, 372, 376, 393'f.
Subjekt 4, 7, 19f., 34, 37ff., 69, 76, 91, 93, 101, 284, 355, 358, 360f., 363, 383ff.
Subjektivität 69f., 75ff., 80ff., 85, 101, 384
–, transzendentale 91f.
Substanz 69, 110, 112, 220ff., 242
Subventionen 325
Südamerika 29
Südasien 309
Südostasien 294
Südvietnam 19, 311
Supermächte 34, 39, 277, 286, 301, 304, 319, 330, 364
System 4ff., 28, 34ff., 38, 40, 58, 88, 145, 181, 189, 193ff., 218, 230, 232f.
–, geschlossenes 227, 300f., 373
–, offenes 34, 145, 165, 195, 247, 373f.
Systemanalyse 270

Tabu 57, 297, 328
Technik 4, 6, 15, 20, 24ff., 27, 29f., 34ff., 50, 108, 254, 269, 277, 279, 281f., 288ff., 293, 295ff., 301f., 304ff., 309ff., 315, 317, 319ff., 322f., 325, 329, 330f., 335, 337, 340ff., 343, 345, 347, 349, 355, 357, 363, 371, 373, 377, 388, 392
Technologie 14, 30, 297, 337, 341ff., 347, 355, 366f., 370f., 375
soft technology 297
Tempel 210, 377
Territorialität 295, 300, 302, 305, 319, 321, 335, 352, 361, 364, 373
Terror 29f., 39, 378, 391
Texas 292, 319
Theologie 53ff., 85f., 133, 170f., 182, 191, 199, 222, 225, 234, 381
Theorie 26f., 32, 105, 114, 211, 216f., 219, 233, 253f., 286f., 343, 353, 358, 366f.

423

Thermodynamik, Erster Hauptsatz der 226f., 229, 243
–, Zweiter Hauptsatz der 226ff., 229f., 240f.
Thomas-Theorem 14
Tier 17, 102, 107, 135, 143f., 231, 291, 308, 314, 392
Tod 92, 95ff., 98f., 101, 108, 115, 119, 121ff., 124ff., 134f., 152, 208, 243, 279, 395
Totalitarismus 34, 372f.
Totalität 108, 234
Tradition 52, 55, 57, 60f., 69, 73ff., 80, 82, 85f., 111, 118, 131f., 188, 191, 278, 283, 297f., 329, 336, 377f.
Transformationsregel 219
Transzendentalphilosophie 5f., 40f., 62, 69ff., 75ff., 91f., 98ff., 101, 103f., 111, 116ff., 211, 220ff., 233, 260ff., 268, 385
Transzendenz 103f., 132, 134, 395
Traum 9, 25ff., 30, 56, 269, 278, 288, 293, 326, 337, 342, 377
Trendextrapolation 366f.
Trieb 251, 314, 338, 343
Trug/Täuschung 3, 7, 9, 24, 27, 39, 98, 142, 144f., 153, 158, 178f., 181, 208, 273, 302, 304, 346, 391, 394f.

Übergang 174f.
Uhr 192f., 195f., 199ff., 218f.
Umverteilung 18, 292, 295, 309f., 323, 386
Umwelt 5f., 35, 94, 101ff., 104ff., 107f., 112, 115, 294, 372, 389, 395
Unbeweglichkeit 157, 248
Unbewußtes, kollektives 288, 374
Uneigentlichkeit 96f., 115, 123, 145
Unendlichkeit 167f., 198, 215, 243
UNESCO 334
Universalität 110, 120, 134, 143f., 234, 238, 242f., 248ff., 256
Universität 53, 55, 105
Universum 135, 143, 171, 178f., 181f., 184f., 187f., 190f., 194, 196f., 222, 236f., 251
Unmenschlichkeit 391

UNO 301
unveränderlich/zeitlos 58ff., 72, 118, 125ff., 130, 132, 134, 157, 162f., 165, 175, 182, 208, 212, 215, 227, 246f., 256, 261
Unwahrheit 3, 123, 145, 166, 173, 177f., 180, 201
Ursache 233f., 237
ursprünglich 107f., 116f., 130, 238
USA 12f., 16, 19, 277, 279, 286, 292, 319, 329f., 346, 364
„Utopia" 21
Utopie 3, 8ff., 11, 21ff., 24ff., 27f., 30ff., 37f., 40, 42, 56, 272, 277ff., 295f., 298, 304, 338ff., 342f., 345, 366ff., 373, 375
–, aufgeklärte/kritische 9ff., 25ff., 28, 30, 40f., 141, 278, 338ff., 343, 351, 355, 363, 366f., 373
– der „oberste Grundsatz der aufgeklärten Utopie" 340
–, blinde 9f., 26, 345, 367, 373
–, negative 24

Veränderung/Wandel 4ff., 7, 20ff., 24f., 27, 31f., 41, 49, 59, 66, 72, 82, 125, 164f., 166, 170, 174f., 177, 208, 212, 227, 244, 247ff., 258, 269, 280ff., 283, 300, 331, 370f., 377, 381, 389f.
Verantwortung 5ff., 8, 14, 51, 98, 134, 268, 273, 277, 279f., 284f., 287, 294, 306, 316, 346, 353, 355f., 360ff., 365, 376, 382ff., 389, 394
Verborgenheit 121, 123, 128
Vereinigung Deutscher Wissenschaftler 269, 275
Verfassung 259, 327
Verfließen 150, 153ff., 156ff., 160f., 163ff., 166f., 173ff., 177, 181, 194f., 200ff., 207, 210f., 213f., 221f., 239f., 257
Verfügungsgewalt, negative 5ff., 40, 279f., 289, 301ff., 304
Vergangenheit 19, 52, 56ff., 59f., 65, 78, 117, 128, 152ff., 155ff., 158, 160ff., 164, 166f., 169, 173ff., 183f.,

187, 189, 199, 201, 207f., 210, 213, 216f., 220ff., 223, 225, 229, 233f., 240f., 243f., 246ff., 249ff., 252, 255ff., 258f., 283, 364, 381
Vergänglichkeit 72, 152ff., 156f., 160ff.
Vergehen 125ff., 128f., 134, 153, 157, 226
Verhalten, generatives 314f.
Verifikation 23, 60, 209, 218, 233f., 243, 279, 366, 368
Verkehr 39, 181, 192f., 310, 323, 329, 333, 372
Vermittlung 10f., 121, 208, 211, 375
Vermögen 6, 35, 51, 76f., 103, 128, 131, 287f., 387
Vernunft 5ff., 8, 10, 20f., 30, 37ff., 40f., 50, 61f., 92, 111, 116ff., 131, 141, 260f., 268, 271f., 278, 287ff., 290, 294ff., 297, 301, 305, 311f., 321, 324f., 332, 337, 340f., 343, 345f., 348f., 352ff., 356f., 361ff., 365ff., 368, 372ff., 375ff., 378, 380ff., 383ff., 387
Vernunftidee 222
Verstand 103, 118, 131
Verstandesgrundsätze 260
Verstehen 89, 114, 117ff., 120, 123, 144f., 148, 194, 198f., 262
Versuchsanordnung 342ff.
Verteidigung 302ff., 322, 325
Verwaltung 17, 19, 31, 38, 291, 299, 311, 319f., 322, 333, 343, 373f., 377, 389, 391, 393
Verweisung(s-zusammenhang) 105ff., 108f., 112, 114, 179f., 191
Vieldimensionalität 167, 189, 209, 224, 232
Vietnam 305
Vietnam-Krieg 294, 305, 311
Vision 41
Völkermord 306
Völkerrecht 300, 302, 306, 321
Vollzug 69, 75, 132, 142, 150
Voraussetzung 18, 25, 37, 52, 69f., 100, 116, 171, 176, 197, 218, 220, 228, 233, 240f., 248, 253f., 271, 278, 289, 337, 339, 341, 343, 345, 352, 354, 358f., 363, 366, 382
Vorderer Orient 294
Vorgeschichte 300, 377, 380f.
Vorstellung 69, 81, 88, 195, 213, 221f.
Vorurteil 16, 149, 151f., 298, 304, 324, 336, 345, 367, 377f.

Wachstum s. a. Expansion 128, 269, 293f., 296, 307f., 332, 334
Waffen 30, 279, 282, 294, 299f., 302ff., 305f., 323ff., 334f., 350f., 386
Waffenhandel 30, 294, 305
Wahn 24, 288, 290, 293, 303, 325, 377
Wahrheit 3, 22, 48, 51f., 57, 59f., 68, 72, 74, 77, 84f., 89, 91ff., 97f., 104, 106, 108, 113f., 119ff., 122ff., 126f., 129, 131f., 134, 136f., 143ff., 152, 157, 162ff., 165f., 171, 173ff., 176ff., 180ff., 183, 187, 189f., 197ff., 201, 203, 207ff., 210, 212, 234, 247f., 250, 252f., 260f., 263, 268, 318, 320, 336, 341, 344, 364, 381, 384, 395
Wahrnehmung 102f., 142, 147, 185f., 200, 221, 237
Wahrscheinlichkeit 6, 8, 49f., 229ff., 232, 237, 241, 253f., 272f., 387f.
Wärme 226ff., 230, 251
Wärmetod 228
Wasserversorgung 6, 15, 36, 291ff., 294, 297f., 316, 318, 325, 332, 335, 337, 345, 348, 357, 370ff., 389
Wechselwirkung 10ff., 24, 32, 48, 98, 144f., 147, 154, 257, 270, 274, 352, 362, 368, 375
Weisheit 385
Welt 5, 18, 20, 22, 29, 42, 47, 49f., 52, 73, 79, 83ff., 86f., 89f., 92f., 97, 99ff., 102f., 106ff., 109ff., 112, 114, 120, 130f., 134, 142f., 169ff., 178, 194f., 198, 203, 214f., 225f., 232ff., 236, 243, 263
–, im Sinne von Erde passim 3–41, 268–396
–, künstliche 282, 287ff., 290, 292ff.,

295, 297, 301, 305f., 313, 316, 327, 339, 345, 348, 355, 384f., 389, 392, 394
–, die Neue 21
–, technische/wissenschaftlich-technische Zivilisation 3ff., 6ff., 12, 19ff., 24f., 27ff., 31f., 34ff., 37ff., 40ff., 47, 50f., 107f., 141, 192f., 234, 269ff., 274, 282f., 285, 287ff., 292ff., 296, 298f., 301, 303, 312f., 317f., 321, 324f., 329ff., 332, 334f., 337, 339, 342f., 347, 352, 354, 364ff., 368f., 373ff., 378f., 387, 389, 391, 394
Weltall, expandierendes 194f.
Weltbegriff 93f., 102, 111, 124
Weltbezüge der Wissenschaft 353
Weltbild 194f., 220, 234
Weltbürgerkrieg 311, 336, 372, 375, 380
Weltfrieden 28ff., 31, 38, 41, 47
1. Weltkrieg 84, 330
2. Weltkrieg 84, 290, 303, 323, 350
Weltlichkeit 94, 99ff., 104, 106, 109
Weltlosigkeit 85f., 191
Weltpolizei 29, 305f.
Weltprobleme 47ff., 50, 52, 65, 141, 265–396 passim
Weltraum 86f., 196f., 237, 279, 344, 351
Weltstaat 29, 34, 373
Weltzeit 130, 135f., 190ff., 193f., 196, 198ff., 208, 219, 235, 262
Wendung, kopernikanische 116
–, transzendentale 76f.
Wert 287, 395
Wesen 4, 23, 34f., 68, 70, 72f., 75, 77, 83, 89f., 92, 97, 102, 104, 111, 127, 129, 136f., 143, 145ff., 149ff., 152, 155f., 158f., 163, 168ff., 171f., 178, 183, 203, 208f., 212, 214, 220ff., 227, 235ff., 238f., 242, 245ff., 248ff., 252, 257ff., 260, 262, 268, 395
Widerspruch 107, 120f., 123, 133f., 150, 157f., 163ff., 167, 173ff., 200f., 220, 229f., 274, 294f., 300

Wille 4, 9, 11, 21, 35, 241, 245, 338, 350f.
Willensbildung 284, 298
Williamsburg 332, 334
Wirklichkeit 9f., 14f., 22, 25ff., 28, 31, 33, 42, 47ff., 65, 80ff., 86, 103f., 108f., 125, 145ff., 148, 176, 179, 186, 191, 212f., 224, 240, 242, 245f., 252, 254f., 259, 269, 271, 273, 281, 285f., 297, 299, 301, 312, 326, 336ff., 339ff., 342f., 352, 354f., 365, 395
Wirkung 233, 237, 243
Wirtschaft 17ff., 20, 24, 29, 37f., 144, 193, 273, 281, 285f., 291, 293, 295, 301f., 307, 311f., 316, 319ff., 323ff., 328, 332f., 335, 340, 343ff., 346, 349, 352, 357f., 369f., 372f., 375, 377, 380, 386, 392
Wirtschaftswissenschaft 287, 321, 331, 343, 345
Wissen 5, 8, 10, 20, 29, 35, 41, 58, 60f., 132, 142, 160f., 196, 260, 274, 280, 328ff., 382, 391
Wissenschaft 4f., 7, 11f., 14ff., 17, 19ff., 24ff., 27, 31f., 34ff., 37, 39, 50f., 55f., 58, 61, 75, 84f., 102f., 108, 121f., 141, 170ff., 190ff., 194ff., 197f., 210f., 214ff., 217ff., 220, 224, 226ff., 229ff., 232ff., 236, 242, 244f., 253f., 261, 269, 271, 273f., 277ff., 280ff., 284ff., 288, 293, 296f., 307, 315, 317, 319ff., 322, 326, 331, 335ff., 339ff., 342ff., 345ff., 348ff., 351ff., 354ff., 358ff., 361ff., 364ff., 367f., 376ff., 380, 385ff., 390ff.
–, politische 320, 366
Wissenschaftler s. a. Wissenschaft 36, 330, 354, 380
Wissenschaftsplanung 16, 286, 337, 351, 355–365
Wissenschaftstheorie 25, 51, 75, 233f., 258, 356, 358
Wohlstandsgesellschaft 29ff., 40, 299
Wort 109f., 113, 179ff., 323
Wüste 31

Zahl 129, 143, 207
Zeichen 109, 179ff.
Zeit s. a. Weltzeit 3, 9, 51f., 58ff., 62, 65ff., 68, 71ff., 74f., 78ff., 83f., 89, 97, 103, 109, 113, 117f., 122, 125ff., 128ff., 132, 134ff., 137, 143ff., 146, 148ff., 151ff., 154ff., 157ff., 160f., 163ff., 166ff., 169ff., 172ff., 175ff., 178, 182ff., 185, 187ff., 190ff., 193ff., 196ff., 199ff., 202f., 207ff., 210ff., 214ff., 217ff., 220ff., 223ff., 226ff., 229, 232ff., 235ff., 238, 240ff., 243, 245ff., 248ff., 251ff., 255ff., 258ff., 261ff., 268, 282, 394f.
–, absolute 220
–, Einheit der 161, 175, 188, 196, 198, 202f., 207, 209f., 212, 225ff., 237, 240, 248, 252, 260
–, Irreversibilität der 240f., 250
–, phänomenale 152ff., 159f., 167, 172, 176f., 182, 203, 207, 211ff., 225, 233, 235f., 257, 259ff., 262f.
–, Richtung der 213, 216, 220, 224, 226ff., 229f., 233f., 240, 248ff., 257, 260
–, transzendentale 159f., 167, 169, 176, 203, 211f., 235f., 260, 263
Zeitachse 156, 162
Zeitalter der Entdeckungen 21f.
Zeitalter der Metaphysik 51, 69, 113, 170, 182, 211f.
Zeitauffassung, unmittelbare 144, 148f., 155f., 159f., 167ff., 172, 174, 176, 183ff., 190ff., 203, 207, 209, 215f., 219f., 223ff., 227, 232, 235, 257, 261f.
Zeitigung 156, 162, 236, 247f., 256f., 261, 263
Zeitlichkeit 60, 72, 78, 89, 96, 132, 135f., 195, 212, 227, 263
zeitlos s. unveränderlich, s. a. Beständigkeit
Zeitparameter 167, 189, 233f.

Zeitpunkt 194ff., 209f., 215f., 218, 239, 247, 252
Zeitrechnung 185, 191
Zeitskala 197
„das Zeug" 105, 107f., 112
Ziel/Zielsetzung 38f., 71, 287, 306, 338, 340f., 344ff., 351ff., 358f., 383, 387, 391
Zivilisation s. a. Welt, technische 4, 107, 192, 199, 289, 331, 357, 359, 377, 380, 386f., 389, 392, 394
Züchtung 314
Zufall 5, 116, 124, 349, 356
„Zuhandenheit" 105, 107ff.
Zukunft 3ff., 6ff., 9ff., 12, 15f., 19, 21, 26ff., 32f., 40f., 47ff., 50ff., 56ff., 59ff., 62, 65f., 71, 74, 78f., 83, 89f., 109, 111, 117, 128, 137, 141f., 144f., 153ff., 156ff., 159ff., 162, 166f., 169, 173f., 183, 187, 189, 199, 201f., 207f., 210, 213, 216f., 220ff., 223, 225, 229, 231ff., 234f., 241, 244, 246ff., 250ff., 253ff., 256ff., 259f., 263, 268ff., 271, 273ff., 277ff., 280f., 283ff., 286ff., 297ff., 306, 312, 316ff., 320, 327, 331f., 336ff., 339ff., 342ff., 345f., 348, 350, 355, 357f., 360ff., 365f., 368ff., 375ff., 378, 381ff., 384ff., 387f., 392, 395
Zukünftigkeit 78, 151, 154, 155ff., 160ff., 253
Zukunftsaufgaben/Weltprobleme 48, 50, 52, 65, passim 265–396
Zukunftsroman 288
Zuständigkeit 20, 360, 383
Zwang (der Not) 7, 48, 113, 287, 305f., 331, 336, 339, 353, 362, 366, 375
Zweck 231
Zweideutigkeit/Ambivalenz 31, 73, 82f., 126, 144, 186
Zynismus 378, 386

Personenregister

Adorno, Th. W. 70, 391
Allan, D. J. 129
Anaxagoras 213
Aristoteles 54, 60, 67, 72 ff., 76, 109 ff., 121 f., 129, 146, 164, 179, 213 f., 222, 230
Augustin 85, 93, 95, 131, 133

Bacq, Z. 348
Behrens, W. W. 269
Bell, D. 268
Bergson, H. 214, 223, 255
Bertaux, P. 328
Bloch, E. 25
Bonaventura 133
Born, M. 269, 385
Botkin, J. W. 271
Bowden, B. V. Lord 330 f.

Clarke, S. 87
Colli, G. 170

Dahrendorf, R. 22, 25
Dante Alighieri 95
Descartes, R. 69, 80 ff., 87, 93, 109, 261, 328 f.
Diefenbacher, H. 309

Einstein, A. 172, 195, 219
Elmandjra, M. 271
Engels, F. 26
Eschenburg, Th. 320
Euklid 217, 220
Euripides 126

Fichte, J. G. 51, 76, 91
Flechtheim, O. K. 278
Freeman, O. 13
Freyer, H. 25
Fürth, P. 26

de Gaulle, Ch. 303
Glockner, H. 169
Gmelin, H. 95
Goethe, J. W. von 342

Hahn, O. 269
Harrar, J. G. 12 ff., 15 ff., 19
Hegel, G. W. F. 26, 54, 70, 76, 81, 84 f., 91, 93, 109, 111, 150 f., 168 ff., 173 f., 212, 214
Heidegger, M. 62, 65–86, 88–102, 104–125, 130–136, 141, 144 ff., 170, 191
Heimpel, H. 188
Heinrichs, J. 275
Heisenberg, W. 269
Herder, J. G. 394
Hesiod 131
Hexter, J. H. 21
Hitler, A. 350
Hoffmann, U. 49, 53
Hume, D. 58
Husserl, E. 67, 74, 81, 84, 98, 120
Huxley, A. 24

Jebb, Sir R. C. 128
Jungk, R. 4, 331, 346

Kahn, H. 268, 270
Kannicht, R. 126
Kant, I. 54, 58, 61 f., 69 f., 76 f., 80 f., 91, 99 f., 101, 103 f., 109, 111, 116 ff., 164, 203, 211, 218, 220 ff., 233, 260 f.
Kennedy, R. 388
Kierkegaard, S. 67, 81, 85, 119 f., 122, 133
Kolumbus, Ch. 21
Kreye, O. 275

429

von Laue, M. 269
Leibniz, G. W. 87f., 111, 218
Lettvin, J. Y. 103
Lieber, H.-J. 26
Lübbe, H. 35
Luther, M. 133

Malitza, M. 271
Mannheim, K. 25f.
Mao Tse-tung 29
Marcuse, H. 108
Marx, K. 25f., 67, 108, 277, 289
Maturana, H. 103
Maurin, K. 374
McCulloch, W. S. 103
Meadows, D. H. 269f.
Meadows, D. L. 269f.
Melanchthon, Ph. 93
Merton, R. K. 14
Mesarovic, M. 270
Michalski, K. 374
Montinari, M. 170
Morus, Th. 21
Müller, M. 35
Münchhausen, K. F. H. Frhr. von 384
Mundt, H. J. 331, 346

Nauck, A. 126
Newton, I. 23, 87f., 217
Nietzsche, F. 57, 62, 67f., 122, 170f., 211f.
Nikolaus von Kues 215

Oehlkers, F. 386
Orwell, G. 24

Parmenides 109, 112, 170, 194f., 214
Pascal, B. 85, 133
Peccei, A. 271
Pestel, E. 270

Pitts, W. H. 103
Platon 11, 22ff., 28, 54, 67, 74, 109, 121ff., 124ff., 127ff., 130ff., 133ff., 136, 148, 151, 207ff., 211
Plitzkow, A. 33
Popper, K. 22, 25f.

Rabi, I. I. 346f., 351
Randers, J. 269
Rombach, H. 35
Ross, D. 213
Rousseau, J.-J. 26, 107, 394
Rudolph, E. VIIff., 374

Sartre, J.-P. 279f.
Schelling, F. W. J. 70, 91, 262
Schlemmer, J. 269, 273
Schuhmacher, E. F. 33
Schulz, W. 70
Selby-Bigge, L. A. 58
Sokrates 121
Sophokles 128
Sternberger, D. 391
Storz, G. 391
Süskind, W. E. 391
Surtz, E. 21

Thales von Milet 57
Theodosius (Kaiser) 210
Thomas von Aquin 93

von Uexküll, J. 102

Weber, M. 86
von Weizsäcker, C. F. 28, 190f., 198, 217, 228ff., 268f.
von Weizsäcker, E. U. 103, 374
von Weizsäcker, V. 392
Wells, H. G. 330
Wismann, H. 328

Stellenregister

Adorno
Negative Dialektik, 67 ff.   70 f.
             353 ff.   391

Aristoteles
De caelo, 279 a 23 ff.   129
Metaphysica, I, 980 a 21 ff.   230
            IV, 1005 b 19 f.   164
Physica, IV, 223 b 28 f.   213 f.

Augustinus
De civitate Dei, 13, 10   95

Bergson
Zeit und Freiheit, 79 ff.   223
          Kapitel II   255

Bertaux
Mutation der Menschheit, 102   328

Bloch
Das Prinzip Hoffnung, 523 ff.   25

Dante
Die göttliche Komödie,
Purgatorio, Canto XX, 38 f.   95
          Canto XXIII, 54   95

Descartes
Discours de la méthode pour bien
conduire sa raison, 168   328 f.

Euripides
Fragment aus der verlorenen Tragödie „Polyidos",
Tragicorum Graecorum Fragmenta, 560   126
Fragment 833 aus dem verlorenen „Phrixos",
Tragicorum Graecorum Fragmenta, 631   126

Hegel
Phänomenologie des Geistes, 3, 88f.; 2, 88ff.   168
                     3, 612f.; 2, 558   168

Heidegger
Sein und Zeit, 19ff.   118
          38   120
          41f.   77f.
          42   71ff., 77, 94
          43   78, 96
          52   79
          62f.   97
          63   100
          64   100f., 108
          71   107
          130ff.   114
          132   92f.
          133   92, 112
          137   115
          144   118
          145   116f.
          151   67
          193   96f.
          207   81
          222   123f.
          226   122
          229   123
          230   112
          245   95
          250   95, 97
          263   119
          267ff.   122f., 133
          324   68
          327   79
          329   132
          349f.   112
          438   68, 74f., 118
Identität und Differenz, 18ff.   112
Was ist Metaphysik?, 17f.   112
                       40   112
Einführung in die Metaphysik, 156f.   112
Nietzsche   68, 74, 104

Hume
Enquiries Concerning the Human Understanding,
Section IV, Part I, 25f.; 29f.   58

Kant
KrV, WW 3, B XIII 61, 116
WW 3, B 183 220 f.
WW 3, B 191 f. 164
WW 3, B 197 261
WW 3, B 225 221 f.
WW 3, B 435 100
WW 3, B 873 f. 261
Preisschrift über die Fortschritte
der Metaphysik, WW 20, 270 76

Marx
Manifest der Kommunistischen Partei, 855 25 f.

Morus
De optimo rei publicae statu
deque nova insula Utopia 21

Nietzsche
KGW VIII 2, 11 [411], 431 170

Platon
Gorgias, 492 E 10 f. 126
Phaidon, 63 E 9 123
64 A 4–9 121
Politeia, 514 A 1 – 517 A 9 125
Timaios, 37 D 129

Sartre
La Fin de la Guerre 279 f.

Sophokles
Aias, 646 f. 128

Viktor von Weizsäcker
Pathosophie, 238 392

433

Georg Picht
Vorlesungen und Schriften

Studienausgabe

herausgegeben von Constanze Eisenbart
in Zusammenarbeit mit Enno Rudolph

Einzeltitel:

Kants Religionsphilosophie
Mit einer Einführung von Enno Rudolph
1985, ²1990. 659 S.

Kunst und Mythos
Mit einer Einführung von Carl Friedrich von Weizsäcker
1986, ³1990. 658 S.

Aristoteles' »De anima«
Mit einer Einführung von Enno Rudolph
1987, ²1992. 454 S.

Nietzsche
Mit einer Einführung von Enno Rudolph
1988. 487 S.

Der Begriff der Natur und seine Geschichte
Mit einer Einführung von Carl Friedrich von Weizsäcker
1989, ²1990. 520 S.

Platons Dialoge »Nomoi« und »Symposion«
Mit einer Einführung von Wolfgang Wieland
1990, ²1992. 630 S.

Glauben und Wissen
Mit einer Einführung von Christian Link
1991. 312 S.

Zukunft und Utopie
Mit einer Einführung von Enno Rudolph
1992. 445 S.

Philosophie der Geschichte
Im Horizont der Zeit

Es ist geplant, einen Band pro Jahr herauszubringen.

Klett-Cotta